乐平年鉴

LE PING NIAN JIAN

2020（总第二十六卷）

乐平市年鉴编纂委员会 编

图书在版编目（CIP）数据

乐平年鉴. 2020 / 乐平市年鉴编纂委员会编. -- 南昌 : 江西人民出版社, 2020.12
ISBN 978-7-210-12629-4

Ⅰ. ①乐… Ⅱ. ①乐… Ⅲ. ①乐平－2020－年鉴
Ⅳ. ①Z525.64

中国版本图书馆CIP数据核字(2020)第254525号

乐平年鉴(2020)
乐平市年鉴编纂委员会 编
责任编辑：邓丽红
封面设计：徐天泽
出　　版：江西人民出版社
发　　行：各地新华书店
地　　址：江西省南昌市三经路47号附1号
编辑部电话：0791-86898702
发行部电话：0791-86898815
邮　　编：330006
网　　址：www.jxpph.com
E-mail:jxpph@tom.com　web@jxpph.com
2020年12月第1版　　2020年12月第1次印刷
开　　本：889毫米×1194毫米　1/16
印　　张：29.75
字　　数：680千字
ISBN 978-7-210-12629-4
赣版权登字-01-2020-522

定　　价：168.00元
承 印 厂：江西金港彩印有限公司

编　辑　说　明

一、《乐平年鉴》是乐平市人民政府主编的综合年鉴，由市志办具体负责实施。稿件由市直各单位、各乡（镇）街道办、驻乐各单位和年鉴编辑部及有关单位提供。

二、本卷《乐平年鉴（2020）》主要记载2019年1月1日至12月31日乐平市政治、经济、文化、社会发展诸方面的大事、要事、新事，对于个别涉及跨年度事件的条目稍有上溯或下延。

三、本年鉴分为类目、分目、条目三个层次。卷首设特载、乐平概况、大事记、机构与领导名录；类目设中共乐平市委、乐平市人大常委会、乐平市人民政府、政协乐平市委员会、纪检监察、群众团体、军事、政法、经济管理与监督、农业、工业、交通邮电、金融保险、商贸旅游、城乡建设、环境保护、教育科技、文化新闻、卫生体育、民生、民政、乡镇（街道）概况；卷尾设统计资料。

四、本年鉴内容层次设置完全是为方便分类编辑和读者系统阅读，并不反映严格的科学分类体系，机关、企事业单位等排列和层次并不表示其地位和规模。

五、本年鉴编成初稿后，返回各单位征求意见，并于文稿后为供稿人署名，未提供供稿人姓名的，则署单位名。

六、本年鉴刊登的各种数据，来自统计部门或供稿单位。由于口径不一，各供稿单位的某种数据之和会同全市总数存在差异，如引用某种数据，应以统计数据为准。

七、副科级以上领导名录由市委组织部提供，职务任免时间有变动者在姓名后括号内注明。

八、《乐平年鉴》的编纂工作，得到全市上下和社会各界的大力支持和帮助，在此谨表谢意。由于水平和条件所限，难免有疏漏和不完善之处，敬请广大读者见谅，并予以指正，以便在今后的工作中加以克服和纠正。

编　者

2020年10月

乐平市地图

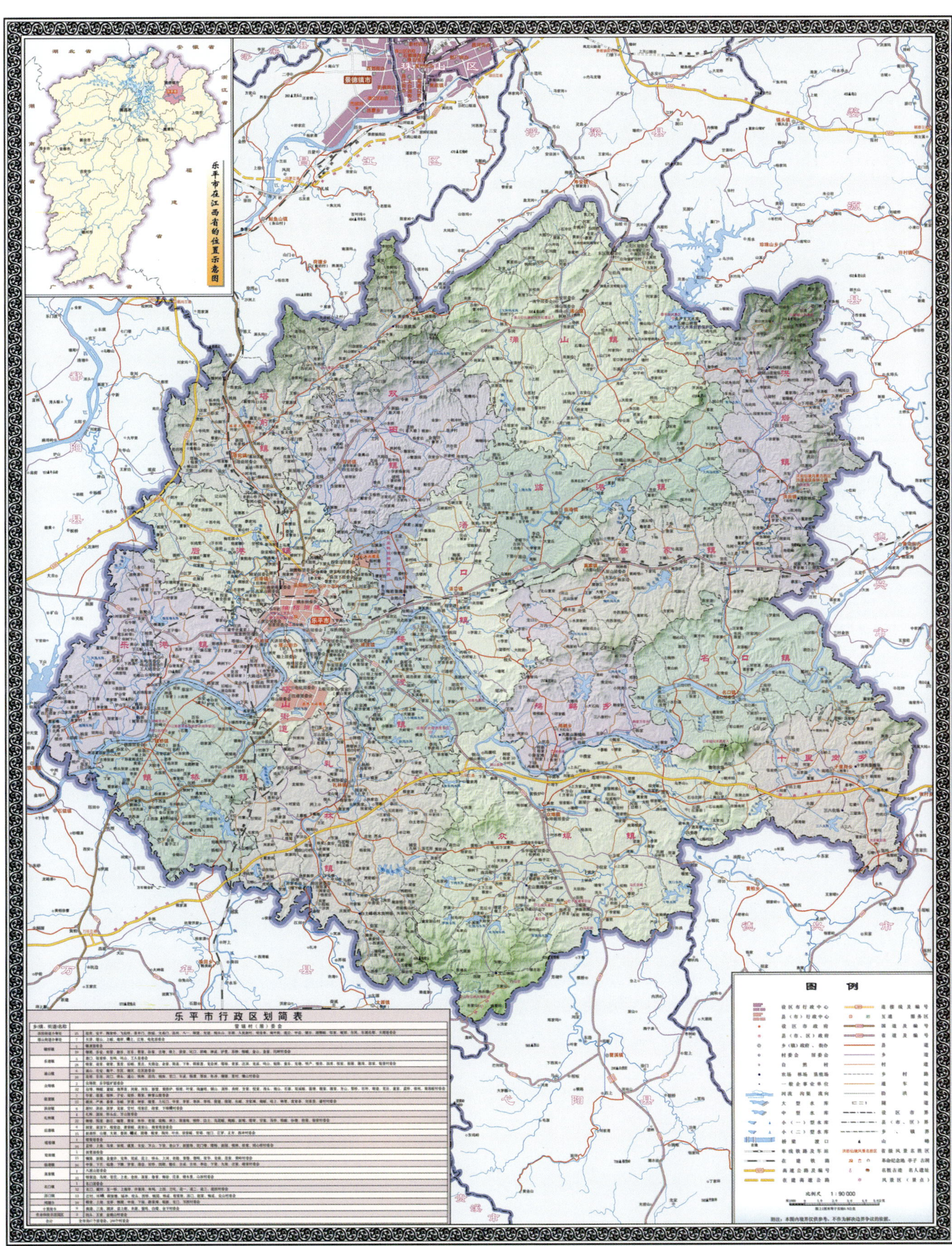

江西省基础地理信息中心编制（0798—86211029）　审图号：（2012）24号　乐平市国土资源局监制　　江西省测绘地理信息局一县（市）一图工程　乐平市　二〇一二年九月

乐平市城区图

1月13日，中共乐平市委六届七次全体（扩大）会议在市为民服务中心召开。

1月29日，中共乐平市第六届纪律检查委员会第四次全体会议在市为民服务中心召开。

1月14日，中国文化遗产大会在东方国际酒店召开。会上，中国民间文艺家协会正式命名乐平为“中国古戏台之乡”。

2月7日，全市2019年春季就业创业暨就业扶贫招聘大会在西街广场启动。

2月28日，乐平市机构改革举行集中揭牌仪式，市委书记俞小平为新组建的乐平市医疗保障局等单位揭牌。

2月28日，乐平市机构改革举行集中揭牌仪式，市委副书记、代市长高翔为新组建的乐平市市场监督管理局等单位揭牌。

3月10日，乐平市历代名人暨洪皓马端临（历史文化）研究会2019年年会在市为民中心召开。

3月16日至18日，中国人民政治协商会议乐平市第六届委员会第四次会议在市文化中心举行。

3月17日至19日，乐平市第六届人民代表大会第四次会议在市文化中心举行。

4月25日，中国艺术研究院戏曲研究所所长王馗（右二）来乐平考察古戏台文化。

4月28日，由中国围棋协会联合乐平市人民政府主办的第十六届全国城市围棋联谊赛在乐平拉开战幕。

5月9日，乐平市扫黑除恶主题文艺巡回宣传演出启动仪式在市民广场古戏台举行。

5月20日，市长高翔在市为民服务中心会见乐平籍著名电影表演艺术家、导演许还山（左）先生一行。。

6月1日，“2019江西摄影公益大讲堂”在东湖市民之家开展授课活动。

6月4日，石凌鹤赣剧文化（大田）研讨会在后港镇政府召开。

7月3日， 省纪委监委驻省住房和城乡建设厅纪检组正厅级纪检监察员宗玉明一行4人，对乐平保障性住房管理工作进行专题调研。

7月27日，市政府六届六次全体（扩大）会议在市为民服务中心召开。

7月30日，省人大常委会党组书记、副主任周萌率队来乐平走访慰问驻乐火箭军某部，并代表省委、省政府向部队全体官兵致以节日的祝贺和亲切的问候。

8月16日，由刚果（金）农业部秘书长埃瓦瑞斯特•波彭宁（副部级）带领的考察团来到乐平，对畜牧养殖业进行考察学习。

8月17日，2019年江西乐平（杭州）“三请三回”招商引资推介会在杭州举行。

8月29日，江西省重点水域河道采砂联合整治“拉力赛”行动（乐平站）启动仪式在市政广场举行。

9月22日，乐平市第一届职工运动会在第三中学田径场开幕。

9月28日，迎国庆"大干项目年"推进大会暨集中签约、竣（开）工巡礼活动在乐平工业园宏柏新材料气凝胶项目现场（主会场）举行。

9月28日，乐平市庆祝中华人民共和国成立70周年文艺晚会在市文化中心举行。

10月1日，乐平市委、市政府在市政广场举行庄严的升国旗仪式，庆祝中华人民共和国成立70周年，祝福伟大祖国更加繁荣昌盛。

11月3日，2019年乐平市第四届“鸿宇•中央城杯”全国半程马拉松比赛现场。

11月27日，景德镇市委书记钟志生（中）来乐平专题调研“不忘初心、牢记使命”主题教育开展情况，并宣讲党的十九届四中全会精神。

11月30日，乐平市第六届文化艺术节开幕式在市政广场举行。

11月30日，乐平市首届烹饪大赛暨特色美食展开幕式在赣东北商贸城举行。

11月30日，“江南武院杯”2019年江西省青少年武术散打、套路冠军赛在市体育中心举行。

12月11日，省统计局党组书记、局长万庆胜（中）率调研组来乐平调研经济运行情况。

12月27日，全市纪检监察系统“守初心担使命 追梦纪检监察人”演讲比赛决赛现场。

12月31日，乐平市消防救援大队举行挂牌仪式。

纪念共产主义水库竣工60周年

共产主义水库于1958年9月5日开工建设，1960年3月正式蓄水运行，2002年进行除险加固，2020年进行第二次除险加固。为大(二)型水库，是国家级水利风景区，以城市供水和灌溉为主、兼顾防洪、供水、发电、灌溉和水产养殖等功能。共产主义水库坝集雨面积155平方公里，蓄水总库容1.437亿立方米。共产主义水库是全市城乡居民的主要饮用水源地。

孟庆余塑像

共库纪念馆

办公大楼

孟庆余办公室旧址

建设共库干群劳动场景（油画）

难忘的历史

共库全貌

全省经济发达镇 涌山镇

涌山镇是全省经济发达镇，镇域面积185平方公里，人口近6万，下辖21个村(居)委会，5个社区，镇区面积达10.1平方公里，集镇人口近2.6万人,城镇化率达43%。

涌山资源丰富，已探明有大量的煤、石灰石、耐火土、铜、铅、锌、金、银，其次白云岩、黄铜岩、瓷土等资源极为丰富。

涌山山川钟秀。唐代因其山明水秀初名锦溪，有过“日楫夜泊，绕岸灯辉”的历史。境内有鸡公山古人类文化遗址，国家级古村落、省级历史文化名村涌山村，有保护完好的涌山昭穆堂（明末清初）、八涧桥；近600年历史的明朝古戏台车溪村敦本堂等。

涌山经济实力雄厚，有年产360万吨水泥的万年青水泥有限公司、乐矿沿沟煤矿90万吨机械化矿井的能源企业、纳米钙生产企业春景钙业、“一村一品”腊猪头、涌山沙琪玛、杨潭“三宝”、林头香菇等。

昭穆堂（明末清初）

敦本堂（明朝）

八涧桥

涌厚路

敬老院

腊猪头

沙琪玛

乐平市 自然资源和规划局

局机关办公大楼

不动产登记办理服务

行政执法指挥中心揭牌仪式

打击“两违”建房执法现场

综合档案馆

目　录

特 载

在中共乐平市委第六届七次全体（扩大）会议上的讲话

（2019 年 1 月 13 日）

俞小平

同志们：

这次市委全会，主要任务是高举习近平新时代中国特色社会主义思想伟大旗帜，全面贯彻党的十九大、十九届二中、三中全会和中央经济工作会议精神，认真落实省委十四届六次、七次全会和景德镇市委十一届六次全会精神，听取和审议市委常委会工作报告，研究部署今年工作。

下面，我代表市委常委会报告 2018 年市委常委会工作，并就做好今年全市工作讲三点意见。

一、认真总结回顾 2018 年市委常委会工作，进一步坚定大学大干大变的信心

2018 年，在省委、景德镇市委的坚强领导下，市委常委会坚持以习近平新时代中国特色社会主义思想为指导，坚决落实省委“创新引领、改革攻坚、开放提升、绿色崛起、担当实干、兴赣富民”工作方针，紧紧策应景德镇市委“三个五”发展战略，紧紧围绕“打造特色鲜明的现代化赣东北明珠”战略目标，团结带领全市干部群众大学大干大变，奋力取得了党的建设和经济社会发展的新成效，继续迈出了“六大明珠”建设的新步伐。一年来，主要抓了以下工作：

第一，坚持以习近平新时代中国特色社会主义思想为指引，在大学中坚定定力。

市委坚持以学为先，始终把深入学习贯彻习近平新时代中国特色社会主义思想和党的十九大精神，作为首要政治任务，带头开展“大学习、大宣讲、大调研”，着力在学懂弄通做实上下功夫、见成效。

一是开展大学习，做到领导干部先学一步、学深一层。从 8 月份开始，固定每月第一个工作日的星期二为全市各级党委（党组）中心组学习日，一直坚持，全年共进行了 16 次集中学习。加强全市党员干部教育培训，专题举办全市乡镇（街道）和市直部门党政正职领导干部党性教育培训班，市委五人小组成员都做了专题辅导，一年共培训各级各类干部 1.2 万多人次。举办纪念马克思诞辰 200 周年、纪念改革开放 40 周年系列研讨活动，评选上报了一批优秀研讨文章。

二是开展大宣讲，做到基层群众同步跟进、充分覆盖。开设“新时代讲习所”“古戏台讲堂”“流动党校进基层”，深入乡镇（街道）和村（居）进行巡回宣讲，将宣传习近平新时代中国特色社会主义思想与乐平的传统历史文化、与激活红十军红色基因相结合，通过这些寓教于乐的方式，增强了广大干部群众对习近平新时代中国特色社会主义思想的思想认同、理论认同和情感认同，让党的十九大精神深入基层、深入民心。

三是开展大调研，做到理论联系实际、学以致用。在全市范围内开展“学习十九大、促进大发展”的大调研活动，每名县级领导、乡镇（街道）、部门单位主要负责人人人领题，个个深入调研，并鼓励党员干部踊跃参加，共形成调研报告 251 篇，评选 80 篇优秀调研报告汇编成《翥山走笔》，有力地促进了思想解放、视野拓展、思路完善和作风转变。通过持续深入地学习贯彻，全市上下更加树牢了

“四个意识”，坚定了“四个自信”，增强了做到“两个维护”的政治自觉、思想自觉和行动自觉。

第二，坚持以高质量、跨越式发展首要战略为目标，在大干中奋发前行。

市委坚持以干为本，以不断实现人民群众对美好生活的向往为目标，坚持谋划定盘子、统筹定原则、落实定标准，不遗余力地攻坚克难，基本实现了预期变化。

一是经济发展面对下行压力实现了稳中有进、稳中提质。主要经济指标增幅高于景德镇市平均水平。特别是经济结构不断优化，服务业增加值提高1个百分点，达37%，税收占财政总收入占比提高3.2个百分点，达86%，高于全省平均水平。

二是乐平工业园在省级重点工业园区中排名上升。以精细化工为主的首位产业持续变强变大变优。首位龙头企业天新药业通过总部迁入、并联，实现税收超十亿元，连续两年翻倍，成为景德镇第一个税收上十亿元台阶的企业，与中远现代农业一并入选2018全省民营企业100强，与世龙实业再次入选2018全省民营企业制造业100强。

三是城乡供水一体化、环卫继续领先全省。建成覆盖所有乡镇的农村生活垃圾收转运服务体系，农村垃圾分类改革试点洪岩镇，村民家庭垃圾分类参与率达95%以上，垃圾总量减少50%以上。日供水2.6万吨的礌溪河水厂在夏季供水高峰前接入运营，供水管网改造工程累计改造供水管网16000余米，共产主义水库饮用水水源地划定终获省政府批复，老百姓的饮用水安全保障进一步加强。

四是城市从面子到里子的变化效应日益凸现。双创双修、城乡环境整治、人居环境提升工程扎实推进，城市外环、新206国道已具备通车条件，打通了11条“断头路”，增加新能源公交车20辆，建成了全省一流的智能化便民化现代农贸市场，城区环卫机扫率达90%以上，亮灯率达97%以上，老百姓出行、买菜、停车更方便了，乐平人的素质更高了，被列为全省15个“2018—2020年创建周期全国文明城市提名城市”之一。

五是集镇建设取得突破性进展。涌山镇被列为全省30个经济发达镇之一，入选全国经济发达试点镇（全省12个），并于年底正式启动了行政管理体制改革；洪岩镇成功入选江西省首批44个特色小镇创建单位，乡村振兴战略全面启动，乡镇基础设施建设有了新的改观。

六是脱贫攻坚持续不断推进。以“春季攻势”“夏季整改”“秋冬会战”三大行动为载体，推动九大扶贫工程进一步落实、提升。“就业+扶贫”帮助1733名贫困群众家门口就业，“产业+金融”累计带动6071户贫困户增收，62个光伏扶贫村贫困户获得收益分红和劳动奖补。

七是污染防治取得历史性成就。城市生活污水处理达到国家生活污水排放一级A标准，工业园污水处理达到国家生活污水排放一级B标准，农村面源污染防治全面完成省下达任务，乐安河野鸡山国控断面水质全年月月达到Ⅲ类以上水质，全年空气优良率达90.3%。

八是县级一流的市体育中心胜利竣工。仅用10个月时间全面建成，建筑面积达28565平方米。不仅成功协办第十五届省运会武术、体操赛事，还成为广大群众的重要体育活动场所。

九是“六年级回归小学”目标得以实现。第十一小学、第十二小学顺利投入使用，并改造了乐平二中分校。

十是土地集约利用工作受到国务院表彰。被奖励用地计划指标1000亩，同时获得全省耕地保护先进县市，省政府奖励用地指标120亩。另外，高标准农田建设项目在全省绩效考评中荣膺二等奖，获得奖励资金1700万元。

十一是一批改革成果落地生效。城市管理体制改革全面运行；人才机制改革仅调回乐平体制内人才就达56人；“12345”政府服务热线市民回访满意率达98.71%；乡镇（街道）纪（工）委书记、副书记单列考核机制由省纪委向全省推广；十月份正式启动的殡葬改革火化率达96%且没有出现一起不稳定事件。

十二是扫黑除恶专项斗争取得阶段性战果。打掉了一批黑恶势力犯罪集团，依法治市迈出坚实步伐，全国“两会”期间，信访工作实现了零登记、零非访、零滞留、零倒流、零违纪“五零”目标，全年没有发生一起生产安全事故，连续16年没有发生重特大事故，连续12年实现非法小煤窑“零开采、零死亡”。

另外，民生事业取得了长足进步，先后获得全省县级党政教育履职优秀单位、省流动人口计划生育管理先进单位、省级历史文化名城，古戏台营造技艺被列入第一批国家传统工艺振兴目录。

第三，坚持以全面加强新时期党的建设为统领，在大变中凝心聚力。

市委坚持以变为要，全面贯彻新时代党的建设总要求，严格压紧压实管党治党政治责任，推动全面从严治党向纵深发展，不断提高党的建设质量，以党建促大变。

一是意识形态工作变得更加牢固。建立了意识形态目标考核、工作联席会议制度和风险防控工作机制，强化部门联动，意识形态工作平稳有序、向上向好。有效地应对了10多起网络重大舆情，在中央电视台、《人民日报》《光明日报》《江西日报》等媒体上稿共107篇，《乐平之窗》进入江西县区政务微信10强，位列全省第四。

二是基层基础特色变得更加鲜明。顺利完成村（社区）“两委”换届。构建了以中心社区党群服务中心为核心、以社区内其他党建服务点为补充的“15分钟区域化党建服务圈”，城市基层党建被省委组织部确定为全省三个示范县（市）之一并称之为乐平模式，相关做法被中组部《全国基层组织建设工作情况通报》作为“典型做法”予以登载。扶持发展了“帮帮团”、蓝天救援志愿者协会等公益性社会组织，并建立党组织，引导公益组织参与城市治理工作，走出了一条中小城市加强城市基层治理的新路径。

三是选人用人机制变得更加切合实际。对科级领导班子和领导干部实行分类分层测评打分，推行乡镇机关干部绩效考核，有效地调动了干部干事创业地积极性主动性创造性。加大年轻干部使用力度，着眼未来选拔了一批“85后”年轻干部到基层领导岗位接受锻炼。

四是凝聚发展合力变得更加有力。支持市人大及其常委会依法加强对“一府一委两院”的监督，支持市政协更加有效地履行政治协商、民主监督、参政议政职能。重要会议邀请“两代表一委员”列席。支持各民主党派、工商联、无党派人士深入调查研究，积极建言献策。工商联开展了“百企帮村”精准扶贫等活动，“网上共青团”工程有效推进，市妇联、市总工会都荣获了全省先进单位称号，圆满完成基层群团组织换届，提升基层科协组织力“3+1”试点工作，人武部荣获景德镇市唯一的省军区全面建设先进单位称号。

五是政治生态变得更加清明。市委带头履行主体责任，全年共研究党风廉政工作16次。认真抓好省委巡视反馈问题的整改，制订了107条整改措施，完成率72.73%。发挥巡察利剑作用，对33家单位开展了政治巡察，推动形成纪律、监察、派驻、巡察监督“四个全覆盖”的权力监督格局。按照“1+1+N”的模式设立3个乡镇（街道）综合监察组，在全市336个行政村配备村级纪检监察员，把监督“探头”安装到田间地头。深入开展作风建设专项行动，查处违反中央八项规定精神问题83起，处理130人；集中整治形式主义、官僚主义，坚决整治“怕慢假庸散”作风顽疾，发现问题线索328人，全市通报30起50人。坚持“严”字当头，紧盯“微权力”，严惩“微腐败”，共立案341起，涉及387人，同比增长31.7%，处分351人，同比增长21.5%。其中科级干部立案56起65人，同比增长10%。

回顾一年来的发展，我们深切体会到，做好乐平的工作，就是要坚持“学、干、变”的有机统一。最首要的是要真学、大学、弄通学，做政治的明白人。学是基础、是前提。只有学懂弄通做实习近平新时代中国特色社会主义思想和党的十九大精神，才能旗帜鲜明讲政治，始终在思想上政治上行动上同以习近平同志为核心的党中央保持高度一致，确保各项工作沿着正确方向前进；才能更好更准地对标对表，全面落实省委、省政府和景德镇市委、市政府对乐平工作的具体要求，并结合乐平实际加以创造性地落地生效。最关键的是要真干、大干、务实干，做发展的实践者。干是关键、是水平。只有坚定不移地按照市第六次党代会确定的发展战略和奋斗目标，解放思想、与时俱进，保持定力、久久为功，撸起袖子加油干，一年接着一年干，才能不断迈出打造特色鲜明的现代化赣东北明珠的新步伐。最根本的是要真变、大变、形象变，做作风的排头兵。变是目的、是根本。我们所有的工作，都是为了让老百姓的日子变得更幸福、让乐平的明天变得更美好。但这些是“等不来”“叫不来”、天上不会掉下来的，唯有靠我们各级干部切实担当负责，始终对党的事业负责、对人民群众负责、对乐平历史和未来负责，以我们的作风之变带动乐平的形象之变、发展之变。

一年来，市委全委会的同志和各乡镇（街道）、市直各部门、各单位负责同志在各自岗位上心系大局、勤奋工作、锐意进取，对市委常委会的工作给予了大力支持。借此机会，我代表市委常委会，向同志们表示衷心的感谢！

回顾2018年，我们虽取得了一定成绩，但存在的问题同样不可轻视。主要表现为：受外部环境影响，经济下行压力仍然很大，产业结构调整、产业转型升级面对挑战和压力必须做好充足准备；创新人才不足，资金瓶颈突出，民营企业、实体经济应对持续发展必将面对更多竞争；项目建设缓慢，体制机制和放管服改革任重道远、迫在眉睫；城乡一体化进程受到的制约因素依旧存在，乡村振兴未能引起足够重视，发展仍然不平衡不充分；防范各类风险的全民意识尚有很多工作要做；环境问题的历史欠账与生态文明建设的现实要求始终存在，还有让人放心不下的违法违规破坏环境行为不能杜绝；精准扶贫的基层基础工作仍需更大力气夯实，才能经得起人民和历史的检验；目前市乡村三级组织建设和干部管理的意识和水平与基层现代化治理接轨尚有不愿不敢不能的徘徊；有些党员干部工作探索不够积极主动，担当作为仍有差距等等。对此，市委常委会将进一步统一思想，坚持问题导向，精准施策、攻坚克难、开拓进取，稳步把乐平各项工作向前推进。

二、开足马力大学大干大变，全力推动全市经济社会发展迈上新台阶

当前，国际形势面临百年未有的大变局，全市上下必须增强危机意识，但我国仍处于重要战略机遇期的重要判断没有改变。变局中总是危和机同生并存、挑战与机遇相伴同在。我们要善于在应对复杂多变的形势中，迎接挑战，把握机遇，学会在危中求机，努力转危为机，牢牢掌握发展的主动权。从全国来看，“关上了一扇门，打开了一扇窗”，给我们带来了新的政策机遇。中央为有效应对经济下行压力，加快转型发展步伐，继续实施积极的财政政策和稳健的货币政策，出台了一系列稳中求进的政策措施。比如“更大规模的减税降费”“较大幅度增加地方政府专项债券规模”“提高直接融资比重，解决民营企业融资难融资贵问题”“加大城际交通、物流、市政基础设施等投资力度”等等，同时在乡村振兴、产业发展、民生福祉等方面也出台了很多利好政策。我们要研究政策、用足政策、用好政策，在把握政策中抢抓发展机遇。从全省来看，“上了一层楼、布了一盘棋”，给我们带来了发展机遇。省委十四届六次全会提出24字工作方针，迸发出创新发展的新活力，激发出转型发展的新动能，推动江西发展呈现出高质量跨越式发展的新态势，主要经济指标增幅连续保持在全国“第一方阵”。特别是提出了着力打造“一圈引领、两轴驱动、三区协同”新格局，正式开启了中部崛起之江西新时代。只要我们主动融入全省区域发展战略，做好结合文章，发挥特色优势，坚持错位竞争，就一定能特色崛起。从乐平来看，“多了一平台、添了六道彩”，为我们带来了信心机遇。随着景德镇国家陶瓷文化传承创新试验区国家战略的实施，一系列政策红利将逐渐释放，乐平作为景德镇的“大块头”“大个子”，将大大受益。另外，市第六次党代会以来，全市上下通过两年的真学真干真变和大学大干大变，“六大明珠”纷纷添彩、层层增辉，尤其是随着一大批打基础、管长远重大项目的不断推进和深入实施，后发效应将逐步显现，必将成为全市高质量、跨越式发展的有力支撑。同时，全市各级党组织和广大干部群众凝心聚力、苦干实干的氛围越来越浓，这是一切变化之本、各种动力之源。只要我们始终坚守景德镇乐平一体化发展战略，用好用活国际瓷都这个“大平台”，始终做到站在全省想乐平，对接瓷都谋发展，立足乐平干事业，就一定能在新一轮激烈竞争中实现弯道超车、变道超车、重振乐平雄风。

2019年是新中国成立70周年，是全面建成小康社会关键之年。做好今年工作，意义十分重大。今年全市工作的总体要求是：高举习近平新时代中国特色社会主义思想伟大旗帜，全面贯彻党的十九大、十九届二中、三中全会和中央经济工作会议精神，认真落实省委十四届六次、七次全会和景德镇市委十一届六次全会精神，以“大学大干大变”为主导、以“早日回归全省十强”为主引、以“双创双修”为主线、以“项目建设”为主攻，全力打好“三大攻坚战”，为打造特色鲜明的现代化赣东北明珠接续奋斗，以优异成绩庆祝新中国成立70周年。这个总体要求，既对标对表中央精神和省委、景德镇市委要求，也充分体现了乐平发展的阶段性特征和工作重点。“大学大干大变”事关履职水平、担当精神和工作成效，是决定性因素。“三大攻坚战”是党中央的重大决策部署，不仅是经济发展问题，更是重大政治问题，必须不折不扣地执行。“双创双修”是提升城市功能与品质的关键，必须以此为主线坚持持续发力。“项目建设”是加快发展的重要支撑，我们要牢固树立“抓大项目、大抓项目”的意识，坚持以项目促发展保增长、提质量增后劲。“早日回归十强”是“十三五”规划的奋斗目标和全市人民的强烈愿望，必须全力以赴、奋力拼搏。“打造特色鲜明的现代化赣东北明珠”是我们向全市人民的庄严承诺，并在去年召开的全省县委书记座谈会上向全省表态发声，省委刘奇书记在会上和去年10月份来乐平指导调研时再三谆谆教导，既要有目标更要有行动，要以实际行动打造“明珠”、让“明珠更明亮”。

“大学大干大变”的核心在干。习近平总书记指出：伟大梦想不是等得来、喊得来的，而是拼出来、干出来的。我们要实现“明珠梦想”，不仅要大干，而且要拼搏干，每个人都要干好每一天、干好每件事、干出新天地。

第一，围绕项目建设拼搏干。拼项目就是拼实力、拼财源、拼后劲。我们要认真吸取以往项目“规划不充分、推进不主动、效果不理想”的教训，从今年开始、从现在开始，真正做到以项目为王，资金向项目倾斜、人员向项目集中、“帽子”向项目佩戴，大打一场项目建设翻身仗。

一要科学谋划项目。项目建设规划是前提。要围绕发展壮大首位产业来谋划项目。乐平的医药化工有园区平台、有产业基础、有国际国内市场话语权，是不可替代的首位产业，现在关键是要充分应对国际国内市场变化，解决大而不优、创新不够、升级缓慢的问题。要围绕培育壮大首位龙头企业，重点支持天新、世龙、宏柏等优势企业做大做强，发挥龙头带动作用，加快推进江西省新型工业化产业基地扩园建设，加速产业集聚。同时，要围绕产业结构调整和转型升级，在“做大机械制造、做深矿产建材、做好绿色食品、做旺文化旅游、做强电子信息”等产业上上项目。要围绕推进城乡一体化谋划项目。城市以功能与品质提升为主，围绕全面推进“双创双修”“治脏”“治乱”“治堵”“功能修补”“生态修复”“彰显特色”“亮化美化”“治理创新”等九大行动来谋篇落子，切实提高城市发展质量。农村以人居环境整治为主，聚焦垃圾污水处理、厕所革命、农村建房管理、河道治理、圩堤除险加固、村容村貌提升等重点集中推进。“一体化”要重点围绕交通来着手，打造好高铁高速、公路水路、航站航运综合立体交通体系，优化交通空间布局和枢纽节点，成为连接城乡并“与世界对话”的强劲纽带。

二要快速推进项目。都说项目推进难，也就是资金有时供应不及时、审批环节程序把关的时间长、征地征收老大难解决慢等问题。困难像弹簧，你弱它就强。只要我们知难不畏难、迎难而上，就一定能破难而进。要坚持“有多少事找多少钱”，千方百计争资金、挤资金、筹资金。要眼睛“向上”，主动对接国家和上级政策，积极“跑部进厅”，争取上级资金；要眼睛“向内”，大力提升市国资公司市场化运营水平，善于把资源变成资产，把资产变成资金；要眼睛“向外”，加大引资引企引项目力度，“借鸡生蛋”。要坚持“明天再早也是晚”，千方百计抢时间、抢进度、抢成效。要在审批环节“下刀子”，做到不切“玻璃门、弹簧门”就切“当事人”，彻底破解项目审批疑难杂症；要在施工环节“下笼子”，按时计量、按天记事、按周小结、按月排位。

三要“以项目成败论英雄”。要加强项目考核，明确时间表、任务书、路线图，挂图作战，序时推进，加强督促检查，奖优罚劣，以此倒逼落实。要锤炼培养一批项目建设的好手、快手、高手。干得好不好，有没有成效，谁在干，谁干得卖力，谁干得好，将作为市委选人用人的一条硬杠杆。各级领导干部要按照“突出重大、突出重点、突出重要”和“畅通急事、疏通难事、融通特事”的思路，一天也不耽误地一个项目一个项目去解难事、优环境、促进度、保质量、抓落实。

第二，围绕“三大攻坚”统筹干。去年三大攻坚战初战告捷，今年要针对突出问题打好重点战役，全力攻坚，务求实效。

一要积极稳妥打好防范化解重大金融风险攻坚战。重点是深化投融资体制改革，进一步完善政府投资机制、时刻筑牢风险“防火墙”，有效防范政府债务风险。同时，坚持标本兼治，疏堵并举，既要坚决堵住风险点，铲除滋生各种风险的土壤；又要形成活水引导资金“脱虚向实”，更好地服务实体经济发展。要做好重点领域风险防范和处置，规范房地产市场行为，坚决打击违法违规金融活动和非法集资与非法传销活动，加强薄弱环节监管制度建设。要算好投入账，过好程序关，加快历史遗留问题的解决。

二要尽锐出战打好精准脱贫攻坚战。按照全省脱贫攻坚三年行动安排，今年是“巩固提升年”，我们要紧紧咬住这个目标，逐步由“打赢”向“打好”转变。要大力“巩固”已经取得的成果，继续坚持精准方略，既要精准识别，也要精准施策，还要精准退出，用好“绣花”功夫，确保脱贫攻坚“不让一个人掉队”、“不让一个人返贫”。要大力“提升”新的成效，把工作重心由“授人以鱼”转移到“授人以渔”上来，并结合乡村振兴大力做好“产业+扶贫”文章，“多挖鱼塘，多养鱼，让鱼多起来”，只有致富才能真正地摆脱贫穷。要大力倡导“快乐扶贫”的理念，教育引导广大干部把扶贫当作一件“赠人玫瑰手有余香”的快乐的事来做，切实做到真扶贫、扶真贫。要大力开展脱贫攻坚“感恩行动”，教育引导贫困群众知党恩、跟党走，发扬自力更生精神，用自己的辛勤劳动实现脱贫致富。

三要铁心硬手打好污染防治攻坚战。环境保护如同逆水行舟，不进则退，必须持续发力、久久为功。要按照“四禁”要求抓好乐安河保护，按照“乐安河生态保护与绿色发展总体规划”，紧紧围绕“河流断面达标”这个总目标，精心实施“河长制”，全面实施“禁污水流入、禁垃圾倒入、禁养殖污染、禁非法开采”，千方百计确保水系不破坏、水质不下降。要按照“四净”要求抓好园区环境治理，全面开展“净水、净空、净废、净违”，按照“废水达标治理、废气达标排放、废物达标处理、企业达标生产”的要求，力求做到园区无污水乱排、无废气扰民、无废物乱堆、无企业违规生产。要按照“四清”要求抓好饮用水源保护，做到“规划修编清楚、违规设施清除、非法养殖清零、饮用水源清澈”，想尽办法确保饮用水安全，不断巩固城乡供水一体化乐平模式成果。

第三，围绕改革开放大胆干。改革停下来没有活路，慢下来没有出路，不改革更是一条死路。我们要始终坚持问题导向，进一步深化改革开放，全面增强乐平发展的内生动力和创新活力。

一要在“快、准、狠”上做文章，早改改准下狠劲。抓改革比认识更重要的是决心，比方法更关键的是担当。要快速推进既定的改革举措，按照“调研论证、制定方案、宣传发动、组织实施、总结评估”五步走的改革流程，确保既定的改革举措真正落地生效。要精心谋划重点攻坚的改革举措，坚持问题导向，围绕“钱从哪里来？机制怎么活？人要怎么干”等方面想清楚、搞明白，坚持有什么问题就改什么问题，直奔问题定课题、出方案，改重点、改难点，去阻力、增活力。要狠下决心谋求改革新突破。要坚持正确的改革方向，只要符合人民利益和乐平发展大局，就应该坚决地破、坚决地改，坚决冲破利益的“藩篱”；要树立正确的改革导向，坚持“不立不破，先立后破”，进一步完善督办协调、督察落实、考评激励、责任追究等工作机制，使“谁改谁不改”一清二楚、让“改革者上、不改革者下”两头发力，着力形成改革的强大合力。要善于总结提炼改革亮点、改革经验，形成可复制的改革案例，力争改革特色亮点在全省有地位、全国有声音。

二要在“强、大、敢”上下功夫，强身招大敢担当。对外开放、招商引资是加快发展的“牛鼻子”。我们要进一步树立开放的理念、营造开放的环境、提升开放的水平。要建好强大的开放平台。大平台就有大项目，“巢好才能引得凤凰来”。当前工业用地严重短缺是制约招商引资、项目落地的最大因素。要加快推进工业园区基础设施完善和扩园建设，不断提升园区承载能力。要加快推进金山园区工业地产项目，全面清理“僵尸企业”，实行“腾笼换鸟”，切实提升土地的回购率和产出利用率。要选准对路的大商大企。充分发挥乐平的产业、资源和商贸优势，巧做引资文章，从“篮子”招商向产业招商转变，从招企业向招产业转变，多招有实力、有格局、有情怀的大企业、大客商。要有敢做善成的开放智慧。要树立让大利、招大商、大发展的理念，善于算大账，算长远账，以“企业多赢我少赢、企业先赢我后赢”实现“双赢”。要发扬“四千精神”，千方百计谋项目，千山万水找客商，千辛万苦寻资金，千言万语拉合同。要打好“亲情牌”，开展“三请三回”，促进“三企入乐”，引导鼓励更多的乐企回迁、乐商回家、乐才回归。要敢于担当，不因爱惜“羽毛”而错失“天鹅”，只“清”不“亲”，搞所谓的“自保”，将企业的一些正常诉求拒之门外，这不是清廉的表现，而是一种懒政怠政、一种失职行为。

三要在“好、优、特”上齐发力，好客优待上特色。环境是一个地区发展最好的竞争力。乐平人豪爽大度、热情好客，乐平山水秀美、城市优美，工贸突出，这些都是我们开放的资本、引资的资源。要有亲商的情怀，来的都是客，像对待客人一样对待客商，千万不能引商做“孙子”、安商当“老子”。要有留商的情义，按照政策最优、成本最低、服务最好、办事最快的要求，推行“保姆式”“店小二”政务服务。要有稳商的情景，切实将依法治市、扫黑除恶专项斗争推进深入，全力打造一个特色鲜明的、立体的、综合的生活环境、生产环境、人文环境。尤其要深入开展群众性精神文明创建活动，提高城市的美誉度、市民的亲和力，营造一种包容向善的人文环境。

三、全面加强党的建设，为大学大干大变提供坚强保障

当前，我们正处于全面建成小康社会的关键节点，要实现与全国、全省同步全面建成小康社会，加快建设富裕美丽幸福现代化乐平，关键在人、关键在党，必须始终坚持以党的政治建设为统领，全面贯彻新时代党的建设总要求，着力提高党的建设质量。

一要对党绝对忠诚。要保持政治定力、政治自觉，严守政治纪律和政治规矩，切实把思想认识统一到党中央对当前形势判断上来，不折不扣、坚决贯彻落实党中央各项决策部署，以实际行动践行“四个意识”“四个自信”和“两个维护”。要强化理论武装，持续推进“两学一做”学习教育常态化制度化，精心组织开展“不忘初心、牢记使命”主题教育，推动学习贯彻习近平新时代中国特色社会主义思想往深里走、往实里走、往心里走，不断增进政治认同、思想认同、理论认同、情感认同。牢牢掌握意识形态工作的主动权，以高度的责任感、敏锐性、操作力做好意识形态工作。要学以致用、知行合一，在深入领会中学懂，在指导实践中弄通，在推动工作中做实，以实际行动诠释对党忠诚。

二要锤炼过硬队伍。坚持“做事是最好作风”的用人导向，坚持制度选人用人，不断建立和完善能公开、能透明、可衡量的公平公正公开的选人用人制度和考核评价机制，在实践中检验、评价、使用干部，着力打造一支忠诚干净担当的干部队伍。要切实加大优秀年轻干部发现培养选拔力度，解决好“青黄不接”的问题。年轻干部自身要努力，年轻是优势但不是资本，不能“伸着懒腰、坐等提拔”，要始终牢记“幸福是奋斗出来的”，要始终“在努力中等待”、不在“等待中努力”。要以机构改革为契机，盘活用好领导干部资源，把最合适的干部放在最合适的岗位上，做到各尽其能、人尽其才。要坚持党管人才的原则，全面落实“人才十条”，统筹推进各类人才队伍建设。全市上下要牢固树立“一盘棋”的思想，始终同心同德、同力同向，有事多商量、事前好商量、落实没商量，真正做到“说好了再干、干中不说不”。要为敢担当者担当，坚持“三个区分开来”，明确容错纠错政策界限，列出容错免责清单，给予干部充分的信任和包容，为干事创业者说公道话、给肩膀靠、吃“定心丸”，真正让那些扛重活、打硬仗、出实绩的干部腰杆挺起来、硬起来，让组织多用起来。

三要夯实基层基础。基层党建既是我们的重点，也是难点和薄弱点。现在，中央先后出台《中国共产党支部工作条例（试行）》《中国共产党农村基层组织工作条例》等制度文件，“怎么干、干什么”都已经很明确，关键是要求我们要真抓实干、落实见效。要深入实施“党建+”和“三基四化三起来”模式，把规矩立起来、活动开展起来，使基层党组织真正成为坚强战斗堡垒。要不断提升党的组织覆盖和工作覆盖，继续扶持发展志愿者协会等公益性社会组织，并建立党组织，创建一批“五个引领”党员志愿服务品牌，做到哪里有党员，党组织就建在哪里，党的工作就开展到哪里。要加强社区、农村、企业、机关、事业单位、非公和社会组织等各领域党的工作，推动基层党的组织全面进步、全面过硬。要重点抓好城市基层党建，在城区东西南北中多方位共建5个中心社区党委，进一步完善党员网格化管理体系，形成覆盖城市全方位的“15分钟党建区域化服务圈”。要强化政治引领，加强基层党支部建设，发挥党组织在各类组织中的核心作用、在服务群众中的主体作用、在社会事务中的主导作用、在基层现代化治理中的主力作用，不断增强党在基层的政治领导力、思想引领力、群众组织力、社会号召力。

四要全面从严治党。始终把全面从严治党主体责任抓在手中，扛在肩上，把压力逐级传导到位，推动全面从严治党向基层延伸。要集中整治形式主义、官僚主义顽疾，深入整治“怕慢假庸散”等突出问题，让风气正起来、作风好起来。切实加大监督执纪问责力度，向关键少数聚焦、向全体党员拓展，深化运用监督执纪“四种形态”，抓早抓小、防微杜渐，真正让制度“长牙”、使纪律“带电”。要继续抓好省委巡视反馈问题整改，坚持分类施策，加强对账盘点，健全长效机制，确保整改取得实效。要继续深化纪检监察体制改革，推进派驻机构全覆盖。要充分发挥巡察利剑作用，对重点领域、重点环节、重点工作，有针对性地开展巡察。要坚持重遏制、强高压、长震慑，紧盯重点问题、重点领域，着力整治基层腐败和群众身边腐败及作风问题，严肃查处扶贫、涉黑涉恶腐败，努力营造乐平风清气正的政治生态。

同志们：“我们都在努力奔跑，我们都是追梦人。”在前进的道路上，最慢的步伐不是跬步，而是徘徊；最快的脚步不是冲刺，而是坚持。让我们更加紧密地团结在以习近平同志为核心的党中央周围，高举习近平新时代中国特色社会主义思想伟大旗帜，始终以“做长远、强基础，去功利、留口碑”的精神境界，解放思想、锐意进取、真抓实干，为打造特色鲜明的现代化赣东北明珠接续奋斗！

在中共乐平市委第六届八次全体（扩大）会议上的讲话

（2019年7月31日）

俞小平

同志们：

我们这次全会的主要任务，就是要把省委全会精神学习贯彻落实好。我们大家一定要有思想自觉、政治自觉、行动自觉。总书记的重要讲话，深刻阐明了事关江西长远发展的一系列根本性、方向性、全局性的重大问题。习总书记对我们江西的要求可以说是今后若干年的，一个根本性、方向性、全局性的指导意见。大家一定要学习再学习。也如刘奇书记讲的，习总书记的讲话是指导新时代江西改革发展的定盘星，是江西革命老区高质量发展的进军号，是江西尽锐推动中部地区崛起的动员令，是引领江西走好新时代长征路的领航标。是定盘星，我们江西今后怎么走；是进军号，我们要沿着这个号角向前冲；是动员令，更是领航标，在江西发展史上具有重要里程碑意义。

总书记对江西工作提出的“两个定位”和“五个推进”的重要要求，与第一次视察江西提出的“新的希望、三个着力、四个坚持”一脉相承，共同构成习近平新时代中国特色社会主义思想的“江西篇章”，为新时代江西改革发展注入了强劲动力，是我们做好各项工作的总方针总纲领总遵循。

省委十四届八次全会，审议通过了《关于深入学习贯彻习近平总书记视察江西重要讲话精神 努力描绘好新时代江西改革发展新画卷的决定》。《决定》聚焦了习总书记提出的两个定位“在加快革命老区高质量发展上做示范、在推动中部地区崛起上勇争先”。这两个目标定位，就是说我们江西一定要在加快革命老区高质量发展上做示范。这实际上有三层意思：首先，定位我们是革命老区。全国老区贫困地区连片有13个，我们江西要在高质量发展这方面做示范。这13个连片贫困区习总书记每一个都到了。比如说“精准扶贫”，他就是在湖南十八洞提出来的。那个地方现在已经发展得很好了。他还到了我们江西的神山村。现在神山村成了江西旅游的热点旺点。其次，在推动中部地区崛起上勇争先。大家看到了中部、东部、西部还有东北，区域布局、四大板块。下一步要扛起中部贫困老区的高质量发展，那么中部地区在四大板块里面就要奋进崛起。中部的崛起是十年前提出来的。这都是在重要时期、重要节点上提出来的。十年中部地区已经发展得非常好，而且现在中部已经具有良好的发展态势。中部六省中江西的发展态势又是属于领先地位的。比如，我们的GDP增速排在中部地区第一位。希望大家要深刻认识到这点。“五个推进”（推进经济高质量发展、推进改革开放走深走实、推进农业农村现代化、推进社会治理创新、推进红色基因传承），精准对标对表，适应形势发展，进一步完善了建设富裕美丽幸福现代化江西的思路举措，必将有力地引导全省上下切实把思想和行动，统一到习近平总书记重要讲话精神上来，奋力开启建设富裕美丽幸福现代化江西的新征程，感恩奋进描绘好新时代江西改革发展新画卷。围绕“两个定位”“五个推进”，结合联系新的希望、三个着力、四个坚持，就是我们描绘江西新画卷今后努力的动员令、进军号、领航标、定盘星。

省委十四届八次全会，围绕贯彻落实习近平总书记的重要讲话精神，科学分析了江西发展所处的历史方位，以及面临的机遇挑战，做出了“江西处于可以大有作为的重要战略机遇期，到了动能转换、蓄势跨越的关键阶段”的重大判断，提出了“五个紧扣”（紧扣经济高质量发展这个时代主题，加快构建现代化经济体系；紧扣改革开放这个关键一招，切实增强经济社会发展动力活力；紧扣实施乡村振兴战略这个总抓手，加快推进农业农村现代化；紧扣保障改善民生这个根本导向，着力加强和创新社会治理；紧扣传承红色基因这个核心载体，持续建设风清气正的良好政治生态）工作举措，向全省发出了描绘好新时代江西改革发展新画卷的进军号、动员令。思想自觉、政治自觉、行动自觉一定要强化。这些目标、这些要求、这些举措需要我们自觉地去学习、自觉地去贯彻、自觉地去落实。如果不去学习，不去贯彻，不去落实，上面也会提出要求，会来督查。我们与其被赶着走，还不如现在主动走。主动走，首先要了解这些东西，要学习这些东西，然后要根据自己部门、自己单位实际，抓好落实。不要简单地认为，这只是市县两级、县乡两级党政机关的事。事业单位、教育部门、卫生部门、各行各业都要去做。描绘江西改革发展新画卷是个美好的东西，缺一不可，人人有份。我们从现在开始就要动起来。

景德镇市委十一届七次全会，围绕贯彻落实习近平总书记的重要讲话精神和省委十四届八次全会精神，客观总结了上半年工作，切合实际提出了下半年“五个进一步”（突出抓好产业发展，进一步增强经济实力；继续抓好环境建设，进一步彰显城市魅力；全面扩大对外开放，进一步激发创新活力；努力增进民生福祉，进一步提升人民群众的获得感；切实加强党的建设，进一步营造干事创业的良好氛围。）的工作思路和举措，精准提出了全力建好景德镇国家陶瓷文化传承创新试验区、打造对外文化交流新平台的工作重点和具体要求。

刚才市长已经传达了景德镇市委全会精神。在这一次景德镇市委全会上，钟书记讲了，主题就是开放。景德镇要全方位的、全时段的、全领域开放。5000多平方公里，包括我们乐平1980平方公里，要全部开放。景德镇国家陶瓷文化传承创新试验区，不出意外的话8月份应该能被审批下来了。景德镇举全市之力，在跑这个项目。创建试验区的文件，上次全会上钟书记讲了，到了韩正副总理的办公桌上，需要李克强总理签发。一个地级市，就好比我们一个村里干什么事，要高市长签发，最后是不是书记签发，但起码要高市长签发。全国有400多个地级市，直到目前为止，国家批准了这么多区，不是以一个城市来批的，而都是以一个省的连片来审批。比如，赣江新区就包括南昌和九江，湖南就是长（沙）株（州）（湘）潭。还有很多省的区，到现在都没批下来。江西有两个，所以这也体现出习总书记对江西的重视。

这次我在中央党校学习也讲了这个事。因为周边我们有很多省。他们省委书记在会上骂，说到了江西感觉山清水秀，如诗如画。到了他们自己省，就有点乱搭乱建，自然环境太差。因为他们是坐在飞机上、坐在火车上看的，特别是坐高铁看的。习总书记对江西提出了做示范、勇争先要求，要做到这点是很难的。高质量发展，不光是经济数字发展，还包括环境保护与发展。崛起，也不光是搞几个大企业，弄几个财政收入就是崛起。这其中都是有一定的含义，所以全会上钟书记提出来关键是开放。我们乐平也要开放，因为试验区就包含了乐平在内。比如，试验区具体就包含了南窑。因为有南窑，使景德镇的制瓷历史往前推进了200年。这也是我们自豪的一个东西。

第一，全会上钟书记与参加会议的同志分享了省委组织到福建考察的感受。省委利用三天的时间，实际上就两天半，组织了各市区的书记，省直有关部门的负责人到福建，沿着习近平总书记在福建工作17年间的工作轨迹，考察了厦门、宁德、福州。三个地方都给大家很大的震撼，体现在四个方面：第一是重视环境建设。习总书记在厦门当常务副市长的时候，就主动牵头改造臭水沟。第二是创新，第三是人才，第四是民生。习总书记对这四大工作都非常重视。比如，民生工作，我们有本书也发给大家了，叫《摆脱贫困》。他很早就提出脱贫等这些观念。他对人才的重视，大家可以从书里找得到相关论述。总结我们江西和福建目前存在的差距，比如，习总书记要求宁德上两个大项目，有些企业就响应号召去支持。上海的上汽集团投了100个亿到宁德做新能源汽车。而宁德的同志也不是坐在大树底下好乘凉，坐享先辈人、领袖的福。他们配套100个亿修桥铺路，改善环境。这种精神就会影响人、感染人。以后可能就不是100个亿，可能是200个亿、可能是1000个亿。我2015年到过宁德，到习总书记住的地方，可以感受他那种精神，可以说不是我们一般人可以相比的，那种自我奋进的精神令人钦佩。宁德过去是很贫困的地方，现在发展得很好。那么我们与福建差距在哪里？差在观念上，差在思路上，差在方法上。这些跟资源、跟环境、跟历史、实力是有差别的。观念、思路、方法。大小无所谓，好坏很关键，质量很重要，这是我们钟书记到福建考察得出的结论。

第二，全会上钟书记对景德镇这几年工作也做了一个不是总结的总结。这次申报陶瓷文化传承创新试验区，应该说是大家多年不懈努力争取的结果。新来的副书记王建武上任第二天就到了北京，一蹲就是半年。常务副市长黄金龙基本上一半的时间在北京，他前天在北京，昨天就让他赶快回来开安全生产会。这就是要两手抓，统筹抓好重点与一般，全局与局部工作。按常理黄金龙同志是常务副市长只需要抓他财税等口子的工作，而且这些工作也很重的。安全生产工作有其他分管副市长专门负责，还要他负责管安全生产工作，为什么呢？因为按照中央的规定，安全生产工作现在要由党委的常委来分管。我们要讲政治落实中央规定。大家都知道景德镇副市长里面，市委常委就是常务副市长。浙江就做了明确规定，安全生产工作就常务副职管。这也体现了习总书记对安全生产工作的重视。谁当常务，安全生产工作这个烫手的山芋谁就要接手下来。我们有些工作也做了规定，但是到现在有些没落实。比如，常务副市长负责管钱，但管钱不是批钱而是要找钱，要蓄水培养财源。包括我们一些乡长，千方百计地想把这个权限限制一下。高市长批钱从来不批，到今天也没批过一分钱，因为不需要。这是由制度管的。讲这么多的意思，就是制度要靠大家去执行。否则再好的要求、再好的规定都会大打折扣。我们通过传达学习省委全会、景德镇全会精神，我们要反思自己。

钟志生书记指出，千年瓷都怎么千方百计抓住这个千载难逢的机会。这里面有三个千：千年瓷都、千方百计、千载难逢。钟书记结论：这几年景德镇的方向没有错，路径没有错。钟书记为什么讲这个话？比如环境建设，肯定要有些投入。昨天省里领导包括曾经在景德镇工作的大领导，都由衷感叹景德镇的变化确实让人惊讶和点赞。但有没有不同声音呢？肯定有。为什么钟书记在全会上讲方向没有错？现在到底是抓环境还是抓产业？有些是不能回答的。要回答，就像钟书记讲的，抓环境就是抓发展，抓发展必须抓环境。产业要不要抓？肯定要抓！但是没有环境，产业靠什么来支撑？刘锋市长在全会上提出来，三个环境都要抓。这就需要我们去统一认识，一定时期对一定方面的投入，一定时期对一定人力方面的部署，都是必需的。这是我们中国最大的优势，就是集中力量办大事，这也是景德镇全会的精神。

习近平总书记重要讲话精神和省市全会精神，为我们做好下步工作指明了方向、擘画了美好蓝图。我们一定要把习近平总书记的重要讲话精神和省市委决策部署落到实处，扎扎实实做好乐平工作，办好乐平事情。

下面，我代表市委常委会，讲几点意见：

一、回首半年努力，我们站在了新的起点

今年以来，在省委、景德镇市委的坚强领导下，市委常委会坚持以习近平新时代中国特色社会主义思想为指引，深入学习贯彻党的十九大和十九届二中、三中全会精神，省委十四届六次、七次全会精神，积极融入景德镇市委“三个五”发展战略，团结带领全市上下攻坚克难、奋发有为，奋力迈出“拼搏全省十强、建设六大明珠”的新步伐。

一是旗帜鲜明讲政治，“两个维护”厚植民心。践行“两个维护”成为全市党员干部思想自觉行动自觉。在大学中坚定理想信念、促进能力提升成为共识。市委常委会带头学、党员干部跟进学、全市群众响应学成为常态。

现在我们已经固定了每月首个工作日的周二，作为各级中心组的学习日。现在来看，这个制度坚持下来了。过去学习的重要性，可能在我们乐平，特别是在干部方面，还没形成共性认识，或者说认识还没到应有的地位和高度，总认为学习是多余的、是浪费时间的。不注重学习这点，今年以来应该说是有了很大的改变。

每个月的第一个周五主题党日也固化成制度并长期坚持。特别是开展“流动党校”开展宣讲100余场、市委宣讲团宣讲42场、古戏台大讲堂宣讲50余场，新成立的“赣鄱红色娘子军”宣讲团宣讲50余场，同步依托“新时代文明实践中心（1个中心、120余个所、近500个站）”“学习强国（建立组织架构182个，下载激活人数49773人）”这两项工作在全景德镇市，我们排在领先（位置）。

当然，我们各项工作的运转机制和方式还是有的，在全省也是有影响的。比如，我们市委中心组学习制度，正作为县一级的中心组学习的一种经验做法，正在加以总结并可能进一步在全省加以推广。当然，我们目前更多的是制度上的安排，在学习效果、学习方式上我们还需要进一步探索。在抓学习这方面今年上半年有了很大的变化，特别是像“学习强国”平台，我们现在有5万人注册学习，这是全市上下同心发力的结果。5万人注册，且要激活、要互动，做到这点很不容易，因为这都有后台的大平台、大数据自动显示。

二是全力以赴抓改革，发展动能持续增强。中央级省市188项改革任务稳步推进。持续深化“放管服”改革，压减审批时间一半以上。改革绩效评估试点扎实推进，积极开展景德镇国家农业科技园申报和乐平工业园更名省级高新技术开发区的前期准备工作，申报省级重点新产品项目14个，15家企业成功获批国家级科技型中小企业，签约项目29个，签约资金64.65亿元。我们整体改革的举措还是有力的，特别是我们坚持了每月一次的深改会定期研究部署改革任务。习总书记已经主持召开了中央第九次深改会。我们全会召开后，也要召开深改会了，要抓好贯彻落实工作。

三是精准施策抓升级，综合实力持续提升。国家一二三产融合发展先导区，蔬菜科学开发区、美丽宜居示范村等各项建设深入推进，10.35万亩高标准农田建设任务基本完成；启动推进工业园区改造升级、后港食品工业集聚区和乐港杨范工业集聚区建设；努力提升三产，三次产业融合发展势头良好。上半年，全市生产总值同比增长8.1%；财政收入增长6.7%；规模以上工业增加值增长9.1%；固定资产投资增长10.9%；城镇居民人均可支配增长8.1%；农村居民人均可支配收入增长8.8%。财政税收占比高于全省3.8个百分点；规模以上工业企业新增23家，净增21家，其中6月份增加8家。全市发展质量和效益进一步提升。在整个经济下行压力的趋势下、减税降费压力加大的情况下，各项指标平稳有序，上半年为景德镇的发展做出了我们乐平应有的贡献。

四是大刀阔斧抓生态，环境质量持续改善。以双创双修为主线，深入开展“大干项目年”活动，全面打响蓝天、碧水、净土、青山“四大保卫战”，生态环境质量持续改善。“双创”工作全面推进。

全力开展“治脏”，城区全面禁止燃放烟花爆竹，机扫保洁、降尘除尘、路面养护全面推进，城乡环卫一体化建设格局基本形成。城区全面禁燃工作是一个漂亮的仗，体现了政府的组织、部门的配合、群众的支持。包括殡改工作。1—7月份死亡将近2700人，火化率百分之百，且没有一起棺葬现象。从这两件事我们就要反思，为什么有些事我们能做得好，有些事又做得不好？比如信访稳定，我们现在排在全省前五名。5月份、6月份排在全省第一，6月份信访量占到了全省上访量的十分之一。很多上访人员是干部家属、老师家属、我们领导的亲戚。虽然是领导的远房亲戚，但我们都要去反思。为什么千年陋习土葬，多年习俗燃放烟花爆竹，我们都可以做到禁止，反而当下的信访却是屡屡不断？

全面开展“治乱”，有序推进老旧住宅小区、背街小巷改造。城区65条巷道改造正在有序进行。全面开展“治堵”，“礼让斑马线”正在逐渐成为行车文明习惯。全力整治“两违”，“两违”整治有序进行。农村人居环境整治“五拆五清一树”行动正在进行。获得了“中国古戏台之乡”称号。文明单位、文明村镇、文明社区创建主题活动正在全面进行。背街小巷改造得到了老百姓的一致欢迎。我们干部、我们领导无论是去视察还是去调研，无论走到哪里，老百姓给予我们的，都是满满的笑脸相迎。

生态修复全面铺开。大力实施主干道路周边绿化工程，上半年，特别是4至6月份，我们这项工作取得了月月有很大变化的效果，特别是通道绿化建设。这也符合浙江经验，千村示范、万村整治的通道建设要求。尤其值得肯定的是，乐安河野鸡山村国控断面水质保持在二类水质以上。我们去年还在开展消灭劣五类水整治行动，前年我们还因为劣五类水被上级通报。经过整治去年基本上达到了五类水以上，勉强达到三类水标准。今年1—6月份，达到了二类水质。客观来讲，可能是因为今年上半年降水集中水量比较大，但是更主要的还是因为我们加大了污染防治的整治力度。比如，大力整治工业园区偷排现象，我们开展的城乡污水管网互联纳管工作。我们是在乐安河中游，要想达到一类水质，在正常情况来讲，这是不可能的事。因为一类水的水质指标太高了，一类水就可以直接饮用了，二类水是基本上可以饮用。空气优良率达90.7%，否决13个对环境有污染可能的项目。我们宁愿不要项目，也不要污染。成功入选江西首批美丽宜居试点县。这块牌子来了，既是荣誉又是责任，但也是我们的幸福。

功能修补全面铺开。全面启动年度计划投资127亿元、7大类、159个的重点项目建设，打通春华路、通站路等断头路3条，梗阻路拓宽工程7

条，景鹰高速挂线、子安片区、涪口瑶族民族特色村、涌山“一河两岸”及十里岗景观河道一期工程等项目均已开工建设；206 国道全线开工，重大交通项目稳步推进。这个星期 206 国道油路铺设就可以全面完工了。大田到塔前十公里路段现在也没问题了，对接路段昌江那边也全线开工了。景德镇规划到乐平北站的道路确定路宽为 45 米，主要在昌江境内。景德镇双创双修指挥部确定了这条路叫乐平大道。这些工作都是上半年完成的，省政府关于乐平北站的行政区划已经完成。

五是尽心尽力抓民生，幸福指数持续提高。一是脱贫攻坚任务全面完成。特别是新建将近 16000 亩的产业基地。比如油茶基地 12591 亩、果园 1025.8 亩、茶园 970 亩。社会保障日趋完善。中医院新建大楼投入使用，城乡居民低保标准全面提升，新增城镇就业 5200 人。社会事业蓬勃发展。各项事业按照我们满意的预期推进；群众的满意度、认可度逐步提升。现在老百姓对我们的意见，主要集中在两个方面：一个是干部的作风，第二个是上访上诉的案子。所以我们要集中力量抓好这两项工作。

六是同心同力抓民主，治理能力不断加强。民主政治建设取得新进展。各项工作取得了新的成效。切实加强了人大工作的领导，昨天我们人大代表还进行了项目视察；政协依照章程充分履行职能；统一战线服务发展独特优势充分发挥；民族宗教工作平稳有序。群团改革深入推进，党管武装、国防动员和后备力量建设全面加强。法治建设迈出新步伐。社会治理开创新局面。社会治理方面主要体现在我们对突发事件的应对处理。今年划龙舟活动基本上是平稳有序，实现了不划、少划、有序划的目标。扫黑除恶工作扎实有序推进，目前已经成功打掉涉黑组织 2 个、涉恶犯罪集团 4 个、涉恶犯罪团伙 3 个，立案查处黑恶势力保护伞 10 人，全市社会大局总体和谐稳定。

七是自我革命抓队伍，党的建设全面加强。全面加强了基层党组织建设。坚持每月召开一次全市党建工作调度会，全面开展在职党员进社区活动，3289 名在职党员进社区报到。社区报到工作刘奇书记来抽查是过了关的，这项工作是常态化、日常化的，希望我们各部门单位要继续坚持，现在中央也在推广北京开展的街道吹哨活动，部门包办体制。这是一种形象的说法，从过去一家管变为多家治的方式。过去就是我们行政机构街道、社区来管，现在要多家治，就是大家共同来治理，共建共享共治。如何推进国家治理体系和治理能力现代化，这是一种积极探索的方式。从优秀村（社区）干部中公开选聘 13 名乡镇（场、街道）事业编制人员。去年我们是选聘了公务员，今年又选聘了 13 名事业编干部。激发了基层干部活力，稳定了基层干部队伍。尤其是我市城市基层党建工作，获全国城市基层党建创新案例提名并网上公示。发挥了人才是第一资源的作用。我们现在正在开展“归雁计划”和“头雁计划”。凡是乐平籍的人才，只要愿意回家乡，我们都欢迎。这项政策是透明的、是公开的。同样，在乐平工作的外地人愿意出去，我们也不要设置条件。来了的我们欢迎，让他欢喜。去了的，也让他欢喜。在人才方面，一个地方发展人才很重要，一定要与己方便，与人也方便。

全面落实了从严治党责任。设置派驻纪检监察组 14 个，负责监督 54 家单位。全市行政村配备纪检监察员实现全覆盖。下一步就是监督要常态化。监督工作纪检下一步要办纪检干部培训班，提高纪检干部的工作能力和工作素质。1—6 月，全市立案 207 起，同比增长 21.8 %，处分 179 人，同比增长 31.6%，其中科级干部 40 人。查处违反中央八项规定精神问题 57 起，处理 64 人。查处形式主义官僚主义典型问题 22 起，处理 26 人。开展扶贫领域突出问题专项治理，查处典型问题 47 起 58 人。开展了两轮巡察，对 10 个市直单位党组织开展了专项巡察，对 14 个乡镇及其所辖 14 个村（居、社区）党组织开展常规巡察。组织 4 个督查组，对前期巡察的整改情况开展了督查。

回顾半年的工作，取得了一定的成绩，这个还是值得充分肯定的，也和全市上下努力分不开的。但是我们在总结工作中既要看到我们成绩，增强信心，更要看到我们存在的问题。对标上面的要求，我们还有多大努力空间？对标自己的目标，还有多大的差距？对照以人民为中心的工作理念，人民对美好生活的向往，我们还有多少让人更期待？

一是面对时代之问，我们的信心决心还须更加坚强有力。今年5月，习近平总书记在江西考察时指出："领导干部要胸怀两个大局，一个是中华民族伟大复兴的战略全局，一个是世界百年未有之大变局，胸怀这两个大局是我们谋划工作的基本出发点。"面对这"两个大局"，作为乐平的关键少数，我们该怎么面对？在大局中如何实现乐平高质量跨越式发展？如何不忘初心、担好使命？这是历史之问，也是时代之问！这就需要我们进一步统一认识，达成共识共为。要真正打造核心党委、高效政府、合力班子、做事队伍。上面定的事，我们认准的事，就要大力地干，一定要把先定好的事情先干好。要进一步优化方式，一定要能干多少就干多少，有多大风险担多大风险。农村人居环境整治、城市功能与品质提升，这是省委省政府定的三年行动计划。但是有些人还在犹豫。犹豫什么？觉得程序没到位，我做了要不要担责？大家信心决心要更加坚定，要按照习总书记的要求，少应酬，多看书，多回家陪陪家人。

二是面对时间之问，目标实现还任重道远。离2021年换届，还有不到两年的时间。对照2016年市第六次党代会的目标任务，对照"十三五"的规划安排，明年怎样全面实现小康，完成"十三五"规划？后年怎样完成六次党代会的目标？如何为"十四五"计划奠定更坚实的基础，为"十四五"规划的制定提供更科学的依据？比如财政收入，原定"十三五"规划是60亿，去年我们做了相应的调整，减少了10个亿，变为50亿。但今明两年要完成50亿的目标，也要达到10%的增长比例。要达到这个增长比例从目前来看是不可能的。比如GDP，我们要达到400亿的目标，也要实现10%的增长，现在我们只有8.1%。机遇是相对，机遇也是人努力争取的，这需要我们去努力。本届党委确定的目标，在剔除客观因素、人为不可抗拒因素的情况下，我们要按照目标任务要求努力来完成。比如，规模以上企业的问题。横峰县，去年一年就增加了10家规模以上工业企业、总数达60家。我们有多少？才114家，上半年增长了两家。过去我们至少是横峰的3～4倍，现在只有两倍不到，这都是他们主观努力的结果。对照目标、时间之问，我们的目标任务任重而道远，但一定要努力完成。

三是面对使命之问，一流标准作风时时鞭策全市上下。应该说乐平干部不缺干劲、不缺能力，但现在大家普遍感觉到难、感觉有点累。这种心理上的反应和变化对于我们的发展是个问题，如果这个问题不解决，下半年"大学、大干、大变"将更难。比如农村环境整治，大家基本上还处在一个观望等待的状态。可能还是我们在实际过程中，遇到了这个坎过不去。什么坎呢？我认为还是心灵之坎、思想之坎。大家在作风建设、在干事创业上，一定要绷紧弦。一方面，我们要把一些目前一时做不到的，先把它排排序。更主要的是面对组织的期待、人民的期待、现实的期待来继续努力。比如营商环境的整治、放管服的工作。我们今年企业发展还是很好的，宏柏12月份上市应该是不成问题的。我们有些企业目前遇到些困难，但是他们信心决心比我们还大。至少他们面对这些问题没有退缩。我们作为党和政府与企业之间的桥梁、信使，应该做什么呢？我们是不是要把这个问题解决掉？在其位就要谋其政，既然坐了这个位置，就要担当这个使命，要把这方面的工作做好。

二、聚焦目标定位，不忘初心奋勇向前

下半年我们站在新征程新起点，面对新要求新形势，我们须要牢记职责使命，聚焦目标定位，以

“全省找位置、县市创特色”为目标，以扎实开展“不忘初心、牢记使命”主题教育为主线，坚持全面深入贯彻落实习近平新时代中国特色社会主义思想的“江西篇章”不动摇，坚持全面完成全年任务不动摇，坚持全力创造乐平发展特色不动摇。最重要的就是做好自己的事情，强化创造新时代“第一等的工作”的使命担当，全力推进项目建设，全力打好“三大攻坚战”，以实干实绩答好卷、走好新长征路。重点在“四个抓”方面下功夫，做文章，出成果。

（一）坚定不移抓好“党的政治建设”

全市各级各部门党委党组要始终牢记习总书记提出的把抓好党建作为最大的政绩，把党的政治建设摆在首位，把党的政治建设作为党的根本性建设，以党的政治建设为统领，切实增强党的政治建设的自觉性、坚定性。

一是扎实开展主题教育工作。牢牢把握守初心、担使命，找差距、抓落实的总要求，按照省委高质量、有特色、走前列的部署，扎实开展好“不忘初心、牢记使命”主题教育。要围绕高质量，聚焦8个方面突出问题专项整治，坚持把“改”字贯穿始终。围绕有特色，聚焦红十军建军地这个红色文章和新时代社会主义现代化建设的新经验，挖掘乐平这块土地的新时代光芒。围绕走前列，坚决整治“怕慢假庸散”作风顽疾。要按照省委统一部署做到先学、先做、先改。

二是纵深推进干部队伍建设。按照中央规定，坚持把学习贯彻习近平新时代中国特色社会主义思想，作为干部培训的首要任务、考试测试的重要内容和考核监督的重要方面和重要内容。要把不折不扣贯彻落实党中央重大决策部署作为首要政治担当，推动党中央各项决策部署落地生根，要坚定地落实好。要贯彻落实好《关于进一步激励广大干部新时代新担当新作为的意见》《关于贯彻实施公务员法建设高素质专业化公务员队伍的意见》，切实解决干与不干、干多干少、干好干坏一个样的问题，努力建设一支信念坚定、为民服务、勤政务实、敢于担当、清正廉洁的干部队伍。教育和引导广大党员把心思和精力用在攻坚克难、敢抓敢管上，不做政治麻木、办事糊涂的昏官，不做饱食终日、无所用心的懒官，不做推诿扯皮、不思进取的庸官，不做以权谋私、蜕化变质的贪官，推动广大公务员加强政治历练，培养斗争精神、增强斗争本领，立足岗位、履职尽责，为推进乐平事业建功立业。希望大家好好地学习，要让读书成为一种生活方式，让学习成为一种生活习惯。

三是纵深推进基层组织建设。全力推进全国城市基层党建工作示范县（市）建设，深入推进“党建促脱贫攻坚、促环保整改、促双创双修”等工作，抓好基层党支部建设，不断增强基层党建工作实效。强化村（社区）“两委”干部培训与管理，出台村级干部选用管理考核制度，不断增加基层集体经济收入，实现基层党组织全面进步、全面过硬，让每名党员都成为一面鲜红的旗帜，每个支部都成为党旗高高飘扬的战斗堡垒。大抓基层、抓大基层，这是鲜明的导向。中央已经出台了党和国家的政治建设的意见，基层支部既出台了乡镇基层工作条例，又出台了支部工作条例，我们都要好好地学习。特别是乡镇，包括机关支部工作条例也要结合起来学习。乡镇党委书记、机关党组书记，要做党建的明白人。全面从严治党、全面管党，实现党组织全面进步、全面过硬。在这方面不能有丝毫糊涂。这些方面犯糊涂就成了政治上的糊涂人，就会犯政治上的错误。

四是纵深推进政治生态建设。坚决全面彻底肃清苏荣案余毒，狠抓中央八项规定精神落实。着力整治基层腐败和群众身边腐败等作风问题，加大对涉黑涉恶腐败和“保护伞”查处力度，深入推进扶贫领域腐败和作风问题专项治理。建立健全纪律监督、监察监督、巡察监督、派驻监督协同衔接机制，一体化推进不敢腐、不能腐、不想腐，不断把风清气正的政治生态建设引向深入。大家要做“规矩人”，举旗立项，立规矩就是亮旗，坏规矩就要亮剑，明文禁止的，一定不要去做。

（二）坚定不移抓好“改革开放”

一是全力打造四最营商环境。持续深化“放管服”改革，聚焦企业和群众办事的“堵点”“痛点”“难点”，真心实意为企业松绑。“四最”营商环境就是政策最优、成本最低、服务最好、办事最佳。昨天我看到一个报道，天津市市长张国清到北京开新闻发布会，他做了一个声明，凡是天津可以自主决定收费的项目，全部取消。提出打造“四最”营商环境在江西是个特色，大家一定要认识这项工作的重要性，观念一定要转变。如果还是用过去的标准、过去的方式、过去的思维来行事办事，肯定行不通。乐平干部的能力不差，有想干事的决心，但就是下不去决心，总是害怕和犹豫。市委市政府态度是很坚决的，就是要干、就是要变。我们跟钟书记也承诺了，今年形象环境、实力提升两个方面要在景德镇、在全省做示范。这两方面是下半年工作的重中之重，也是坚定不移的目标。

二是全力推进改革落实。要把上级制定的各项改革措施拿出来。特别是一些对乐平具有推进作用的或者目前对乐平有制约作用的东西，我们都要改，但一定是不立不破，先立后破，不能是先改变，而是要先建立规矩。

三是全力拓展开放空间。要立足园区平台，建设好乐港杨范工业集聚区、后港食品工业园区。通过“三请三回”活动，通过重大经贸活动找项目、找资源。部门一定要抓紧去抓，要定准位抓，不能眉毛胡子一把抓，特别是不要把落后产业招进来，不要把不可持续的产业招进来。

四是全力创优开放平台。要紧紧围绕景乐一体化，围绕“昌景黄”全线开工，加大新区扩容优化，以高铁高速挂线为主线，打造新的富有活力的新区。如重点抓好乐安河一江两岸、棚户区、背街小巷改造工程，切实改善人居环境。以“公安+城管+N”联合执法力度，以扁平化的新型城管模式提高城市管理精细度、精致度、精美度。加快推进江西省新型工业化产业基地扩园。要利用好景德镇这个大平台，利用好景德镇陶瓷文化传承创新示范区这个大平台。我们跟景德镇天生有缘，接渡南窑改写了景德镇制瓷历史，将景德镇制瓷史提前了200年，乐安河、昌江两水一起汇入饶河。无论是历史的、还是现实的、还是未来的，我们都是紧密相连的。我们要实施东进战略，包括高铁的建设。昨天我听刘峰市长讲，准备改造凰岗，使它通航能力可以达到一千吨以上。假如真这样的话，那么将来我们凰岗高铁站的建设就更有利。凰岗是昌江河的航运点，机场扩建到丽阳，昌景黄高铁在鱼山，整个就会形成水陆空立体交通通道，我们出行就会更加方便。

（三）坚定不移抓好“项目建设”

一是打好产业产能升级战。要擦亮“江西省新型工业产业基地招牌”，要围绕创特色、补短板抓好各项工作。特别是全力推进“映山红行动”计划，促进企业上市。我们通过这种方式很好地解决企业发展所需资金问题。像宏柏一上市，可以从乐平以外带来10个亿的资金。有些项目它已经实施了。前两天我对它做了一个对比分析，2012年我当市长的时候，宏柏企业员工人数才400人不到，税收3000余万。到了2018年，仅仅6年时间，职工人数达到了1100人，税收去年到了9000多万。现在能有税收过一个亿的企业很难，而且解决了1100人的就业。中央提出“六稳”中第一是稳就业。这些方面需要大家好好地去研究。还有农业，我们农业有什么特色？我们有农业科技示范园，有和省属企业合作的江西绿乐食品企业，有农业民企花正红公司，有与以色列合作的项目乐以科。但是这些项目的影响、品牌到现在都还是起步阶段。这与我们现有的投入、现有的地位是不相称的。我们一定要努力，乡镇要努力，部门要努力，在座的领导要努力。

二是打好双创双修攻坚战。要围绕城市和农村两大攻坚战，一个城市形象与品质提升，一个农村人居环境三年整治，抓好工作，让城乡更美，美美与共。

三是打好生态建设阵地战。要围绕8大标志性攻坚战役，加大“治园、治矿、治河、治村、治脏、治乱、治堵力度，巩固好生态治理成果，使乐平的山更青、水更绿、空气更清新。

四是打好乡村振兴攻坚战。围绕乡村振兴“二十字”方针，以打造“五美”新乡村为抓手，突出“六线五边”，加快乐平的乡村振兴建设。尤其要抓好三件事：一是抓好集镇建设。这项工作是今年下半年的重点。今年“双创双修”提出了“六个一”要求，要全面抓好落实。二是提高村集体收入。要消除村集体收入5万元以下的村。三是抓好乡风文明建设。要想办法发挥村理事会的作用，继续抓好殡葬改革和墓葬建设，确保农村入公墓率达100%，遏制“高价彩礼”，在天价彩礼治理方面创出特色；要抓好新农村建设“一户一宅”问题整治。我们要有重点的突破，有重点的创几个品牌。假如20个乡镇，每个乡镇创一个品牌，我们乐平就有20个乡镇经验。我们有27个政府部门，每个部门创造一个经验，那就有27项经验。这方面，希望大家共同努力。

五是打好交通升级攻坚战。要抓好昌景黄高铁站沟通协调，确保同步建设；要抓好进出通道建设，计划开工的要全线开工，景鹰挂线、206国道、接渡大桥、战备路等建设要全力以赴。下半年，交通建设是大干项目年的重点内容，希望大家主动担当、主动推进。

（四）坚定不移抓好“和谐稳定”

和谐稳定是最大的民生，要以民生的不断改善不断提升人民群众福祉。

一是干好民生民心事业。要坚持脱贫这个最大民生政治任务，聚焦解决“两不愁三保障”抓好扶贫整改工作，确保全年3500名贫困人口脱贫、1个省级贫困村退出的目标任务完成。要坚持就业这个首要民生任务，多渠道解决就业问题，特别是贫困人口就业。要坚持教育这个民生最大的期盼实现，稳妥、坚定不移地抓好教育改革，通过改革培养更多优秀人才。有名校、名师，才能有“名生”。继续抓好师德师风建设。要突出文化这个乐平最大的民生特色，抓好“赣剧复兴工程”、木雕产业园建设、南窑瓷源遗址公园保护开发，让中国古戏台之乡这个最大名片焕发更加夺目的新时代光彩。要补齐医疗这个最大民生短板。村级卫生服务室建设要全面完成，包括工业园改革，大家一定要努力完成。

二是夯实民生事业基础。要纵深推进扫黑除恶专项斗争，紧盯黑恶积案、问题线索“双清零”目标，进一步强化“打伞破网”“打财断血”，要把犯罪势力全部干掉，要揪出犯罪势力后面的保护伞，要切断犯罪团伙的经济来源，大家要配合、要支持、更要有政治自觉。

三是筑牢民生民心事业保障。要充分运用好群众说事、法律明白人、新时代文明实践中心等平台，有效地化解信访问题、持续解决民生诉求，切实加强对意识形态、社会舆情、治安动态等的分析研判。

三、坚持善谋实干，牢记使命合力攻坚

实现我们的目标定位，关键在人，关键在实干。干，才能出形象；干，才能攻坚克难。不干，半点马克思主义都没有；不干，再宏伟的目标也是“空中楼阁”；不干，再好的措施都是“空话白话”。

一要讲究标准，真正干。一定要有规划，一定要以群众满意作为我们的行动标准，一定要经得住历史的检验，要防止形式主义，形象工程。干什么事要谋，要先谋划好。要按照习总书记讲的，及时解决干部对党不忠诚、从政不廉、为政不为的问题。辛勤工作能去除思想和心灵的皱纹。这是今天早上5点多钟一个老百姓发给我的微信。这说明了两个事：第一，当前大家还是思想上有点混乱。就领导干部主动投案这个事，连一个老百姓都看到了这一点，他说满城风雨。有人跟我反映，说有人在外说某某某抓到，查出两个亿。两个亿得多少钱啊？现在总的涉案金额我们都不知道多少钱，你们就知道啊?不要造谣不要传谣。第二，给每一个犯错干部一个悔改的机会。只要你真心悔改，只要你真心面对，就会有光明的那一天。包括已经发现犯错误的干部、已经处理的某些干部。只要这段时间你努力工作，将来处分期满，到时还可能会给你提拔的机会。我们要维持好风清气正的政治生态，不传谣、不信谣、不议论、不非议，更不要造谣言。说是非者必是是非之人，你今天笑别人，说不定哪天被别人笑。当前按照老百姓讲是多事之秋、满城风雨，大家要做“稳压器”，要做“空调机”去降温，少说，不附和，要干事，不无事生非。

老百姓为我们点赞，说我们值得尊重，这说明我们干部还是好样的。每个人都可能走错路，那么我们希望他不要走得更深。这个时候，大家还推一把，那就不道义了，如果大家拉一把，那就更好。我们更不能助长乐平的歪风。希望我在乐平一天，能够为乐平的变化贡献一份自己的力量，不让大家在不该做的事上说我。每个人是不是应该也是这样的？这样的话，我们乐平明天是不是更美好呢？大家好才是真的好啊。钟书记讲，失败的团队没有成功者，成功的团队没有失败者。别人坏不等于你好，别人倒霉不一定你就走运。哪个同志要犯错误了，哪个同志想迷茫了，大家拉一把、扶一把、推一把，那么大家都向前走了。红军过草地、爬雪山时的相互扶助、共患难的精神才能取得最后的胜利，道理是一样的。

二要讲效率，快速干。效率现在可能是我们当前重大的一个问题。事情大家都干，但是干的过程中，效率确实是太慢了。办事效率、工作效率，还有工作质量，都需要我们大家去努力、去改变。要在保证科学决策、保证质量的前提下，全市上下下半年各项工作要急起来。现在已经到了施工的最好的季节，到了干事创业最好的时期。这个时候我们不能去干跑官的事，干找领导的事，而是要眼睛向下，要不等不靠要保证质量干。

三要讲究方法，智慧干。方法很重要，现在有很多规矩，也有很多要求，实际也有很多困难，在这里面我们要发挥我们的聪明才智，要想办法发挥团队的优势。比如，在解决信访户的问题上，我们能不能发挥社会的力量？能不能发挥民间的力量？我们在征地拆迁过程中，怎样更好地发挥制度的优势？这项工作如果过多的依靠单兵作战，很可能是没有用的。用好制度，大家一碗水端平，一把尺子量到底，效果会更好。方式方法上我们要有新思路、新要求，我们要注重用新眼光观察新问题，用新角度提出新问题，用新思路解决新问题，用新方法处理新问题。

四要讲究作风，要实干。实干是一种作风。为什么我们的稳定不够，老百姓对我们干部意见比较大。我们自己有很多原因，作风还不够夯实。我们文山多了一点，会海多了一点，大家面上的号召多了一点，但具体行动布置粗了点。假如我们在问问题时多问一句，我们到现场办公多待一会儿，结果再多问一句，效果很可能就完全不一样了。前不久我也检讨了一下自己，我负责挂点的新农村建设，一个村的建设工程还分两个阶段进行，而且第二阶段还没落实。那这个村的新农村建设不就成了半拉子工程、就真成了形象工程。这一方面反映我们规划不够，计划不够，有关部门责任心不够。另一方面也反映出我们领导不够重视，应该问得再细点。干事更多一点才能推进。

五要讲究担当，要果敢干。敢干是一种气魄，是一种负责，有多大担当才能干多大事业，尽多大责任才会有多大成就。面对新时代新的问题、新的挑战，担当不够就肯定做不好工作。大家一定要大胆干，但不能乱干、不能随着性子干。我们要对乐平的事业负责，对乐平的人民负责。

因为今天四套班子例会是套开的，也就不另开了，都有书面发言材料。生态环境保护、信访稳定、农村人居环境整治工作，都进行了部署。这里我再强调一下，上个月大家确实很努力，特别是战胜了7·14的洪涝灾害，各项工作取得了顺利进展，大家辛苦了。特别是这两个月，我在中央党校学习期间，市长带着大家一起做出了很多的成绩，我向大家表示致敬。就8月份工作再在这里强调一下：大家一定要甩开膀子干。市委一定会加大力度保护干部、提高干部干事创业的积极性。我们要树立正确的导向，谁干好活就给谁位置。尺有所短、寸有所长，一代人有一代人的使命，谁干好了环境整治、信访稳定、精准扶贫、生态文明建设，就提拔谁。这里有几项具体工作再提示一下：

一要大抓学习。学习省委全会精神、市委全会精神和乐平全会精神，特别是要把第二阶段“不忘初心、牢记使命”主题教育，学在前、做在前、改在前。8月份我们定位为整改问题月。各个部门、各个乡镇长，第一周你们下去查找你本单位自己的问题。围绕信访稳定的各项工作，查找有哪些问题，把问题列个清单，梳理一下，整一整，要专门开会研究部署。9月份要开展“不忘初心、牢记使命”主题教育。

二要大抓基层。要把干部、部门的积极性调动起来，要结合工作实际抓。特别是村一级的班子作用要发挥好，乡镇要抓好基层干部、机关干部的作用发挥。

三要大抓稳定。属地原则，看好自家门，管好自家人。8月份开始，我们实行新的考核办法。有些人不要觉得冤，我上次大会上也讲了，有些乡镇在上次调整干部的时候没有调整，大家可以仔细看一看。我做书记，还是尽量做到了一碗水端平。

四要大抓项目。今年是大抓项目年，谁引进了大项目、争取了大资金就提拔谁。大家一定要按照目标要求，大抓项目建设。

五要大抓督察。8月份由两办，市委督查室、市政府督查室联合市作风办，对我们特别是这三年市委市政府的决定，做一个督察。这也是结合问题整改，没到位的要全部整改。市委两办市委督查室、市政府督查室，把从换届以来的市委市政府的工作决策部署、决定，当然也包括上级的工作决策部署和明确要求，我们梳理一下，是不是都落实到位了。

六要大抓当前。抓好征兵、抗旱工作及其余各项工作，包括年年开展的八一慰问工作，都要抓好。

总之，我们要把各项工作认认真真地抓好，为全年任务完成、为下半年形象的展示，做出更多的努力。

在全市“不忘初心、牢记使命”主题教育工作会上的讲话

（2019年9月12日）

俞小平

同志们：

根据党中央部署，“不忘初心、牢记使命”主题教育活动，自上而下分两批进行。第一批包括中央和国家机关及其直属单位、省级机关及其直属单位、中管企业，从6月开始，已于8月底圆满结束；第二批主要是省以下各级机关及其直属单位、高校和其他基层组织，从9月开始，11月底基本结束，为期三个月。9月7日，中央召开了“不忘初心、牢记使命”主题教育第一批总结暨第二批部署会议。9月8日，省委召开了主题教育第一批总结暨第二批部署会议。昨天上午，9月11日，景德镇市委也召开了主题教育工作会。这标志我们这第二批“不忘初心、牢记使命”主题教育正式全面开始。今天会议的主要任务，就是坚持以习近平新时代中国特色社会主义思想为指导，深入贯彻落实中央、省委、景德镇市委主题教育工作会议精神，对我市主题教育工作做动员部署。

景德镇市委对我市主题教育工作高度重视，指派景德镇市委主题教育巡回指导组组长周镇清同志到会指导，让我们以热烈的掌声，向周组长一行莅临指导表示热烈的欢迎。等下，周组长还要做指导讲话，我们要认真领会、抓好落实。下面，我讲四点意见：

一、要坚持对标对表，增强开展主题教育的政治自觉、思想自觉、行动自觉

开展“不忘初心、牢记使命”主题教育，是以习近平同志为核心的党中央统揽伟大斗争、伟大工程、伟大事业、伟大梦想做出的重大部署。总书记指出，开展主题教育有四个迫切需要：即是用新时代中国特色社会主义武装全党的迫切需要，是推进新时代党的建设的迫切需要，是保持党同人民群众血肉联系的迫切需要，是实现党的十九大确定的目标任务的迫切需要。

主题教育活动，安排在2019年进行有着特殊的意义。今年是建国七十周年，明年是全面建成小康之年，十九大召开至今也有两年时间。这次主题教育有几个特点：一是“不忘初心、牢记使命”主题教育和党的十九大召开，时隔两年。这次主题教育，是党的十九大决定召开的，这点大家一定要明白。二是这次主题教育自上而下分两批开展。这在过去的群众路线教育、“三严三实”教育、“两学一做”都是没有的。分两批开展主题教育，显示了这次活动党中央、习总书记更为认真、更为重视。原来主题教育是上下同时进行，这次是在总结过去主题教育经验基础上，分两批进行。尤其是第二批针对的是基层。基层开展主题教育有很多新的不同特点。三是这次主题教育不分阶段，学、改、做相结合。要边学、边做、边改，把自己摆进去、把职责摆进去、把岗位摆进去，做好工作。我们要充分认识到主题教育开展的重大意义，形成高度的政治自觉、思想自觉、行动自觉。

一要牢牢把握“不忘初心、牢记使命”这个主题。总书记对主题教育高度重视，亲自策划设计、亲自动员部署、亲自领导推动，先后在中央主题教育工作会议、中央政治局第十五次集体学习、中央和国家机关党的建设工作会上做重要讲话，先后到内蒙古和甘肃进行了考察，并在内蒙古主持召开了不忘初心牢记使命主题教育座谈会。在2019年秋季中央党校中青年干部培训班，就开展主题教育活动发表了重要讲话，做出了重要指示。习总书记曾经当了五年的中央党校校长，当了总书记后，今年两次亲自参加中青班开班并发表讲话。一次是三月份的春季班，一次是这次九月份的秋季班。可见他对中青班的重视。两期都分别有八百人。每期四个班，每个班两百人。这都是国家未来的储备干部人选。从总书记参加这些活动可以看出，他对“不忘初心、牢记使命”主题教育活动的重视。特别是今

年5月，在主题教育开展前夕，时隔三年，总书记再次到江西视察指导，来到中央红军出发地赣州于都，探寻初心源头，教导我们要饮水思源，不要忘了党的初心和使命，不要忘了我们的革命宗旨、革命理想，不要忘了我们的革命前辈、革命先烈，不要忘了我们的父老乡亲。要求江西要在“革命老区高质量发展上做示范、在中部地区崛起上勇争先”。无论是做示范、还是勇争先，我们乐平都要把学习贯彻落实习近平总书记视察江西的重要讲话精神当作我们的首要政治任务。在这次“不忘初心、牢记使命”主题教育活动中，尤其要把握好这点。特别是刘奇书记连续三年到乐平视察，对打造特色鲜明的赣东北明珠提出了殷殷期盼，在全省首次县委书记座谈会上要求我们，要抓好明珠事业的落实，否则明珠就是暗珠。打造特色鲜明的赣东北明珠，是我们的初心恒心，是我们的使命责任，我们要牢牢把握“不忘初心、牢记使命”这个主题，进一步树牢“四个意识”、坚定“四个自信”，坚决做到“两个维护”。开展“不忘初心、牢记使命”主题教育活动是党中央的决定、是十九大的决定、是习总书记的要求。

二要牢牢把握“12字总要求”。即，守初心、担使命、找差距、抓落实，这12字总要求是相互联系的整体，要全面把握，贯穿主题教育全过程。一是守初心。初心就是民心，要牢记全心全意为人民服务的根本宗旨，把群众呼声作为第一信号、群众需求作为第一选择，群众满意作为第一标准，以坚定的理想信念坚守初心。二是担使命。使命就是生命，要牢记自己身上挑的担子，以对乐平负责的态度，直面历史问题和现实难题，把全部的心思和精力放在攻坚克难上、放在应对挑战上，为打造特色鲜明的现代化赣东北明珠不懈奋斗。三是找差距。要以刀刃向内的勇气和决心，落实“四个对照”“四个找一找”要求，有的放矢进行整改，切实维护好党和政府以及党员在人民群众中的形象。四是抓落实。要把初心和使命转化为大学、大干、大变的具体行动，让市委决策部署到哪里，工作就推进到哪里，形成人人抓落实、事事抓落实、时时抓落实的浓厚氛围。

三要牢牢把握“五句话目标”。即，理论学习有收获、思想政治受洗礼、干事创业敢担当、为民服务解难题、清正廉洁做表率，体现了党对新时代党员干部思想、政治、作风、能力、廉政方面的基本要求。

一是理论学习有收获。就是要在“两学一做”的基础上，教育引导广大党员干部学懂弄通习近平新时代中国特色社会主义思想，增强对中央、省委、景德镇市委决策部署的理解，做到常学常新，提高运用党的创新理论指导实践的能力。今天我们常委会也通过了工作方案，就怎么学习做了规定。我们对学习还是重视不够，所以这次安排了一周以上的集中学习。但学习不是就集中一周，就算学习结束了。这一周是集中强化大家的学习意识，固化大家的学习习惯。这次有很多规定的课目，大家一定要自觉认真地去学。集中学习只是一种手段，还是要以自学为主。这三个月主题教育的时间，大家要充分珍惜。利用这次主题教育，取得集中的效果。

二是思想政治受洗礼。坚守对马克思主义的信仰，对中国特色社会主义的信念，对“回归全省十强”的信心，动员部署全市上下思想一致、行动一致、步调一致，特别是要运用好乐平作为红十军建军地、方志敏旧居等红色基因，推动党员干部锤炼坚强党性。思想政治受洗礼，是这次主题教育的一个很重要的标准。过去对这方面虽然提了很多要求，但真正形成效果可能并不尽如人意，但这次不一样。这次把理论学习有收获、思想政治受洗礼摆在第一二位，是这次主题教育能否取得成功的基础和前提。

三是干事创业敢担当。保持越是艰险越向前的勇气和决心。最近网上对我们乐平有一些不实的报道，这就更需要大家去担当。只要我们一心向公、一心为民，怕什么呢？最近对一些案子、一些同志的处理，这都是我们在过去的工作中有这样或那样不到位的。比如，扫黑除恶工作的汇报材料，我们列举问题不多。市长才刚刚来乐平工作，结果我们两人挨了个处分，诫勉谈话。所以大家要适应这种形势。有人公开举报我，昨天又发了第二帖子。我心里很气，但很平静。按对方的说法，他是个很能干的人。承蒙他看得起，至少我是他的对手。所以大家要保持平常心态，很多事有就有，没有就没有，相信组织，不用怕。通过这次主题教育，把我们过去的一些不好的工作习惯，过去的一些受到这样那样的不好的影响要纠正过来，要克服掉。讲思想政治要受洗礼，我们不能去埋怨组织、不能去埋怨环境，更不能埋怨身边的事，要提倡创业担当。从大的环境来讲，也确确实实到了迎接挑战、考验我们的时候。习总书记讲的，“百年未有之大变局”，这个深刻的论断，说明有很多这样那样的困难在我们的前面，我们要去面对、去应对。我们可能暂时遇到一些问题，没能实现自己的理想愿望，不要有其他想法。有可能是组织上暂时还没看到你，不要去埋怨，是金子始终是要发光的。对一些不实的报道、不实的批评，我们要沉着应对。清者自清，浊者自浊。大家一定要有一颗坦荡的心。但同时，如果我们做错了事、说错了话，我们也要为自己的言行负责，承担后果，为此买单。比如刚才讲的扫黑除恶汇报材料的问题，我们要把关，因为我们是第一责任人。按照要求，书记是第一责任人，对吧？最近上级又下了一个文，厕所革命，五级书记抓厕所。省里专门下了文，要考核县市书记、乡镇书记、村里的书记。厕所革命是改变农村千年旧习的一种举措，直接讲是卫生革命，间接讲就是一种卫生习惯的改变。同时，也是农村生态文明建设的一项重要内容，能使农村人居环境质量得到提升，是习近平生态文明思想的重要体现。“厕所革命”本身就是习总书记提出来的。我们怎么来体现“两个维护”？就是把“两个维护”落实到具体的行动中去。五级书记抓扶贫、五级书记抓党建，这都需要担当去作为。通过主题教育解决不想为、不愿为、不敢为的问题，动员部署全市更多党员干部以对乐平、对未来、对人民极端负责的态度解决历史遗留问题，增强斗争意识、提高斗争本领。这次习总书记又专门提出来斗争精神。斗争不是简单地把问题摆出来，更不是争吵。这次主题教育活动过后，还要开民主生活会、组织生活会，要相互开展批评。批评本身就是斗争的武器，但批评不是滥用批评。自我批评要认真严肃。这些都是斗争意识的要求、本领的要求、方式的要求。这点大家要注意，要正确理解，斗争不是相互攻击，要清楚跟谁斗争、为谁斗争、斗争的目的是什么。大家要好好学习习总书记关于这次主题教育活动的讲话。

四是为民服务解难题。自觉同人民群众想在一起、干在一起，坚决克服形式主义和官僚主义，深入到群众中调查研究，用人民的情怀取得人民的信任。把群众反映强烈的、把我们应该做而且现在有条件做的事，抓紧做。要抢抓机遇，比如有些同志就不能休息了，要申报第三批国债项目。中央把2020年以后要用的钱，集中到今年来申报。景德镇要求我们23号报上去。这很重要。申报有很多要求，不是想报就报，而且要求也在不断地变，所以我们要有定力、要有恒心，按照上级党委的决策部署来执行工作任务。发行国债目的就是保证我们高质量发展的可持续。我们要包装好，要抓紧对接好，这也是解决难题的一个有利条件。

五是清正廉洁作表率。引导党员干部处理好公与私、义与利、情与法、是与非、苦与乐的关系，从灵魂深处解决不想为、不愿为、不敢为、不能为的问题，按照习总书记所说，不做政治麻木办事糊涂的昏官，不做饱食终日无所用心的懒官，不做推诿扯皮不思进取的庸官，不做以权谋私蜕化变质的贪官。担当是当前最需要的东西，特别是在当前要求、规矩、程序越来越规范的情况下，我们要怎么担当？在面对现实越来越复杂、越来越艰巨、越来越需要准确判断的情况下，我们要怎么担当？过去

“将在外，君命有所不受”，那是因为过去通信条件不发达，“将”只有自己决断。现在，上面有规定的情况下，我们就要结合下面具体情况抓好落实。为什么要改革？要靠改革、创新来解决这些实际问题。改革创新都是前所未有的事，这就需要大家有勇气去探索尝试。因循守旧、墨守成规，可能不会出事、可能不会受处分，但是也很可能就是平平常常没有进步，无法得到重用。为民解难题，为人民服务是我们的宗旨，无论是干事创业，还是担当作为，廉洁是基本保障。所以这五句话是内在逻辑连贯的，前一二句是前提、是基础，三四句是要求、是目的，最后一句是保障。干得再好，如果不廉洁，就像习总书记说的，有能力的人如果是不廉洁的人，对社会、对党和国家的事业危害性更大。

四要全面落实“四项重点措施”。即，学习教育、调查研究、检视问题、整改落实，这四项措施不是割裂的、单一的，而是相互贯通、具有内在联系的。要创造性地推动每项重点措施推进，增强主题教育的整体效果。一是要在学习教育上有特色。乐平红色基因深厚，是红十军建军地，曾为保卫中央苏区和掩护中央红军主力转移，做出过光辉贡献。要传承好弘扬好红色文化，挖掘好宣传好先进典型，形成学习先烈、争当先进的良好风尚。各个单位、各个部门一定要有意识地注重培养先进典型。典型模范是树起来的、是培养起来的。没有谁一生下来就是先进的，这是需要接受后天教育的。人生观价值观，要培养吧？要教育吧？我们参加评选十二名景德镇市级劳模，这个劳模现在是公认的，更是下一步能起到带头示范作用的。我们各级党委（党组）就要认真推荐、要把关，对评选出劳模要给予关爱。前两天我跟市长调研，准备建一个劳模公园，这就是要树立身边的典型。近几年我们省级的劳模数量偏少了点，我们要注重培养，培养公认的、有影响的劳模人物。二是要在调查研究上零距离。要坚决反对形式主义官僚主义，落实好基层减负年要求，特别是领导干部要不发通知、不打招呼、不听汇报、不用陪同，直奔基层、直插现场。大家也看到了，国务院大督察，先派记者下来明察暗访。以后“四不两直”就是常态化了。刘奇书记今年两次都采取了这种方式，一次是全省旅游大会到金溪查看旅游工作，一次是到九江查看环境整治。以后领导“四不两直”视察调研是常态的。坚决防止“出发一车子、开会一屋子、发言念稿子”的为了调研而调研、假调研、作秀式调研。特别是我们县级干部，要带头深入调查研究，要搞蹲点式的调研。三是要在检视问题上出硬招。集中开展《乐平市检视问题整改落实台账》专项治理，明确有针对性地列出需要整治的突出问题，进行集中治理，把主题教育的成效体现在高质量发展成效上。这次我们乐平主题教育，其中一个自选动作就是要把问题整改作为我们的特色。上个月市委已经开了常委会，把从2016年换届以来上级党委的决定、本级党委政府的决定、群众的意见进行了梳理，包括各级巡视巡查反馈的问题。我们自己查一查，找一找，哪些做得不到位，哪些还没做。为什么上个月调研开工项目？我们今年列入的重点项目，到上个月为止还有41个没开工。我们原来讲过，当年开工率要达到百分之百。现在还剩三个月，工程完成量是70%。今年要把问题整改，特别是群众反映强烈的问题作为重点。最近，书记市长密集调度交通建设项目，就是因为交通问题是乐平社会各界群众反映强烈的一个问题。各个部门、各个乡镇要针对本部门的职责、针对职责范围内的工作，全面检视存在哪些问题，要怎么做、要做到哪种程度。越到这个时候，越要体现我们的担当，体现我们的本色。就像有人在网上举报我，有人还说，咦，他的心态还这么好，被人举报还有心思下去搞调研。这有什么呢？我有问题，组织上肯定要对我进行处理。我没有问题，组织上也会给我一个说法。四是要在整改落实上见实效。要坚持两手抓、两促进，把开展主题教育同改革发展稳定各项任务结合起来，同市委市政府正在做的事情结合起来，切实防止主题教育

和中心工作“两张皮”，把主题教育的成效体现在工作推动上、作风转变上，真正做到静下心来活动，安下心来工作。活动的目的是体现担当。通过学习，通过洗礼，担当作为，就能够解难题。

二、要聚焦工作重点，推动主题教育开展全面高质量、全域创特色、全程走前列

今年5月，习近平总书记视察江西时，对江西工作提出了殷切希望，“希望江西的广大干部群众不忘初心、牢记使命，真抓实干、埋头苦干，努力创造出无愧历史、无愧时代、无愧人民的更大业绩”。这是总书记赋予江西的“时代之问”。省委对第二批主题教育，要求我们，要以“答好时代之问，感恩奋进谱新篇”为引领，推动主题教育高质量有特色走前列。我们这次主题教育，要始终贯穿一条主线，就是要把学习贯彻落实习总书记对江西的要求、重要讲话精神作为主题教育的主线。这次主题教育衡量学习成果，跟原来不同，不会简单地以读书笔记多少篇、看了多少书目。这次更多强调的是政治自觉、思想自觉、行动自觉。如果到时一问，连基本的知识都答不来，那就是问题了。不检查不等于不查，这点大家要注意。省委提出主题教育要有特色，那就是江西的特色、景德镇的特色、乐平的特色。走前列就是要通过主题教育，把我们现有的问题解决掉，为下一步发展提供思想动力、组织动力。景德镇市委提出，要以“学好做好，用心用情落实总书记殷殷嘱托”为抓手，答好“时代之问”的景德镇答卷。

具体工作中，我们要紧密结合乐平实际，创造性地开展工作。以大学、大干、大变为抓手，答好“时代之问”的乐平答卷，推动主题教育开展。要对照主题教育目标任务的要求，在理论学习、思想洗礼、干事创业、清正廉洁方面，体现高质量具体目标。要全域，面向基层、面向每一位党员，我们要在年老体弱的党员、文化程度较低的党员、流动党员、非公组织和社会组织的党员方面，想办法开展好理论学习，在政治洗礼方面创出乐平特色。要全员，比如老党员、农村党员、文化程度较低的党员、退休党员、流动党员、社会非公组织党员。要全程，要对主题教育各环节的要求，学习教育、调查研究、检视问题、整改落实，做到环环相扣、有机融合，推动主题教育各个环节走在前列、一体推进。

（一）学起来，用习近平新时代中国特色社会主义思想武装头脑。习近平新时代中国特色社会主义思想，是“不忘初心、牢记使命”主题教育的生命线。要学懂弄通习近平新时代中国特色社会主义思想，在大学中不忘初心、坚守初心、涵养初心。**一要突出经典书目学。**坚持读原文、学原著、悟原理。这次主题教育，中央和省委规定了一批必学书目和内容，包括党章、《习近平关于“不忘初心、牢记使命”重要论述选编》《习近平新时代中国特色社会主义思想学习纲要》、习近平总书记最新重要讲话文章，习近平总书记视察江西重要讲话、对江西工作重要指示批示等等，包括对景德镇国家陶瓷文化传承创新试验区的批示。我们弄了个国家级的金字招牌，是非常难得的。这是以省长为工作领导小组组长，高规格的国家级试验区。我们要抓住重点、读好经典、学好必读篇目。**二要突出领导带头学。**既要通过常委会、理论中心组学习会集体研讨学习。除了读原文外，一定要开展研讨。研讨不是简单地写篇文章，或者是摘抄一篇文章。这次大家一定要注意啊，研讨时不要找枪手写研讨文章或者自己去网上篩，结果闹出笑话。现在网上很多人在关注我们乐平，我们的一言一行，很可能就会成为别人对我们进行批评批判的一个依据。所以我们一定要认真认真再认真。要开展集中学习一周、要上一堂党课、要撰写体会文章，要开展宣讲、要身边典型做报告、要开展副科级党员干部集中轮训，让乐平成为最讲政治、最讲忠诚、最讲党性的地方。**三要突出特殊党员学。**要创造性运用古戏台宣讲学、一对一送上门学、微信群学、小画册学、村里大喇叭学等各种方式，让宣传宣讲由“一时一地”到“随时随地”。

（二）干起来，为“回归全省十强”目标继续前进。回归“全省十强”，是市第六次党代会提出的战略目标。这个目标，体现了“四套班子”的初心恒心，凝聚了乐平人民的心愿，是每一个乐平人民的“明珠梦想”。现在，离换届还有不到两年的时间，离回归“全省十强”我们还有一定的距离。这就需要我们狠抓落实，破解高质量发展的问题，推进营商环境的改善，抓好作风建设。而这都需我们通过进一步调查研究，检视问题，抓好落实。怎么干，是篇大文章。要大干，特别要解决我们工作中不热情、会扯皮、找理由、提要求这些问题。要做到补短板、强弱项。**一要在大抓产业中创新发展。**坚持以创新为引领，擦亮“江西省新型工业产业基地招牌”，推进“5+2”传统产业转型升级，实现腾笼换鸟、凤凰涅槃。打好产业基础高级化、产业链现代化攻坚战。高质量发展一定要做到产业基础高级化，产业链现代化。我们乐平的首位产业、基础产业、支柱产业，要想办法把这些产业的产业链实现现代化、产业基础做到高级化。要培育壮大新兴产业，我们正在建设的工业地产项目。昨天通过了选址，把乐港杨范工业集聚区、后港食品企业集聚区，把乐平的古戏台、乐平的食品等有影响的产业，作为乐平的形象来加以打造，让新兴产业成为经济增长产业、人民幸福产业。**二要在大抓项目中跨越发展。**严格落实省委省政府“大干项目年”号召，继续深入开展“大干项目年”活动，特别是要以“双创双修”为统筹。要召开双创双修领导小组会，这也是贯彻落实上级党委政府的部署。中央提出开展农村人居环境整治和城中村改造，省委提出了城市品质与功能提升三年行动计划，景德镇要求以双创双修为主抓手，我们就要把双创双修作为一项重要工作进行统筹，一体推进农村人居环境整治、城市功能和品质提升，“大干交通项目年”，全力推进昌景黄乐平高铁乐平站建设、景鹰挂线升级改造工程、乐安河“一江两岸”循环道景观工程等，全面疏通大开放通道“短板”。9月底，我们要召开“大干项目年、献礼新时代”庆祝中华人民共和国成立70周年重点项目集中签约、集中开工、集中竣工活动，希望各单位、各部门要筹备好。我们要真开工、真签约、真竣工。**三要在大抓生态中绿色发展。**坚决打好污染防治攻坚战，切实抓好中央环保督察“回头看”反馈问题整改，深入实施长江经济带“共抓大保护”攻坚行动，全面开展违建别墅清查整治专项行动，加强工业“三废”治理，杜绝异味进城、水质下降、河流生态破坏，让每一个乐平人享有更清新的空气、更干净的饮水、更安全的食品、更优美的环境。融合主题教育活动，把我们乐平真正地发展起来。我们初步测算了，如果把工业园扩园计划完成好，把几个项目引进好，再造一个工业乐平，应该说是可以实现的。我们的投入预计是150亿元以上。

（三）变起来，让主题教育的过程成为赣东北明珠闪亮的过程。我们要瞄准目标任务，把学习教育、调查研究、检视问题、整改落实贯穿主题教育全过程，让主题教育的过程成为赣东北明珠闪亮的过程。**一要让思想变得更加开放。**要通过大学，学习新思想新理念新要求，不用老观念迎接新时代、不用老套路解决新问题、不用老思维应对新挑战，从灵魂深处来一次思想大解放、改革再出发，实现理论学习有收获。我们一定要通过理论学习，真正拥抱新时代，走进新时代。如果再用过去的观念、思维，我们灵魂深处还是停留在过去那种搞投机、搞人际关系，乐平要想实现凤凰涅槃是不可能的。**二要让干部变得更讲政治。**要通过这次学习，让我们乐平的干部思想政治上受洗礼。通过主题教育来一次党性大锤炼，真正做到我们的品质、品格、品位都有提升。要与过去做个了断是不容易的，在这方面我们还是有一些这样或那样的问题。比如，有些人还停留在热衷搞人际关系。最近出台了规定，除了不能买送茅台酒以外，现在省里把青花瓷的烟也作为奢侈品了，还有景德镇的大师瓷等。现在跟过去不一样了。原来我就在大会上讲过不要送不能收，现在通过几个案子，可以看到都有账目记载，谁送的礼，谁收的礼。搞得有些干部下一步还被纪委找去谈话。有些事大家一定要注意。从领导开始，我们大家首先要做到不送不收。我们共产党人的形象要保持。比如，自己偶然嘴馋想抽一根烟，那就偷偷到边上去抽，不要在大庭广众下抽。在大众场合抽，那就不好，虽然没有明文禁止你抽烟。这些都是大家需要注意的。这都关系到讲政治，讲政治就体现在每个行动上。**三要让能力变得更上水平。**作为党员干部，既要政治过硬，更要本领高强。“政治过硬，本领高强”是习总书记对我们提出的要求。当前，问题楼盘还没得到有效化解。这次舆情也是问题楼盘引发的。那几个楼盘从来都没有舆情，为什么？因为他目前没钱赚，需要政府去救助。这个楼盘现在还有点钱可赚，再过五年，房价下降没钱可赚了，谁也不会去关注这个楼盘了。很多事情，我们要抓住机遇，趁势而上。上次开会，我举过一个广西跟贵州的例子。广西经济实力过去比贵州黔东南地区强一半以上。经过这五年的大发展，贵州实力现在是广西的一倍。这就是隔壁两个省份。现在我们乐平比周边城市发展要慢，当然，我作为书记有第一责任。但光靠我一个人，行吗？所以大家要共同努力啊。营商环境不够优化，群众办事难、企业办证难、项目落地难等问题，要得到有效解决，需要大家共同努力。这不是哪个人、哪个部门、哪个单位的事，这是事关营商环境、氛围。所以这次主题教育来得及时，就是要让大家在思想上实现大统一，认识上得到大提高。最近我看到发的一个通告，行政服务中心准备搬迁。搬迁不只是地址的搬迁，我们办事的环境、办事的效率，都要搬迁过去集中，实现高效统一。市长在调度这个事，大家要配合好，没有讨价还价的余地。这是一种要求。以实实在在的水平来迎接风险挑战，胸怀中华民族伟大复兴的战略全局和应对世界百年未有之大变局。要敢于斗争、善于斗争，实现干事创业敢担当。**四要让群众变得更为满意。**紧扣“衣食住行、生老病死、安居乐业”12个字，开展“对群众关心的利益问题漠然处之，空头承诺，推诿扯皮，以及办事不公、侵害群众利益”专项整治，坚决纠正形式主义、官僚主义做派，不断解决人民群众的操心事、烦心事、揪心事，真正为群众解难题。**五要让作风变得更加清明。**严肃查处领导干部配偶、子女及其配偶违规经商办企业问题，贯彻好《习近平总书记重要指示精神深入开展领导干部利用茅台谋取私利问题专项整治情况的通报》精神，坚决同特权思想和特权现象做斗争，实现清正廉洁做表率。

三、要夯实基层组织，推动主题教育全覆盖、无盲区、零死角

第二批主题教育和第一批主题教育相互衔接，但也有不同。第二批主题教育主要是在基层组织开展，各种情况更加具体复杂。一是时间节点特殊，正值新中国成立70周年大庆，全国上下都在开展系列活动庆祝，面临的信访维稳压力更大。不要到时老百姓来上访，却推脱说自己在学习，关着门不理，这不行。二是参加对象更多，参加单位多、党员人数多、单位层级多，涉及各行各业各领域。特别是流动党员怎么学？年老体弱党员怎么学？给我们提出了挑战。目前我们每个指导组对应的是十多个单位，要精心谋划好、统筹好。三是距离群众更近。在基层，党员干部离群众最近、服务群众最直接，主题教育质量高不高、成效好不好，群众感受更直接。这次主题教育，群众的评价是很多的，我们一定要认真。中央最后可能就是以群众满意或者是群众身边的人和事来检视我们的教育成效，我们要有清醒的认识。

一要宣传宣讲全覆盖。要用好“三会一课”，特别是主题党日活动，在基层党员中开展集中学习研讨、交流学习体会。要充分用好古戏台讲堂，把主题教育的基本要求、基本知识、基本理论融入古戏台讲堂中。

二要检视整改全覆盖。从群众反映强烈的问题着手、从身边的小事做起，组织基层党员开展“至少参加一次志愿服务、至少解决一件群众反映的问题。大家可以在12345服务热线中去找。12345的及时率、办结率还可以，但满意率逐渐在下降。12345解决问题的难度在加大，我们能不能在这里面找出一两个群众不满意的问题，来认领、来解决。包括帮扶贫困户，负责信访结案，在村里搞调研活动等。让主题教育的成效体现在实际行动中。

三要基层党建全覆盖。第二批主题教育，省委对基层党组织开展提出了“六好”的目标，即要“领导班子好、党员队伍好、发展思路好、制度机制好、工作业绩好、群众反映好”。我们要做到：**一要举旗帜。**树立大抓基层、抓大基层的鲜明导向，高举习近平新时代中国特色社会主义思想旗帜，抓好软弱涣散村整顿，抓好村级活动场所标准化建设，防止虚化、弱化、边缘化，真正让每个支部成为党旗高高飘扬的战斗堡垒。这次主题教育，一定要把村级基层组织建设作为我们的工作之重。要在基层组织阵地建设的标准化、规范化、信息化上形成乐平党建的新实践。街道、乡镇书记都来了，大家去探索。比如信访，我们要建立好规范的信访场所。让人一看，就能知道我们对信访工作的重视。村级的办公场所也是这样，不在乎大小，关键是实用、好用。可以结合智慧党建、智慧社区来抓好这方面的落实工作，让党员、让群众办事更方便、更直接。**二要强素质。**着力建强带头人队伍，在基层建设较高素质、专人负责的党务干部队伍，把党务干部培养成政治上的明白人、党建工作的内行人、人民群众的贴心人。**三要明思路。**要认真学习习近平新时代中国特色社会主义思想，巩固脱贫成果、推进扫黑除恶。把更多的能人、强人、优秀的人选派到村干部上来。**四要建机制。**严格党员教育管理监督，特别是流动党员的管理，使基层党员工作机制健全起来。**五要显成效。**创新方式，精准施策，在镇村两级开展主题教育工作，把学习成果充分运用起来，真正形成实实在在的成效。

四、要精心组织实施，确保主题教育取得最好成效

第二批主题教育面向基层，群众关注度会很高，上级督导也会很严。这就要求我们精心组织实施，迅速进入状态，确保我市主题教育取得最好成效。

一要强化组织领导。领导干部要先学一步、学深一点，先改起来、改实一点，为全市党员干部做示范、当表率。特别是党委（党组）成员要认真履行“一岗双责”，对分管领域加强指导督促。各部门、乡镇（街道）党委（党组）要加强对主题教育的组织领导，明确分工、压实责任，确保主题教育开展坚强有力。

二要强化督促指导。按照“先学、先做、先改”要求，我们已经形成了一定的成果。现在就要按照巩固成果的要求，做到主动靠前、主动衔接、主动负责，在主题教育活动中充分发挥作用。特别是领导小组办公室要发挥桥梁和纽带作用，要充分发挥领导组织作用，全程加强督导，及时发现和解决问题，推动主题教育活动顺利高效进行，推动中央精神和省委、市委要求落地见效。

三要强化舆论引导。要宣传正面典型，宣传身边可信可学的先进人物，推广一批可复制可普及的好经验。要深刻剖析反面典型，以案例明法纪、促整改，切实发挥好警示教育的作用。

同志们！开展“不忘初心、牢记使命”主题教育，是一项重大政治任务。我们要深入学习贯彻习近平总书记重要讲话精神，按照党中央、省委、景德镇市委部署要求，在景德镇巡回指导组的督导帮助下，推动第二批主题教育扎实开展，努力实现高质量有特色走前列，努力为描绘好新时代江西改革发展新画卷贡献乐平力量，为打造与世界对话的国际瓷都贡献更大力量、为打造特色鲜明的现代化赣东北明珠贡献更大力量。

在中共乐平市委第六届七次全体（扩大）会议上的讲话

（2019年1月13日）

徐 辉

同志们：

根据会议安排，我就2018年经济工作回顾和2019年经济工作安排，讲几点意见。

一、关于2018年经济工作的回顾

一年来，面对复杂的形势和艰巨繁重的改革发展任务，我们深入学习贯彻习近平新时代中国特色社会主义思想，坚持以新理念引领新思路、以新举措推动新发展，坚持稳中求进的工作总基调，坚持大学、大干、大变，开展“五型”政府建设，统筹做好稳增长、促改革、调结构、优生态、惠民生、防风险各项工作，全市经济发展总体平稳，社会事业全面进步。主要做了以下几个方面的工作。

（一）坚定不移强实体，经济发展提质增效

综合施策保增长。全年预计GDP增长8.5%左右；财政总收入增长7.6%；税收收入占财政总收入的比重为86%，比去年提高3.2个百分点；服务业增加值占比37%；规模以上工业总产值378.68亿元，同比增长18.0%；规上工业增加值增长9%；工业用电量15.61亿千瓦时，同比增长18.3%。主要经济指标增幅继续位居景市前列。**多措并举转动能。**持续开展“降成本、优环境”专项行动，全年为企业减负约4.73亿元。着力解决中小企业融资难问题，“财政惠农信贷通”贷款余额1.63亿元，“财园信贷通”贷款余额4.96亿元。全社会研发投入达到5亿元，发放科技创新奖励资金187万元。新增6家高新企业，瑞盛制药、欧美亚电子等14家企业成功获批国家级科技型中小企业。聚焦实体强产业。天新药业二期、尚楷生物科技和香港理文等项目有序推进。深入开展“映山红行动”，宏柏新材料上市工作进展顺利。乐平工业园区被认定为江西省新型工业化创业基地，在全省排名由2017年33名前移至14名。天新药业、中远市场一并入选全省民营企业百强。**发挥特色兴商贸。**赣东北商贸城电子商务孵化基地物流园建设有序推进，57家电子商务企业入驻。嘉里购物中心顺利落户，锦阳汽车城再添“新丁”，9家品牌4S店成功入驻。举办了乐平市首届农产品推介会暨“乐平花猪”文化节等乡村主题旅游活动。

（二）全力以赴克艰难，三大攻坚战初战告捷

污染防治取得突破。顺利通过了中央环保督查回头看。共产主义水库被列入全国和江西省水源地重点保护区，全市11座饮用水源地基础建设全部完成，城市生活污水和工业园污水处理分别达到国家生活污水排放一级A和一级B标准，242座小（一）和小（二）水库签订退养协议，乐安河水质全年保持在Ⅲ类以上。倡导城市建成区范围内全面禁止燃放烟花爆竹，对道路施工段进行全天候洒水降尘，已杜绝秸秆露天焚烧，先后建成10座垃圾处理站。全年优良天数为326天，平均优良天数比例为90.3%。依法拆除132座砖厂，修复治理农田土壤1200亩。**脱贫攻坚成效明显。**选派4006名帮扶干部、291个帮扶单位与贫困户“结亲结对”帮扶。投入5583万元助力扶贫，启动3万亩油茶产业扶贫基地建设，在16个乡镇62个村委会建设光伏发电站，发放3.04亿元“产业+金融”贷款，开发公益性岗位937个，建设扶贫车间30个。实现2553名贫困人口和一个省级贫困村、18个景德镇市级（含1个省级）贫困村退出，贫困发生率降至0.77%。**风险防范逐步企稳。**准确掌握政府债务家底，争取到新增及置换债券共7.15亿元。加强对辖区金融风险监测分析，建立健全了金融突发事件快速反应机制。依法打击经济犯罪活动，共立案44起，刑事拘留26人，挽回经济损失800多万元。妥善处理了问题楼盘历史遗留问题。

（三）千方百计拓空间，改革开放持续深化

深化改革释放活力。全市新登记注册私营企业654户、个体工商户1951户、农民专业合作社94

户，企业年报“一次不跑”服务13620余次。有序推进“双随机、一公开”工作，化解煤炭过剩产能、公车改革等工作稳妥推进，涌山经济发达镇行政管理体制改革等7大类134项改革举措推进有力、落实有效。**强化引擎增添动力。**清理盘活1.24亿元财政存量资金，建立完善国资经营体系，“两权”抵押贷款延长一年试点工作成效显著，农村承包土地经营权抵押贷款余额1亿多元，增幅126%。基本药物制度进一步巩固，区域医疗费增长幅度控制在10%以内。选调了151名农村小学教龄30年以上教师的子女进城任教，实施校长教师交流轮岗，城乡教师结构进一步优化。**优化开放广借外力。**引进总投资32亿元天新药业总部、投资5.8亿元锦溪纳米钙项目落户。启动投资16亿元的工业地产项目。引进以动力机械（铸造）为龙头的减速机、水泵制造等企业34家。圆满完成引进内资114.98亿元、外资7689万美元的任务，分别较上年增长10%。

（四）一以贯之塑形象，城市品质逐步提升

环境更加宜居。大力倡导文明、低碳、绿色、环保的生活方式，积极开展家风家训宣传等专题活动，开展平安小区等特色小区创建活动。加大老旧小区环境整治力度，全面落实“路长制”巡察工作，长期占道经营现象得到有效治理。加强背街小巷环境整治，严厉打击“两违”建筑，共拆除违章搭建9.07万平方米，打击违法占地4.33万平方米，拆除违法建房5.64万平方米。**形象更加美好。**实施城区“亮化”工程，完成东风路、天湖公园等路灯升级和亮化工程，全市道路装灯率达95%以上。礌溪河田园综合体、洪皓森林公园二期等项目建设稳步推进。实施了五中南侧滨水游园景观、昌平北路延伸附属景观等形象提升工程。城市标志性建筑、重要出入口景观建设有序推进，完成重要城市节点绿化面积约2.2万平方米。**功能更加完善。**完成江西省历史文化名城保护规划、何家台历史文化街区保护规划编制及评审。实施人民路综合改造、乐平大道“白改黑”等改造工程。启动乐平大桥北引道拓宽、登高山景观路改造工程。昌平路邻里中心成为集社区商业、社区文化、社区卫生、社区服务于一体的全市首家区域性邻里中心。我市成功入选全省15个“2018—2020年全国文明城市提名城市”。

（五）坚持不懈促融合，振兴之路步伐加快

坚实农业农村基础。完成2017年度高标准农田建设6.4万亩，荣获全省绩效考评二等奖。完成1.2万余亩土地整治项目立项，新增耕地面积4610亩。土地集约利用受到国务院表彰，国务院、省政府奖励我市用地计划指标共1120亩。礼众线、历库线等5条公路基本竣工。景鹰高速连接线、塔荷公路等道路改建工程正在有序推进。小陂桥、南港大桥等危桥改造工程正在有序推进。对礼林牌楼村和名口戴村等农贸市场进行升级改造，众埠湾头和十里岗镇两个农贸市场完成改造并投入使用。鸣山集镇建设已完成规划，正在评审。非洲猪瘟防控、松材线虫病防治工作取得阶段性胜利。绿色殡葬改革稳步推进。**提升农业农村品质。**全市粮食播种面积95万亩，总产43.4万吨，粮食生产实现“十五连丰”，粮食生产功能区和重要农产品保护区“两区”划定工作通过省验收，被列入全省八个江西省“中国好粮油”行动计划示范县之一。引进了“嘉绿”“花正红”等一批先进农业企业，蔬菜特色产业实现产销两旺。引进以色列知名企业，投资1亿元在礌溪河风光带打造乐以科尖端农业科技示范园。实施了653个村点的新农村建设，推进塔前、双田、涪口等美丽乡村建设和乡村亮化工程。城乡环卫一体化基本全覆盖。

（六）全心全意惠民生，群众福祉不断增进

各项实事基本完成。面向社会提供就业岗位29856个，城镇新增就业人数9319人，新增农村劳动力转移10824人，全部超额完成去年任务；完成共库等10个饮用水水源地标准化建设，农村自来水管网已延伸至临港、十里岗、礼林、涌山等多个乡镇村委会及自然村；打通昌平北路、新平北路延伸，通站路、春华路、东风北路二期延伸等11条“断头路”；新增新能源公交车20辆；维修主干道、巷道及各种道路路灯、景观灯3400余盏套，城市亮灯率达97%以上；鸬鹚、高家等中心幼儿园投入使用；新增管输天然气1万余户，实现与景德镇市同城同价；乐平市体育中心建成，为市民提供标准完善的健身场所。**公共服务硬招迭出。**实现六年级回归小学办学，十一小、十二小秋季投入使用，全面消除超大班额。全面实行“先诊疗后付费”的一站式服务结算，完成54家贫困村卫生计生服务室建设。获评省流动人口计划生育管理先进单位。成功举办首届“神工意匠、振兴乡村”等系列活动，乐平被列为省级历史文化名城、赣剧之乡。承办了第九届环鄱赛乐平站比赛和十五届省运会体操、武术两项赛事，荣获全省县（市区）竞技体育贡献二等奖。**社会保障更加厚实。**提高城乡低保标准和补助水平，社会保障体系进一步完善。全市企业基本养老保险参保9.4万人，城乡居民养老保险参保人数38.7万人，2018年城乡居民养老金提标到位，建档立卡农村贫困人口参保实现全覆盖。棚户区改造工程进展顺利，新建1639套安置住房，完成4000户的棚改征收。房价过快增长势头得到有效遏制。**平安和谐成效显著。**大力开展“七五”普法工作，入选第四批“全国法治县创建活动先进单位”。保持连续16年未发生重大安全生产事故，打击非法小煤窑连续12年实现“零开采、零死亡”目标成果。深入开展扫黑除恶专项斗争，共破九类涉恶案件75起，刑拘190人。认真梳理化解信访积案，有力维护了社会稳定。“12345”政府服务热线转办工单48194件，市民回访满意率达98.71%。

二、关于今年经济工作的主要任务

2019年是新中国成立70周年，是全面建成小康社会关键之年。我们要认真领会习近平总书记关于我国发展仍处于重要战略机遇期的科学论断，积极在应对危机中创造机遇、把握机遇，稳中求进、变中向好，努力推进我市经济高质量跨越式发展。

第一，我们要始终做到心中有底，牢牢把握“稳”的基础。“任尔东西南北风，我自岿然不动。”从大环境看，和平与发展仍然是当今时代的主题；求合作、谋发展仍然是世界各国的共同愿望，习近平总书记提出的构建人类命运共同体理念在国际上日益深入人心；我国发展拥有足够的韧性、巨大的潜力，经济长期向好态势不会改变。从小环境看，我市经过两年来的铁心整改、铁腕治污，制约我们发展的环保问题得到有效解决，生态环境日益优化；人文历史的积淀正在转化为我们文化旅游的资源优势；全域大交通建设，必将重新找回往日的区位优势。这些，将为全市发展提供更加有力的支撑。

第二，我们要始终做到心中有度，牢牢把握“变”的节奏。“善变者胜，敢变者赢。”世界经济下行风险逐步加大，我国经济受国内外因素影响，保持持续健康发展难度有所增加；我市经济增长呈现稳中趋缓态势；中美经贸之战的影响已经是世界性的，未来走势难以预料；我们以往所依赖的、传统的经济发展方式，随着安全、环保、金融等领域监管力度不断加大，越来越难以为继。对此，我们要加快转型、创新发展步伐，审时度势、以变应变、化危为机。

第三，我们要始终做到心中有策，牢牢把握“进”的趋势。“志不求易，事不避难。”新一轮科技革命和产业变革迅速发展，新产业、新业态、新模式发展的“窗口”越开越大。面对历史新起点，习近平总书记《在庆祝改革开放40周年大会上的讲话》中科学、系统地总结了我们40年来取得的成就，提出了“9个必须，9点启示”，释放出更大力度推进改革开放的强烈信号，为我们乐平加快发展创造了有利条件。我们要抓住用好机遇，充分发挥绿色生态、特色产业、人力资源等方面的比较优势，驭势而为，拾级而上。

做好今年经济工作，机遇与挑战并存，动力和压力同在。我们要高举习近平新时代中国特色社会主义思想伟大旗帜，全面贯彻党的十九大、十九届二中、三中全会和中央经济工作会议精神，认真落实省委十四届六次、七次全会和景德镇十一届六次全会精神，以“大学大干大变”为主导、以“早日回归全省十强”为主引、以“双创双修”为主线，以“项目建设”为主攻，全力打好“三大攻坚战”，为打造特色鲜明的现代化赣东北明珠接续奋斗，以优异成绩庆祝新中国成立70周年。

2019年全市经济社会发展的主要预期目标是：生产总值增长8.5%～9%，财政总收入增长7.3%，规模以上工业增加值增长9%左右，固定资产投资增长11%，社会消费品零售总额增长11%，实际利用外资增长6.5%，城镇居民人均可支配收入增长8%，农村居民人均可支配收入增长8.5%，居民消费价格总水平涨幅控制在2.9%左右，节能减排完成国家下达任务。

为实现上述目标，我们将重点做好六个方面的工作：

（一）既要项目落得下去、又要实体企业强得起来，全力以赴推进高质量跨越式发展。发挥扩大内需对拉动经济增长的重要作用，把实体企业发展放在更加突出的位置。

千方百计抓好项目落地。要牢固树立“项目为王”的意识，在项目建设中要不回避矛盾、不放弃努力，实行高位化调度、集成化作战、扁平化协调、一体化办理。以大项目实现大提升。着力推进今年总投资324亿元的115个重点工程项目建设。启动国道206大田至桃林段升级改造工程、乐平市人民医院综合大楼建设、南内河周边棚户区安置房建设、206国道道路景观、杨子安周家片区综合环境提升工程等项目；继续推进高标准农田建设、乐德国际商城等项目，全面完成老北街保护利用工程；继续招商洽谈和谋划论证的20个储备项目。同时，要积极协调解决项目推进过程中的用地、资金等“老大难”问题。

千方百计激发商贸活力。落实江西省服务业发展新三年行动，深化品牌兴市战略。继续发展电子商务产业，组建乐平市创新创业中心园区，建强农产品电商服务平台，引进有影响力的电商企业和电商人才，优化电商企业发展环境，力争工作有突破性进展。促进现代物流业健康发展，力争完成商品销售总额1.4亿元。大力发展乡村旅游，打造乡村振兴的新引擎。全力推进洪岩旅游总体开发建设，促进区域旅游转型升级。弘扬乐平古戏台营造技艺，加快推进古建筑产业园规划建设。大力发展文化、体育、健康、养老等幸福产业，不断促进消费升级。

千方百计帮助实体做强。大力实施降成本优环境专项行动，严格落实省里已经出台的152条政策措施。加强产业与金融合作对接，继续实施“财园信贷通”，推动更多资金流向实体经济。突出主导产业优势，加快实施60亿固投项目，做优做强“5+2”特色产业。突出科技创新，加快金龙化工、宏柏新材料、世龙实业等企业实施扩展新建项目。积极响应“映山红行动”，助力宏柏新材料冲刺主板，推进天新药业迈出上市步伐。全面贯彻落实支持民营经济发展政策，破除各种阻碍，不断发挥民营经济的广阔作用。

（二）既要放权搞活、又要优化转型，全力以赴推进创新升级。加快动能转换和传统产业升级，推进工业园区改革步伐，持续增强制造业技术创新能力。

深入推进放权搞活。围绕三年决战500亿产值总目标，深入推进工业园改革与创新发展。坚持扩大总量和优化质量并举、转型升级和动能转换并重、提升平台与优化环境并行，继续朝“回归十强”的目标不懈努力，积极开展乐平工业园区争创省级高新技术产业园区工作。坚持“以亩产论英雄”，加快产业结构调整和企业转型升级，推进园区空间整合、体制融合和智慧化建设。继续推进僵尸项目、僵尸企业的“腾笼换鸟”工作。全面完成园区总规编制及产业规划，推进塔山工业区、金山工业区扩园，启动鸣山工业区建设，加快返乡创业园建设，加快培育壮大优势产业集群。

深入推进动能转换。认真贯彻落实国家、省、市降成本优环境系列政策，加强节能减排重点工程建设，科学界定落后产能，从源头加强新开工项目节能评估，严控“两高”行业的过快增长，坚决管住高污染、高消耗产业等新上项目。持续保持高压态势，严厉打击“地条钢”，加快淘汰落后产能。着力培育一批重点示范企业，充分发挥工业企业的主体作用，提升工业企业运行的智能化程度。

深入推进创新创业。坚持创新是第一动力，大力实施创新驱动战略。深入开展“5511”工程倍增计划，支持乐平现代农业示范园区开展争创国家级农业科技园区工作，打造1～2个众创空间，新增1～2家市级以上工程技术中心，力争新增高新技术企业5家以上，培育国家科技型中小微企业10家。持续改善创新创业软硬环境。

（三）既要眼睛向内、也要眼光向外，全力以赴推进改革开放。紧紧围绕制约开放提升的重点问题和关键环节，进一步破除改革藩篱，抢抓机遇，拓展发展空间。

着力推进政府职能转变。继续推进“放管服”改革，优化政策供给和服务流程，深入落实“一次不跑”“只跑一次”等改革措施。直接为企业和群众提供与日常生产生活密切相关事项的办理窗口，实行全天候服务。推进投资项目审批提质增效改革，确保政府投资项目、企业投资项目审批时间大幅压减。整合建立统一规范的公共资源交易平台，实现市级公共资源交易全过程电子化，提高办事效率，实现“让数据多跑腿，让群众少跑路”。全面推进“双随机、一公开”的监管模式，加快推进协同监管和联合惩戒。

着力推进重点领域改革。稳妥加快机构改革。重点推进国有资产管理改革。以服务实体经济为核心，深化金融改革。深入开展民营医院规范化服务活动，加强医疗废物分类处置管理的监管力度，继续深化医疗卫生体制改革。深化商事制度改革。大力建设诚信政府，开展企业和个人失信行为集中治理。

着力提升招商安商成效。紧紧抓住当前加快区域发展和承接产业转移机遇期，以上海、深圳为中心，打通长三角、珠三角招商新渠道，引进高科技、高技术、生物医药、新能源等战略性新兴产业。明确精细化工产业定位，有针对性地抓好产业延链、补链招商，力争引进亿元以上项目25个，其中乐平工业园引进20亿元以上重大项目1个。全面开展“三请三回三企”活动，筹办首届乐商大会。采取“走出去、请进来”战略，招真商、真招商，着力打造“四最”营商环境，构建新型政商关系。

（四）既要城市宜居、也要乡村振兴，全力以赴推进区域协同发展。以“双创双修”为主线，按照“城市功能与品质提升三年行动”要求，大力开展交通建设年活动，加快乡村振兴城乡一体，努力缩小城乡差距。

以大交通缩短城乡时空距离。进一步加快交通基础设施建设步伐。围绕“完善交通网络，提升境内国省、县乡道路等级标准，逐步重建、新建境内危桥，彻底破除交通瓶颈，方便群众出行”的工作目标，加快国道206大田至桃林段升级改造，快速实施省道306浯口至杨畈段公路改建工程，将原有道路等级由二级提升到一级。启动省道303金山工业园至临港镇、省道205众埠下湾至后港梅花园段、省道411乐港张家桥至镇桥竹科里3条省道改建工程。改建众埠松树岭至德兴黄柏公路，涌山沿沟经周坑至婺源秀山公路等县乡道路200公里。改造临港大桥、十里岗仓下桥等14座大、中小桥。积极探索城乡公交“一体化”，让城乡道路更加顺畅、安全、便捷。

以大提升实现城市品质升级。要按照“一年有提升、两年上台阶、三年进一流”的目标要求，抓紧抓实城市治脏、治乱、治堵、功能修补、生态修复、特色彰显、亮化美化、治理提升等八大行动，不断将创建全国文明城市、国家卫生城市工作推向深入。推进城市精细化管理，做好行政区划调整，启动“数字化城管”平台，提高执法水平。深化精神文明建设，学习身边好人，弘扬社会主义核心价值观，不断推进街道社区文化建设，全面提升市民文明素质和社会文明程度，提升城市的感知度、美誉度。

以大产业实现美丽乡村振兴。促进粮食生产提质增效，加快高标准农田建设，严守耕地红线。大力实施“蔬菜产业三年振兴计划”、茶产业复兴计划和高标准农田建设行动计划。力争全市蔬菜种植面积38万亩、蔬菜批发市场年交易量突破140万吨，促进“江南菜乡”向蔬菜强县（市）迈进。继续推进礌溪河田园综合体、乐以科等现代农业产业示范园项目建设。大力推进农村生活垃圾治理和农村厕所革命、农村生活污水治理。进一步推进城乡垃圾一体化处理。启动镇桥涝区治理、塘西圩堤和续湖圩堤除险加固工程等水利项目建设，实施乐平魁杨联圩除险加固工程，逐步提高我市防汛抗洪标准。全面推动林长制工作，加强松材线虫病防控。加快“青山白化”治理，全面实施绿色殡葬改革，建设好公墓等配套设施。进一步开展“农村人居环境整治三年行动”，在300个村实施700个新农村建设村点。新建众埠镇污水处理厂，推进后港镇、乐港镇、涌山镇、污水管网建设，推进18个美丽示范村污水治理设施建设。进一步完善城乡供水一体化，全面完成我市偏远山区乡镇自来水水厂建设及农村供水管网的延伸。

（五）既要坚守阵地、也要生态美丽，全力以赴推进三大攻坚战。要认真贯彻习近平总书记关于打好“三大攻坚战”的重要指示精神，巩固已经取得的成绩和战果。

坚决防范化解重大风险。继续抓好政府债务管理，严控债务总量，妥善处置存量，强化限额管理、预算管理，切实把债务余额控制在安全范围以内，确保政府公共财政安全。进一步加强金融监管力度，做好重点领域风险防范和处置，深挖严查，坚决打击非法集资等违法违规金融活动。继续推进问题楼盘等历史遗留问题化解工作。

坚决实施精准脱贫。坚持现行扶贫标准，严格按照“两不愁、三保障”要求，狠抓“两业”扶贫，强化政策保障。进一步动员全社会力量，建立完善正向激励机制，积极探索脱贫致富新路子。坚持扶贫扶志扶智结合，坚持开发保障并重，激发贫困群众内生动力，加强动态管理，确保贫困群众遇困不返贫、遇病不返贫、遇灾不返贫。抓好专项巡视反馈问题的整改落实。确保今年3200个贫困人口脱贫，1个贫困村退出，确保小康路上一个都不落下。

坚决做好污染防治。深入实施大气、水、土壤污染防治三大行动，大力推进工业园区大气污染治理提标改造项目，加强重点企业废水达标治理，继续做好工业园区“一企一管”升级改造工程。强化土壤污染风险管控。加快推进工业固废综合利用，严厉打击危废非法跨界转移、倾倒等违法犯罪行为。加强农业面源污染防治，开展化肥“零增长”行动，实现畜禽养殖资源的综合利用。深入推进河长制，推动乐安河生态保护和开发利用工作，从严打击非法采砂行为，确保一河清水。继续做好南内河综合改造、全国农村生活污水治理示范县、城市污水管网延伸等工作。

（六）既要解决头等大事、也要解决关键小事，全力以赴保稳定惠民生。着力建设“五型”政府，把增进民生福祉作为政府工作的出发点和落脚点，多谋民生之利、多解民生之忧，继续为民办好10件实事。

全面发展社会公共事业。持续推进义务教育均衡优质发展，加快教育重点项目建设。力争十三小、十五小、教育园区小学部初中部等新建改扩建学校2019年秋季投入使用。推进基础教育“三项计划”工作，启动建设民办学校教育园区，扩大高中教育容量。全面完成中医院改扩建项目，启动人民医院综合大楼和医疗资源共享中心建设。启动公共文化服务体系建设，加强基层综合文化中心建设。全面推进融媒体中心建设，努力打通公共文化服务“最后一公里”。充分挖掘独具特色的乐平历史文化，举办好文化艺术节、乐平春晚、中国文化遗产大会。

全面完善社会保障能力。推动社会保险事业健康发展，实现机关事业单位社保全覆盖。推动解决企业用工荒问题，把稳就业放在更加突出的位置。完善人才引进机制。积极探索建立政府救助、社会帮扶、弱有所扶的多元化救助体系。提升自然灾害综合防范能力，继续开展国家级和省级综合减灾示范社区创建工作。做好乐平市第二次全国地名普查成果转化工作。继续巩固双拥成果，做好退役军人服务保障工作。

全面提升社会治理水平。持续做好“七五”普法和“法律明白人”等工作。深入开展第四次全国经济普查。进一步强化企业主体责任、政府和部门监管责任、属地管理责任，加强重点行业领域专项整治，坚决守住不发生重大安全生产事故这条底线。紧抓维护稳定这根主线不放松，深入开展扫黑除恶专项斗争，着力扫除黑恶势力滋生的土壤。加大信访积案化解力度，全力营造和谐稳定的社会秩序。

同志们，**思路决定高度，态度决定出路。**我们要更加紧密地团结在以习近平同志为核心的党中央周围，高举习近平新时代中国特色社会主义思想伟大旗帜，进一步解放思想、求真务实，劈波斩浪、砥砺奋进，为打造特色鲜明的现代化赣东北明珠不懈奋斗，以优异的成绩向新中国成立70周年献礼！

在市政府六届五次全体会议上的主持讲话

（2019年1月30日）

徐　辉

同志们：

经市政府研究决定，今天召开市政府六届五次全体会议，目的在于深入贯彻省委十四届七次全会、景德镇市委十一届六次全会和乐平市委六届七次全会精神，动员大家进一步提振精神，强化举措，查漏补缺，狠抓落实，切实做好岁末年初各项工作。

今天参加会议的有市政府全体班子成员，市政府各组成部门主要负责人；列席会议的有市直各单位主要负责人，各乡（镇）长、街道办主任；会议还邀请了市人武部、市政协有关领导莅会指导。

今天会议主要有三项议程：

一是由市委常委、市政府常务副市长张汉坤同志就《政府工作报告（送审稿）》起草情况做说明；

二是审议《政府工作报告（送审稿）》《关于乐平市2018年国民经济和社会发展计划执行情况与2019年国民经济和社会发展计划草案的报告（送审稿）》以及《关于2018年财政预算执行情况和2019年财政预算（草案）的报告（送审稿）》；

三是由我做个总结讲话。

下面我们逐项进行。

首先进行会议第一项议程，请市委常委、市政府常务副市长张汉坤同志就《政府工作报告》（送审稿）起草情况进行说明；

……………………………………………………

下面进行会议第二项议程，审议《政府工作报告（送审稿）》《关于乐平市2018年国民经济和社会发展计划执行情况与2019年国民经济和社会发展计划草案的报告（送审稿）》以及《关于2018年财政预算执行情况和2019年财政预算（草案）的报告（送审稿）》；这三份报告之前已经由市政

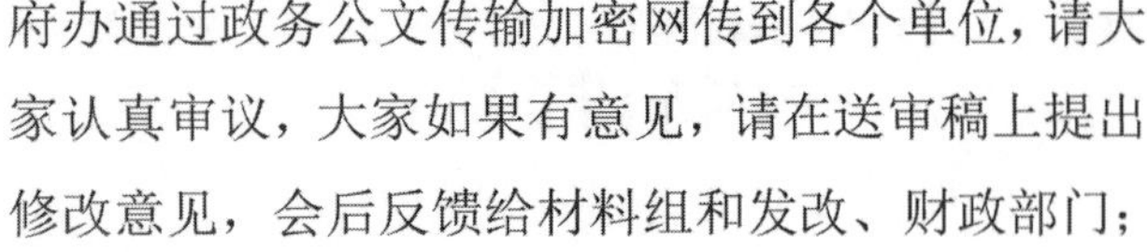

府办通过政务公文传输加密网传到各个单位，请大家认真审议，大家如果有意见，请在送审稿上提出修改意见，会后反馈给材料组和发改、财政部门；

………………………………………………………………

如果没有意见，请鼓掌通过；

………………………………………………………………

下面进行会议第三项议程，由我做最后发言。

………………………………………………………………

刚才，会议对《政府工作报告》进行了审议，会后请政府办公室特别是起草组的同志，对各单位提出的意见建议认真进行梳理，及时修改完善，能纳入报告的内容要全部吸收进去，切实增强报告内容的针对性和可操作性。

《政府工作报告》质量的好坏，直接关系到政府的威信和形象，更会影响今年各项工作的开展和广大群众美好生活愿景的实现，因此政府工作报告的修改，务必要更加符合乐平实际，符合乐平推动高质量跨越式发展的定位，努力形成一份顺应民心、反映民意、集中民智、惠及民生的好报告。

在此，对于政府工作报告的修改，我再提三点要求：

一是要认真梳理，回应焦点。起草组的同志要把各方面的意见建议分别进行梳理汇总，归纳分析，充分吸收到报告中去。对于广大群众关注的焦点问题，以及去年政府工作报告中承诺的事情，都要进行一一回应。

二是要实事求是，突出亮点，要客观总结一年来工作中取得的各项经验、成绩和不足，同时要把振奋人心的亮点充分展现出来。

三是要谋划长远，紧扣重点。要认真贯彻市委六届七次全会精神，以“大学、大干、大变”为导向，紧紧围绕传统产业转型升级、发展低碳循环经济等关键核心问题，认真谋划2019年各项工作。

政府工作怎么做？我接下来谈五点意见：

一、以解放思想为出发点，全力推进高质量跨越式发展

习近平总书记强调：“改革开放的过程就是思想解放的过程，没有思想大解放，就不会有改革大突破。”40年来的实践充分表明，思想解放是改革开放的重要先导，是推动党和人民事业发展的强大思想武器。

一方面，要敢于解放思想。“历史从不眷顾因循守旧、满足现状者，机遇属于勇于创新、永不自满者。”长期以来，我们很多同志都存在思想禁锢的问题，**一是**敢于担当不够，比如在重大项目推进过程中，大家都是被条条框框束缚住了，不敢担当，消极应付；**二是**形式主义、官僚主义作风依然存在，大家都怕处分，按部就班，求稳怕乱。这些问题严重影响到政府工作效率和力度。新时代政府部门要彰显新气象、展现新作为、树立新形象，就必须不断解放思想，破除传统思维定式，始终保持勇于创新、善于改革、与时俱进的精神状态，推动各项工作高效有序进行。

另一方面，更要善于解放思想。解放思想是探索规律、追求真理的过程，更是为人民群众谋取利益、解决问题的过程。习总书记提出，“只要有利于解放和发展社会生产力，只要有利于推动经济社会持续健康发展，只要有利于实现好、维护好、发展好最广大人民的根本利益，只要有利于巩固党的执政基础和执政地位，就要大胆试、大胆闯，就要坚决破、坚决改”。习总书记的这四个“只要有利于”，为我们解放思想、探索创新提供了底气，明确了思路。我们不仅要胆子大，更要步子稳，要以习近平新时代中国特色社会主义思想为指引，不断在谋划改革发展上下功夫，在解决突出矛盾上下功夫，在激发创新活力上下功夫，找准着力点、解决实际问题，形成推动高质量跨越式发展的新思路、新办法、新举措，在大学大干大变中不断激发创新发展的不竭动力。

二、以经济发展为切入点，努力推动经济社会稳中向好

明年的经济工作，总体来看，机遇与挑战并存，动力和压力同在。我们必须深刻认识当前国内外经济形势复杂多变的现实状况，不断增强忧患意识，审时度势，把握机遇，主动作为，攻坚克难，全力推进我市经济运行稳中向好的发展态势。

以改革带动经济发展。当前，我市经济社会发展面临众多机遇，同时也存在很多矛盾，全面深化改革，正是破解难题、推动经济高质量跨越发展的关键。要着力转变政府职能，勇于自我革命，深入推进“放管服”改革，优化政策供给和服务流程，整合建立统一规范的公共资源交易平台，提高办事效率，实现“让数据多跑路，让群众少跑腿”。要深入推进重点领域改革，以服务实体经济为核心，深化金融改革。重点推进国有资产管理改革，实现国有资金科学化、精细化管理。要切实抓好改革措施落地，拿出硬招实招，落实各项改革举措，确保改有所进、改有所成。

以产业助推经济发展。产业是支撑经济发展的核心和基础，必须紧紧围绕“5+2”产业布局，按照省里提出的首位产业与传统产业共建共融要求，做好产业这篇文章。一是做优精细化工；乐平工业园区是全省唯一的精细化工产业基地，要充分利用好这一优势，做到招商选资，引进10亿元以上的工业项目；二是做强建材产业，整合资源，招大引强，淘汰落后高污染、高消耗企业；三是做优特色农业，充分发挥乐平国家级农业科技示范园和良好生态资源的优势，结合乡村振兴、田园综合体建设，把特色农业做强做优；四是做特古建产业，大力发展古建木雕产业园，让古建木雕成为乐平一个产业亮点。

以指标调度经济发展。经济发展的好坏，最终看的还是指标完成情况。各分管领导和相关部门要牢牢把握经济运行规律和特点，切实加强对经济指标运行情况的监测、分析和研判，对工作中出现的倾向性和苗头性问题，切实加大调度力度，确保全面完成年初定下的目标任务，促进我市经济平稳健康发展。

三、以保障民生为根本点，致力增进民生福祉

习近平总书记指出，“人民对美好生活的向往，就是我们的奋斗目标”“让老百姓过上好日子是我们一切工作的出发点和落脚点”。发展的根本目的就是增进民生福祉。我们要牢固树立以人民为中心的发展思想，着力保障和改善民生，多谋民生之利、多解民生之忧，不断提高人民物质文化生活水平。

一是全力以赴打赢脱贫攻坚战。要进一步压实脱贫攻坚工作责任，坚持扶贫同扶志、扶智相结合，大力抓好重点贫困村和贫困人口的脱贫，做到真脱贫、脱真贫。要扎实做好脱贫攻坚各项迎检工作，确保如期完成脱贫攻坚目标任务。

二是不遗余力办好民生实事。政府工作报告中定下的为民办十件实事，是我们向广大百姓群众做出的庄严承诺，更是密切关系到老百姓切身利益的事情，无论如何都是要兑现的。各分管领导和有关部门务必强化责任，对标对表，狠抓推进，不折不扣地抓好落实，确保为民办十件实事按照时间节点和标准要求全面完成。

三是驰而不息提升公共服务水平。要不断加快教育、医疗、卫生、文化、体育、养老等各项社会事业发展的脚步，切实做好就业、双拥、城乡低保、社会救助等各项工作，不断完善社会保障能力，千方百计解决民生的难点痛点堵点问题，让群众得到更多看得见、摸得着的实惠，不断满足人民日益增长的美好生活需要，持续增强人民群众的幸福感和获得感。

四、以自身建设为支撑点，着力推进“五型”政府建设

在全市深入开展“五型”政府建设，是从更高层次贯彻落实习近平总书记对江西工作的重要要求的实际行动，是全面落实省委十四届六次全会提出的“二十四字”工作方针和“六大突破、三大提升”战略部署的必然要求，其意义深远，影响重大。

自2018年11月2日召开动员会以来，全市上下行动迅速高效，举措务实有力，这项工作取得了积极进展和显著成效，但同时，也存在一些不足，部分单位和乡镇工作进展缓慢甚至停滞不前，存在等靠思想，没有结合自身工作实际推进“五型”政府建设。我们各乡镇、各部门的同志必须以高度的政治敏锐和政治自觉，扎实推进各项相关工作，确保“五型”政府建设步步深入、取得实效。

一是旗帜鲜明讲政治，持续深入推进“五型”政府建设。要从讲政治、讲忠诚的高度，切实把思想和行动统一到省委省政府全力以赴推进“五型”政府的决策部署上来。首先，认识要到位。要积极引导广大干部职工在思想上认真学习领会“五型”理念，在行动中自觉践行“五型”标准、在工作里严格落实“五型”要求。其次，举措要务实。各部门要紧密结合自身职能，制定详细具体的工作方案，要做到有干货、能落实、出亮点。再次，工作要持续。“五型”政府建设是一项长期艰巨的系统工程，开展这项工作要常抓不懈、持之以恒，步步深入、久久为功。

二是聚焦重点促改革，不断提升政府工作效能。要把关注点聚焦到广大人民群众最关心的问题上，多为群众排忧解难，办实事做好事，让老百姓在“五型”政府建设中有更多获得感。要深化“放管服”改革，不断创新工作思路，转变工作作风，提升工作效能。**在“简政”上做文章，**深入推进“降成本、优环境”专项行动，全面推动“一网通办”“一次不跑”等工作的开展，进一步精简下放审批事项，不断提升政府工作效率，让群众和企业办事享受更多便利。**在“服务”上做文章，**建立和完善多样化政企沟通机制，深入了解企业发展面临的困难和问题，全力打造政策最优、成本最低、服务最好、办事最快的“四最”发展环境。**在“办事”上做文章，**尤其是“12345”政府服务热线，目前已经运行一周年，成效还是比较好的，希望各相关部门要继续抓好这项工作，及时有效地为全市人民排忧解难，解决问题。

三是强化总结重宣传，营造“五型”政府建设浓厚氛围。及时宣传总结。充分利用各种宣传媒介，广泛宣传“五型”政府各项政策举措，及时总结推广一些好经验、好做法、好思路、好举措，不断提高广大干部群众对这项工作的认知度和认同感。**强化监督问责。**市政府督查室要通过明察暗访、实地督查的方式，深入基层一线开展专项督查，针对发现的问题要建立台账、跟踪督办、限期整改，对整改落实不到位、执行不力的现象进行通报批评和问责，推动“五型”政府建设落实到位、落地见效。

五、以维护稳定为落脚点，倾力构建平安和谐幸福乐平

当前正值春节和两会的关键时期，我们要牢固树立安全发展理念，切实增强忧患意识和责任意识，始终把人民群众生命安全放在第一位，切实维护社会大局和谐稳定。

紧紧筑牢安全生产防线。春节期间历来是各类安全事故的高发期和易发期，我们要时刻绷紧安全生产这根弦，不能麻痹大意。各分管领导务必抓好自己分管领域的安全生产工作，包括学校、矿山、森林防火、危化、交通、消防、食品等各个领域，千万不能掉以轻心。一方面要切实做好安全隐患排查工作，查漏补缺；另一方面完善应急预案，全面提升安全事故应急处置能力。

牢牢守住信访稳定底线。各分管领导要切实做好维稳信息报送、信访日的接访工作，分管部门和乡镇要严格按照属地原则，切实做好信访人员的排查和稳控工作。

时时不忘基层帮扶连线。贫困群众脱贫解困工作是一项重要的民生工程，这项工作绝对不能忽视。要积极开展春节期间走访困难群众和送温暖活动，尤其是要走访慰问挂点贫困户，妥善安排好困难职工群众的日常生活，让困难群众充分感受到来自党和政府的关怀和温暖。

就岁末年初的工作安排，我再强调几点：

一是确保一季度经济运行开门红。按照省里工作部署，我市整个经济运行情况有个开门红的要求。各单位部门务必提高站位，着眼长远，认真分析经济发展形势，努力克服各种不利因素，确保实现全市经济运行第一季度“开门红”。

二是确保做好春节期间应急值守工作。严格执行领导带班和24小时专人值班制度，做好突发事件的信息报送和处理，强化各项监督检查，确保春节期间各项工作正常运转。尤其是“12345”政府服务热线，一定要发挥好作用。这里特别强调一下，省里提出的窗口单位延时服务、错时服务，请窗口单位务必坚决落实到位。

三是确保日常工作不能断。主要有“大棚房”整治、安全生产，以及工业园区要安排好企业在春节期间的错峰生产。另外，机构改革，殡葬改革、扫黑除恶、非洲猪瘟防控、松材线虫病防治、城区禁燃禁放、“三冬”生产、春季招工等常规性工作也要抓紧抓实抓好。

四是确保春节期间的各项保障。第一是保障人民群众的生产生活，要做到四有：确保困难群众有饭吃、有肉吃、有被子盖、有房子住。第二是保障节日期间的市场供应，切实做好春节期间粮、油、肉、蛋、菜等重要商品的供给和价格稳定工作，保障城乡居民消费需求和价格稳定，严厉打击假冒伪劣产品；第三是保障春节期间的群众文化生活，要确保安全有序、喜庆祥和；第四是全力保障好社会稳定，要加强街面治安巡逻、消防安全和群众聚集场所的公共安全；第五是保障好春运，交通、运管、交警等部门要全力维护好春节期间的道路交通安全，尤其是接渡、双田、众埠等大乡镇的镇区道路畅通工作；第六是做好农民工工资的保障工作。我们务必全力以赴，确保老百姓过一个快乐平安祥和的新春佳节。

五是做好春节期间的廉洁自律工作。全体党员干部要绷紧纪律意识、规矩意识，切实贯彻落实习近平总书记关于进一步纠正“四风”、加强作风建设的重要指示精神，严格履行“一岗双责”，守好自己的门，看好自己的人，坚决杜绝“节日腐败”，严守廉洁底线，做廉洁自律的标杆，过一个欢乐祥和、风清气正的春节。

一年来，我们面对种种困难和严峻考验，政治上经受了巡视整改等各种考验，工作上得到了进一步锻炼，迎难而上，主动作为，各项工作均取得了较好成绩。这是市委坚强领导的结果，是全市上下团结一致、共同奋斗的结果，也是在座各位勤勉敬业、依法履职的结果。在此，我代表市人民政府，向大家表示衷心的感谢！谢谢大家！

随着机构改革的深入推进，各相关单位的挂牌工作可能要到春节以后，希望大家要继续履好职、站好位，做到劲头不减、工作不断、思想不乱，全力促使乐平各项工作平稳有序推进。

最后，向大家拜个早年，祝大家新春愉快、万事如意、阖家幸福！

市政府六届六次全体会议讲话

（2019年7月27日）

高 翔

同志们：

刚才，各位分管领导分别就各自分管的工作做了发言，讲得都很到位，我完全赞同。希望大家认真抓好贯彻落实。下面，就今年来的工作以及下半年的工作，我讲几点意见。

一、审时度势，准确把握当前形势

上半年来，在市委的坚强领导下，我们不忘初心、牢记使命，锐意进取、奋发作为，开足马力大学大干大变，聚焦“早日回归全省十强”目标，统筹做好稳增长、促改革、调结构、优生态、惠民生、防风险、保稳定各项工作，全市经济社会发展呈现出“总体平稳、稳中有进，进而向好、强于预期”的良好态势。

主要体现在以下几个方面：

“稳”的态势不断延续。虽然面临变幻莫测的国内外形势和不断加大的经济下行压力，我市经济社会发展在小平书记的高位推动下，全面落实中央“六稳”部署，始终坚持稳中求进的工作总基调，经济运行平稳，社会大局稳定。上半年，全市地区生产总值达到139.19亿元，增长8.1%；财政总收入完成28.25亿元，增长6.7%，完成全年任务数60.72%；固定资产投资增长10.9%。就业形势稳中向好，截至7月份，全市城镇新增就业人数5436人，完成年度目标82%，零就业家庭安置率100%。居民消费价格同比上涨2.04%，涨幅稳定在2.9%以内。进一步抓好政府债务管理，确保公共财政安全，平稳推进“问题楼盘”等历史遗留问题化解。全市蔬菜种植面积达15万亩以上，主要基地实现无公害、标准化生产。

“进”的动能不断积蓄。扎实推进创新引领、深化改革，积极开展景德镇国家农业科技园申报和乐平工业园更名省级高新技术开发区的前期准备工作，上半年成功争取国家级星创天地的创建等8个项目，已申报省级重点新产品项目14个，推荐引导宏泽等9家企业申报国家高新技术企业，15家企业成功获批国家级科技型中小企业。持续深化“放管服”改革，大力推进“一次不跑”“只跑一次”，压减审批时间一半以上。截至6月，通过行政服务中心共办理各类行政许可及便民服务项目8736件，限时办结率达99%，办件数量和质量都明显提升。新行政服务大厅建设已基本完成，预计九月完成整体搬迁。

“好”的因素不断汇集。积极探索工业发展新格局，稳步推进后港食品工业集聚区和乐港杨范工业集聚区建设，举办了5次“三请三回”招商会，1至6月份全市规模以上工业企业累计完成工业总产值154.46亿元，同比增长14%；规模以上工业增加值增长9.1%；实现主营业务收入149.46亿元，同比增长16.98%。产业结构得到优化，三次产业结构由上年同期的5.24∶58.04∶36.72调整为5.14∶57.69∶37.17，一二产业有所下降，第三产业提升0.45个百分点。开放水平得到提升，实际引进省外资金59.09亿元；外贸出口8.56亿元人民币；社会消费品零售总额54.48亿元，增长12.5%。项目建设取得新成绩，1—6月份，我市146个重点建设项目完成投资42.09亿元，23个新建项目开工建设，2018年度10.35万亩高标准农田建设任务全面完成，投资亿元以上重大工业项目有16个。

“强”的基础不断夯实。一是全力通经络。积极打通“断头路”、拓宽“梗阻路”，上半年，全市重点交通项目施工总里程127.26千米，同比增长54.3%，公路危桥改建等稳步推进。**二是全力清脏乱。**开展“治脏”和“治乱”行动，提升城市品质。重点整治赣东北大市场违章搭建问题，清理占道广告牌4196块、破旧广告牌732块。坚持拆违控违，全市拆除违章搭建3.18万平方米，查处违法用地1.49万㎡，拆除违法建房2.1万平方米。今年，我市入选江西首批美丽宜居试点县。**三是全力保生态。**稳步推进环保整改和污染防治攻坚战，1至6月份，乐安河野鸡山村断面均保持在Ⅲ类水质以上，空气优良率达90.7%，否决13个重污染的项目。**四是全力惠民生。**年初确定的为民办十件实事、脱贫攻坚、扫黑除恶、社会各项事业发展等有序推进。城镇居民人均可支配收入18655元，增长8.1%；农村居民人均可支配收入8055元，增长8.8%。

上半年来，通过大家的不懈努力，全市经济社会发展平稳有序，成绩来之不易，值得肯定。在此，我代表市政府领导班子，对大家的辛勤付出，道一声诚挚的感谢，谢谢大家！

从面上看，我们取得了一定成绩，但是瞄准“全省十强”，大家也要清醒地认识到面临的问题和差距，突出表现在以下几个方面：

（一）三大压力有待纾解

一是经济下行压力大。上半年，主要经济指标增速较一季度下降的有地区生产总值、固定资产投资、财政总收入，较去年全年及上半年同比下降的有地区生产总值、固定资产投资、社会消费品零售总额、规上其他营利性服务业营业收入。可以看出，我市地区生产总值环比、同比均处于下行态势，其他主要经济指标中同比下行的指标多于环比下行的指标，经济面临下行的压力。

二是项目推进压力大。上半年，全市新开工项目入库26个，上年同期新开工项目52个，同比减少26个。其中5000万元以上新开工项目20个，上年同期新开工项目46个，同比减少26个。可以看出，固投的新开工项目相比同期有明显减少，其中5000万元以上项目减少较多。特别是工业技改项目，上半年只进库1家，还是5000万元以下项目。

三是增收节支压力大。财政收入是政府投资项目推进、改善民生的重要保障，从上半年情况看，我市财政总收入同比增长6.7%，低于全年目标增速0.6个百分点，在全市县区中仅排名第3位；财政八项支出同比增长7.0%，高于全年目标增速1个百分点，可以看出，收入增速放缓了，支出增速加快了，收支平衡的压力较大。

（二）三大环境有待提升

一是营商环境有待优化。服务企业的意识不强，招商项目落地企业自己去衔接有关部门，遭遇法定办事期限内“合理”拖延，缺乏全程引导服务，导致项目迟迟不能落地，落地迟迟不能生产。同时，园区企业办事仍需到行政服务中心办理，企业开办成本还没有真正降下来，中小企业融资难融资贵等问题还没有有效地解决。

二是城乡环境有待改善。“重建设、轻管理”“硬件过硬、管理滞后”的现象还未真正扭转，没有把管理放在建设之前，乡村建设整体较乱，非机动车的停放、出店经营、村前屋后村容村貌差距较大，管理水平还需要很大提升。城区个别小区停车资源紧张，地下车库只卖不租，导致大量机动车停放在路边，严重影响市容市貌。

三是人文环境有待提高。公共环境卫生意识普遍不高，随地吐痰，乱扔垃圾的现象仍屡见不鲜；非机动车抢道、闯灯越线、逆行等交通违法行为屡禁不止；城市人行道铺设时间不长，机动车、非机动车长时间碾压，损坏严重。这些不文明现象需要我们及时制止，更需要通过教育引导，提升广大群众的素质。

（三）三大短板有待补齐

一是奋勇争先的拼劲不足。对改革发展中出现的新情况、新问题，不善研究和思考；处理问题，举棋不定，顾虑重重；对难点问题的处理则是避重就轻，能拖则拖，能推则推；工作静不下心来，遇事心浮气躁；在思想上不思进取，工作上得过且过，疲于应付，缺乏事业心和责任感，缺乏工作激情，缺少奋斗的动力。如个别干部刚五十岁出头，就有缓一缓、歇一歇的想法，对自己的工作漠不关心甚至不闻不问。

二是攻坚克难的韧劲不足。工作中更多的是考虑把眼前的工作抓到位，把现实矛盾解决好，在面对个别情况复杂、利益纠结的历史遗留问题时，主动迎难而上、勇于破解困局方面做得还不够，存在畏难发愁情绪，有“新官不理旧账”的想法，“难啃的骨头”不想要，“烫手的山芋”不愿接。如我市国资企业政企不分的问题，缺乏破除体制机制障碍的有效手段，一直没有做大做强。

三是开拓创新的闯劲不足。领导安排干什么就干什么，锐意进取、永不懈怠的精神状态和敢闯敢干、一往无前的奋斗姿态发挥得不够充分。总感觉创新是一个担风险、找苦吃的过程，如果按照上级指示要求抓落实，就不会有什么大问题，凭借自己的实践经验办事，就不会有大风险，因而在创新工作方法，创造性抓好工作落实方面做的还很不够。如我市金融机构在服务小微企业和民营经济上，主动服务意识不强，支持力度不大，特别是在授信方式上要进行创新，在授信规模上要给予重点倾斜。

二、持之以恒，全面实现年度目标

年初，市委就已经把工作的要求、工作的部署、工作的重点给我们明确提出来了，市政府就是负责把这些工作一项一项落实到位。从上半年落实情况来看，存在不小的差距，下半年任务相当艰巨，形势不容乐观，必须进一步突出重点，坚定信心，持之以恒，夯实责任，创新措施，确保全面实现年度目标。

（一）要在产业转型上激发新活力

一是坚持集群发展，壮大首位产业。牢牢盯住2020年决战500亿产值总目标不放松，整合当前产业园区结构，加快乐港杨范工业集聚区和后港食品工业集聚区建设步伐。大力推进“腾笼换鸟”和“僵尸企业”回购，助力德孚科技等一批已落户工业重点项目建设和投产。全力推进“映山红行动”，力促宏柏新材料冲刺主板，加快天新药业上市步伐。

二是坚持创新驱动，提升发展水平。狠抓国资平台建设，盘活国有资产，进一步优化资源配置。加大科技创新力度，依托院士工作站，积极培育高新技术企业，不断延长产业链。推进乐平工业园区更名省级高新技术产业园区工作，支持乐平市生态农业科技园区申报创建景德镇国家农业科技园区。

三是坚持商贸引领，激发三产活力。积极承接大型商贸综合体、五星级酒店、物流市场等补城市短板项目，激活城市发展血脉。进一步完善全域旅游规划，打造集观光农业、文化产业、旅游产业于一体的“人”字形景观走廊，大力推进洪岩旅游特色小镇功能提升。弘扬乐平古戏台营造技艺，推进古建筑产业园规划建设。

（二）要在项目建设上取得新进展

一是加快项目建设不放松。牢固树立“项目为王”意识，狠抓重点建设项目推进，加快杨子安、周家片区综合环境提升、乐德国际商城等项目建设步伐。10月份前谋划好明年项目申报储备工作，做到谋在前，做在先。努力协调解决好用地困难，多渠道缓解资金难题。

二是突出招商引资不动摇。树立“招大商、引大资”的新型招商思路，结合乐平自身发展实际，立足“两个集聚区”和“景乐一体化走廊”，开展产业招商、专业招商、补链招商。进一步规范招商引资政策调整，提前制定好反制条约。坚持以商招商，积极开展“三请三回”活动，促进“三企”入乐，着力打造“四最”营商环境，构建新型政商关系。

三是狠抓交通建设不懈怠。加快中远路、通站路建设速度，启动观峰大桥至万年中州大桥等一批县乡道改建工程；大力实施接渡大桥建设和钟家山大桥等渡改桥引道建设。深入推进206国道乐平段“双向六车道”改造升级、景鹰高速连接线以及“三桥一路”等一批在建工程。继续抓好“四好农村路”建设和14座危桥改造工作。加快城市公交站点建设步伐，全力推进城乡公交“一体化”。

（三）要在改革创新上迈上新台阶

一是着力提升营商环境。继续深化“放管服”改革，加快推进新服务大厅事项进驻工作，严格落实“三到位三集中”。持续开展“减证便民”行动，不断完善“一网通办”“一窗受理”。深入推进审批制度改革，全面推行“双随机、一公开”。加快数字平台建设，完善“赣服通”乐平分厅建设。

二是深入推进“三权分置”。积极探索农村集体土地“三权分置”和农村宅基地改革，持续推进农村“三权”交易平台建设，更多放活农村土地经营权，提升农村土地使用效率。

三是积极开展科技创新。加快培养引进创新人才和团队，完善创新创业平台，建立创新创业生态系统。深入开展“5511”工程倍增计划，打造1～2个众创空间，新增1～2家市级以上工程技术中心，持续改善创新创业软硬环境。

（四）要在乡村振兴上实现新突破

一是提升脱贫攻坚效果。认真做好迎接中央巡视整改问题“回头看”和成效考核巡查整改工作，严格落实“两不愁、三保障”要求，大力实施精准扶贫帮扶“十大行动”。狠抓“两业+分红”产业扶贫，确保实现“3500贫困人口脱贫、1个省级贫困村退出”目标。

二是突出农业产业特色。大力实施蔬菜产业“三年振兴计划”和高标准农田建设“行动计划”。以农业供给侧结构性改革为主线，深入推进礌溪河、乐以科、花正红等现代农业产业示范园建设。加快创建绿色生态品牌，培育新型农业龙头企业。推进高质量现代农业发展，形成“乐平菜”区域公共品牌。

三是改善乡村宜居环境。持续推进新农村建设，做好美丽宜居试点建设县工作。充分结合农村自身优势条件，打造一批独具特色的示范村。推进乡村污水处理厂、污水管网建设，加快城乡垃圾处理一体化和城乡供水一体化建设。继续推进绿色殡葬改革和农村厕所革命等工作，扎实推进违建别墅问题清查整治专项行动，继续加强水利设施建设，治理好山水林田湖草。

（五）要在改善民生上形成新局面

一是全力以赴守底线。深入开展大气、水、土壤污染防治三大行动，加快乐安河生态保护和绿色开发治理，推动河长制、湖长制、林长制走深走实。进一步加强金融监管，坚决守住不发生区域性金融风险的底线，确保公共财政安全，继续做好棚改及“问题楼盘”等历史遗留问题化解工作。

二是全力以赴强基层。积极开展城市功能与品质提升三年行动，持续推动“双创双修”，不断完善城市基础设施建设和加强街区文化建设。持续推进义务教育均衡优质发展，继续化解城区学校大班额，不断改善城乡学校办学条件。深化医疗卫生体制改革，全面完成中医医院改扩建项目，严控出生人口性别比。

三是全力以赴强保障。创新“公安+城管”联合执法体制，完善城市综合治理。继续开展国家级和省级综合减灾示范社区创建工作。新建城西片区消防站，打造“五分钟消防”应急圈。做好社区建设试点申报及省市绿色社区创建工作。继续巩固“双拥”成果，做好退役军人服务保障工作。

三、自强不息，不断加强自身建设

加强政府自身建设，打造人民满意的政府是长期以来各个地方、各地领导的共同追求，既是我们的时代责任，也是捍卫形象的一个基本要求。重点要做好以下三个方面：

（一）以主题教育为主线，始终把提高站位放在首位

要以“不忘初心、牢记使命”主题教育为契机，深入学习好、宣传好、贯彻好习近平总书记视察江西和在中部地区崛起座谈会上的重要讲话精神，深入查摆问题，严格整改落实，不断增强“四个意识”、坚定“四个自信”，坚决做到“两个维护”，带着工作学、带着问题学、带着使命学，努力在学懂、弄通、做实上寻求新突破，真正做到内化于心、外化于行。要在“三个着力，四个坚持”的基础上，全力落实“五个推进”重要部署，坚持“大学、大干、大变”，为谱写新时代江西改革发展新画卷的景德镇篇章贡献乐平力量。

(二)以“五型政府”建设为抓手，始终把提升效能贯穿始终

民生是发展的目的，改善民生是政府一切工作的出发点和落脚点。我们党的宗旨就是“全心全意为人民服务”，关系人民群众根本利益的大事、人民群众普遍关心的实事，更要紧盯不放，一抓到底，坚决纠正“门好进、脸好看、事难办”的新“衙门”作风。坚持诚信办事、诚信服务，兑现好说过的话，落实好发过的文，解决好承诺过的事，用政府工作实绩不断取信于民，向党和人民群众交一份满意的答卷，提高政府形象。

(三)以作风建设为保障，始终把提振精神压紧压实

严格执行中央八项规定精神以及省、市有关规定，进一步深化干部作风建设，弘扬新风正气，清除作风积弊，提振精气神、汇聚正能量。坚决严明政治纪律和政治规矩，决不允许有令不行、有禁不止，真正做到心中有党、心中有纪、心中有戒，行有所止、令行禁止。着力整治“怕慢假庸散”的问题，进一步强化纪律规矩意识，切实压实责任，始终保持失责必问、问责必严的常态，确保“两个责任”不折不扣落实到位。

同志们，冲刺全年目标仅剩五个月的时间，决不能有丝毫懈怠，在市委的坚强领导下，我们必须以时不我待、只争朝夕的精神，坚定信心、锐意进取、砥砺前行，为奋力实现全年经济社会发展目标而不懈努力，加快建设特色鲜明的现代化赣东北明珠，以优异成绩庆祝新中国成立70周年！

政府工作报告

——2020年5月18日在乐平市第六届人民代表大会第五次会议上

高　翔

各位代表：

现在，我代表市人民政府向大会报告工作，请予审议，并请市政协委员和列席会议的同志提出意见。

一、2019年工作回顾

过去的一年，是新中国成立70周年，也是乐平经济社会持续健康发展的一年。一年来，全市上下坚持以习近平新时代中国特色社会主义思想为指导，全面贯彻落实党的十九大和十九届二中、三中、四中全会以及习近平总书记视察江西重要讲话精神，在上级党委、政府和市委的坚强领导下，在市人大、市政协的监督支持下，围绕“打造特色鲜明的现代化赣东北明珠”总目标，坚持大学大干大变，较好地完成了市六届人大四次会议确定的目标任务。

——一年来，经济健康运行，我们发展的质量更高了。全年实现生产总值340.21亿元，增长7.8%；财政总收入46.53亿元，增长7.3%；规模以上工业增加值增长9%；固定资产投资增长10.5%；实际利用外资8067万美元，增长6.1%；外贸出口23.81亿元，增长3.8%；社会消费品零售总额119.41亿元，增长12.3%；三产结构由去年同期的11∶51.2∶37.8调整为10.8∶47.7∶41.5；城乡居民人均可支配收入分别增长8%和8.8%。

——一年来，发展有条不紊，我们担当的精神更强了。努力克服了政策性减收的巨大压力，确保了“三保”的刚性支出。有效地防控了新冠肺炎疫情和非洲猪瘟疫情，积极应对了重大汛情、重大旱情。在抵御险情、抗击疫情的紧要关头，全市广大干部群众和衷共济、共克时艰，充分展现了乐平人民不畏艰难、勇于担当的精神风貌。

——一年来，成果不断收获，我们攻坚的成效更好了。先后荣获“古戏台之乡”“赣剧之乡”等国字号、省字号荣誉20余项；南窑遗址入选“国保”单位；高铁乐平北站与昌景黄铁路同步建设；江西省卫生城市正式命名，全国文明城市通过评估；持续二十多年的赣东北大市场“乱象”得到有效整治；新接渡大桥、G206桃林至大田段等重要交通项目先后开工。

过去的一年，我们主要做了以下工作：

（一）持之以恒守底线，“三大攻坚战”进一步推进

风险防控成效显著。坚决守住不发生区域性金融风险底线，全年没有新增一笔政府隐性债务。深入推进问题楼盘化解工作，房地产市场总体平稳。依法严厉打击经济犯罪活动，挽回经济损失2千多万元。**脱贫攻坚成果丰硕。**聚焦“两不愁、三保障”突出问题，投入专项扶贫资金共6472万元，发放扶贫贷款约3亿元，发展扶贫基地215个。1404户3569名建档立卡贫困人口稳步脱贫，最后1个省级贫困村顺利退出，全市贫困发生率降至0.29%。**生态治理成绩斐然。**完成了全市沿河乡镇污染农田划定工作，推进了秸秆禁烧、城区禁燃和扬尘治理，淘汰燃煤锅炉22座，实施了9520亩绿色矿山建设，启动了城西生活污水主管网建设和污水处理厂提标扩容工程。坚决落实“河长制”“林长制”工作，科学实施了乐安河流域综合治理，野鸡山国控断面水质连续两年被综合评定为Ⅱ类，全面完成了2019年度松材线虫病除治任务。

（二）统筹兼顾抓项目，内生动力进一步提升

动能转换持续聚力。规模以上企业净增入库61家，创历史最好纪录，实体经济再添后劲。发放“财园信贷通”贷款4.1亿元、“财政惠农信贷通”贷款1.4亿元，有效地缓解了中小微企业融资难、融资贵问题。加快淘汰落后产能，严厉打击了“地条钢”。加大企业兼并重组和技改力度，产业链条不断拓展延伸。**重点项目持续发力。**全年共实施重点项目159个，完成投资89亿元，重大项目建设领域受到省政府首批及时奖励。江维电化和乐矿棚户区改造主体工程如期竣工，魁杨联圩除险加固工程基本完工，洪岩旅游总体开发和垃圾焚烧发电项目有序推进，10.34万亩高标准农田全面开工建设。**交通建设持续给力。**G206罗源至大田段、镇杨公路、历库公路建成通车，景鹰高速挂线、S411乐镇线、S205乐涌线进展迅速，S409新秧线大中修仅用3个月时间基本完成并投入使用。渡汪线、众篁线等5条美丽生态农村路和110公里通村公路建成通车，73公里省、市两级扶贫村水泥路建设全面完成。打通了中远路、通站路等6条城市“断头路”，完成了观峰大桥、南港大桥等12座危桥改造。

（三）全力以赴强基础，三大产业进一步提质

工业经济根基更牢。荣获全省加快工业发展加速工业崛起先进单位、工业高质量发展先进县（市）称号。乐平工业园调区扩区工作有序开展，园区基础设施持续完善。投资5亿元的德孚环保科技资源再生利用项目顺利开工，世龙实业入选2019中国石油和化工企业500强，天新药业、中远农业再次跻身江西民企百强行列。宏柏新材料被评为全国制造业单项冠军示范企业，并即将上市。**现代农业进程更快。**蔬菜产量达到115万吨，粮食生产实现“十六连丰”，肉品供应得到有效保障。入选首批国家农村产业融合发展示范园创建名单，荣获全省耕地保护优秀县（市）称号。积极培育壮大农业龙头企业，花正红、沃博等一批新型农业实体脱颖而出，全年完成订单农业9万亩。**第三产业成色更亮。**举办了全市首届烹饪大赛和饮食文化展，评出了“乐平一桌菜”。嘉里购物中心项目正式投入运营。成功签约了阿里巴巴天猫优品项目，电子商务产业加快发展。切实做好了文山怪石林创4A级景区复核工作，洪岩镇被评为全省秀美乡村建设典范。

（四）千方百计破瓶颈，改革开放进一步深化

改革迈出新步伐。加快推进“放管服”改革，全面落实减税降费政策，全年为企业减负3.8亿元。持续优化营商环境，行政服务中心新办事大厅投入使用，企业注册开办时间压缩至1.5个工作日。“赣服通”乐平分厅成功上线，81个服务事项实现了网上“指尖办”。完成了98项政府系统改革课题，政府效能进一步提升。**创新实现新突破。**稳步推进创新型县（市）建设，新增17家高新技术企业和23家国家级科技型中小企业。天新药业维生素实验室被评为全省重点优良实验室。**招商取得新成效。**扎实开展“三请三回”等系列活动，引进凯光城市综合体等新项目39个，其中亿元以上项目7个。江绿集团蔬菜基地落户乐港镇里首村。着力打造“四最”营商环境，为59家企业协调解决发展问题73个。

（五）“双创双修”提品质，城乡面貌进一步改善

创出文明新风。积极推进绿色殡葬改革，治理“三沿六区”坟墓1.3万余座，火化率、入公墓率均实现100%。荣获全国“七五”普法中期先进县（市）称号，遴选“法律明白人”6.4万余人。精心打造了功能完善的天湖市民之家。“帮帮团”“蓝天救援队”等公益性组织成为社会治理的新生力量，得到上级部门的充分肯定和群众的普遍赞誉。**修出秀美风光。**继续推进老北街等历史文化街区保护修缮工程。积极开展“厕所革命”，新改建城市公厕52座、乡村公厕48座、农村户改厕13.7万户。严厉打击“两违”和“大棚房”，共拆除违章建筑9.4万平方米。荣获2019年度城市功能与品质提升考核先进单位，夺得全省城乡环境综合整治工作考核县（市、区）第三名。实施了一批老旧小区改造工程，使城市既有“面子”，也有“里子”。**建出幸福家园。**全面铺开“五拆五清一树”行动，后港大田、礼林罗山等20余个美丽宜居示范村建设基本完成，2500个美丽宜居示范农户庭院次第推进，10个社区被命名为江西省“绿色社区美丽家园”示范社区，一个个“画里农村”尽展朝晖。

（六）尽心尽力求实效，民生福祉进一步增强

十件实事基本完成。面向社会提供就业岗位近3.8万个，发放创业担保贷款8473万元。开通了乐平至景德镇北站客运专线。新增管输天然气用户6204户。增加运营出租车20辆。超额完成1200户棚改任务。新建311个标准化村卫生计生服务室、48个村级体育活动场所和一批新时代文明实践中心。全面完成6个片区背街小巷改造。十三小、新港中小学竣工并投入使用。**公共事业优质发展。**被列为国家级紧密型县域医共体建设试点县（市）和省级县域综合医改试点县（市），市中医医院综合大楼建成并投入运行，人民医院综合大楼开工建设。稳步推进城镇小区配套幼儿园专项治理工作，公办幼儿园在园幼儿数占比达到40%以上。市职业中专升格为全日制中等专业学校，七小、十五小建设快速推进，十里岗白塔小学等21所农村薄弱学校全面改造提升，“大校额”“大班额”得到有效化解，荣获江西省推进义务教育基本均衡发展工作积极贡献奖。投入1500万元的国防教育训练基地升级改造完成。成功举办了乐平第四届全国半程马拉松赛、江西省青少年武术套路和散打冠军赛、中国文化遗产大会、第六届文化艺术节等大型活动。**社会保障稳步推进。**大力推进养老服务体系建设，96个“爱心食堂”投入使用。不断完善社会保障体系，累计发放12.6亿元养老金和1.6亿元城乡低保金。实现了城乡居民异地就医即时结算，多项医保惠民政策在我市落地落实。坚持和完善“群众说事”制度，群众满意率达93%。持续推进扫黑除恶专项斗争，连续7年保持命案现案破案率100%。生产经营安全事故继续保持“双零”目标，连续17年未发生重特大安全事故。切实做好了信访源头化解和重点人员稳控工作，有效地维护了全市社会大局稳定。

一年来，我们扎实推进“五型”政府建设，认真落实“三减三强两倡导”，会议、文件较上年均减少30%以上。12345政府服务热线全年共接受市民来电8万余个，办结率达96.5%，市民回访满意率达90%，“小平台”赢得“大民心”。全年共办理人大代表建议108件、政协委员提案117件，办复率均达100%。审计监督和政务公开力度进一步加大，政府系统党风廉政建设和反腐败斗争向纵深推进。此外，退役军人事务、食品药品安全、妇女儿童、外事侨务、机关事务、统计、双拥、地方志、公积金、气象、水文、海事、邮政、通信、电力、烟草、保险、石油等各项工作都得到稳步发展。

各位代表，这些成绩的取得，是乐平市委坚强领导的结果，是市人大、市政协监督支持的结果，也是全市广大干部群众砥砺前行、锐意进取的结果。在此，我代表市人民政府，向全市人民，向各民主党派、工商联、各人民团体和社会各界人士，向驻乐部队和武警官兵表示衷心的感谢和崇高的敬意！

各位代表，去年入冬以来，我们经历了一场突如其来的新冠肺炎疫情。在这场没有硝烟的战争中，全市广大党员、干部不辞劳苦，坚守一线，95万乐平人民守望相助、同舟共济，正是我们万众一心、众志成城，才守住了洎鸁大地的和谐与安宁。这里，我们要特别感谢那些不畏艰险、始终坚守在防控一线的医务工作者；感谢那些舍小家为大家，紧急驰援我省新余和湖北武汉、随州的“最美逆行者”；感谢那些在疫情期间传递爱心、温暖人心的蓝天救援队、帮帮团、快递小哥等社会群体；以及所有在疫情防控中贡献自己力量的基层干部和普通群众。

回顾过去的工作，我们清醒地认识到，全市发展还面临不少困难和问题：经济下行压力依旧较大；传统产业转型升级步伐亟须加快；龙头企业体量不大、数量不多、带动能力不强；交通短板补齐任重道远；城市管理不够精细；公共服务供给不平衡不充分；政府系统“四风”问题仍部分存在等等。我们一定要高度重视，强化忧患意识，采取有力措施，切实加以解决。

二、2020年工作安排

2020年是全面建成小康社会和“十三五”规划收官之年，也是“十四五”规划谋篇之年，做好今年的工作至关重要。今年政府工作的总要求是：以习近平新时代中国特色社会主义思想为指导，全面贯彻落实党的十九大和十九届二中、三中、四中全会以及习近平总书记视察江西重要讲话精神，紧扣全面建成小康社会总目标，坚持稳中求进的工作总基调，坚决打赢“三大攻坚战”，做好“六稳”工作，落实“六保”任务，以“大学大干大变”为主导、以早日回归全省十强为主引、以“双创双修”为主线、以项目建设为主攻，着力推进“五型”政府建设，为在与世界对话中打造特色鲜明的现代化赣东北明珠接续奋斗。

2020年全市经济社会发展的预期目标是：生产总值增长8%左右，财政总收入增长5%，规模以上工业增加值增长8.3%左右，固定资产投资增长10%，社会消费品零售总额增长10.5%，实际利用外资增长6%，城镇居民人均可支配收入增长8%，农村居民人均可支配收入增长8.5%，居民消费价格总水平涨幅控制在3.5%以内，节能减排完成国家下达的任务。提出这样的目标，既结合了“十三五”规划要求，又综合了今年的宏观经济走势和一系列改革政策对乐平的影响。

为实现上述目标，我们将重点做好以下七个方面的工作：

（一）聚焦一体化，融入国家试验区新格局

推动产业融合。对接“景德镇国家陶瓷文化传承创新试验区”建设目标，有序地推进南窑遗址保护和利用，启动“平等青”制陶颜料挖掘和利用工作。进一步完善全域旅游规划，着力提升洪岩仙境和文山怪石林景区管理水平，推进洪岩旅游总体开发。大力发展乡村旅游，主动融入瓷都旅游圈，积极打造试验区“休闲后花园”。

加快空间融合。积极推进高铁乐平北站及配套

工程建设。全力推进G206桃林至大田、景鹰高速挂线改造提升和吴乐秧挂线县道改建工程，确保年底S306A标、涌临公路、乐德挂线经四联至临港公路等重点交通项目主体竣工，基本建成塔荷公路、钟家山至袁家亭公路。扎实推进众埠松树岭至德兴黄柏、沿沟经周坑至婺源秀山等一批县乡道改建工程，启动实施S306C标和景鹰高速挂线跨皖赣铁路大桥等系列路桥建设，加快韩家渡大桥等19座桥梁建设步伐。

促进人才融合。探索成立专业学校，推进特色优势学科和专业建设。进一步加大与省内及景德镇市本土的大专院校联办力度，为试验区建设输送更多技术人才。加大科技型企业培育力度，深化产学研合作，促进科技成果转移转化。推动云计算、人工智能和区块链等高新技术运用，大力发展数字经济，力争全年新增8家以上高新技术企业和20家以上科技型中小微企业。

（二）聚力高质量，加快产业升级新步伐

振兴工业实体。确保引进1个20亿元以上大项目，储备1个20亿元以上大项目和4个5亿～10亿元项目。扎实做好乐平工业园调区扩区工作，积极打造“一园五区”新格局。大力实施赛复乐医药扩建项目。深入推进“映山红行动”，支持天新药业加快上市。继续抓好“转企升规”工作，组织部分重点企业积极申报国家和省级“两化”融合示范企业、示范项目。

壮大现代农业。完成9.6万亩高标准农田建设任务，力争粮食总产量达43万吨以上。深入推进“中国好粮油”示范县项目，建成8家粮食产后服务中心。积极推动“三产”融合发展，加大新型农业龙头企业培育力度。全力申报创建国家农业科技园区，完善国家现代农业示范区管理体制机制。加快“乐以科”“江绿”等现代农业产业示范园建设步伐，不断唱响“江南菜乡”区域公共品牌。

育强服务产业。积极搭建大型商贸综合体、五星级酒店、特色商业街等服务业平台，大力培育信息服务、康养、中央厨房等新兴业态。围绕“她经济”“童经济”“夜经济”，持续推动城市消费结构升级。不断完善电子商务产业配套功能，提升消费扶贫覆盖面。大力发展物流信息平台、仓储服务和第三方物流，持续加快现代商贸物流业发展步伐。

（三）再造增长极，厚植项目拉动新优势

持续推进重点项目。大力开展“项目建设提速年”活动，强化重点项目支撑引领。着力推进总投资373亿元的146个重点建设项目，确保天新药业年产4000吨维生素B_6、4000吨维生素B1技改和宏柏新材料氯硅烷绿色循环产业升级等一批产业类重点项目建成投产。

持续扩大招商引资。积极策应江西内陆开放型经济试验区建设，坚持工业招商主导地位不动摇。咬住“5020”目标，紧扣高端装备制造、现代农业、高端教育等产业开展特色招商。全力推行“链长制”工作，在补链、强链、延链上下功夫。大力引进高效益无污染企业，打造绿色循环产业链和产业集群。同时，通过电话、视频、微信等方式进行线上招商和代办服务，开辟网上招商新通道。

持续优化营商环境。全面推行“双随机、一公开”跨部门联合监管机制，构建审管互动的办事平台，最大程度减少对市场主体的干扰。全面落实中央和省、市关于有效应对疫情稳定经济增长的各项政策措施，统筹协调好疫情防控和经济社会发展，为提振经济注入新活力。加快“僵尸企业”回购，推进“腾笼换鸟”工作。着力打造“四最”营商环境，构建新型政商关系。

（四）答好改革卷，激发体制机制新活力

加快重点领域改革。持续深化供给侧结构性改革和事业单位机构改革。巩固“三去一降一补”成果，积极化解煤炭过剩产能，确保降成本优环境“新30条”落地生效。积极构建预算绩效管理体系，树立过“紧日子”的思想，全力增收创效、节支降耗。以医共体建设为抓手，强力推进县域综合医改工作。

深入推动平台建设。推进创新型城市建设和国家精细化工园区、现代农业示范园等园区建设，积极打造一批具有地方特色的众创空间、星创天地和工程技术中心，吸引更多优质企业入驻。加快推进农村“三权”交易平台建设和宅基地改革，不断优化农村产权制度和要素市场化配置。

全面深化“放管服”改革。进一步梳理机构改革后的权责清单，做好乡镇赋权工作。依托行政服务中心新办事大厅，大力发展“互联网+政务服务”，继续做好行政审批集中进厅工作。最大限度放宽市场准入，推动企业注册登记便利化。完善“赣服通”乐平分厅建设，不断拓展新接入事项。加快乡镇、街道便民服务中心和村、社区便民服务代办点规范化建设步伐，推动政务服务事项向基层延伸。

（五）立足可持续，畅通生态保护新通道

着力推动污染防治。扎实推进“无废城市”试点工作，强化“水、土、气”等危废规范化管理，重点打击危废非法跨界转移倾倒等违法犯罪行为。严格管控扬尘污染，加大秸秆禁烧力度，巩固扩大烟花爆竹禁燃范围。全面完成“一企一管”项目，加强重点企业废水达标治理，加快推进污水处理厂扩容工作。继续推进乐安河流域综合治理。

大力开展山水联治。以生态文明试验区建设为契机，认真开展长江经济带“共抓大保护”攻坚行动，全面落实“河长制”“林长制”，推动河（湖）长巡河、巡湖和巡库常态化制度化，加强集中式饮用水水源地环境保护。狠抓森林资源保护管理专项整改，扎实做好松材线虫病除治工作。重点推进主要区域林业“四化”建设，抓好废弃矿山修复，不断扩大绿色增量。

全力加强绿色共治。重视生态，呵护生命，保护野生动物，维护生态平衡，促进人与自然和谐共生。积极做好生活垃圾分类工作，实现生活垃圾分类全覆盖。全面深化绿色殡葬改革，加快公益性墓地建设步伐，巩固火化率和入公墓率。高质量完成国土空间总体规划编制任务，不断推进生态文明建设。创新发展绿色生态基地，积极开发绿色生态产品。

（六）全面提品质，谱写城乡统筹新篇章

推进城市功能品质提升。巩固“创卫”成果，积极创建全国文明城市、国家卫生城市，让“双创”深入人心、人人参与。大力推进海绵城市建设，全面整治黑臭水体。完成润泉水厂城区管网改扩建工程。启动双拥路和凤凰大道延伸工程，完成火车站广场及其周边升级改造，对32条城市主次干道进行全面修补，尽快完成洪皓公园二期工程建设。加快数字城管指挥中心建设步伐，建立数字执法业务平台。加大“两违”打击力度，以“零容忍”态度确保违法建筑“零增长”。做好背街小巷空间整治和地面维修，完成沿渠巷改造工程。

加快宜居秀美乡村建设。以乡村振兴为抓手，充分发挥新农村建设促进会作用，积极创建美丽宜居示范县（市）。围绕“五拆五清一树”和农村生活垃圾污水治理，落实“五定包干”村庄环境常态化管护机制，扎实开展农村人居环境整治。不断培育新型农业经营主体，引导合作社和家庭农场健康发展。推进农村饮水安全巩固提升工程，完成幸福水厂、东方红水厂等农村饮用水管网延伸工作。加快推进续湖联圩、塘西联圩除险加固工程和车溪水、磻溪水、安殷水河道治理工程等水利基础设施建设。

统筹发展社会公共事业。持续做好城镇小区配套幼儿园专项治理工作，提高公办幼儿园占比。加大城乡学校改扩建力度，启动三小重建、五小迁建、十中（高中）和城区幼儿园新建工程，以及二中分校、乐平中专扩建工程。不断巩固义务教育优质均衡发展成果，推动职业教育产教融合。扎实推进人民医院综合大楼建设，逐步完善公共卫生防疫体系，新建高标准公共卫生应急医疗救治中心，抓实抓细常态化疫情防控工作。严格分级诊疗制度，推进家庭医生签约制度落细落实，探索建立乡村医生养老保障机制。积极筹办好第十届环鄱阳湖国际自行车大赛和南窑古瓷窑址文化展。大力开展“健康乐平”行动，经营管护好体育中心，新建一批城市健身场所，积极打造城市社区“20分钟健身圈”。

（七）织牢民生网，营造和谐稳定新环境

全力为民办好10件实事。1. 启动并完成洎阳北路道路改造工程。2. 全面完成1.2万户农村户改厕、70座城区老旧危厕和26座乡村公厕建设任务。3. 全面完成平安小区530套保障房建设任务，改造老旧小区8000户。4. 完成新接渡大桥主体工程建设。5. 完成九小扩建、十九小主体建设，实施中心幼儿园新建项目，新增1600个学位。6. 新增村级“爱心食堂”100个。7. 新建12个社会足球场地。8. 全面建成335个村（社区）综合性文化服务中心。9. 完成“一江两岸”循环道景观工程建设。10. 新增管输天然气用户6000户。

全力打赢脱贫攻坚战。把巩固脱贫成果摆在突出位置，保持脱贫工作力度不减、劲头不松、政策不变。对因疫情影响出现返贫和新发生的贫困人口，按照“缺什么、补什么”的原则，因户因人精准施策、及时帮扶，确保已脱贫人口不返贫，剩余贫困人口顺利脱贫。加强扶贫产业基地建设和光伏扶贫电站运维，推动产业扶贫走深走实。坚持扶贫和扶志扶智相结合，深入推进脱贫攻坚“感恩行动”，开展多种形式的职业教育和技能培训，提高扶贫对象就业能力，激发贫困户内生动力。

全力完善社会保障体系。加快推进“天网工程”“雪亮工程”“智慧城市”建设，进一步建立健全网格化、精细化管理的路长制和街长制。加快福利中心项目建设进程，打造更多高标准敬老院。优化各乡镇、街道“社会救助一门受理”平台，建立救灾物资储备和社会动员长效机制。积极做好第七次全国人口普查工作。确保“法律明白人”户数占比50%以上。

全力营造安全稳定环境。以县域社会治理现代化试点为抓手，着力防范化解重点领域风险。加强政府债务管理，继续推进“问题楼盘”等历史遗留问题化解工作。开展18个扫黑除恶重点行业领域突出问题专项整治，严厉打击“盗抢骗”“黄赌毒”等社会治安乱象。继续做好食品、药品、工业产品质量安全整治工作，深挖严打涉邪教案件，狠抓反恐防暴斗争，坚决捍卫国家政治安全。

三、政府自身建设

我们将继续深化“五型”政府建设，坚决落实“三减三强两倡导”，不断推进政府治理体系和治理能力现代化，努力打造人民满意政府。

高站位把牢政治方向。不断巩固和深化“不忘初心、牢记使命”主题教育成果，增强“四个意识”、坚定“四个自信”、做到“两个维护”，把党的政治建设贯穿到政府工作的各个领域。坚决贯彻党的基本理论、基本路线、基本方略，对标对表讲政治、不折不扣抓落实，确保上级党委、政府和市委的各项决策部署落地见效。

高标准落实依法行政。全面推进法治政府建设，继续完善合法性审查、风险评估等决策程序，不断提升行政决策的科学化、民主化、法治化水平。自觉接受人大代表、政协委员、新闻舆论和人民群众监督，广泛听取工商联、无党派人士和各人民团体的意见，高质量办理人大代表建议和政协委员提案。不断深化政务公开，持续规范行政执法，让权力公开透明、阳光运行。

高水平提升政务服务。深入推进简政放权，优化办事流程和服务标准，大幅度精减文件简报、会议活动和督查考核，切实推进政府机关效能建设。充分发挥“12345”政府服务热线平台作用，听民情、知民意、解民忧，努力提升人民群众的满意度和获得感。不断加强数字政府建设，让“数据跑路”代替“群众跑腿”，让“马上办、网上办、一次办”成为常态。

高要求守住廉洁底线。严格落实中央“八项规定”精神，坚决从严查处各类腐败问题和侵害群众利益的行为，坚持不懈抓好政府系统党风廉政建设和反腐败斗争。认真履行“一岗双责”，紧盯重大工程、重点领域、关键岗位，强化廉政监督和廉政风险防控，确保一方政治生态风清气正。驰而不息整治“怕慢假庸散”等作风顽疾，坚持把纪律和规矩挺在前面，真正实现干部清正、政府清廉、政治清明。

各位代表，为政之道，贵在实干。让我们更加紧密地团结在以习近平同志为核心的党中央周围，高举习近平新时代中国特色社会主义思想伟大旗帜，在市委的坚强领导下，不忘初心、牢记使命，保持定力、奋勇拼搏，为在与世界对话中打造特色鲜明的现代化赣东北明珠接续奋斗！

名词解释

1. 赣服通：依托江西政务服务网和支付宝移动端开发的一款手机软件，旨在实现江西政务服务由PC端向手机端延伸。

2. 三请三回：即请乡友回家乡、请校友回母校、请战友回驻地。

3. 三沿六区：即铁路、公路主干道、河道沿线和城镇建成（规划）区、风景名胜区、文物保护区、自然保护区、饮用水源保护区、农田保护区。

4. 五拆五清一树：即拆旱厕、拆搭建房、拆圈舍、拆残墙断壁、拆违规院墙；清房前屋后垃圾、清院内生活污水、清杂草、清建筑垃圾、清水沟；树立良好卫生习惯。

5. 三减三强两倡导：即精减文件简报、精减会议活动、精减督查考核；强化问题破解、强化大干项目、强化政务服务；倡导“一线工作法”、倡导“尽职尽责敢担当、不为乱为皆问责”。

6. 平等青：亦称“陂塘青”，产于乐平境内，为陶瓷青花料中的一种，烧成后，色泽淡雅青亮、清丽明澈。

7. 映山红行动：以加快推进企业上市为切入点，助力江西经济换挡提速、行稳致远。主要目标是力争到2020年，全省境内外上市公司达到120家以上，实现数量在2017年底的基础上倍增，全省国家级、省级开发区实现上市公司、新三板和区域性股权市场挂牌企业全覆盖。

8. “两化”融合：即以信息化带动工业化、以工业化促进信息化。

9. 中央厨房：即食品处理和配餐配送中心，将原料制作加工成半成品或者成品，配送到各连锁店进行二次加热或者组合后销售给顾客。

10. 她经济：围绕女性理财、消费而形成的特有经济活动和经济现象。童经济：包括儿童用品、儿童玩具、亲子娱乐、亲子服务、亲子教育、亲子医疗等在内的儿童整体消费需求的经济活动。夜经济：以市民和游客为消费主体，从当日18时至次日凌晨2时所发生的购物、餐饮、娱乐等内容的经济活动。

11. “5020”：国家级开发区和省级开发区每年分别至少引进一个投资超50亿元、超20亿元的产业项目。

12. 众创空间：通过市场化机制、专业化服务和资本化途径构建的低成本、便利化、全要素、开放式的新型创业公共服务平台统称。

13. 三权：即所有权、承包权、经营权。

14. 一企一管：每家排污单位单独布设一条排污管道，由污水处理厂单独对每根管道废水进行监测。

15. 林业“四化”：即绿化、美化、彩化、珍贵化。

16. 五定包干：即定管护范围、定管护标准、定管护责任、定管护经费、定奖惩考核。

17. 天网工程：为满足城市治安防控和管理需要，对固定区域进行实时监控和信息记录的视频监控系统。雪亮工程：通过发动社会力量和广大群众共同监看视频监控，真正实现治安防控“全覆盖、无死角”。

概　况

自然地理　乐平市位于江西省赣东北腹地，处赣东北丘陵山地向鄱阳湖平原过渡地带，乐安河中游地区。地理坐标北纬 28°42′14″～29°23′24″，东经 116°53′36″～117°32′40″，属东 8 时区。市域东邻德兴市、婺源县，西毗鄱阳县，南连弋阳县、万年县，北接景德市昌江区、浮梁县。境域大体呈圆形，东西宽约 58 公里，南北长约 56 公里，市域总面积 1980 平方公里，为“五山一水三分田，一分道路和庄园”格局。全市最高峰岈嵋山仙姑峰海拔 798 米。母亲河乐安河自东向西穿越全境，其七条支流（洎水、官庄水、长乐水、建节水、车溪水、安殷水、潘溪水）呈羽状分布。

气候特点　乐平属亚热带湿润性季风气候区，冷暖交替，温暖湿润，雨量充沛，四季分明。2019 年总的气候特点是：气温比历年平均值偏高，降水偏少，日照偏多，属欠偏丰年景。

2019 年平均气温 18.6℃，较历年平均偏高 0.5℃。年极端最高气温 37.8℃，出现在 7 月 28 日及 8 月 24 日，年极端最低气温 -1.1℃，出现在 1 月 24 日。年降水总量 1758.7 毫米，较历年平均偏少 67.9 毫米。年日照总时数 1852.2 小时，较历年平均偏多 48.3 小时，年日照百分率 42%。

历史沿革　在旧石器时代已有人类栖息。春秋战国时期先后隶属于吴、越、楚，初属番（pó）邑，后属余汗（gān）县。秦统一中国后实行郡县制，属九江郡余汗县。汉代为余汗县乐安乡。东汉光和元年（178）建置乐平县，县城立于银城堡（今德兴市银城畈）。东汉兴平二年（195），三国吴迁县城至乐安乡亭驻地洎口（今名口镇戴村），改县名为乐安县。唐开元四年（716）再度重建乐平县，县城立在长乐水口（今众埠镇铜山港口村），隶属江南西道饶州。元贞元年（1295）升县为州，隶属江浙行省饶州路。明初，改州为县，改路为府。1949 年 4 月 29 日，中国人民解放军进驻乐平。乐平县初属赣东北行署乐平专区（驻乐平）。同年 10 月，专员公署移驻景德镇，改为浮梁专区。1952 年 10 月乐平改属上饶专区。1983 年 10 月，改属景德镇市。1992 年 9 月 21 日经国务院批准，撤销乐平县，设立乐平市。

人口区划　1985 年全县设 1 镇 23 乡 2 个直属单位（共库管理局、市良种场）；1988 年 5 个乡撤乡建镇，并成立乐河镇；1997 年 9 个乡撤乡建镇；2000 年市良种场列入市农业局直属单位；2001 年撤销乐河镇、历居山乡、洄田乡、文山乡、科山乡、观峰乡，同时，将乐平镇更名为洎阳街道、坎上乡更名为塔山街道、将金鹅山乡更名为农业高新科技示范园；2014 年 10 月，十里岗撤乡建镇。2019 年 7 月 11 日，经省政府批复，同意将昌江区新柳村委会龙树村村民小组、慈义村委会新远村村民小组所辖区域划归乐平市塔前镇桃林村委会管辖。2019 年，乐平市辖 2 个街道、15 个镇、1 个乡、1 个农科园和 1 个大型水库管理局。2019 年，全市共设 71 个居委会、266 个村委会。年末全市户籍总人口 94.8 万人，常住总人口 85.6 万人，常住人口城镇化率 59.06%，户籍人口城镇化率 37.29%。

矿产资源　已探明的矿藏有煤、锰、海泡石、石灰石、大理石、石英石、膨润土、瓷土、陶粒岩、花岗岩、沙金等，是全国四大产锰地之一，江西三大产煤基地之一。经勘探查明的市西牯牛岭海泡石矿，为全国首次发现，世界稀有。

生态环境　乐平是一个具有典型江南特色的生态城市，山清水秀，风光旖旎。全市林业用地面积 10.3566 万公顷，占总土地面积的 52.62%，有林地面积 9.3744 万公顷，公益林面积 4.2587 万公顷，商品林面积6.0978公顷，活立木总储积量544.68万立方米，森林覆盖率为49.3%。全年完成人工造林面积662.5公顷，其中完成油茶造林315.4公顷；长防林工程完成面积166.7公顷，完成封山育林面积1000公顷；完成退化林修复面积366.7公顷；完成义务植树近2200亩株。

区位交通 乐平市位于赣东北腹地，地处“南昌—九江—景德镇”金三角区域，交通便利，四通八达，物流便捷，市场发达，商贸繁荣，境内铁路、公路、水路交织成网，皖赣铁路、206国道穿境而过，省道德三线、汪乌线与境外快速相连。乐德铁路、乐上公路横贯东西；境内公路总里程为2188.9公里。乐安河直下鄱阳湖与长江连通；景鹰高速、德昌加密高速穿境而过并开设互通立交，与杭瑞、沪昆高速全线贯通。一个半小时车程内有九江港口、华东重要交通枢纽鹰潭、昌北机场，3小时经济圈内有武汉、金华、义乌、黄山、衢州等城市。

地域文化 乐平人文昌达，历史上涌现了“一王二侯五宰相（明代黔宁王沐英、平燕将军历城侯盛庸、高阳郡侯许瑗、宋代右丞相兼枢密使马廷鸾、同知枢密院事王刚中、右仆射兼枢密使洪适、资政殿学士同知枢密院事洪遵、清大学士范文程），两名状元威武将（宋徐衡文进士武状元、清汪道诚云南提督一品威武将军），三位榜眼和探花（宋王刚中榜眼、清汪守和榜眼、邹家燮探花），二百六十进士郎”。乐平文化底蕴深厚，素有“文章节义之邦”之美誉。形成了以“赣剧之源+中国古戏台之都”为龙头的乐平文化“特色”与“品牌”。乐平以“洪公气节，马氏文章”著称于世，史学名著《文献通考》作者马端临、毛泽东同志珍爱一生的《容斋随笔》作者洪迈祖籍均在乐平。至今仍保留400余座融建筑、雕刻、工艺、绘画、文学于一体的古戏台，建筑时间始于明清，跨越五百余年，多为砖木建筑，分为宅院台、庙宇台、会馆台、祠堂台和万年台五大类。古戏台营造技艺被文化部和旅游部、工业和信息化部确定为“第一批国家传统工艺振兴目录”；获得“2018—2020年度江西省民间文化艺术之乡（赣剧之乡）”荣誉称号；赣东北特委（赣东北革命委员会）旧址、红十军建军旧址、篁坞方志敏旧居、文山第二次工农兵代表大会旧址、鸣山暴动旧址等15处列为江西省文物保护单位。乐平被省政府列为省级历史文化名城。经中国民间文艺家协会考察论证，被命名为“中国古戏台之乡”，南窑遗址成功入选第八批国保单位，这是乐平市继浒崦名分堂戏台后第二个国家级文物保护单位。

经济发展 2019年，全年实现地区生产总值340亿元，同比增长7.8%；规模以上工业增加值同比增长9%。财政总收入46.53亿元，同比增长7.3%；固定资产投资同比增长10.5%；实际利用外资8160万美元，同比增长6.1%；外贸出口23.81亿元，同比增长3.8%；社会消费品零售总额119.41亿元，同比增长12.3%；城镇居民人均可支配收入37074元，同比增长8%；农村居民人均可支配收入17919元，同比增长8.8%。

三农亮点 乐平为“江南菜乡”，全国蔬菜批发市场五十强，全市现有蔬菜10大类160多个品种，全年蔬菜播种面积为35.9万亩，同比增长0.3%；蔬菜年总产量119万吨，同比增长0.36%；蔬菜年总产值15.9亿元，同比增长0.8%；蔬菜批发大市场总交易量83.53万吨，同比增长1.3%；交易额20.32亿元，同比增长1.6%。全市农机总动力为49.54万千瓦，增长2.89万千瓦，较上年增长6.2%。2019年全市土地流转总面积41.36万亩，占耕地面积的62.3%，较上年增加3.38万亩，增长8.9%。

扶贫移民 2019年，按照国家脱贫现行下的标准，实现1404户3569人贫困人口和1个省级贫困村脱贫退出。贫困发生率由2017年底1.04%降到0.29%。全市6个省级贫困村全部退出。2019年全市一年一度移民直补人口动态管理核减386人，移民资金直补人口7992人，通过“一卡通”发放移民直补资金479.52万元，投入后期扶持项目资金1410.06万元，建设项目188个，项目惠及全市19个乡镇86个村委会175个自然村。

社会事业 2019年共争取市级以上科技计划项目资金609万元，下达本级科技计划项目资金100万元。全年有创新活动企业数量达到33家，全社会研发投入（R&D）达到 5.15 亿元，同比增长 78%，占全市生产总值（GDP）的比重达到 1.6%，技术合同交易额达到 3600 万元，同比增长 55%。全市高新技术企业达 33 家；23 家企业通过国家科技型中小企业评价。6 家通过科技部备案的国家级星创天地获得省科技厅项目建设支持；天新药业维生素实验室获批省重点优良实验室；推荐景德中药公司申报国家级、省级"创新型科技团队计划"；建立景德镇市级科技特派员站 11 个。全市有各级各类学校 362 所，其中普通高中 3 所，完全中学 1 所，十二年一贯制学校 1 所，中等专业学校 1 所，职业高中 1 所，九年一贯制学校 10 所，初级中学 28 所，小学 240 所，教学点 75 个，特殊教育学校 1 所，教师进修学校 1 所，在职教职工 7973 人，在校学生 148623 人。幼儿园 303 所，其中公办幼儿园 55 所，民办幼儿园 248 所，在园幼儿 29340 人，专任教师 1616 人。教育经费支出为 186387 万元，其中公共财政预算安排的教育经费为 169230 万元，财政经常性收入为 217310 万元，公共财政教育支出占公共财政预算支出的 26.54%。2019 年，全市卫健系统共有县、乡、村三级医疗卫生单位 662 家。全市共有执业（助理）医师 1557 人，注册护士 1975 人。有注册乡村医生 1022 人。全市医疗机构共设病床 3076 张。2019 年全市出生人口 9115 人，出生率 9.21‰。其中男 4976 人，女 4139 人，出生人口性别比为 120.22∶100。死亡人数 3033 人，死亡率 3.06‰。人口自然增长率 6.14‰。2019 年，全市贫困人口住院共 7057 人次 8310.76 万元，报销补偿 7705.54 万元，报销比例为 92.97%。2019 年，乐平市共建立居民电子档案 70.697 万份，建档率 83.3%。

大事记

1月

1月2日下午，市领导俞小平、张汉坤、王晨等一行深入乐平首个“一站式”商业综合体嘉里购物中心视察调研。

1月2日，景德镇市委常委、市政府党组成员王鸿运一行来到乐平调研。市领导俞小平、徐辉、张汉坤、徐志军、王晨、方静等先后陪同。

近日，国家文化和旅游部正式公布了第六次全国县级以上公共图书馆评估定级上等级图书馆名单，乐平市图书馆被评为“全国县级一级馆”，馆长邹晓玲荣获“全省最美图书馆人”称号。

近日，科技部办公厅公布了第三批星创天地名单，全国618家星创天地通过备案，江西省有30家榜上有名，其中乐平市袁绿种养专业合作社星创天地、乐平市示范园区星创天地、乐平市乡村大学生星创天地、乐平市展翔生态农业星创天地、乐平市光伏大棚蔬菜种植星创天地、乐平市高海果业种植专业合作社星创天地等6家星创天地上榜，占全省的五分之一。

1月3日，乐平市乐安河生态保护与绿色发展总体规划及专项规划专家审查会在乐平宾馆五楼会议室召开，以长江水利委员会专家徐国新为组长的15位专家组经过认真评审后，通过了该总体规划及专项规划。市领导万玉华、张汉坤、周长波、王进才等参加。

1月3日，景德镇市委十一届六次全会召开。市委书记俞小平就乐平如何贯彻全会精神，接受了《景德镇日报》记者专访。

1月4日下午，全市精准扶贫工作调度会在市民政局召开。市领导俞小平、刘圣卿、董醇兵等参加。

1月3日至4日，由中国民间文艺家协会（简称“中国民协”）副主席、江西省作协主席刘华带领的考察组，来乐平市对乐平申报“古戏台之乡”的命名进行实地考察。乐平市领导俞小平、徐辉、李群芳、方静、祝金标等先后陪同。

近日，依照国家标准《旅游景区质量等级的划分与评定》与《旅游景区质量管理办法》，经各县（市、区、园区）旅游景区质量等级委员会推荐，景德镇市旅游景区质量等级评定委员会评定，乐平涌山“赣鄱古人类文化遗址浏览区”正式升格为国家AAA级旅游景区。

近日，省司法厅通报表扬了150个全省人民调解工作先进集体和400名先进个人。其中乐平市洪岩镇下埠段村人民调解委员会被评为全省人民调解工作先进集体；乐平市镇桥镇孙家村人民调解委员会主任孙细春、乐平市司法局双田司法所所长熊林松、乐平市司法局涌山司法所所长杨肖梅3人被评为全省人民调解工作先进个人。

1月5日上午，市政府六届51次常务会在市为民服务中心七楼市政府常务会议室召开。市领导徐辉、张汉坤、王晨、占志远、方静、乐先锋、韩伟、王建成、李宝山等参加。

1月6日，2019年全市工作务虚会在市为民服务中心三楼第二会议室召开。市领导俞小平、徐辉、刘圣卿、万玉华、傅金林、潘赛新、张汉坤、李群芳、徐志军、吕贵平、吴顺斌、王晨、汪志明等参加。

1月7日，景德镇市审计工作会在乐平市为民服务中心三楼第二会议室召开。景德镇市审计局局长周镇清及景德镇市审计系统一行120余人，先后参观我市“江西省特色小镇”洪岩镇罗家洲、现代化农业农村垃圾中转站（接渡）、东湖市民之家、乐平帮帮团孵化园、昌平路农贸市场、洪皓公园、古戏台博物馆等地。乐平市领导俞小平、张汉坤等陪同。

1月8日上午，2018年度国家科学技术奖在北京人民大会堂颁发。乐平籍科学家、北京科技大学张深根教授领衔的“复杂组分战略金属再生关键技术创新及产业化”项目获国家技术发明奖二等奖。

1月8日，市委理论学习中心组专题学习会在市为民服务中心三楼第二会议室召开。市领导俞小平、刘圣卿、万玉华、傅金林、潘赛新、张汉坤、李群芳、吕贵平、吴顺斌、汪志明、方玉兰、占志远、查四良等参加。

1月9日下午，国家林业和草原局在京组织21位专家召开评审会，经过严格认真考核，乐平市拟设洪岩国家森林公园申报获21位专家一致通过，这意味着乐平将再喜添一个“国字号”——江西洪岩国家森林公园。

1月11日上午，全市机构改革领导小组第三次会议在市为民服务中心三楼第二会议室召开。市领导俞小平、徐辉、刘圣卿、万玉华、潘赛新、张汉坤、李群芳、徐志军、吕贵平、吴顺斌、王晨、朱柳英等参加。

1月11日，省司法厅党组书记、厅长兼省监狱管理局第一政委王国强来乐平调研。景德镇市委常委、政法委书记曹雄泰，景德镇市政府副市长、市公安局局长何军威及乐平市领导俞小平、吕贵平等陪同。

1月11日，大江网发布2017—2018年度江西十大新媒体榜单，《乐平之窗》位列全省十佳县级微信公众号第四名。这是《乐平之窗》自2016年上线以来，连续第三次在权威榜单中进入全省十强。

1月12日上午，市委六届74次常委会在市为民服务中心十楼常委会议室召开。市领导俞小平、徐辉、刘圣卿、万玉华、潘赛新、张汉坤、李群芳、徐志军、吕贵平、吴顺斌、王晨、杜建峰、占志远、方静、韩伟、周理、胡捷等参加。

1月13日，中共乐平市委六届七次全体（扩大）会议在市为民服务中心三楼第一会议室召开。市领导俞小平、徐辉、刘圣卿、万玉华、潘赛新、张汉坤、李群芳、徐志军、吕贵平、吴顺斌、王晨等参加。

1月14日，由中国文联民间文艺艺术中心与文化和旅游部恭王府博物馆指导，中国艺术产业研究院、中国西部研究与发展促进会、中国建筑与园林艺术委员会、中国起源地文化研究中心、中国玉雕艺术委员会、乐平市人民政府共同主办，中国建筑与园林艺术委员会秘书处、乐平市文化广播影视新闻出版局承办，泸州老窖股份有限公司赞助支持的中国文化遗产大会在乐平市东方国际酒店召开。文化部原副部长、国家博物馆首任馆长潘震宙，全国政协委员、全国工商联第九届专职副主席、中国西部研究与发展促进会理事长程路，文化部原副部长、故宫博物院原院长郑欣淼，中央档案馆原馆长、国家档案局原局长、第十一届全国政协文史和学习委员会副主任毛福民，建设部原总工程师、中国建筑与园林艺术委员会顾问姚兵，中国作家协会名誉副主席廖奔，全国政协委员、中国文联原副主席、著名评书表演艺术家刘兰芳，国家文物局原副局长、中国古建筑行业年鉴编委会主任张柏等专家学者到会；大会由中国建筑与园林艺术委员会秘书长曲云华主持，乐平市领导俞小平、徐辉、刘圣卿、万玉华、张汉坤、李群芳、方静、王进才等参加。

1月9日，乐平被中国民间文艺家协会命名为“中国古戏台之乡”，14日在中国文化遗产大会上，中国民间文艺家协会正式为乐平市授牌。从此，乐平又多了一个国字号文化“名片”。

1月15日，全市机构改革动员会在市为民服务中心三楼第一会议室召开。会议贯彻落实省委、景德镇市委机构改革动员大会精神，全面部署推进乐平市机构改革组织实施工作。市领导俞小平、徐辉、刘圣卿、万玉华、潘赛新、张汉坤、徐志军、吕贵平、吴顺斌、王晨、占志远、乐先锋、韩伟等参加。

1月16日，全市安全生产工作会议在市为民服务中心六楼会议室召开。市领导俞小平、王晨、占志远、方静、乐先锋、韩伟、李宝山等参加。

1月16日下午，市六届人大常委会第十八次会议在市为民服务中心三楼第二会议室召开。会议任命：胡捷为乐平市人民检察院副检察长、检察委员会委员、检察员。免去：王瑞龙的乐平市人民检察院副检察长职务。会议决定：胡捷同志为乐平市人民检察院代理检察长，报景德镇市人大常委会和景德镇市人民检察院备案。市领导万玉华、张汉坤、张北海、周长波、石少华、方玉兰、朱柳英、童福根、周理等参加。

1月18日，全市“大棚房”清理工作会议在市为民服务中心三楼第二会议室召开。市领导俞小平、徐辉、乐先锋、韩伟等参加。

1月19日上午，市政府党组会议在市为民服务中心七楼市政府常务会议室召开。市领导徐辉、张汉坤、王晨、占志远、方静、乐先锋、韩伟、王建成、李宝山、孙景煌等参加。会后，召开了市政府六届52次常务会。

1月22日下午，以省司法厅副厅长凌云为组长的省法治江西建设第四考评组来到乐平市进行2018年度法治江西建设考评、法治政府建设考评和全省“七五”普法中期检查。景德镇市委常委、政法委书记曹雄泰及乐平市领导吕贵平、占志远等陪同。

1月23日上午，市委六届75次常委会在市为民服务中心十楼常委会议室召开。市领导俞小平、徐辉、刘圣卿、万玉华、潘赛新、张汉坤、李群芳、徐志军、吴顺斌、王晨等参加。

1月23日上午，市领导俞小平、徐辉、万玉华、张汉坤、杜建峰、周军、韩伟、董醇兵等一行，走访慰问景德镇军分区部队官兵，为他们送上美好的春节祝福，与部队官兵畅叙鱼水深情。景德镇市军分区司令员孙安敏、政委董诚扬等会见慰问团一行。

1月21日下午至24日上午，景德镇市第十五届人民代表大会第四次会议、中国人民政治协商会议景德镇市第十三届委员会第四次会议在景德镇市群众文化活动中心开幕。乐平市代表团114名出席了大会。

1月25日下午，景德镇市委常委、政法委书记、乐安河市级河长曹雄泰，景德镇市副市长、车溪水市级河长熊皓先后来到乐平市调研河长制工作情况。乐平市领导徐辉、吕贵平、王晨、韩伟等分别陪同。

1月25日下午，市政府六届53次常务会在市为民服务中心七楼市政府常务会议室召开。市领导徐辉、张汉坤、王晨、占志远、方静、韩伟、李宝山、董醇兵等参加。会议观看专题片《一抓到底正风纪——秦岭违建整治始末》。

1月25日，2019年全市社会各界人士新春座谈会在市为民服务中心三楼第二会议室召开。市领导俞小平、徐辉、刘圣卿、张汉坤、王晨、张北海、蒋西爱等参加。

根据《历史文化名城名镇名村保护条例》《中共中央　国务院关于进一步加强城市规划建设管理工作的若干意见》（中发〔2016〕6号）等有关规定，省政府核定，九江市动力机厂、抚州市义门巷、乐平市周家巷等15处街区为第四批省级历史文化街区。

1月27日，市领导徐辉、张汉坤、李群芳、杜建峰、张北海、韩伟、方华、董醇兵等，专程赴上饶走访慰问某部官兵，向全体官兵致以新春的问候。

1月28日上午，市委六届76次常委会在市为民服务中心十楼常委会议室召开。市领导俞小平、徐辉、刘圣卿、潘赛新、张汉坤、李群芳、徐志军、吕贵平、吴顺斌、王晨等参加。

1月29日上午，景德镇市委常委、宣传部部长吴隽来到我市临港镇睦乐村，与我市领导李群芳、张北海等一行，走访慰问该村困难党员、群众，为他们送去组织的关怀和温暖，并提前送上新春佳节的问候与祝福。

1月29日上午，市政府党组会议在市为民服务中心七楼市政府常务会议室召开。市领导徐辉、张汉坤、王晨、方静、乐先锋、韩伟、杨珊庚、王建成、李宝山、董醇兵等参加。会后，召开了市政府六届54次常务会。

1月29日，市领导俞小平、徐辉、刘圣卿、周长波、蒋西爱等一行来到市社会福利院，看望这里的老人、孩子，为他们送去党和政府的温暖与关怀。

1月29日，中共乐平市第六届纪律检查委员会第四次全体会议在市为民服务中心召开。市领导俞小平、徐辉、刘圣卿、潘赛新、张汉坤、李群芳、徐志军、吕贵平、吴顺斌、王晨等四套班子领导和市人民法院、市人民检察院主要负责同志参加。

1月20日至30日，市领导俞小平、徐辉、刘圣卿、万玉华、傅金林、潘赛新、张汉坤、李群芳、徐志军、吕贵平、吴顺斌、王晨等深入乡（镇）、街道、城区走访慰问老干部、重点优抚对象、拔尖人才、劳动模范、孤寡老人、困难党员、困难群众、困难职工，为他们送去党和政府的温暖与关怀。

1月30日下午，市政府六届五次全体（扩大）会议在市为民服务中心三楼第二会议室召开。市领导徐辉、张汉坤、王晨、杜建峰、占志远、方静、乐先锋、韩伟、祝金标、王建成、李宝山、董醇兵等参加。

1月30日晚，市委六届77次常委会在市为民服务中心十楼常委会议室召开。市领导俞小平、徐辉、刘圣卿、潘赛新、张汉坤、李群芳、徐志军、吕贵平、吴顺斌、王晨等参加。

1月30日晚，由市委、市政府主办，市委宣传部、市文广新局承办的乐平市2019春节文艺晚会在市文化中心举行。市领导俞小平、徐辉、刘圣卿、张北海、李群芳、徐志军、吕贵平、王晨、杜建峰、方静、韩伟等和全市千名市民观看了演出。

1月30日上午、31日下午，市委常委班子2018年度民主生活会在市为民服务中心三楼第二会议室召开。景德镇市委书记钟志生及乐平市领导俞小平、徐辉、刘圣卿、万玉华、潘赛新、张汉坤、李群芳、徐志军、吕贵平、吴顺斌、王晨等参加。

2 月

1月31日至2月1日，市政府党组班子2018年度民主生活会在市为民服务中心七楼市政府常务会议室召开。市领导徐辉、张汉坤、王晨、占志远、方静、乐先锋、韩伟、杨珊庚、王建成、李宝山、董醇兵等参加。

2月1日上午，由省督学、景德镇市教育局副局长吴子仁带队的评估组来乐平市，调研督导2018年度党政领导干部履行教育职责市级复评工作。市领导李群芳、方静等陪同调研。

2月1日下午，乐平市机构改革党政部门负责人座谈会在市为民服务中心召开。市领导俞小平、刘圣卿、潘赛新、吴顺斌等参加。

2月2日上午，市领导俞小平、徐辉、王晨、占志远、乐先锋等一行先后来到长运汽车站、液化气站、中远农产品批发市场、世龙实业等地，调研春节期间安全生产工作。

2月2日上午，乐平市2019年一月份四套班子联席会议在市为民服务中心三楼第二会议室召开。市领导俞小平、徐辉、刘圣卿、万玉华、潘赛新、张汉坤、李群芳、徐志军、吕贵平、吴顺斌、王晨、韩伟等参加。

2月2日，国家发展改革委、农业农村部、工信部、财政部、自然资源部、商务部、文化和旅游部联合印发的首批国家农村产业融合发展示范园名单显示，北京市房山区窦店镇窦店村农村产业融合发展示范园等100个单位认定为首批国家农村产业融合发展示范园，江西省的吉安市示范园，抚州市东乡区示范园，宜春市万载县示范园，景德镇市乐平市示范园同时在列。

2月3日，市领导俞小平、张汉坤、徐志军、韩伟等一行来到“12345”政府服务热线和殡改办走访慰问坚守在一线的工作人员，对他们的辛勤工作表示感谢，代表市委、市政府向他们及全市广大干部群众致以新春祝福，向节日期间坚守岗位的各行各业同志们表示衷心感谢。

2月7日上午，“魅力家乡、明珠乐平”2019乐平在外发展人士新春恳谈会在东方国际酒店华夏厅举行。市领导俞小平、徐辉、万玉华、潘赛新、张汉坤、李群芳、徐志军、吕贵平、王晨、方静、乐先锋、韩伟、王进才等及来自全国各地的150余位乐平籍在外知名人士、工商界人士参加。

2月7日，全市2019年春季就业创业暨就业扶贫招聘大会在西门广场启动。市领导俞小平、徐辉、张汉坤、张北海、王进才等参加启动仪式。

2月11日上午，市领导俞小平、徐辉、刘圣卿、万玉华、潘赛新、张汉坤、李群芳、徐志军、吕贵平、吴顺斌、王晨等市四套班子领导来到礼林镇前鲍村开展义务植树活动。

2月11日，市领导俞小平、徐辉、刘圣卿、万玉华、潘赛新、张汉坤、李群芳、徐志军、吴顺斌、王晨、王进才等深入有关部门看望慰问广大干部职工，向大家致以新春的问候和美好的祝福。

2月12日，市委理论学习中心组专题学习会在市为民服务中心三楼第二会议室召开。市领导俞小平、徐辉、刘圣卿、万玉华、潘赛新、李群芳、徐志军、吕贵平、吴顺斌、王晨、汪志明、童福根、韩伟等参加。

2月13日上午，乐平市2018年度基层党建工作述职评议会在市为民服务中心三楼第二会议室召开。市领导俞小平、刘圣卿、潘赛新、李群芳、徐志军、吴顺斌、占志远等参加。

2月15日上午，景德镇市委书记钟志生率“双创双修”工作现场巡查团来到乐平市现场巡查。景德镇市四套班子领导和各县（市、区）、市直各部门的两百余名负责人，深入到礌溪河水厂、乐平市十一小、天湖三治文化公园、昌平路农贸市场、江西天新药业二期等地，现场察看2018年以来乐平市“双创双修”工作成果，了解乐平在“双创双修”工作中的好思路、好经验、好方法。景德镇市领导刘锋、汪立耕、张春萍、吴隽、董立新、曹雄泰、黄金龙、沈水生、王鸿运等参加巡查活动。乐平市领导俞小平、刘圣卿、张汉坤、李群芳、王晨、方静、乐先锋、韩伟等先后陪同。

近日，从省政府办公厅传来喜讯，经省政府批复，同意新设立乐平东湖等21处省级湿地公园。

2月21日下午，G206乐平桃林至大田段公路改建工程建设工作推进会在市为民服务中心三楼第二会议室召开。市领导俞小平、万玉华、张汉坤、王晨、童福根等参加。

2月21日，市委理论学习中心组（扩大）学习会在市文化中心召开。会议邀请十一届全国政协委员、中国战略文化促进会常务副会长兼秘书长、军事科学院世界军事研究部原副部长、博士生导师罗援少将做了《解读十九大精神——我周边安全环境与软实力建设》专题辅导报告。市领导俞小平、刘圣卿、万玉华、潘赛新、张汉坤、李群芳、徐志军、吴顺斌等及其他副县级以上领导干部，全市副科实职以上科级领导干部，党员职工、党外人士、理论骨干、企业代表，中学师生代表，人民武装代表，地方驻军代表，小学和乡（镇）中学校长代表等，共1100人聆听了报告。

2月22日上午，景德镇市政府副市长张良华来到乐平，就环保、河长制、成品油整治等工作进行调研。乐平市领导俞小平、王晨、韩伟等陪同调研。

近日，为进一步传承发展江西省非物质文化遗产资源，积极拓展社会各界参与非物质文化遗产事业建设渠道，推动非物质文化遗产生产性保护，省文化和旅游厅按照相关申报要求，在各地推荐的基础上，经组织专家评审及公示等程序，公布了2019—2021年度江西省非物质文化遗产研究基地、传承基地、传播基地、生产性保护示范基地名单。其中，乐平市的江西有巢氏古建文化有限公司、乐平市翔鹏古建筑有限公司、乐平市建文古建筑有限公司、乐平市园兴古建筑有限公司等4家古建公司，入选2019—2021年度江西省非物质文化遗产生产性保护示范基地。

近日，景德镇市妇联公示了52户“景德镇市‘清洁家庭’示范户”家庭，其中，乐平市众埠镇松树岭茶场张海香家庭、镇桥镇蔡家村方秀莲家庭、塔前镇马家村石长建家庭等18户家庭榜上有名。

近日，根据教育部、中国科协官方公示的2018年获得5项学科竞赛省一等奖名单，江西省共有305人在5项学科竞赛中获省一等奖，其中乐平中学4人，分别是数学1人、物理3人。根据这一名单，学科竞赛网制作了《2019全国500强中学之五大学科竞赛“省一”排行榜》，江西有50所高中学校上榜全国500强，乐平中学榜上有名，并位列全省第21名。

2月27日，全市领导干部会议在市为民服务中心三楼第一会议室召开。景德镇市委组织部常务副部长王丽心宣布景德镇市委关于乐平市领导干部调整的决定，〔高翔任中共乐平市委委员、常委、副书记，提名为乐平市人民政府市长候选人。徐辉不再担任中共乐平市委副书记、常委、委员，乐平市人民政府市长职务，已有任用。高晓云任中共乐平市委委员、常委、副书记（正处长级）。提名刘圣卿为乐平市人大常委会主任候选人，不再担任中共乐平市委员会副书记、常委职务。提名王颖军为乐平市政协主席候选人。万玉华不再担任乐平市人大常委会主任职务。傅金林不再担任乐平市政协主席职务。杜建峰任中共乐平市委委员、常委。马勇不再担任中共乐平市委常委、委员职务。〕并送新任职干部报到。乐平市领导俞小平、高翔、徐辉、高晓云、刘圣卿、万玉华、王颖军、潘赛新、张汉坤、李群芳、徐志军、吕贵平、吴顺斌、王晨、杜建峰、汪志明等参加。

2月27日上午，市委六届78次常委会在市为民服务中心十楼常委会议室召开。市领导俞小平、高翔、高晓云、万玉华、潘赛新、张汉坤、徐志军、吕贵平、吴顺斌、王晨、杜建峰、周长波、占志远、方静、乐先锋、韩伟、周理、胡捷等参加。

2月27日下午，全市年轻干部座谈会在市为民服务中心三楼第二会议室召开。市领导俞小平、潘赛新等参加。

2月27日下午，全市殡葬改革领导小组第三次全体会议在市为民服务中心三楼第二会议室召开。市领导俞小平、高翔、徐志军、张北海、韩伟、王进才、董醇兵等参加。

2月28日上午，市六届人大常委会第十九次会议在市为民服务中心三楼第二会议室召开。会议任命高翔为乐平市人民政府副市长，决定其为代理市长。市领导俞小平、万玉华、张汉坤、张北海、周长波、石少华、方玉兰、朱柳英、童福根、周理、胡捷等参加。

2月28日上午，乐平市退役军人事务局、市场监督管理局、扶贫办公室等13个机构改革新成立单位集中揭牌，标志着乐平市党政机构改革迈出了新步伐、翻开了新篇章。乐平市领导俞小平、高翔、高晓云、刘圣卿、万玉华、王颖军、潘赛新、张汉坤、徐志军、吕贵平、吴顺斌、王晨、杜建峰、占志远、方静、乐先锋、韩伟等参加。

2月28日上午，市领导高翔、高晓云、王颖军等一行走访看望了乐平市部分离退休老干部，感谢他们为乐平市经济社会发展做出的贡献，并听取他们对乐平工作的建议和意见。

2月28日，接乐干字〔2019〕7号文件通知，决定：徐志军同志任市政府党组成员。

3 月

3月1日，2月份四套班子联席会在市为民服务中心三楼第二会议室召开。市领导俞小平、高翔、高晓云、刘圣卿、万玉华、王颖军、潘赛新、张汉坤、徐志军、吕贵平、吴顺斌、汪志明等参加。

3月1日下午，乐平市2018年度县（市区）党政领导干部履行教育职责督导评价迎检工作调度会在市为民服务中心七楼市政府常务会议室召开。市领导高翔、张汉坤、方静等参加。

3月4日，景德镇市委常委、市政府副市长王鸿运来到乐平市，就推进企业上市进行调研。乐平市领导高翔、张汉坤、王晨等陪同调研。

3月4日，省人大环资委环境资源监督处处长李陆前率环资委督查组来到乐平市，开展环保赣江行活动发现问题整改落实情况跟踪督查。乐平市领导高翔、韩伟、王四平等陪同。

3月4日，接乐干字〔2019〕16号文件，决定：高晓云同志任中共乐平市委员会委员、常委、副书记（正处长级）；免去刘圣卿同志的中共乐平市委员会副书记、常委职务。乐干字〔2019〕19号文件，决定：杜建峰同志任中共乐平市委委员、常委；免去马勇同志的中共乐平市委常委、委员职务。乐干字〔2019〕20号文件，决定：高翔同志任市人民政府党组书记；高晓云同志任市委党校校长；刘圣卿同志任市人大党组书记，免去其市委党校校长职务；王颖军同志任市政协党组书记。免去：徐辉同志的市人民政府党组书记职务；汪志明同志的市人大党组书记职务；万玉华同志的市人大党组副书记职务；傅金林同志的市政协党组书记职务；王四平同志的市人大党组成员职务；杨珊庚同志的市政府党组成员职务；孙景煌同志的市政府党组成员职务。

3月4日至5日，以省机构编制委员会办公室副主任王云标为组长，省委教育工委委员、省教育厅总督学曹伴好等为成员的党政领导干部履行教育职责省级实地核查组一行深入乐平，就乐平市党政领导干部履行教育职责展开实地核查。乐平市领导俞小平、高翔、张汉坤、李群芳、方静等先后陪同。

3月6日上午，省军区副司令员方建华来到乐平，就基层武装“三项建设”情况进行调研。省军区动员局局长崔晨，景德镇市委常委、军分区司令员孙安敏，景德镇军分区政委卓健及乐平市领导俞小平、张汉坤、杜建峰、周军等陪同。

3月6日上午，“守住廉洁门，当好廉内助”主题教育活动在市纪委监委廉政教育基地举行。市领导俞小平、高晓云、吴顺斌、方静及全市160余名领导干部的配偶参加。

3月6日上午，出席景德镇市脱贫攻坚暨农业农村工作会人员来到乐平，深入洪岩镇历居山茶叶扶贫基地、盘龙山、罗家洲及接渡镇农村生活垃圾中转调度中心进行现场考察。景德镇市政府副市长徐耀纯，景德镇市政府办公室调研员朱奔及乐平市领导高翔、徐志军、韩伟等参加考察。

3月6日，景德镇市政协副主席、工商联主席江民强，景德镇市工商联党组成员、副主席李华等一行深入乐平开展民企大走访活动。乐平市领导王颖军等陪同。

3月7日上午，省地方金融监督管理局局长韦秀长来到乐平，就企业上市工作进行调研。景德镇市委常委、市政府副市长王鸿运及乐平市领导高翔、张汉坤等陪同调研。

近日，省科技厅网站发布《江西省2018年第二批拟认定高新技术企业名单的通知》，共认定江西省2018年第二批高新技术企业816家，其中乐平市中润科技有限公司、江西景德中药股份有限公司、乐平市洁净漂白土有限公司、江西腾跃五金电子有限公司、乐平市瑞盛制药有限公司、中节能（乐平）光伏农业科技有限公司6家企业获国家高新技术企业认定，有效期3年。根据相关规定，通过高新技术企业备案后，将连续3年享受高新技术企业的所得税优惠政策。

3月8日下午，乐平市扶贫开发领导小组第十三次全体（扩大）会议暨中央脱贫攻坚专项巡视整改工作动员大会在市为民服务中心三楼第二会议室召开。市领导俞小平、高翔、高晓云、潘赛新、张汉坤、李群芳、徐志军、吴顺斌、王晨、方静、乐先锋、韩伟、董醇兵等参加。

3月8日下午，市委六届79次常委会在市为民服务中心十楼常委会议室召开。市领导俞小平、高翔、高晓云、刘圣卿、万玉华、王颖军、潘赛新、张汉坤、李群芳、徐志军、吕贵平、吴顺斌、王晨、杜建峰、周长波、朱柳英、占志远、方静、乐先锋、韩伟、周理等参加。

3月8日下午，乐平市政协六届十二次常委会议在市为民服务中心三楼第二会议室召开。市领导傅金林、吴春芳、王进才、祝金标、蒋西爱、方华、陈东升、姚东等参加。

3月9日上午，市政府六届55次常务会在市为民服务中心七楼市政府常务会议室召开。市领导高翔、张汉坤、徐志军、王晨、周长波、占志远、方静、韩伟、方华、杨珊庚、李宝山、董醇兵等参加。

3月11日下午，市领导俞小平、王晨、李宝山等一行深入塔山工业园区江西金龙化工有限公司、乐平市赛复乐医药化工有限公司、江西华兴化工有限公司等企业，就安全生产、环境保护工作进行调研督导。

3月12日，市领导俞小平、高晓云、潘赛新、张汉坤、方玉兰、乐先锋等一行先后来到天湖市民之家、珠海中路背街小巷改造、中店邻里中心拟建点、杨木匠周边棚户区改造等区域实地调研“双创双修”工作，并召开座谈会。

3月13日上午，景德镇市政府副市长徐耀纯来到乐平，就防汛和“大棚房”问题专项清理整治工作进行调研。乐平市领导俞小平、乐先锋、韩伟等陪同。

3月14日，景德镇市委副书记王前虎来到乐平，调研党的建设、农业农村及脱贫攻坚等工作。乐平市领导俞小平、高晓云、潘赛新等陪同调研。

3月14日上午，由省发改委副巡视员王威带领的省“大棚房”问题专项清理整治行动第三调研组来乐平市，调研“大棚房”问题专项清理整治工作。乐平市领导张汉坤、韩伟等陪同。

3月15日上午，乐平市城市功能与品质提升三年行动动员大会在市为民服务中心三楼第二会议室召开。市领导俞小平、高翔、高晓云、刘圣卿、王颖军、张汉坤、乐先锋等参加。

3月15日，乐平市脱贫攻坚工作暨农村工作会在市文化中心召开。市领导俞小平、高翔、高晓云、潘赛新、徐志军、吴顺斌、朱柳英等参加。

3月16日上午，人社部农保司副司长施朝阳、人社部信息中心副处长洪祥在省人社厅农保处处长汪小南的陪同下，来到乐平市调研督导社会保险扶贫工作。乐平市领导高翔、张汉坤等陪同调研。

3月16日上午至18日下午，中国人民政治协商会议乐平市第六届委员会第四次会议在市文化中心举行。大会决定：接受傅金林同志的辞职请求；经过选举，补选王颖军为市政协主席，增补了李晓秋、周雪莲、姚东、徐梦欣为六届市政协常务委员。市领导俞小平、高翔、高晓云、万玉华、刘圣卿、傅金林、王颖军、潘赛新、张汉坤、李群芳、徐志军、吕贵平、吴顺斌、王晨、杜建峰、查四良、吴春芳、王进才、祝金标、蒋西爱、方华、陈东升、姚东等参加。

3月17日上午至19日上午，乐平市第六届人民代表大会第四次会议在市文化中心举行。大会接受万玉华辞去乐平市第六届人民代表大会常务委员会主任职务的请求；刘圣卿当选为乐平市六届人大常委会主任，高翔当选为乐平市人民政府市长，胡捷当选为乐平市人民检察院检察长，洪燕、徐淑红当选为乐平市六届人大常委会委员，大会还通过了洪建平为乐平市人民代表大会社会建设委员会主任委员。市领导俞小平、高翔、刘圣卿、万玉华、王颖军、张汉坤、李群芳、吕贵平、吴顺斌、杜建峰、张北海、周长波、石少华、方玉兰、朱柳英、童福根等参加。

3月19日上午，乐平市“大棚房”问题专项清理整治行动调度会议在市为民服务中心三楼第二会议室召开。市领导俞小平、高翔、乐先锋、韩伟等参加。

3月19日上午，农业农村部科技教育司副司长张晔一行来到乐平市，就农业农村人才队伍建设工作进行调研。江西省农业农村厅副厅长赖金生及乐平市领导俞小平、高翔、徐志军等先后陪同。

3月19日下午，乐平市2019年度第一次部门统计工作联席会议在市为民服务中心三楼第二会议召开。市领导高翔等参加。

3月20日，接乐干字〔2019〕25号文件，决定：高翔同志任中共乐平市委委员、常委、副书记；免去徐辉同志的中共乐平市委副书记、常委、委员职务。

3月21日上午，自然资源部自然资源开发利用司建设用地管理处调研员马梅率调研组来到乐平市，调研节约集约用地工作。景德镇市政协副主席孙庚九及乐平市领导俞小平、高翔、乐先锋等先后陪同调研。

3月21日上午，乐平市公安工作会议召开。景德镇市政府副市长、公安局局长何军威及乐平市领导俞小平、吕贵平、占志远等参加。

3月21日，景德镇市人大常委会副主任史晓莲率景德镇市人大环资委调研组一行来到乐平，就进一步推动《环保法》《固体废物污染环境防治法》的贯彻落实进行调研。乐平市领导刘圣卿、王晨、王四平等先后陪同调研。

3月22日下午，市委六届80次常委会在市为民服务中心十楼常委会议室召开。市领导俞小平、高翔、高晓云、刘圣卿、王颖军、潘赛新、张汉坤、李群芳、徐志军、吕贵平、吴顺斌、王晨、杜建峰、张北海、方玉兰、占志远、乐先锋、韩伟、周理、胡捷等参加。

3月22日，市“双创双修”领导小组第七次会议在市为民服务中心三楼第二会议室召开。市领导俞小平、高翔、高晓云、刘圣卿、王颖军、潘赛新、张汉坤、李群芳、徐志军、吕贵平、吴顺斌、王晨、杜建峰、方玉兰等参加。

3月23日上午，市政府六届56次常务会在市为民服务中心七楼市政府常务会议室召开。市领导高翔、张汉坤、徐志军、王晨、占志远、乐先锋、韩伟、王建成、姚东、董醇兵等参加。

3月26日上午，景德镇市关工委工作会议在乐平市为民服务中心三楼第二会议室召开。景德镇市关工委主任周华保及乐平市领导高晓云等参加会议。

3月27日上午，乐平市党管武装工作会议在市人武部召开。市领导俞小平、高翔、杜建峰、周军等参加。

3月27日，2018年度人才工作专项述职会议暨2019年3月份党建工作调度会在市为民服务中心三楼第二会议室召开。市领导俞小平、高晓云、潘赛新等参加。

3月27日晚，市委常委班子脱贫攻坚专项巡视整改专题民主生活会在市为民服务中心三楼第二会议室召开。景德镇市委组织部干部综合科科长段志勇，景德镇市纪委第三执纪监督室副主任程东方到会指导。乐平市领导俞小平、高翔、高晓云、刘圣卿、王颖军、潘赛新、张汉坤、李群芳、徐志军、吕贵平、吴顺斌、王晨、杜建峰等及部分基层党员群众代表参加。

3月28日，乐平市安委会全体（扩大）会暨生态环境保护工作大会在市为民服务中心三楼第二会议室召开。市领导俞小平、高翔、刘圣卿、张汉坤、徐志军、王晨、占志远、韩伟等参加。

3月28日，乐平市政法暨信访工作会议在市为民服务中心三楼第一会议室召开。会议传达了习近平总书记在中央政法工作会议上的重要讲话精神、2019年全省政法工作会、全省信访工作会及景德镇市政法暨信访工作会议精神。市领导俞小平、张汉坤、吕贵平、吴顺斌、张北海、占志远、周理、胡捷等参加。

3月28日晚，乐平市政府党组脱贫攻坚专项巡视整改专题民主生活会在市为民服务中心七楼市政府常务会议室召开。市领导高翔、张汉坤、徐志军、王晨、占志远、方静、乐先锋、韩伟、王建成、李宝山、董醇兵等参加。

3月29日下午，乐平市规划委员会主任会议2019年第一次会议在市为民服务中心十楼常委会议室召开。市领导俞小平、高翔、高晓云、刘圣卿、王颖军、张汉坤、方玉兰、乐先锋等参加。

3月29日下午，乐平市委全面深化改革委员会第一次会议在市为民服务中心三楼第二会议室召开。市领导俞小平、高翔、高晓云、刘圣卿、王颖军、潘赛新、张汉坤、李群芳、吕贵平、王晨、杜建峰等参加。

3月29日，3月份四套班子联席会在市为民服务中心三楼第二会议室召开。市领导俞小平、高翔、高晓云、刘圣卿、王颖军、潘赛新、张汉坤、李群芳、吕贵平、王晨等参加。

3月29日晚，乐平市机构改革领导小组第五次会议在市为民服务中心三楼第二会议室召开。市领导俞小平、高翔、高晓云、刘圣卿、潘赛新、李群芳、徐志军、吕贵平、吴顺斌、王晨等参加。

3月30日上午，市政府六届57次常务会在市为民服务中心七楼市政府常务会议室召开。市领导高翔、徐志军、王晨、周军、周长波、占志远、乐先锋、韩伟、杨珊庚、王建成、董醇兵等参加。

4 月

4月1日上午，省、景德镇市防汛工作电视电话会议相继召开，市领导俞小平、高翔、徐志军、韩伟等在乐平市分会场市为民服务中心三楼第二会议室收听收看。

4月2日，围绕“加强生态文明建设，推动实体经济高质量发展”这一主题，市委理论学习中心组在乐平工业园举行专题学习会。哈尔滨工业大学化学博士胡成发就新材料的新机遇和新挑战为中心组成员做专题讲座。市领导俞小平、高晓云、刘圣卿、王颖军、李群芳、吕贵平、吴顺斌、杜建峰、汪志明等参加。

4月3日上午，由省工商联党组成员、副主席刘斌带领的省课题调研组来乐平，调研全省营商环境和支持民营企业发展政策落实情况。我市领导高晓云等陪同。

4月3日下午，市领导俞小平、吕贵平、占志远、周理等一行先后来到乐港镇、塔山街道和市供电公司，实地调研扫黑除恶专项斗争工作开展情况，并召开座谈会。

4月3日，市领导俞小平、徐志军、王晨、韩伟等一行先后来到城市低洼地段、观峰大桥、魁杨联圩、凤凰山塘、南河排涝站等地，调研安全防汛工作。

4月4日上午，市领导高翔、吕贵平、占志远、周理、胡捷等一行先后来到市交通运输局、市公安局，实地调研扫黑除恶专项斗争工作开展情况。

4月4日下午，《政府工作报告》工作任务暨市人大政协“两会”建议提案交办会议在市为民服务中心六楼会议室召开。市领导张汉坤、周长波、王进才等参加。

4月4日，市领导俞小平、高翔等先后来到206国道、一江两岸循环道、安平路示范街等重点项目现场调研，之后在市为民服务中心十楼市委常委会议室召开书记议事会，就“双创双修”、工业园工作和教师招聘等问题做研究部署。市领导高晓云、刘圣卿、王颖军、张汉坤、李群芳、徐志军、王晨、方玉兰、方静等先后参加调研。

4月9日上午，景德镇学院校长陈雨前一行来到乐平，就校地合作召开调研座谈会。市领导高翔、方静等参加。

4月10日，市领导俞小平、高翔、张汉坤等一行调研“放管服”改革工作。

4月10日，市领导俞小平、吴顺斌、王晨等一行深入临港镇、涌山镇调研，并主持召开电力问题专题座谈会。

4月9日至10日，为学习和借鉴外地农村人居环境整治和建设等工作的先进经验和做法，市领导高晓云、徐志军、方玉兰、乐先锋等一行赴上饶市鄱阳县、广丰区、横峰县、弋阳县考察学习生态宜居乡村建设工作。

4月11日下午，省政协社会和法制委员会副主任、省残疾人联合会理事长、党组书记何剑锋率调研组深入乐平市，开展“营商环境改善与干部作风转变”专题调研，并召开座谈会。省司法厅副厅长凌云、景德镇市政协副主席王国华及乐平市领导高翔、王颖军、蒋西爱等先后陪同。

4月11日晚，乐平市规划委员会主任会议2019年第二次会议在市为民服务中心十楼常委会议室召开。市领导俞小平、高翔、王颖军、方玉兰、乐先锋等参加。

4月12日上午，市领导高翔、王晨、李宝山等一行深入工业园区，就全市工业发展进行调研。

4月12日下午，市委六届81次常委会在市为民服务中心十楼常委会议室召开。市领导俞小平、高翔、高晓云、王颖军、潘赛新、张汉坤、王慧娟、李群芳、徐志军、吕贵平、吴顺斌、王晨、杜建峰、张北海、朱柳英、方静、周理、胡捷等参加。

4月12日，乐平市平安建设暨扫黑除恶专项斗争集中宣传日活动在西门广场举行。市领导俞小平、高翔、吕贵平、王晨、占志远等先后出席活动。

4月13日上午，市政府六届58次常务会在市为民服务中心七楼市政府常务会议室召开。市领导高翔、张汉坤、徐志军、王晨、方玉兰、方静、乐先锋、韩伟、杨珊庚、王建成、李宝山、董醇兵等参加。

4月17日上午，乐平市总工会三届二次全委（扩大）会议在市总工会会议室召开。市领导高晓云、张北海等参加。

4月17日下午，乐平市委审计委员会第一次会议在市为民服务中心召开。市领导俞小平、高翔、张汉坤、吴顺斌等参加。

4月17日下午，乐平市生态环境保护委员会第一次全体（扩大）会议暨环保突出问题整改工作推进会在市为民服务中心三楼第二会议室召开。市领导俞小平、高翔、张汉坤、徐志军、王晨、占志远、方静、乐先锋、李宝山等参加。

4月17日下午，市委六届82次常委会在市为民服务中心十楼常委会议室召开。市领导俞小平、高翔、高晓云、刘圣卿、王颖军、潘赛新、张汉坤、王慧娟、李群芳、徐志军、吕贵平、吴顺斌、王晨、杜建峰等参加。

4月18日，中央扫黑除恶第15督导组总联络人、第15督导组第1小组组长孙中平一行，深入乐平市督导扫黑除恶专项斗争工作开展情况。景德镇市委常委、政法委书记曹雄泰及乐平市领导俞小平、高翔、潘赛新、李群芳、吕贵平、吴顺斌、占志远、周理、胡捷等陪同。

4月18日，围绕“深入学习贯彻习近平总书记关于扫黑除恶专项斗争的重要指示精神”主题，市委理论学习中心组在市为民服务中心三楼第二会议室组织开展专题学习。市领导俞小平、高翔、高晓云、刘圣卿、王颖军、潘赛新、张汉坤、王慧娟、李群芳、徐志军、吕贵平、吴顺斌、杜建峰、占志远、周理、胡捷等参加。

4月8日晚，市委六届第83次常委会（扩大）会议在市为民服务中心三楼第二会议室召开。会议传达学习中央扫黑除恶第15督导组督导乐平市见面会的会议精神，并研究扫黑除恶专项斗争工作整改意见。市领导俞小平、高翔、高晓云、刘圣卿、王颖军、潘赛新、张汉坤、王慧娟、李群芳、徐志军、吕贵平、吴顺斌、王晨、杜建峰等参加。

4月19日晚上，乐平市扫黑除恶专项斗争中央第15督导组反馈问题整改督办（约谈）会在市为民服务中心三楼第二会议室召开。市领导俞小平、高翔、潘赛新、李群芳、吕贵平、吴顺斌、周理、胡捷等参加。

4 月 19 日，民盟景德镇陶大支部联合民盟景德镇部所支部来到乐平，开展对乐平古戏台传统文化的考察活动。市领导王慧娟、吴春芳、祝金标等陪同考察。

在今年四月号的《中国国家地理》杂志上，刊发了由乐平市作者王美珍、余庆民、徐天泽、胡木水、高志山等人联合供稿的图文《乐平 400 余座古戏台——演绎世俗情感的乡土舞台》。中国古戏台之乡——乐平将借助这一国家级传媒，吸引百万读者的眼光，走向全国、全世界。

4 月 20 日上午，市委六届 84 次常委会在市为民服务中心十楼常委会议室召开。市领导俞小平、高翔、高晓云、刘圣卿、王颖军、潘赛新、张汉坤、王慧娟、李群芳、徐志军、吕贵平、吴顺斌、王晨、占志远、周理、胡捷等参加。

4 月 20 日上午，市政府六届 59 次常务会在市为民服务中心七楼市政府常务会议室召开。市领导高翔、张汉坤、徐志军、王晨、朱柳英、占志远、方静、乐先锋、韩伟、王建成、李宝山、董醇兵等参加。

4 月 21 日，市领导俞小平、方玉兰等一行来到挂点乡镇镇桥镇，实地督导扫黑除恶工作，并深入该镇枫树下村回访群众反映问题的调解情况。

4 月 22 日下午，书记议事会议在市为民服务中心三楼第二会议室召开，听取并研究乐平市大干项目年工作。市领导俞小平、高翔、高晓云、刘圣卿、王颖军、潘赛新、张汉坤、王慧娟、李群芳、徐志军、吕贵平、吴顺斌、王晨、杜建峰、张北海、周长波、方玉兰、童福根、占志远、方静、乐先锋、韩伟等参加。

近日，江西省工业强省建设工作领导小组公布了 2018 年度全省工业高质量发展先进市、县（市、区）名单。经全省统一考核评比，乐平市被评为 20 个工业高质量发展先进县（市、区）之一，为景德镇地区唯一获评单位；乐平工业园在全省 107 家开发区（含国家级、省级、海关特殊监管区）综合排名中位列第 13 位。

4 月 23 日上午，国务院、省政府第二次廉政工作会议以及景德镇市政府第三次廉政工作会议先后召开。市领导高翔、徐志军、占志远、方静、乐先锋、韩伟、王建成、董醇兵等在乐平分会场市为民服务中心三楼第二会议室收听收看，会后随即召开乐平市政府第三次廉政工作会议。

4 月 23 日下午，省委农办主任、省农业农村厅党委书记江枝英等来到乐平市，就秀美乡村建设展开调研指导。景德镇市委常委、副市长王鸿运及乐平市领导俞小平、徐志军、韩伟等陪同调研。

4 月 23 日下午，景德镇市委常委、军分区司令员孙安敏，副司令员黄野等深入乐平工业园，调研指导民兵整组工作。市领导张汉坤、杜建峰、周军等陪同调研。

4 月 23 日，省人大常委会副主任冯桃莲率队来到乐平市，开展《中华人民共和国水污染防治法》执法检查。景德镇市人大常委会副主任史晓莲、景德镇市副市长张良华及乐平市领导俞小平、高翔、刘圣卿、童福根等先后陪同。

4 月 24 日，乐平市中央脱贫攻坚专项巡视整改工作调度会在市扶贫办召开。市领导俞小平、高晓云、潘赛新、吴顺斌、韩伟、董醇兵等参加。

4 月 25 日上午，乐平市宣传、统战工作会议在市为民服务中心三楼第一会议室召开。市领导俞小平、高晓云、王慧娟、李群芳等参加。

4 月 25 日，省人防办常务副主任林显君等一行莅临乐平市调研指导人防工作。景德镇市人防办主任陈玉元、景德镇市人防办副主任乐欣及乐平市领导张汉坤、王建成等陪同调研。

4 月 26 日下午，市六届人大常委会第二十一次会议在市为民服务中心三楼第二会议室召开。市领导刘圣卿、张汉坤、张北海、周长波、石少华、方玉兰、童福根、乐先锋、周理等参加。

4月26日，省政协副主席、党组副书记陈俊卿率调研组一行来到乐平，就“高效推进‘映山红行动’攻略建议”，专题考察部分拟上市企业。省政协委员、机关党组成员、经济委专职副主任尹小明，景德镇市政协主席、统战部部长张春萍，景德镇市委常委、副市长王鸿运，景德镇市政协副主席张景根，景德镇市政协秘书长宋建明及乐平市领导俞小平、王颖军、张汉坤、李宝山等先后陪同。

目前，在2018—2019赛季全国自由式滑雪大跳台及坡面障碍技巧冠军赛上，乐平市14岁运动小将程家慧荣获大跳台女子组第一名，坡面障碍技巧女子组第二名。

4月23日至27日，按照省、市“三请三回”的工作要求，市领导高翔、王晨率乐平工业园区管委会、市商务局、双田镇、临港镇等单位负责人赴南京、苏州、上海、杭州等地开展招商。

4月28日上午，由中国围棋协会联合乐平市人民政府主办的第十六届全国城市围棋联谊赛在“古戏台之乡”乐平拉开战幕，来自北京、上海、西安、台湾等城市的27支代表队云集乐平，将展开为期两天的纹枰角逐。中国围棋协会主席林建超、中国围棋协会副主席兼秘书长王谊、著名国手刘小光（九段），景德镇市委常委、政法委书记曹雄泰及乐平市领导俞小平、李群芳、石少华、方静等参加。

4月28日上午，乐平市财政工作暨财政系统廉政工作会议在市财政局召开。市领导俞小平、高翔、张汉坤等参加。

4月29日上午，市政府六届第60次常务会议在市为民服务中心七楼市政府常务会议室召开。市领导高翔、张汉坤、徐志军、王晨、童福根、占志远、方静、乐先锋、韩伟、祝金标、王建成、董醇兵等参加。

4月29日下午，乐平市为烈属、军属和退役军人等家庭悬挂光荣牌启动仪式在东方国际酒店华夏厅举行。景德镇市军分区副司令员黄野致辞，乐平市领导俞小平、高翔、张汉坤、杜建峰、周军等参加。

4月30日，市领导俞小平、高翔、张北海等一行代表市委、市政府分组走访慰问部分劳动模范代表，向他们致以诚挚的问候和节日祝福。

4月30日上午，市委全面深化改革委员会第二次会议在市为民服务中心三楼第二会议室召开。市领导俞小平、高翔、高晓云、刘圣卿、王颖军、潘赛新、张汉坤、王慧娟、李群芳、徐志军、吕贵平、吴顺斌、王晨等参加。

4月30日下午，市委六届86次常委会在市为民服务中心十楼常委会议室召开。市领导俞小平、高翔、高晓云、王颖军、潘赛新、张汉坤、王慧娟、李群芳、徐志军、吕贵平、吴顺斌、王晨、杜建峰、占志远、方静、周理、胡捷等参加。

4月30日，4月份四套班子联席会在市为民服务中心三楼第二会议室召开。市领导俞小平、高翔、高晓云、刘圣卿、王颖军、潘赛新、张汉坤、王慧娟、李群芳、徐志军、吕贵平、吴顺斌、王晨等参加。

4月30日晚，乐平市纪念“五四运动”100周年暨“乐平青年五四奖章”表彰大会在市文化中心举行。市领导俞小平、高翔、高晓云、潘赛新、张汉坤、李群芳、徐志军、吕贵平、朱柳英、韩伟、蒋西爱、方华等参加。

5 月

5月1日，市领导俞小平、刘圣卿、周长波等一行来到接渡镇人大代表联络工作站，就如何开展好联络站工作，与两级人大代表及选民代表面对面交流。

5月4日，乐平市五四青年节座谈会在市为民服务中心三楼第二会议室举行。市领导俞小平、高晓云、潘赛新、吴顺斌等及百余位80后年轻干部代表参加座谈。

5月5日下午，乐平市国道省道建设协调会在市为民服务中心十楼常委会议室召开。景德镇市副市长刘朝阳及乐平市领导俞小平、高翔、王晨等参加。

近日，全国总工会公布了2019年全国五一劳动奖和全国工作先锋号名单，92个集体和695名个人获全国五一劳动奖状、奖章，797个集体获全国工人先锋号称号。其中，中国工商银行江西景德镇分行乐平东湖支行行长段柳平获得全国五一劳动奖章，她也是工行系统唯一获此殊荣者。

近日，第22届“江西青年五四奖章”评选工作圆满完成。邓杰等25人被授予第22届“江西青年五四奖章”，中共江西省委办公厅会议处等6集体被授予第22届“江西青年五四奖章集体”称号。其中，乐平市东升（哈佛）教育集团董事长黎定焱荣获“江西青年五四奖章”称号，为乐平市获此殊荣第一人。

5月7日，围绕深入学习贯彻习近平总书记扶贫思想，市委理论学习中心组在市为民服务中心三楼第二会议室组织开展专题学习。市领导俞小平、高翔、高晓云、王颖军、潘赛新、张汉坤、王慧娟、李群芳、徐志军、吕贵平、吴顺斌、王晨等参加。

5月7日上午，乐平市棚改工作调度会在市为民服务中心七楼市政府常务会议室召开。市领导高翔、张汉坤、乐先锋等参加。

5月8日，乐平市“双创双修”领导小组第八次会议在市为民服务中心三楼第二会议室召开。市领导俞小平、高翔、高晓云、王颖军、潘赛新、张汉坤、王慧娟、李群芳、徐志军、吕贵平、吴顺斌、王晨、方玉兰、占志远、方静、乐先锋等参加。

5月8日上午，乐平市第八届中小学生田径运动会在乐平市第三中学田径场开幕。景德镇市教育局局长冯国平、副局长吴子仁莅临开幕式现场，乐平市领导王颖军、李群芳、朱柳英、方静、方华等参加。

5月8日下午，乐平市扶贫开发领导小组第十四次全体（扩大）会议在市为民服务中心三楼第二会议室召开。市领导俞小平、高翔、高晓云、潘赛新、王慧娟、李群芳、徐志军、吴顺斌、王晨、方静、乐先锋、董醇兵等参加。

5月8日下午，乐平市生态环境保护委员会第二次全体（扩大）会议在市为民服务中心三楼第二会议室召开。市领导俞小平、高翔、徐志军、王晨、方静、乐先锋等参加。

5月9日，乐平市房地产企业座谈会在市为民服务中心三楼第二会议室召开。会议邀请乐平市部分房地产开发企业负责人座谈交流，面对面倾听意见建议。市领导俞小平、高翔、张汉坤、乐先锋等参加。

5月9日晚，乐平市扫黑除恶主题文艺巡回宣传演出启动仪式在市民广场古戏台举办。市领导俞小平、王颖军、李群芳、吕贵平、占志远、周理、胡捷等出席仪式并观看演出。

5月9日至11日，市领导高翔、方静、李宝山等一行率商务、教育等部门负责人，前往四川成都开展招商活动。

5月12日上午，市政府六届第61次常务会议在市为民服务中心七楼市政府常务会议室召开。市领导高翔、张汉坤、徐志军、王晨、占志远、方静、乐先锋、蒋西爱、王建成、董醇兵等参加。

5月13日，市领导俞小平、高翔、高晓云、张汉坤、徐志军等一行来到接渡镇，调研中远路、乐平大道东延、邱家山安置地及子安村提升改造等项目，并召开座谈会。

5月13日晚，市委六届86次常委会在市为民服务中心十楼常委会议室召开。市领导俞小平、高翔、高晓云、王颖军、潘赛新、张汉坤、王慧娟、李群芳、徐志军、吕贵平、吴顺斌、王晨、杜建峰、占志远、方静、周理、胡捷等参加。

5月14日下午，乐平市鼓励促进“转企升规”工作领导小组（扩大）会议在市为为民服务中心三楼第二会议室召开。市领导高翔、张汉坤等参加。

5月15日上午，乐平市进一步加强国有资产监督管理工作动员大会在市为民服务中心三楼第二会议室召开。市领导高翔、张汉坤、方玉兰、朱柳英等参加。

5月15日下午，以省自然资源厅党组书记、厅长张圣泽为组长的调研组一行，深入乐平市众埠镇调研铜多金属矿普查项目，实地察看江西有色地质矿产开发院项目工作开展情况。省自然资源厅副巡视员龚健、省地质勘查基金中心主任王先文广等一同调研。景德镇市领导王鸿运、孙庚九及乐平市领导高翔等陪同。

5月16日上午，全国政协委员、中国人事科学研究院院长余兴安率调研组来到乐平，就人才发展战略研究课题进行调研。景德镇市委常委、市政府副市长沈水生及乐平市领导高翔、张汉坤等陪同调研。

5月16日下午，省人大环资委主任委员吴治云一行，来到乐平市开展环保赣江行前期调研活动。景德镇市人大常委会副主任史晓莲及乐平市领导高翔、徐志军、童福根等陪同。

5月16日下午，乐平市2019年“双创”工作推进会议在市为民服务中心三楼第二会议室召开。市领导高晓云、李群芳、韩伟等参加。

5月17日下午，乐平KAMA江西联合项目座谈会在市为民服务中心三楼第二会议室举行。KAMA农业有限公司首席执行官兼创始人Bar Nevo及乐平市领导高翔、徐志军等参加。

5月18日上午，市政府六届第62次常务会议在市为民服务中心七楼市政府常务会议室召开。市领导高翔、张汉坤、徐志军、王晨、周军、占志远、韩伟、方华、杨珊庚、董醇兵等参加。

5月18日上午，第二届世界赣商大会在南昌召开。会上，50名企业家获第二届“江西省回乡投资优秀赣商”称号，其中，乐平人、景德镇欧神诺陶瓷有限公司总经理鲍杰军榜上有名。

5月18日下午，乐平市创建国家卫生城市工作培训会在市为民服务中心三楼第二会议室举行。市领导高晓云主持及来自全市各相关职能部门的主要领导和具体负责创卫工作的业务人员共计150余人参加。

5月18日晚，市委六届87次常委会在市为民服务中心十楼常委会议室召开。市领导高翔、高晓云、潘赛新、张汉坤、王慧娟、李群芳、徐志军、吕贵平、吴顺斌、王晨、杜建峰等参加。

5月18日，东莞市台商投资企业协会会长蔡俊宏一行来乐平，深入台资企业江西宏柏新材料股份有限公司考察，并与乐平市展开招商对接座谈会。省台办副主任徐建星，乐平市领导高翔，景德镇市委办以及乐平工业园区、商务局等有关部门负责人陪同考察。

5月20日上午，市领导高翔、方静等一行在市为民服务中心七楼接待室会见乐平籍著名电影表演艺术家、导演许还山先生一行。

5月20日上午，市领导高翔、周长波等一行调研城市管理工作，并召开座谈会。

5月20日，台湾永龄农场场长李旻苍先生率团来我市考察有机农业产业基地建设项目，并在市为民服务中心七楼市政府常务会议室召开座谈会。市领导高翔、徐志军等及江西大成国资公司副总经理兼法务总监郭伦海陪同并参加会议。

5月22日上午，乐平市防汛暨地质灾害应急救援综合演练在礼林镇勤俭水库举行。市领导高翔、徐志军、王晨等莅临现场观摩。

5月22日下午至23日下午，景德镇市委常委、景德镇军分区司令员、安殷水市级河长孙安敏一行来到乐平，先后为退役军人和现役军人军属授“光荣之家”牌，并对乐平市安殷水河长制工作进行督导检查，且调研指导民兵训练基地建设以及征兵宣传工作。乐平市领导张汉坤、杜建峰、周军等先后陪同。

5月23日下午，省证监局党组书记、局长唐理斌一行来到乐平市调研企业上市工作。景德镇市委常委、市政府副市长王鸿运及乐平市领导高翔等陪同调研。

5月23日下午，市领导高翔、方静、乐先锋等一行率市自然资源和规划局、住建局、教体局、国资办、洎阳街道、接渡镇、后港镇等单位负责人，就土地出让工作进行调研。

5月23日下午，省政协委员、省档案局副局长谭向文率省政协调研组一行来乐平市调研殡葬改革工作。景德镇市政协副主席张学锋及乐平市领导王颖军、徐志军、祝金标等陪同调研。

5月23日，景德镇市政协主席张春萍深入涌口镇瑶冲村，就少数民族特色村项目建设情况进行调研。乐平市领导高翔、高晓云、王慧娟、方静等陪同。

5月23日，全市端午节期间安全稳定工作会议在市为民服务中心三楼第三会议室召开。市领导高翔、高晓云、刘圣卿、李群芳、徐志军、吕贵平、王晨、占志远、乐先锋、吴春芳等参加。

5月24日上午，省药监局局长上官新晨一行来乐平市开展大调研活动。乐平市领导高翔、高晓云、王晨、韩伟等先后陪同调研。

5月24日上午，市领导高翔、张汉坤、王晨、周长波、童福根、方静、乐先锋、查四良等一行率队现场督办市人大政协重点建议提案办理工作。

5月24日下午，市六届人大四次会议代表重点建议办理工作人大政府联席会在市为民服务中心三楼第二会议室召开。市领导刘圣卿、张汉坤、徐志军、王晨、张北海、周长波、方玉兰、朱柳英、童福根、方静、乐先锋、韩伟等参加。

5月24日晚，市委六届88次常委会在市为民服务中心十楼常委会议室召开。市领导高翔、高晓云、刘圣卿、王颖军、潘赛新、张汉坤、王慧娟、李群芳、徐志军、吕贵平、吴顺斌、王晨、杜建峰、周理、胡捷等参加。

5月25日，全市领导干部会议在市为民服务中心三楼第一会议室召开。市领导俞小平、高翔、高晓云、刘圣卿、王颖军、潘赛新、张汉坤、王慧娟、李群芳、徐志军、吕贵平、吴顺斌、王晨、杜建峰等市四套班子成员参加。

5月25日下午，市政府六届第63次常务会议在市为民服务中心七楼市政府常务会议室召开。市领导高翔、张汉坤、徐志军、王晨、周军、占志远、方静、乐先锋、韩伟、杨珊庚、王建成、李宝山等参加。

5月26日，为期两天的全市人大代表履职培训班在市为民服务中心三楼第一会议室结束，市领导刘圣卿、张汉坤、张北海、周长波、方玉兰、朱柳英、童福根、周理、胡捷、王四平等及市人大代表、市人大机关干部、乡镇人大干部共计300余人参加了本次培训班。

5月27日下午至28日，景德镇市委副书记王前虎来到乐平市，深入部分乡镇省级贫困村，就当前脱贫攻坚工作进行广泛调研。乐平市领导高翔、高晓云、吕贵平、张北海、韩伟等先后陪同调研。

5月28日上午，庆祝新中国成立70周年江西省第八届老年人运动会（乐平赛区）暨乐平市“体彩杯”第三届老年人健身运动会开幕式在市南门体育馆举行。市领导高晓云、张汉坤、李群芳、方静等参加。

5月29日下午，乐平市2019年总河（湖）长、总林长会议在市为民服务中心三楼第二会议室召开。市领导高翔、刘圣卿、王颖军、潘赛新、李群芳、徐志军、杜建峰、张北海、方玉兰、方静、乐先锋、韩伟、王进才、方华、周理、胡捷、邹寿清、王四平、王建成等参加。

5月30日下午，全市金融系统座谈会在市为民服务中心三楼第二会议室召开。市领导高翔、张汉坤等参加。

5月31日上午，乐平市五月份四套班子联席会议在市为民服务中心三楼第二会议室召开。市领导高翔、高晓云、刘圣卿、王颖军、潘赛新、张汉坤、徐志军、吕贵平、王晨、杜建峰等参加。

5月31日上午，市委全面深化改革委员会第三次会议在市为民服务中心三楼第二会议室召开。市领导高翔、高晓云、刘圣卿、王颖军、潘赛新、张汉坤、徐志军、吕贵平、五晨、杜建峰等参加。

5月31日下午，市领导高翔、李群芳等一行先后来到乐平一小、乐平六小、乐平市幼儿园、乐平九小等地，走访慰问少年儿童。

5月31日，中共乐平市委退役军人事务工作领导小组第一次会议在市为服务中心三楼第二会议室召开。市领导高翔、张汉坤、吕贵平、杜建峰、占志远等参加。

6 月

6月1日上午，市政府六届第64次常务会议在市为民服务中心七楼市政府常务会议室召开。市领导高翔、张汉坤、徐志军、王晨、占志远、方静、乐先锋、韩伟、查四良、杨珊庚、王建成、李宝山等参加。

6月4日上午，乐平市端午节期间划龙舟安全稳定工作调度会在镇桥镇政府召开。市领导高翔、吕贵平、方玉兰、占志远、乐先锋、周理等参加。

6月4日上午，石凌鹤赣剧文化（大田）研讨会在后港镇政府召开。市领导高晓云、李群芳、徐志军、方静等和市名研会等部门专家、学者及大田村民、石凌鹤家属代表参加。

6月4日下午，省退役军人事务厅党组成员、副厅长万小根一行来到乐平，调研退役军人服务站建设等相关工作。市领导张汉坤等陪同调研。

6月4日，市委理论学习中心组在市为民服务中心三楼第二会议室举行集体学习会。市领导高翔、高晓云、刘圣卿、王颖军、潘赛新、张汉坤、李群芳、徐志军、吕贵平、杜建峰等参加学习。

6月5日上午，乐平市庆祝“全国科技工作者日”暨科技工作表彰大会在市为民服务中心三楼第二会议室召开。景德镇市科协党组成员、副主席江海武及乐平市领导高晓云、方静等参加。

6月7日，市领导高翔、张汉坤、吕贵平、方玉兰、占志远等一行深入乐港镇、镇桥镇视察，现场指导安保维稳工作。

6月8日，市领导俞小平、潘赛新等一行送新任党委书记先后到洪岩镇、名口镇任职，并出席两镇镇村干部大会。

6月11日上午，景德镇市重点项目江西德孚环保科技有限公司再生资源利用项目开工仪式在乐平工业园区举行。乐平市领导高翔、张汉坤、王晨、李宝山等参加。

6月11日，全市创建国家卫生城市工作培训会在市为民服务中心三楼第一会议室举行。全国爱卫会卫生创建专家委员会成员、原陕西省爱卫办主任刘保华作创建国家卫生城市专题培训。乐平市领导高晓云、张汉坤、李群芳、方玉兰、韩伟等参加。

6月12日上午，乐平市2019年第二次部门统计工作联席会在市为民服务中心三楼第二会议室召开。市领导高翔、张汉坤、王晨、方静、乐先锋等参加。

6月12日下午，2019年景德镇市民兵应急营集合点验大会在乐平市塔山工业园区举行。景德镇市委常委、军分区司令员孙安敏，景德镇军分区政委卓健，景德镇军分区副司令员黄野及乐平市领导高翔、杜建峰、周军等参加。

6月12日下午，乐平市人武部在塔山工业园区组织开展唱响《我和我的祖国》爱国主义主题宣传教育活动。景德镇市委常委、军分区司令员孙安敏，景德镇军分区政委卓健，景德镇军分区副司令员黄野及乐平市领导高翔、杜建峰、周军等参加活动。

6月14日，市扶贫开发领导小组第十五次全体会议在市为民服务中心三楼第二会议室召开。市领导高晓云、潘赛新、张汉坤、李群芳、方静、韩伟、董醇兵等参加。

6月14日下午，乐平市招商引资重点项目落地工作推进会在市自然资源和规划局召开。市领导高翔、高晓云、刘圣卿、王颖军、张汉坤、王晨、方玉兰、方静、乐先锋、王进才、李宝山等参加。

6月15日上午，市政府第六届65次常务会议在市为民服务中心七楼市政府常务会议室召开。市领导高翔、张汉坤、徐志军、王晨、方静、乐先锋、韩伟、吴春芳、杨珊庚、王建成、李宝山等参加。

6月18日上午，省妇联主席王庆来乐平调研村妇女小组长配备工作。省妇联副主席吴艳玲，景德镇市委常委、市政府副市长沈水生，景德镇市妇联主席盛璟晶及乐平市领导高晓云、方静等陪同调研。

6月20日上午，学习贯彻习近平总书记视察江西时的重要讲话精神宣讲报告会在市为民服务中心三楼第一会议室举行。景德镇市委宣讲团成员、景德镇市委讲师团团长陈国胜做宣讲报告。乐平市领导高翔、高晓云、刘圣卿、王颖军、潘赛新、李群芳、吕贵平、王晨等市委理论学习中心组成员及其他副县级以上领导干部，各乡镇（街道）党政主要领导、市委各部门、市直各单位主要负责同志，以及各行各界代表共计230余人聆听宣讲。

6月20日下午，市领导高翔、王晨、乐先锋、李宝山等一行调研乐港杨畈工业集聚区和后港食品工业集聚区筹建工作。

6月21日上午，乐平市融媒体中心暨新时代文明实践中心揭牌仪式在市原国税局大院举行。两个中心的成立和揭牌，标志着乐平市在探索媒体融合发展和新时代基层文明实践上迈出了新步伐，为传播乐平之美、引领风气之先搭建了广阔的平台，对我市巩固主流舆论阵地、打开新时代宣传思想工作新局面意义重大。景德镇市委常委、宣传部部长吴隽，江西日报社副总编王少君共同为乐平市融媒体中心揭牌。吴隽与乐平市领导高翔共同为乐平市新时代文明实践中心揭牌。江西新闻客户端内容副总监李晚成，珠山区委常委、宣传部部长洪丹平及乐平市领导高晓云、刘圣卿、王颖军、潘赛新、李群芳、方静等参加。

6月22上午，市政府第六届66次常务会议在市为民服务中心七楼市政府常务会议室召开。市领导高翔、张汉坤、徐志军、王晨、占志远、方静、乐先锋、韩伟、杨珊庚、王建成、李宝山等参加。

6月23日上午，市委六届89次常委会在市为民服务中心十楼常委会议室召开。市领导俞小平、高翔、高晓云、刘圣卿、王颖军、潘赛新、张汉坤、王慧娟、李群芳、徐志军、吴顺斌、王晨、方静、乐先锋、韩伟、周理、胡捷等参加。

6月23日下午，乐平市委全面依法治市委员会第一次全体会议在市为民服务中心三楼第二会议室召开。市领导俞小平、高翔、高晓云、刘圣卿、潘赛新、李群芳、蒋西爱、周理、胡捷等参加。

6月23日下午，市委农村工作领导小组暨实施乡村振兴战略工作领导小组、市社会主义新农村建设暨农村人居环境整治工作领导小组第一次会议在市为民服务中心三楼第二会议室召开。市领导俞小平、高翔、高晓云、张汉坤、徐志军等参加。

6月23日，乐平市“双创双修”领导小组第九次会议在市为民服务中心三楼第二会议室召开。市领导俞小平、高翔、高晓云、刘圣卿、王颖军、潘赛新、张汉坤、王慧娟、李群芳、徐志军、吴顺斌、王晨、方玉兰、方静、乐先锋、韩伟等参加。

近日，住房和城乡建设部等部门联合发布《关于公布第五批列入中国传统村落名录的村落名单的通知》，全国有2666个村落列入名录，其中我市有5个村落榜上有名，分别是：镇桥镇浒崦村、涌山镇东岗村石峡村、涌山镇车溪村、洪岩镇小坑村、双田镇耆德村。

6月25日上午，2019年乐平市6·26禁毒宣传月暨“徒步走”禁毒宣传活动启动仪式在市政广场古戏台前举行。市领导高翔、刘圣卿、王颖军、吕贵平、占志远、周理、胡捷等参加。

6月25日，市人大常委会组织视察组对我市交通、城建口代表建议及《关于推进乐安河保护治理与开发利用的决议》办理工作进行专题督办。市领导刘圣卿、周长波、乐先锋及部分人大代表先后参加。

6月26日上午，乐平市“赣鄱红色娘子军”宣读团授旗仪式在天湖市民之家举行，正式拉开了乐平市以“赣鄱心向党　感恩奋进新时代”为主题的“赣鄱红色娘子军”宣传团大宣讲活动的序幕。市领导高晓云出席授旗活动，并为宣讲团成员颁发聘书。

6月26日上午，乐平市六届人大常委会第二十二次会议在市为民服务中心三楼第二会议室召开。市领导刘圣卿、张汉坤、周长波、童福根、王四平、周理、胡捷等参加。

6月26日下午，乐平市6月份信访工作联席会议在市为民服务中心三楼第三会议室召开。市领导高晓云、张汉坤、吕贵平等参加。

6月27日下午，乐平市生态环境保护委员会（扩大）会议暨环保问题整改工作调度会在市为民服务中心三楼第二会议室召开。市领导高翔、王晨、方静、李宝山等参加。

6月27日，乐平市安委会（扩大）会议在市为民服务中心三楼第二会议室召开。市领导高翔、王晨、方静、王建成、李宝山等参加。

6月28日上午，鸬鹚乡“检民路、检民桥”工程开工仪式在该乡龙口村举行。景德镇市人民检察院党组书记、检察长刘鸿斌，景德镇市人民检察院纪检组长周桦及乐平市领导高翔、潘赛新、吕贵平、胡捷等参加。

6月28日下午，由共青团乐平市委、市教育体育局、市少工委联合主办的乐平市第一届红领巾讲解员风采大赛决赛在市第十一小学举行，来自全市各小学的51名少先队员参加。市领导高晓云出席活动并为当日成立的乐平市“双创双修”红领巾讲解员服务队授旗。

6月28日，6月份四套班子联席会在市为民服务中心三楼第二会议室召开。市领导高翔、高晓云、刘圣卿、王颖军、潘赛新、张汉坤、李群芳、徐志军、吕贵平、王晨、汪志明等参加。

6月28日，乐平市委全面深化改革委员会第四次会议在市为民服务中心三楼第二会议室召开。市领导高翔、高晓云、刘圣卿、潘赛新、张汉坤、李群芳、徐志军、吕贵平、王晨、方静、乐先锋等参加。

6月29日上午，市政府党组会议在市为民服务中心七楼市政府常务会议室召开。市领导高翔、张汉坤、徐志军、王晨、方静、乐先锋、韩伟、杨珊庚、王建成、李宝山等参加。会后，召开了市政府第六届67次常务会议。

6月30日上午，乐平市纪念建党98周年座谈会在市为民服务中心三楼第二会议室召开。市领导俞小平、高晓云、潘赛新、王慧娟、李群芳等参加。

6月30日上午，市委六届90次常委会在市为民服务中心十楼常委会议室召开。市领导俞小平、高翔、高晓云、刘圣卿、王颖军、潘赛新、张汉坤、王慧娟、李群芳、徐志军、吕贵平、吴顺斌、王晨、占志远、周理、胡捷等参加。

6月30日下午，市委六届91次常委会在市为民服务中心十楼常委会议室召开。市领导俞小平、高翔、高晓云、刘圣卿、潘赛新、徐志军、吕贵平、吴顺斌、王晨等参加。

6月30日，市领导俞小平、高翔、高晓云、徐志军、王晨、乐先锋等一行先后来到景鹰高速挂线、曹家村、大田村秀美乡村建设、接渡大桥等地，调研“双创双修”工作。

近日，国家卫健委办公厅公布了全面提升县级医院综合能力第二阶段县级医院名单，江西省36家医院入选，乐平市人民医院、乐平市中医医院榜上有名。

6月26日下午至7月1日上午，市领导高翔、高晓云、潘赛新、张汉坤、王慧娟、李群芳、徐志军、吕贵平、王晨等带着党和政府的关怀与温暖，走访慰问了老党员和困难党员，向他们致以节日的祝福和诚挚的问候。

7 月

7月3日上午，全市新调整派驻村第一书记动员会在市为民服务中心三楼第一会议室召开。市领导高晓云、潘赛新等参加。

7月3日上午，省工商联党组成员、副主席刘斌一行来到乐平开展“不忘初心、牢记使命”主题教育调研。景德镇市委统战部副部长、工商联党组书记谭学军和乐平市领导李宝山等陪同。

7月3日上午，由香港特区教育局组织的香港初中及高小学生交流团96名师生走进江西省重点建设中学——乐平市洪马中学，与该校师生开展交流活动，现场体验洪马中学多彩的校园生活和环境。

7月3日上午，法国波尔多大学经济管理学院院长Bertrand Blancheton一行莅临乐平一中参观考察，并就合作办学进行了座谈。法国驻武汉总领事馆教育专员李惟晟先生，法国驻武汉总领事教育合作项目官员李丹女士，南昌大学法国校友会执行会长方岗，景德镇市侨联副主席唐建昌及乐平市领导李群芳等参加座谈会。

7月3日下午，省委信访局副巡视员陈国雄一行来乐平开展网上信访工作主题调研。景德镇市委信访局副局长杨星光和乐平市领导高晓云等陪同。

7月3日，省红十字会党组成员、专职副会长戴莹率调研组来到乐平市就开展“不忘初心、牢记使命”主题教育活动进行调研，并在乐平宾馆组织召开座谈会。景德镇市政府副市长熊皓及乐平市领导高晓云等参加。

7月3日，省纪委监委驻省住房和城乡建设厅纪检组正厅级纪检监察员宗玉明一行4人，对乐平市保障性住房管理工作进行专题调研，先后来到市平安保障性住宅小区和泊安保障性小区实地察看调研，并召开调研座谈会。

7月4日下午，全市政府投资重点项目工作调度会在市为民服务中心三楼第二会议室召开。市领导高翔、高晓云、徐志军、王晨、方玉兰、王进才等参加。

7月4日8时至21时，乐平市普降大到暴雨，局部大暴雨，平均雨量56.4毫米。其中塔前201毫米，双田172.8毫米。乐平市防指于当晚21时启动了全市防汛Ⅳ级应急响应，市防汛抗旱指挥部连夜召开了防汛会商会议。截至7月5日早上8时，降雨已导致乐平市5个乡镇受灾，农作物受灾面积3万亩，受灾人口29551人，转移人口471人，直接经济损失4107万元，其中损毁水利设施造成直接经济损失1667万元。

7月5日下午，市委理论学习中心组学习（扩大）会在市为民服务中心三楼第一会议室举行，学习会邀请省民族宗教事务局宗教二处副处长、省宗教文化交流协会副秘书长缪星宇为与会人员做宗教知识及宗教工作辅导报告。乐平市领导高翔、高晓云、刘圣卿、王颖军、潘赛新、王慧娟、李群芳、徐志军、吕贵平、汪志明、周军等参加学习。

7月6日上午，市政府六届第68次常务会议在市为民服务中心七楼市政府常务会议室召开。市领导高翔、徐志军、王晨、占志远、乐先锋、韩伟、王建成等参加。

7月7日上午，市领导俞小平、吕贵平、吴顺斌、占志远、周理、胡捷等深入乐港镇、市水利局、市文广新旅局等地调研扫黑除恶专项斗争工作开展情况。

7月9日上午，景德镇市委书记钟志生以人大代表身份来到乐平，在接渡镇人大代表联络工作站开展进站活动。景德镇市人大常委会主任汪立耕、秘书长雷铭及乐平市领导高晓云、刘圣卿、潘赛新、王晨、周长波等参加。

7月9日，接《江西省人民政府关于对做出突出贡献的集体和个人给予及时奖励的通知》（赣府字〔2019〕35号），乐平市政府（重大项目建设领域）被通报表扬。

7月10日下午，省科协副主席孙卫民一行3人来到乐平，就“不忘初心、牢记使命”主题教育活动进行专题调研。乐平市领导高晓云等陪同。

7月10日下午，乐平市信访干部业务培训班在市委党校开班。培训班特邀景德镇市委信访局副局长、珠山区人民政府党组成员、区委信访局局长姚石玉做专场报告，景德镇市委信访局热线中心主任王开忠结合当前信访形势解读《省信访局2019年信访工作考核方案》等。乐平市领导高晓云、吕贵平等参加。

7月10日，接省政府赣府字〔2019〕38号《关于同意景德镇市调整部分行政区划的批复》，同意将景德镇市昌江区鲇鱼山镇新柳村委会龙树村村民小组、慈义村委会新远村村民小组所辖区域划归乐平市塔前镇桃林村委会管辖。

7月12日上午，江西省红十字基金会联合哈文教育基金会助学捐赠仪式在乐平四中举行。江西省红十字会党组成员、专职副会长戴莹，江西省哈文教育发展有限公司法定代表人、执行董事长张妞及乐平市领导高晓云、方静等参加。

7月12日，人民网江西频道强赣排行榜推出了2019上半年江西县区政务微信10强榜，《乐平之窗》微信公众号名列第3名，总阅读量2363178，其中互动度最高，半年共获得302274次点赞，充分显示了《乐平之窗》的影响力和活跃度。

7月9日至12日，市领导王颖军、徐志军、查四良、王进才、祝金标、蒋西爱、陈东升等先后来到市文广新旅局、市共库管理局、市交通运输局、市殡改办，围绕市政协六届四次会议期间提出的六件重点提案开展督办工作。

7月12日8时至13日8时，乐平市平均雨量达135.4毫米。其中，涪口镇189.9毫米，洪岩镇184.2毫米，高家梅岩站178.6毫米，城区149.0毫米。

7月14日下午，副省长、省防汛抗旱指挥部指挥长胡强来到乐平市乐港镇在建水利项目魁堡杨圩堤，视察指导防汛抗洪工作。省政府副秘书长宋雷鸣，省水利厅厅长罗小云，长江科学院副院长汪在芹，景德镇市领导钟志生、刘锋、孙安敏、徐耀纯及乐平市领导高翔、高晓云、张汉坤、徐志军、吴顺斌、周军等一同参加。

7月14日晚，景德镇市副市长徐耀纯来到乐平市设在乐港镇魁堡小学的临时防汛指挥所，组织召开了防汛工作调度会，指导乐平市防汛抗洪工作。乐平市领导高翔、徐志军等参加。

7月15日下午，市委六届92次常委会议在市为民服务中心十楼市委常委会议室召开。市领导高翔、高晓云、刘圣卿、王颖军、潘赛新、张汉坤、王慧娟、李群芳、徐志军、吕贵平、吴顺斌、王晨、乐先锋、韩伟等参加。

7月16日下午，市领导俞小平、童福根、蒋西爱、周理、胡捷等一行来到乐港镇，就险工险段修复加固和灾后生产生活恢复等灾后工作进行调研。

7月16日下午，省农业农村厅副厅长刘建堂一行4人，来乐平市指导抗灾救灾恢复生产工作。乐平市领导高翔、徐志军等陪同。

近日，全省首批美丽宜居试点建设县名单出炉，共确定首批36个美丽宜居试点县，每个试点县可获得300万元的奖补资金，乐平榜上有名。

据中国作家网发布，根据中国作家协会公报（2019年第2号），经中国作家协会书记处会议审批批准，江西省共有8位作家入选2019年中国作家协会会员，其中包括乐平女作家邹冬萍。

7月18日下午，2019年乐平市征兵工作推进会在市人武部召开。市领导高翔、杜建峰等参加。

7月18日，乐平市人大常委会党组书记、主任刘圣卿，乐平市政协党组成员、副主席查四良接受纪律审查和监察调查。

7月19日，市领导俞小平、李群芳、方静等先后来到教育园区、磻溪小学和第十五小学，实地调研校园建设情况并召开座谈会。

7月20日上午，市政府六届第69次常务会议在市为民服务中心七楼市政府常务会议室召开。市领导高翔、张汉坤、徐志军、王晨、占志远、方静、乐先锋、韩伟、杨珊庚、王建成、李宝山等参加。

7月21日，市领导俞小平、高晓云、徐志军、方玉兰、乐先锋等深入多个工程项目建设现场调研“双创双修”工作。

7月22日，市领导俞小平、高翔、童福根、乐先锋等一行来到206国道升级改造工程监理单位实验室、填方碾压工作面、清淤工作面等现场，调研项目进展情况，并召开协调座谈会。

7月23日上午，乐平市规划委员会主任会议2019年第三次会议在市为民服务中心十楼常委会议室召开。市领导俞小平、高翔、高晓云、王颖军、张汉坤、方玉兰、乐先锋等参加。

7月24日上午，2019年乐平市征兵领导小组会议在市为民服务中心三楼第三会议室召开。市领导高翔、张汉坤、杜建峰、占志远等参加。

7月25日，市领导俞小平、吕贵平、周理、胡捷等先后来到众埠镇、十里岗镇，调研乡村治理工作。

近日，江西省人民政府办公厅公布关于开展县域综合医改试点工作的指导意见，全省12个县（市、区）被列为省级县域综合医改试点地，其中，乐平市榜上有名。

7月26日下午，乐平市生态环境保护委员会第三次全体（扩大）会议在市为民服务中心三楼第二会议室召开。市领导俞小平、张汉坤、王晨、童福根、占志远、方静、乐先锋、韩伟、李宝山等参加。

7月26日下午，市委六届93次常委会议在市为民服务中心十楼市委常委会议室召开。市领导俞小平、高晓云、潘赛新、张汉坤、王慧娟、李群芳、吕贵平、吴顺斌、王晨、杜建峰、占志远、周理、胡捷、李宝山等参加。

7月27日上午，全市信访工作专题（扩大）会议在市为民服务中心三楼第二会议室召开。市领导高翔、高晓云、张汉坤、吕贵平、吴顺斌、占志远等参加。

7月27日下午，市政府六届六次全体（扩大）会议在市为民服务中心三楼第二会议室召开。市领导高翔、张汉坤、徐志军、王晨、方玉兰、占志远、方静、乐先锋、韩伟、王进才、杨珊庚、王建成、董醇兵等参加。

7月27日下午，市政府党组会议在市为民服务中心七楼市政府常务会议室召开。会议结束后，召开了市政府六届第70次常务会议。市领导高翔、张汉坤、徐志军、王晨、占志远、方静、乐先锋、韩伟、杨珊庚、王建成、姚东、董醇兵等参加。

7月28日，乐平市四套班子领导赴景德镇军分区走访慰问部队官兵，向人民子弟兵送上美好的节日祝福和慰问金。景德镇市委常委、军分区司令员孙安敏，景德镇军分区政委卓健等会见慰问团一行。乐平市领导俞小平、高翔、高晓云、张汉坤、杜建峰、周军、周长波、王进才、王建成等参加走访。

7月29日上午，景德镇市乐平生态环境局揭牌仪式举行。景德镇市生态环境局党组书记、局长龙骏及乐平市领导俞小平、王晨等参加。

7月29日，景德镇市委副书记王前虎、景德镇军分区副司令员黄野来到乐平，走访慰问驻乐某部，代表景德镇市委、市政府向该部队官兵致以节日的祝福和亲切的问候，并送上慰问金。乐平市领导俞小平、高晓云、杜建峰等陪同。

7月29日，市领导俞小平、高晓云、张汉坤、杜建峰等一行来到驻乐武警内卫中队、空军某雷达部队走访慰问，向部队官兵致以节日的祝福和崇高的敬意，并送上慰问金，祝福大家节日快乐。

7月30日，省人大常委会党组书记、副主任周萌率队来乐平市走访慰问驻乐火箭军某部，并代表省委、省政府向部队全体官兵致以节日的祝贺和亲切的问候。省人大常委会副秘书长、办公厅主任徐力，省人力资源和社会保障厅党组成员、副厅长刘克琦，省交通运输厅党委委员、总工程师胡钊芳，景德镇市委副书记、市长刘锋，景德镇市人大常委会主任汪立耕，景德镇市人大常委会秘书长雷铭及乐平市领导俞小平、高晓云、张汉坤、张北海等陪同。

7月31日下午，景德镇市委常委、政法委书记曹雄泰来到乐平市，调研扫黑除恶专项斗争工作。乐平市领导俞小平、吕贵平、占志远、周理等先后陪同。

7月31日，市委六届八次全体（扩大）会议在市为民服务中心三楼第一会议室召开。市领导俞小平、高翔、高晓云、潘赛新、王慧娟、李群芳、徐志军、吕贵平、吴顺斌等参加。

7月31日，市委全面深化改革委员会第五次会议在市为民服务中心三楼第二会议室召开。市领导俞小平、高翔、高晓云、潘赛新、王慧娟、李群芳、徐志军、吕贵平、吴顺斌等参加。

8 月

8月1日上午，市领导高翔、张汉坤、吕贵平、王晨、占志远等一行来到乐平工业园，调研园区的扫黑除恶斗争和企业减税降费工作。

8月1日上午，全市深化“放管服”改革优化营商环境暨减税降费工作推进会在乐平工业园区管委会召开。市领导高翔、张汉坤、徐志军、王晨、占志远、方静、乐先锋等参加。

8月1日下午，全市公安工作会议在市为民服务中心三楼第一会议室召开。市领导俞小平、高翔、高晓云、潘赛新、张汉坤、吕贵平、张北海、占志远、蒋西爱、周理等参加。

8月1日晚，全市农村人居环境整治工作推进会在市为民服务中心三楼第二会议室召开。市领导俞小平就会议召开做出批示，高翔、高晓云、徐志军等参加。

8月2日上午，市政府六届第71次常务会议在市为民服务中心七楼市政府常务会议室召开。市领导高翔、张汉坤、徐志军、王晨、占志远、方静、乐先锋、韩伟、吴春芳、杨珊庚、董醇兵等参加。

8月2日上午，市人大常委会组织视察组，对我市教育、交通、城建口代表建议及《关于推进乐安河保护治理与开发利用的决议》办理工作进行集中督办。市领导高晓云、周长波、方玉兰、朱柳英、童福根、王四平及部分人大代表参与督办活动。

8月2日下午，市委六届94次常委会议在市为民服务中心十楼市委常委会议室召开。市领导俞小平、高翔、高晓云、潘赛新、张汉坤、王慧娟、吕贵平、吴顺斌、杜建峰、方静、乐先锋、李宝山等参加。

8月2日，市领导俞小平、高翔、张北海等一行看望慰问了高温下坚守一线的工作者，为他们送上党和政府的“清凉”问候。

8月3日，市领导俞小平、张汉坤、王晨、李宝山等深入吴乐秧挂线、乐德线、涌临线及409、303、205省道调研交通项目建设工作，并在市为民服务中心十楼常委会议室召开座谈会。

8月5日，景德镇市委常委、市政府常务副市长黄金龙，景德镇市政府副市长孙鑫一行深入乐平市双田镇上河采石场、世龙实业视察安全生产工作。乐平市领导俞小平、张汉坤、王晨等陪同。

8月6日，市委理论学习中心组集体学习会在市为民服务中心三楼第二会议室召开。市领导俞小平、高晓云、李群芳、吕贵平、吴顺斌、杜建峰等参加。

8月6日，景德镇市农业农村局在洪岩镇举办勇作为——景德镇市新农村建设暨农村人居环境整治工作培训班。乐平市领导徐志军出席开班仪式并致辞。景德镇市各乡镇、街道分管领导及新村办主任共百余人参加了培训。

8月8日上午，省人大常委会副主任龚建华率队来到乐平市调研基层立法联系点工作开展情况，省人大常委会法工委主任周雍，景德镇市人大常委会主任汪立耕，景德镇市人大常委会副主任陶永昌及乐平市领导俞小平、高晓云、张北海、周理、胡捷等陪同调研。

8月8日，乐平市生态文明建设领导小组2019年第一次会议在市为民服务中心三楼第二会议室召开。市领导俞小平、张汉坤、徐志军、乐先锋等参加。

8月8日，乐平市委国家安全委员会第一次会议在市为民服务中心三楼第三会议室召开。市领导俞小平、高晓云、张汉坤、李群芳、吕贵平、杜建峰、占志远等参加。

8月9日，景德镇市退役军人工作暨推进服务保障体系建设现场会在乐平市召开。景德镇市委常委、市政府副市长王鸿运，景德镇市政府办公室党组成员、副主任乐忠及乐平市领导俞小平、张汉坤、杜建峰，景德镇市其他县（市、区）政府分管领导、昌南新区管委会分管领导先后参加。

8月7日至9日下午，全市脱贫攻坚业务知识培训会（乐平专场）在市文化中心举行，景德镇市扶贫办主任罗莉出席开班仪式并讲话。

8月10日上午，乐平市重点建设项目集中调度会在市为民服务中心三楼第二会议室召开。市领导俞小平、张汉坤、李群芳、徐志军、王晨、张北海、占志远、方静、乐先锋、韩伟、吴春芳、方华、陈东升、李宝山等参加。

8月10日，由乐平市人民政府承办的2019华为手机杯中国围棋甲级联赛（乐平成功驾校专场）在东方国际酒店举行，世界冠军辜梓豪九段、卞相壹九段、申旻埈九段等多位中国、韩国围棋名将参赛。比赛结束后，市领导俞小平、石少华、方静等亲切看望了比赛选手和裁判员。

8月12日，市领导俞小平、李群芳等一行深入市融媒体中心调研融媒体建设工作，现场解决建设中遇到的困难和问题。

近日，2019年全国青少年校园篮球特色学校名单公布，江西一共有100所学校上榜，其中：乐平市第四中学、乐平市私立洪马中学两所学校榜上有名。

8月13日，为期4天的全市纪检监察干部综合业务培训班在市委党校开班。市领导俞小平亲临培训班，以《坚守初心　勇担使命　认真做好新时代纪检监察工作》为题，为参加培训同志做首场开班辅导讲课；吴顺斌主持开班式。

8月14日，市领导俞小平、王晨、李宝山等深入乐平工业园、金山工业区部分企业调研，并召开座谈会。

8月15日，市领导俞小平、潘赛新先后来到礼林镇、镇桥镇，调研基层组织建设工作开展情况。

8月15日下午，市委主要领导调度“双创双修”城区环境组工作会议在市为民服务中心一楼“双创双修”指挥部会议室召开。市领导俞小平、高晓云、李群芳、方玉兰、乐先锋、韩伟等参加。

8月16日上午，景德镇市委副书记王前虎来到洪岩镇，就挂点的吴家村脱贫攻坚工作进行专题调研。乐平市领导高晓云陪同。

8月16日下午，市领导俞小平、李宝山及市委办、乐平工业园、市商务局、市自然资源和规划局、景德镇市乐平生态环境局、涌山镇等负责人到浙江省杭州市考察部分知名企业，就承接长三角地区产业转移、深化项目合作开展交流对接。

8月16日，由刚果（金）农业部秘书长埃瓦瑞斯特·波彭宁（副部级）带领的考察团来到乐平市，对乐平市畜牧养殖业进行考察学习，乐平市领导徐志军陪同。

8月17日上午，2019年江西乐平（杭州）“三请三回”招商引资推进会在杭州举行，乐平市领导俞小平致辞，王晨作招商推介，童福根、王进才、李宝山等及相关单位、乡镇代表，与在杭州的工商界代表参加。

8月17日上午，由省林业调查规划院院长陈济友带领的慰问组来到乐平，看望慰问了在一线工作的森林资源野外调查队员，并现场指导森林资源野外调查工作。乐平市领导徐志军陪同。

8月17日下午，杭州市景德镇乐平商会成立大会在杭州市举行。浙江省委军民融合办公室副主任严杰，浙江省军区原副参谋长徐学清，浙江省江西商会终身名誉秘书长陈元谷、常务副会长程子长及乐平市领导俞小平、王晨、童福根、王进才、李宝山等出席成立大会，并向商会团队颁发证书和授牌。

8月17日下午，全市校园环境提升工作会在市为民服务中心三楼第二会议室召开。市领导张汉坤、李群芳、方静等参加。

8月19日，市领导俞小平、韩伟及相关部门负责人走访慰问医务工作者代表，看望一线医务工作者，代表市委、市政府向全市广大医务工作者致以节日问候和崇高敬意，并调研村卫生室工作。

8月20日，省委农办副主任、省农业农村厅巡视员倪美堂率调研组一行来到乐平，对乐平市“财政惠农信贷通”工作重点问题进行调研。市领导徐志军等陪同。

8月20日，市领导俞小平、高晓云、潘赛新、李群芳、方玉兰、乐先锋、韩伟等一行先后来到洪皓森林公园二期、城市公厕、洎安小区周边绿化提升、珠海路农贸市场、老北街市民之家等地，调研部分“双创双修”项目建设情况。

8月20日，由江西省文化和旅游厅主办的“不忘来时路　魅力江西行”——2019江西红色文化旅游推广季活动在北京举行。现场推出了“八一起义”之旅等6条江西红色精品旅游线路，其中，“赣东北根据地”之旅精品旅游线中乐平市有两个地方，中共赣东北特委旧址和方志敏旧居。

8月22日，全市老干部形势通报会在市为民服务中心三楼第二会议室召开。市领导俞小平、潘赛新，部分离休干部、副县级以上退休老干部，各乡（镇）、街道、市委各部门、市直各单位老干部支部书记或老干部代表，市委办、市人大办、市政府办、市政协办的主要负责同志、市委组织部、市委统战部有关负责同志参加。

8月22日下午，由省工商联副巡视员彭玉萍带领的调研组一行来到乐平市，就“五好”县级工商联建设工作开展情况展开调研。景德镇市政协副主席江民强及乐平市领导王慧娟等陪同。

8月22日下午，省人大常委会预算工委副主任梁力一行就减税降费来乐平开展专题调研，并在市为民服务中心三楼第二会议室先后与企业代表和相关部门负责人举行座谈。景德镇市人大常委会财经委主任委员叶火民及乐平市领导王晨、方玉兰等陪同。

8月21日至23日，全国人大代表、江西财经大学贸易与环境研究中心主任李秀香教授一行来到乐平，就城乡饮用水安全、农村村集体经济发展情况进行调研，并在市为民服务中心七楼市政府常务会议室召开座谈会。乐平市领导徐志军、童福根等陪同。

8月24日，市领导俞小平、王晨、乐先锋等一行赴哈尔滨工业大学，与该校化工与化学学院签订科技成果转化战略合作协议。哈工大副校长郭斌、哈工大资产公司董事、总经理路忠峰，哈工大化工与化学学院党委书记孟令辉等参加活动。

8月26日，全省工业强省推进大会召开，对2016—2018年度全省加快工业发展加速工业崛起先进单位予以表彰。乐平市荣膺全省“年度贡献奖”，这是继2018年度获评全省30个工业高质量发展先进县（市、区）之一，乐平市获得的又一省级殊荣。

8月27日，市委全面深化改革委员会第六次会议在市为民服务中心十楼常委会议室召开。市领导俞小平、高翔、高晓云、王颖军、潘赛新、王慧娟、李群芳、吕贵平、吴顺斌等参加。

8月27日上午，市委六届95次常委会议在市为民服务中心十楼市委常委会议室召开。市领导俞小平、高翔、高晓云、王颖军、潘赛新、王慧娟、李群芳、吕贵平、吴顺斌、占志远、方静、乐先锋、韩伟、周理等参加。

8月27日下午，市委“不忘初心、牢记使命”主题教育领导小组会在市为民服务中心三楼第二会议室召开，为做好乐平市主题教育工作提早部署，绸缪准备。市领导俞小平、高翔、高晓云、潘赛新、李群芳、吴顺斌等参加。

8月27日下午，市扶贫开发领导小组第十六次全体（扩大）会议在市为民服务中心召开。市领导俞小平、高翔、高晓云、潘赛新、李群芳、吴顺斌、王晨、方静、乐先锋、韩伟等参加。

8月27日晚，我市2019—2020学年度秋季开学工作会在市教体局召开，会议对今年秋季开学工作进行部署。市领导李群芳、方静等参加。

8月28日上午，全市“不忘初心、牢记使命”主题教育准备工作会暨8月份党建工作调度会在市为民服务中心三楼第二会议室召开。市领导潘赛新参加。

8月28日下午，全市8月份信访工作联席会议在市为服务中心三楼第三会议室召开。市领导高晓云、吕贵平等参加。

8月28日，“2019中国石油和化工企业500发布会暨增强与提升——中国化工大企业发展高峰论坛”，在黑龙江安达经济开发区举行。江西世龙实业股份有限公司入选“2019中国石油和化工500强”，名列（综合类企业）第492位。

8月29日上午，江西省重点水域河道采砂联合整治“拉力赛”行动（乐平站）启动仪式在乐平市市政广场举行。省水利厅党委委员、副厅长蔡勇，景德镇市副市长徐耀纯及乐平市领导高翔、徐志军、胡捷等参加。

8月30日，乐平市首次举行农村“双创双修”项目巡查，市领导俞小平、高翔、高晓云、王颖军、潘赛新、王慧娟、李群芳、徐志军、吕贵平、吴顺斌、王晨等市四套班子及副县级以上领导干部，市委各部门、市直各单位主要负责同志，各乡镇（街道）党政主要负责同志等约计150余人，深入各乡镇项目看点，就“双创双修”情况进行现场巡查。

8月31日上午，八月份市四套班子联席会暨巡查总结会在市为民服务中心三楼第二会议室召开。市领导俞小平、高翔、高晓云、王颖军、潘赛新、王慧娟、李群芳、徐志军、吕贵平、吴顺斌、王晨等参加。

8月31日下午，市政府党组会议在市为民服务中心七楼市政府常务会议室召开。会后，召开了市政府六届第72次常务会议。市领导高翔、张汉坤、徐志军、王晨、朱柳英、占志远、方静、乐先锋、韩伟、杨珊庚、李宝山等参加。

9月

9月2日，乐平市领导俞小平、徐志军、周长波等及景德镇市林业局局长朱平生、景德镇市林业局总工程师耿业林一行深入双田镇田里村委会东坡蔡家村，实地调研“林长制”推进情况，了解乐平市森林资源二类调查工作进度，慰问正在进行森林资源二类调查的外业工作人员。

9月2日上午，2019年学校及周边环境整治和全市教育大会工作布置会在市为民服务中心召开，市领导李群芳、方静等参加。

9月3日上午，乐平市迎国庆集中开工竣工项目调度会在市为民服务中心七楼市政府常务会议室召开。市领导高翔、王晨、方静、乐先锋、李宝山等参加。

9月3日，市委理论学习中心组围绕深入学习领会习近平总书记关于党的初心和使命和重要论述开展集体学习。市领导俞小平、高翔、高晓云、王颖军、潘赛新、张汉坤、王慧娟、李群芳、徐志军、吕贵平、吴顺斌、王晨、周长波、方华等参加。

9月4日，市领导俞小平、张汉坤、李群芳、方静等一行先后来到市职业中专、十小、十三小、新港中学、众埠中学、众埠中心小学等学校，调研秋季开学工作情况。

9月4日，市领导俞小平、李群芳、方静等深入文山怪石林景区调研文化旅游工作，并在众埠镇召开座谈会。

9月5日下午，2019年度乐平市定兵工作会议在市人武部举行，市领导高翔、张汉坤、方华等参加。

9月6日，乐平市人武部宣布命令大会在该部五楼大会议室召开。景德镇市委常委、军分区司令员孙安敏宣读中央军委国防动员部命令和军分区党委党内任职通知并讲话。景德镇军分区政治工作处主任石锦葵主持大会。景德镇市军分区动员处处长罗剑军及乐平市领导苏振华等参加。

9月6日上午，乐平市城镇小区配套幼儿园专项治理工作推进会在市为民服务中心三楼第二会议室召开。市领导高翔、方静、乐先锋等参加。

9月6日上午，乐平市“腾飞中国·辉煌70年”爱国主义教育活动启动仪式在乐平中学多功能会议厅举行。景德镇市关工委主任周华保及乐平市领导高晓云、李群芳，乐平市、浮梁县、珠山区、昌江区关工委领导、乐平中学师生代表等300余人参加。

9月6日上午，由乐平市人民法院选送的短视频《守望》参加中央政法委主办的第四届平安中国“三微”比赛，获得了优秀短视频奖，是江西法院系统唯一获奖单位。

9月6日15时30分，乐平公安“践行新使命，忠诚保大庆”誓师大会召开。市领导俞小平、高翔、吕贵平、占志远等参加。

9月6日下午，景德镇市副市长张良华来到乐平市，就教育、河长制等工作进行调研。乐平市领导高翔、李群芳、方静等先后陪同。

9月7日上午，市领导俞小平、高翔、徐志军、王晨、韩伟等一行，以“四不两直”（不发通知、不打招呼、不听汇报、不陪同接待，直奔基层、直插现场）方式检查安全生产、食品安全和重点项目实施情况。

9月8日下午，乐平市创建全国文明城市模拟测评情况反馈会在景德镇紫晶宾馆会议室召开。省委宣传部常务副部长郭建晖出席并讲话；省文明办专职副主任邬定忠主持会议并反馈情况；乐平市领导俞小平做表态发言，高晓云、李群芳等参加会议。

9月9日下午，市政府六届第73次常务会议在市为民服务中心七楼市政府常务会议室召开。市领导高翔、张汉坤、王晨、占志远、方静、乐先锋、祝金标、李宝山等参加。

9月9日下午，市领导高翔、王晨、李宝山等一行来到省道S409高家镇段，就杆线、管道迁移工作进行调研。

9月10日上午9时整，全市教育大会暨第35个教师节庆祝表彰大会在市体育中心召开。市领导俞小平、高翔、高晓云、王颖军、潘赛新、王慧娟、李群芳、吕贵平、吴顺斌、王晨、朱柳英、方静、方华、胡捷等及来自全市中学、小学、幼儿园的优秀教师代表3100多人参加。

9月10日，市领导俞小平、高翔、李群芳、朱柳英、方静等一行走访了乐平市部分优秀教师，给他们送上节日祝福。

9月11日下午，市领导俞小平、高翔、张汉坤、乐先锋等来到自然资源和规划局，就自然资源和规划局相关工作开展情况进行调研。

9月12日上午，市委六届96次常委会暨市委“不忘初心、牢记使命”主题教育领导小组会议在市为民服务中心十楼常委会议室召开。市领导俞小平、高翔、高晓云、王颖军、潘赛新、张汉坤、王慧娟、李群芳、吕贵平、吴顺斌、王晨、张北海、方静等参加。

9月12日，乐平市“双创双修”领导小组第十次会议在市为民服务中心召开。市领导俞小平、高翔、高晓云、王颖军、潘赛新、张汉坤、王慧娟、李群芳、徐志军、吕贵平、王晨、方玉兰、占志远、乐先锋、方静等参加。

9月16日上午，市领导高翔、占志远、胡捷等一行先后来到洎阳街道、市城市管理局，就扫黑除恶工作进行调研。

9月17日下午，乐平市殡葬改革领导小组第四次全体会议在市为民服务中心三楼第二会议室召开。市领导高翔、徐志军、张北海等参加。

9月17日下午，2019年乐平市委武委会全体会议在市为民服务中心三楼第三会议室召开。市领导高翔、高晓云、张汉坤、吕贵平、苏振华等参加。

9月17日下午，市委六届97次常委会在市为民服务中心十楼常委会议室召开。市领导俞小平、高翔、高晓云、王颖军、张汉坤、王慧娟、李群芳、徐志军、吕贵平、吴顺斌、王晨等参加。

9月17日，全市双拥工作领导小组会议暨创建“双拥模范城（县）”工作部署会在市为民服务中心三楼第二会议室召开。市领导高翔、张汉坤、苏振华等参加。

9月18日上午，市人大常委会“不忘初心、牢记使命”主题教育工作会议在市为民服务中心九楼会议室召开。市领导高晓云、张北海、周长波、方玉兰、朱柳英、童福根、王四平等参加。

9月18日晚，市政府党组会议在市为民服务中心七楼市政府常务会议室召开。市领导高翔、张汉坤、徐志军、王晨、占志远、乐先锋、韩伟、杨珊庚、李宝山等参加。

9月18日晚，全市新中国成立70周年大庆信访安保维稳动员部署会议在市为民服务中心三楼第二会议室召开。市领导高翔、高晓云、王颖军、潘赛新、张汉坤、王慧娟、李群芳、徐志军、吕贵平、吴顺斌、王晨等参加。

9月20日上午，中华全国总工会权益保障部副部长张苏仲一行率调研组来到乐平，就农民工权益保障工作开展调研。乐平市领导张北海等陪同。

9月20日，市委常委“不忘初心、牢记使命”主题教育暨乡科级主要领导干部专题读书班开班。景德镇市委第一巡回指导组副组长欧阳毅文到会指导，乐平市领导俞小平做辅导报告，高翔、高晓云、王颖军、潘赛新、张汉坤、王慧娟、李群芳、徐志军、吕贵平、吴顺斌、王晨等市委常委及县级领导同志出席开班式。

9月20日下午，乐平市委常委“不忘初心、牢记使命”主题教育暨乡科级主要领导干部专题读书班党员接受了先进典型教育和警示教育。市领导高晓云、王颖军、潘赛新、张汉坤、王慧娟、李群芳、徐志军、吕贵平、吴顺斌、王晨等参加学习。

9月21日，乐平市委常委“不忘初心、牢记使命”主题教育暨乡科级主要领导干部专题读书班在市为民服务中心三楼第一会议室举行专题辅导讲座。省委党史研究室原主任、省人大常委会原常委、农委副主任委员王晓春教授，省委党校（行政学院）原副巡视员黄世贤教授分别为大家做了题为《红色土地蕴育初心、红色精神代代相传》和《中国宏观经济下的江西经济》的主题辅导报告。乐平市领导俞小平、高翔、高晓云、王颖军、潘赛新、张汉坤、王慧娟、李群芳、徐志军、吕贵平、吴顺斌、王晨等参加。

9月21日，中国社科院马克思主义研究院副研究员田坤一行，来到乐平市礼林镇罗山村开展“家风建设”专题调研。景德镇市妇联主席盛璟晶及乐平市领导徐志军等陪同调研。

9月22日上午，乐平市委常委“不忘初心、牢记使命”主题教育暨乡科级主要领导干部专题读书班分组研讨在市为民服务中心三楼第二会议室举行。市领导俞小平、高翔、高晓云、王颖军、潘赛新、张汉坤、王慧娟、李群芳、徐志军、吕贵平、吴顺斌、王晨等先后发言。

9月22日下午，乐平市委常委“不忘初心、牢记使命”主题教育暨乡科级主要领导干部专题读书班结班式在市为民服务中心三楼第一会议室召开。市领导俞小平、高翔、高晓云、王颖军、潘赛新、张汉坤、王慧娟、李群芳、徐志军、吕贵平、吴顺斌、王晨等参加。

9月22日下午，市政府六届第74次常务会议在市为民服务中心七楼市政府常务会议室召开。市领导高翔、张汉坤、徐志军、王晨、占志远、乐先锋、韩伟等参加。

9月22日，乐平市第一届职工运动会在乐平市第三中学田径场开幕。市领导俞小平、高翔、高晓云、王颖军、王晨、张北海、朱柳英、蒋西爱等参加开幕式。

9月23日上午，为传承红色基因，扎实开展“不忘初心、牢记使命”主题教育，景德镇市委组织部与乐平市委组织部全体干部机关来到十里岗镇篁坞村方志敏旧居，开展现场革命传统教育。景德镇市委常委、组织部部长刘瑞英做教育小结讲话，景德镇学院党委副书记、市委组织部常务副部长王丽心及乐平市领导潘赛新等参加。

9月23日上午，景德镇市委常委、组织部部长刘瑞英，景德镇市委组织部四级调研员、办公室主任房希昌一行来到乐平市调研基层党建工作。乐平市领导俞小平、高翔、潘赛新等先后陪同调研。

9月23日上午8时，搬迁至天湖路延伸南侧的乐平市行政服务中心新大楼启用开始试运行。

9月23日晚，乐平市问题楼盘工作领导小组会议在市为民服务中心十楼市委常委会议室召开。市领导俞小平、高翔、张汉坤、徐志军、吕贵平、王晨、占志远、乐先锋、周理、胡捷等参加。

9月24日上午，全市安全生产暨秋冬森林防灭火工作部署会在市为民服务中心三楼第二会议室召开。市领导高翔、徐志军、王晨、李宝山等参加。

9月24日上午，市委常委“不忘初心、牢记使命”主题教育现场革命传统教育在众埠镇界首红十军建军旧址举行。市领导俞小平、高翔、高晓云、潘赛新、张汉坤、李群芳、徐志军、吕贵平、吴顺斌、王晨等参加。

9月24日，景德镇市委副书记王前虎，景德镇市委常委、市纪委书记、市监委主任董立新，景德镇市政府副市长张良华一行深入乐平，走访慰问新中国成立前参加革命工作的老党员赵治成，军离干部、抗日老战士、伤残军人张文涛，离休干部彭雨尘，以及先后获评“乐平市道德模范”“景德镇市道德模范”“中国好人”的道德模范朱寅生。乐平市领导俞小平、高晓云等陪同。

9月25日，“庆祝中华人民共和国成立70周年暨不朽的丰碑——乐平革命史迹展”巡展启动仪式在乐平一中举行。市领导俞小平、高晓云、王颖军、张汉坤、李群芳、祝金标等参加。

9月25日下午，全市“双创双修”工作第十三次指挥长会议在市为民服务中心三楼第三会议室召开。市领导高晓云、张汉坤、李群芳、方玉兰、乐先锋等参加。

9月26日上午，市六届人大常委会第二十三次会议在市为民服务中心六楼会议室召开。市领导张汉坤、张北海、周长波、方玉兰、朱柳英、童福根、王四平、胡捷等参加。

9月26日上午，市政协六届十六次常委会议和“不忘初心、牢记使命”主题教育征求意见会议在市为民服务中心三楼第二会议室召开。市领导王颖军、王进才、祝金标、蒋西爱、方华、姚东等参加。

9月27日至28日，省农业农村厅农村人居环境整治工作第七调研组来到乐平市，调研指导农村人居环境工作。市领导徐志军等陪同调研。

9月28日，迎国庆“大干项目年”推进大会暨集中签约、竣（开）工巡礼仪式在乐平工业园•宏柏新材料气凝胶项目现场（主会场）举行。市领导俞小平、高翔、高晓云、王颖军、潘赛新、张汉坤、王慧娟、李群芳、吴顺斌、王晨等市四套班子领导，市委各部门、群众团体、市政府各部门、市直各单位主要负责同志，各乡（镇）、街道办事处党（工）委书记和乡（镇）长、街道办主任，老干部代表，人大代表、政协委员，企业代表等200余人参加。

9月28日下午，市政府六届第75次常务会议在市为民服务中心七楼市政府常务会议室召开。市领导高翔、张汉坤、徐志军、王晨、占志远、乐先锋、韩伟、方华、杨珊庚、李玉山等参加。

9月28日晚，乐平市庆祝中华人民共和国成立70周年文艺晚会在市文化中心举行。景德镇市委常委、军分区司令员孙安敏及乐平市领导俞小平、高翔、高晓云、王颖军、潘赛新、张汉坤、李群芳、徐志军、王晨等与市近千名观众共同观看了演出。

9月29日上午，江西省第八届老年人运动会

（乐平赛区）暨乐平市“体彩杯”第三届老年人健身运动会闭幕式在乐平市体育馆举行。市领导张汉坤、方玉兰、方华等参加。

9月29日下午，市委六届98次常委会在市为民服务中心十楼常委会议室召开。市领导俞小平、高翔、高晓云、王颖军、潘赛新、张汉坤、李群芳、徐志军、吴顺斌、王晨、占志远、乐先锋、李宝山等参加。

9月29日，省农业农村厅副厅长邓贤贵一行来乐平开展整治食品安全问题联合行动督导。乐平市领导韩伟等陪同。

9月30日，为缅怀革命烈士、弘扬烈士精神和爱国主义精神，乐平市在登高山人民烈士纪念碑前举行向人民英雄敬献花篮暨烈士公祭活动。市领导俞小平、高翔、高晓云、王颖军、潘赛新、王慧娟、李群芳、徐志军、吴顺斌、王晨等市四套班子领导，驻乐官兵代表，市双拥领导小组成员单位代表，市人武部机关干部及乡镇（街道）人武部部长、学生代表、烈属、老战士代表和社会各界人士代表等参加。

9月30日上午，市领导俞小平、高翔、高晓云、王颖军、潘赛新、王慧娟、李群芳、徐志军、王晨等带着党和政府的温暖和关怀，走访慰问了部分老党员、老战士、老干部、老同志、烈属、退役军人、道德模范，向他们致以诚挚问候和节日祝福。

9月30日下午，九月份市四套班子联席会议在市为民服务中心三楼第二会议室召开。市领导俞小平、高晓云、王颖军等参加。

9月30日，市委全面深化改革委员会第七次会议在市为民服务中心三楼第二会议室召开。市领导俞小平、高翔、高晓云、王颖军、潘赛新、张汉坤、王慧娟、李群芳、徐志军、吴顺斌、王晨等参加。

10 月

10月1日上午，乐平市委、市政府在市政广场举行庄严的升国旗仪式庆祝中华人民共和国成立70周年，祝福伟大祖国更加繁荣昌盛。市领导俞小平、高翔、高晓云、王颖军、潘赛新、张汉坤、王慧娟、李群芳、徐志军、吴顺斌、王晨等市四套班子领导与老干部、老战士代表、劳模、道德模范代表、人大代表、政协委员及部分市直单位主要负责人及学生、军人、干部、职工、群众代表共1500人参加。

10月1日上午8时半，市领导俞小平、高翔、高晓云、王颖军、潘赛新、张汉坤、王慧娟、李群芳、徐志军、吴顺斌、王晨等市四套班子领导集中在市为民服务中心三楼第二会议室集中收看阅兵式和群众游行活动现场直播。

10月7日上午，市委常委“不忘初心、牢记使命”主题教育专题学习会在市为民服务中心三楼第二会议室召开。市领导俞小平、高翔、高晓云、王颖军、潘赛新、张汉坤、王慧娟、李群芳、徐志军、吴顺斌、王晨等参加。

10月7日上午，全市老龄工作暨庆祝“九九”重阳老年节会议在市为民服务中心三楼第一会议室召开。市领导俞小平、高翔、高晓云、张汉坤、韩伟等参加。

10月7日晚，乐平市庆祝中华人民共和国成立七十周年暨欢庆2019年重阳老年节文艺晚会在市政广场古戏台举行。市领导张汉坤、韩伟等观看了演出。

10月8日上午，乐平工业园（塔山化工区）调区扩区工作调度会在乐平工业园区管委会召开。市领导高翔、张汉坤、王晨、乐先锋、李宝山等参加。

10月8日，市委理论中心组集体学习会在市为民服务中心三楼第二会议室召开。学习会紧紧围绕深入学习领会习近平总书记在庆祝中华人民共和国成立70周年大会上的重要讲话精神开展集体学习。市领导俞小平、高翔、高晓云、王颖军、潘赛新、张汉坤、李群芳、徐志军、吕贵平、吴顺斌、王晨、朱柳英、乐先锋、祝金标等参加学习。

10月9日，市委第五巡察组巡察镇桥镇党委情况反馈会在镇桥镇召开。市领导俞小平、吴顺斌、方玉兰等参加。

10月9日至10日，市领导高翔、王晨、李宝山等一行率乐平工业园区管委会、市政府办有关人员，前往广东省四会市开展招商引资工作。

10月10日，市领导俞小平、吕贵平、周长波、占志远、胡捷等一行先后深入市“6·26”禁毒中心、双田镇、市市场监督管理局、市公安局等实地调研，调研督导扫黑除恶专项整改、主题教育专项整治工作，并召开座谈会。

10月10日，景德镇市乡镇（街道）纪（工）委标准化规范化建设推进会在乐平市廉政教育基地大会议室召开。景德镇市委常委、市纪委书记、市监委主任董立新及乐平市领导吴顺斌等参加。

10月11日上午，市领导俞小平、高翔、徐志军、张北海等先后来到塔前镇、乐港镇新建公墓，实地查看公墓建设和管理情况，随后在市为民服务中心三楼第二会议室召开乐平市殡葬改革领导小组第五次全体会议暨公墓管理推进会。

10月12日，全市重点项目集中调度会在市为民服务中心三楼第二会议室召开。市领导俞小平、高翔、高晓云、王颖军、张汉坤、李群芳、徐志军、王晨等参加。

10月13日，中国少年先锋队乐平市第三次代表大会在市为民服务中心三楼第一会议室召开。市领导高晓云、朱柳英、方静、祝金标等参加。

10月14日上午，市政府六届第76次常务会议在市为民服务中心七楼市政府常务会议室召开。市领导高翔、张汉坤、王晨、占志远、方静、乐先锋、杨珊庚、李宝山、姚东等参加。

10月14日下午，六届市委第八轮巡察动员部署会在市为民服务中心三楼第二会议室召开。市领导俞小平、潘赛新、吴顺斌等参加。

10月15日，市委六届第99次常委会在市为民服务中心十楼常委会议室召开。市领导俞小平、高翔、高晓云、王颖军、潘赛新、王慧娟、李群芳、徐志军、吕贵平、吴顺斌、王晨、方静、乐先锋等参加。

10月16日，市领导俞小平、徐志军等一行来到磻溪河取水口、塔前镇花门楼村、新屋场村和太守村，就河长制、林长制工作开展调研。

10月16日下午，市政府党组“不忘初心、牢记使命”主题教育专题调研成果交流会在市为民服务中心七楼市政府常务会议室召开。市领导高翔、徐志军、王晨、占志远、方静、乐先锋、韩伟、李宝山等参加。

10月16日下午，市政协党组“不忘初心、牢记使命”主题教育专题调研成果交流会在市为民服务中心八楼会议室召开。市领导王颖军、王进才、蒋西爱、方华、姚东等参加。

10月16日晚，由市委统战部主办的“同心向党、祝福祖国”庆祝新中国成立70周年文艺会演活动在市老年大学举行。市领导高晓云、王慧娟、王晨、张北海、石少华、方静、蒋西爱、方华等参加。

10月16日，第八批全国重点文物保护单位名单公布，共计762处，分为古遗址、古墓葬、古建筑、近现代重要史迹及代表性建筑等，其中，江西有32处文物保护单位榜上有名，乐平南窑遗址荣列其中，跻身“国保”（“全国重点文物保护单位”简称）。

10月18日上午，全市交通项目建设调度会在市为民服务中心三楼第二会议室召开。市领导俞小平、王颖军、张汉坤、王晨、乐先锋、李宝山等参加。

10月18日上午，市人大常委会党组“不忘初心、牢记使命”主题教育专题调研成果交流会在市为民服务中心九楼会议室召开。市领导高晓云、张北海、方玉兰、朱柳英、童福根、王四平等参加。

10月18日，市扶贫开发领导小组第十七次全体（扩大）会议在市为服务中心三楼第二会议室召开。市领导俞小平、高翔、高晓云、潘赛新、张汉坤、王慧娟、李群芳、徐志军、方静、乐先锋、董醇兵等参加。

10月19日，景德镇市冬季农业开发暨农村人居环境整治工作现场会在乐平市召开。景德镇市委书记钟志生，景德镇市委副书记、市长刘锋分别对冬季农业开发和农村人居环境整治工作做出批示。景德镇市委副书记王前虎、景德镇市政府副市长徐耀纯及乐平市领导俞小平、高翔、高晓云、张汉坤、徐志军等参加。

10月21日上午，市领导高翔、徐志军等一行就林长制工作开展情况进行调研。

10月21日下午，市政府六届第77次常务会议在市为民服务中心七楼市政府常务会议室召开。市领导高翔、张汉坤、徐志军、王晨、占志远、方静、乐先锋、韩伟、李宝山、董醇兵等参加。

10月21日，市领导俞小平、吕贵平、吴顺斌、胡捷等一行来到市委政法委，就扫黑除恶线索案件核查办理工作进行专题调研。

10月22日上午，市领导高翔、吕贵平、占志远等一行来到接渡镇、市场监管局、住建局等地调研扫黑除恶整改和主题教育专项整治工作，并召开扫黑除恶督导整改重点整治暨专项工作调研座谈会。

10月22日，全市“厕所革命”领导小组第一次全体会议在市为民服务中心三楼第二会议室召开。市领导高翔、徐志军、乐先锋、韩伟等参加。

10月23日至24日，省关工委第一副主任王峰一行来到乐平，调研关心下一代工作开展情况。乐平市领导潘赛新等陪同。

10月24日，全市“不忘初心、牢记使命”主题教育党支部书记培训班在市为服务中心三楼第一会议室召开。省委第三巡回指导组组长李友鸿、副组长李润金，景德镇市委第一指导组组长周镇清、副组长欧阳毅文等莅临现场指导。乐平市领导俞小平、高翔、高晓云、王颖军、张汉坤、王慧娟、李群芳、徐志军、吕贵平、吴顺斌、王晨等参加。

10月24日下午，市政府“不忘初心、牢记使命”主题教育专题党课在市为民服务中心三楼第二会议室举行。景德镇市委第一指导组组长周镇清、副组长欧阳毅文到会指导。乐平市领导高翔、张汉坤等参加。

10月25日上午，根据中央、省、市委“不忘初心、牢记使命”主题教育工作要求，市委常委主题教育对照党章党规找差距专题会议在市为民服务中心三楼第二会议室召开。景德镇市委第一指导副组长欧阳毅文到会指导，乐平市领导俞小平、高翔、高晓云、潘赛新、张汉坤、李群芳、徐志军、吕贵平、吴顺斌、王晨等参加。

10月25日上午，由江西省文明办主办，中共抚州市委宣传部、抚州市文明办、中共东乡区委、东乡区人民政府承办的全省道德模范与“身边好人”（抚州东乡）现场交流活动暨2019年第五期“江西好人”发布仪式在抚州市东乡区行政中心会场举行。本期“江西好人”共有30事迹37人1团体光荣上榜，其中，乐平市中医医院外科护士长盛清秀荣获孝老爱亲好人。

10月25日晚，市政府党组召开“不忘初心、牢记使命”主题教育对照党章党规找差距专题会议在市为民服务中心七楼市政府常务会议室召开。市领导高翔、张汉坤、徐志军、王晨、占志远、方静、乐先锋、韩伟、李宝山、董醇兵等参加。

10月26日，市领导俞小平、吴顺斌、乐先锋等一行聚焦“实实在在解决问题”这一主旨，围绕“8+6+1+N”整治整改，深入涌山镇调研，参加涌山镇经济发达镇建设、施工单位“不忘初心、牢记使命”主题教育检视问题、整改落实专题座谈会，并为涌山村村史馆开馆揭牌。

10月26日上午，市政府六届第78次常务会议在市为民服务中心七楼市政府常务会议室召开。市领导高翔、张汉坤、徐志军、王晨、占志远、方静、乐先锋、韩伟、李宝山、董醇兵等参加。

10月26日上午，景德镇军分区2019年群众性练兵比武竞赛活动动员大会在乐平市吊钟民兵基地举行。景德镇市委常委、军分区司令员孙安敏，景德镇军分区政委卓健及乐平市领导苏振华参加。

10月26日下午，全市年轻干部征求意见座谈会在市为民服务中心三楼第二会议室举行。市领导俞小平、潘赛新等参加。

10月28日下午，全市“不忘初心、牢记使命”主题教育工作推进会在市为民服务中心三楼第二会议室召开。市领导俞小平、高翔、高晓云、潘赛新、李群芳、吴顺斌等参加。

10月28日，市委网络安全和信息化委员会第一次会议在市为民服务中心十楼市委常委会议室召开。市领导俞小平、高翔、高晓云、李群芳、吕贵平、王晨、苏振华、占志远等参加。

10月28日，市领导高翔、徐志军等对乐安河（乐平段）河长制及魁杨联圩、续湖联圩除险加固等工作进行调研，并召开座谈会。

10月29日下午，全市城镇小区配套幼儿园专项整治工作推进会在市为民服务中心七楼市政府常务会议室召开。市领导高翔、张汉坤、方静、乐先锋等参加。

10月29日下午，市人大常委会党组对照党章党规找差距专题会议在市为民服务中心九楼会议室召开。市领导高晓云、张北海、方玉兰、朱柳英、童福根、王四平等参加。

10月29日，国家林草局驻福州专员办专员王剑波一行来到乐平，就森林“四化”示范路、古树名木保护、木产品精细加工等工作展开调研。省林业局总工程师倪修平及乐平市领导俞小平、高翔、徐志军等先后陪同。

10月30日上午，乐平市“小手拉大手·文明共参与”双创双修宣教活动启动仪式在九小举行。市领导高晓云、李群芳、乐先锋等参加。

10月30日上午，为助力全市“双创双修”工作，市政府办结对凯旋华府社区开展“远离黄赌毒违法行为、助力乐平文明创建”活动启动仪式在凯旋华府社区小广场举行。市领导高翔、张汉坤等参加。

10月30日上午，乐平市第一届职工运动会闭幕式市南门体育馆举行。景德镇市总工会常务副主席伍恒明，景德镇市总工会副主席梅建东及乐平市领导高晓云、王晨、张北海、朱柳英、蒋西爱等参加。

10月30日，由省政府新闻办、省工商联主办的2019赣商创新发展论坛暨江西民营企业100强发布会在南昌召开。会上发布了2019江西民营企业100强、2019江西民营企业制造业100强、2019江西民营企业服务业20强榜单和2019江西省上规模民营企业调研分析报告。乐平市天新药业（71名）、中远农业（81名）再次崭获2019江西民企百强佳誉；天新药业（37名）、世龙实业（70名）再获2019江西民企制造业百强佳绩！

10月31日，市委全面深化改革委员会第八次会议在市为民服务中心三楼第二会议室召开。市领导俞小平、高翔、高晓云、王颖军、潘赛新、王慧娟、李群芳、吕贵平、吴顺斌、王晨等参加。

10月31日下午，全市十月份四套班子联席会暨务虚会在市为民服务中心三楼第二会议室召开。市领导俞小平、高翔、高晓云、徐志军、吕贵平等参加。

11月

11月1日上午，乐平市“双创双修”工作指挥部指挥长第十四次扩大会议在市为民服务中心三楼第二会议室召开。市领导高晓云、李群芳、方玉兰、乐先锋、韩伟等参加。

11月3日上午，2019年乐平市第四届“鸿宇·中央城杯”全国半程马拉松比赛在乐平市举行。景德镇市政府副市长熊皓、景德镇市体育局局长李冬香及乐平市领导俞小平、高翔、高晓云、王颖军、李群芳、朱柳英、占志远、方静等参加。

11月3日下午，市政府党组专题会议在市为民服务中心七楼市政府常务会议室召开，传达学习贯彻党的十九届四中全会精神。市领导高翔、徐志军、王晨、占志远、方静、乐先锋、韩伟、李宝山、董醇兵等参加。会后，召开了市政府六届第 79 次常务会议。

11 月 4 日上午，市委六届第 100 次常委会在市为民中心十楼常委会议室召开。市领导俞小平、高翔、高晓云、王颖军、潘赛新、张汉坤、王慧娟、李群芳、徐、吕贵平、吴顺斌、王晨、占志远、方静、乐先锋等参加。

11 月 4 日，乐平市规划委员会主任会议 2019 年第四次会议在市为民服务中心十楼常委会议室召开。市领导俞小平、高翔、王颖军、张汉坤、方玉兰、乐先锋等参加。

11 月 5 日上午，全市领导干部会议在市为民服务中心三楼第一会议室召开。市领导俞小平、高翔、高晓云、王颖军等参加。

11 月 5 日下午，市委六届第 101 次常委会在市为民中心十楼常委会议室召开。市领导俞小平、高晓云、王颖军、王慧娟、李群芳、吕贵平、吴顺斌、占志远、方静、乐先锋、祝金标、周理、胡捷等参加。

11 月 5 日，围绕深入学习领会党的十九届四中全会精神主题，市委理论学习中心组在市为民服务中心三楼第二会议室召开 11 月份集体学习会。市领导俞小平、高晓云、潘赛新、吕贵平、方玉兰、占志远、蒋西爱等参加。

11 月 5 日，第二届中国国际进口博览会在上海开幕。乐平市领导高翔、王晨等率市政府办、市商务局有关人员参加活动，参观了澳大利亚、英国等展馆，并与参会企业进行了交流。

11 月 8 日上午，乐平市 2020 年重点项目申报工作调度会在市为民服务中心三楼第二会议室召开。市领导张汉坤等参加。

11 月 8 日，乐平市光伏扶贫工作领导小组会议在市为民服务中心六楼会议室召开。市领导张汉坤、韩伟、董醇兵等参加。

11 月 8 日，乐平市 2019 年度高质量发展考核领导小组第一次会议暨第四次部门统计工作联席会在市为民服务中心三楼第二会议室召开。市领导俞小平、高翔、高晓云、潘赛新、张汉坤、吴顺斌、周军、占志远、方静、乐先锋、韩伟等参加。

11 月 9 日上午，市政府六届第 80 次常务会议在市为民服务中心七楼市政府常务会议室召开。市领导高翔、张汉坤、徐志军、王晨、方静、乐先锋、韩伟、杨珊庚、董醇兵等参加。

11 月 9 日上午，以“防范火灾风险　建设美好家园”为主题的 2019 年乐平市“119”消防宣传月活动启动仪式在东方国际酒店举行。市领导高翔、王晨及各乡（镇）、街道主要负责人、市区企业、社会单位、社区代表共计 300 余人参加。

11 月 9 日下午，乐平市森林资源保护管理专项整改行动领导小组会议在市为民服务中心三楼第二会议室召开。市领导俞小平、高翔、徐志军等参加。

11 月 9 日，市委“不忘初心、牢记使命”主题教育问题整改工作推进会在市为民服务中心三楼第二会议室召开。市领导俞小平、潘赛新等参加。

11 月 10 日晚，全省中央巡视、扶贫审计、暗访督导反馈问题整改工作视频会召开，乐平市领导高晓云、韩伟、董醇兵等在市扶贫办会议室收听收看，视频会议结束后，乐平市立即召开反馈问题整改工作培训会。

11 月 11 日上午，乐平市市直机关“不忘初心、牢记使命”主题教育暨学习贯彻党的十九届四中全会精神党员集中培训班（第一期）在市文化中心开班。市领导高晓云出席并做开班动员。

11 月 12 日下午，市人大常委会党组学习党的十九届四中全会精神专题（扩大）会议在市为民服务中心九楼会议室召开。市领导高晓云、张北海、方玉兰、朱柳英、童福根、王四平等参加。

11 月 12 日，安殷水市级河长、景德镇市委常委、军分区司令员孙安敏，安殷水市级副河长、景德镇市人大常委会副主任史晓莲一行来到接渡镇和礼林镇，对安殷河进行巡河督导。乐平市领导周军、童福根、李宝山等陪同督导。

11月12日，市委理论学习中心组在市为民服务中心三楼第一会议室举行集体学习（扩大）会，集中学习区块链有关知识。火币大学校长、中国通信工业协会区块链专委会副主任于佳宁博士受邀，作《加快区块链技术与产业创新发展》专题辅导报告。乐平市领导俞小平、高翔、高晓云、潘赛新、张汉坤、王慧娟、李群芳、吕贵平等市委理论学习中心组成员，各乡镇（街道）党政主要领导，市委各部门、市直各单位主要负责人，各乡镇（街道）分管工业和信息化的同志，市直有关部门、各大银行的相关工作人员，党员年轻干部、党外人士、理论骨干、工业企业、非公经济代表等共计400余人参加。

11月13日上午，由市委宣传部主办的古戏台讲堂在涌山镇涌山村古戏台进行宣讲活动。市领导李群芳、吴顺斌等参加。

11月13日下午，市领导高翔、王晨、乐先锋、李宝山等一行就乐平市工业集聚区建设和工业园区调区扩区工作进行调研。

11月13日，上海麦金地集团股份有限公司董事长孔德顺一行来到乐平市进行商务考察。市领导高翔、徐志军等陪同。

11月13日，市领导俞小平、潘赛新、李群芳、吴顺斌等一行对正在开展的六届市委第八轮巡察工作开展中期督导调研，了解各巡察组巡察工作的进展情况，为辛勤工作在巡察一线的巡察干部带去市委巡察工作领导小组的慰问。

11月13日，景德镇市委常委、市政府副市长王鸿运来到乐平，调研退役军人事务工作和双拥工作，并在市为民服务中心三楼第二会议室召开座谈会。乐平市领导张汉坤等陪同。

11月14日，市领导高翔、张汉坤等一行深入市行政服务中心调研“放管服”改革工作，了解中心建设和运行情况，并在市行政服务中心召开座谈会。

11月14日，景德镇市委常委、宣传部部长刘朝阳来到乐平，就扶贫、基层综合文化中心建设、媒体融合、志愿服务、新时代文明实践所建设、教育等工作调研。乐平市领导高翔、高晓云、李群芳、方静等先后陪同。

11月15日至16日上午，乐平市双创双修乡镇（街道）第二次现场巡查举行。市领导俞小平、高翔、高晓云、潘赛新、张汉坤、王慧娟、李群芳、徐志军、吕贵平、吴顺斌、王晨等市四套班子领导及副县级以上领导干部，市委各部门、市直各单位主要负责同志，各乡镇（街道）党政主要负责同志等约计150人，再次深入全市18个乡镇、街道项目看点，就“双创双修”情况进行现场巡查。

11月16日，全市“双创双修”乡镇（街道）第二次现场巡查总结会在市为民服务中心三楼第二会议室召开。市领导俞小平、高翔、高晓云、潘赛新、张汉坤、王慧娟、李群芳、徐志军、吕贵平、吴顺斌、王晨、方玉兰、乐先锋、韩伟等参加。

11月16日上午，市委六届第102次常委会在市为民服务中心十楼常委会议室召开。市领导俞小平、高翔、高晓云、潘赛新、张汉坤、王慧娟、李群芳、徐志军、吕贵平、吴顺斌、王晨、周长波等参加。

11月16日下午，市政府六届第81次常务会议在市为民服务中心七楼市政府常务会议室召开。市领导高翔、张汉坤、徐志军、王晨、占志远、方静、乐先锋、韩伟、董醇兵等参加。

11月15日至17日，由省教育厅、省文明办联合举办的2019年全省青少年校外教育学生成果展示活动举行。乐平市青少年活动中心选派了4名学生参加，并获得相关奖项。其中：汪琼老师指导的李雪鹭同志获得陶艺制作活动一等奖；吴水华老师指导的王义炜同学获得航空航模二等奖；谭松林老师指导的刘畅同学获得航海模型展示活动三等奖；袁媛老师指导的王秉璋同学获围棋展示活动三等奖。各位教师获得相应的优秀指导教师奖。乐平市青少年活动中心获得优秀组织奖。

11月17日下午至18日上午，全省自然资源系统档案规范化管理经验交流培训会在乐平市召开。省委办公厅档案管理处副处长梁小平及乐平市领导张汉坤、乐先锋等参加会议。

11月18日上午，全市城镇小区配套幼儿园专项治理工作推进会在市为民服务中心七楼市政府常务会议室召开。市领导高翔、方静等参加。

11月18日，全市2019年森林资源保护管理专项整改行动动员大会在市体育中心召开。市领导俞小平、高翔、潘赛新、李群芳、徐志军、吕贵平、吴顺斌、王晨、占志远、韩伟、周理等参加。

11月18日，省卫健委下发了《关于公布2019年全省二级综合医院评审结果的通知》。乐平大连医院成功通过“二级甲等”综合医院创评，步入二级甲等医院行列，标志着乐平市拥有了更多高质量、高水平的综合医院。

11月19日下午，迎接省爱卫办对乐平市创建卫生城市考核验收工作调度会在市为民服务中心召开。市领导高晓云、方玉兰、乐先锋、韩伟等参加。

11月19日，市领导俞小平、高翔、乐先锋等一行深入部分城区公厕点项目拟选址地进行现场调研。

11月20日，市领导俞小平、方玉兰等一行深入镇桥镇，就“不忘初心、牢记使命”主题教育检视出的问题整改落实情况开展专题调研。

11月21日下午，市领导高翔、胡捷等一行先后来到众埠镇尚濂咀村、叶家村、桐坡村、方山村，详细了解村级党组织建设、扫黑除恶、民生项目建设、村集体经济和产业扶贫等情况，并在尚濂咀村召开调研座谈会，听取了镇村两级主题教育和市委主题教育第五指导组指导工作开展情况汇报。

11月21日，市领导俞小平、王晨、乐先锋等一行先后来到乐德挂线、涌临线、塔荷线等部分交通项目施工现场，现场调研工程进展情况。

11月22日上午，乐平市六届人大常委会第二十四次会议在市为民服务中心六楼会议室召开。市领导张北海、周长波、朱柳英、童福根、占志远、方静、乐先锋、韩伟、王四平、胡捷等参加。

11月22日，乐平市“厕所革命”领导小组第二次全体会议在市为民服务中心三楼第二会议室召开。市领导高翔、徐志军、乐先锋、韩伟等参加。

11月23日上午，市政府六届第82次常务会议在市为民服务中心七楼市政府常务会议室召开。市领导高翔、徐志军、王晨、占志远、方静、乐先锋、韩伟、李宝山、姚东、董醇兵等参加。会议结束之后，召开了市政府党组会议。会议传达学习了李克强总理视察江西讲话精神，研究贯彻落实意见。

11月23日，“不忘初心、牢记使命”主题教育市委理论学习中心组专题学习会在市为民服务中心三楼第二会议室召开。市领导俞小平、高翔、高晓云、王慧娟、李群芳、徐志军、吕贵平、王晨、张北海、朱柳英、童福根、乐先锋、韩伟、周理、胡捷、姚东、董醇兵等参加。

11月23日，第32届中国电影金鸡奖颁奖典礼暨第28届中国金鸡百花电影节闭幕式在福建厦门举行。乐平籍电影艺术家许还山荣获“中国文联终身成就电影艺术家”称号。

11月26日下午，乐平市11月份信访工作联席会议在市为民服务中心三楼第三会议室召开。市领导高晓云、吕贵平等参加。

11月26日，市领导俞小平、高晓云、董醇兵等一行先后来到后港镇、乐港镇暗访脱贫攻坚整改工作。

11月26日，江西省科技厅农村处副处长李慧文率相关专家深入乐平，就乐平申报景德镇国家农业科技园区进行现场考察并召开汇报会。乐平市领导方静陪同。

11月27日上午，市森林资源保护管理专项整改行动领导小组第二次会议在市为民服务中心三楼第二会议室召开。市领导俞小平、高翔、高晓云、潘赛新、张汉坤、李群芳、徐志军、吕贵平、吴顺斌、占志远、乐先锋、韩伟、周理、胡捷等参加。

11月27日，省政府参事、赣州市人大常委原副主任唐玉英率省“五型”政府建设监督员一行来乐平调研。乐平市领导张汉坤等陪同。

11月27日，中共景德镇市委书记钟志生来到乐平市专题调研“不忘初心、牢记使命”主题教育开展情况，并宣讲党的十九届四中全会精神。景德镇市委常委、组织部部长刘瑞英，景德镇市委秘书长胡春平及乐平市领导俞小平、高翔、高晓云、潘赛新、王慧娟、李群芳、徐志军、吕贵平、吴顺斌、王晨等先后陪同。

11月28日上午，全市创卫工作调度会在市为民服务中心三楼第三会议室召开。市领导高晓云、潘赛新、方玉兰、乐先锋、韩伟等参加。

11月28日下午，乐平市2019年食品安全委员会全体（扩大）会议在市为民服务中心三楼第二会议室召开。市领导张汉坤、韩伟等参加。

11月28日下午，市人大常委会对人大《决议》、代表重点建议进行现场集中视察督办。市领导高晓云、张北海、周长波、方玉兰、朱柳英、童福根等参与视察督办活动。

11众28日晚，乐平市第六届文化艺术节调度会在市为民服务中心三楼第二会议室召开。市领导高晓云、李群芳、徐志军、王晨、方静等参加。

11月28日，经国家知识产权局核准注册，“乐平谷酒”荣获地理标志证明商标，注册号第29772604，注册日期2019年11月28日至2029年11月27日，对保护和发展乐平传统酒文化、提高乐平市影响力和知名度具有重大意义。

11月29日下午，11月份市四套班子联席会议在市为民服务中心三楼第二会议室召开。市领导俞小平、高翔、高晓云、潘赛新、张汉坤、王慧娟、李群芳、吴顺斌、王晨、韩伟等参加。

11月29日下午，中共乐平市委全面深化改革委员会第九次会议在市为民服务中心三楼第二会议室召开。市领导俞小平、高翔、高晓云、潘赛新、王慧娟、李群芳、吴顺斌、王晨、张北海、朱柳英、占志远、乐先锋、韩伟、蒋西爱、周理等参加。

11月29日，景德镇市委宣讲团学习贯彻党的十九届四中全会精神宣讲报告会在市为民服务中心三楼第一会议室召开。景德镇市委宣讲团成员、景德镇市纪委副书记、市监委副主任王志明做辅导报告。乐平市领导高晓云、潘赛新、王慧娟、李群芳、徐志军、吕贵平、吴顺斌、王晨等参加。

11月29日，2019年景德镇市基层侨联（侨务）工作培训班在乐平市东方国际酒店开班。景德镇市委统战部副部长、市社会主义学院院长王习民，景德镇市人大外侨民宗工委主任钟火石，景德镇市政协港澳台侨和外事委主任王小康，景德镇市侨联党组书记郑铁，景德镇市侨联主席周景俭及乐平市领导王慧娟等参加。

11月30日上午9时，由中共乐平市委、乐平市人民政府主办，中共乐平市委宣传部、乐平市文广新旅局承办的乐平市第六届文化艺术节开幕式在市政广场举行。市领导俞小平、高翔、高晓云、王颖军、潘赛新、张汉坤、王慧娟、李群芳、徐志军、吕贵平、吴顺斌、王晨等四套班子领导参加。

11月30日下午，市政府六届第83次常务会议在市为民服务中心七楼市政府常务会议室召开。市领导高翔、张汉坤、徐志军、王晨、占志远、乐先锋、韩伟、杨珊庚、李宝山等参加。

11月30日，乐平首届烹饪大赛暨特色美食展开幕式在赣东北商贸城举行。市领导俞小平、高翔、张汉坤、王晨、占志远、方静、乐先锋、韩伟、李宝山等参加。

12 月

12月2日下午，乐平市党外人士学习贯彻党的十九届四中全会精神座谈会在市为民服务中心三楼二号会议室召开，市领导王慧娟、吴春芳、祝金标、方华等参加。

12月3日，景德镇市委常委、统战部部长吴隽来到十里岗镇、浯口镇，就长乐水河长制工作以及瑶冲村建设工作开展调研，乐平市领导俞小平、王慧娟等参加。

12月3日下午，围绕“不忘初心，牢记使命”主题教育，市委理论学习中心组12月份集体学习会议在市为民服务中心三楼第二会议室召开，市领导俞小平、高晓云、潘赛新、王慧娟、徐志军、吕贵平、吴顺斌、王晨等参加。

12月4日上午，乐平市六届人大常委会第二十五次会议在市为民服务中心三楼第二会议室召开，市领导张北海、周长波、方玉兰、朱柳英、童福根、周理、胡捷等参加。

12月4日是第六个国家宪法日和第19届个全国法制宣传日。当日，2019年乐平市“12·4”国家宪法日暨全国法制宣传日活动在市西街广场举行。市领导吕贵平、占志远等出席。

12月4日，创建省级卫生城市迎检布置会在市为民服务中心三楼第一会议室召开，市领导高晓云、方玉兰等参加。

12月4日上午，市领导高翔、王晨、韩伟、李宝山等一行以“四不两直”方式深入部门化工企业、物流企业、食品加工企业进行安全生产和食品安全工作检查。

12月4日下午，全市松材线虫病除治暨林长办标准化建设工作推进会在塔前镇召开。市领导高翔、徐志军等参加。

12月5日上午，市领导俞小平、李群芳等来到洎阳街道部分社区，看望正在开展公益志愿服务活动的部分志愿者协会成员。

12月5日上午，市领导王慧娟、吴春芳等一行深入鹅头山社区调研社区共建等工作。

12月5日，市领导俞小平、乐先锋等先后来到童家山棚改、供电公司住宅小区改造以及沿河街棚改项目征收现场，调度全市棚改及老旧小区改造工作并召开座谈会。

12月6日，市领导高翔、乐先锋、韩伟等先后深入双田、乐港、后港、塔前等乡镇，就农村人居环境整治、厕所革命、美丽宜居试点县、垃圾分类、冬种冬修及河长制巡河工作进行调研。

12月7日上午，市政府六届第84次常务会议在市为民服务中心七楼市政府常务会议室召开，市领导高翔、张汉坤、徐志军、王晨、乐先锋、韩伟、杨珊庚、李宝山、董醇兵等参加。

12月7日上午，市政府工作务虚会在市为民服务中心七楼市政府常务会议室召开。会议听取了2019年政府各部门工作完成情况汇报，研究谋划2020年的政府工作，市领导高翔、张汉坤、徐志军、王晨、乐先锋、韩伟、杨珊庚、李宝山、董醇兵列席会议。

12月7日，市领导俞小平、潘赛新、李群芳、吕贵平等一行深入镇桥镇坑口村，参加该镇以“学习贯彻党的十九届四中全会精神”为主题的古戏台讲堂宣讲活动。

12月8日上午，市委六届第103次常委会在市为民服务中心十楼市委常委会议室召开。市领导俞小平、高翔、高晓云、王颖军、潘赛新、张汉坤、王慧娟、李群芳、徐志军、吕贵平、吴顺斌、王晨、占志远、乐先锋、韩伟、周理、胡捷等参加。

12月8日，乐平市委常委会召开“不忘初心、牢记使命”主题教育专题民主生活会。景德镇市委第一指导组欧阳毅文、王亚鑫到会指导，乐平市领导俞小平、高翔、高晓云、潘赛新、张汉坤、王慧娟、李群芳、徐志军、吕贵平、吴顺斌、王晨等参加。

12月8日晚至9日上午，市政府党组“不忘初心、牢记使命”主题教育专题民主生活会在市为民服务中心七楼市政府常务会议室召开，市领导高翔、张汉坤、徐志军、王晨、占志远、乐先锋、韩伟、李宝山、董醇兵等参加。

12月8日晚，全市扶贫开发领导小组第十八次全体（扩大）会议在市为民服务中心三楼第二会议室召开，市领导俞小平、高翔、高晓云、潘赛新、张汉坤、王慧娟、李群芳、徐志军、吴顺斌、乐先锋、韩伟、董醇兵等参加。

12月9日，市领导俞小平、徐志军、乐先锋、胡捷等先后来到高家镇文田村、临港镇中堡村、古田村，实地调研林长制工作和森林资源保护工作，并召开座谈会。

12月9日下午，景德镇市政协副主席张景根率领视察组来乐平，就农村人居环境工作进行专题视察，乐平市领导徐志军等陪同。

12月10日上午，2019年景德镇市专武干部资格证培训考核动员大会在乐平市吊钟民兵训练基地举行，景德镇军分区副司令员黄野、景德镇军区动员处处长罗剑军及乐平市领导苏振华等参加。

12月10日下午，乐平市政协党组“不忘初心、牢记使命”主题教育专题民主生活会在市为民服务中心八楼会议室召开，市领导王颖军、王进才、蒋西爱、陈东升、姚东等参加。

12月10日下午，乐平市创建省级卫生城市考核验收情况反馈会在市为民服务中心三楼第二会议室召开。省爱卫办调研员张保华代表创建省级卫生城市考核组在会上正式宣布，乐平市通过创建省级卫生城市考核验收。景德镇市卫健委四级调研员付建清及乐平市领导俞小平、高晓云、方玉兰、朱柳英、韩伟、蒋西爱等参加。

12月11日上午，创建全国文明城市工作调度会在市为民服务中心三楼第二会议室召开，市领导高晓云、方玉兰、乐先锋等参加。

12月11日，市人大常委会党组“不忘初心、牢记使命”主题教育民主生活会在市为民服务中心九楼会议室举行，市领导高晓云、张北海、方玉兰、朱柳英、童福根等参加。

12月11日，省统计局党组书记、局长万庆胜率调研组来乐平市调研经济运行情况，景德镇市委常委、常务副市长黄金龙及乐平市领导俞小平、张汉坤、王晨等先后陪同。

12月11日，市领导俞小平、王晨、韩伟等一行深入园区、企业、商住小区、学校等调研安全生产、环境保护和食品安全工作。

12月13日，乐平市双创双修指挥部第十五次指挥长会议在指挥部一楼1号会议室召开，市领导高晓云、吴顺斌、方玉兰、乐先锋、韩伟等参加。

12月13日上午，市政府与市总工会第十二次联席会在市为民服务中心七楼市政府常务会议室召开，市领导高翔、王晨、张北海等参加。

12月13日，景德镇市委常委、宣传部部长刘朝阳来到乐平市临港镇，指导调研该镇的精准扶贫工作。乐平市领导高翔、李群芳、张北海等先后陪同。

12月13日，景德镇市委常委、组织部部长刘瑞英深入乐平市临港镇调研新农村建设工作，景德镇市委非公有制经济组织与社会组织工委书记徐华，景德镇市委组织部四级调研员、办公室主任房希昌和乐平市领导俞小平、潘赛新、张北海等陪同。

12月14日至15日，市领导俞小平、徐志军、方玉兰、韩伟等先后来到乐平市部分乡（镇）、村，调研农村人居环境整治工作。

12月16日下午，全市脱贫攻坚全面排查整改工作推进会在市为民服务中心三楼第二会议室召开，市领导高晓云、韩伟、董醇兵等参加。

12月17日下午，民革景德镇市委会乐平市支部“不忘合作初心，继续携手前进”主题教育专题组织生活会在乐平大连医院会议室召开。景德镇市政府副市长、民革景德镇市委会主委熊皓及乐平市领导俞小平、王慧娟、方华等参加。

12月18日，市委全面深化改革委员会第十次会议在市为民服务中心三楼第二会议室召开，市领导俞小平、高翔、高晓云、潘赛新、张汉坤、李群芳、吕贵平、吴顺斌等参加。

12月18日下午，全市推进基层整合审批服务执法力量暨乡镇（街道）机构改革动员部署会在市为民服务中心三楼第二会议室召开，市领导俞小平、高翔、潘赛新等参加。

12月19日上午，市委教育工作领导小组第一次会议在市为民服务中心三楼第二会议室召开，市领导俞小平、高翔、高晓云、潘赛新、张汉坤、李群芳、方静等参加。

12月19日下午，全市创建双拥模范城（县）工作推进会在市为民服务中心三楼第二会议室召开。市领导张汉坤、周军等参加。

12月19日，市领导俞小平、高晓云、韩伟、董醇兵一行深入涌山镇涌山村、杨潭村及涌山镇中心小学、涌山镇卫生院调研脱贫攻坚工作。

12月20日下午，市委六届第104次常委会在市为民服务中心十楼市委常委会议室召开。市领导俞小平、高翔、高晓云、潘赛新、张汉坤、王慧娟、李群芳、徐志军、吕贵平、吴顺斌、王晨、乐先锋等参加。

12月20日下午，市委六届第105次常委会在市为民服务中心十楼市委常委会议室召开。市领导俞小平、高翔、高晓云、潘赛新、张汉坤、王慧娟、李群芳、徐志军、吕贵平、吴顺斌、王晨、苏振华、周军等参加。

12月21日上午，市政府六届第85次常务会议在市为民服务中心七楼市政府常务会议室召开，市领导高翔、张汉坤、徐志军、王晨、占志远、方静、乐先锋、韩伟、杨珊庚、李宝山、董醇兵等参加。

12月21日，市领导俞小平、高晓云、韩伟、董醇兵等先后来到乐港镇蒋湾村、邵湾村就脱贫攻坚工作开展调研。

12月23日下午，市领导高翔、韩伟、董醇兵等先后来到双田、礼林等镇就脱贫攻坚工作进行调研。

12月24日上午，2019年乐平市老年协会“两会”年度工作会议在市老年体协召开，市领导高晓云、张汉坤、方玉兰、方静、吴春芳等参加。

12月24日，省关工委第一副主任王峰来乐平市就关心下一代进行调研。乐平市领导潘赛新等陪同。

12月24日下午，全市双创双修工作座谈会在市为民服务中心三楼第三会议室召开，市领导高晓云、张汉坤、李群芳、徐志军、方玉兰、乐先锋、韩伟等参加。

12月25日上午，市监察委员会第一届特约监察员聘请会议暨市纪委监委机关开放日活动在市纪委监委举行，市领导吴顺斌等参加。

12月25日，由省政府办公厅副主任杜章彪、省自然资源厅副厅长郑斌勇、省生态环境厅副厅长龙刚、省河长办专职副主任姚毅臣等组成的2019年饶河省级河长巡河督导组来乐平市进行巡河督导。景德镇市委常委、市政府副市长沈水生及乐平市领导高晓云、张汉坤、徐志军等陪同检查。

12月25日，景德镇市委常委、市政府副市长、泊水市级河长沈水生一行来到乐平市，就泊水河长制工作落实情况进行调研，乐平市领导张汉坤等陪同。

12月26日下午，全市党风廉政建设和反腐败工作、法检两院工作情况通报会在市为民服务中心三楼第三会议室召开，市领导王慧娟、吴顺斌、方静、祝金标、方华、陈东升、周理、胡捷等参加。

12月26日，省慈善总会常务理事李玉英、省委第一巡视组原组长王晓庆一行来到乐平市，开展2020年度元旦春节“慈善情暖万家”走访慰问活动，乐平市领导俞小平、高晓云、徐志军等陪同。

12月27日下午，全市纪检监察系统“守初心担使命·追梦纪检监察人”演讲比赛决赛在市纪委监委办公大楼大会议室举行。景德镇市纪委副书记、监委副主任况小军及乐平市领导俞小平、高翔、高晓云、李群芳、吴顺斌等观看并为获奖选手颁奖。

12月27日，全市生态环境保护委员会第四次会议暨全市环保问题整改工作调度会在市为民服务中心三楼第二会议室召开，市领导俞小平、高翔、王晨等参加。

12月27日，刘圣卿、查四良严重违纪违法被开除党籍和公职。

12月28日，市领导俞小平、高晓云等一行深入市老年大学、市妇女儿童活动中心调研指导工作。

12月30日上午，市委财经委员会第一次会议在市为民服务中心十楼市委常委会议室召开，市领导俞小平、高翔、高晓云、张汉坤、徐志军、王晨、占志远、乐先锋、韩伟等参加。

12月30日上午，中共乐平市委全面深化改革委员会第十一次会议在市为民服务中心三楼第二会议室召开，市领导俞小平、高翔、高晓云、王颖军、潘赛新、张汉坤、王慧娟、李群芳、徐志军、吕贵平、吴顺斌、王晨等参加会议。

12月30日上午，市委六届第106次常委会在市为民服务中心十楼市委常委会议室召开。市领导俞小平、高晓云、王颖军、潘赛新、张汉坤、王慧娟、李群芳、徐志军、吕贵平、吴顺斌、王晨、占志远、乐先锋、韩伟参加。

12月30日下午，市六届人大常委会第二十六次会议在市为民服务中心三楼第二会议室召开，市领导张北海、周长波、方玉兰、朱柳英、乐先锋、周理、胡捷等参加。

12月30日下午，乐平市12月份信访工作联席会议（座谈会）在市为民服务中心三楼第三会议室召开，市领导高晓云、吕贵平等参加。

12月30日至31日，以省民政厅二级巡视员熊铭为组长的省双拥模范城考评组一行来乐平市检查考评双拥创建工作，景德镇市政府副市长徐耀纯、景德镇军分区副司令员黄野及乐平市领导俞小平、高翔、张汉坤、苏振华、周军、童福根、董醇兵等陪同。

12月31日上午，市红十字会第一次会员代表大会开幕式在市为民服务中心三楼第一会议室召开。省红十字会党组成员、专职副会长戴莹，景德镇市红十字会党组书记俞定珍及乐平市领导俞小平、高晓云、潘赛新、朱柳英、方静、方华等参加。

12月31日上午，乐平市消防救援大队举行挂牌仪式。景德镇市消防救援支队副政委张小明及乐平市领导王晨、李宝山等参加。

12月31日下午，省委老干部局副局长王海燕率慰问组来到乐平市，走访慰问困难离休老干部。乐平市领导潘赛新等陪同。

12月31日，十二月份市四套班子联席会暨务虚会在市为民服务中心三楼第二会议室召开。市领导俞小平、高翔、高晓云、王颖军、潘赛新、张汉坤、王慧娟、李群芳、徐志军、吕贵平、王晨等市四套班子领导参加。

机构与领导名录

市　委

书　记　　俞小平

副书记　　高　翔（2019.02 任）

高晓云（2019.01 任）

徐　辉（至 2019.02）

刘圣卿（至 2019.01）

常　委　　潘赛新

张汉坤

王慧娟

李群芳

徐志军

吕贵平

吴顺斌

王　晨

杜建峰（2019.02 任）

马　勇（至 2019.02）

市纪律检查委员会（市监察委员会）

书　记　　吴顺斌

副书记　　王兆荣

潘维涌

倪桂平

常　委　　蔡芳华

蒋建晖

余立鸳

王金根

王和胜

监委主任　　吴顺斌

监委副主任　　王兆荣

潘维涌

倪桂平

监委委员　　蔡芳华

蒋建晖

王金根

王和胜

董电波

干部室

主　任　　王彩霞

第二纪检监察室

主　任　　高乐红

案件审理室

主　任　　江　涛

案件监督管理室

主　任　　王光真（至 2019.04）

纪委监委驻市委办纪检监察组

组　长　　段炳坤（2019.04 任）

纪委监委驻市政府办纪检监察组

组　长　　金观兵（2019.04 任）

纪委监委驻市委组织部纪检监察组

组　长　　方加华（2019.04 任）

纪委监委驻市委宣传部纪检监察组

组　长　　徐亚靖（2019.04 任）

纪委监委驻市委政法委纪检监察组

组　长　　齐平英（2019.04任）

纪委监委驻市发改委纪检监察组

组　长　　倪继华（2019.04任）

纪委监委驻市直机关工委纪检监察组

组　长　　朱瑞良（2019.04任）

纪委监委驻市人力资源和社会保障局纪检监察组

组　长　　王薇敏（2019.04任）

纪委监委驻市住建局纪检监察组

组　长　　徐廷汉（2019.04任）

纪委监委驻市农业农村局纪检监察组

组　长　　程建斌（2019.04任）

纪委监委驻市卫健委纪检监察组

组　长　　黄乐华（2019.04任）

纪委监委驻市自然资源和规划局纪检监察组

组　长　　王光真（2019.04任）

纪委监委驻市教育体育局纪检监察组

组　长　　程继军（2019.04任）

纪委监委驻市财政局纪检监察组

组　长　　程　娟（2019.04任）

市委巡察办

主　任　　程　威（2019.01任）

　　　　　王桂平（至2019.01）

副主任　　周长柏

市委第一巡察组

组　长　　戴桂生

副组长　　吴矿华

市委第二巡察组

组　长　　彭乐昌

副组长　　黎赛凤

市委第三巡察组

组　长　　吕朝阳

副组长　　李兆琴

市委第四巡察组

组　长　　朱其云

副组长　　方志军

市委正科级巡察专员

　　　　　余守号

　　　　　徐世晓

　　　　　周国伟

　　　　　方福海（2019.01任）

　　　　　吴城根（至2019.01）

市委工作机关及直属单位

市委办公室

主　任　　徐庭家（2019.01任）

　　　　　李回春（至2019.01）

副主任　　李晓秋（至2019.01）

　　　　　汪雪庚

　　　　　周义福

市委组织部

部　长　　潘赛新

常务副部长　　王蓓蓓（2019.02任）

　　　　　吴金财（至2019.01）

副部长　　吴智强

　　　　　汪勇鸣

市委宣传部

部　长　　李群芳

常务副部长　　汪长征（2019.04任）

　　　　　何进宝（至2019.01）

副部长　　夏松宝

　　　　　吴　雄

市委统战部

部　长　　王慧娟

常务副部长　　朱敬锋

副部长　　朱少华

　　　　　包春辉（2019.05任）

　　　　　吴玲华（至2019.01）

市委政法委

书　记　　吕贵平

常务副书记　伍枝平（2019.01 任）
　章海英（至 2019.01）
副书记　占志远（兼）
　甘华平（2019.05 任）
　汪海生
　易炳昌（至 2019.01）
　石宝华（至 2019.01）

市委编委办

主　任　王桂平（2019.01 任）
副主任　梅永欣（2019.05 任）
　吴流树（至 2019.01）

市直机关工委

第一书记　潘赛新
书　记　熊伟力
副书记　孙秋照（挂职两年）
　汪建英（2019.01 任，至 2019.12）
　洪建军（2019.05 任）
　程火生（至 2019.01）
　朱瑞良（至 2019.04）
委员、人武部长　王　清（至 2019.05）

市委信访局

局　长　吴玲华（2019.01 任）
　李晓秋（至 2019.01）
副局长　袁清华（2019.01 任）
　刘加发（2019.01 任）
　陶晶晶（2019.01 任）
　程雪生（挂职两年）

市委党校

校　长　高晓云（2019.02 任）
　刘圣卿（至 2019.02）
常务副校长　程启明
副校长　徐忠华
副校长　徐　靓（2019.04 任）
校务委员　叶文平
　吴雄妹（2019.05 任）
　徐　靓（至 2019.04）

市行政学校

校　长　张汉坤

市委党史办

主　任　汪雪芳（2019.05 任）
副主任　汪小龙
　胡东海

广播电视台

台　长　黄晓河（至 2019.04）
副台长　倪志勇
　汪乐辉

《乐平新闻》编辑部

主　任　吴　雄
总编辑　徐晓明
副总编辑　汪益达
副主任　朱东海
副总编辑　宁敏来

市人大常委会

主　任　万玉华（至 2019.02）
　刘圣卿（2019.02 任，至 2019.08）
党组书记　汪志明（至 2019.02）
　刘圣卿（2019.02 任，至 2019.12）
党组成员　张北海
　周长波
　方玉兰
　朱柳英
　童福根
　王四平（至 2019.02）
　徐德文
副主任　张北海
　周长波

石少华
方玉兰
朱柳英
童福根

市人大常委会工作部门

办公室
主　任　徐德文
副主任　方　明
预算审查工作委员会
主　任　卢华彬
副主任　杨　洋
监察和司法工作委员会
主　任　邱德平
选举任免联络工作委员会
主　任　王云海
环境和资源保护工作委员会
主　任　徐淑红（2019.01 任）
　　　　汪建华（至 2019.01）
副主任　徐海花
教育科学文化卫生工作委员会
主　任　方建兵
副主任　吴丽华
农业和农村工作委员会
主　任　王　娟（至 2019.01）
副主任　吴双林

市人民政府

党组书记、市　长　高　翔（2019.02 任）
　　　　徐　辉（至 2019.02）
党组副书记、常务副市长　张汉坤
党组成员　徐志军（2019.01 任）
　　　　王　晨
　　　　占志远
　　　　乐先锋
　　　　韩　伟
　　　　方克华
　　　　董醇兵
　　　　汪海茂
　　　　杨珊庚（至 2019.02）
　　　　孙景煌（至 2019.02）
副市长　王　晨
　　　　占志远
　　　　方　静
　　　　乐先锋
　　　　韩　伟

市政府工作部门及直属单位

办公室
党组书记、主任　方克华
党组成员、副主任　程　冲
　　　　舒则安
　　　　范大良
　　　　汪庭杰（至 2019.05）
副主任　赵　毅（2019.01 任）
党组成员　张尚天
　　　　刘庆明（至 2019.01）
市志办
主任　彭建光
乐平宾馆
经　理　吴幼蓉
发展和改革委员会
党组书记、主任　吴雪生
副主任　甘　丰
党组成员　王广才

程文华
信息中心主任　张垦军

工业和信息化局

党委书记　徐亚涛
局　长　卢　敏
党委委员、副局长　朱小平
周　宏
刘永红
王长华

教育体育局

党委书记、局长　黄天赐
党委委员、副局长　周科庚
胡旺仁
袁　媛（2019.04 任）
周良灿（至 2019.01）
朱文根（至 2019.01）
党委委员　石发秋（2019.05 任）
鄢学文（至 2019.01）
教研室主任　石发秋（2019.05 任）
余艺欣（至 2019.04）
电教站站长　杨丽珊

体育发展中心

主　任　邓振锋（2019.05 任）
党支部书记　余全球（2019.05 任）

乐平中学

党总支部副书记、校长　曹晓泉
胡树林（至 2019.04）
党总支书记　姚　东
党总支副书记　李俊青
副校长　吴福周
袁文敏
洪陈林
吴全明
办公室主任　黄冠兰
教务处主任　周泉进
总务处主任　蔡如寿
教研室主任　余昌军

乐平市第一中学

校　长　倪文华
党支部书记　程　伟
副校长　徐长才
徐建兵
程建华
徐振江
王胜忠（2019.05 任）
工会主席　张　鹏

乐平市第二中学

校长　徐国生
副校长　金劲松
邹兆渊
毕　欣
汪发有
占如何
工会主席　郑海虎

乐平市第三中学

校　长　王清华
副校长　郑建华
钱明富
伍晓金
工会主席　郑新萍

乐平市第四中学

党总支副书记、校长　张旅勇
党总支书记　徐胜根
副校长　徐海英
宋　敏
黄业海
曹和平
工会主席　潘千平（至 2019.04）

乐平市第五中学

校　长　刘晓雷
党总支书记　胡文喜
副校长　彭　清
郑　良
孙长焱
陈小华
工会主席　吴三星

乐平市第六中学

校　长　熊卫东
党支部书记　董喜爱
副校长　黄万华
金林华
柴　彪
工会主席　华小平

乐平市第七中学

校　长　黄培东

乐平市第八中学

校　长　孙华厦
党支部书记　石　山

乐平市教师进修学校

校　长　王盛有
党总支书记　占　捷
副校长　吴寿平
张建平

职业中等专业学校（职业培训中心）

校　长　董志强
副校长　曹清平
孙莉莉

乐平市第一小学

校　长　金　虹
党支部书记　石荣金（至2019.04）

乐平市第三小学

校　长　徐　芬

乐平市第四小学

校长、党支部书记　何红英

乐平市第五小学

校　长　周　琳

乐平市第六小学

校　长　周　燕

乐平市第七小学

校　长　张迎春

乐平市第八小学

校　长　洪　燕
党支部书记　刘　岚

乐平市第九小学

校　长　王健美

乐平市第十小学

校　长　夏向东
党支部书记　方水生（至2019.04）

乐平市第十一小学

校　长　华　静

乐平市第十二小学

校　长　李桂珍

乐平市幼儿园

园　长　李　燕（2019.04任）

乐平市启智学校

校　长　骆路明

农村中学

众埠中学校长　王　鹏
湾头中学校长　陈涌林
界首中学校长　倪必彬
港口中学校长　黄春文（至2019.04）
接渡中学校长　胡金虎
鸣山中学校长　徐青山
观峰中学校长　刘圣锦
高家中学校长　石国华
凤凰山中学校长　程水木

礼林中学校长　程　鹏
镇桥中学校长　汪栋梁
洄田中学校长　邵长平
科山中学校长　余小明（至2019.04）
塔前中学校长　吴长权
桥矿中小学校长　杨发周
新港中学校长　钟　鸣
新乐中学校长　董志平
横路中学校长　华明平
双田二中校长　程　平
临港中学校长　胡加旺
涪口中学校长　蔡为叔
名口中学校长　张建斌
历居山中学校长　朱元胜
涌山中学校长　汪维发
沿沟中小学校长　潘维波
金鹅山中小学　余　斌
接渡二中校长　邵长焱（至2019.04）

科技局

党组书记、局长　徐小林
党组成员、副局长　吴少华（至2019.01）
党组成员　程冬华

公安局

党委书记、局长、督察长　占志远
党委副书记、政委　黄立新
党委副书记　焦　杰
党委委员、常务副局长　方克林
党委委员、副局长　汪春炎（至2019.04）
江风平
王光辉（2019.05任）
汪　涛（2019.05任）
张金龙（至2019.01）
党委委员、副政委　范思祖
李文华
党委委员、政工科科长　全泽广
党委委员、刑警大队长　邵　杰
党委委员　朱国文
徐兆东
戴炳勇
指挥中心主任　李国忠
警务保障室主任　袁祥国
户政科科长　李世平
信访科科长　张国清
法制大队
大队长　吴文军
教导员　占少林（至2019.04）
国内安全保卫大队
大队长　许均林
教导员　高发亮
经济犯罪侦查大队
大队长　秦建平
教导员　孙建敏
治安警察大队
大队长　韩争舸
教导员　董长江
刑事警察大队
教导员　万林海
公共信息网络安全监察大队
大队长　高庆喜（至2019.01）
教导员　徐彪义
巡逻警察大队
大队长　揭恒峰
教导员　李志祥
禁毒大队
大队长　范为华
教导员　吴　坚
警务督察大队
大队长　余梅华（至2019.01）

监察室

主　任　　熊乐华

市看守所

所　长　　林文楼

教导员　　孙赞辉

拘留所

所　长　　黄翠颖

教导员　　吴新站

城南派出所

所　长　　张继君（至 2019.04）

教导员　　王　云

城西派出所

所　长　　陈新根

教导员　　程杰锋

城北派出所

所　长　　吴龙水

教导员　　唐延林

涌山派出所

所　长　　徐有龙

教导员　　汪　洋

乐港派出所

所　长　　李和财

教导员　　夏永康

双田派出所

所　长　　方　晴（至 2019.04）

教导员　　李有金

接渡派出所

所　长　　江晓峰

教导员　　石贵峰

后港派出所

所　长　　程卫华

教导员　　黄景春

镇桥派出所

所　长　　王俊军

教导员　　叶德华

礼林派出所

所　长　　王永钢

教导员　　汪尚坊

塔前派出所

所　长　　杨金保

教导员　　邹振宇

塔山派出所

所　长　　徐兆东

教导员　　蒋志国

众埠派出所

所　长　　朱松涛

教导员　　陈志军

浯口派出所

所　长　　余佐金

教导员　　黄冬生

高家派出所

所　长　　邹传灯

教导员　　程忠平

临港派出所

所　长　　胡亚鹏

教导员　　李　楠

十里岗派出所

所　长　　汪晓东

教导员　　袁建华

鸬鹚派出所

所　长　　黄　胜

教导员　　石显福

名口派出所

所　长　　李少宏

教导员　　蔡鸿鸣

洪岩派出所

所　长　　吴兴柱

教导员　　朱林封

农科园派出所

所　长　傅国伟

教导员　徐国华

水上派出所

所　长　汪　勇

教导员　白　晖

公安局交通警察大队

大队长　焦　杰

教导员　朱国文

副大队长　徐理生（至2019.01）

林志军

方林崽

程鹏羽

石　峰

副教导员　汪水华

杨长根

综合中队

中队长　吴振好

指导员　姚本造

秩序中队

中队长　方锦建

指导员　蔡成敏

事故处理中队

中队长　徐云贵

指导员　彭　琦

车辆管理所

所　长　黄胜平

指导员　蔡艳华

公路巡逻中队

中队长　汪　明

指导员　胡　鹏

宣传科技中队

中队长　施欢敏

指导员　方　妍

城区一中队

中队长　朱华文（至2019.11）

指导员　吴流银

城区二中队

中队长　彭贤浩

指导员　余　辉

涌山中队

中队长　李志冬

指导员　余慧敏

高家中队

中队长　杨铁峰

指导员　王有才

众埠中队

中队长　吕红东

指导员　查钢盛

塔山中队

中队长　王冬青

指导员　张彩银（至2019.01）

民政局

党组书记、局长　张金良（2019.01任）

段飞云（至2019.01）

党组成员、副局长　鄢胜勇

丁志斌

廖明晖（至2019.01）

党组副书记　章国忠（至2019.01）

党组成员　钟晓英

扶贫办

党组书记、主任　章国忠

党组成员、副主任　程诗文

副主任　汪义武（挂职一年，2019.01任）

医疗保障局

党组书记、局长　杨中全

党组成员、副局长　李文忠

张爱花

司法局

党组书记、局长 杨乐军
党组成员、副局长 吴少华
饶清华（至2019.01）
孙艳林
程晓燕（2019.01任）
党组成员 杨选平
张　满
副局长 张　满（2019.01任）
杨选平（至2019.01）
纪检组长 张　满（至2019.01）
洎阳司法所所长 胡灵喜（2019.05任）
柴新梅（至2019.05）
塔山司法所所长 章芳启
众埠司法所所长 张金良
接渡司法所所长 汪光柏
乐港司法所所长 程汉华
镇桥司法所所长 吕　芳
涌山司法所所长 杨肖梅
后港司法所所长 董文波
双田司法所所长 熊林松
礼林司法所所长 王韶东
塔前司法所所长 梁献红
高家司法所所长 胡雪峰
浯口司法所所长 许　辉
名口司法所所长 华火青
临港司法所所长 程　英（2019.05任）
程柳阳（至2019.04）
洪岩司法所所长 廖金保
鸬鹚司法所所长 宋建芳（至2019.10）
十里岗司法所所长 罗文翔（2019.05任）
徐思锐（至2019.05）
农科园司法所所长 王皖皖
共库司法所所长 杨义平（2019.05任）
朱江平（至2019.04）

财政局

党组书记、局长 彭建和
党组副书记 彭松华（2019.01任）
党组成员、副局长 曹新华
许丽华（2019.01任）
范华龙（2019.01任）
余晓明
党组成员、总会计师 刘　涛
党组成员 徐晓虹（2019.04任）
华宗平（2019.04任）
行政事业性国有资产管理中心
主　任 程　咏
非税收入管理局
局　长 洪嘉乐
财政绩效管理局
局　长 邹小华
国库集中支付中心
主　任 黄晓慧

城投公司

总经理 曹新华
副总经理 程南平
黄亚琴

人力资源和社会保障局

党组书记、局长 熊成炳
党组副书记 吴望铭
党组成员、副局长 余昌进
孙俊峰（2019.01任）
杨定跃（至2019.01）
党组成员 李文忠（至2019.01）
社会保险局
局　长 吴望铭
就业管理局
局　长 汪凌云

住房和城乡建设局

党委书记、局长　邹劲松

党委委员、副局长　胡水林

邹达林

曹乐发

曹淑玲

吴新贵

汪伟星

李光秋

党委委员　蒋富祖

程珍林

程庭义

汪登金

建筑设计院

院长　程珍林（至2019.01）

副院长　张益群

周　坤（2019.05任）

景德镇市乐平生态环境局

党组书记、局长　彭建飞

党组成员、副局长　唐建军

何礼林

叶勇刚

徐江萍

文化广电新闻出版旅游局

局长、党委书记　程田新

党委委员、副局长　谢春晓

汪春芳

杜肖进

赣剧团

团长　黄国祥

图书馆

馆长　邹晓玲

党支部书记　王建华

文化馆

馆长　徐汉清

博物馆

馆长　余宏标

卫生健康委员会

党委书记、主任　李回春（2019.01任）

黄天赐（至2019.01）

党委副书记　石　秀

党委委员、副主任　马文韬

吴立波

吴流才

毕秀飞

吴树庆

疾控中心

主　任　陈　斌

党支部书记　张水生

人民医院

党委书记　王中东（2019.01任）

陈琴英（至2019.01）

院　长　徐贵明

党委副书记　史雪山

纪委书记　史雪山（2019.05任）

党委委员、副院长　谭健鹏

王春晖（2019.04任）

唐建锋（2019.05任）

王文庆（2019.06任）

副院长　石少华（至2019.06）

中医医院

党总支部书记　余　璋（2019.04任）

党总支部副书记、院长　胡长和（2019.05任）

院长　余　璋（至2019.04）

党支部书记　吴彩霞（至2019.04）

副院长　方　华（至2019.06）

胡长和（至2019.05）

林晓明

工会主席　徐德亮

妇幼保健院

党支部书记　汪志虎（2019.05 任）

　　周雪莲（至 2019.01）

党支部副书记　李　春

院　长　李　春

副院长　徐　怡

　　王春晖（至 2019.04）

妇幼保健计生服务中心

党支部书记　李　峰

退役军人事务局

党组书记、局长　高建喜（2019.01 任）

党组成员、副局长　王礼金（2019.01 任）

党组成员　郑新明（2019.05 任）

审计局

党组书记、局长　蔡四妹

党组成员、副局长　方福海（至 2019.01）

　　汪　华（2019.04 任）

　　纪东升（至 2019.04）

党组成员、总审计师　纪东升（2019.04 任）

　　汪　华（至 2019.04）

应急管理局

党组书记、局长　汪福明

党组成员、副局长　童庆华

　　王　锐

　　黄　伟

安全生产监督执法大队

大队长　彭仁为

农业农村局

党委书记、局长　朱小平（2019.01 任）

党委副书记　彭秋林

党委副书记、副局长　盛道平

党委委员、副局长　刘春发

　　徐道林

　　张红华

　　吴松林

　　徐新义

　　韩小飞

　　张瑞宁

　　王树根

　　程晓桃

　　朱桂发

　　朱玉懿

党委委员　华金生

　　陈为健

　　张松华

　　张　鸾

　　汪文明

　　洪海清

副局长　韩小飞

农技推广中心

主　任　朱清华

农业机械化管理局

局　长　汪文明

农村经营管理局

局　长　洪海清

种子管理局

局　长　戴秋发

菜科所

所　长　吴海军

党支部书记　程洪涛

现代农业示范园

主　任　袁文清

国家农业经济（乐平）信息中心

主　任　齐武铭（2019.05 任）

　　杨章平（至 2019.04）

水利局

党组书记、局长　邵　波

党组成员、副局长 张云开
余发桃
陈海根（2019.01 任）
刘文武（挂职两年，2019.04 任）
吴少敏（至 2019.10）
党组成员 孙加强
总工程师 石日松
勤俭水库管理局
局　长 孙加强
河道堤防管理局
局　长 廖家华

林业局

党委书记、局　长 方跃华（2019.01 任）
黄　林（至 2019.01）
党委委员、副局长 程金炎
蔡光明（至 2019.01）
段永生（至 2019.01）
喻家义（至 2019.01）
余能斌（2019.04 任）
党委委员 余永忠
陈新林
黄庆丰
胡德斌（至 2019.01）
总工程师 余永忠
防火指挥部办公室
主　任 陈　瑛（至 2019.01）
市森林消防专业扑火队
队　长 陈新林
鹄山林场
场长、党支部书记 刘新生

森林公安局

局　长 黄庆丰
教导员 叶　俊
副局长 徐洪浪
许长海
李　政
副教导员 汪东红
文山派出所
所　长 梁　平
指导员 徐晓华（至 2019.01）
鹄山派出所
所　长 毕少钧
指导员 李　达

统计局

党组书记 吴　杰（2019.01 任）
局　长 王　娟（2019.01 任）
党组书记、局长 甘华平（至 2019.01）
党组成员、副局长 余华民
杨笑寅（至 2019.01）
党组成员、城调队队长 许海清
副局长 程　佳
党组成员、总统计师 李田生
企调队队长 潘　磊

交通运输局

党委书记、局长 万雪生（2019.01 任）
党委副书记、局长 王晓峰（至 2019.01）
党委书记 高建喜（至 2019.01）
党委委员、副局长 汪晓明
金　刚(至 2019.01)
汪小平
余照海
党委委员 洪明清
党委委员、纪委书记 陈海根（至 2019.01）
公路管理站
站　长 王正亮
运输管理所
所　长 洪明清

港航管理所

所　长　王建炜

市场监督管理局

党委书记、局长　李安乐（2019.01 任）

党委副书记　涂少庆（2019.01 任）

党委委员、副局长　曹树春

吕玉平

金跃明

吴炎林

汪俊鸿

胡叶琴

副局长　毕清梅

市场经营服务中心

副主任　程茂津

市场监督管理执法大队

大队长　王冬青

洎阳分局局长　王福文（2019.05 任）

吴朝君（至 2019.05）

南河分局局长　张学锋（至 2019.01）

乐涌分局局长　吴清林

众埠分局局长　桂　敏

后港分局局长　吴能平

接渡分局局长　李少俊

乐港分局局长　李继宏

临港分局局长　章智明

高家分局局长　汪渭泯（至 2019.01）

涌山分局局长　周向东

镇桥分局局长　郑焰良

自然资源和规划局

局长　徐道新

党组书记　徐道新

党组成员、副局长　徐志华

朱长根

程有根

刘卫平

党组成员、纪检组长　黄　彬

党组成员、工会主席　吴　武

土地储备中心主任　江国金

土地交易中心主任　俞　彤

国土资源执法监察大队

大队长　叶建华

教导员　周柳根

商务局

党委书记、局长　王晓林

党委委员、副局长　洪明正

王初升

黄慧华

华小华

洪　清

王荣欢

供销社

党委书记、主任　徐义生

党委委员、副主任　彭发华

程大才（至 2019.01）

李建华（至 2019.01）

党委委员　王　斌（2019.04 任）

行政服务中心

党工委书记、主任　徐　波

党工委委员、管委会副主任　雷清友

徐柳发

华叶鑫（2019.05 任）

王华生（至 2019.04）

周林林（至 2019.01）

公共资源交易中心

主　任　王华生

城市管理局

党委书记、局长　黄文生（2019.01 任）

党委委员、副局长　徐承富

紫泽公司

总经理　徐长明

国资公司

董事长　郑　珩（2019.04 任）

总经理　黄　强（挂职一年，2019.05 任）

财务总监　张进锋

副总经理　洪笑苗（2019.05 任）

共库管理局

党委书记　聂　刚

党委副书记、局长　刘　鹏

党委委员　魏福旦

陈光清

副局长　程东恒

程泽生（至 2019.01）

张建华（至 2019.01）

工会主席　王明华

总工程师　汪志刚

政协乐平市委员会

党组书记　王颖军（2019.02 任）

傅金林（至 2019.02）

主　席　王颖军（2019.03 任）

傅金林（2019.03 任）

党组成员　王进才

蒋西爱

姚　东

查四良（至 2019.12）

副主席　吴春芳

王进才

祝金标

蒋西爱

方　华

陈东升

查四良（至 2019.12）

党组成员、秘书长　丁筱安

副秘书长　徐晓华

市政协工作部门

办公室

主　任　李晓秋（2019.01 任）

方跃华（至 2019.01）

副主任　李宝琴

提案委员会主任　黎　萍

文化文史和学习委员会

主　任　徐晓华

教科卫体委员会

主　任　梁鑫棠

副主任　胡　琛

农业农村经济委员会

主　任　童　萍

副主任　董永才

人口和环境资源办

主　任　周雪莲

吴　杰（至 2019.01）

副主任　汪建青

张东霞

法制社团和港澳台侨委员会

主　任　刘和秀

副主任　詹　玲

人武部

部　长　杜建峰

政治委员　周　军

副部长　叶红艳

洪岩风景名胜区管理局

书　记　朱瑞龙
局　长　邹国良（至 2019.05）
副局长　王正泉
汪晓洋（2019.05 任）
徐淑红（至 2019.01）

市人民法院

院长、党组书记　周　理
副院长、党组副书记　张武超
党组成员、副院长　刘达春（至 2019.01）
王庆军
党组成员、纪检组长　袁文泽（至 2019.01）
党组成员　戴建华
蔡金寿
邹光杰
左　斌
审委会副科级专职委员
徐俊胜
查卫华
执行局
局　长　邹光杰
政　委　胡俊杰
港口法庭庭长　汪喜太
双田法庭庭长　夏发忠
接渡法庭庭长　陈建军

市人民检察院

党组书记、检察长　胡　捷
党组成员、副检察长　梅　平
杨荣华
张　超
叶小乐
党组成员、检委会正科级专职委员
张万业（至 2019.01）
党组成员、纪检组长　徐曙春
党组成员、政工科长　钟　明
驻高家检察室主任　蒋考良
驻涌山检察室主任　张大明（至 2019.01）
驻众埠检察室主任　胡洁莹

群众团体

总工会

党组书记、主席　张北海
党组副书记、常务副主席
邵胜军
党组成员、副主席　石水泉
徐建兵
邵　琳（挂职两年）
徐汉清（兼职）
徐德亮（兼职）
副主席　洪　霞（兼职）
党组成员、经审委主任
王薇敏（至 2019.04）

共青团乐平市委员会

书记、党组书记　徐　新
副书记　徐梦欣
党组成员、副书记　简黎园（至 2019.04）
张文凯（至 2019.04）

妇女联合会

党组书记、主席　孙爱萍
党组成员、副主席　江　萍（2019.04 任）
程莉莉
程明枝

王桂香（挂职两年）
汪　欢（兼职）
副主席　袁　媛（至2019.04）

工商业联合会

主　席　王　岚
党组书记　张　赟（2019.05任）
吴玲华（至2019.01）
党组成员、副会长　戴金寿
副主席　黎　红
党组成员、副主席　潘　莹

侨联

党组书记、主席　王细平（2019.05任）
舒则安（至2019.01）
副主席　涂怡芳

文学艺术界联合会

党组书记、主席　胡志平（至2019.01）
党组成员　王美珍
党组成员、副主席　程　慧

残疾人联合会

党组书记、理事长　徐祥新
党组成员、副理事长　邹海华
副理事长　胡乐保
党组成员　孙清华

社会科学学会联合会

党组书记、主席　徐正金
党组成员、副主席　孙　红（至2019.01）

科学技术协会

党组书记、主席　胡有根
党组成员　李　涛
党组成员、副主席　周文元
廖里霞（挂职两年，2019.04任）
副主席　吴春明

红十字会

党组书记　汪春艳（2019.12任）
常务副会长　汪春艳
党组成员、副会长　汪建英（2019.12任）
监事会监事长（兼）　徐雨根（2019.12任）
党组成员、监事会副监事长
马礼贵（2019.12兼职）
副会长　李金龙（至2019.01）

各乡镇（街道）

洎阳街道

党工委书记　朱瑞龙
党工委副书记　魏光华
胡雪彬（2019.05任）
汪雪芳（至2019.05）
何定灿（挂职两年）
王国华（挂职两年，2019.04任）
朱朝阳（挂职两年）
洪　辉（挂职至2019.05）
党工委委员　程善元
梅晓卫
汪乐华
邵镇聪
江　鹏（2019.05任）
柴新梅（2019.05任）
王琴华（至2019.05）
鲁春发（至2019.05）
人大工委主任　叶银水
人大工委副主任　郑金保
主　任　魏光华
常务副主任　梅晓卫
副主任　余水才
周洎翔

江志群（2019.05 任）
江　鹏（至 2019.05）
纪工委书记　程善元
人武部长　汪乐华
综治办副科级专职副主任
邹琪玉

塔山街道

党工委书记　陈新有
副书记　余新仁
吴圣哲
郑　珩（挂职两年）
吴满虹（挂职两年）
党工委委员　张细生
梁茂忠
周海华（2019.05 任）
徐兆东
胡友林（至 2019.05）
彭　烨
胡建彬
彭培根
人大工委主任　陈咏梅
人大工委副主任　余桂芳
主　任　余新仁
常务副主任　梁茂忠
副主任　余娅平
蒋思思
综治办副科级专职副主任
汪　晶
纪工委书记　张细生
人武部长　周海华（2019.05 任）
胡友林（至 2019.05）

涌山镇

党委书记　丁　巍
副书记　朱晓春
吴荣正
陈　新（挂职两年）
党委委员　石元洪
邹先贵（2019.05 任）
汪发武
熊敏霞
徐思锐（2019.05 任）
吴　婷（2019.05 任）
徐有龙
齐武铭（至 2019.05）
程长海（至 2019.05）
人大主席　戴俊华
人大副主席　胡长发
镇　长　朱晓春
副镇长　邹先贵（2019.05 任）
汪发武
程桂生
程文武
齐武铭（至 2019.05）
综治办副科级专职副主任
柴建明（2019.05 任）
纪委书记　石元洪
人武部长　吴　婷（2019.05 任）
程长海（至 2019.05）

镇桥镇

党委书记　石卫果
副书记　毕正友
杨　宾
王光瑞（挂职两年）
党委委员　彭声泉
王功进
章志勇
程瑞模
王明海
徐春生（2019.05 任）

	王俊军
	程建斌（至2019.04）
人大主席	刘金才（至2019.04）
人大副主席	蔡清水
镇　长	毕正友
副镇长	王功进
	石崇峰
	孙进美
	彭声泉（至2019.04）
纪委书记	彭声泉（2019.04任）
	程建斌（至2019.04）
人武部长	章志勇

接渡镇

党委书记	袁　文
副书记	陈　明（2019.05任）
	王晓华（2019.05任）
	刘金才（挂职两年，2019.04任）
	华德坤（挂职两年，2019.05任）
	叶秋生（挂职两年）
	朱　敏（至2019.05）
	程春山（至2019.05）
党委委员	江国英（2019.05任）
	朱海保
	徐国银
	石　峰（2019.04任）
	黄乐华（至2019.04）
	张贵玖（至2019.05）
	王晓华（至2019.05）
	邹先贵（至2019.05）
	江晓峰（至2019.05）
人大主席	王富旺
人大副主席	洪　霞（2019.05任）
	吴明亮（至2019.05）
镇　长	陈　明（2019.05任）
	朱　敏（至2019.05）
副镇长	徐国银（2019.05任）
	王晓华（至2019.05）
	邹先贵（至2019.05）
	周晓萍
	毕玉琦
	杨万民（挂职二年）
综治办副科级专职副主任	袁青平
纪委书记	江国英（2019.05任）
	黄乐华（至2019.04）
人武部长	朱海保

众埠镇

党委书记	徐元旺
副书记	程春山（2019.05任）
	包春辉（至2019.05）
	彭建华
	聂方飞（挂职两年）
	魏明灯（挂职两年）
	王礼金（挂职至2019.01）
党委委员	胡哥平
	倪于贤
	张占科
	徐中民
	何大华
	张建华
	朱松涛
人大主席	周海涛
人大副主席	吴元根
镇　长	程春山（2019.05任）
	包春辉（至2019.05）
副镇长	倪于贤
	何大华
	方雪梅

汪　翔
综治办副科级专职副主任
谢　军
纪委书记　　　胡哥平
人武部长　　　徐中民

乐港镇

党委书记　　　李希有
副书记　　　　许金根
肖有宾
刘灯平（挂职两年）
王小丰（挂职两年）
党委委员　　　吴流发
吴雪妹
李　华
钟彩云
李和财
盛　伟（至2019.04）
徐铁光（至2019.04）
人大主席　　　刘发桂
人大副主席　　陈庆兵
镇　长　　　　许金根
副镇长　　　　吴流发
钟彩云
吴有煌
胡美林
综治办副科级专职副主任
虞淑卿
纪委书记　　　盛　伟（至2019.04）
人武部长　　　李　华

洪岩镇

党委书记　　　占　文（2019.05任）
邹国良（至2019.05）
副书记　　　　汪任飞
蔡衍栋（至2019.05）
陈　明（挂职至2019.05）
马礼贵（挂职至2019.12）
党委委员　　　徐宏波
吴大河
廖　远
吴兴柱
朱全胜（至2019.05）
人大主席　　　徐泉水
人大副主席　　程雄伟
镇　长　　　　汪任飞
副镇长　　　　吴大河
余耀晟
朱佳月
综治办副科级专职副主任
张　平
纪委书记　　　徐宏波
人武部长　　　廖　远

高家镇

党委书记　　　叶　华
副书记　　　　李新松
盛明华
彭春林（挂职两年）
徐铁光（挂职两年，2019.04任）
党委委员　　　朱定仁
吴士平
蒋阳兵（2019.12任）
张建明（2019.12任）
邹传灯
王福文（至2019.05）
周海华（至2019.05）
人大主席　　　程智海
人大副主席　　王　珍

镇　长　　李新松
副镇长　　吴士平
张红军
黄玲萍
综治办副科级专职副主任
高清华（2019.05 任）
纪委书记　　朱定仁
人武部长　　张建明（2019.12 任）
周海华（至 2019.05）

临港镇

党委书记　　董　斌
副书记　　叶毫有（2019.05 任）
石必太（至 2019.05）
余　华
李　华（挂职两年）
党委委员　　杨爱珍
孙　斌
程小林
戴金福（2019.05 任）
胡亚鹏
人大主席　　吴　明
人大副主席　　杨万红
镇　长　　叶毫有（2019.05 任）
石必太（至 2019.05）
副镇长　　孙　斌
齐贵保
徐大雪
综治办副科级专职副主任
邹　健（2019.12 任）
钟　鹏（至 2019.12）
纪委书记　　杨爱珍
人武部长　　戴金福

浯口镇

党委书记　　石必太（2019.05 任）
朱小平（至 2019.01）
副书记　　程良武
余佐金
董强华
徐海梅（挂职两年）
党委委员　　程兵兵
康寿明
黄海红
李建斌（2019.05 任）
黄进中（至 2019.05）
人大主席　　彭冬彬
人大副主席　　张冬梅（2019.05 任）
江国英（至 2019.05）
镇　长　　程良武
副镇长　　吴清林
高鹏飞
黄进中（至 2019.05）
综治办副科级专职副主任
吴秋生
纪委书记　　程兵兵
人武部长　　康寿明

塔前镇

党委书记　　曹　宇
副书记　　张武炎
张宝三（2019.05 任）
盛　伟（挂职两年，2019.04 任）
汪志虎（挂职至 2019.05）
党委委员　　余惠微
廖明华
洪著宝
徐君芳
杨金保
人大主席　　蔡祖平
人大副主席　　叶宝荣

镇　长　张武炎
副镇长　廖明华
　黄海龙
　肖志华
　王顺生
纪委书记　余惠微
人武部长　洪著宝

双田镇

党委书记　赵　兴
副书记　洪　辉（2019.05 任）
　刘文庆
　戴　碇（挂职两年）
　王建军（挂职两年，2019.04 任）
　赵江雄（至 2019.05）
　张春根（挂职至 2019.04）
党委委员　夏　冰
　余发全
　程春财
　徐庭华
　胡真真
人大主席　邵海水
人大副主席　李雷金
镇　长　洪　辉（2019.05 任）
　赵江雄（至 2019.05）
副镇长　余发全
　王永华
　何玉珍
　张　帆
纪委书记　夏　冰
人武部长　程春财
综治办副科级专职副主任
　蔡建光

名口镇

党委书记　梁彩东（2019.05 任）
副书记　梁彩东（至 2019.05）
　徐光祥（2019.05 任）
　程冬根（挂职两年）
党委委员　程水平
　朱胜林（2019.05 任）
　程联胜
　戴五小（2019.05 任）
　李少宏
　石发秋（至 2019.05）
　张天滨（至 2019.05）
人大主席　黎　新
人大副主席　张兵玖（2019.05 任）
　张冬梅（至 2019.05）
镇　长　梁彩东（至 2019.05）
副镇长　朱胜林（2019.05 任）
　黄　金
　邱阳明（2019.05 任）
　石发秋（至 2019.05）
　张兵玖（至 2019.05）
综治办副科级专职副主任
　程鹏飞（2019.05 任）
　戴五小（至 2019.05）
纪委书记　程水平
人武部长　戴五小（2019.05 任）
　张天滨（至 2019.05）

礼林镇

党委书记　汪勤海（2019.05 任）
　黄文生（至 2019.01）
副书记　董利华
　程海兰
　王　亮（挂职两年）
　吴　磊（挂职两年）
党委委员　李有明
　夏元宏

	吴毛毛（2019.05任）
	朱如新
	雷清平
	王永钢
	朱胜林（至2019.05）
人大主席	洪建平
人大副主席	马达金
镇　长	董利华
副镇长	夏元宏
	洪乃华
	金　美
	黄邵贵
综治办副科级专职副主任	段林水
纪委书记	李有明
人武部长	雷清平

后港镇

党委书记	王　斌
副书记	蔡衍栋（2019.05任）
	汪庭杰（2019.05任）
	虞正飞（挂职两年）
	董志伟（挂职两年）
	汪勤海（至2019.05）
	王细平（至2019.05）
党委委员	汪颖红
	翁红军
	刘文武（至2019.04）
	程　波
	王　清（2019.05任）
	蔡晓波
	戴思桦（挂职两年）
	程卫华
	陈小弟（至2019.05）
人大主席	汪金海
人大副主席	王图海
镇　长	蔡衍栋（2019.05任）
	汪勤海（至2019.05）
副镇长	翁红军（2019.05任）
	王　清（2019.05任）
	戴思桦（挂职两年）
	石　勇
	邹　峰
	刘文武（至2019.04）
	陈小弟（至2019.05）
纪委书记	汪颖红
人武部长	程　波
综治办副科级专职副主任	袁新霞

鸬鹚乡

党委书记	王志荣
副书记	马　建
	戴秀荣（挂职两年）
	胡雪彬（至2019.05）
党委委员	汪萌莉
	程长海（2019.05任）
	王成勇
	张天滨（2019.05任）
	黄　胜
	吴毛毛（至2019.05）
	王建军（至2019.04）
人大主席	华昌宇
人大副主席	程树占
乡　长	马　建
副乡长	程长海（2019.05任）
	曹建波
	彭志方（2019.12任）
	王建军（至2019.04）
	蒋阳兵（至2019.12）

纪委书记　　汪萌莉
人武部长　　张天滨（2019.05 任）
　　吴毛毛（至 2019.05）
综治办副科级专职副主任
　　栾　鹰

十里岗镇

党委书记　　赵江雄（2019.05 任）
　　占　文（至 2019.05）
副书记　　高　翔
　　马有胜
　　徐瓷明（挂职两年）
党委委员　　吴朝君（2019.05 任）
　　徐保军
　　钟　鹏（2019.12 任）
　　汪晓东
　　徐光祥（至 2019.05）
　　张宝三（至 2019.05）
人大主席　　夏种丘
人大副主席　　徐春生（至 2019.05）
镇　长　　高　翔
副镇长　　吴朝君（2019.05 任）
　　吴晶鑫
　　马清花（2019.05 任）
　　徐光祥（至 2019.05）
　　洪　霞（至 2019.05）
纪委书记　　张宝三（至 2019.05）
人武部长　　徐保军
综治办副科级专职副主任
　　付正勇

农业高新科技示范园区

党工委书记　　朱　敏（2019.05 任）
　　万雪生（至 2019.01）
党工委副书记　　雷科敏
　　黄桂生（挂职两年，2019.01 任）
　　彭秋英（挂职两年）
　　张　赟（至 2019.05）
党工委委员　　徐洪琴
　　刘金炎
　　傅国伟
　　姜木兰（挂职至 2019.04）
主　任　　雷科敏
常务副主任　　许火春
副主任　　王文华（至 2019.05）
纪工委书记　　徐洪琴
人武部长　　刘金炎
综治办副科级专职副主任　　陈红宇

江西乐平工业园区管委会

党工委书记　　吴金财
党工委副书记、主任　　汪胜勇
党工委副书记、常务副主任
　　郑　珩
党工委委员、副主任　　朱志勇
　　汪洪喜
　　程晓武（挂职两年，2019.04 任）

省、景德镇市所属单位和部门

国家税务总局乐平市税务局

党委书记、局长　　黄　波
党委副书记、副局长　　张艳民
党委副书记　　徐　涛
党委副书记、副局长　　吴精华
党委委员、副局长　　徐梅英
党委委员、副局长　　周　磊（2019.05 任）

党委委员、副局长　汪长华
党委委员、副局长　占勇华
党委委员、副局长　宁　炜
党委委员、纪检组组长　张林春
党委委员兼第二税务分局局长　张　延
第一税务分局局长　胡荣富
洎阳税务分局局长　徐华生
后港税务分局局长　孔祥冬
乐港税务分局局长　程　卫
接渡税务分局局长　徐　静

电信公司

总经理　张启明
副总经理　杨任中
总经理助理　熊骁杰
余玲玲
盛文峰

邮政公司

总经理　刘金英
副总经理　胡　明
韩　伟
赵俊韬（挂职）
许小强（挂职两年）
欧阳康生（至2019.07）

乐平市供电有限公司

党委副书记、经理　吴有彬
党委书记、副经理　汪镇军（2019.08任）
胡维雄（至2019.07）
副经理　郭泉辉（2019.08任）
张少波
王一波
袁云峰（2019.08任）
许翼康（2019.08任）
叶　雯（至2019.07）
王俊宇（至2019.07）
纪委书记、工会主席　王一波

气象局

党组书记、局长　曹雨田（2019.09任）
党支部书记、气象台台长　郑卡妮
工会主席　郑卡妮
副局长　叶奋勇

景德镇市公路管理局乐平分局

局　长　叶　军
副局长　朱瑞才
方　伟
李　燕
董　征
盛开义

新华发行集团有限公司乐平市分公司

负责人　徐根生
副经理　汪亮华
王丽洁
袁雪冰
周　纲

中国人民银行乐平市支行

行长、党组书记　孙景煌
副行长　汪晓峰
朱红海
纪检组长　汪庭锋

中国银行业监督管理委员会景德镇监管分局乐平办事处

主　任　汪文峰

中国工商银行乐平市支行

行长、党组书记　钱晓荣
副行长　马伶俐（2019.10任）
石其胜（至2019.10）

徐来顺（至2019.10）

中国农业银行乐平市支行

行长、党组书记 卢 平（2019.01任）
马建萍（至2019.01）
副行长 曹国清（2019.05任）
盛建华
张 莉（2019.01任）
董凌峰
盛建华

中国银行乐平市支行

行长、党组书记 李正华
副行长 汪春梅
吴 标（2019.08任）
刘 珂（至2019.08）

中国建设银行乐平市支行

行长、党组书记 周 琪
副行长 施 璐
汪雄胜
曾 艳
叶饶斌（2019.02任）

交通银行乐平市支行

行 长 邵韵飘
副行长 刘 丹（至2019.11）

中国农业发展银行乐平市支行

行长、党支部书记 周 良
副行长 王小平
支委 王 彬

景德镇市农商银行乐平市支行

党总支书记、行长 漆 胜
副行长 石 敏
接渡支行行长 夏 禄

中国邮政储蓄银行乐平市支行

行 长 蔡鸿翔（2019.01任）
朱志祥（至2019.01）
副行长 黄佳亭（2019.01任）
江 鹏（至2019.01）

江西省石油公司乐平支公司

党总支书记、经理 孙海涛
副经理 石依婷
戴吉柳

景德镇市住房公积金管理中心乐平办事处

主 任 陈 军

乐平市盐业公司

经 理 马卫东

乐平市烟草专卖局（公司）

副局长、副经理 王翼飞
副局长 李祥征（2019.09任）
孙 伟（2019.09任）
占众鑫（至2019.09）
副科级纪检员 汪 钧（至2019.09）

中国人民保险公司乐平市支公司

经 理 刘亦汛（2019.07任）
洪 萍（至2019.07）
副经理 徐勇敏
经理助理 黄河洲（2019.11任）
石万锋（至2019.11）
胡建辉（至2019.10）

人保寿险乐平市支公司

经 理 龚建武
副经理 程美军

中国人寿保险公司乐平市支公司

经 理 熊志波
副经理 朱玲玲
经理助理 占 鸣

乐平市消防救援大队

大队长 戴炳勇（至2019.07）
政治教导员 彭政财
副大队长 李 青

江西省乐平虎山水文站

副站长　刘祖彪（2019.08 任）

　吴火明

中国移动通信乐平分公司

总经理　胡志高（2019.09 任）

　费学武（至 2019.09）

副总经理　刘达平

　程　婕

中国联通乐平分公司

总经理　吴　鹏

副总经理　乐伟杰

　胡　健

太平洋财产保险公司

经　理　胡任之（2019.03 任）

　汪光灿（至 2019.03）

太平洋人寿保险公司

经　理　葛世祥

国家统计局乐平调查队

队　长　韩本干

副队长　曾　鸣

　姜木兰（2019.04 任）

乐平市广电网络公司

总经理　冯志斌（2019.01 任）

副总经理　帅　霞

　汪　洋

总经理助理　柴　广

说明：

1. 以上收录的为全市各单位副科级以上组织机构和领导名录，其中在职副科级以上职务排列顺序以市委文件为准；

2. 姓名后面没有注明时间的，均为 2019 年任职未有变动的；

3. 所列机构和领导名称均由市委组织部提供。

中共乐平市委

综　述

2019年，在省委、景德镇市委的坚强领导下，市委常委会坚持以习近平新时代中国特色社会主义思想为指导，深入学习贯彻习近平总书记视察江西重要讲话精神，全面落实党中央、国务院，省委、省政府和景德镇市委、市政府的决策部署，主动融入景德镇国家陶瓷文化传承创新试验区建设，全力打造特色鲜明的现代化赣东北明珠，统筹做好稳增长、促改革、调结构、优生态、惠民生、防风险、保稳定各项工作，推动全市党的建设和经济社会发展取得新成效，迈出“六大明珠”建设新步伐。

一、全面学习贯彻习近平新时代中国特色社会主义思想，对标看齐的政治方向更加坚定

始终把学懂弄通做实习近平新时代中国特色社会主义思想作为首要的政治任务，结合“不忘初心、牢记使命”主题教育，推动习近平新时代中国特色社会主义思想往心里走、往实里走。

一是理论学习有收获。市委常委会带头学习贯彻习近平新时代中国特色社会主义思想，带头学习必读科目，带头为党员干部上专题党课，全年进行了26次集体学习研讨。指导“流动党校”“古戏台讲堂”“赣鄱红色娘子军”等宣讲团开展大宣讲，采取“线上+线下”“送学+自学”多渠道解决流动、退休和年老体弱党员学习教育难题，实现学习对象全覆盖。

二是调查研究有变化。市委常委会全面落实《关于全省党员干部直接联系群众的意见》，带头开展“蹲点式”“结伴式”调研，带领全市形成调研报告九百余篇，发现问题155个，梳理意见建议171条。

三是检视问题有实效。坚持早学习早检视，第二批主题教育开展前，针对2016年换届以来工作检视存在的问题，市委常委会8月份制定《乐平市检视问题整改落实台账》。活动开展后，带头征求意见，深入检视问题，收到意见建议647条，梳理为6个方面155条。

四是整改落实有温度。带头深化“8+6+1+N”整治整改，推动问题整改有效。针对“营商环境不优”问题，建设了符合省定标准的综合性行政服务中心并投入使用。针对学前教育“入园难”“入园贵”问题，加快推进了乡镇公办中心幼儿园建设，稳步推进了城镇小区配套幼儿园专项治理。针对农村养老问题，建成96个“爱心食堂”。针对“行路难”问题，启动了206国道大田—桃林段改造，加快了S306、景鹰高速连接线、S411省道改造，城市外环、湘官公路、S205乐涌路、S409战备路、镇杨公路等主干道全线通车，S306A标及塔荷线、涌临线、乐德线等战备路路基完成，部分路段建成通车。完成省、市级54个重点贫困村和25户以上自然村的通村道路建设，加快了31座危桥改造步伐，12座桥梁建成通车。大力整治“文山会海”等形式主义官僚主义问题的做法，被省委主题教育办作为典型案例介绍。中央主题教育简报，省委主题教育办主要领导点名肯定乐平市主题教育的有关经验做法。

二、全面对接国家试验区战略，景乐一体化驶上正轨道

坚持把全面融入国家试验区建设作为“开启对话世界、讲好乐平故事 ”的政治任务和战略路径，着力全面学习、全心领悟、全力擘画、全速融入，牢记嘱托，感恩奋进，用心用情用力推进景乐一体化。

一是全面学习精准把握。深入学习贯彻习近平总书记视察江西重要讲话精神和国家试验区建设动员大会会议精神，深入准确把握《景德镇国家陶瓷文化传承创新试验区实施方案》文件要求，推进国家试验区战略落地乐平。

二是全盘考虑精细谋划。围绕国家试验区“两地一中心”战略定位，开展大调研，富有针对性、可操作性的调研成果随之而出；开展大讨论，形成《乐平市关于“我的景德镇——国家试验区建设怎么看怎么干”意见建议汇编》。

三是全域推进用心落实。全面启动了国土空间总体规划编制，开展了道路、公共服务设施等专项规划编制；编制南窑遗址保护规划方案，南窑遗址入选第八批全国重点文物保护单位名单；对标景德镇市创建全国全域旅游示范区，完善了《乐平市全域旅游总体规划》，推进了全域旅游发展；有力地推进了古戏台文化发展、赣剧复兴工程。

三、全面贯彻新发展理念，经济发展更加高质量

全面加强党对经济工作的领导，全力实施高质量跨越式发展战略，推动经济发展稳中有进、稳中向好。

一是工业发展获全省表彰。坚持稳字当头，每季度召开经济形势分析会，切实加强分析研判，统筹解决重大问题，推动各项任务落实，实现工业实力进一步提升、产业发展进一步提质、发展平台进一步拓展，宏柏、天新两家企业上市步伐坚实。天新、世龙两家企业进入全省民营100强。乐平工业园被中国石化联合会列为第二批中国智慧化工园区试点示范（创建）单位。

二是重大项目建设获省2019年首批及时奖励。深入实施“大干项目年”活动，开展重点项目建设“百日攻坚”行动，大力优化项目建设环境，着力扩大有效投资，年度159个重点项目扎实推进，一大批重大项目建成投产。全年呈报农转用和征收土地列全省县市区第一，获得全省耕地保护优秀县市荣誉。

三是改革开放获省优秀案例。全年188项改革任务基本完成，农村产业融合发展示范园、垃圾分类、返乡创业园等20余项国家级、省级试点和自选改革举措落地落效，重点项目推进落实问责办法、数字政府平台建设等一批重点改革课题扎实推进。殡葬改革上报国家环境保护专家委员会被点名肯定。引进省外资金62.19亿元。国家高新技术企业新增17家达33家，23家企业获批国家级科技型中小企业。

四是农业发展入选首批国家农村产业融合发展示范园创建名单（全省4个之一）。认真落实各项强农惠农政策，圆满完成粮食生产任务，实现“十六连增”。加快农业“接二连三”，促进一二三产融合，推进规模化、设施化、产业化发展。继续唱响“江南菜乡”品牌，蔬菜产量再提高、效益再提升。由市生态农业科技园、市国家现代农业示范区融合而成的景德镇国家农业科技园区，作为全省唯一推荐科技部进行命名。

四、全力推进“双创双修”，生态明珠更加靓丽闪亮

坚持以“双创双修”为统领，统筹推进城市功能与品质提升和农村人居环境整治三年行动计划，使乐平对内更有认同感、归属感、自豪感，对外更有承载力、吸引力和感召力。

一是农村环境持续提升。扎实推进了“整治美丽、和谐宜居”新农村建设，深入实施了农村人居环境整治，突出“三边五线”环境提升，加快了一方公园、子安片区改造，打造了大田赣剧文化特色村等一批具有乐平特色的精品示范村。洪岩镇成为全省秀美乡村建设典范，洪岩被评为国家森林公园。

二是文化提升更有魅力。实施了老北街等历史文化街区保护修缮工程；启动了以5个省级传统文化村落为重点的“古建修缮工程”；推进了赣东北特委旧址、红十军建军旧址、篁坞方志敏旧居等红色旅游项目建设。

三是城市营造更有品质。全面推进城市功能与品质提升八大行动，统筹推进智慧城市、城市双修等工作，抓好城乡接合部、城中村、背街小巷等环境整治，优化教育、医疗、文体、停车场等设施布局，完善了城市基础设施，全面禁止了城区燃放烟花爆竹，城市功能品质不断提升。

四是环境提升更加生态。全面启动了山水林田湖草——矿山生态修复综合治理调查和规划编制，推进绿色矿山建设，推进治理了沿沟、科山煤矿等一批废弃矿山生态环境。稳步推进环保整改和污染防治攻坚战，乐安河野鸡山断面全年总体保持在Ⅲ类水质以上。

五是双城创建步伐坚实。组织开展了“不忘初心为百姓·大干项目庆华诞”活动，组织开展了乡镇环境整治大巡查活动，营造了比学赶超氛围。开展斑马线礼让行人、机动车规范停靠、店面规范经营等专项整治行动。被正式命名为江西省卫生城市。

五、全力推进民生改善，民生福祉更加均衡殷实

坚持把改善民生作为最大政绩，做到财力优先向民生集中、政策优先向民生倾斜、服务优先向民生覆盖，让每一个生活工作在乐平的人，都能感受到这座城市的温暖。

一是“脱贫攻坚”精准有为。压茬推进“春季整改”“夏季提升”“秋冬巩固”三大攻势，着力开展扶贫扶志感恩行动，全年减贫任务圆满完成，贫困发生率降至0.29%。全年共提拔重用扶贫专职副书记、第一书记11人，表彰第一书记61人、驻村工作队员17人、先进帮扶单位28个。

二是“风险防范”科学有度。坚持每季度定期研判经济形势，严格落实重大项目听证制、“三重一大”决策机制，规范举债融资行为，控制全市债务总量，2019年以来，没有新增一起隐形债务。坚持房子是用来住的，房地产市场平稳健康发展。严厉打击了非法集资等金融违法犯罪行为，全市经济金融安全稳健运行。

三是“扫黑除恶”群众有赞。圆满完成专项清查，专项清查工作受到中央督导组下沉督导充分肯定。严厉打击“行业霸”“资源霸”“黑恶势力团伙”，社会更加和谐稳定，全市公众安全感满意率达97.27%，由上年全省第82位上升至58位。

四是“殡葬改革”稳步有序。印发《乐平市加快推进殡葬改革促进殡葬事业发展的实施方案》等8个配套文件和规章制度，推进殡葬改革制度化规范化。着力在治丧、治乱、治陋、治俗上全面发力，全年全市实现遗体火化率100%，没有发生一起因丧葬引发的不稳定事件，厚养薄葬成为新时代新风尚。

五是“垃圾革命”全面有效。“户分类、村收集、乡转运、县处理”城乡垃圾一体化收运处理体系基本建成，城乡环卫一体化进程全面加速，农村环境卫生前端清扫保洁第三方治理全面推行。洪岩镇全域农村生活垃圾分类试点工作有序推进。

六是“社会事业”稳中有进。落实就业优先政策，超额完成城镇就业、农村劳动力转移年度计划。坚持教育优先发展，一批中小学校建成投入使用，促进义务教育均衡发展，减轻中小学教育负担，深化教师队伍建设，教育事业全面进步；“厕所革命”深入推进，农户卫生厕所普及率达82.4%；“污水革命”全省有位，城乡污水处理一体化稳步推进；深化医药卫生体制改革，村卫生计生服务室标准化配置全面完成，被列为国家级紧密型县域医共体建设试点县和省级综合医改试点地。抓好生猪稳价保供工作，及时发放临时价格补贴，“菜篮子”市场产品供应充足。

六、全力画好最大同心圆，全市上下更加团结奋进

坚持把党的领导、人民当家做主和依法治市有机统一起来，加强民主法治建设，充分调动各方面的积极性主动性创造性。

一是民主法治建设持续加强。始终坚持党的领导、人民当家做主和依法治市的有机统一。支持人大及其常委会依法行使职权，支持政协推进协商民主制度化、规范化和程序化建设。爱国统一战线得到巩固发展，工商联、老干部、红十字会、关工委等工作取得较好成效。

二是政法事业发展坚强有力。支持法院、检察院依法履职，全面落实司法责任制，深入推进法治乐平、平安乐平建设。圆满完成建国70周年大庆安保维稳任务。

三是党管武装工作更加有力。广泛开展科技拥军、文化拥军、教育拥军活动，为部队提高战斗力提供了有力支撑；妥善安置部队转业干部、退役士兵和随军家属，先后出台现役军人、残疾军人和重点优抚对象免费乘坐公交车、服务窗口军人优先、每年提高优抚抚恤标准等措施，开创了双拥工作新局面。

七、全面加强党的建设，政治生态更加风清气正

全面贯彻新时代党的建设总要求，以党的政治建设为统领，坚决落实管党治党主体责任，不断提升党的建设质量。

一是意识形态工作更加牢固。定期召开常委会专题研究意识形态领域重要工作，定期组织中心组理论学习。深入推进融媒体中心和新时代文明实践中心建设，融媒体中心揭牌成立。全市20个乡镇（街道）新时代文明实践所、294个村（居）委会“新时代文明实践站”全部挂牌成立。“古戏台讲堂”宣讲团，被中宣部表彰为全国基层理论宣讲先进集体，为江西省唯一获此殊荣的县（市、区）。

二是基层基础特色更加鲜明。出台并推动了乐平市“党支部书记”“村干部队伍”两个管理办法（试行）实施，扎实开展了软弱涣散党组织整顿，严格落实了“三会一课”等重要制度。继续为每个党支部安排5000元工作经费，确保每个社区经费不少于15万元。按每名党员100元的标准，为全市所有的村（社区）发放党员活动经费，按照每人50元/月的标准为70周岁以上无固定收入老党员发放生活补助等。村级集体发展财政安排资金23132.89万元（本级配套8262.6万元）。

三是党建品牌更加闪亮。打造了天湖市民之家，培育发展了“帮帮团”等公益性社会组织，探索出一条中小城市加强城市基层党建引领城市社会治理的新路径。建立“街区吹哨、部门报到”工作机制，全市3289名在职党员进社区报到。全面抓好了幸福东湖、法治天湖、快递小哥驿站3个“点线面党建共同体”项目建设。乐平市城市基层党建经验做法获评全国城市基层党建创新优秀案例。

四是人才工作更加科学。市委常委会常态研究部署、推动人才工作。推动人才改革“十条意见”落地见效，每年安排不少于1000万元人才工作专项经费。发放奖励金920余万元。推动实施“青年123计划”，招录公务员、教师、“三支一扶”大学生等人才608名，归雁计划34名，团圆计划7人；评选市第八批专业技术拔尖人才19名和第七批优秀乡土人才18名。

五是政治生态更加清明。突出抓好党风廉政建设，层层传导压责任，推动全面从严治党政治责任在乐平落细落实。紧盯“关键少数”实施精准监督，共立案408起，涉及494人，其中科级干部立案87起，涉及99人。坚定不移打伞破网，查处党员干部或公职人员148人，涉“保护伞”问题14人，对6人采取留置措施；持之以恒落实中央八项规定精神，查处问题106起，处理121人；集中整治形式主义、官僚主义，查处问题143起，处理185人；乡镇纪委书记、副书记单列考核工作做法在全省推广，《江西改革动态》两次予以重点推介；同级监督更加精准，出台了《关于加强对市委常委会及其成员同级监督实施办法（试行）》，“一卡两问三书四单”的做法切实增强了同级监督的实用性、操作性和规范性；党风廉政教育有声有色，两部廉政微电影获全省大奖，其中《百年一当》在中央纪委国家监委网站“清廉中国”专栏向全国推介；巡察利剑作用更加彰显，全年开展了3轮43个单位巡察，前两轮巡察共发现问题线索78件，涉及85人。

2019年，乐平市沿着习近平新时代中国特色社会主义思想指引的康庄大道坚定前行，按照习近平总书记视察江西重要讲话精神狠抓落实，经受了各种风险挑战，办成了一批大事要事实事，破解了一批制约发展的难点堵点阻点，充分展现了乐平干群感恩奋进、真抓实干的良好精神风貌。先后荣获“中国古戏台之乡”、全国“七五”普法先进县（市、区）、全国基层理论宣讲先进集体、全国城市基层党建示范市、全省加快工业发展加速工业崛起“年度贡献奖”、全省义务教育基本均衡发展积极贡献集体、全省农业农村工作先进县（市）、新农村工作先进县（市）、省级卫生城市等20余项国家、省级奖项。

重要会议

1月13日，市委六届七次全体（扩大）会议在为民服务中心三楼第一会议室召开，会议为期半天。会议内容以习近平新时代中国特色社会主义思想为指导，深入学习贯彻党的十九大和十九届二中、三中全会精神，全面贯彻落实中央经济工作会议精神以及省委十四届七次全体（扩大）会议精神和中共景德镇市委十一届六次全体（扩大）会议精神，听取和审议市委常委会工作报告，总结2018年工作，研究部署2019年工作。

7月31日，市委六届八次全体（扩大）会议在为民服务中心三楼第一会议室召开，会议为期半天。会议内容以习近平新时代中国特色社会主义思想为指导，深入学习贯彻习近平总书记视察江西时的重要讲话精神，全面落实省委十四届八次全体（扩大）会议精神和省委书记刘奇同志在景德镇市调研时的讲话精神以及景德镇市委十一届七次全体（扩大）会议精神，研究部署当前和今后一个时期的主要任务，为打造与世界对话的国际瓷都、描绘好新时代江西改革发展新画卷贡献乐平力量。

2月27日上午，全市领导干部会议在为民服务中心三楼第一会议室召开，市委书记俞小平同志主持会议并讲话。景德镇市委组织部常务副部长王丽心同志宣布景德镇市委关于乐平市领导干部调整的决定，并送新任职干部报到。新任市委副书记、市长候选人高翔，原任市委副书记、市长徐辉分别讲话。高晓云、刘圣卿、万玉华、王颖军、潘赛新、张汉坤、李群芳、徐志军、吕贵平、吴顺斌、王晨、杜建峰、汪志明等副县级以上领导干部，市委各部门、市直各单位主要领导，各乡镇（街道）党政主要负责同志，驻乐条管单位主要负责同志等出席会议。

5月25日，全市领导干部会议在为民服务中心三楼第一会议室召开，会议传达学习了近日习近平总书记视察江西时的重要讲话精神，以及全省、景德镇市领导干部会议精神。市委书记俞小平同志主持会议并讲话。他强调，全市上下要迅速掀起学习宣传贯彻习近平总书记重要讲话精神的热潮，切实把思想和行动统一到习近平总书记的重要讲话精神上来，统一到省、市委决策部署上来，一以贯之大学、大干、大变，办好乐平的事情、干好乐平的工作，为谱写新时代江西改革发展新画卷的景德镇篇章贡献乐平力量。市委副书记高晓云同志传达学习习近平总书记视察江西时的重要讲话精神，以及全省、景德镇市领导干部会议精神。高翔、刘圣卿、王颖军、潘赛新、张汉坤、王慧娟、李群芳、徐志军、吕贵平、吴顺斌、王晨、杜建峰等市四套班子成员，市人民法院、市检察院主要负责同志及其他副县级以上领导干部；老干部代表；市纪委副书记、市监委副主任；市委各部门、市直各单位主要负责同志；各乡镇（街道）党政主要负责同志；条管单位主要负责同志等出席会议。

11月5日上午，全市领导干部会议在为民服务中心三楼第一会议室召开，会议传达学习了党的十九届四中全会和全省、景德镇市领导干部会议精神，对全市学习、宣传、贯彻工作进行动员部署。市委书记俞小平同志主持并讲话。他强调，学习好、宣传好、贯彻好党的十九届四中全会精神，是我们当前和今后一个时期的首要政治任务，也是一项长期战略任务。全市上下要按照中央和省委、景德镇市委的统一部署，全面深入学习贯彻党的十九届四中全会精神，更加扎实地把党中央的各项决策部署落实到位，把省委、景德镇市委的具体要求落到实处，加快推进我市治理体系和治理能力现代化，努力在落实“做示范、勇争先”目标定位上，在融入国家试验区、推进赣东北明珠建设上勇于担当、贡献力量。市委副书记、市长高翔同志传达了党的十九届四中全会和全省、景德镇市领导干部会议精神。高晓云、王颖军等出席会议。参加会议的还有：市委委员、候补委员；不是市委委员、候补委员的在职副县级以上领导同志；市委办公室、市人大办公室、市政府办公室主任，市政协秘书长，市人大、市政协各专（工）委主要负责同志；市纪委副书记、市监委副主任，市纪委常委、市监委委员；市委各部门、市直各单位党政主要负责同志；各乡镇（街道）党政主要负责同志。

2019 年共召开市委常委会会议 33 次，共审议议题 251 项。

市委六届 74 次常委会会议于 1 月 12 日上午召开，共有议题 14 项。会议传达学习了 2019 年 1 月 4 日召开的中央军委军事工作会议精神、省委《关于印发<江西省建设新时代文明实践中心试点工作方案>的通知》文件精神、省委《印发<关于以习近平新时代中国特色社会主义思想统领江西教育高质量发展的实施意见>的通知》精神、省委《关于支持民营经济健康发展的若干意见》精神、省委书记刘奇同志在深入九江长江沿线和鄱阳湖湖区调研时的讲话精神、省扶贫干部培训班、景市扶贫开发领导小组会议精神、中共景德镇市委十一届六次全体（扩大）会议精神；会议审议了《中共乐平市委六届七次全体（扩大）会议预案》《市委常委会工作报告（送审稿）》《徐辉同志在市委六届七次全体（扩大）会议上的讲话》；审议了市政府党组《关于呈请审议提前终止乐平市信嘉出租汽车有限公司出租车特许经营权的请示》；审议了市政府党组《关于呈请审议启动新一轮出租车经营权公开招投标的请示》；审议了市政府党组《关于呈请审议启动礼林镇洄田大桥等六座大、中危桥重建的请示》；审议了市政府党组《关于呈请审议启动接渡大桥改建工程依法依规招投标程序的请示》；审议了市政府党组《关于呈请审议启动 G206 乐平桃林至大田段公路改建工程招投标程序的请示》；审议了市政府党组《关于呈请审议乐平市行政服务中心新大楼实施标准化建设的请示》；审议了市委组织部《关于提请审议<2018 年度市委常委班子民主生活会方案>的请示》《关于举办两期干部异地培训班的请示》；审议了市纪委《呈请审议<关于开展 2018 年度落实党风廉政建设责任制检查考核的通知（送审稿）>的请示》；审议了市委宣传部《关于呈请审议<乐平市委 2018 年度意识形态工作汇报>的请示》；审议了市委政法委《关于调整扫黑除恶专项斗争领导小组组成人员的请示》《关于呈请审议<乐平市贯彻落实景德镇市委扫黑除恶专项斗争集中督导反馈意见整改方案>的请示》；审议了市考核办《关于成立市高质量发展考核评价领导小组的请示》《关于呈请审议<2018 年度乡镇（街道）高质量发展考核评价实施方案（送审稿）>的请示》《关于呈请审议<2018 年度市直部门（单位）高质量发展考核评价办法（送审稿）>的请示》；审议了市妇联党组《呈请审议关于拟推荐景德镇三八红旗手（集体）候选人（单位）的请示》《呈请审议关于拟推荐“全国巾帼建功先进集体”候选对象的请示》。

市委六届 75 次常委会会议第一阶段于 1 月 23 日上午在景德镇紫晶宾馆 1 号楼 3 楼第一会议室召开，第二阶段于 1 月 25 日下午召开，共有议题 3 项。会议审议了市委组织部《关于推荐正县级干部人选的请示》；审议了市委组织部《关于调整部分单位党组织设置的请示》；会议集中观看了电视专题片《一抓到底正风纪——秦岭违建整治始末》。

市委六届76次常委会会议于1月28日上午召开，共有议题4项。会议传达学习了中国共产党第十九届中央纪律检查委员会第三次全体会议、中共江西省第十四届纪律检查委员会第四次全体会议精神，审议了《关于景德镇市纪委十一届四次全会精神传达提纲及我市贯彻意见的汇报的请示》，审议了《关于2018年度落实党风廉政建设责任制检查考核的情况的通报（审议稿）的请示》，审议了《关于给予三人纪律处分的请示》；审议了市政府党组《关于呈请审议乐平市机关事业单位编外临时聘用人员管理暂行办法的请示》；审议了市政府党组《关于呈请审议我市机关事业单位养老保险等有关事项的请示》；审议了《市委常委班子民主生活会整改方案落实情况通报（送审稿）》《中共乐平市委常委班子2018年度民主生活会对照检查材料（送审稿）》。

市委六届77次常委会会议于1月30日晚上召开，共有议题1项。会议审议通过了干部人事调整事项。

市委六届78次常委会会议于2月27日上午召开，共有议题6项。会议审议通过了市委组织部《关于提请审议干部调整事项的请示》《关于提请审议补选乐平市六届人大代表和乐平市六届人大常委会组成人员的请示》《关于提请审议调整政协乐平市第六届委员会委员及常委的请示》；传达学习了《党委会的工作方法》，习近平总书记在省部级主要领导干部坚持底线思维着力防范化解重大风险专题研讨班开班式上的讲话精神，全省县（市、区）委书记座谈会精神，刘奇、易炼红同志在习近平总书记视察江西三周年座谈会上的讲话精神，《中国共产党政法工作条例》，中央、全省政法工作会议精神，全省扫黑除恶专项斗争电视电话会议精神，全省宣传部长工作会议精神，《省委办公厅关于做好“学习强国”学习平台推广运用工作的通知》；审议了市政府党组《关于呈请审议接渡镇杨子安片区、周家片区综合环境提升工程建设相关问题的请示》；会议听取了市政府党组《关于今冬明春火灾防控工作情况的报告》；审议了市委宣传部《关于呈请审议乐平市建设新时代文明实践中心工作方案（送审稿）的请示》；审议了市纪委《关于呈请审议《乐平市贯彻落实中共江西省委关于坚决全面彻底肃清苏荣案余毒持续建设风清气正政治生态的意见任务分工方案（送审稿）》的请示》《关于对1名同志立案审查的报告》。

市委六届79次常委会会议于3月8日下午召开，共有议题10项。会议审议通过了市委组织部提请审议《关于乐平市人大社会建设委员会主任委员人选的请示》；传达学习了全省农村工作会议和景德镇市脱贫攻坚工作暨农村工作会议精神、中共乐平市委常委班子2018年度民主生活会议精神；审议了《市委常委班子2018年度民主生活会整改方案》；审议了市人大党组《关于呈请审议乐平市第六届人民代表大会第四次会议有关事项的请示》；审议了市政协党组《关于呈请审议市政协六届四次会议有关材料的请示》；审议了市政府党组《关于呈请审议政府工作报告的请示》；审议了市政府党组《关于乐平市2018年国民经济和社会发展计划执行情况与2019年国民经济和社会发展计划草案报告的请示》；审议了市政府党组《呈请审议关于2018年财政预算执行情况和2019年财政预算的请示》；审议了市人民法院党组《关于呈请审议乐平市人民法院工作报告（送审稿）的请示》；审议了市人民检察院党组《关于呈请审议乐平市人民检察院工作报告（送审稿）的请示》。

市委六届80次常委会会议于3月22日下午召开，共有议题11项。会议传达学习了中央办公厅印发《关于解决形式主义突出问题为基层减负的通知》文件精神、习近平总书记在3月1日中央党校（国家行政学院）中青年干部培训班开班式上的讲话精神、全省教育工作会议精神，通报了2018年度县（市、区）党政领导干部履行教育职责督导评价反馈意见、刘奇同志在中央脱贫攻坚专项巡视反馈意见整改工作动员会上的讲话精神，以及《关于印发<景德镇市关于中央脱贫攻坚专项巡视反馈意见及省市巡察发现问题和脱贫攻坚中形式主义官僚主义问题整改工作方案>的通知》精神；审议了《中共乐平市委常委会 2019 年工作要点（送审稿）》；审议了市委议事协调机构和调整有关工作领导小组事宜；审议了《市委常委班子脱贫攻坚专项巡视整改专题民主生活会方案（送审稿）》《中共乐平市委常委会班子脱贫攻坚专项巡视整改专题民主生活会对照检查材料（送审稿）》；审议了市人大党组《呈请审议<关于赴四川双流、涪城、东坡等地考察学习国有资产管理工作的报告>的请示》；审议了市政府党组《关于呈请审议乐平市城市功能与品质提升三年行动方案的请示》；审议了市委政法委《呈请审议关于加强和改进新形势下反邪教工作的实施意见的请示》；审议了市委党校《关于公开招考优秀理论教员的请示》；审议了市委党校《关于呈请审议<2018—2022 年乐平市干部教育培训规划（送审稿）>的请示》；审议通过了《呈请审议关于拟推荐“江西省五一劳动奖”候选对象的请示》《呈请审议关于拟推荐“景德镇市五一巾帼标兵岗”“景德镇市五一巾帼标兵”“景德镇市女创业带头人”等候选对象的请示》；审议通过了市纪委《关于对 5 名同志立案审查的请示》。

市委六届 81 次常委会会议于 4 月 12 日下午召开，共有议题 16 项。会议传达学习了 3 月 29 日召开的中央政治局会议精神、习近平总书记对民政工作做出的重要指示、《党政领导干部选拔任用工作条例》、中共中央印发《关于加强和改进中央和国家机关党的建设的意见》精神、《关于新形势下党内政治生活的若干准则》、《党委加强农村意识形态工作提示》，传达学习了省委常委会会议，加强行业监管深入推进扫黑除恶专项斗争工作座谈会，中央扫黑除恶第 15 督导组工作通报对接会，省委扫黑除恶贯彻部署会等近期省委、省政府扫黑除恶专项斗争相关会议精神，传达学习了景德镇市脱贫攻坚专项巡视整改工作调度会会议精神；会议审议了市人大党组《关于呈请审议<乐平市人大常委会 2019 年工作要点>的请示》；审议了市政协党组《关于呈请审议<政协乐平市委员会 2019 年工作要点（送审稿）>的请示》；审议了市政府党组《关于呈请审议我市 2019 年重点建设项目的请示》；审议了市政府党组《关于呈请审议启动 S306 乐平浯口至杨范段改建工程 C 标依法依规招投标程序的请示》；审议了市政府党组《关于呈请审议招聘 537 名教师的请示》；会议听取了市委统战部《关于全省和景德镇市统战部长会议精神及我市贯彻落实意见的汇报》；审议了市委组织部提请审议的《关于调整县级党员领导干部联系指导城市规划区内的社区（村）的请示》《关于调整市领导“党建+包乡挂点”安排的请示》；审议了市人武部党委《关于拟对 2018 年度人民武装工作考核情况进行通报的请示》；审议了市总工会党组提请审议的《关于拟推荐景德镇市模范职工之家、模范职工小家、优秀工会工作者、优秀工会积极分子等候选对象的请示》《关于拟推荐景德镇市五一劳动奖状、景德镇市工人先锋号候选对象的请示》；审议了团市委党组提请审议的《关于拟推荐“江西省农村青年致富带头人”候选对象的请示》《关于拟推荐“江西青年五四奖章”候选对象的请示》；审议了市妇联党组《关于拟推荐江西省“最美家庭”候选家庭的请示》；审议了市纪委监委呈请审议了《关于加强市纪委市监委派驻机构改革建设的实施意见（送审稿）》的请示》、呈请审议了《关于对 6 名党员领导干部违纪问题处理意见的请示》；审议了市委宣传部《关于提请审议<2019 年全市宣传思想文化工作要点（送审稿）>的请示》；审议了市委宣传部《提请审议<2019 年市委理论学习中心组学习计划（送审稿）>的请示》；审议了市政府党组《呈请审议关于坚持农业农村优先发展做好“三农”工作实施意见的请示》。

市委六届 82 次常委会会议于 4 月 17 日下午召

开，共有议题2项。会议审议并通过了市委组织部提请审议的《关于推荐进一步使用干部人选和拟提拔副县级干部人选的请示》；审议了市政府党组提请审议的《关于乐平市污染防治攻坚战八大标志性战役总体工作方案的请示》《关于2019年全市生态环境工作要点的请示》《关于调整市生态环境保护委员会组成人员和成立十个生态环境保护专业委员会的请示》。

市委六届83次常委会会议于4月18日晚上召开，共有议题2项。会议传达学习了中央扫黑除恶第15督导组督导乐平市见面会会议精神，研究部署了我市下一步扫黑除恶专项斗争工作；研究成立了徐良元案调查专案组相关事宜。

市委六届84次常委会会议于4月20日上午召开，共有议题2项。会议传达学习了扫黑除恶专项斗争中央第15督导组督导反馈意见，并研究了整改意见；审议了市纪委监委提交的《关于对1名党员领导干部违纪问题处理意见的请示》及听取了3名党员干部违纪问题处理意见的汇报。

市委六届85次常委会会议于4月30日下午召开，共有议题15项。会议审议了《市委常委班子脱贫攻坚专项巡视整改专题民主生活会整改方案（送审稿）》；审议了《乐平市脱贫攻坚容错纠错实施办法（试行）（送审稿）的请示》；审议了市人大党组呈请审议《关于对市政府实施<关于推进乐安河保护治理与开发利用的决议>办理市六届人大三次会议代表建议评议情况的汇报的请示》《关于进一步加强<关于推进乐安河保护治理与开发利用的决议>及市六届人大四次会议人大代表建议、批评意见督促办理工作的通知的请示》；审议了市政府党组《关于呈请审议乐平市贯彻落实中央环境保护督察“回头看”及鄱阳湖水环境问题专项督察反馈意见整改方案的请示》；审议了市政府党组《关于呈请审议启动乐平市东湖景观二、三期工程和乐平市景观路工程建设相关事宜的请示》；审议了市政府党组《关于呈请审议华安公司邱家山地块融投资协议相关款项的请示》；审议了市政府党组《关于呈请审议对7宗国有建设用地使用权进行公开出让的请示》；审议了市政府党组《关于呈请审议乐平市信嘉公交公司土地及拆迁安置等历史遗留问题协议的请示》；审议了市委宣传部《关于组建乐平市新时代文明实践中心及志愿服务总队的请示》；审议了市委政法委提请审议《关于调整乐平市扫黑除恶专项斗争领导小组组成人员的请示》《关于加强综治中心实体化建设和创新基层社会治理工作的实施方案的请示》；审议了市委巡察办《关于调整市委巡察工作领导小组成员的请示》；审议了团市委党组《关于拟表彰“乐平青年五四奖章”对象的请示》；审议并通过了人事调整事项；审议并通过了市纪委《关于对4名党员干部违纪问题处理意见的请示》；传达学习了中央政治局第十四次集体学习精神、《党政领导干部考核工作条例》、中央财经委员会第四次会议精神、《地方党政领导干部食品安全责任制规定》、习近平总书记在重庆考察并主持召开解决“两不愁三保障”突出问题座谈会时的重要讲话精神及全省解决“两不愁三保障”突出问题和考核整改工作电视电话会议精神，传达学习了支树平、徐海斌、刘奇、易炼红同志在中央扫黑除恶第15督导组督导江西省工作动员会上的讲话精神、中央扫黑除恶督导组与省委、省政府第二次工作通报对接会会议精神，传达学习了2019年全省市、县（市、区）人大常委会主任学习研讨班精神。

市委六届86次常委会会议于5月13日晚上召开，共有议题19项。会议审议通过了人事调整事项；审议通过了市纪委监委《对3名干部违纪问题处理意见的请示》；传达学习了习近平总书记在纪念五四运动100周年大会上的讲话精神；审议了《力戒形式主义为基层减负十二条举措（送审稿）》；审议了《市委国家安全委员会组成人员名单（送审稿）》；审议了市扫黑除恶专项斗争领导小组《关于呈请审议乐平市众埠镇社会治安重点整治方案的请示》；审议了市政府党组《关于呈请审议乐平市争项目争资金争优惠政策工作意见的请示》；审议了市政府党组《关于呈请审议乐平市降成本优环境专项行动领导小组2019年工作要点的请示》；审议了市政府党组《关于呈请审议进一步加强乐平市国有资产监督管理工作实施方案的请示》；审议了市政府党组《关于呈请审议后港镇“双创双修”项目启动的请示》；审议了市政府党组《关于呈请审议景德镇港总体规划（乐平港区）意见的请示》；会议听取了市政府党组《关于乐平市第一季度经济运行分析的汇报》；审议了市政府党组《关于呈请审议江西乐平工业园区安全风险评估报告的请示》；审议了市政府党组《关于呈请审议启动平安小区B区室外附属工程和二期保障性住房工程项目建设的请示》；审议了市政府党组《关于呈请审议设立江西省乐平市教育基金会的请示》；审议了市政府党组《关于呈请审议2019年度乐平市事业单位公开招聘计划的请示》；审议了市政府党组《关于呈请审议调整市人民政府领导同志分工及AB岗设置的意见的请示》；审议了市政协党组《关于提请审议乐平市政协2019年重点协商活动计划的请示》；审议了市妇联党组《呈请审议关于配齐村妇女小组长进一步夯实最基层妇联组织的实施方案的请示》。

市委六届87次常委会会议于5月18日晚上召开，共有议题1项。会议审议通过了市委组织部《关于提请审议干部调整事项的请示》。

市委六届88次常委会会议于5月24日晚上召开，共有议程5项。会议审议通过了市委组织部《关于提请审议干部调整事项的请示》；传达学习了习近平总书记视察江西时的重要讲话精神，以及全省领导干部大会精神和景德镇市全市领导干部会议精神；传达学习了刘奇、易炼红同志在县（市、区）委书记座谈会上的讲话精神，《关于2019年第一期省级脱贫攻坚暗访督导情况的通报》《关于中央第十一巡视组对江西省委脱贫攻坚专项巡视反馈意见整改落实进展情况的报告》、全省扶贫干部脱贫攻坚专题培训研讨班（第一期）主要精神；审议了《乐平市2019年脱贫攻坚“夏季提升”整改攻势方案（送审稿）》；审议了市政府党组《关于呈请审议启动乐港镇杨范工业聚集区建设的请示》；审议通过了市纪委市监委提请审议的《关于两名党员领导干部违纪问题处理意见的请示》《关于对一名同志立案审查的请示》。

市委六届89次常委会会议于6月23日上午召开，共有议题15项。会议审议并通过了市委组织部《关于提请审议干部调整事项的请示》；审议并通过了市纪委监委《关于对1名党员干部违纪问题处理意见的请示》；审议了《关于学习宣传贯彻习近平总书记视察江西时的重要讲话精神工作方案（送审稿）》；审议了市委编委办《关于呈请审议中共乐平市委机构编制委员会组成人员名单的请示》；审议了市委政法委关于呈请审议《乐平市贯彻中央扫黑除恶督导和省委扫黑除恶第二轮督导反馈意见整改方案的请示》；审议了市政府党组《关于呈请审议启动食品企业集聚区建设的请示》；审议了市政府党组《关于呈请审议乐平市生态环境机构检测监察执法垂直管理制度改革工作方案的请示》；审议了市政府党组《呈请审议乐平市新建商品房预售资金监管实施细则（试行）的请示》；审议了市政府党组《关于呈请审议进一步加快乐平市农村“房地一体”确权登记颁证专项工作方案的请示》；审议了市政府党组《关于呈请审议乐平市后港镇（收费站口）景观湖和冯家村环境提升项目建设立项的请示》；审议了市委政法委呈请审议《乐平市创建全省“平安县（市区）”活动工作方案》和《关于成立市创建“平安县（市区）”活动工作领导小组的通知》；审议了市委统战部《呈请审议中共乐平市委2019年度政党协商计划的请示》；审议了市委信访局《关于呈请审议2019年重点信访事项领导包案落实情况的请示》；审议了市妇联《呈请审议关于拟推荐全国维护妇女儿童权益先进个人的请示》；传达学习了习近平总书记在“不忘初心、牢记使命”主题教育工作会议上的讲话，中共江西省委关于深入贯彻落实《中国共产党重大事项请示报告条例》的通知，《中共中央关于李平同志搞形式主义、官僚主义案件查处情况及其教育警示的通报》，新修订的《江西省宗教事务条例》的精神。

市委六届90次常委会会议于6月30日上午召开，共有议题2项。会议传达学习了省委十四届八次全体（扩大）会议精神、刘奇同志在省委常委“不忘初心、牢记使命”主题教育暨市厅级主要领导干部专题读书班开班式上的讲话精神、《支树平、刘奇、易炼红同志在中央扫黑除恶第15督导组督导江西省情况反馈会上的讲话》精神、《省委领导同志批示通知》精神、《党组讨论和决定党员处分事项工作程序实施细则（试行）》、中巡发〔2019〕74号《关于印发赵乐际同志在市县巡察工作推进会上的讲话的通知》精神；审议并通过了市纪委提请审议的《关于对4名党员干部违纪问题处理意见的请示》《关于对1名党员领导干部违纪问题立案的请示》。

市委六届91次常委会会议于6月30日下午召开，共有议题1项。会议审议并通过了市纪委监委《关于对1名党员干部违纪违法问题立案的请示》。

市委六届92次常委会会议于7月15日下午召开，共有议程11项。会议传达学习了6月24日中共中央政治局会议精神、习近平总书记在中央政治局第十五次集体学习时的讲话精神、《关于深入学习贯彻习近平总书记视察江西重要讲话精神努力描绘好新时代江西改革发展新画卷的决定》、刘奇同志在景德镇市调研期间的讲话精神、刘奇同志近期关于巡视巡察工作讲话精神及全省巡视巡察工作会议精神；审议了市政府党组《关于呈请审议2019年乐平市第四届全国半程马拉松比赛实施方案的请示》；审议了市政府党组《关于呈请审议启动乐平市乐安河一江两岸循环道景观建设工程施工、监理招投标的请示》；审议了市政府党组《关于呈请审议乐平市城市排水（雨水）防涝综合规划（2017—2030）的请示》；审议了市政府党组《关于呈请审议乐平市中心城区海绵城市专项规划（2017—2030）的请示》；审议了市政府党组《关于违建别墅问题清查整治专项行动部署会议精神及贯彻落实意见》和《关于呈请审议乐平市违建别墅问题清查整治专项行动工作方案的请示》；听取了市政府党组《关于乐平市2019年上半年计划生育情况的报告》；听取了市委宣传部《关于中共乐平市委2019年上半年度意识形态工作情况汇报（送审稿）》；审议了市政府党组《关于呈请审议2019年乐平市新农村建设工作方案的请示》；听取了《乐平市“7·12”强降雨防汛工作汇报》；审议了市委组织部《关于提请审议乐平市公务员职务与职级并行制度实施工作方案的请示》。

市委六届93次常委会会议于7月26日下午召开，共有议题7项。会议传达学习了《习近平同志在深化党和国家机构改革总结会议上的讲话》《习近平、丁薛祥同志在中央和国家机关党的建设工作会议上的讲话》、中央纪委办公厅《关于印发<纪检监察机关处理主动投案问题的规定（试行）>的通知》，传达学习了全国、全省、景德镇市公安工作会议精神及研究乐平市贯彻落实意见，传达学习了陈一新同志在中央纪委国家监委专题座谈会和全国扫黑办第七次主任会上的讲话精神，听取了中央督导反馈问题整改暨省委第二轮督导反馈问题整改情况汇报，传达学习了景德镇市委十一届七次全体（扩大）会议精神，研究我市贯彻落实工作；审议了市政府党组《关于呈请审议乐平市贯彻落实省生态环境保护督察反馈意见整改方案的请示》；审议了市政府党组《关于呈请审议黄家精品村建设等八个“双创双修”项目、神溪华家精品村建设双创双修“六个一”项目和涌山镇黄土坑、彭家桥精品村建设2个“双创双修”项目立项并启动招投标程序的请示》；审议了市政府党组《关于呈请审议高铁混凝土预制件生产建设项目落户的请示》；审议了市委宣传部《关于成立乐平市新时代文明实践中心工作联席会议的请示》；审议了市委宣传部《关于授予朱寅生等11名先进典型“第六届乐平市道德模范”荣誉称号的请示》；审议通过了市纪委监委《关于2名党员干部立案审查的请示》。

市委六届94次常委会会议于8月2日下午召开，共有议程12项。会议传达学习了7月30日中共中央政治局会议精神、中共中央党外人士座谈会会议精神、《关于应用推广余江宅改经验做好规范农村宅基地管理工作的通知》；会议听取了市政府党组《关于乐平市2019年上半年食品安全工作情况报告》；审议了市政府党组《关于呈请审议2019年乐平市水污染防治工作计划的请示》；审议了市政府党组《关于呈请审议2019年度乐平市农村人居环境整治工作要点的请示》；审议了市政府党组《关于呈请审议乐平市美丽宜居试点县“八带头”建设实施方案的请示》；审议了市政府党组《关于呈请审议十二个乡镇（街道）“双创双修”项目立项并启动招投标程序的请示》；审议了市政府党组《关于呈请审议2019年乐平市推荐参加全国全省教育系统先进集体和先进个人名单的请示》；审议了市政府党组《关于呈请审议关于2019年乐平籍在外任教人员回乡任教实施方案的请示》；听取了市政府党组《关于2019年上半年乐平市经济形势分析的报告》；听取了落实全省县委书记座谈会工作任务情况督查汇报；审议了市委组织部提请审议《关于成立市委“不忘初心、牢记使命”主题教育领导小组及组成人员任职的请示》；审议了市红十字会《关于落实〈江西省红十字会改革方案〉有关要求的请示》。

市委六届95次常委会会议于8月27日上午召开，共有议题10项。会议传达学习了7月30日中共中央政治局第十六次集体学习会议精神、《中共中央办公厅关于贵州省认真贯彻习近平总书记重要指示批示精神深入开展领导干部利用茅台酒谋取私利问题专项整治情况的通报》及《省委领导同志批示通知》《关于持续深化落实省委巡视、市委巡察整改工作的通知》；审议了市委巡察办《关于呈请审议十四届省委第五轮巡视发现倾向性问题的整改方案的请示》；审议了《乐平市检视问题整改落实台账（送审稿）》；审议了《全市庆祝中华人民共和国成立70周年重点活动安排（送审稿）》；审议了市政府党组《关于呈请审议申报2019年卫健系统卫生专业技术人员招聘计划的请示》；审议了市政府党组《关于呈请审议2019年乐平市选调及考调农村中、小学、幼儿园教师到城区中、小学、幼儿园任教实施方案的请示》；审议了市委宣传部《关于提请审议乐平市融媒体中心建设实施方案的请示（送审稿）》；审议了市委组织部《关于乐平市软弱涣散村（社区）党组织台账（送审稿）》和《一村（社区）一策整顿方案（送审稿）》的请示；审议了市纪委监委《关于加强对市委常委会及其成员同级监督实施办法（试行）（送审稿）》；审议并通过了市纪委监委《关于3名党员领导干部违纪处理意见的请示》。

市委六届96次常委会会议于9月12日上午召开，共有议题7项。会议传达学习了8月30日中央政治局会议精神，中央纪委贯彻习近平总书记重要批示精神深入贯彻落实中央八项规定精神电视电话会议精神，中央和省委第一批主题教育总结暨第二批部署会议精神、景德镇市委主题教育工作会议精神；审议了市委组织部关于《乐平市“不忘初心、牢记使命”主题教育实施方案（送审稿）》和《市委“不忘初心、牢记使命”主题教育指导组名单（送审稿）》；审议了市纪委监委《呈请审议〈关于深化乐平市纪委市监委派驻机构改革的实施方案（送审稿）〉的请示》；审议了市委宣传部《关于呈请审议〈乐平市第十六届文明单位、第九届文明村镇、文明社区表彰名单〉的请示》；审议了市政协党组《关于召开市委政协工作会议的请示》；审议了团市委《关于召开中国少年先锋队乐平市第三次代表大会的请示》；审议并通过了市纪委监委《关于1名党员领导干部违纪处理意见的请示》。

市委六届97次常委会会议于9月17日下午召开，共有议题1项。会议审议通过了市纪委监委《关于3名党员干部严重违纪违法处理意见的请示》。

市委六届98次常委会会议于9月29日下午召开，共有议程6项。会议审议通过了市委组织部《关于提请审议试用期满干部正式任职的请示》；传达学习了9月24日习近平同志在中央政治局第十七次集体学习时的讲话精神、习近平同志在中央政协工作会议暨庆祝中国人民政治协商会议成立70周年大会上的讲话精神、9月3日习近平同志在中央党校（国家行政学院）中青年干部培训班开班式上的讲话精神、《中国共产党农村工作条例》；传达学习了中央办公厅、国务院办公厅《关于做好2019年国庆节期间有关工作的通知》精神，《刘奇同志在全省安全生产和社会稳定工作电视电话会议上的讲话》；审议了市政府党组《关于呈请审议乐平市2019年计划生育目标管理责任制考核方案及评分办法的请示》；审议了市政府党组《关于呈请审议2019届农村订单定向医学（专科）毕业生接收安置工作的请示》；审议了市政府党组《关于呈请审议做好2016年基层农技人员定向培养毕业生安置工作的请示》；审议了市委组织部《关于提请审议2018年度乡科级领导班子和领导干部考核定格情况汇报》。

市委六届99次常委会会议于10月15日上午召开，共有议题5项。会议传达学习了省委统战工作领导小组《关于加强宗教工作基层组织建设的指导意见》文件精神，中共中央政治局常委、全国政协主席汪洋在江西调研宗教工作时的讲话精神；听取了市委统战部关于乐平市落实中央宗教工作督查反馈意见整改情况的汇报；审议了市政府党组《关于呈请审议调整部分2019年市重点项目及挂点领导的请示》；审议了市政府党组《关于呈请审议启动“数字城管”建设项目的请示》；审议并通过了市纪委监委《关于党员领导干部违纪问题立案的请示》。

市委六届100次常委会会议于11月4日上午召开，共有议程14项。会议听取了关于学习宣传贯彻落实习近平总书记视察江西重要讲话精神的督查情况汇报；传达学习了十九届四中全会公报、刘奇同志在省推进社会治理创新座谈会上的讲话精神，传达学习了赵乐际同志在十九届中央第四轮巡视工作动员部署会上的讲话精神、《省委办公厅关于十四届省委第六轮巡视发现倾向性问题的通报》，审议了《十四届省委第六轮巡视发现倾向性问题的整改方案（送审稿）》；听取了市政府党组《2018年度乐平市保护发展森林资源目标责任制建设执行情况的自查报告》；审议了市政府党组《关于呈请审议乐平市2019年森林资源保护管理突出问题专项整改行动实施方案的请示》；审议了市政府党组《关于呈请审议<乐平市第六届文化艺术节活动实施方案>的请示》；审议了市政府党组《关于呈请审议对塔山工业园区兴华纺织项目等10宗地块国有建设用地使用权进行公开出让的请示》；审议了市政府党组《关于呈请审议乐平·凯光城市综合体建设项目投资合作协议书的请示》；审议了市政府党组《关于呈请审议乐平市高新科技产业园建设项目投资合同书的请示》；审议了市政府党组《关于呈请审议“多彩福地、寻味乐平”——乐平市首届烹饪大赛暨饮食文化研讨展览会工作方案的请示》；审议了市政府党组《关于呈请审议“健康乐平2030”规划纲要的请示》；审议了市政府党组《关于呈请审议乐平市生活垃圾分类工作领导小组的请示》；听取了市政府党组《关于2019年前三季度乐平市经济形势分析的报告》；审议了市妇联党组《关于拟推荐景德镇市“最美家庭”“五好家庭”候选家庭的请示》；审议并通过了市纪委监委《关于党员领导干部违纪问题立案的请示》。

市委六届101次常委会会议于11月5日下午召开，共有议程6项。会议听取了关于开展对黄赌毒和黑恶势力听之任之、失职失责甚至包庇纵容、充当“保护伞”专项整治的情况汇报；审议了市政府党组《关于呈请审议购置土地用于综合开发的请示》；审议了市委宣传部《关于提请审议“共产主义水库精神”表述语的请示；审议了市委宣传部《关于提请审议乐平市未成年人思想道德建设工作实施方案的请示》；听取了市政府党组《关于乐平市禁毒工作情况的报告》；传达学习了《中华人民共和国密码法》、刘奇书记在省委常委会及省委统一战线工作领导小组会议上的讲话精神及景德镇市宗教工作领导小组会议精神。

市委六届102次常委会会议于11月16日召开，共有议程5项。会议审议并通过了市委组织部《关于提请审议试用期满干部正式任职的请示》；审议并通过了市委组织部《关于增补景德镇市十五届人大代表、乐平市六届人大代表的请示》；传达学习了《中共中央、国务院、中央军委关于加强新时代退役军人工作的意见》；审议了《关于贯彻落实景德镇国家陶瓷文化传承创新试验区建设动员大会精神的意见分工（送审稿）》和《乐平市融入景德镇国家陶瓷文化传承创新试验区建设领导小组组成人员名单（送审稿）》；审议并通过了市纪委监委《关于4名党员领导干部违纪问题立案和3名党员干部违纪处理意见的请示》。

市委六届103次常委会会议于12月8日上午召开，共有议题15项。会议传达学习了省委十四届十次全体（扩大）会议精神、《中共江西省委关于加强新时代地方人大工作的意见》文件精神，传达学习了李克强总理对全国安全生产电视电话会议重要批示、全国安全生产电视电话会议、易炼红省长就抓好安全生产工作重要指示精神，传达学习了《中国共产党党校（行政学院）工作条例》和《2019—2023年全国党员教育培训工作规划》文件精神、全省暗访督导“回头看”发现问题整改工作视频培训会和景德镇市扶贫办主任会议精神；审议了市政府党组《关于呈请审议乐平市乡村振兴规划（2018—2022年）的请示》；审议了市政府党组《呈请审议关于组建乐平市打击“两违”和矿产资源违法行为行政执法指挥中心实施方案的请示》；审议了市政府党组《关于呈请审议乐平市建筑垃圾管理办法的请示》；审议了市政府党组《关于呈请审议启动实施我市2019年老旧小区改造工程的请示》；审议了市政府党组《关于呈请审议申报景德镇市2020年重点工程建设项目的请示》；审议了市政府党组《关于呈请审议江西欧美亚电子有限公司三期用地的请示》；审议了市政府党组《关于呈请审议乐平市2019—2020年度松材线虫病防治实施方案的请示》；审议了《市委常委班子“不忘初心、牢记使命”专题民主生活会方案》《市委常委班子检视剖析材料（送审稿）》《市委常委班子2018年度民主生活会整改方案落实情况通报（送审稿）》《市委常委班子脱贫攻坚专项巡视整改专题民主生活会整改落实情况通报（送审稿）》；审议了市委组织部《关于呈请审议〈乐平市乡镇（街道）机关工作人员绩效考核工作协调推进小组（送审稿）〉的请示》；审议了市委“不忘初心、牢记使命”主题教育办《关于呈请审议〈关于开展向朱华文同志学习活动的决定〉的请示》；审议了市委组织部《关于呈请审议〈关于授予余明良等19名同志乐平市第八批“专业技术拔尖人才”称号和胡发忠等18名同志乐平市第七批“优秀乡土人才”称号的决定〉的请示》；审议了市委政法委《关于呈请审议〈关于开展第一次政治督察和纪律作风巡查督查的工作方案〉的请示》；审议了市委政法委《关于呈请审议〈关于调整平安建设（综治工作）责任单位〉的请示》；审议并通过了市纪委监委《关于3名党员干部违纪问题立案的请示》。

市委六届104次常委会会议于12月20日下午召开，共有议题10项。会议传达学习了中央经济工作会议精神、全省开发区改革和创新发展现场推进大会会议精神、全省农业发展大会会议精神、江西省环委会第四次会议暨污染防治攻坚战现场推进会会议精神；审议了市政府党组《关于呈请审议乐平市大愿禅寺项目用地供地方案的请示》；审议了《乐平市2020年元旦春节期间主要活动安排（送审稿）》；审议了《2019年市委常委班子“不忘初心、牢记使命”专题民主生活会整改方案（送审稿）》；审议了市政府党组《关于呈请审议乐平市中央厨房项目投资框架协议的请示》；审议了市政府党组《关于呈请审议乐平市一方公园基础配套设施建设项目批准立项并启动招投标的请示》；审议了市委组织部《关于呈请审议<乐平市军队转业干部和退役士兵安置工作程序（送审稿）>的请示》；听取了市委宣传部《关于2019年度全市意识形态工作情况报告（送审稿）》；听取了市委政法委《2019年乐平市维稳工作情况汇报》；听取了市纪委监委《关于乐平市乡镇纪委“两化”建设情况汇报及市纪委监委对“两化”建设的意见建议》。

市委六届105次常委会会议（专题议军）于12月20日下午召开，共有议题8项。会议传达学习了《中共江西省委、江西省人民政府、江西省军区关于加强新时代基层人民武装部建设的意见》（赣发〔2019〕18号），研究了贯彻落实意见；审议了《关于加强新时代拥军支前工作聚力服务备战打仗的意见》；审议了《关于建立宣传采访乐平籍模范官兵制度的意见、《关于选拔国防教育合署办公人员的意见》；研究了市人武部及96712部队随军家属安置问题；研究了市人武部职工奖励工资和交通补贴问题；研究了三类营房改造资金保障问题；审议了市委组织部《关于提议审议<2019年度军队转业干部安置意向名单>的请示》；审议了《2019年部队转业士官安置岗位的报告》。

市委六届106次常委会会议于12月30日上午召开，共有议题5项。会议审议并通过了人事调整事项；审议了市政府党组《关于呈请审议乐平市支持返乡创业试点工作方案（2019—2022）的请示》；审议了市政府党组《关于呈请审议成立乐平市智慧城市建设工作领导小组的请示》；审议了市政府党组《关于呈请审议调整2019年财政预算的请示》；审议了《市委财经委员会组成人员名单（送审稿）》。

重要工作

坚持农业农村优先发展做好“三农”工作 以习近平新时代中国特色社会主义思想为指导，全面贯彻党的十九大精神及中央、省委经济工作会议精神，按照上级一号文件要求，坚持农业农村优先发展。以实施乡村振兴战略为总抓手，统筹推进“五位一体”总体布局和“四个全面”战略布局，牢牢把握稳中求进工作总基调，落实高质量发展要求。对标对表全面建成小康社会必须完成的硬任务，抓重点、补短板、强基础、扬优势。在“巩固、增强、提升、畅通”中促进农业供给侧结构性改革，在“大学、大干、大变”中加快乡村振兴步伐，确保到2020年顺利完成各项任务。

制定乐平市“十三五”农业现代化规划 积极适应经济发展新常态，以“着眼于加快农业现代化步伐，在稳定粮食和重要农产品产量、保障国家粮食安全和重要农产品有效供给的同时，加快转变农业发展方式，加快农业技术创新步伐，走出一条集约、高效、安全、持续的现代农业发展道路”为总要求，推进农业现代化与新型工业化、信息化、城镇化、绿色化同步发展，在稳定粮食产量上挖潜力，在优化农业结构上下功夫，在转变发展方式上寻突破，在促进农民增收上争成效，为全面建成小康社会，奠定坚实基础。“十三五”期末全市实现地区生产总值400亿元；休闲农业1.6亿元；农民人均可支配收入年增长10%，到2020年实现人均可支配年收入接近2万元的目标。

加快文化强市建设 牢固树立新发展理念，围绕“六大突破，三大提升”发展战略，以更大力度、更实举措在厚植人文上求突破，推动传承创新、铸魂兴业，以创建全国文化先进县市总揽文化强市建设，坚持文化先导、协调发展，政府引导、市场运作，社会参与、全民共享，特色发展、项目带动，大力推进文化乐平建设，为打造特色鲜明的现代化赣东北明珠提供强有力的思想保证、精神动力、智力支持和文化支撑。到2020年，文化强市建设取得重要进展，社会主义核心价值观深入人心，文艺精品的创作能力进一步增强，基本公共文化服务水平稳步提高、文化产业比重进一步增大，古戏台文化、赣剧高腔文化、南窑陶瓷文化等乐平地域文化标识更加鲜明，人民群众精神文化生活更加丰富。到2025年，文化综合实力全面提升，文化事业繁荣发展，文艺精品不断涌现，基本公共文化服务水平明显提高，文化产业成为支柱性产业，文化创新创造活力迸发，成为在全省具有较大影响的文化强市。

开展力戒形式主义为基层减负工作　为深入贯彻习近平总书记重要指示批示精神，全面落实中央和省委、景德镇市委关于力戒形式主义为基层减负的要求，结合乐平市实际，制定乐平市力戒形式主义为基层减负“六严控六提高”十二条举措。坚持以钉钉子精神，认真学习贯彻中央、省委、市委整治形式主义为基层减负的决策部署，统一思想认识，强化政治自觉和行动自觉，脚踏实地、与时俱进，针对形式主义、官僚主义等作风问题的各类变异与变形，及时“确诊”，“对症下药”，全力推动全市干部作风根本好转，切实为基层减负。严格对标对表，对照省市文件中这项工作的责任分工，扎实开展形式主义问题排查整改，扎实整治文山会海和督查检查过多问题，扎实完善干部激励保障机制，确保省委、景德镇市委部署的重点整治任务，得到贯彻落实。

学习宣传贯彻习近平总书记视察江西时的重要讲话精神　2019年5月20日至22日，中共中央总书记、国家主席、中央军委主席习近平时隔三年后再次亲临江西视察，主持召开推动中部地区崛起工作座谈会，听取省委、省政府工作汇报并发表重要讲话。学习好、宣传好、贯彻好习近平总书记视察江西时的重要讲话精神，是全市上下当前和今后一个时期的首要政治任务和头等大事。全市上下迅速掀起学习宣传贯彻习近平总书记重要讲话精神的热潮，切实把思想和行动统一到习近平总书记的重要讲话精神上来，统一到省市委的决策部署上来，一以贯之大学、大干、大变，办好乐平的事情、干好乐平的工作，为谱写新时代江西改革发展新画卷的景德镇篇章贡献乐平力量。

加强党的政治建设　必须旗帜鲜明讲政治，把党的政治建设摆在首位，全面深入贯彻习近平总书记视察江西重要讲话精神，感恩续航奋进、大学大干大变，努力在最讲政治、最讲忠诚、最讲党性上走在前、勇争先、做表率，确保在政治上思想上行动上同以习近平同志为核心的党中央保持高度一致，确保党中央、省委和景德镇市委各项决策部署在乐平得到全面贯彻落实，使政治教育更加有效、政治站位更加坚定、政治根基更加厚实、政治领导更加有力、政治纪律更加严格、政治生态更加清朗。

支持民营经济高质量发展　全面落实习近平总书记在民营企业座谈会上的重要讲话精神，着力破解制约民营经济发展的突出困难和问题，积极打造“四最”营商环境，促进全市民营经济高质量发展，为打造特色鲜明的现代化赣东北明珠发挥我市民营经济的重要作用。

编制“健康乐平2030”规划纲要　坚持以人民为中心的发展思想，牢固树立和贯彻落实新发展理念，坚持正确的卫生与健康工作方针，以提高人民健康水平为核心，以体制机制改革创新为动力，以普及健康生活、优化健康服务、完善健康保障、建设健康环境、发展健康产业为重点，把健康融入所有政策，加快转变健康领域发展方式，全方位、全周期维护和保障人民健康，大幅提高健康水平，显著改善健康公平，为决胜全面建成小康社会、建设富裕美丽幸福乐平提供坚实的健康基础。到2020年，建立覆盖全市城乡居民的基本医疗卫生制度，健康素养水平持续提高，健康服务体系完善高效，人人享有基本医疗卫生服务和基本体育健身服务，基本形成内涵丰富、结构合理的健康产业体系，主要健康指标有较大提高。到2030年，促进全民健康的制度体系更加完善，健康领域发展更加协调，健康生活方式得到普及，健康服务质量和健康保障水平不断提高，健康产业繁荣发展，基本实现健康公平，主要健康指标达全省平均水平。

制定乐平市乡村振兴战略规划（2018—2022） 全面贯彻党的十九大和十九届二中、三中、四中全会精神，以习近平新时代中国特色社会主义思想为指导，认真落实省委十四届十次全会决策部署，切实加强党对“三农”工作的领导，坚持稳中求进工作总基调，牢固树立新发展理念，落实高质量发展要求，坚持农业农村优先发展，按照“产业兴旺、生态宜居、乡风文明、治理有效、生活富裕”的总要求，以全面深化农业农村改革为根本动力，以加快农业农村现代化为目标，以发展绿色高效现代农业为特色，以建立健全城乡融合发展体制机制和政策体系为保障，以推进乡村治理体系和治理能力现代化为支撑，统筹推进农村“五位一体”建设和党的建设，推动实现农业全面升级、农村全面进步、农民全面发展。到2020年，乡村振兴取得重要进展，农业新型业态发展迅速，一二三产业融合发展初见成效，生态复合型产业体系初步形成。

深入开展大干项目年活动 深入贯彻习近平新时代中国特色社会主义思想，认真落实省委、省政府和景德镇市委、市政府全面开展“大干项目年”工作部署，坚持高质量跨越式发展战略导向不动摇，牢牢把握项目建设这个“主抓手”，以超前的战略眼光、超常规的工作力度推动重点项目建设，真正做到以项目为王、资金向项目集中，“帽子”向项目佩带，掀起新一轮重点项目建设热潮，确保项目年度计划投资完成70%以上，新建项目100%开工。

全面贯彻落实中央省委规定做好重大事项请示报告工作 严格执行请示报告制度，是加强党的政治建设、严明党的政治纪律的基本要求，对于保证全党团结统一和行动一致，具有重要意义。一是学深悟透主要精神。把习近平总书记关于严格执行请示报告制度的重要论述，和《条例》《通知》纳入“主题党日”、中心组理论学习和党校（行政学院）培训重点内容，学好学深学实、入脑入心入手。二是自觉执行有关要求。把贯彻执行好《条例》《通知》作为树牢“四个意识”、落实“四个服从”、践行“两个维护”的实际行动，自觉向上一级党组织请示重大问题、重要事项、重大工作，报告贯彻执行党中央和上级党组织决策部署进展情况。三是牢固树立工作导向。把贯彻执行好《条例》《通知》作为反对形式主义、官僚主义的关键内容，抓好督促检查，坚决杜绝“怕慢假庸散”，大学大干大变，履职尽责担当，不断推进经济社会高质量发展，把特色鲜明的现代化赣东北明珠事业推向前进，为描绘好新时代江西改革发展新画卷贡献乐平力量。

加强对市委常委会及其成员同级监督 以马克思列宁主义、毛泽东思想、邓小平理论、“三个代表”重要思想、科学发展观、习近平新时代中国特色社会主义思想为指导，树牢“四个意识”、坚定“四个自信”、坚决做到“两个维护”，全面贯彻纪律检查委员会和监察委员会合署办公要求，依规依纪依法严格监督执纪，按照中央纪委关于纪检监察机关履行监督职责的要求，做深做实做细党内监督。全市纪检监察机关对同级党委及其成员执行党的路线方针政策、决议决定的贯彻落实情况、民主集中制情况、领导干部思想作风和勤政廉政等情况进行监督检查，并督促全市各单位党委（党组）及其成员严格执行党风廉政建设责任制，落实“一岗双责”，坚持廉洁从政，切实履行管党治党责任。

推动工业经济提质发展 准确把握工业发展战略机遇、明确工业提质发展基本方略，未来三年，坚持稳中求进工作总基调，持续加大工业投资规模，搞好生产要素保障和经济运行监测。着力打造精细化工、生物医药、矿产建材、机械制造、绿色食品及光伏能源、电子信息“5+2”产业发展。坚持推动实业发展不动摇，扶持一批龙头企业、重点企业做大做强，培植利税大户。着力推进项目建设，健全重大项目绿色通道，协调解决项目实施过程中的困难和问题。鼓励支持园区企业兼并重组，出台相关政策，对在兼并重组过程中的税费等予以政策支持。把技术改造作为传统产业提质增效、实现新旧动能转换的有力杠杆，撬动传统产业优化升级、带动投资增长，推动转型发展。

全面融入景德镇市国家试验区建设 坚持把全面融入国家试验区建设作为“开启对话世界、讲好乐平故事 ”的政治任务和战略路径。深入学习贯彻习近平总书记视察江西重要讲话精神和国家试验区建设动员大会会议精神，深入准确把握《景德镇国家陶瓷文化传承创新试验区实施方案 》精神，推进国家试验区战略落地乐平。围绕国家试验区“两地一中心”战略定位，开展大调研、大讨论，形成《乐平市关于“我的景德镇——国家试验区建设怎么看怎么干”意见建议汇编》。全面启动国土空间总体规划编制，编制南窑遗址保护规划方案，对标景德镇市创建全国全域旅游示范区，完善《乐平市全域旅游总体规划》，推进全域旅游发展。

全力推进“双创双修”工作 坚持以“双创双修”为统领，统筹推进城市功能与品质提升和农村人居环境整治三年行动计划。扎实推进“整治美丽、和谐宜居”新农村建设，深入实施农村人居环境整治，突出“三边五线”环境提升，打造一批具有乐平特色的精品示范村。实施历史文化街区保护修缮工程、启动“古建修缮工程”、推进红色旅游项目建设。全面推进城市功能与品质提升八大行动，统筹推进智慧城市、城市双修等工作，抓好城乡接合部、城中村、背街小巷等环境整治，优化教育、医疗、文体、停车场等设施布局，完善城市基础设施。全面启动山水林田湖草——矿山生态修复综合治理调查和规划编制，推进绿色矿山建设。

开展“不忘初心、牢记使命”主题教育 是以习近平同志为核心的党中央统揽伟大斗争、伟大工程、伟大事业、伟大梦想做出的重大部署。全市上下坚持对标对表，增强开展主题教育的政治自觉、思想自觉、行动自觉。要充分认识到主题教育开展的重大意义，深刻领会习近平总书记关于主题教育的系列重要论述，以高度的政治自觉、思想自觉和行动自觉，全面落实中央、省委、景德镇市委的部署要求，扎实开展主题教育工作。一是牢牢把握“守初心、担使命，找差距、抓落实”的总要求，牢牢把握“理论学习有收获、思想政治受洗礼、干事创业敢担当、为民服务解难题、清正廉洁做表率”的具体目标。二是要聚焦工作重点，推动主题教育开展全面高质量、全域创特色、全程走前列。三是夯实基层组织，推动主题教育全覆盖、无盲区、零死角。四是要精心组织实施，确保乐平市主题教育取得最好成效，为描绘好新时代江西改革发展新画卷贡献乐平力量，为打造与世界对话的国际瓷都贡献更大力量、为打造特色鲜明的现代化赣东北明珠贡献更大力量。

重要文件目录

乐发〔2019〕1号

中共乐平市委 乐平市人民政府

关于坚持农业农村优先发展做好“三农”工作的实施意见

乐发〔2019〕2号

中共乐平市委 乐平市人民政府

关于印发《乐平市“十三五”农业现代化规划》的通知

乐发〔2019〕3号

中共乐平市委 乐平市人民政府

关于加快文化强市建设的实施意见

乐发〔2019〕4号
中共乐平市委
关于印发《中共乐平市委常委会2019年工作要点》的通知

乐发〔2019〕5号
中共乐平市委
关于印发《力戒形式主义为基层减负十二条举措》的通知

乐发〔2019〕6号
中共乐平市委
印发《关于学习宣传贯彻习近平总书记视察江西时的重要讲话精神》的通知

乐发〔2019〕7号
中共乐平市委
印发《关于加强党的政治建设的实施方案》的通知

乐发〔2019〕8号
中共乐平市委 乐平市人民政府
关于支持民营经济高质量发展的实施意见

乐发〔2019〕9号
中共乐平市委 乐平市人民政府
关于印发《"健康乐平2030"规划纲要》的通知

乐发〔2019〕10号
中共乐平市委 乐平市人民政府
关于印发《乐平市乡村振兴战略规划（2018—2022)》的通知

乐字〔2019〕28号
中共乐平市委 乐平市人民政府
关于同意部分行政区划调整的决议

乐字〔2019〕53号
中共乐平市委
关于全面贯彻落实中央省委规定做好重大事项请示报告工作的通知

乐字〔2019〕54号
中共乐平市委
印发《关于加强对市委常委会及其成员同级监督实施办法（试行)》的通知

乐办发〔2019〕2号
市委办公室 市政府办公室
印发《关于推动工业经济提质发展的若干意见》的通知

乐办发〔2019〕3号
市委办公室 市政府办公室
关于印发《乐平市推动创新型县（市）建设行动方案（2018—2020)》的通知

乐办字〔2019〕7号
市委办公室 市政府办公室
关于印发《乐平市机构改革实施方案》的通知

乐办字〔2019〕26号
市委办公室 市政府办公室
关于印发《乐平市关于中央对江西省脱贫攻坚专项巡视反馈意见及省市发现问题整改工作方案》的通知

乐办字〔2019〕68号
市委办公室 市政府办公室
关于印发《2018—2022年乐平市干部教育培训规划》的通知

乐办字〔2019〕73号
市委办公室 市政府办公室
关于印发《乐平市脱贫攻坚容错纠错实施办法（试行）》的通知

乐办字〔2019〕84号
市委办公室 市政府办公室
关于印发《乐平市重点建设项目推进落实问责办法（试行）》的通知

乐办字〔2019〕86号
市委办公室 市政府办公室
关于印发《公职人员履职行为规范（试行）》的通知

乐办字〔2019〕87号
市委办公室 市政府办公室
印发《关于贯彻落实景德镇国家陶瓷文化传承创新试验区建设动员大会精神的意见分工》的通知

乐办字〔2019〕91号
市委办公室 市政府办公室
关于印发《乐平市关于推动基层整合审批服务执法力量的实施方案》的通知

市委办公室工作

概述 紧紧围绕“服务发展、服务决策、服务落实”三服务工作要求，认真学习贯彻习近平新时代中国特色社会主义思想，全面落实党的十九大和十九届二中、三中、四中全会精神，增强“四个意识”、坚定“四个自信”、做到“两个维护”，认真贯彻落实党中央、省委、景德镇市委、乐平市委决策部署，围绕中心工作做到“五个坚持”，当好市委放心的“前哨”和“后院”，圆满完成了各项工作任务。

文秘工作 做好了市委常委会、市四套班子例会、全市领导干部大会等会议服务工作122次，其中可精简13次。收文方面，办理上级来文941件，本市文件1090件。公文制发方面，认真贯彻落实中央为基层减负精神，严格控制发文数量和篇幅。2019年共发文212件，其中可精减文数量为110件，较2018年下降45%。建立了发文退文制度，对不符合发文规定或者文稿质量较差的，一律以书面形式退回发文承办单位，核退各类发文10份。规范了发文适用字号，将原来给纪检部门的各种立案、处分等决定的批复性文件明确以抄告单形式落实，不再以“乐字”文号批复。此外，机关文印中心高质高效地完成了对内对外各种文印任务，全年印制各类文稿390件，共22988份。另按照省委、景德镇市委统一部署要求，做好了为基层减负专项机制办公室日常工作。2019年市委成立为基层减负专项机制办公室，秘书股负责专机办日常工作，从7月专机办成立以来，共召开了两次会议推动基层减负有关工作；开展了一次覆盖19个乡镇（街道）的挂牌清理大督导，两次挂牌清理“回头看”，及时发现并制止了个别乡镇（街道）牌子摘了又挂的情况；印发了上级为基层减负有关政策汇编至各部门单位、乡镇（街道），并委托乡镇（街道）印发至各村（社区），方便基层干部学习有关政策，更好地推动基层减负工作走深走实；建立了基层联系制度，及时发现并制止了3起违反为基层减负有关精神的行为。

综合调研工作 坚持文稿服务核心，紧扣学习宣传贯彻党的十九大精神及市委全会、全市领导干部会议等重大会议活动，全年共撰写领导讲话稿和办公室文稿共计420余篇。文秘人员办大会、写大稿、办大事的能力得到明显提升。坚持“吟安一个字，捻断数根须”，从严审核新闻稿件，从快进行录音整理，全年共审核新闻稿件360多篇，整理录音稿260余篇。创新工作方式方法，向书记报送民情民意，《微友吐槽》53期，《学习天地》50期、50篇简报，《参阅信息》2期，《百字谏言》3期，《温馨提示》22 期，《大干项目年》32 期。

信息工作 从加强信息工作规范化建设入手，努力提高信息工作质量和水平，向省委信息处报送 167 篇，上稿 62 篇，共计 606 分，全省县（市、区）中排名第 4；向景德镇信息科报送 300 多条，上稿约 110 条，共计 1350 分，排名第 3；编发《昨日情况》共计 297 期、《一周工作安排》共计 50 期。同时，全力做好了旱灾等灾害以及各种突发事件信息收集与上报下传，做好了紧急信息《乐平信息》13 期，确保了全市重大突发事件信息渠道的畅通。

督查工作 严格按“督真、查实、办准”要求，共督办转办了主要领导批示 853 件。开展对上级安排工作全面督查，针对习近平总书记 5 月 20 日视察江西时讲话，根据景办发电〔2019〕28 号、景党发〔2019〕8 号文件精神，查摆制定了 198 项《乐平市贯彻落实习近平总书记视察江西重要讲话精神情况的报告》。根据“不忘初心，牢记使命”主题教育的需要，市委对近三年来全市遗留的重难点问题 565 项进行了梳理，形成 52 项《乐平市主题教育检视问题整改台账》，并建立督查销号制度；对县委书记座谈会上承诺事项 20 条实行了每月督查通报制度，有力地促进了各项工作的整改落实。加强会议精神督查落实，根据市委会议议事规则要求，对今年的常委会议决事项进行列表立项共计 128 项，落实承办单位，要求承办单位要落实专人负责办理工作，建立相应的工作制度和程序，及时催办、下基层了解办理情况，对态度不认真，工作不积极，久拖不结的承办单位进行批评。加强各类会议参会督查，按照市委各类会议通知要求，将督查结果向主要领导汇报，经领导同意后下发全市通报 2 起，责令违纪的相关单位主要领导到市委督查室做情况说明，有效地解决了会风不正的问题。加强书记日常调研事项督查，今年以来共完成书记在基层组织建设、信访维稳、双创双修、交通建设、城市管理、秀美乡村和大干项目年等调研活动的温馨提示和大干项目年督办共 44 期，为市委主要领导提出切中要害、可操作性强的督查意见和建议 80 余条。做好政协提案办理，涉及 9 个单位和部门 9 件提案经市委办督查室督促检查全部得到落实。提案的答复率 100%，办结率 100%，满意率 100%。做好民声通道工作，本级民声通道共完成省级函办件 1 件，景德镇市函办件 13 件，网上流转件 62 件，办结率 100%，回复率 100%，在 10 月份的省委民声通道工作检查中获得了一致好评。督办人民网给小平书记留言事项共 23 条，办结率 100%，回复率 100%、满意率 100%，其中还收到人民网网民感谢信一封。人民网留言督办事项取得了在景德镇市县区位列第一，全省前 5 的成绩，让有诉求的群众充分感受到了市委的关怀与温暖。

保密机要工作 保密宣传力度进一步增强，保密教育活动经常性开展，市委常委会专题研究了《中华人民共和国保密法》，做好了全市保密审查指导、涉密信息设备统计上报、保密教育培训与考试及秘密文件清退工作，并对乐平市重要军事设施周边环境安全保密隐患开展了督查整改工作，进一步强化保密监测工作，全年共搜索高度嫌疑网页 3683 张，删除不宜公开的信息 9 条，全年共接待保密咨询 186 人次。确保密码绝对安全、密码通信绝对畅通，切实做好了密码工作，竭力提升党政机关公文传输水平。坚持确保 24 小时机要人员在班在岗，全年共办理公文 1907 份，共接收明传文件 1061 件，密码电报 658 件；共办理明传发电 172 件，密码发电 16 件。进一步做好了密码通信主渠道基础设施建设，第一期电子政务内网的建设已全面完成，同时，完成了将机要电话从主渠道搬迁到政务内网的工作。积极贯彻落实上级国安委、国安办精神，强化组织领导，健全体制机制，常委会研究成立了以市委书记任组长的国家安全委员会，先后印发了 5 份文件，召开了 3 次调度推进会议，对市委国家安全工作机制和制度进行规范和明确，对工作进行统一部署，逐步建立并完善国家情报信息研判和月度风险评估报告报送制度。

对台工作 一是着力发展对台经济。大力开展以商招商，以宏柏化工为平台，加大对外推介，大力实施以商招商，吸引更多台商来乐参观考察，接待东莞台协会长蔡俊宏等13人来乐考察工作，大力向台商、台企开展推介工作，深入宏柏化工就贯彻落实江西省惠台60条调研1次，组织学习《关于进一步促进两岸经济文化交流合作的若干措施》1次，结合“不忘初心、牢记使命 ”主题教育开展征求意见、检视问题2次。同时，积极加大对台宣传工作，依托新闻媒体扩大宣传效果，先后向《江西对台工作》《两岸关系》《台湾工作通讯》等媒体投稿4篇。二是着力扩大对台交流。坚持用真情温暖人心，用自己的实际行动架起海峡两岸亲情、友情的桥梁。一年来，走访慰问了重点台胞台属10人次、台胞1人、台企1家。认真接待台属来访和积极协调解决诉求，共接待台属12人次，协调解决诉求2起，协调解决困难台属生活补助 2起。

档案工作 利用档案日、宪法日等重要时间节点，微信、QQ等宣传平台，组织开展了档案相关法律和知识的系列宣讲活动；严格执行了档案统计制度，顺利通过了上级业务部门对乐平市2018年度档案统计工作审核；完善了乐平市档案馆接收档案标准，高质量做好了档案进馆保存工作，先后接收了市委组织部2007—2016年度、市委及其办公室2017年度、市政府及其办公室2017年度共计9953件文书档案，整理并归档了2018年度《人民日报》《江西日报》《景德镇日报》《乐平新闻》等报刊资料，市委五届一次至八次全体会议资料和市委、市政府、市人大及其办公室2017年度文件汇编资料，以及《山翥洎灵——历史文化名城乐平阐微》《乐平乡贤》《乐平政协志》《乐平老城》等文史编研资料；参与了共库精神挖掘整理和研讨以及共库建库60周年文史资料编研和展览、全市各届党代会历史编研等工作，着力确保了市档案馆和全市各单位档案保管连年未出一起安全事故；谋划启动了新建档案馆项目，在东风北路延伸段落实了规划选址和13亩建设用地；指导市自然资源和规划局加强了档案规范化建设，帮助该局获评档案规范化管理省一级单位，同时协同该局做好了全省自然资源系统档案工作经验交流会在乐平召开的各项会务和现场参观服务工作。

接待工作 一是严格流程，控制总量。每一批接待任务，由对应的四办主任对相关任务进行严格把关，符合接待要求的给予开具“接待审批单”，转接待办承办。通过注重尺度、把控标准等多种举措，今年接待批次、陪餐人数、接待费用明显下降。共完成接待任务162批次，接待来宾3231人，其中部级领导5人，厅级领导172人，县级领导1068人，客商112人，外宾2人。二是丰富内涵，创新接待。充分融入乐平地方特色，从接待手册的制订、席位卡上古戏台风景展示到餐桌台面的设计布置、地方菜品的使用等等，做了大量工作，接待效果得到了大家的认同。三是逐步推动接待工作人性化，坚持“以人为本”搞接待，想来宾之所想，办来宾之所需，给来宾营造一个温馨、舒适、轻松的接待软环境。

后勤保障工作 一是财务管理严格有序。紧紧围绕“加强管理，确保安全，提高效率，减少开支”的工作方针，进一步加强经费管理和公车使用，精打细算，全年各项支出同比下降明显。二是安全保卫细致入微。积极开展安全隐患排查，热情接待对来访群众，耐心倾听诉求，认真做好登记，对情绪激动和群访、闹访的来访群众，及时进行疏导和说服教育，做好稳控工作，防止发生意外。全年共接待群众来访24批70余人次。三是值班工作交接无误。在严格执行24小时机要值班的基础上，全年365天全办工作人员实行轮流值班制度，确保每天都有专人值班，值班期间做好记录，紧急情况第一时间向带班领导汇报，确保与上级、基层单位保持联系畅通。

机关党建工作 举行了机关总支委员会换届选举，组织体系不断健全，班子结构得到优化，年轻党员得到重用，专门选拔了3名85后新进党员负责党务、人事、团务工作，组织战斗力、凝聚力得到进一步加强，党员教育管理工作更加规范。认真做好党费收缴工作，全年上交党费27431元。及时做好组织关系接转工作，全年转进党员20人，转出党员16人，死亡1人。严格执行“三会一课”制度和主题党日活动，切实做到“两学一做”常态化，每月定期向组织部门上报“两学一做”学习情况。扎实开展主题党日活动，活动前准备充分、活动方案具体、主题突出；活动中讨论交流互动积极，领导指导有力；活动后及时总结、提高，全年共开展主题党日活动12次。“党建+”工作开展有声有色，开展了党员进社区报到和与社区党组织共建活动，有力地推进了“党建+双创双修”“党建+扶贫”工作。落实了党员关怀机制，全年走访困难党员、居民45户，协调解决问题3起，为社区办实事3件。

党风廉政工作 共开展廉政教育12次，学习各级通报、通知14次共22份。紧盯重大节假日，开展温馨提示，全年发放廉政提示卡20余张，编发廉政手机短信15条，张贴宣传通稿2批次。邀请市委常委、纪委书记、监委主任上廉政党课1次，主要领导、分管领导各上廉政党课1次。组织党员观看警示教育片2次，集中收看《一抓到底正风纪——秦岭违建整治始末》和景德镇电视节目《问政》2期。对上级纪委文件、领导的批示精神做到及时学习传达，对各类典型问题通报及时进行通报，及时反思，举一反三。主动引以为戒，带头反省，引导广大干部将纪律和规矩挺在前面。针对2名党员干部因违纪违法，受到党内处分的问题，主动反思，带头整改，通过身边的反面教材，强化全办党员的法律意识和规矩意识，增强遵纪守法的行动自觉，塑造清正廉洁的个人品格。

主题教育工作 坚持争先创优，紧密结合“三服务”工作实际，严格按照“学习教育、调查研究、检视问题、整改落实”要求，推动主题教育走深走实走前列。成立市委办主题教育领导小组，并落实了每周召开一次领导小组会的工作制度。一是学习教育方面，聚焦学懂弄通做实习近平新时代中国特色社会主义思想，尤其是学思践悟习近平总书记视察江西重要讲话精神和党的十九届四中全会精神，举办了为期五天的专题读书班。市委书记俞小平率先垂范，以普通党员身份上了一堂《习总书记的爱国情怀》微党课，其他支部书记结合各自工作共上党课5节。全体党员赴昌江区荷塘乡、老干部老党员到众埠镇红十军建军旧址接受革命传统现场教育。二是调查研究方面，领导班子成员和副科级以上干部结合“服务发展、服务决策、服务落实”的党办职能，助力“六大明珠”建设的调研主题，深入市住建局、人社局、商务局、洎阳街道办、镇桥镇、江西食品厂等有关乡镇（街道）、部门单位和挂点村、居委会调研，形成16个调研报告，促进问题解决。三是检视问题方面，设立征求意见箱，向全市各部门单位、乡镇街道党办系统发布征求意见表100余张，召开不同层次、不同范围的座谈会5个，个别访谈32人次，检视查找突出问题。在此基础上，联系工作实际，列出19个问题清单，制定了整改方案，明确了整改措施、时间节点、责任人。副科级以上党员干部还列出1至2个最突出的、群众反映强烈且主题教育期间能够解决的问题，做到边学习、边检视、边整改。四是整改落实方面，制定具体实施方案和每周一调度机制，坚持把工作重点放在“八项规定突出问题整治”“形式主义官僚主义突出问题专项整治”和“贯彻落实习近平新时代中国特色社会主义思想和党中央决策部署存在的突出问题”等三项整治工作上，同时结合19个问题清单整改，建立台账、明确股室、细化责任人，规定时限推进“晒整改”，做到解决一个销号一个，整改落实不断加力，自我革命不断强化。

包村帮扶及其他工作 古塘村有贫困户45户，106人，目前已脱贫39户，94人。一是资金帮扶方面，及时高效拨付扶贫资金，共安排6.5万元扶贫资金用于村扶贫工作。在项目上下功夫，规划建设完善古塘村村史馆、湾里健身广场、扶贫车间、油茶产业扶贫基地等。二是产业帮扶方面，已栽种60亩油茶基地，光伏产业已投入使用，古塘小学和市住建局两个光伏电站已发电90000余度，已产生4万余元效益。三是基础设施建设方面，开展人居环境整治项目，李家村进村道路路面硬化工作已完成，湾里、竹窠里、鹧鸪山三个村的休闲广场已开工，古塘7个自然村庭院整治已经全面验收过关。四是党建方面，核准党员人数，规范党员管理。目前已确认党员人数共52人，其中预备党员1人，积极分子1人。通过不忘初心、牢记使命主题教育活动，与所有党员取得联系，把学习资料通过书上门或邮寄的方式发放到每一名党员手中。（市委办）

决策咨询工作

概述 以习近平新时代中国特色社会主义思想和党的十九大和十九届二中、三中、四中全会精神为指导，围绕全市经济社会发展这个中心和各个时期工作重点，紧跟市委、市政府“拼搏全省十强，打造特色明珠”的决策部署和工作意图，聚焦“三大攻坚战”，“双创双修”、高标准农田基本建设、大补交通短板、农村宅基地管控、粮食储备、非公经济营商环境、防范金融风险、生态与环保、农技队伍建设等10个方面重点开展了咨询、论证和调研工作，取得了显著成绩，市咨询委主任祝火才荣获首届“瓷都新乡贤”光荣称号。为把乐平打造成为特色鲜明的现代化赣东北明珠接续奋斗，聚集正能量。

紧跟决策部署，定好“盘子” 制定了《2019年市咨询委工作要点》，计划全年进行6次集体学习，3次集体参观学习考察活动。全年共列出23个调研课题，分发给5个组与办公室来承办。充分发挥各组主动联系部门、单位和基层组织、干部群众的优势，积极主动把咨询、论证和调研工作做好。计划全年刊出《送阅件》18至20期，提高建言资政水平。

加强政治学习，夯实“里子” 强化理论武装头脑，内化于心，充实“里子”，保持旺盛的政治定力，是做好市咨询委工作根本所在。一年来，共精心安排和组织了6次集体学习和思想政治教育，于2月22日在市咨询委顾问、组长会议上，传达学习了市委六届五次全体（扩大）会议精神，重点学习贯彻了景德镇市人大常委会副主任、乐平市委书记俞小平同志所做工作报告，对此，大家有了深刻理解和认识，提高了信心，找准了工作定位，增添了工作动力。

于3月3日市咨询委全体成员会议上，聆听了市委副书记高晓云同志的讲话，决心以实际行动贯彻落实好高晓云三个方面指示要求，不断开创决策咨询工作新局面。

于4月2日在市咨询委顾问、组长会上，学习贯彻了习近平总书记关于“不忘初心、牢记使命”系列重要讲话精神，围绕庆祝乐平解放70周年这个主题，讲好乐平故事。组织骨干力量撰写了《乐平解放70年的70件大事》长篇文章，刊登在《乐平新闻》报纸上和《翥山洎水》刊物上。并邀请市里有关专家、学者进行指导，共同努力编辑出版了《纪念乐平解放70周年文辑》一书。景德镇市人大常委会会副主任、乐平市委书记俞小平同志做了题词，为庆祝乐平解放70周年献上了一份礼。

于6月12日市咨询委法治建设形势报告会上，大家通过聆听市委常委、政法委书记吕贵平同志所做的《法治乐平建设工作报告》，深感接受了一次生动的法治教育，决心为乐平法治建设凝心聚力，做出应有的贡献。

于6月24日市咨询委全体成员会上深入学习贯彻了习近平总书记视察江西的重要讲话精神，深刻认识到习总书记视察江西重要讲话精神具有里程碑意义，是我们做好一切工作的行动指南和根本遵循。决心内化于心，外化于行，在建言资政上下功夫，出成效。为展示学习贯彻成效，在《送阅件》

上编发了“学习贯彻习近平总书记视察江西时的重要讲话精神特刊”。

于9月25日市咨询委庆祝新中国成立70周年座谈会上，大家纷纷表示，要牢记习总书记关于“在新中国成立70周年的时候宣示下一个70年，我们将高举革命旗帜，继往开来，重整行装再出发”的教诲，保持政治本色，走好新时代长征路，发挥余热，建言资政，推动决策咨询工作再上新台阶。

同时，组织了全体成员进行了3次学习参观活动，4月18日深入到后港镇，围绕“美丽乡村建设”主题；5月22日赴弋阳县，围绕“弘扬革命先烈精神，传承红色基因”主题；10月17日深入到全市“双创双修”亮点工程，围绕“打造赣东北明珠”主题；身临其境，实地开展了参观学习考察活动。读了“无字书”，开阔了视野，转变了观念，增长了知识，提升了境界，增添了工作活力。

景德镇市人大常委会副主任、乐平市委书记俞小平同志于11月16日，对市咨询委组织全体成员参观学习考察“双创双修”亮点做出了批示：“感谢老领导老同志关注关心我们的工作。请双创双修指挥部认真学习研究，将老同志的精神财富变成实际变化。在城市环境建设管理中更加注重原生态保护、原文化提升、原风貌厚植，真正修炼现代化赣东北明珠。望决策委继续发挥更大作用。”这一批示，在市咨询委全体成员中引起强烈反响。大家说，俞书记这么重视和关心市咨询委工作，我们一定要振奋精神，加倍努力，把乐平市咨询委工作做得好上加好！

认真搞好调研，多出“点子” 调研是市咨询委的压舱石。一年来，共完成了21个调研课题。综合组就中学生素质教育和社会养老服务保障工作，组织开展了两次调研，共提出意见与建议12项；农业生态组就春耕农资、高标准农田基本建设，农村宅基地管控、农机队伍建设等组织开展了4次调研，提出意见与建议20项，其中高标准农田基本建设的调研，得到市政府领导的肯定与重视。工交组就大补交通短板和非公有经济发展营商环境组织开展了两次调研，共提出10项意见与建议。有关大补交通短板的意见与建议被市政府采纳。财贸组就财政监督、粮食储备和防范金融风组织了3次调研，共提出16项意见与建议。政法组就贯彻新《环保法》组织开展了1次调研，提出意见与建议5项，并在《乐平之窗》媒体上进行了报道。办公室就塔山街道办经济高质量发展、全市科普工作、办好人民满意的医院、医保局开局良好、乐平中学提高办学质量、农村党支部建设等组织开展了6次调研，并对市直工委春节期间组织党员干部进行调研工作进行关注与追踪，共提出意见与建议26项。各组在组织开展调研的同时，还抓住用好新形势下的新机遇，不失时机地结合实际共撰写出了32篇有针对性的建言献策文稿，共提出112项意见与建议。同时，还认真做好咨询、论证工作。市咨询委顾问胡家根同志撰写出咨询、论证文稿13篇，涉及议题有中学生减负、大补交通短板、粮食储备、加强农技队伍建设、党政机构改革、医疗卫生、环保、做好新形势下咨询工作等多个方面，共提出67项意见与建议。市咨询委顾问徐行溥同志撰写出咨询、论证文稿5篇，涉及议题有继承和发扬共库精神、传承红十军红色基因、学习贯彻习总书记视察江西时的重要讲话、学习参观“双创双修”亮点等方面。共提出29项意见与建议。上述18篇咨询、论证文稿站位比较高，说理比较透彻，所提意见与建议很有针对性和可操作性。

提升会刊质量，自压“担子” 《送阅件》是市咨询委的会刊，是展示工作成效的载体，是以文辅政的平台，也是承上启下、联络左右的桥梁与纽带。一年来共编发《送阅件》18期，达650个页码，约19.5万字。景德镇市人大常委会副主任、乐平市委书记俞小平同志于2019年10月7日，对市咨询委工作做了充分肯定：“围绕春耕备耕、林下经济、交通短板、农村科普、厕所革命、环境卫生”等中心工作广泛开展调研、咨询、论证工作，共形成调研文稿13篇，建议稿件12篇，意见建议97条，为市委、市政府提升决策的科学性、可操作性贡献了力量。组织撰写了《纪念乐平解放70周年文辑》，讲好了乐平故事，传递好了乐平声音。对此，市咨询委受到极大鼓舞，决心不忘初心、牢记使命，以习近平新时代中国特色社会主义思想为指导，自我加压，主动作为，开创新局面，为乐平奋斗拼搏全省十强，建成特色鲜明的现代化赣东北明珠贡献智慧与力量！（市决策咨询委）

组织工作

概述 全市组织系统以学习贯彻习近平新时代中国特色社会主义思想和新时代党的组织路线为主线，坚持稳中求进工作总基调，围绕中心、服务大局，从严从实抓党建、管干部、揽人才，为在与世界对话中打造特色鲜明的现代化赣东北明珠提供坚强的组织保证。2019年9月，乐平市城市基层党建工作经验做法获评全国城市基层党建创新优秀案例。

“不忘初心、牢记使命”主题教育工作 一是扎实开展学习教育。举办市委常委主题教育暨乡科级主要领导干部专题读书班，召开市委常委主题教育专题学习会，组织30多名县处级以上领导干部开展现场革命传统教育。86个乡科级单位组织开展主题读书班，覆盖乡科级领导干部1227名。各基层党支部通过“三会一课”、主题党日等载体同步开展学习。创新学习载体和宣讲形式，“古戏台讲堂”开展示范宣讲十多场，直接受众达5000余人次，分众宣讲150余场，带动覆盖群众达4万余人次。市乡两级“流动党校”培训在基层活动开展140多场，覆盖党员群众16000多人次。二是深入开展调查研究。围绕贯彻落实习近平总书记重要指示批示精神和群众反映强烈的热点难点民生问题等，结合各自工作实际，开展“蹲点式”“结伴式”调研，形成了900多篇调研报告。其中，县级以上领导干部形成调研报告33篇，调研发现问题155个，提出解决问题的“金点子”171条。三是问题检视找准找实。通过对标自觉找、广开言路听、反思列清单等方式，全市各级领导班子和领导干部深入开展问题检视。对标对表“六个对照”，按照“对照党章党规找差距”部署，深入开展“初心三问”活动，在“五个方面”深入查找问题。采取个别访谈、召开座谈会、设立意见箱、发放征求意见表、新媒体留言等形式，广泛征求意见。市委常委会及各位常委同志委托5个征求意见工作组，上门征求意见，收到意见建议6个方面155条。各级领导班子及领导干部列出1—2个近期能够解决的问题，着力在主题教育期间解决。列出思想、工作、作风层面问题清单，明确整改措施和完成时限。四是整改落实改出实效。紧盯“两个梳理”，梳理问题30个，明确整改措施75条。深化“8+6+1+N”专项整治，制定工作方案，分解责任，建立台账，定期调度，推动落实。集中整治6项重点突出问题，拿出实招硬招，动真碰硬、上下联动，整治效果明显。狠抓民生问题整改，着力解决群众反映强烈的重点难点民生问题。开展老破旧小区改造工程，对洎阳街道联盟路进行了全面改造升级，老破旧小区变成了功能性品质小区，收获了居民的“点赞”。

干部工作 一是树立“做事是最好的作风”用人导向，让想干事者有机会。落实好干部标准，旗帜鲜明地树立“做事是最好的作风”用人导向，建立完善以“做事”为中心的发现、培养、选拔干部机制，配出结构优功能强的好班子，选出忠诚干净担当的好干部。坚持用政治标准统领干部选育管用，在实际工作中强化对政治忠诚、政治定力、政治担当、政治能力、政治自律的深入考察。坚持有为才有位，牢牢把实干为先的导向贯穿到党政班子配备、年轻干部培养、后备人才储备等工作的全过程，注重在一线发现、识别、培养、使用干部。二是立足“大学大干大变”提能强质，让能干事者有舞台。与中国人民大学、中国浦东干部学院合作分期举办了市政府部门主要负责人及乡镇长能力提升培训班、领导干部综合素质提升研修班，切实提高干部适应新时代新发展的能力素质。同时，还依托市、乡两级流动党校开展了“培训在基层”活动，对不同岗位、不同职务的干部分类分级开展专业化能力培训。先后选派一批年轻干部参与我市“双创双修”、重点项目、信访稳定、扫黑除恶、招商引资等中心工作，安置优秀年轻军转干部到边远乡镇任职，选派年轻干部到社区兼任功能性党支部书记或委员，通过必要台阶锻炼、重点项目历练和基层一线锤炼强化对干部的实践锻炼。三是健全“为敢担当者担当”激励保障机制，让敢干事者有底气。印发《中共乐平市委关于进一步激励广大干部新时代新担当新作为十条意见》，建立实施分类分级、量化评分考核办法，继续推行乡镇（街道）机关干部绩效考核工作，有效地缓解干与不干、干多干少、干好干坏一个样的问题。研究制定《乐平市公务员职务与职级并行制度实施工作方案》，对列入制度实施范围的人员做到了应套尽套。主动向上级推荐担当作为先进典型、抗洪救灾先进典型、全省“人民满意的公务员”等人选，激励广大干部见贤思齐、奋发有为。四是优化“严管+厚爱”监督管理模式，护航干部全方位成长。完善日常考核、述职述廉、民主测评等制度，采取函询、问询、谈心谈话、双向约谈、提示提醒、诫勉等日常管理监督措施，综合运用工作调度、督查、述职、审计等方式，加强对干部的日常监管。强化干部选任全过程监督，严格落实干部任前审核、任前审计措施，严把人选“入口关”。建立经常性的谈心谈话制度，履行好关心年轻干部健康成长的政治责任。全面落实年休假制度、国家工资津贴补贴和公务员职务与职级并行制度。设立党员关爱基金，对身患严重疾病、遭遇重大自然灾害和意外事故等造成经济困难的党员和干部给予资金帮扶。

人才工作 一是压实人才工作责任。组织开展全市人才工作专项述职，印发《乐平市人才工作专项述职质量考评办法（试行）》和《乐平市2019年人才工作要点》。二是积极对接上级重大人才工程。主动服务景德中药申报国家级“科技创新创业人才”和省“双千计划”项目，并成功入选省“双千计划”高层次创新团队项目；天新药业成功入选景德镇市级人才创新创业示范基地培育对象。三是推动“十条意见”落地见效。大力实施“优秀青年123计划”，招录公务员、教师、“三支一扶”大学生、事业单位人员等共570余名。实施“归雁计划”，从外地调回乐平籍教师34名，落实全省公安机关夫妻异地分居民警“团圆机制”，从外地调入民警8名；坚持兑现各类人才奖励，落实各类人才奖励640余万元，发放高层次人才安家补助35万元；组织评选了19名第八批专业技术拔尖人才和18名第七批优秀乡土人才、10名“十佳”优秀科技工作者。加大科技创新支持力度，全年企业专利申请量305件，获得授权192件。四是关怀激励增强政治引领。对市本级“两类人才”发放人才补贴和组织安排体检，春节期间安排市四套班子领导进行了走访慰问。在广大知识分子中开展“弘扬爱国奋斗精神、建功立业新时代”活动，对10名优秀知识分子典型事例进行了宣传报道。

党内统计工作 截至2019年底，全市共有基层党组织1103个，其中党（工）委57个、党总支41个、党支部1005个。

全市共有党员28577人，正式党员28189人，预备党员388人；男党员23540人，女党员5037人；汉族党员28534人，少数民族党员43人。

党员年龄状况：61岁及以上10928人，56～60岁2927人，46～55岁6049人，36～45岁4893人，35岁及以下3780人。

党员学历状况：研究生222人，本科3732人，大专4593人，中专2210人，高中4705人，初中及以下13115人。

党员职业分布：公有制经济单位中，党政机关干部2841人，企事业单位管理人员、专业技术人员 3789 人，工勤技能人员 992 人；非公有制经济单位中，企业管理人员、专业技术人员 347 人，工勤技能人员 674 人；社会组织中，管理人员、专业技术人员 69 人；农牧渔民 10786 人；离退休人员 6502 人，其他 2577 人。

党员地域分布：市直党员 9570 人，乡镇（街道）党员 19007 人，其中建制村党员 12670 人。

基层党组织基本情况 1. 全市有基层党（工）委 57 个。其中，市委直接管理的党（工）委 40 个（其中：乡镇（街道）、农科园、共库管理局党（工）委 20 个，工业园区党工委 2 个，市直党工委 3 个，市直单位党委 14 个，改制企业党委 1 个）；各基层党（工）委管理的党委 17 个（其中：机关党委 7 个，事业单位党委 1 个，国有（改制）企业党委 3 个，非公企业党委 3 个，社区党委 3 个）。

2. 全市有基层党总支 41 个。其中，市直 32 个，乡镇（街道） 9 个；企业 7 个（含非公企业 2 个），事业单位 13 个，机关单位 14 个，行政村 4 个，自然村 1 个，社区 1 个，其他 1 个。

3. 全市有基层党支部 1005 个（不含 433 个功能性党支部，其中非公经济组织 168 个、社会组织 181 个、社区 87 个）。其中，市直 502 个，乡镇（街道）503 个；企业 209 个（含非公有制企业 67 个），事业单位 221 个，机关 202 个，行政村 262 个，城市社区 21 个，乡镇社区 51 个，社会组织 18 个，其他 21 个。

4. 全市有基层党组 32 个。

基层党组织建设工作 一是大力推进党支部组织力提升。深化基层党建“三基四化三起来”工作模式，树立一切工作到支部的鲜明导向，严抓基层党支部组织制度的落实，进一步提升基层党支部组织力。坚持每月召开一次全市党建工作调度会，压实党建工作责任。采取随机调阅工作资料、现场督导检查等方式，抓好基层党支部“三会一课”、主题党日、组织生活会和民主评议党员等基本组织制度的规范落实。二是深入推动城市党建融合发展。按照建设“15 分钟党建服务圈”的目标，坚持把最优的房产让渡出来，把闲置房产统筹起来，把零星房产整合起来，建设各类党群服务中心。2019 年，新建了天湖中心社区党群服务中心、昌平路邻里中心、东风社区爱心食堂，完善了东湖中心社区、东风社区党群服务中心，以及凯璇华府社区、文昌门社区等若干个党群服务站。三是扎实推进抓党建促脱贫攻坚工作。对市结对帮扶单位和市派驻村第一书记进行了调整，重新选派了 88 名县派驻村第一书记。持续整顿软弱涣散村党组织，对主题教育期间软弱涣散村党组织进行了整顿验收工作。坚持因地制宜、因村施策，大力发展村级集体经济，培养一批具有示范带动作用的集体经济强村。四是不断加强基层党建工作综合保障。2019 年，继续为每个村（社区、分场）党支部安排 5000 元专项经费，为每个单独组建的“两新”组织党支部落实 5000 元工作经费。同时，确保每个社区工作经费不少于 5 万元，服务群众专项经费不少于 10 万元。按每名党员 100 元的标准，按比例为全市所有的村（社区）发放党组织活动经费。按照每人 50 元/月的标准为 70 周岁以上无固定收入老党员发放生活补助，等等。五是持续强化村干部队伍管理。出台了《乐平市村干部队伍管理办法（试行）》，对 140 余名村“两委”干部候选人进行了资格联审，批复同意调整村党组织书记 39 人，并选派了一批优秀乡镇机关干部担任村党组织书记。2019 年，从优秀村（社区）干部中公开选聘乡镇（街道）事业编制人员 13 人，村干部参保、续保人数 549 人，对 180 名离任“两老”、1058 名离任副职村干部发放了补助。六是认真做好大学生村官管理工作。做好了全市在岗大学生村官的信息采集和数据录入省系统工作，并统计上报了符合考研加分条件大学生村官的身份证信息；完成了 8 名 2015 年选聘且满 2 个聘期的大学生村官期满考核以及安置有关工作；向景组推荐了 2 名大学生村官参加“2019 年度省级贫困村党建引领科技助力脱贫攻坚专题培训示范班”。七是深入开展扫黑除恶专项斗争工作。扎实做好了扫黑除恶专项斗争中央第15督导组和省委扫黑除恶专项斗争工作第二轮集中督导组督导反馈相关问题的整改工作。认真开展了村“两委”干部领域专项治理，制定了《乐平市村“两委”领域专项整治行动》方案，及时向市扫黑办做好了专项治理进展情况的报送工作，并对各级转办件及时进行了核查答复。

党员教育发展管理工作 一是抓实党员教育。深入推进各类党员教育培训，全年培训各类党员26089人次。以深入学习贯彻《中国共产党支部工作条例（试行）》为重点，分6期对乐平市1100余名基层党支部书记进行培训，实现了基层党支部书记培训全覆盖。结合组织开展“不忘初心、牢记使命”主题教育，组织全市944名党支部书记举办了“不忘初心、牢记使命”主题教育党支部书记培训班，组织市直机关2249名党员组织开展了“不忘初心、牢记使命”主题教育党员集中培训。二是注重发展质量。按照“控制总量、优化结构、提高质量、发挥作用”的16字总要求，圆满完成了2019年党员发展工作任务，全年共发展党员388名。三是严格党员管理。组织开展了流动党员调查摸底工作，目前乐平市有外出流动党员812名，流入党员16名；做好十八大以来涉军“口袋”党员的排查工作，梳理了十八大以来退役和转业的军人1532名；办好党组织关系转接，2019年，党员转入834人、转出657人。

公务员管理工作 做好了71名2018年度录用公务员初任培训转正定级工作。开展2019年度新录用公务员面试入围人员资格审查、政审与录用等工作，共录用36人。做好了2020年国家公务员考试报名指导、面试资格审查工作，中央机关公务员遴选推荐工作，省直单位公开遴选报名初审工作等。统筹做好2019年度机关单位工作人员年度考核和公务员工资年报汇总工作，公务员调动、晋升、录用、到龄退休公务员校对及工资审批工作，办理受处分公务员工资核减，已故机关公务员的抚恤金审查与批复，公安机关执法勤务警员、警务技术职务套改工作以及37名员额法官递补及法官的职务等级工资套改工作。乡镇机关事业单位工作人员（共18个单位）乡镇工作补贴发放情况。

（市委组织部）

宣传工作

概述 在中共乐平市委的正确领导和上级宣传部门的精心指导下，全市宣传思想文化战线以习近平新时代中国特色社会主义思想为指导，深入学习宣传贯彻习近平总书记视察江西时重要讲话精神，按照举旗帜、聚民心、育新人、兴文化、展形象的要求，坚持守正创新，扎实推动乐平市宣传思想文化各项工作落实，为打造特色鲜明的现代化赣东北明珠提供坚强的思想保障和强大的精神力量。

深入推进理论武装 始终坚持马克思主义在意识形态领域的指导地位，扎实推进理论武装工作。制定下发《2019年市委理论学习中心组学习计划》，坚持“中心组学习日”制度，先后组织了14次集体学习。采取“请进来”与“走出去”相结合的方式，进一步丰富中心组理论学习形式。2月21日、11月12日召开市委中心组学习（扩大）会，先后邀请两名国内知名专家学者来乐做专题辅导报告；4月2日，围绕“加强生态文明建设，推动实体经济高质量发展”这一主题，将课堂搬到工业园，不断提高中心组成员运用科学理论指导实践、推动工作的能力。市委中心组理论学习工作得到省委宣传部肯定，作为江西省县级理论中心组先进典型报送中宣部。围绕学习宣传党的十九届四中全会精神和习近平总书记视察江西时的重要讲话精神，组织市委宣讲团深入乡镇和市直单位进行集中理论宣讲。大力开展特色理论宣讲活动，2019年在各乡镇（街道）共开展了16场“古戏台讲堂”理论宣讲活动，直接受众达8000余人。乐平市“古戏台讲堂”年初被中宣部列为“全面深化改革这五年”江西省三个重点新闻选题之一，11月份，被中宣部评为“全国基层理论宣讲先进集体”，成为江西省2019年唯一获此表彰的县（市、区）。

抓紧抓实意识形态 市委切实担负起党管意识形态的政治责任和领导责任，牢牢掌握意识形态工作领导权，着力防范化解意识形态领域重大风险。结合全市高质量发展考核，对各乡镇（街道）党（工）委、市直单位党委（党组）意识形态工作责任制落实情况进行考核，将考核结果作为评价领导班子和领导干部奖惩的重要依据。加强与市委巡察办的协调联动，建立了市委宣传部与市委巡察办沟通协作机制，在六届市委第七轮、第八轮巡察中，将意识形态工作责任制落实情况纳入党的纪律监督检查范围，有效地督促意识形态工作责任制在基层落地见效。先后两次召开意识形态工作例会，督促各单位抓好基层意识形态工作和“三大平台”建设。坚持问题导向，针对中央脱贫攻坚专项巡视反馈的“农村意识形态工作重视不够”等问题，及时传达学习了《党委加强农村意识形态工作提示》，将农村意识形态工作作为各乡镇（街道）、村（社区）党组织落实意识形态工作责任制和文明村镇创建的重要内容。6月21日，市融媒体中心暨新时代文明实践中心揭牌成立，进一步建强乐平市意识形态阵地。

认真组织庆祝活动 围绕庆祝中华人民共和国成立70周年，加强统筹谋划，广泛深入开展系列主题活动。开设了“壮丽70年 奋进新时代”专栏，推出了《翥山起宏图 明珠更璀璨——壮丽70年乐平经济发展大跨越》等一系列反映乐平市经济社会发展变化的深度报道，在乐平市引起广泛关注和强烈反响。组织全市机关单位、医院学校、工厂企业悬挂国旗，并在全市大型广告牌、各村（社区）宣传栏张贴庆祝中华人民共和国成立70周年公益广告，增强了市民的民族自豪感。精心组织开展了“同升国旗、同唱国歌”活动、烈士纪念日公祭活动，举办了庆祝中华人民共和国成立70周年文艺晚会、“不朽的丰碑”——乐平革命史迹展巡展等系列活动，组织拍摄播放《我和我的祖国》快闪视频，不断汇聚乐平市社会各界干部群众爱党爱国、共建美好家园的热情和干劲。

持续加大宣传力度，凝聚强大精神力量 积极构建大宣传格局，讲好乐平故事，传播乐平声音，擦亮城市名片。积极邀请央视中文国际频道《中国影像方志》栏目组来乐平市拍摄《乐平篇》，配合文艺电影《眠》来乐平市取景拍摄。成功举办了中国文化遗产大会，乐平市被中国民间文艺家协会授予“中国古戏台之乡”称号，中央电视台、《人民日报（海外版）》《江西日报》等主流媒体进行现场采访，央视网、新浪直播对活动全程进行直播。2月，乐平市被江西省文化和旅游厅评为“2018—2020年度江西省民间文化艺术之乡”。加强与中央、省级媒体沟通合作，刊播推出一系列重磅稿件。《宪法宣传走进“暑期课堂”》《高攀》在《人民日报》刊登；《扮靓“产业融合大舞台” 演好“乐平乡村振兴戏”》在《中国新闻》“全国两会特刊”上刊登；反映乐平市学习宣传十九届四中全会精神的稿件《江西：党的创新理论“飞入寻常百姓家”》在《新华每日电讯》头版刊登。2019年以来，乐平市在中央电视台上稿3条，《人民日报》上稿两篇，《新华每日电讯》上稿4篇，《经济日报》上稿1篇，《光明日报》上稿1篇，《江西日报》上稿92篇，央视网4条、新华网52条、中国广播网13条、人民网43条、光明网3条、央广网29条，《景德镇日报》上稿百余篇。

坚持正确舆论导向 利用乐平市融媒体中心揭牌、举办第六届文化艺术节等大型活动之机，先后策划组织了5次视频图文网络直播，每次点击量都在20万左右，充分发挥宣传群众、服务群众的作用。紧扣国内国际时政和本地民声热点，加强网上舆情监测和社会舆情的报送，妥善处置涉乐重大突发、负面、敏感舆情，积极引导网络舆论，及时发布权威信息。一年来，妥善处理了乐平市问题楼盘等涉乐舆情十余条。借助融媒体平台对网传市委大楼“起火”等舆情及时发稿澄清，使舆情得到迅速平息。上报《舆情简报》70期。深入开展网络生态治理、江西省2019“清朗”专项行动，持续加大对乐平市属地近400家网站监控力度，持续清理整治涉黄涉赌、虚假谣言、违规采编等有害信息和违规行为，加大对各类网络违法犯罪行为的打击力度，并根据指令向上级网信部门形成书面报告，不断净化网络环境。

树立健康社会风尚 大力创建全国文明城市（县级），着力抓重点、补短板、强基础，深入推进社会主义核心价值观建设，铸牢城市文明之魂。大力开展文明单位创建工作，指导机关、企事业单位党员深入村（社区）开展共建活动。组织开展以“我们的节日”为主题的群众性经典诵读、节日民俗、文化娱乐和体育健身活动。发布《2019年度乐平市诚信红黑榜》。组织开展第六届乐平市道德模范评选表彰活动，评选了朱寅生等11人为乐平市第六届道德模范，编印《乐平市第六届道德模范故事汇》，在全媒体对道德模范基本情况和先进事迹进行宣传，组织宣讲团深入基层开展“百场道德模范故事汇进新时代文明实践中心”活动。2019年，乐平市1人荣获“中国好人”，1人荣获“江西好人”，9人荣获“瓷都好人”称号。成立了乐平市新时代文明实践志愿服务总队和理论宣讲、政策宣传、核心价值践行、移风易俗和文化活动5个志愿服务联队，各乡镇（街道）分别成立了志愿服务支队，举办两期志愿服务组织管理员培训会。2019年，全市在江西志愿服务网注册志愿服务队349支，注册志愿者人数达6.76万人，志愿服务时长125.08万小时。加强对乡村少年宫建设运行情况的考核检查，组织开展了“扣好人生第一粒扣子”主题教育实践活动和“新时代好少年”学习宣传活动，韩晨煜等5名同学获得景德镇市2019年“新时代好少年”荣誉称号。

实施文化惠民工程 乐平积极融入景德镇陶瓷文化传承创新试验区，着力推进乐平市文化事业繁荣发展。深入开展“讲好乐平故事 弘扬传统文化”主题宣传活动，举办了“神工意匠 振兴乡村——古戏台营造、木雕传承人与学者跨界对话”活动，积极申报非物质文化遗产项目传承人。加大文化产业引资和扶持力度，全市规模以上文化企业达13家。精心组织举办了第六届文化艺术节、第四届半程马拉松大赛。加强了旅游市场管理，全力推动特色小镇成型见效，做好洪岩旅游总体开发建设项目。大力开展“扫黄打非”工作，检查各类文化经营单位1587家次，立案查处违规经营网吧17家，处罚网吧15家，处罚书店两家，扣缴销毁非法音像制品58张、非法书籍108本。统筹推进了村（社区）综合性文化服务中心建设，指导市文化馆、博物馆、图书馆、美术馆、非遗展厅、赣东北特委爱国主义教育基地坚持实行无节假日免费开放。组织“送戏下乡暨非遗下乡”巡回展演活动300余场。

不断夯实队伍建设 围绕“举旗帜、聚民心、育新人、兴文化、展形象”的历史使命，坚持守正创新，加强宣传思想文化战线队伍建设，不断推进各项工作落实。组织全市宣传系统召开宣传思想工作例会，传达学习《中国共产党宣传工作条例》，结合乐平市实际，制定下发乐平市《关于贯彻〈中国共产党宣传工作条例〉的实施细则》，指导各单位抓好落实。按照中宣部的统一部署，在全市宣传思想文化战线认真开展增强“脚力、眼力、脑力、笔力”教育实践工作，指导全市宣传思想文化各单位开展“大学习、大调研、大实践”活动。宣传部机关党支部举行了换届工作大会，选举产生了新一届党支部书记、委员。认真开展宣传部机关“不忘初心、牢记使命”主题教育活动，抓好理论学习、调查研究、检视问题、整改落实各个环节工作落实，真正达到理论学习有收获、思想政治受洗礼、干事创业敢担当、为民服务解难题、清正廉洁做表率的目标。坚持把落实党风廉政建设责任制作为一项严肃的政治纪律来执行，与部常规工作一起研究、一起部署、一起落实、一起检查。以市委巡察组巡察部机关为契机，扎实推进领导干部落实“一岗双制”责任制，真正把反腐倡廉工作引导到制度建设的轨道上来，大力整治“怕、慢、假、庸、散”作风顽疾，不断塑造宣传工作者政治强、业务精、作风正、纪律严、冲得上、靠得住的良好形象。

（市委宣传部）

统战工作

概述　在乐平市委的正确领导和上级统战部门的精心指导下，全市统一战线以学习宣传贯彻习近平新时代中国特色社会主义思想和党的十九大精神为主线，全面落实中央和省、景德镇市关于统一战线一系列重大决策部署，围绕中心，服务大局，着力推进机制创新，狠抓各项工作落实，全市统一战线事业在新格局中实现新发展。

贯彻落实上级各项决策部署　全市统一战线紧扣深入学习贯彻习近平新时代中国特色社会主义思想和党的十九大，十九届二中、三中、四中全会精神这个首要任务和工作主线，牢固树立“党管统战”意识，切实加强和改善党对统战工作的领导，自觉运用习近平总书记关于统战工作的新理念新思想新战略分析研究问题、指导工作实践，推动统战工作。召开了全市统战工作会议，传达了省、市统战部长会议精神，以纪念建国70周年为契机，支持各民主党派、无党派人士扎实开展“不忘合作初心，继续携手前进”主题教育活动，在非公有制经济人士中深入开展以“学习贯彻习近平总书记在庆祝改革开放40周年大会上的讲话精神”为主题的理想信念教育活动，组织全市统战成员学习贯彻习近平总书记视察江西重要讲话精神，积极参加江西省委统战部举办的“祝福祖国·一起诵红色经典”诵读竞赛、“祝福祖国·同心微笑跟党走”笑脸征集展示、“祝福祖国·我与祖国共奋进”征文等系列主题活动，邀请专家在市委理论学习中心组学习（扩大）会上做宗教知识及宗教工作辅导报告，组织全市统战系统参加并举办庆祝新中国成立70周年文艺会演晚会，召开全市党外人士学习贯彻党的十九届四中全会精神座谈会，举办了全市统战系统培训班，引导广大统一战线成员牢固树立“四个意识”、坚定“四个自信”、坚决做到“两个维护”，不断巩固了新时代统一战线团结奋斗的思想政治基础。坚持推进“两学一做”专题学习教育活动常态化、制度化，召开了2018年度统战部领导班子民主生活会、统战部党支部组织生活会，按期圆满完成统战部党支部换届选举大会，严格落实“三会一课”制度，认真执行2019年理论中心组学习、《乐平市新时代讲习所工作制度》，下载《学习强国》App，并按学习计划有效抓好了落实。扎实开展好“不忘初心、牢记使命”主题教育工作，制定《市委统战部落实意识形态工作责任制实施方案》，及时调整部意识形态工作领导小组成员和分工，将责任落实到人；严格干部职工工作纪律管理，修订完善了《统战部机关干部职工考勤制度》，改原考勤纸质签到为指纹打卡签到，建立了部机关考勤报备微信群，落实奖惩措施。落实全面从严治党新要求，积极配合完成市委第二巡察组对统战部巡察工作，认真执行中央“八项规定”精神，组织集中观看了电视片《一抓到底正风纪——秦岭违建整治始末》《问政》《迷失的初心》等专题警示教育片，建立完善了相关工作制度，积极配合市委第二巡察组开展巡察工作，全市统战干部队伍风清气正、干事创业的良好局面得到持续巩固和发展。

发挥协商民主作用　制定并印发《中共乐平市委2019年度政党协商计划》；成立乐平市新的社会阶层人士联谊会，并召开第一届第一次理事会；召开乐平市党外人士市委六届七次全会精神情况通报会、全市党风廉政建设和反腐败工作法检两院工作情况通报会；召开社会各界人士新春座谈会、党外人士学习贯彻党的十九届四中全会精神座谈会；召开党外人士《政府工作报告》征求意见会、市委班子“不忘初心、牢记使命”主题教育书面征求党外人士意见；开展“不忘合作初心、继续携手前进”主题教育，提升能力水平，持续落实民主党派专项经费；依托“党派成员之家”平台，以同心共建为载体，组织各民主党派广泛开展送健康、送文化、送科技、送温暖等各项社会活动。积极配合并参与景德镇民革、民盟市委会对乐平市洪岩、鸬鹚乡镇脱贫攻坚民主监督活动。

加强党外干部培养选拔力度 开展全市党外干部调查摸底工作，进一步完善《党外干部培养选拔联席会议制度》，加强了与组织部门的横向联系，积极做好了党外干部的发现、培养、使用、管理工作，通过健全党外后备干部储备、党外干部教育培训、党外干部提拔任用、市领导与党外干部联系交友、统战与组织部门联席会议五个机制，努力为党外干部的健康成长搭建了平台。2019年以来，提拔重用党外干部4名，另外，结合全市机构改革资源整合，交流、重用党外干部13人。

促进“两个健康”发展 认真贯彻落实习近平总书记关于民营经济发展的重要指示精神，先后召开乐平市促进非公有制经济发展领导小组会、深化“放管服”改革优化营商环境暨减税降费工作推进会等会议，下发《2019年乐平市促进非公有制经济发展领导小组工作要点》《乐平市关于支持民营经济高质量发展的实施意见》《乐平市人民政府关于印发乐平市深化“放管服”改革优化营商环境重点任务分工方案的通知》《关于印发乐平市涉企收费领域2019年专项整治工作方案的通知》《乐平市降成本优环境专项行动领导小组2019年工作要点》，全面落实了省152条、景德镇市36条和乐平市42条优惠政策。

推进“一事最多跑一次”和行政审批“集成服务”改革，新行政服务中心大厅窗口116项事项实现“只跑一次”，行政许可项目实行无差别受理。8月“赣服通”乐平分厅开通上线。建立非公企业维权座谈机制，成立了“乐平市司法局开展民营企业法治体验专项活动领导小组”，下发《关于开展民营企业“法治体验”专项活动的实施方案》。市人民法院和市工商联共同制定《关于建立非公企业维权工作联系协调机制的意见》。市检察院制定《关于成立非公企业维权工作领导小组及非公企业维权工作办公室》等工作方案，建立了乐平市人民检察院驻市工业园区工商联分会检察联系点。充分发挥“乐商议政”“为企服务站”等平台作用，组织开展“坚定发展信念信心防范化解重大风险”民企大走访活动，及时向非公企业传达有关涉企政策和信息，维护企业合法权益，帮助企业解决实际困难，为企业发展搭建提供建言献策、参政议政服务平台，努力为企业打造“四最”营商环境。

积极开展非公人士理想信念教育活动，加强对非公有制经济人士的教育培养。举办2019年度全市非公经济人士培训班；依托“乐商讲坛”培训平台，先后举办《阳明心学之企业管理智慧应用董事长班》《学习华为精神 成就企业奋斗者》两期专题讲座。组织80名会员参加景德镇市工商联、江西财智管理学院电子商务、体系认证知识等学习；提升企业家整体素质。积极组织全市非公企业及非公企业人士围绕全市中心工作积极投身精准扶贫、双创双修、环境整治及爱心帮扶公益活动。

下发《关于促进工商联所属商会改革和发展的实施办法》，制定了《乐平市工商联所属商会管理办法》《乐平市“四好”商会建设评定标准》，积极推进工商联所属商会改革和发展，推动党建、统战工作向商会组织全覆盖。

促进民族团结进步工作 赴瑶冲瑶族民族村组织开展民族团结进步宣传活动，审查上报了2019年度少数民族考生资格8人，争取中央扶贫资金10万元支持浯口镇瑶冲村少数民族村建设，做好该村2019—2025年度公路建设需求调查摸底和项目上报工作。全力推进“同心·特色瑶村”品牌建设，加强对民族村瑶族特色村寨建设项目的调度，项目建设进度明显加快。

认真履行宗教工作主体责任 以落实中央宗教工作督查和脱贫攻坚所涉宗教工作反馈意见整改为主线，聚集整改问题落实，以高度的政治自觉、积极的工作态度、扎实的整改行动，全力推进督查反馈意见整改，有力地推动了宗教各项工作开展。**落实宗教工作主体责任。**将宗教工作纳入党委重要议事日程，党委理论中心组学习内容，党校、行政学校教学计划，高质量发展综合考核评价体系，领导班子和领导干部年度考核内容，精神文明建设测评体系，文明村镇测评体系，意识形态风险防控体系，社会治理综合评价体系。建立了宗教工作联席会议制度，形成了市委统战部牵头负责，多部门齐抓共管的工作机制。下发了《乐平市加强宗教工作三级网络两级责任制意见》，健全宗教工作三级网络两级责任制，进一步夯实宗教工作基层基础。**加大宗教政策法规宣传教育。**2019 年以来，分别在市基督教三自爱国会珠海路教堂和西门广场举办了贯彻落实新修订的《宗教事务条例》及“扫黑除恶”专项斗争精神集中宣传活动，吸引群众千余人次，发放宣传资料 1000 余份；组织县、乡分管宗教工作的领导干部参加了景德镇市委统战部举办的专题培训班；全市各乡镇先后举办村组宗教工作负责人、联络员培训；组织开展“百万网民学法律”宗教事务法规专场知识竞赛活动，全市各乡镇街道、市直各部门组织干部职工积极参加竞赛活动，为新修订的《宗教事务条例》《江西省宗教事务条例》学习宣传营造了良好氛围。**开展宗教活动场所未批改扩建问题进行摸排整治整改工作。**对全市 2012 年以来宗教活动场所未批改扩建情况进行了摸排。和民政局联合下发了《关于开展宗教领域殡葬服务设施突出问题整治的通知》《关于要求大愿禅寺停止建设的通知》和《关于大愿禅寺停建整改的意见》，落实了东山寺和大愿禅寺监管责任。联合有关部门对涉宗教问题进行核实，解决有关问题，涉及乐平市两处佛教场所，隆兴寺与步云寺主要教职兼职问题的整改已完成。**巩固基督教私设聚会点治理成果。**为防止 2018 年开展的基督教私设聚会点重难点问题专项整治工作反弹，巩固专项治理成果，先后召开了基督教专项治理“回头看”及巩固提升工作专题会议，进一步健全长效管理机制，在市、乡、村三级网络基础上，将网络向自然村（组）延伸，各自然村（组）落实一名宗教工作信息员。建立乡村巡查制度，村每周巡查一次，乡镇街道每月巡查一次，实行动态管理，防止基督教私设聚会点死灰复燃。**妥善处理未成年人参与宗教活动。**依托宗教工作三级网络两级责任制，将基督教私设聚会点问题、校园周边非法宗教活动问题、未成年人参加宗教活动问题纳入巡查的重点内容；牵头市教育体育局开展“教育未成年人不信教、远离宗教活动场”主题班会活动，发放“关于教育未成年人不信教、远离宗教活动场所致全市中小学生及家长一封信”；将防范校园传教纳入学校意识形态责任制，并强化督查。同时，进一步加强宗教活动场所规范管理，继续完善宗教活动场所警告标识牌，谢绝未成年人进入宗教场所。严禁宗教团体、宗教活动场所组织未成年人参加“夏令营”“冬令营”等活动。加强对宗教活动场所巡查，积极防范未成年人进入宗教场所参与宗教活动。**积极引导宗教界与社会主义社会相适应。**在 2018 年“四进”活动的基础上，在全市宗教界部署开展了践行社会主义和谐价值观“四进四有”活动，四进四有活动基本实现了宗教活动场所全覆盖。组织三大团体宗教志愿者参与全市双创双修文明交通值勤活动，积极开展宗教慈善周活动，引导市佛协、市基督教三自爱国会举行了庆祝建国 70 周年升国旗活动。**加强宗教团体建设。**积极争取市财政解决宗教团体经费，解决了宗教团体有人办事、无钱办事的问题。组织全市各宗教团体及宗教场所负责人参加了景德镇市委统战部举办的全市宗教界代表人士爱国主义、社会主义和中华优秀传统文化专题培训班，引导宗教界人士积极与社会主义社会相适应。结合“不忘初心、牢记使命”主题教育工作检视问题要求，积极指导市三自爱国会完成换届及基督教协会成立，制定下发了市宗教团体领导班子成员考核、联席会议制度、重大事项报告等相关制度，推进宗教团体自身建设，积极发挥宗教团体的桥梁纽带作用。

加强对外交流 加大对外推介，大力实施以商招商，协助召开“三请三回”招商引资推介会，接洽南京三胞集团来乐投资考察，积极争取“侨胞之家”项目资金，跟进江西侨联“侨心工程”侨心小学（岍岷山小学）项目建设并搞好服务；走访慰问受洪灾困难侨眷和侨企，主动协调解决台属侨眷各类困难；组织开展华文比赛活动，37名学生获得佳绩；协调法国波尔多大学与乐平一中建立合作办学关系，充分发挥台联侨联等统战社团联系广泛的优势，加强同港澳台海外爱国社团的联系联谊，积极推动与海外友人经贸、人才、学术、文化、科技、教育等领域的交流与合作，培育涉侨优势资源，拓展了乐平市海外统战工作的渠道。

统战工作大事记 1月18日，中共乐平市委六届七次全体（扩大）会议精神党外人士情况通报会在乐平市委统战部会议室召开。各民主党派、工商联、知联会代表共计20余人参加会议。

3月6日开始，历时1个月，开展了“坚定发展信念信心、防范化解重大风险”民企大走访活动。走访了全市近50家工商联执常企业以及部分行业代表性民营企业。为帮助民营企业坚定发展信念信心，防范化解重大风险，推动民营经济健康发展。

3月29日，市委统战部召开基督教私设聚会点专项治理工作“回头看”工作动员部署会议，全市各乡镇街道的统战委员及统战干事参加会议。

4月25日上午，景德镇市委统战部、乐平市委统战部在乐平市瑶冲瑶族民族村联合开展民族团结进步宣传活动。

8月8日，乐平市委统战工作领导小组暨宗教工作领导小组（扩大）会在市为民服务中心三楼二号会议室召开，市委书记、市委统战工作领导小组组长俞小平主持会议并讲话，市领导高晓云、张汉坤、王慧娟、方静出席会议。会议传达学习省委统战工作领导小组暨宗教工作督查整改专题会议和景德镇市委统战工作领导小组暨宗教工作领导小组会议精神、全省市县党政分管宗教工作领导干部培训班精神、通报全市宗教工作情况并部署下一步宗教工作、审议并通过《市委统战工作领导小组2019年工作要点》。

8月27日，乐平市委统战部党支部换届选举大会在统战部会议室举行，大会审议和通过了《支部工作报告》，以差额选举无记名投票的方式选举包春辉、江婷、徐淑发等3位同志为新一届党支部委员。

10月17日下午，市委第二巡察组巡察市委统战部工作动员会在市委统战部会议室召开，以彭乐昌为组长等一行7人进行了为期三个月的巡察工作。

10月21日，乐平市委统战工作领导小组暨宗教工作领导小组（扩大）会在市为民服务中心三楼二号会议室召开，市委常委、市委统战工作领导小组副组长、宗教工作领导小组组长王慧娟出席会议并讲话，副市长、市宗教工作领导小组副组长方静主持会议。会议传达学习中共中央政治局常委、全国政协主席汪洋在江西调研宗教工作时的讲话精神、省委统战工作领导小组《关于加强宗教工作基层组织建设的指导意见》、江西省宗教工作领导小组《关于推进宗教事务联合执法的指导意见》精神及景德镇市委统战工作领导小组暨宗教工作领导小组会议精神、听取了宗教工作情况汇报，并就迎接中央宗教工作督查回头看及下一步宗教工作进行了部署。

11月6日上午，市委常委、统战部长王慧娟受邀来到市委党校为2019年第二期乡科级干部轮训班学员做统战宗教工作专题辅导报告。

11月14日，全市宗教工作会议在统战部会议室召开，市委常委、统战部部长王慧娟参加会议并讲话。会议传达了景德镇市委统战部关于中央宗教工作专项督查反馈意见整改情况督查反馈会精神，并就反馈情况整改进行了部署落实。

11月26日民盟乐平市总支委员会荣获中国民主同盟中央委员会思想政治建设和宣传工作先进集体表彰。

2019年11月在全省民族团结进步表彰大会上乐平市涪口镇党委副书记董强华获模范先进个人表彰。

11月29日，2019年景德镇市基层侨联（侨务）工作培训班在乐平市东方国际酒店开班。培训期间，景德镇市侨联领导和各位专家学者参观了乐平市东湖市民之家的“侨胞之家”，对乐平市东湖市民之家的“侨胞之家”在社区经济建设、文化建设、社区服务方面取得的成绩感叹不已。

12月10日，按照“不忘初心、牢记使命”主题教育要求，市委统战部召开主题教育专题民主生活会。

12月13日上午，全市2019年非公经济人士培训班在社会主义学院开班。市委统战部副部长包春辉出席开班仪式并讲话，市工商联执委、规模以上工业企业和各商（协）会会员代表共120余人参加培训。

12月19日，全国工商联办公厅印发《关于确认2018—2019年度全国“五好”县级工商联的通知》，确认北京市东城区工商联等1383个县级工商联为2018—2019年度全国“五好”县级工商联，其中，乐平市工商业联合会榜上有名。这是乐平市工商业联合会继2015年、2017年被确认为全国“五好”县级工商联以来，第三次获此殊荣。

12月24日上午，2019年乐平市统战系统培训班在市委党校开班。市委常委、统战部部长王慧娟出席并做开班动员。全市各民主党派、工商联、侨联及知联会党外人士代表、党外干部代表、统战系统相关单位科级以上干部代表和各乡镇（街道）统战委员、统战干事近百人参加培训。

12月27日，乐平市基督教“三自”爱国运动委员会二届一次代表大会在市耶稣堂召开，会议选举产生了新一届爱国会领导班子，标志着基督教“三自”爱国运动委员实现了新老交替。

12月30日下午，乐平市新的社会阶层人士联谊会第一届第一次理事会议在禧香悦大酒店召开。市委常委、统战部部长王慧娟出席会议并讲话。景德镇市新联会会长叶青致贺辞。大会审议通过《乐平市新的社会阶层人士联谊会章程》《乐平市新的社会阶层人士联谊会会费收缴和管理办法》《乐平市新的社会阶层人士联谊会选举办法》，选举产生了第一届会长、副会长、秘书长及常务理事。

12月31日上午，乐平市党外知识分子联谊会在“党派成员之家”会议室召开学习党的十九届四中全会精神座谈会，市委统战部副部长朱少华、包春辉参加会议。（市委统战部）

改革研究

概况　全面贯彻落实习近平总书记视察江西“推动改革开放走深走实”重要指示精神，围绕建机构、明规则、定任务、强调度、强督察、抓落实主题，用好用活县级层面谋改革、抓改革、推改革“四个一”机制，不断推动改革再出发再提速。被评为景德镇市改革工作年度考评优秀单位，《江西改革动态》第66期刊登《乐平市大力推进县域改革走深走实》专文介绍乐平市改革做法，《当代江西》第11期、《景德镇党刊》第6期分别刊登乐平市改革文章。

健全工作机构　按时完成市委深改委及市委改革办更名组建工作，市委改革办设在市委办。市委下发文件明确市委深改委及办公室组成人员名单，市委深改委印发《关于印发市委全面深化改革委员会各专项小组组成人员的通知》，明确各领域改革专项小组成员名单及联络员、工作人员。建立定期调度协商、通报汇报机制，坚持每月市四套班子联席会通报重点改革课题进展情况，明确乡镇（街道）

党（工）委副书记、市直单位副职领导分管改革，做到改革工作有人管、有人抓、有人做。

推动改革落实 全年共实施包括23项自选举措在内的188项改革任务，截至年底大部完成或正在推进，呈现出重点领域改革成果丰硕、关键环节改革进展顺利、自选动作改革亮点突出的良好态势，不少改革举措得到了上级领导肯定和主流媒体的关注，推进城市基层党建融合发展、“古戏台讲堂”理论基层宣讲、“帮帮团”基层社区治理、农村生活垃圾治理和人居环境整治、公职人员履职行为规范等一批改革经验受到表彰或推介宣传。

承办改革会议 完善市委深改委工作规则、市委改革办工作细则，明确市委深改委议事协调载体和办会流程，坚持每月召开一次市委深改委会议，全年共召开市委深改委会议11次、专项小组联络员会议10次，审定印发改革方案90余项，有效保障全市改革工作有章可循、有规可依，高位推动、全员发力。

开展改革督察 争取市委支持，保留面向乡镇街道改革专项督察项目，制定全市改革督察计划安排，坚持每月召开一次改革专项督察。全年共开展11次改革督察，做到改革督察对188项改革举措、44个牵头单位和22个乡镇街道、有改革任务的机关工作人员“三个全覆盖”，形成改革督察情况11篇，发放95份改革督察整改通知单。建立以日常督察、年终考核为基础的改革工作评价体系，印发《乐平市全面深化改革课题高质量落实绩效评估办法（试行）》《乐平市全面深化改革工作分类考核评价办法》，完成了高质量发展改革年度考核评价工作。

编印《乐平改革》 创办市委改革办工作内刊——《乐平改革》，向全市各级领导干部及乡镇街道、部门单位免费赠阅。全年编印40期，刊发改革文章53篇，较好地发挥了交流改革工作窗口、展示改革成绩载体、总结改革经验平台的办刊宗旨。按年度摘录编印习近平总书记关于改革开放的重要论述，印发《乐平市全面深化改革工作手册》，建立全市改革微信群，每天发布一则“习改金句”，全年共编发185篇。（市委办）

党史工作

概述 党史办以习近平新时代中国特色社会主义思想为指导，认真贯彻党的十九大及十九届二中、三中、四中全会精神，在市委、市政府的正确领导和上级党史部门的指导下，以存史研究为基点，以促发展为目标，以“资政育人”为根本任务，围绕中心，服务大局，认真抓好党史、精准扶贫、双创双修等工作，狠抓机关作风建设，扎实开展党史研究、资料征编、宣传教育、革命遗址保护利用、开展纪念活动等方面工作。

党史大事记收集整理 收集整理本市政治、经济、文化等领域的活动情况和重大事件，整理和编纂2019年大事共计663条。

革命遗址遗迹保护利用 向市政府争取将革命遗址遗迹的维护经费列入财政预算，为革命遗址遗迹维护提供经费方面的保障；印发了《进一步加强党史工作联络队伍建设的意见》。

对《中国共产党乐平历史》第一卷（送审稿）进行最后审稿 邀请市委党校原副校长徐行溥、退休教员郭建一对《中国共产党乐平历史》第一卷（送审稿）进行了最后审稿，此次审稿对内容进行了大幅调整，内容进行了完善，共删减重叠史料30余处，增加10余处。

开展“不忘初心、牢记使命”主题教育 以支部为单位组织市党史办6名党员参加了为期三个多月的第二批“不忘初心、牢记使命”主题教育。

《乐平党史》如期编印 《乐平党史》以季刊形式全年共出刊物4期，印制8000余册，免费赠送有关单位及领导。

省党史专家到乐平市做党史报告 9月21日，省委党史研究室原主任、省人大原常委、农委副主任委员王晓春教授受邀请来乐平市为市委常委“不忘初心、牢记使命”主题教育暨乡科级主要领导干部专题读书班做了题为《红色土地蕴育初心、红色精神代代相传》的主题辅导报告。

《乐平红色革命小故事》编纂工作 启动了以“挖掘乐平党的历史资料，找寻革命初心使命精神”为主题的《乐平红色革命小故事》编纂工作，总计编纂完成72篇故事。

精准扶贫 全办6名副科级以上干部与镇桥镇金喜村18名精准扶贫户结成了帮扶对子（每名责任人与3户结对帮扶），落实产业帮扶资金1.8万元。通过帮助金喜村联系项目建村级公路、残疾人办证换证、联系就业等方式助力脱贫攻坚。

（市党史办）

机关党的建设

概述 积极策应机构改革，适时调整基层党组织，中共乐平市直属机关工作委员会辖直属机关单位67个，基层党组织538个，其中职能党委14个、机关党委8个，企业党委5个，党总支29个，直属党支部31个，支部448个。管理党员9727名，其中男党员7569名，女党员2158名；在职党员6273名，离退休党员2800；机关党员2121名，企业党员1445名；大专以上党员5404名；35岁以下党员1051名。

主题教育 从2019年9月17日开始，开展了为期3个月的“不忘初心、牢记使命”主题教育，按照学习教育确保做到“三个到位”、调查研究准确把握“三个关键”、检视问题全面打通“三个渠道”、整改落实务求实现“三个彻底”的要求，工委3名班子成员全员参与、全程学习、全面检视、全心整改，做到始终坚持把自己摆进去、把工作摆进去、把职责摆进去。9月23—26日集中安排3天时间，开展读书研讨交流，并先后赴十里岗篁坞方志敏故居、赣东北特委旧址、众埠红十军旧址开展革命传统教育；11月10—16日，举办了两期主题教育暨学习贯彻党的十九届四中全会精神集中培训班，培训市直机关党员2249人；开展“四个一”活动，即实现党员干部直接联系群众全覆盖，建立挂点联系制度，工委干部每人对口一个网格区联系、深入一个党组织调研、指导一个基层支部建设、结对走访一名困难党员，密切与基层党员群众的联系；抓好“8+6+1+N”整治整改任务的落实。

党建活动 以争当“三个表率”，建设“模范机关”为目标，以提升党支部规范化、标准化水平为重点，进一步“大学、大干、大变”，推动机关党的建设再上台阶，为打造“特色鲜明的现代化赣东北明珠”和实现“回归全省十强”积极贡献。开展2019年春节调研活动和庆祝中华人民共和国成立70周年征文，收集调研文章35篇、征文27篇；举办“迎七一，大学、大干、大变”党务知识竞赛活动，评选一等奖1名，二等奖两名，三等奖3名，优胜奖3名，带动了市直机关大学之风；为12家党建示范点配送党员电教设备，并推出如市委党校“流动党校在基层”、市中医医院“德亮党员志愿服务队”等一批党建创新项目；在第二批主题教育开展之前，在2019年8月底全面开展基层党组织换届，换届后各部门单位党组（党委）一把手兼任党（总）支部书记达25人，党建意识越来越强，自觉履行党建第一责任人职责，及时配齐配强党务工作者，把党建和业务同研究、同部署、同落实；开展“一先两优”评选活动，表彰17个先进基层党组织、18名优秀党务工作者、35名优秀党员；关怀激励党员，利用春节和“七一”走访慰问困难党员140余人（主题教育期间走访慰问10人），因病党务工作者4人，温暖了党员心灵；大力发展党员，全年发展党员23人（超额5人），此外，当年直属党组织申请入党人员就达200多人。

党建督查 根据党建年度考核细则和有关文件精神，分别于1月中下旬和4月上旬，对直属党组织进行了全覆盖督查，并抽查了部分职能党委下属党组织，当场以清单形式反馈存在问题，提出整改要求；下发党建督办函，对两个条管部门党组织不按时换届，及时致函督办。

志愿服务 在春节、“3·5”雷锋学习日、清明、五四、七一等节点，组织号召机关党员、入党积极分子开展走访慰问、送医送文化下乡、免费书写春联、向老党员学习、文明交通志愿服务、送学上门等形式多样的主题党日活动，推荐景德镇市百优志愿者4名，景德镇百优志愿组织两个。

服务中心 在城市建设上，推荐289名市直机关优秀党员年轻干部到城市社区功能性党组织兼任委员，组建87个功能性党支部；在脱贫攻坚上，参与制定2019年产业扶贫计划，下拨“四个一”扶贫产业资金3万元，发展油茶130亩；在武装建设上，克服市直武装部中途人员调整的困难，组建了41人的通信保障分队、10人的气象保障分队、9人的网络信息侦查分队、6人的网络维管班和8人的法理斗争班。

双创双修 代为指挥部起草《关于深化市直机关与城市社区（村、居）结对共建、助推“双创双修”活动工作方案》和《市直部门单位参与推进“双创”工作承诺书》；开展机关庭院督查，坚持一月一次，共督查7次，及时反馈、排位；积极开展社区共建，为洎阳街道天湖社区解决共建资金2万元。

意识形态 坚持以习近平新时代中国特色社会主义思想为指导。利用工委会、工委中心组专题学习会和主题党日三大阵地作用，紧跟形势，深入学习贯彻习近平新时代中国特色社会主义思想和党的十九大、十九届二中、三中、四中全会精神，做到走深走实，学有系统、学有所获；加强督促检查推动“学习强国”和江西网络干部学院学习常态化，使机关党员干部职工学习热情进一步高涨，不断扩大提高“学习强国”覆盖面和活跃度，市直机关党员干部日均活跃度和人日均学分分别在71%和25分以上；召开两次入党积极分子和党员发展对象座谈会、赠送党建书籍（《习近平七年知青岁月》《习近平在正定》《新时代共产党员纪念册》《党章》）等举措，引导市直机关年轻干部职工进一步坚定信党、向党、入党的信心和信念。

（市直机关工委）

党校（行政学校）工作

概述 市委党校（行政学校）认真贯彻落实《中国共产党党校（行政学院）工作条例》和《2019—2023全国党员教育培训工作规划》，围绕“创建富有地方特色，走在全国前列一流县级党校”目标，全面推进干部培训、理论宣讲、师资队伍、党的建设等各方面工作。

干部培训 市委市政府高度重视党校（行政学校）工作，市委书记俞小平，市长高翔多次来党校（行政学校）调研指导工作并为学员做授课辅导。市委党校（行政学校）始终把培养造就忠诚干净担当的高素质专业化干部队伍作为目标，努力发挥党员干部教育培训主渠道主阵地作用。2019年，共举办各类班次22期4142人次，其中主体班17期3385人次，包括乡科级干部培训班两期201人次，党员发展对象培训班4期496人次，基层党组织书记培训班6期1100人次，“不忘初心、牢记使命”主题教育党支部书记培训班1期1100人次，新党员培训班两期280人次等。

科研资政 围绕“礼赞新中国，奋进新时代”、习近平视察江西重要讲话精神、“不忘初心、牢记使命”主题教育和党的十九届四中全会精神，紧扣市委、市政府中心工作和社会热点难点问题开展调查研究，全年共发表理论文章或调研报告20篇。“景德镇国家陶瓷文化传承创新试验区——怎么看、怎么干”座谈会，共收集建议35条。积极推动深改工作，改革课题《乐平市“四化”模式探索基层党校办学体制改革成效好》被《景德镇改革动态》采用（2019年第3期）。退休老干部徐行溥同志深入研究乐平厚重的历史文化，参与主编的《山翥洎灵——历史文化名城乐平阐微》由江西人民出版社出版，所撰写的《论中国共产党执政70年的成功之道》文章，荣获省委宣传部、省委讲师团、《江西日报》报社举办的纪念新中国成立70周年理论研讨会三等奖。吴雄妹同志撰写的《治理“天价彩礼”，倡树文明乡风》调研文章，荣获2019年市直机关党员干部职工春节调研理论文章二等奖。朱胡风同志撰写的《浅谈江西文化的育人价值》文章，荣获市委宣传部、市社会科学界联合会联合举办的“礼赞新中国，奋进新时代”征文暨红色文化理论研讨活动二等奖。

理论宣讲 继续开展流动党校“培训在基层”活动，深入乡镇（街道）、农村社区、田间地头、古戏台讲堂与人民群众面对面授课，把党的方针政策和省市委的决策部署宣传到基层各个角落。全年共开展宣传宣讲暨流动党校“培训在基层”活动共计400余场，受众近4万余人。重点围绕习近平新时代中国特色社会主义思想、习近平总书记视察江西时的重要讲话精神、党史、新中国史、“不忘初心、牢记使命”主题教育、党的十九届四中全会精神、景德镇国家陶瓷文化传承创新试验区建设等主题进行宣讲。

党风廉政建设 坚持“党校姓党”，不断提高用学术讲政治的水平，把旗帜鲜明讲政治贯穿教学全过程。组织开展旅差费清查工作。组织开展诵读《红色家书》活动，收看《榜样4》、电视《问政》节目、重温入党誓词、庭审现场观摩教学、晨读党章、节前廉政提示教育、观看《迷失的初心》《扣问初心》《一抓到底正风纪——秦岭违建整治始末》警示教育片，不断提高党员干部全面遵守“六大纪律”的自觉性，让党员干部知敬畏、存戒惧、守底线，持续把作风建设引向深入。

师资队伍建设 坚持人才强校、人才立校指导思想。在全市范围内公开遴选和面向社会招考，新录用5名理论知识丰富、富有朝气的理论教师，教师队伍知识结构、年龄结构更加合理。继续实施“精品课、品牌教师”工程，完善学习进修、实践锻炼、新课试讲、集体备课、考核评价等培养机制，有计划、有组织、有重点地培养中青年教学科研骨干，选派年轻教师参加进修学习、学术交流、挂职锻炼共12人次，使教学科研队伍的素质和能力得到极大提高。吴雄妹同志所授的《新形势下加强党的政治建设》专题党课，荣获景德镇市委党校系统第三届精品课奖。

制度建设 建立健全制度体系，用制度管人管事，提升党校（行政学校）治学水平。建立“课题菜单选课+流动党校送课”制度，深入基层开展政治理论宣传宣讲。建立上下班考勤制度，正规工作秩序。建立物资采购制度，规范财经审批手续，做到以制度管人、管事、管钱、管权。

后勤保障建设 抓好“双创双修”责任落实，层层签订“双创双修”工作责任书，打造“无烟校园”。抓好政府采购支持脱贫攻坚工作。先后在基础设施建设方面投入120多万元，对院内桂花园、校门口两侧人行道改造，添置变压器、食堂整修、阶梯教室安装中央空调等方面进行升级改造，有效提升了办学能力。 （市委党校）

信访工作

概述 信访工作以维护最广大人民群众的根本利益为出发点，深入推进信访工作制度改革，切实履行信访工作责任，全市信访秩序持续好转，为经济发展社会稳定做出了应有的贡献。总体情况是“三个没有发生，两个明显下降，一个快速增长”，即没有发生大规模集体上访、因信访问题处理不当引发个人极端事件和负面舆论炒作；赴京涉访和集体访明显下降；赴京恶意登记增幅过大。

形势稳中向好 全市共发生各级各类访1928批3302人次，总量同比下降28%。其中本市访1074批2034人次（初信初访436批722人次，重复访638批1312人次），同比下降46.5%；景德镇市访32批77人次，访量同比持平；赴省访214批398

人次，同比上升15%；进京访369批456人次（含集体访17批102人次），同比上升116%，进京非正常访6批8人次，同比下降63.3%。网上办理中央、省、景德镇市交办信访案件 92件(其中国家信访局交办64件，省信访局交办25件，景德镇市局交办3件)；中央、江西省、景德镇市转办网投件231件；办理群众各类来信256件。信访事项及时受理率100%,按期办结率100%,群众参评率90%,群众满意率100%，共办理网上信访件579起，网上信访占比75.49%，圆满完成了“四率一占比”目标任务。

信访基础业务工作不断加强 加强和规范网上信访基础业务工作，组织开展了4期全市信访干部集中业务培训班，印发各类资料6类3万余份，培训人员系统学习网上信访业务知识和上机操作流程。推行网上信访事项“三级”提醒制度，投诉受理和办理指定专人、局分管领导和主要领导“三级”提醒，并加大了对有权处理机关的指导、督查、审核力度，信访案件办理质量显著提升，“四率一占比”即及时受理率、按期办结率、群众参评率、满意率和网上信访占比在景德镇市排位靠前。

领导接访机制扎实运行 适时对县级领导接访安排进行了调整，保证每个工作日都有县级领导接访，现场接待处理群众信访事项。全年县级领导共接待群众来访457批 893人次，签批信访事项处理意见214份，落实化解196件。同时，各乡镇（街道）、市直重点单位（部门）班子领导轮值接访也得到有效落实。

信访秩序进一步规范 健全完善工作机制，全面夯实属地稳控责任，群众越级上访态势得到有效控制。加大依法治访力度，对缠访、闹访、涉访等违法信访行为依法予以严厉打击，刑拘逮捕有违法上访人员3人（王某枝、陈某香、程某崽），行政拘留扰乱信访秩序的信访人员45人，依法判处朱某枝有期徒刑4年半，另胡某生案件正在审理中，有力地震慑了违法信访行为，匡正了社会风气，依法治访工作走在了景德镇市前列。

信访工作责任有效压实 按照“属地管理、分级负责，谁主管、谁负责”原则，严格落实党政主要领导负总责，分管领导具体抓的工作格局，强化基层党委、政府在处理信访问题中的主体责任，主管部门的职能责任和信访部门的综合协调作用。

信访矛盾化解攻坚成效明显 对重点领域、重点群体、重点问题和重点人员进行攻坚化解。按照“谁登记、谁交办、谁督办、谁审核”的原则，市本级在网上标识交办信访攻坚战事项112 件，每一信访事项及时落实包案县级领导、责任单位和责任人，明确办理时限和办理要求。按照 “三到位一处理”原则，积极整合社会资源，多措并举化解社会矛盾。综合运用行政调解、司法调解、帮扶救助、教育疏导、依法处置等各种手段，化解了腾某智、蒋某海、王某泉、徐某火等47起疑难复杂信访问题，积案化解成效明显。

重要敏感时期的信访工作卓有成效 中央、江西省、景德镇市“两会”等重点敏感期间，派出精干力量驻地执勤，严格落实24小时值班制度和“零报告”制度，全面加强重点群体、重点人员的排查稳控，圆满完成了全国“两会”、新中国成立70周年大庆等一系列重要敏感时期的信访维稳工作，连续实现 “三个零”的预期目标。

信访工作持续创新 推行“最多访一次”和“访调对接”改革。加强信访接待场所建设，积极开展领导定期接访、部门联合接访、包村驻点干部带案下访、领导包案化解信访问题等活动，将矛盾纠纷调处在基层，信访问题解决在当地，努力打造“人民满意窗口”单位。推行“最多访一次”和“访调对接”改革以来，及时就地解决群众合理诉求，减轻群众“访累”，初信初访一次性办结率从95.5%上升至100%，平均办理周期从28天缩短至15天，借助司法调解力量成功化解了5起疑难信访积案，推动解决了一大批事关群众切身利益的信访问题，使信访工作在维护改革发展稳定大局中发挥了更加重要的作用。

与上级信访部门沟通日益加强 针对赴省进京访量不断增加的态势，加强与上级信访主管部门的沟通，在市委主要领导和分管领导的亲力亲为下，有些工作得到国家局和省局的认可和肯定，如“人民满意窗口”创建和信访件规范办理等，尤其是在个别信访事项的甄别认定方面给予我们很大的帮助，如马某炎信访事项问题。

领导班子和干部队伍建设取得新成绩 组织开展丰富多彩的“主题党日”活动，通过参观众埠红十军建军旧址、鸣山煤矿支部旧址、登高山革命烈士纪念馆、景德镇市美术馆“不忘初心、牢记使命”专题美术展等一系列主题鲜明的活动，全局干部职工的精神面貌进一步提振，工作热情进一步高涨，团结共事的意识进一步增强。

获奖情况 市信访局被评为全省“人民满意窗口”和景德镇市信访件规范办理工作先进单位；镇桥镇、塔前镇和洎阳街道东湖名都社区被评为景德镇市“百姓说事”工作先进单位；陶晶晶、肖有宾、张国清、彭国兵被评为景德镇市信访工作先进个人；塔山街道、名口镇、共库管理局、十里岗镇、临港镇、农科园、涌口镇、乐港镇、塔前镇、镇桥镇、洪岩镇等11个单位获得本年度景德镇市“三无”乡镇称号，其中，十里岗镇、名口镇、临港镇、共库管理局连续三年获此殊荣。 （市信访局）

机构编制

概述 深化机构改革、创新机构编制管理、提升编办自身建设，机构编制工作不断取得新的成效，为打造特色鲜明的现代化赣东北明珠提供了良好的体制机制保障。

圆满完成党政机构改革 1月15日上午，召开党政机构改革动员会，全面拉开了全市党政机构改革的序幕。1月31日，全市所有党政机关领导班子配备到位；2月28日，市退役军人事务局等13个新组建部门完成挂牌；3月6日，印章刻制启用工作完成；3月31日，“三定”方案审核印发。改革后，共设置党政机构37个，党委机构10个，其中，纪检监察机关1个，市委工作机关9个；市政府工作部门27个。

顺利实施乡镇（街道）机构改革 及时启动了乡镇（街道）机构改革工作，12月18日，召开了全市推进基层整合审批服务执法力量暨乡镇（街道）机构改革动员部署会。在广泛征求意见基础上，制定印发《乐平市推进基层整合审批服务执法力量的实施方案》，明确了各项政策措施和任务清单。

稳步推进综合行政执法改革 指导相关部门完成农业、交通、市场监管、文化等四大领域行政执法改革方案，审核相关执法队伍“三定”规定。

开展承担行政职能事业单位改革 坚持政事分开、精简效能、统筹谋划，对照事业单位类型认定批复和主管部门权责清单，对各部门所属事业单位承担的行政职能进行了梳理，将全市各部门所属事业单位的行政职能划归机关。

严格机构编制管理 党政机构改革后，针对一些机构名称变更、人员调整等情况，及时修改、完善数据，健全实名制数据实时更新机制，加强沟通协调，确保数据完整、准确，夯实机构编制管理基础。

规范事业单位登记管理 全面完成2018年事业单位登记管理各项工作，完成2018年度报告公示487家，其中变更登记42家、注销登记3家、补领证书1家；新增统一社会信用代码赋码3家，变更统一社会信用代码赋码11家。 （市编办）

乐平市人大常委会

综　述

乐平市共有各级人民代表大会17个（其中县级人民代表大会1个，乡镇人民代表大会16个），街道人大工作委员会两个。共有省人大代表两名，景德镇市人大代表115名，县级人大代表259名，乡镇人大代表1109人。市六届人大常委会组成人员30名，其中主任1名，副主任6名，委员23名。市六届人大常委会下设办公室、选举任免联络工作委员会、监察和司法工作委员会、预算审查工作委员会、农业和农村工作委员会、教科文卫工作委员会、环境与资源保护工作委员会、备案审查工作委员会等8个工作机构，市人民代表大会大会机构3个：法制委员会、财政经济委员会和社会建设委员会。

2019年，市人大常委会在中共乐平市委的正确领导下，坚持以习近平新时代中国特色社会主义思想为指导，认真贯彻落实党的十九大和十九届二中、三中、四中全会精神，紧紧围绕“在与世界对话中打造特色鲜明的现代化赣东北明珠”发展目标，全面贯彻落实省委、景德镇市委和乐平市委各项决策部署。认真履行宪法和法律赋予的各项职责，共召开人民代表大会1次，召开常委会会议9次，听取和审议一府两院专项工作报告19次，听取市人大常委会专题视察、调研报告10次、执法检查报告3次，任免国家机关工作人员95人次，充分发挥了地方国家权力机关的作用，人大监督工作、代表工作、自身建设均取得了新的成效。

人大会议及常委会会议

六届人大四次会议　3月16—19日，乐平市第六届人民代表大会第四次会议在市文化中心召开。会议听取和审议乐平市人民政府工作报告；审查和批准了乐平市2018年国民经济和社会发展计划执行情况与2019年市国民经济和社会发展计划（草案）的报告，批准了乐平市2019年国民经济和社会发展计划；审查和批准了乐平市2018年财政预算执行情况和2019年财政预算（草案）的报告，批准了乐平市2019年本级财政预算；听取和审议了乐平市人大常委会工作报告；听取和审议了乐平市人民法院工作报告；听取和审议了乐平市人民检察院工作报告；决定设立乐平市人民代表大会社会建设委员会；会议进行了选举事项，选举产生乐平市第六届人大常委会主任、市人民政府市长、市人民检察院检察长、两名市人大常委会委员，通过了市人民代表大会社会建设委员会主任委员人选。

六届人大常委会第十八次会议　1月16日，乐平市六届人大常委会第十八次会议召开。会议听取和审议了市政府关于“十三五”规划实施情况中期评估报告；听取了市人大常委会视察组关于乐平市“PPP”项目建设推进情况报告（书面）和全市林业生态建设及扶贫攻坚情况的视察报告（书面）；听取了市人大常委会办公室和各专工委2018年度工作汇报；会议还决定了代表事项和人事事项。

六届人大常委会第十九次会议　2月28日，市六届人大常委会第十九次会议召开。会议决定了人事事项和代表事项。

六届人大常委会第二十次会议　3月11日，市六届人大常委会第二十次会议召开。会议听取和审议了市六届人大常委会代表资格审查委员会关于代表资格的审查报告；审议了市六届人大四次会议有关事项。

六届人大常委会第二十一次会议 4月26日，市六届人大常委会第二十一次会议召开。会议听取了乐平市政府2019年度土地收储和土地出让计划的报告；审议了市人大常委会2019年工作要点；审议通过了《市人大常委会关于市人大常委会主任会议组成人员联系常委会委员、常委会组成人员联系人民代表大会代表、市人民代表大会代表联系选民办法》；审议了市人大常委会关于开展“助力脱贫攻坚——人大代表在行动”活动实施意见；审议了市人大常委会内务司法工作委员会和财政经济工作委员会更名的议案；审议了市人大常委会执法检查组开展《禁毒法》执法检查的报告；会议还决定了人事事项。

六届人大常委会第二十二次会议 6月26日，市六届人大常委会第二十二次会议召开。会议传达学习了习近平总书记视察江西及召开中部地区崛起工作座谈会的重要讲话精神；听取了市政府关于乐安河保护治理与开发利用决议实施情况专题汇报；听取了市人大常委会视察组关于开展对市人民检察院诉讼监督和公益诉讼、关于对全市河道治理情况和关于对乐平市医疗保险工作进行视察调研情况报告（书面）。会议还决定了人事事项和代表事项。

六届人大常委会第二十三次会议 9月26日，市六届人大常委会第二十三次会议召开。会议听取和审议了市政府关于市六届人大四次会议代表建议批评意见办理情况汇报；听取和审议了市政府关于乐平市2019年上半年国民经济和社会发展计划执行情况汇报；听取和审议了市政府关于乐平市2019年上半年财政预算执行情况的报告；审查批准了市政府关于乐平市2019年一般公共预算和政府性基金预算调整方案；审议通过了市人大常委会《关于市人民政府向市人大常委会报告国有资产管理办法》；听取了市司法局关于“七五”普法工作进展情况汇报；听取了市人大视察组关于组织人大代表视察基层法庭和人民陪审员工作、关于全市农业产业化项目建设情况、关于全市特色农业情况、关于视察二次供水及饮用水源地保护发现问题整改落实情况和关于全市家庭作坊式企业安全问题的视察调研报告（书面）。会议还决定了代表事项和人事事项。

六届人大常委会第二十四次会议 11月22日，市六届人大常委会第二十四次会议召开。会议审查批准了2018年市本级财政决算，同时听取了市审计局关于乐平市2018年预算执行和其他财政收支审计工作报告；听取和审议了关于乐平市2017年预算执行和其他财政收支审计工作报告中提出问题整改情况报告，并对5个重点部门单位的整改情况（书面）进行满意度测评；听取了市政府关于我市学前教育工作情况汇报；听取和审议了市政府关于开展扫黑除恶活动情况报告；听取了市政府关于精准扶贫工作的汇报；听取和审议了市人民政府关于乐平市城市总体规划局部调整情况的报告；会议还决定了人事事项和代表事项。

六届人大常委会第二十五次会议 12月4日，市六届人大常委会第二十五次会议召开。会议传达学习了中国共产党十九届四中全会及省委十四届十次全会精神。会议还决定了代表事项。

六届人大常委会第二十六次会议 12月30日，市六届人大常委会第二十六次会议召开。会议听取了市政府关于乐安河保护治理与开发利用决议实施情况（专题）汇报；听取了市政府关于市六届人大四次会议代表建议办理情况汇报，对市政府关于乐安河保护治理与开发利用决议实施情况及市六届人大四次会议代表重点办理建议办理情况进行满意度测评；听取和审议了市政府2019年财政预算调整方案的报告，并做出决定；听取和审议了市环保局关于工业园“三废”治理工作情况专题汇报。会议还决定了人事事项。

监督工作

始终坚持党的领导 把坚持党的领导作为做好人

大工作的根本政治原则，坚持党的领导、人民当家做主、依法治国有机统一，始终高举习近平新时代中国特色社会主义思想伟大旗帜。坚持重大事项向市委请示报告，依法保障市委重大决策部署、重要人事任免，转化为全市人民的共同意志，形成推动发展的合力。坚持把人大工作放在全市工作大格局中去思考、谋划和推进，积极争取市委对人大工作的重视与支持，从而有力地推动了新时代人大工作与时俱进。

促进乐安河生态文明建设 根据监督促进《关于推进乐安河保护治理与开发利用的决议》实施工作方案，多次组织常委会委员和人大代表对《决议》的实施情况进行视察，并主动向市委汇报市人大常委会监督促进《决议》实施工作情况，在人代会和常委会上专题听取市政府关于乐安河保护治理和开发利用决议实施进展情况汇报。

促进计划预算执行 加强国民经济社会发展、预算执行工作的监督。认真听取审议市计划和预算执行情况、审计工作报告等，审查和批准市政府关于2019年一般公共预算和政府性基金预算调整方案、2018年财政决算报告。听取和审议市政府关于2017年度审计工作报告查出问题整改情况报告，并对5个重点部门整改报告进行满意度测评，促进了政府资金规范使用。听取审议了土地收储和土地出让计划报告。开展国有资产管理情况调研，审议通过《乐平市人大常委会关于市人民政府向市人大常委会报告国有资产管理情况办法》，为市人大常委会审议国有资产管理工作打下基础。

促进民生问题解决 紧紧围绕公共卫生健康问题，开展乐平市医疗保险工作视察，听取市医疗保障局医疗保险工作情况汇报，督促政府着力解决农村医保异地直报的后顾之忧，春节前已实现异地直报。围绕安全生产问题，针对家庭作坊式企业发展中出现的安全问题开展专题调研。围绕乐平市学前教育“入学难”“入学贵”等问题，对全市学前教育工作进行视察调研，有针对性地提出了切实可行的建议。围绕群众关注的困难群众生活救助问题，开展全市困难群众生活救助情况调研，分析当前救助工作存在的主要困难和问题，并就下一步工作提出切实可行的建议。

促进法治乐平建设 开展《农村土地承包法》《禁毒法》等法律法规执法检查。配合省人大开展《水污染防治法》执法检查。组织律师、法律工作者、人大代表，对公安取保候审、检察院决定不起诉、法院判缓刑案件进行评审，针对评审中发现的问题分别提出内容翔实的评审意见。充分发挥法制委员会、规范性文件备案审查委员会和省人大常委会基层立法联系点的作用，对市政府出台的规范性文件进行备案审查。组织70余名由市人大常委会任命的市政府部门主官、法官、检察官参加“两法一规定”知识考试，进一步增强国家机关工作人员的宪法意识和接受人大监督意识，宣传、弘扬法治精神；对开展“七五”普法工作进行调研，并听取和审议市司法局关于“七五”普法进展情况汇报，指出问题，提出改进意见，进一步推进有关法律法规在乐平市正确贯彻实施，促进法治乐平建设。

促进乡村振兴战略实施 围绕乡村振兴战略，对全市农业产业化、现代特色农业、农村土地承包、水利和林业等工作进行视察调研，全面查找乐平市林长制工作中存在的问题和不足，分析探讨生态扶贫的切入点和突破口，并根据实际存在的问题和不足，进一步理清林业生态扶贫工作思路，并建议市政府充分发挥引导和市场调节的重要作用，大力发展区域生态农业，不断做强农产品深加工，延长产业链、提升附加值，打造乐平特色农业品牌。

代表工作

认真督办代表建议 一是深入开展调研。市人大常委会围绕如何做好代表建议办理工作，深入开展了专题调研活动，并且组织力量对12项重点办理建议进行了现场调查和拍摄专题片，掌握现状情况。

二是甄别分类。对市六届人大四次会议确定96件代表建议进行认真甄别分类后交办市政府和各承办单位，并分别落实市人大常委会领导和各专工委办进行分工督办。三是联合督办。协同市政府对代表重点办理建议进行了督查，并及时召开市六届人大四次会议代表重点建议办理工作人大政府联席会议，按照各单位承诺的时间节点进行督办。四是集中督办。6月和12月，市人大常委会两次集中就人大《决议》和代表建议办理实施情况集中视察，并对交通口、城建口等代表建议建议集中的部分进行专题督办，常委会会议两次专题听取市政府办理代表建议情况汇报，并在12月底又对“乐安河决议、12件重点办理建议”落实情况进行满意度测评，推动代表建议办理从“答复满意”向“结果满意”转变，代表建议办理成效明显好于往年。

组织开展代表活动 一是组织各级人大代表开展四个季度的代表小组活动，19个代表小组按照要求，组织本小组的人大代表学习，围绕监督促进乐安河保护治理与开发利用决议实施开展深度调研活动，对市乡两级人代会上代表提出的建议批评意见跟踪问效。二是加强代表履职能力培训，在乐港镇党校召开全市人大代表工作会议，对代表工作进行专题辅导。举办一期乐平市人大代表履职培训班，邀请全国人大和省人大的专家为300多名人大代表授课。组织乡镇街道人大主席（主任）参加省人大常委会的专题培训。三是组织各级人大代表共300多人次，列席市人大常委会会议，参加市人大常委会视察调研、执法检查、法院案件庭审、检察院督查等活动。四是加强代表履职宣传工作，在乐平新闻开辟代表风采录专栏，宣传报道人大代表先进事迹。

加强代表联络站管理 修改完善市人大常委会主任会议组成人员联系常委会委员、常委会组成人员联系代表、代表联系选民办法，并抓好“三联系”制度贯彻落实，做到每一名常委会主任会议成员联系3～4名常委会委员、每一名常委会委员联系5名基层人大代表，每位代表选择3至5名选民作为固定联系对象，每届向选民述职不少于一次。进一步认真贯彻落实好省、市关于加强人大代表联络工作站建设的意见要求，在天湖社区市民之家建立了代表联络直属站。丰富“七个一”活动内涵，要求党员领导干部带头进站参加活动、接待选民，景德镇市钟志生、俞小平、闫浩等领导带头进站参加活动，我市县级领导中的人大代表均以不同形式进站参加活动，代表联络工作站作用得到充分发挥，成为联络代表和群众的“连心桥”。

自身建设

加强学习教育 紧密结合“不忘初心、牢记使命”主题教育，以专题读书班和主题党日活动为载体，通过集中学习研讨和个人自学相结合的方式，重点组织开展了学习、宣传、研究、贯彻习近平新时代中国特色社会主义思想、习近平总书记关于“不忘初心、牢记使命”的重要论述和习近平总书记关于坚持和完善人民代表大会制度重要思想，深入学习研究了党的十九届四中全会精神，学习党的优良传统，学习党纪党规，牢固树立党章党规党纪意识。组织观看革命传统教育片《八子》，坚持以会代训，坚持主任会议会前半小时学法和周一机关干部例会学习制度。

改进工作作风 持续改进机关文风、会风和工作作风，大力弘扬井冈山精神、苏区精神、长征精神，大力破除形式主义、官僚主义，持续整治“怕慢假庸散”等作风顽疾，建设风清气正的政治生态。进一步加强市人民代表大会及工作机构建设，完善工作制度。进一步充实市人大机关工作队伍，完善选人用人、工作激励机制，激发机关干部干事热情。召开市人大常委会党组“不忘初心、牢记使命”主题教育专题民主生活会、市人大机关民主生活会和机关支部组织生活会，开展民主评议党员活动。按照习近平总书记关于“四个对照”“四个找一找”

要求，紧紧围绕学习教育、调查研究、检视问题、整改落实四个方面重要举措，主动对照检视，认真查摆问题，开展了辣味十足的批评和自我批评，扎实做好专题民主生活会会后各项整改工作。

加强对外联系 进一步加强与外地人大、上级人大的联系和交流，组织部分常委会委员、人大代表到外地人大学习考察代表建议办理、预算审查监督、安全用水和城市二次供水、普法联席会议制度、案件评审等工作，为乐平市相关工作改进借鉴了好的经验和好的做法。

指导乡镇人大工作 坚持常委会领导分片指导乡镇人大工作，召开乡镇（街道）人大分片联系会，邀请乡镇人大主席列席市人大常委会会议、参加人大常委会开展的执法检查、视察调研等活动，切实加强与基层人大的联系，确保乡镇人大主席（主任）、副主席（副主任）主要精力放在人大工作上，着力提高乡镇人大业务水平。严格按照中央和省委文件要求，指导各乡镇一年召开两次人民代表大会。

（市人大常委会办公室）

乐平市人民政府

综　述

2019年，在上级党委、政府和市委的坚强领导下，在市人大、市政协的监督支持下，坚持以习近平新时代中国特色社会主义思想为指导，全面贯彻落实党的十九大和十九届二中、三中、四中全会以及习总书记视察江西重要讲话精神，围绕“打造特色鲜明的现代化赣东北明珠”总目标，坚持大学大干大变，较好地完成了市六届人大四次会议确定的目标任务。全年实现地区生产总值340亿元，同比增长7.8%；财政总收入46.53亿元，同比增长7.3%；固定资产投资同比增长10.5%；实际利用外资8067万美元，同比增长6.1%；外贸出口23.81亿元，同比增长3.8%；社会消费品零售总额119.41亿元，同比增长12.3%；城镇居民人均可支配收入37074元，同比增长8%；农村居民人均可支配收入17919元，同比增长8.8%；金融业加快发展，各项存款余额373亿元，较年初新增41.7亿元；各项贷款余额197.9亿元，较年初新增29亿元，存贷比达53%。

农业经济与农业基础建设　全年粮食播种面积达95.31万亩以上，其中早稻种植面积25.77万亩、中稻种植面积32.97万亩、二晚种植面积29.16万亩、旱粮种植面积7.41万亩，粮食生产总产量达到40.67万吨，水稻良种覆盖率达97%以上，落实强农惠农政策，保障农民种粮基本收益，做好耕地地力保护补贴与稻谷补贴工作。同时积极发展高档优质稻、再生稻、粳稻等特色粮食生产基地。全市蔬菜播种面积达35.4万亩，蔬菜年总产量119万吨，蔬菜年总产值15.9亿元，同比分别0.3%、0.36%、0.8%；蔬菜批发大市场总交易量83.53万吨，交易额20.32亿元，同比分别增长1.3%、1.6%。全年肉类总产量3.47万吨，同比减少1.35%；禽蛋产量7170吨，同比增长1.1%；出栏生猪29.4万头，同比减少15.13%；年末存栏生猪12.3万头，同比减少42.33%；牛出栏0.887万头，同比增长1.27%；年末存栏牛0.943万头，同比增长1.28%；羊出栏0.83万头，同比增长4.79%；年末存栏羊1.14万头，同比增长4.98%；家禽出笼297.6万羽，同比增长1.37%；年末存笼家禽208.8万羽，同比增长1.46%。全市水产养殖面积75836亩，水产品产量21346吨，其中捕捞2502吨，同比增长6.4%；养殖18844吨，同比下降0.7%；特种养殖6584吨，同比增长5.07%。2019年农机总动力为49.54万千瓦，增长2.89万千瓦，较上年增长6.2%。2019年全市新增推广补贴农机具1036台（套），销售额6760余万元。完成中央财政补贴资金1967.641万元。全省排名第三。全年全市土地流转总面积41.36万亩，占耕地面积的62.3%，较上年增加3.38万亩，增长8.9%。严守耕地红线，完成高标准农田建设任务10.34万亩。完成人工造林1.5万亩，为计划任务的375%，其中“三化”造林1.5万亩，油茶造林0.85万亩；完成封山育林面积0.5万亩，为计划任务的100%；完成森林抚育2万亩；开展森林督查工作，全市集中技术、执法力量对898个卫片图斑特别是国家林草局驻福州专员办检查组反馈的问题图斑重点开展核查，对存在非法占用林地和非法采伐林木行为的问题图斑，属行政案件的由案件查处组依法予以行政立案查处，达到刑事立案标准的案件移交市森林公安局立案处理。开展松材线虫病防控，以全省

“百日攻坚”行动为契机，集中人力、物力全面完成接渡、涌口等乡镇1.4万亩除治任务，完成疫木清理37000余株，打孔注药35000支，释放花绒寄甲天敌10万头。全年水利工程总投资7.4亿元，分别是魁杨联圩堤、塘西联圩堤、续湖联圩堤、11座规划外小（二）型病险水库除险加固工程、安殷水治理、车溪水治理、磻溪水治理、镇桥涝区治理、碧湾中型灌区节水配套改造工程、城乡供水一体化工程等十个重点项目。对全市6278户建档立卡贫困户安全饮水情况再次进行普查，摸清了饮水安全底数，建立了建档立卡贫困户饮水安全工作台账。针对全市19个乡镇的“一河七水”、231.2公里河道、250座小（二）型以上水库，落实了共计955名河（库）长，其中3名市级河长、16名市级副河长、232名乡镇河长（包含副河长）、207名村级河长、500名库长（包含副库长）。市河长办制作的宣传“河长制”工作的微电影《渔网》获水利部优秀奖。上半年“7·14”超警戒水位达到3.78米的洪水，由于鄱阳湖水位持续偏高，造成乐安河水位顶托，导致乐安河下游段达到历史最高水位，七月下旬，我市受副热带高压控制，长期高温无雨，抗旱形势异常严峻，出现了50年一遇的大旱，在市委、市政府高度重视下，取得了历史性防大汛、抗大旱的全面胜利。

工业及园区经济　全市规模以上工业总产值358.31亿元，同比增长7.8%；规模以上同比增长9%；5+2特色产业实现规模以上工业总产值337.96亿元，同比增长10.5%。实现主营业务收入333.61亿元，同比增长6.34%；实现利税28.78亿元，同比下降9.36%。年末从业人员18000人。高新技术企业16家、国家级科技型中小微企业14家。年末安置就业人员18200人。全年共计发放企业贷款4.2亿元。全年新引进凯光城市综合体等新项目39个，其中亿元以上项目7个，实际进资119.46亿元，同比增长7%；实际利用外资7689万美元，同比增长9.9%。签约项目共49个、待落户项目15个、投产项目24个、开工项目10个。

全市社会消费品零售总额119.41亿元，同比增长12.28%；限上贸易企业86家。限上商贸流通企业零售额18.02亿元，同比增长16.6%；其中，批发业0.98亿元，同比增长30.9%；零售业销售额15.95亿元，同比增长14.9%；住宿营业额0.34亿元，同比增长10.8%；餐饮营业额0.75亿元，同比增长17.9%。外贸出口23.81亿元，同比增长3.8%；电子商务入统企业平台交易额19.15亿元。

城市建设　立足“规划引领、保护优先，节约集约、聚焦聚业”工作思路，《乐平市国土空间总体规划（2019—2035）编制工作方案》已审议通过，初步搭建国土空间信息平台框架，完成了开发保护现状评估。编制完成《乐平市东风北路沿线城市设计及原金融区控制性详细规划修编》《城北二号路（外环线）沿线城市设计及部分地块规划调整》《童家山片区修建性详细规划》等3项城市设计。启动《沿河街区块城市设计及控规修编》及大连路临街、新206国道、景鹰挂线、东风南路西侧片区、乐平大道延伸、安平路等平面设计。城市“双修”项目人民路改造、乐平大道“白改黑”、安平路道路景观和春华路延伸、乐德铁路北侧童家山工业园段雨污和教育园区南侧工程已基本完工。李家岭立交桥维修加固、306省道再生资源市场段拓宽改造、洪皓森林公园（二期）、乐平大桥北引道拓宽改造工程、乐平火车站广场及周边升级改造、一江两岸循环道景观及民电路延伸工程正在有序推进。新港中学东、南路建设工程全面启动。全年完成棚户区改造任务1200户，占全年任务的113%。南内河、童家山安置房建设启动建设。完成农村四类重点对象危房改造任务1191户，其中建档立卡贫困户526户，2143.8万元的年补助资金已全部发放到位。同时，新增管输天然气用户6204户，超额完成了年度工作目标。全年累计拆除“两违”建筑43栋，约1.1万平方米，查处违法用地4.3万平方米，拆除城市规划区“两违”及蓝顶棚5.1万平方米。全市商品房开发累计施工面积263.85万平方米，同比增长22.2%；商品房合同销售面积72.91万平方米，同比增长11.5%；商品房合同销售额35.83亿元，同比增长5.4%。

交通建设 交通建设持续给力。G206罗源至大田段、历库公路、镇杨公路建成通车；观峰大桥、南港大桥、礼林中桥完工；钟家山至袁家亭公路建成通行；G206国道桃林至大田、S306A标、涌临公路、塔荷公路、乐德挂线四联至临港公路、接渡大桥、景鹰高速连接线及其收费大棚和广场建设进展顺利。启动景鹰高速连接线上跨铁路工程和S306C标建设。完成后港至桃林、渡汪线、礼众线、众篁线、官洪线5条县道等80公里美丽生态农村路建设；完成公路安保工程180公里；完成“畅返不畅”80公里，通村组公路110公里已陆续启动建设，年内已完成60公里；全面完成省、市级扶贫村水泥路。加强所属公路养护1913.888公里，公路养护率达到100%。实施4条县乡道28.5公里改造，5条县乡道44.8公里改建。加强运输企业“三项整治”和“两客一危”安全隐患排查，全年危货排查16次，发现4起隐患并整改；全年客运排查49次，发现43起隐患并整改；按照“八个无”整治目标，清理非公路标识物（牌）2300处，清理非法建筑两处，堆积物200处。完成货运量31.56万吨，运输周转量11001.6万吨/公里。运输船舶年度审验率100%。运输船舶向大吨位方向发展，总运力达38284吨。今年共完成整修路面1696平方米、整修路肩365001平方米，清理边沟183729米；路面保洁累计1311万平方米，机具割草302665平方米。《乐平市交通运输综合行政执法改革工作实施方案》已经审定通过，根据方案逐步实施。完成了景德镇市湘湖至官庄公路品质提升、S411乐镇线（乐港—镇桥段）示范路建设等工程。S409涌众线（梅岩—众埠段）公路品质提升工程主体已完工。

环境保护 全市环境统计企业为59家，其中，工业企业为52家，工业取水量为1587.42万吨，煤炭消耗量为98.02万吨，用电量为7.69亿千瓦时，工业废水排放量为1203.54万吨，工业废水中COD的排放量为543.85吨，氨氮排放量为117.04吨。工业废气排放量为114.87亿立方米，工业废气中二氧化硫排放量为1087.83吨，氮氧化物排放量为2060.52吨。大型畜禽养殖场（养殖头数5000头以上）调查数为4家，城镇污水处理厂调查数为两家，其中城镇生活污水处理量为1016.79万吨，工业水处理量为247万吨。生活垃圾集中处置场调查数为1家，处理生活垃圾填埋量为12万吨。全年全市产生危险废物9000余吨，转移处置3000余吨，自行利用处置4000余吨，处置利用率近80%。危险废物种类主要为精馏残渣（液）、有机溶液、污泥、活性炭、废包装材料（保温材料）等。一般工业固体废物产生企业28家，合计产废30.6万吨。严厉打击非法排污行为，全年立案查处50起，处罚金额达184万元，移送公安1起，查封（扣留）1起，实施停产、停业整治33起，报请政府关停企业两家。2019年削减二氧化硫128.27吨，氮氧化物281.67吨。已认定削减COD63.65吨，氨氮11.29吨。11个集中式饮用水源地均完成了保护区的划定、批复工作，对所有水源地设置了标识牌和警示牌，完成了10个水源地的一级保护区隔离网建设。按要求对11个水源地取水口水质开展了水质监测，监测数据显示，我市水源地水质达标率为100%。全年完成了第二次全国污染源普查任务，摸清了各类污染源的基本情况、主要污染物排放数量、污染治理情况等，并通过上级普查部门验收。全市普查对象数量973个。其中入户调查对象数量973个，包括：工业源486个，畜禽规模养殖场64个，生活源378个，集中式污染治理设施5个；以行政区为单位的普查对象数量289个。工业企业或产业活动单位483个。工业源普查对象数量居前3位的行业：非金属矿物制品业106个，化学原料和化学制品制造业42个，非金属矿采选业42个。上述3个行业合计占工业源普查对象总数的39.3%。

2019年度，乐安河流域国控、省控断面水质年均值优良率100%，全市集中式饮用水源地水质达标率100%。

脱贫攻坚 按照国家脱贫现行下的标准，实现1404户3569人贫困人口和1个省级贫困村脱贫退出。贫困发生率由2017年底1.04%降到0.29%。全市6个省级贫困村全部退出。实施就业技能培训，设置就业扶贫专岗，发放交通补贴78.66万元，惠及全市18个乡镇1630名外出贫困劳动力。帮助贫困劳动力广泛就业，春季就业招聘会中58名贫困劳动力实现家门口就业，10家就业扶贫车间吸纳建档立卡贫困劳动力就业65人，就业扶贫专岗安置贫困劳动力433人。开展建档立卡贫困户技能培训37期，培训建档立卡贫困户880人次。利用财政专项扶贫资金3328.3万元，发展扶贫基地215个、合作社171家、公司5家。共建成油茶基地147个12611亩，茶叶基地8个1329亩，中草药基地5个945亩，果业基地27个1535亩，蔬菜、菌类基地16个496亩，水产养殖基地4个788亩，鹌鹑、鸭养殖基地3个504000羽，仓储、花卉、苗木基地7个。全市16个乡镇的62个村委会建设光伏电站，已并网分布式站点166个，集中式站点1个，装机容量12581.89千瓦，发电2000万度。“产业+金融”扶贫贷款30835万元，共帮扶建档立卡贫困户6167户，每户每年受益3750元。发放小额信贷82户583.7万元，乐平扶贫网上商城销售扶贫产品96万元。对全市建档立卡学生5326人次发放资助金446.44万元。核实发放“雨露计划”培训补助202人62.65万元。建档立卡贫困人口住院总计7057人次8310.76万元，合计报销补偿7705.54万元，报销比例92.72%。建档立卡贫困户危房改造483户，共投入危房改造资金1036.1万元。实施贫困户房屋提升改造131户，投入资金264.55万元。全市3914户贫困户免费安装了自来水，每年定期水质检测，每户每月免费供应5吨用水全市54个省市级贫困村的60个自然村布下85个新农村建设点（含30个省点55个自建点），总共安排财政资金1835万元。全市完成11条19.5公里扶贫公路建设。2019年村庄整治投入资金4251万元。

新农村建设 被列入全省36个美丽宜居示范县创建单位之一，美丽宜居示范乡镇洪岩镇借助全域旅游PPP项目建设了一条长约12公里的樱花大道，后港镇全力打造全线14公里长的景鹰高速挂线风景带，沿线建设了5个美丽宜居示范村庄，用EPC项目在206国道边上打造了大田村美丽宜居示范村，已完成工程量50%以上。35个美丽宜居示范村庄已经全部按照“四精”要求在建设，洪岩镇的陈冲坞村、后港镇的曹家村、梅花园村、大田村、镇桥镇的神溪村、礼林镇的罗山村、鸬鹚乡的万西村等村庄已经建设完成。2500个美丽宜居示范农户庭院落实在35个示范村庄，已完成一半建设任务。

民生工程 全年民生领域投入32.54亿元，占一般公共预算支出的49.26%。全年面向社会提供就业岗位近3.8万个。开通了乐平至景德镇北站客运专线。新增管输天然气用户6204户。增加运营出租车20辆。超额完成1200户棚改任务。新建311个标准化村卫生计生服务室、48个村级体育活动场所和一批新时代文明实践中心。全面完成6个片区背街小巷改造。十三小、新港中小学竣工并投入使用。就业形势良好，新增城镇就业8611人，新增农村劳动力转移10511人。发放创业担保贷款8125万元。“为民办十件实事”。1．启动并完成泊阳北路道路改造工程。2．全面完成1.2万户农村户改厕、70座城区老旧危厕和26座乡村公厕建设任务。3．全面完成平安小区530套保障房建设任务，改造老旧小区8000户。4．完成新接渡大桥主体工程建设。5．完成九小扩建、十九小主体建设，实施中心幼儿园新建项目，新增1600个学位。6．新增村级“爱心食堂”100个。7．新建12个社会足球场地。8．全面建成335个村（社区）综合性文化服务中心。9．完成“一江两岸”循环道景观工程建设。10．新增管输天然气用户6000户。

社会事业 被列为国家级紧密型县域医共体建设试点县（市）和省级县域综合医改试点县（市），市中医医院综合大楼建成并投入运行，人民医院综合大楼开工建设。作为全省义务教育质量监测的27个样本县之一，10月31日按标准顺利完成了监测工作。稳步推进城镇小区配套幼儿园专项治理工作，公办幼儿园在园幼儿数占比达到40%以上。市职业中专升格为全日制中等专业学校，七小、十五小建设快速推进，十里岗白塔小学等21所农村薄弱学校全面改造提升，“大校额”“大班额”得到有效化解，荣获江西省推进义务教育基本均衡发展工作积极贡献奖。投入1500万元的国防教育训练基地升级改造完成。成功举办了乐平第四届全国半程马拉松赛、江西省青少年武术套路和散打冠军赛、中国文化遗产大会、第六届文化艺术节等大型活动。2019年共争取市级以上科技计划项目资金609万元，下达本级科技计划项目资金100万元。全年有创新活动企业数量达到33家，全社会研发投入（R&D）达到5.15亿元，同比增长78%，占全市生产总值（GDP）的比重达到1.6%，技术合同交易额达到3600万元，同比增长55%。全市高新技术企业达33家；23家企业通过国家科技型中小企业评价。2019年12月，乐平市获得了江西省卫生城市命名（赣爱卫发〔2019〕8号）；礼林镇、涌山镇、镇桥镇获得江西省卫生乡镇命名（赣爱卫发〔2019〕7号），洪岩镇已通过了国家卫生乡镇公示。大力推进养老服务体系建设，96个“爱心食堂”投入使用。不断完善社会保障体系，累计发放12.6亿元养老金和1.6亿元城乡低保金。实现了城乡居民异地就医即时结算，多项医保惠民政策在乐平市落地落实。坚持和完善“群众说事”制度，群众满意率达93%。持续推进扫黑除恶专项斗争，连续7年保持命案现案破案率100%。生产经营安全事故继续保持“双零”目标，连续17年未发生重特大安全事故。此外，退役军人事务、食品药品安全、妇女儿童、外事侨务、机关事务、统计、双拥、地方志、公积金、气象、水文、海事、邮政、通信、电力、烟草、保险、石油等各项工作都得到稳步发展。

（市政府办）

政务会议

市人民政府六届五次全体会议 1月30日下午，市人民政府六届五次全体会议在市为民服务中心三楼第二会议室召开，由市长徐辉主持。会议主要内容是：由市委常委、市政府常务副市长张汉坤同志就《政府工作报告（送审稿）》起草情况做说明。审议《政府工作报告（送审稿）》《关于乐平市2018年国民经济和社会发展计划执行情况与2019年国民经济和社会发展计划草案的报告（送审稿）》以及《关于2018年财政预算执行情况和2019年财政预算（草案）的报告（送审稿）》。市长徐辉讲话。

市人民政府六届六次全体（扩大）会议 7月27日下午，市人民政府六届六次全体（扩大）会议在市为民服务中心三楼第二会议室召开，由常务副市长张汉坤主持。会议主要内容是：书面材料。市政府各部门、各乡（镇）、街道、共库管理局总结上半年工作和下半年工作打算。市政府各分管领导就今年上半年工作和下半年工作进行发言。市长高翔讲话。

市政府常务会议 2019年，市人民政府共召开常务会议34次，学习和审议议题536项。

六届第51次常务会议于1月5日召开，有17项议题。传达学习习近平总书记在庆祝改革开放40周年大会上的讲话精神、中央经济工作会议精神、《关于贯彻落实习近平总书记重要讲话精神严肃整治领导干部利用名贵特产类特殊资源谋取私利问题的通知》文件精神、省委第十四届七次全会、景德镇市委第十一届六次全会精神；学习了省委办公厅《关于印发<江西省党政领导干部安全生产责任制实施细则>的通知》（赣办字〔2018〕64号）；审议了《关于呈请审议乐平市养殖水域滩涂规划的请示》《关于要求审议<乐平市打赢蓝天保卫战三年行动计划（2018—2020）>的请示》《关于申报我市共库县级集中式饮用水源地水质自动监测站建设项目及解决建设经费的请示》《关于对乐平市塔山工业园区企业废气在线监测设备第三方运维工作的招标请示》《关于要求对乐平市塔山街道办新湾里村大坑里沟土壤修复治理工程公开招投标的请示》《关于恳请增加乐平市乐港等12个地质灾害应急避难安置所附属工程项目的请示》《关于要求审议年产2000吨水晶玻璃工艺品等4个项目落户的请示》《关于呈请审议乐平市机关事业单位编外临时聘用人员管理暂行办法的请示》《关于要求审议〈乐平市公安机关警务辅助人员管理办法〉的请示》《关于呈请审议市人民医院开展“银医通”平台建设的请示》《关于要求返还乐平市锦阳汽车实业有限公司商贸发展基金的请示》和大额度资金使用报市政府审定。

六届第52次常务会议于1月19日召开，有8项议题。审议了《政府工作报告（送审稿）》《关于乐平市2018年国民经济和社会发展计划执行情况与2019年国民经济和社会发展计划草案的报告（送审稿）》《关于2018年财政预算执行情况和2019年财政预算（草案）的请示》《关于今冬明春火灾防控工作情况分析的请示》《关于呈请审议鼓励社会力量兴办教育促进民办教育健康发展的实施意见（送审稿）的请示》《关于请求审议<临港镇“6·18”燃气、工业气体非法销售点爆炸事故调查报告>的请示》《关于请求支持江西欧美亚电子有限公司年产1.5亿只电子变压器项目基础设施建设资金的请示》《关于请求支持江西万景新能源高科技有限公司乐平分公司工业地产项目基础设施建设资金的请示》。

六届第53次常务会议于1月25日召开，观看专题片《一抓到底正风纪——秦岭违建整治始末》。

六届第54次常务会议于1月29日召开，有两项议题。研究部署春节期间工作和大额度资金使用报市政府审定。

六届第55次常务会议于3月9日召开，有21项议题。学习了《地方党政领导干部食品安全责任制规定》《关于印发全省政府系统推动“三减三强两倡导”深化“五型”政府建设推进高质量跨越式发展若干措施（试行）的通知》（赣府发〔2019〕3号）、《烟花爆竹安全管理条例》；传达学习了全省扫黑除恶专项斗争电视电话会议精神、全省防汛抗旱指挥长暨水利局应急管理局局长培训班精神；审议了《关于呈请审议<乐平市成品油市场专项整治工作方案>的请示》《关于呈请审议<乐平市二手车交易市场和二手车经营主体设立方案>的请示》《关于呈请审议乐平市城市功能与品质提升三年行动方案（送审稿）的请示》《关于请求解决乐矿棚户区改造后港小区工程造价调差事项的请示》《关于要求启动景鹰高速公路收费大棚及收费广场建设工程设计施工总承包招投标工作的请示》《关于呈请审议乐平市“老酒厂、福利院”周边棚户区改造房屋征收补偿安置方案的请示》《关于启动“中店邻里中心”项目建设有关事宜的请示》《关于市中医医院购置大型C型臂X线机及配套设备的请示》《关于市妇幼保健院要求自主招聘急需卫生专业技术人员的请示》《关于解决市中医医院改扩建征地拆迁有关问题的请示》《关于要求落实7%安置用地的请示》《关于请求兑现江西天新药业股份有限公司三期项目土地款等额奖励的请示》《关于要求招聘537名教师的请示》《关于请求解决江西天新药业股份有限公司项目用地的请示》和大额度资金使用报市政府审定。

六届第56次常务会议于3月23日召开，有16项议题。学习了《江西省实施河长制湖长制条例》；传达学习了全省扶贫开发工作会议精神和景德镇市脱贫攻坚工作暨农村工作会议精神；审议了《关于恳请启动补充耕地外业核查整改工作的请示》《关于呈请审议启动全市城镇地籍调查工作的请示》《关于恳请审议启动2018年乐平市城乡建设用地增减挂钩立项招标等工作的请示》《关于恳请审议启动2018年乐平市旱改水立项招标等工作的请示》《呈请审议关于坚持农业农村优先发展做好“三农”工作的实施意见的请示》《关于呈请审议乐平市2019年农业生产社会化服务项目实施方案的请示》《关于调整市生态环境保护委员会组成人员和成立十个生态环境保护专业委员会的请示》《关于要求审议〈乐平市污染防治攻坚战八大标志性战役总体工作方案〉的请示》《关于呈请审议〈2019年全市生态环境工作要点（送审稿）〉的请示》《关于呈请审定塔荷公路改线段有关问题的请示》《关于要求增加乐平市危桥重建及县乡公路改造项目观峰大桥引道路基工程的请示》《关于对重大火灾隐患挂牌督办的请示》《关于设立江西省乐平市教育基金会的请示》和大额度资金使用报市政府审定。

六届第57次常务会议于3月30日召开，有11项议题。听取了《关于全省扫黑除恶专项斗争电视电话会议精神及扫黑除恶工作情况汇报》；审议了《关于呈请审议乐平市〈政府工作报告〉工作任务分解和责任分工的请示》《关于呈请审议市人大代表重点建议及政协重点提案交办意见的请示》《关于呈报〈乐平市争项目争资金争优惠政策工作意见〉的请示》《关于要求审议〈乐平市贯彻落实中央环境保护督察“回头看”及鄱阳湖水环境问题专项督察反馈意见整改方案（送审稿）〉的请示》《关于恳请启动乐平市东湖景观二、三期工程和乐平市景观路工程建设相关事宜的请示》《关于呈请审议兑现华安公司邱家山地块融投资协议相关款项的请示》《关于恳请对中远路安置房工程造价变更的请示》《关于恳请对中远路新建工程造价变更的请示》《关于呈请审议乐平市信嘉公交公司土地及拆迁安置等历史遗留问题协议的请示》《关于呈请审议乐平市2019—2021年度农业保险工作实施方案（送审稿）的请示》和《转呈乐平华润燃气有限公司关于天然气管网延伸至乐平工业园（塔山）的请示》。

六届第58次常务会议于4月13日召开，有13项议题。学习了《关于印发中央〈脱贫攻坚专项巡视反馈形式主义官僚主义问题立行立改指导清单〉的通知》（赣开办字〔2019〕5号）、《中华人民共和国土壤污染防治法》；传达了景德镇市脱贫攻坚专项巡视整改工作调度会议精神；审议了《关于2019年革命老区转移支付项目启动招投标程序的请示》《呈请审议关于启动乐平市农村生活垃圾焚烧发电项目土地招拍挂的请示》《呈请审议关于开展基层农技人员定向培养工作的请示》《关于请求对园区安全风险评估报告给予批复的请示》《关于请求启动金龙化工热电项目土方工程的请示》《关于老北街项目有关事宜的请示》《关于恳请对塔山工业园区等6宗国有建设用地使用权进行公开出让的请示》《关于恳请对金山工业园区等两宗国有建设用地使用权进行公开出让的请示》《关于申请启动不动产统一登记信息平台升级扩容工作的请示》和大额度资金使用报市政府审定。

六届第59次常务会议于4月20日召开，有18项议题。学习了《关于深入学习贯彻习近平总书记重要指示精神切实履行扫黑除恶专项斗争重大政治责任的通知》（赣办发电〔2019〕29号）、《中华人民共和国政府信息公开条例》；审议了《关于提请审议〈乐平市降成本优环境专项行动领导小组2019年工作要点（送审稿）〉的请示》《关于呈请审议乐平市鼓励促进“个转企、企升规”工作方案（送审稿）的请示》《关于呈请审议〈进一步加强乐平市国有资产监督管理工作实施方案〉的请示》《关于呈请审议〈景德镇（乐平）金融科技产业园项目规划实施方案〉的请示》《关于呈请审议〈乐平市政府投资建设项目资金拨付管理办法（试行）〉的请示》《关于要求启动金山工业区一期680段3号地块土方平整工程的请示》《关于拨付超龄失地农民参加城乡居民基本养老保险本级财政配套资金的请示》《关于申请启动珠海中路、人民路片区等六个标段巷道改造的请示》《关于呈请审议启动乐平市矿产资源总体规划（2016—2020）调整工作的请示》《关于请求启动2019—2021年度保费补贴型农业保险招投标的请示》《关于呈报〈乐平市残疾儿童康复救助实施细则（送审稿）〉的请示》《关于呈请审议〈加强大连路临街建设的管理办法〉的请示》《关于要求成立洎阳分局的请示》《关于增加“一案一码”工作方向协警的请示》《关于恒盛化工复产急需办理相关事宜的请示》和大额度资金使用报市政府审定。

六届第60次常务会议于4月29日召开，有14项议题。学习了《党政领导干部考核工作条例》《关于深入推进国有集体资产资源专项清查活动的通知》（景市发电〔2019〕10号）；传达学习了江西省城镇小区配套幼儿园专项治理电视电话会议和全省综合防控儿童青少年近视暨推进学校卫生与健康教育工作电视电话会议精神；听取了《一季度乐平市经济运行分析》；审议了《关于要求启动金山工业区一期680段3号地块雨污灌溉管道工程的请示》《关于呈请审议乐平市“厕所革命”三年攻坚行动方案（送审稿）的请示》《关于请求启动平安小区B区室外附属工程和二期保障性住房工程项目建设的请示》《关于要求新（改扩）建乐平市第十六小学等9所城区学校的请示》《关于对我市2018年收购的超标稻谷进行销售出库的请示》《关于申报乐平市2019年统筹整合资金推进高标准农田建设勘测设计施工、监理等招投标的请示》《关于景德镇市部分行政区划调整事项的请示》《关于要求启动南窑古瓷遗址文化展项目的请示》《关于追加民警值勤岗位津贴经费并列入财政预算保障的请示》和大额度资金使用报市政府审定。

六届第61次常务会议于5月12日召开，有11项议题。学习了《中共中央办公厅　国务院办公厅印发〈关于解决部分退役士兵社会保险问题的意见〉》；传达了全省解决“两不愁三保障”突出问题和考核整改工作电视电话会议精神；听取了《关于2019年乐平市〈政府工作报告〉工作任务暨为民办十件实事工作进展情况的督查汇报》和《关于市六届四次人大政协“两会”建议提案办理工作进展情况的汇报》；审议了《关于启动乐平市农村水环境集中连片整治项目配套设施招投标程序的请示》《关于要求启动公路改造及成立相关项目部的请示》《关于提请审议景德镇港总体规划（征求意见稿）中涉及乐平港区规划内容的请示》《关于恳请对城北新区E08-1地块等13宗地块国有建设用地使用权进行公开出让的请示》《关于后港镇“双创双修”项目呈请批准的请示》《关于2019年度乐平市事业单位公开招聘计划的请示》《关于请求解决东风北路二期新建工程造价调差事项的请示》和大额度资金使用报市政府审定。

六届第62次常务会议于5月18日召开，有10项议题。学习了《中共中央办公厅　国务院办公厅印发〈法治政府建设与责任落实督察工作规定〉》；审议了《关于启动乐港镇杨范工业小区建设的请示》《关于拍卖涌山派出所业务用房的请示》《关于要求审议年产150台修边机1000件修边机和抛光机零配件等3个项目落户的请示》《关于镇桥至杨畈公路改建工程部分线路和路面进行变更及调整工程造价的请示》《关于呈请审议〈乐平市新建商品房预售资金监管办法实施细则〉的请示》《关于要求启动乐德公路经光伏基地至龙口村道路改造工程招投标的请示》《关于对我市人民路交通安全监管设备进行升级改造的请示》《关于呈请审议乐平市“五型”政府建设监督员选聘管理办法的请示》和大额度资金使用报市政府审定。

六届第63次常务会议于5月25日召开，有13项议题。学习了《关于深化改革加强食品安全工作的意见》；传达学习了《景德镇市扫黑办关于切实做好中央扫黑除恶第15督导组通报问题整改工作的通知》《关于2019年第一期省级脱贫攻坚暗访督导情况的通报》《关于中央第十一巡视组在江西省委脱贫攻坚专项巡视反馈意见整改落实进展情况的报告》《全省第一期扶贫干部脱贫攻坚专题培训研讨班主要精神》；传达了习近平总书记的重要讲话和全国公安工作会议精神；听取了《关于乐平市禁毒工作情况的报告》《乐平市创建全国文明城市工作情况汇报》《乐平市创建国家卫生城市工作情况汇报》；审议了《关于要求审议〈乐平市生态环境机构监测监察执法垂直管理制度改革工作方案〉的请示》《关于启动食品企业集聚区建设的请示》《关于报请审议〈乐平市“老酒厂、福利院”周边棚户区改造房屋征收补偿安置方案〉的请示》《关于落实园区7家企业项目用地的请示》和《关于请求启动乐平市乐安河一江两岸循环道景观建设工程施工、监理招投标的请示》。

六届第64次常务会议于6月1日召开，有10项议题。学习了《政府投资条例》；审议了《关于恳请审议〈进一步加快乐平市农村“房地一体”确权登记颁证专项工作方案〉（送审稿）的请示》《关于恳请对生活垃圾焚烧发电厂等12宗地块国有建设用地使用权进行公开出让的请示》《关于要求批准建设共产主义水库纪念馆及周边环境提升改造等项目的请示》《关于要求乐平市后港镇（收费站口）景观湖和冯家村环境提升项目建设立项的请示》《关于报请审议〈关于开展“消费扶贫促进精准脱贫”活动的实施意见（送审稿）〉的请示》《关于要求审议乐平市思红蜂业园等二家企业历史遗留问题的请示》《关于要求审议高铁混凝土预制件生产建设项目落户的请示》《关于要求审议年产180吨刺葡萄干红酒厂建设项目落户的请示》和《关于呈请审议进一步完善国家基本药物制度实施意见的请示》。

六届第65次常务会议于6月15日召开，有24项议题。学习了《中共中央办公厅　国务院办公厅印发〈法治政府建设与责任落实督察工作规定〉》；听取了《关于2019年5月份乐平市〈政府工作报告〉为民办十件实事工作进展情况的督查汇报》和《关于市六届四次人大政协“两会”建议提案办理工作进展情况的汇报》；审议了《关于要求审议重新修订〈乐平市突发环境事件应急预案〉的请示》《关于呈请审议〈乐平市钙粉产业链环保专项整治实施方案（送审稿）〉的请示》《关于要求审议〈乐平市水库及堤防维修养护管理办法（试行）〉的请示》《关于乐平安殷水河道治理工程建设有关事项的请示》《关于要求将徐火英等17名计生专干人事工资关系调入有关乡镇人民政府管理的请示》《关于要求审议〈2019年全市招商引资工作要点〉的请示》《关于请求解决尚濂咀村移民迁建用地的请示》《关于请求同意启动涌山镇“双创双修”项目立项及招投标程序的请示》《关于请求同意黄家精品村建设等八个双创双修项目立项并启动招投标程序的请示》《关于“双创双修”项目呈请批准的请示》《关于恳请对鸣山工业区及鸣山集镇建设项目进行立项的请示》和《关于恳请同意对鸣山工业区及鸣山集镇建设项目启动控制性详细规划设计的请示》《关于请求启动建设香樟东侧路工程招投标的请示》《关于请求审批〈乐平市城市排水（雨水）防涝综合规划（2017—2030）〉的请示》和《关于请求审批〈乐平市中心城区海绵城市专项规划（2017—2030）〉的请示》《关于恳请启动乐平市山水林田湖草—矿山生态修复综合治理详细调查与规划编制项目相关工作的请示》《关于乐平市乐德挂线经四联至临港公路改造工程变更分项的请示》《关于请求批准乐平科山煤矿矿山环境恢复治理工程通过验收的请示》《关于要求提请审议将乐平市垃圾填埋场渗滤液处理站扩建项目调整为采购100m³/d渗滤液应急处理设施的请示》《关于对综合大楼装修工程中未列入整体招标项目的附属项目进行招标采购的请示》《关于凯发新泉污水处理厂2018年度污水处理费确认及2019年度调价的请示》《关于提请审议〈景德镇乐平和光金融科技产业园合作协议〉的请示》《关于要求启动园区道路提升改造工程的请示》和大额度资金使用报市政府审定。

六届第66次常务会议于6月22日召开，有

13项议题。传达了《关于李平同志搞形式主义、官僚主义案件查处情况及其教训警示的通报》《全国、景德镇市违建别墅问题摸排调查会议精神》、学习了《中央生态环境保护督察工作规定》《关于深化公共资源交易平台整合共享的指导意见》《易炼红同志在全省旅游产业发展大会上的讲话》；审议了《关于要求审议〈乐平市推进环境影响评价提质增效改革实施方案〉的请示》《关于启动塔前等乡镇急需维修重建危桥的请示》《关于恳请增加2017年旱改水项目、2016年度高标准农田项目工程预算的请示》《关于呈请审议2019年乐平市新农村建设工作方案（送审稿）的请示》《关于教育城域网平台建设项目进行招投标的请示》《关于要求解决招聘到教学点任教教师及特岗教师上缴养老保险金的请示》《关于呈请审议2019年乐平市第四届全国半程马拉松比赛实施方案（送审稿）的请示》和《调整非常设机构事宜》。

六届第67次常务会议于6月29日召开，有15项议题。传达了《省委领导同志批示》；传达学习了《江西省委十四届八次全体（扩大）会会议精神》；学习了《转发关于省公路运输管理局形式主义官僚主义突出问题的通报的通知》（驻赣自然资纪字〔2019〕17号）、《关于印发〈支树平、刘奇、易炼红同志在中央扫黑除恶第15督导组江西省情况反馈会上的讲话〉的通知》（赣办字〔2019〕24号）、《江西省宗教事务条例》《关于加强和改进乡村治理的指导意见》；听取了《关于呈请审议乐平市2019年上半年计划生育工作情况的报告》；审议了《关于呈请审议解决村级卫生室建设资金的请示》和《关于呈请解决村卫生计生服务室配套设备标准化经费的请示》《关于恳请批准建设为民服务中心的请示》《关于要求明确市政公用设施类有关行政许可事项的请示》《关于成立乐平市安畅投资有限公司的请示》《关于建设乐平市超限超载不停车检测点的请示》《关于对青少年学生校外活动中心室内外二次装修进行招标工作的请示》《有关乡（镇）“双创双修”项目》和大额度资金使用报市政府审定。

六届第68次常务会议于7月6日召开，有17项议题。学习了《中华人民共和国文物保护法》《生产安全事故应急条例》；听取了《关于2019年6月份乐平市〈政府工作报告〉为民办十件实事工作进展情况的督查汇报》和《关于景德镇市和我市人大政协建议提案办理工作进展情况的汇报》；审议了《关于呈请审议〈乐平市贯彻落实省生态环境保护督察反馈意见整改方案（送审稿）〉的请示》《关于呈请审议乐平市违建别墅问题清查整治专项行动工作方案（送审稿）的请示》《关于呈请划拨城北、城西派出所业务用房建设用地的请示》《关于请求实施昌平南路改造工程的请示》《关于申请启动沿渠巷10KV高压线下地迁改工程的请示》《关于恳请启动北门、珠海路农贸市场改造建设有关事项的请示》《关于后港镇义方湖土方工程呈请批准的请示》《关于恳请授权市交通运输局与信嘉房产公司签订解决信嘉公交公司历史遗留问题的协议请示》《关于呈请审议解决信嘉公交公司资产处置等历史遗留问题的请示》《关于恳请解决工程项目建设前期间接费的请示》《关于呈请审议〈第一批国有资产划转意见〉的请示》《关于要求启动采购乐矿棚户区改造后港小区电梯招投标相关事宜的请示》《关于呈请审议〈乐平市医疗乱象专项整治行动实施方案〉的请示》和《关于要求申报2019年卫健系统卫生专业技术人员招聘计划的请示》。

六届第69次常务会议于7月6日召开，有26项议题。传达学习了《习近平同志在中央政治局第十五次集体学习时的讲话》中办通报〔2019〕第21期、《关于重申严禁违规操办和参与“谢师宴”“升学宴”有关事项的通知》（景廉办字〔2019〕2号）、《关于加强非洲猪瘟防控工作的意见》（国办发〔2019〕31号）、《全省农村人居环境整治现场推进会议精神》；学习了《关于深入学习贯彻习近平总书记视察江西重要讲话精神努力描绘好新时代江西改革发展新画卷的决定》赣发〔2019〕16

号；审议了《关于呈请审议2019年度乐平市农村人居环境整治工作要点的请示》《关于呈请审议乐平市农村人居环境整治畜禽养殖废弃物资源化利用专项行动方案的请示》《关于呈请审议乐平市美丽宜居试点县“八带头”建设实施方案的请示》《关于呈请审议乐平市农村人居环境整治农村生活垃圾治理专项行动方案的请示》《关于呈请审议与江西乐联公司签订农村清扫保洁治理项目合同有关事项的请示》《关于呈请审议乐平市“中国好粮油”行动实施方案的请示》《关于要求审议<2019年乐平市水污染防治工作计划>的请示》《关于对江西省旺刚钙业有限公司实施关停的请示》《关于对乐平市章叶养殖场实施关停的请示》《关于呈请审议乐平市深化“放管服”改革优化营商环境重点任务分工方案的请示》《关于恳请启动办公自动化平台建设项目招投标的请示》《关于呈请审议<乐平市城镇小区配套幼儿园专项治理工作方案>的请示》《关于呈请审议2019年乐平籍在外任教人员回乡任教实施方案的请示》《关于呈请审议2019年我市推荐参加全国全省教育系统先进集体和先进个人名单的请示》《关于恳请批复立项建设名口地质灾害应急避难安置所的请示》《关于要求启动我市镇桥涝区治理项目的请示》《关于要求进一步完善园区机械铸造类企业税收优惠政策的请示》《关于请求成立乐平市乐安河一江两岸循环道景观建设工程项目部的请示》《关于申请成立乐平市南内河小区城市棚户区改造安置房建设项目部的请示》《关于申请成立乐平市童家山安置小区城市棚户区改造安置房建设项目部的请示》《关于申请启动乐平市童家山小区城市棚户区改造安置房建设项目招投标程序的请示》和大额度资金使用报市政府审定。

六届第70次常务会议于7月27日召开，有17项议题。传达学习了《关于印发<纪检监察机关处理主动投案问题的规定（试行）>的通知》《关于建立国土空间规划体系并监督实施的若干意见》《全国安全生产电视电话会议精神》；审议了《关于恳请审议乐平市农村人居环境整治村庄规划编制实施方案（送审稿）的请示》《关于提请审议〈规范出租汽车市场秩序及非法营运专项整治工作方案（审议稿）〉的请示》《2019年上半年乐平市经济形势分析》《关于要求审议年产2万吨松香及改性松香树脂系列产品建设项目落户的请示》《关于恳请审议<乐平市生态环保领域基础设施补短板三年攻坚行动计划（2018—2020年）（送审稿）>的请示》《关于请求启动乐港杨范工业集聚区和后港食品企业集聚区工业地产项目的请示》《关于乐平市文山综合垦殖场垦区棚户区基础设施改造项目（众埠小区）招投标的请示》《关于乐平市文山综合垦殖场垦区棚户区基础设施改造项目（文山岭小区）招投标的请示》《关于乐平市文山综合垦殖场垦区棚户区基础设施改造项目（尚田小区）招投标的请示》《关于对重大火灾隐患单位摘牌的请示》《关于呈请审议乐平市2019年公开招聘教师面试工作实施方案的请示》《关于要求启动修缮文化中心设备设施项目的请示》《关于恳请审议景德镇市无主尾矿库（乐华锰矿尾矿库）隐患综合治理项目调整工程造价及新增工整漏项的请示》和大额度资金使用报市政府审定。

六届第71次常务会议于7月27日召开，有14项议题。传达学习了全省海绵城市建设工作现场推进会会议精神、《关于实施健康中国行动的意见》（国发〔2019〕13号）、《关于印发健康中国行动组织实施和考核方案的通知》；学习了《中华人民共和国食品安全法》；听取了《关于乐平市2019年上半年食品安全工作情况汇报》；审议了《关于呈请审议乐平市占补平衡及城乡建设用地增减挂钩土地整治复垦项目工作实施方案（送审稿）的请示》《关于呈报审议乐平市2019年度统筹整合资金推进高标准农田建设实施方案的请示》《关于2019年7月份乐平市<政府工作报告>为民办十件实事工作进展情况的督查汇报》《关于景德镇市和我市人大政协建议提案办理工作进展情况的汇报》《关于要求启动袁礼线、上金线公路建设请示》《关于恳请变更戴村中桥（戴村——五一桥漫水桥）工程量等有关事宜的请示》《关于请求落实江西宏柏新材料股份有限公司 2018 年度招商引资优惠政策的请示》《关于呈请审议乐平市 2019 年调配农村中、小学、幼儿园教师到城区中、小学、幼儿园任教实施方案的请示》《关于全市中小学图书采购项目进行招投标的请示》《关于自主选择世行项目中农村供水工程及城区管网改造项目招投标方式的请示》和大额度资金使用报市政府审定。

六届第 72 次常务会议于 8 月 31 日召开，有 31 项议题。传达学习了《党政主要领导干部和国有企事业单位主要领导人员经济责任审计规定》《中共中央办公厅关于贵州省认真贯彻习近平总书记重要指示批示精神深入开展领导干部利用茅台酒谋取私利问题专项整治情况的通报》和省委领导同志批示；审议了《关于提请审议乐平市“四好农村路”示范县创建行动方案（送审稿）的请示》《关于要求将县道袁钟线公路改建项目水泥路面改为沥青路面的请示》《关于要求启动扶贫村及通村组公路建设的请示》《关于要求调整镇桥至杨畈公路改建工程造价的请示》《关于恳请拨付局属企业航运总公司和交通工贸公司社保金等经费的请示》《关于提请审议〈乐平市支持返乡创业试点工作方案（2019—2020）（送审稿）〉的请示》《关于调整乐平市城区出租汽车运价的请示》《关于提请审议〈乐平市国家农村产业融合发展示范园建设工作方案（2019—2022）（送审稿）〉的请示》《关于恳请审议〈昌景黄铁路乐平北站建设框架协议〉具体事项的请示》《关于呈请审议〈乐平市乡镇集中式饮用水水源地环境问题专项整治工作方案〉的请示》《关于申请实施乐平工业园区 VOCs 及臭味异味气体走航溯源服务项目的请示》《呈请审议关于要求启动国家农业综合开发土地治理项目工程招投标程序的请示》《关于要求完善体育中心周围市政管网设施的请示》《关于乐平工业园区产业发展规划和总体发展规划需相关部门确认的请示》《关于要求启动园区控制性详细规划修编的请示》《关于请求解决乐平市意帮科技有限公司基础设施建设和劳动力培训费用的请示》《关于乐平市碧湾重点中型灌区节水配套改造工程建设有关事项的请示》《关于启动改善农村人居环境（一期）项目有关事宜的请示》《关于呈请研究〈大连路临街建设规划管理办法〉的请示》《关于要求审议年产 6 万件铸件精加工等 3 个项目落户的请示》《关于恳请实施东湖新区 E10-1 和 E18-1 地块红线外配套建设的请示》《关于恳请启动乐平市规划编制项目的请示》《关于呈请审议成功驾校用地红线调整的请示》《关于要求解决景德镇市江南武术院教学用地相关手续的请示》《关于召开全市教育大会暨第 35 个教师节庆祝表彰大会的请示》《关于提请审议政府购买棚改安置房源的请示》《关于启动新一轮财政社保专户招投标事项的请示》《关于呈请审议乐平市 2019 年计划生育目标管理责任制考核方案及评分办法的请示》和大额度资金使用报市政府审定。

六届第 73 次常务会议于 9 月 9 日召开，有 15 项议题。学习了《传统村落保护相关法律法规》；传达了《全国、全省稳定生猪生产保障市场供应加强秋粮生产工作电视电话会议精神》、全省推进农村集体产权制度改革暨促进生猪生产发展工作视频会议精神；审议了《呈请审议关于做好 2016 年基层农技人员定向培养毕业生安置工作的请示》《关于调整乐平市地名委员会成员和工作职责的请示》《关于恳请启动 2019 年乐平市涪口镇瑶冲村等 2 个村等 3 个土地开发项目立项相关事宜的请示》《关于恳请对塔山工业园区赛力思项目等 13 宗地块国有建设用地使用权进行公开出让的请示》《关于要求审议年产 1500 吨钢纸特种材料项目落户的请示》《关于要求审议〈江西赛力思新材料科技有限公司有机硅系列新材料项目投资合同书〉的请示》《关于 2019 年度科山综合垦殖场垦区危房改造配套基础设施建设项目进行招投标的请示》《关于呈请审议启动“数字城管”建设项目的请示》《关于做好2019届农村订单定向医学（专科）毕业生接收安置工作的请示》《关于恳请公开招聘窗口服务合同制辅助工作人员的请示》《关于要求启动市第九小学改扩建项目建设的请示》《关于将公跨铁大桥调出景鹰挂线改建工程的请示》和大额度资金使用报市政府审定。

六届第74次常务会议于9月22日召开，有23项议题。传达学习了《印发关于严格财政收支预算管理加大开源节流挖潜力度若干措施的通知》（赣府厅字〔2019〕68号）、《印发<关于认真贯彻中央有关文件精神做好下一步经济工作的实施意见>的通知》（赣办发〔2019〕12号）、《关于印发〈江西省长江经济带发展负面清单实施细则（试行）〉的通知》（赣长江办〔2019〕13号）、《关于切实做好中秋国庆期间安全稳定工作的通知》（赣府厅明〔2019〕81号）；听取了《关于2019年9月份乐平市<政府工作报告>为民办十件实事工作进展情况的督查汇报》《关于景德镇市和我市人大政协建议提案办理工作进展情况的汇报》；审议了《关于呈请审议江西联合股权交易中心合作协议的请示》《关于恳请设立人防财政专户的请示》《关于江西省鄱阳湖区1万～5万亩及其他重要堤防除险加固工程乐平市续湖联圩项目工程建设有关事项的请示》《关于江西省鄱阳湖区1万～5万亩重要堤防除险加固工程乐平市塘西联圩项目工程建设有关事项的请示》《关于乐德国际商城西侧规划道路开通建设的请示》《关于拆除鸣山等矿区危房的请示》《关于乐平市以色列农业科技示范园项目设计变更等问题的请示》《关于启动乐平市以色列农业科技示范园项目配套设施等工程建设招投标程序的请示》《关于乐以科项目融资问题的请示》《关于要求审议年产500万条聚丙烯编织袋项目落户的请示》《关于市人民医院综合大楼建设相关事项的请示》《关于恳请启动接渡大桥危桥重建的请示》《关于提请审议景鹰高速公路乐平收费站改扩建协议的请示》《关于恳请乐平市塔前至昌江区荷塘段公路改建工程设计变更的请示》《关于要求调整部分2019年市重点项目及挂点领导的请示》《关于提请审议<建立山桐子优株种质资源圃实施方案>的请示》和《关于申请向乐通公司集中采购南内河小区住房用于南内河城市棚户区改造项目安置房源的请示》。

六届第75次常务会议于9月28日召开，有13项议题。学习了《交通强国建设纲要》《关于深化农村公路管理养护体制改革的意见》（国办发〔2019〕45号）；审议了《关于乐平市水利工程标准化物业化管理有关事项的请示》《关于提请审议〈乐平市小水电清理整改综合评估报告〉的请示》《关于呈请审议〈“健康乐平2030”规划纲要〉的请示》《关于启动乐平市国家综合档案馆建设项目的请示》《关于尽快启动新工人文化宫建设的请示》《关于要求审议乐平·凯光城市综合体建设项目投资合同书的请示》《关于要求审议乐平市高新科技产业园建设项目投资合同书的请示》《关于呈请审议我市城镇贫困群众社会保险扶贫工作方案的请示》《关于呈请审议2019年度政府消防工作目标任务的请示》《关于对乐平市华蕾幼儿园重大火灾隐患挂牌督办的请示》和《关于对金苹果幼儿园重大火灾隐患挂牌督办的请示》。

六届第76次常务会议于10月14日召开，有19项议题。传达学习了《关于印发主题教育期间聚集解决“降成本优环境”等六项重点工作突出问题实施方案的通知》（赣教组发〔2019〕24号）（工作秘密件）、《关于切实做好防范化解地方政府隐性债务风险有关事项的通知》（赣厅电〔2019〕167号）（秘密件）、《关于促进全民健身和体育消费推动体育产业高质量发展的意见》（国办发〔2019〕43号）、《关于深化教育教学改革全面提高义务教育质量的意见》；听取了《2018年度我市保护发展森林资源目标责任制建设和执行情况》；审议了《关于呈请审议规范校外培训机构发展的实施意见（送审稿）的请示》《关于呈请审议〈乐平市政策性农村住房保险试点实施方案〉的请示》《关于成立乐港杨范工业集聚区和后港食品企业集聚区项目部的请示》《关于要求审议年产500万双环保雨鞋新建项目落户的请示》《关于要求落实江西欧美亚电子有限公司三期用地的请示》和《关于要求解决江西欧美亚电子有限公司厂房不动产证办理的请示》《关于购置土地用于综合开发的请示》《关于乐平市翥山资产经营管理有限责任公司请求简化程序办理不动产登记的请示》《关于请求批准洪岩粮食仓库资产置换的请示》《关于要求启动乐平市高精锻压有限公司10kv供电工程的请示》《关于恳请启动G206国道罗源至大田段中央隔离带护栏工程建设招投标工作的请示》《商请解决制约我部战斗力建设两个具体问题》《关于2019年第二批革命老区转移支付项目启动招投标程序的请示》和大额度资金使用报市政府审定。

六届第77次常务会议于10月21日召开，有11项议题。听取了《关于赴彭泽、靖安“厕所革命”及垃圾分类工作考察情况汇报》；审议了《关于呈请审议城市公厕新建改造工程有关事宜的请示》《关于呈请审议“多彩福地、寻味乐平”——乐平市首届烹饪大赛暨饮食文化研讨会工作方案的请示》《关于审议乐平市世行贷款城乡供水一体化项目引水工程推进工作方案的请示》《关于呈请划拨技术业务用房（案管中心）建设用地和对城西、城北派出所业务用房建设用地进行调整的请示》《关于恳请启动实施我市2019年老旧小区改造工程的请示》《关于请求启动一批亮化提升节能改造工程的请示》《关于呈请审议全面深化新时代教师队伍建设改革的实施意见（送审稿）的请示》《关于当前需市政府解决的有关事项的请示》《关于申请实施江维电化厂安置小区供水工程的请示》和《关于要求恢复接渡粮油购销公司仓容、新建6000吨粮食仓库的请示》。

六届第78次常务会议于10月26日召开，有13项议题。研究了《关于贯彻落实习近平总书记视察江西重要讲话精神的任务分工安排》；传达了贯彻全省造林绿化、松材线虫病防控、湿地候鸟保护工作电视电话会议精神及贯彻落实意见、全省森林防灭火指挥长培训班精神、全国脱贫攻坚奖表彰大会暨先进事迹报告会和全省脱贫攻坚重大工作调度培训班精神；听取了《金溪县村级光伏扶贫电站运维管理情况考察报告》《2019年前三季度乐平市经济形势分析》；审议了《关于恳请成立乐平市生活垃圾分类工作领导小组的请示》《关于恳请启动景鹰高速连接线跨皖赣铁路大桥招投标的请示》《关于成立乐平市畜禽养殖禁养区规范划定和管理排查整治专项工作组的请示》《关于呈请审议市政府规范性文件清理目录的请示》《关于承办2019年江西省青少年武术散打冠军赛的请示》《关于呈请审议乐平市教师教育振兴行动计划（2018—2020）（送审稿）的请示》和《关于呈请审议〈关于改革完善医疗卫生行业综合监管制度的实施意见（送审稿）〉的请示》。

六届第79次常务会议于10月26日召开，有12项议题。学习了《关于加快推进公共法律服务体系建设的意见》；听取了《关于乐平市禁毒工作情况的报告》《关于2019年10月份乐平市〈政府工作报告〉为民办十件实事工作进展情况的督查汇报》《关于景德镇市和我市人大政协建议提案办理工作进展情况的汇报》；审议了《关于呈请审议〈乐平市森林资源保护管理突出问题专项整改工作意见〉的请示》《关于呈请审议〈乐平市第六届文化艺术节活动实施方案〉的请示》《关于呈请审议〈关于组建乐平市打击“两违”和矿产资源违法行为行政执法指挥中心的实施方案（送审稿）〉的请示》《关于呈请审议〈乐平市关于在主题教育期间聚焦解决农村养老服务体系建设突出问题实施方案〉的请示》《关于要求置换景鹰高速连接线加油站项目地址的请示》《关于请求对十里岗镇环镇路、三房大桥引道建设项目给予立项启动的请示》《关于恳请对全市中小学班班通教学设备采购项目进行招投标的请示》和大额度资金使用报市政府审定。

六届第80次常务会议于11月9日召开，有18项议题。传达学习了中华人民共和国国务院令第721号《中华人民共和国食品安全法实施条例》；审议了《关于恳请审议乐平市申报2020年景德镇市重点工程建设项目的请示》《关于恳请审议乐平市申报2020年省大中型项目和省重点项目的请示》《关于恳请审议<昌景黄铁路乐平北站合作建设协议（送审稿）>的请示》《关于恳请审议委托九景衢公司及铁四院编制昌景黄铁路乐平北站站区规划及站房概念设计的请示》《关于呈请审议<乐平市建筑垃圾管理办法>的请示》《关于呈请审议启动不动产登记系统异地容灾工作的请示》《关于恳请对城市西北片AB-03-01等18宗地块国有建设用地使用权进行公开出让的请示》《关于呈请审议乐平市大愿禅寺项目用地供地方案的请示》《关于请求启动乐江公路接渡老街段两座小桥拆除重建工程的请示》《关于要求启动编制<乐平市5个中国传统村落保护发展规划>的请示》《关于呈请审议中晚稻收购急需租赁社会仓容解决农民卖粮难工作的请示》《关于呈请审议乐平市开展“十二五”以来高标准农田建设评估工作方案的请示》《关于调整预算政策以支付有关项目建设费用的请示》《关于恳请对全市中小学专递课堂建设项目进行采购招投标的请示》《关于恳请对智慧校园及城区中小学教师云桌面办公设备采购项目进行招投标的请示》《关于请求解决乐平市意帮科技有限公司土地价差额款及契税差额款的请示》和大额度资金使用报市政府审定。

六届第81次常务会议于11月16日召开，有13项议题。传达学习了《关于加强新时代退役军人工作的意见》（秘密件）；学习了《电子商务法》；审议了《关于要求审议年产60万件水泵及机电配件项目落户的请示》《关于要求落实乐平市病死畜禽无害化处理中心项目招商相关问题的请示》《关于要求审议乐平市123产业融合项目投资合同书的请示》《关于要求成立解决乐平市凤凰金城实业公司历史遗留问题领导小组的请示》《关于呈请审议<乐平市国土空间总体规划（2019—2035）编制工作方案（送审稿）>的请示》《关于呈请批准启动自然资源和规划局庭院改造项目的请示》《关于呈请审议乐平市2019—2020年度松材线虫病防治实施方案（送审稿）的请示》《关于呈请审议乐平市关于全面加强乡村小规模学校和乡镇寄宿制学校建设的实施意见（送审稿）的请示》《关于请求新建乐平市第十中学（高中）项目并启动建设工作的请示》《关于请求启动第三小学等6所学校项目建设工作的请示》和《关于呈请审议城区小学午餐配送及课后托管服务工作方案的请示》。

六届第82次常务会议于11月23日召开，有16项议题。《关于恳请审议<乐平市长江经济带发展负面清单实施办法（送审稿）>的请示》《关于提请审议<乐平市建立完善守信联合激励和失信联合惩戒制度加快推进社会诚信建设实施意见（送审稿）>的请示》《关于恳请审议<乐平市深入开展节约型机关、绿色家庭、绿色学校、绿色社区、绿色出行行动方案（送审稿）>的请示》《关于恳请审议<乐平市乐安河生态保护与绿色发展总体规划>的请示》《关于呈请审议乐平市乡村振兴规划（2018—2022）的请示》《关于呈请审议乐平市农村生活垃圾清扫保洁治理项目合同的请示》《呈请审议关于解决乐联公司2018年度农村生活垃圾转运费按合同基本量结算的请示》《呈请审议关于乐平市加快建立“五定包干”村庄环境常态化长效管护机制并监督执行的实施方案的请示》《关于呈请审议〈乐平市农村集体产权制度改革工作实施方案〉的请示》《关于请求审议安平路团结桥建设和交通管制方案的请示》《关于请求启动乐平市中远西路（洪岩南路至东风南路段）污水主管网工程的请示》《关于启动乐平市绿道工程项目（一期）相关事宜的请示》《关于要求启动我市安保工程建设招标的请示》

《关于呈请审议乐平市改善农村人居环境（一期）项目房屋征收与补偿安置方案的请示》《关于市中医医院申请购买进口肠镜和氩气刀的请示》和《关于市中医医院申请购置康复科设备的请示》。

六届第83次常务会议于11月30日召开，有24项议题。传达了全省暗访督导“回头看”发现问题整改工作视频培训会和景德镇市扶贫办主任会议精神；审议了《关于呈请审议<乐平市应对非洲猪瘟疫情影响做好猪肉市场保供稳价的实施方案>的请示》《关于恳请安置中石化乐平临港加油站、众埠加油站迁建用地的请示》《关于请求解决安平路道路景观工程项目有关问题的请示》《关于提请审议<乐平市关于完善促进消费体制机制进一步激发居民消费潜力的实施方案（送审稿）>的请示》《关于恳请再次审议<乐平市乐安河生态保护与绿色发展总体规划>的请示》《关于呈请审议启动城市微型绿地项目建设的请示》《关于呈请审议启动春华路景观项目建设的请示》《关于要求同意乐平市一方公园基础配套设施建设项目批准立项并启动招投标的请示》《关于申请启动老旧小区改造招投标的请示》《关于乐德国际商城高压杆线迁移的请示》《关于批准实施“乐平工业园区有毒有害气体环境风险预警体系建设项目”及启动公开招投标程序的请示》《关于工业地产项目要求办理预售许可请示》《关于要求回购江西力润实业有限公司工业用地的请示》《关于要求新建乐平市206国道镇桥段等4个不停车检测系统并启动招投标程序的请示》《关于核定治超执法人员补助标准的请示》《关于恳请启动S306乐平涪口至杨范段C标招投标的请示》《关于恳请对S306涪口至杨范公路改建工程A标部分路段变更的请示》《关于鸣观公路改建工程部分路段变更及调整工程造价的请示》《关于恳请对童家山A-02等5宗地块国有建设用地使用权进行公开出让的请示》《关于恳请回购礼林中学等三所农村中学食宿楼的请示》《关于呈请审议〈乐平市筹措社会发展资金实施方案〉的请示》《关于启动国库集中收付代理银行招投标事项的请示》和大额度资金使用报市政府审定。

六届第84次常务会议于12月7日召开，有20项议题。传达学习了景德镇市公民科学素质促进大会会议精神、《易炼红、毛伟明同志在全省开发区改革和创新发展现场推进大会上的讲话》（赣府办通报〔2019〕第92期）、全省农业发展大会会议精神；听取了《关于2019年11月份乐平市<政府工作报告>为民办十件实事工作进展情况的督查汇报》和《关于景德镇市和我市人大政协建议提案办理工作进展情况的汇报》、审议了《关于呈请审议乐平市城乡生活垃圾分类和减量工作实施方案的请示》《关于恳请成立乐平市智慧城市建设工作领导小组的请示》《关于呈请审议乐平市县域医疗卫生服务共同体建设实施方案（送审稿）的请示》《关于呈请审议<乐平市市直机关绩效管理办法（试行）（送审稿）><2019年度乐平市市直机关绩效管理工作方案（送审稿）>的请示》《关于呈请审议2019年度服务期满“三支一扶”大学生接收安置意见的请示》《关于呈请审议2019年度招募“三支一扶”大学生岗位安置意见的请示》《关于呈请审议我市2019年度调整未改办失地农民退休人员基本养老金的请示》《关于提请审议乐平市交通运输综合行政执法改革工作实施方案（送审稿）的请示》《关于启动乐平城北文体中心项目的请示》《关于2019年城区学校“技防、物防”设施项目进行招投标请示》《关于解决临港区域供电历史遗留问题的请示》《关于建议我市启动中晚稻最低收购价执行预案的请示》《关于呈请审议市政府规范性文件修改意见的请示》和《关于要求对塔山工业园区雨水在线运行维护服务项目进行政府采购的请示》。

六届第85次常务会议于12月21日召开，有18项议题。传达学习了中央经济工作会议精神、关于全省受污染耕地安全利用工作培训会议精神的报告；审议了《呈请审议关于深化乐平市农业综合行政执法改革的实施方案的请示》《关于审议〈乐平市养老服务体系建设发展三年行动计划（2019—2021）（送审稿）》的请示》《关于请求解决天新药业公司有关问题的请示》《关于要求审议迷迭香项目落户的请示》《关于要求审年产12000吨高端精细化学品项目落户的请示》《关于对乐平市利华二手车交易市场有限公司申请要求备案的请示》《关于申请对江西东风药业股份有限公司原场地开展补充调查项目进行政府采购的请示》《关于呈请审议乐平市科技创新奖励与补助办法（送审稿）的请示》《关于第四中学维修改造等校建项目进行招投标的请示》《关于印发乐平市综合防控儿童青少年近视实施方案的通知的请示》《关于呈请审议乐平市化解学校大校额、大班额工作方案的请示》《关于呈请审议乐平市公办幼儿园教职工配备实施办法的请示》《关于呈请审议乐平市特岗教师管理办法的请示》《关于呈请审议乐平市中小学绩效评估方案的请示》《关于调整2019年财政预算的请示》和大额度资金使用报市政府审定。

重要文件目录

乐府发〔2019〕1号
关于进一步完善国家基本药物制度的实施意见

乐府发〔2019〕2号
关于公布市政府规范性文件清理结果的决定（长期）

乐府办字〔2019〕2号
关于公布乐平市第一批历史建筑名单的通知

乐府办字〔2019〕12号
关于撤销接渡镇小港咀等11个渡口的通知

乐府办字〔2019〕19号
关于贯彻落实全省政府系统推动
“三减三强两倡导”深化“五型”政府建设推进
高质量跨越式发展若干措施的实施细则

政府办公室工作

文秘工作 立足本职，精文减会取得实效。全年共接收处理文件4358件，比同期下降1.5%，公文运转基本无纰漏，以市政府、市政府办名义下发文件共277件，同比下降15%，基本做到了规范、高效。全年共承办大小会务200余次，同比下降20%，其中市政府全体（扩大）会议两次、市政府常务会议35次、协调会6次、专题会19次，制发会议纪要60份。严把办文办会、督查考核关，严格执行发文、会议计划，加强前置审核和发文审核，可发可不发的文件一律不发。鼓励合并、套开会议，压缩会议规模，减低会议频率。坚持24小时政务值班制度，做到上传下达快捷有序，在全年各类通知等信息传递中，基本无差错。

政务调研和政务服务 积极参与全市大调研活动，针对重点领域和突出问题，深入开展调查研究活动，并就高标准农田建设、乡村振兴、双创双修等重点项目进行了专题调研，形成内容翔实的调研报告，较好地完成了市政府交给的工作任务。撰写各类讲话稿、发言提纲共计120余篇，整理各类讲话录音142篇，报送省重要信息182篇；深入落实上级政务公开要求，不断加强政府信息公开力度，全年政府网站共发布信息9514条。完善“赣服通”掌上办事机制，拓展“赣服通”接入事项81项。全年共接到信件211件，回复率达100%。

热线受理工作 全年共接受市民来电79625个，生成有效工单86302件，其中在线解答群众诉求5309件，向各成员单位派发各类问题33293件，办结32118件。办结率达96.47%，市民回访满意率89.06%。工单中咨询类约占9.35%，投诉1.27%，求助37.72%，建议0.19%，举报3.82%，其他类型47.65%（主要为市民查询办件情况以及各职能局与前台话务员沟通协调）。充分利用媒体，先后在乐平融媒、热线微信公众号等媒体播出刊登12345政府服务热线公告及工作动态；开展建设“五型”政府进社区下乡镇活动3场，发放调查问卷3000余份。

“五型”政府建设 加快转变政府职能，全面推行“高位化调度、集成化作战、扁平化协调、一体化办法”工作模式。印发了《乐平市深化“放管服”改革优化营商环境重点任务分工方案》，公布了乐平市第三批“一次不跑、只跑一次”事项（一次不跑99项、只跑一次572项）。根据江西省委《关于力戒形式主义为基层减负的三十条措施的通知》和省政府《关于印发全省政府系统推动“三减三强两倡导”深化“五型”政府建设推进高质量跨越式发展若干措施（试行）的通知》精神，印发了乐平市实施细则。编发了乐平市“五型政府”简报10期，上报信息15条。

政务督查 围绕市委、市政府重大决策和重要工作部署，狠抓全市工作中心和工作重点，采取电话督查、现场督查和跟踪督查等形式多样的督查方式，对全市35次市政府常务会议600余项议决事项执行情况开展督查、汇总和反馈，并坚持重点议决事项回头看。编发政务督查简报37期。每月对乐平市重点建议提案办理情况进行督查督办，编发督查汇报7期。对景德镇市政府常务会议涉及乐平10余项议决事项落实情况开展督查、汇总并向景德镇市政府督查室反馈。对省、景德镇市《政府工作报告》涉及乐平市主要工作任务及乐平市《政府工作报告》工作任务进行分解，明确了每个项目的工作任务及目标、完成时限、责任部门、责任人和责任领导，每季度对乐平市《政府工作报告》各项任务完成情况进行督查、汇总和上报。全面督查共两轮400项次。每月对市政府为民办好十件实事工作进展情况进行督查督办，编发汇报材料7期。对景德镇市为民办实事涉及乐平任务进展情况进行实地督查，上报督查情况4期。对景德镇市和乐平市人大建议、政协提案进行分解、办文、业务指导、督促检查和汇总反馈，督办景德镇市人大政协建议提案35件。督办乐平市人大代表建议和政协委员提案207件。

金融服务 印发了《乐平市非法集资风险专项排查整治活动实施方案》和《乐平市政监银企工作联席会议制度》，组织召开了防范非法集资工作调度会，排查存在的风险隐患。开展深改课题和农业保险有关工作，下发了《关于做好乐平市2019—2021年度农业保险工作的通知》，已完成招投标工作，进入稳步推进实施阶段。落实全省“映山红行动”计划，紧紧抓住国家加快多层次资本市场发展的有利契机，积极引导和鼓励企业借力资本市场加快发展，鼓励企业积极开展上市工作。对天新药业、景德中药、为民机械、远洋威利等企业筹备挂牌工作进行长期跟踪服务，积极解决企业上市过程中的相关问题。

主题教育 9月18日召开了办公室“不忘初心、牢记使命”主题教育工作会议，按照总体部署和“理论学习有收获、思想政治受洗礼、干事创业敢担当、为民服务解难题、清正廉洁做表率”具体目标，深入推进“自我革命、自我净化、自我提升”。先后开展“不忘初心、牢记使命”主题教育读书班、赣东北特委旧址现场革命传统教育等主题党日活动，各支部都组织党员认真学习，撰写心得笔记，手抄党章，按照“四个对照”“四个找一找”的要求，就“三减三强两倡导”、建议提案办理、蔬菜产业发展、政府热线服务、车辆超限超载治理、人防工程建设等方面开展了调研，形成了22份专题调研报告。于10月17日下午举行了主题教育专题调研成果交流会，进行了逐一交流发言，剖析了原因，提出了解决思路，为检视问题和整改落实打下了坚实的基础，确保主题教育成果转化为实际工作成效。深入查摆问题，采取个别访谈、设立意见箱、发放征求意见表等多种方式，共收到领导班子及成员意见和建议35条，经梳理，主要是四个方面：即公文流转、文山会海、调查研究、督查考核方面。10月29日，举行“不忘初心、牢记使命”主题教育对照党章党规找差距专题会，班子成员及党员领导干部对照党章党规分别检视自身并列出了几个最突出的、能够在主题教育期间解决的问题，立即整改到位。对不能立即整改到位的建立了整改台账加以整改并长期坚持。12月10日召开了“不忘初心、牢记使命”专题民主生活会，对查找出来的问题建立了整改台账，全后抓好整改落实。

脱贫攻坚 紧紧围绕“两不愁、三保障、稳增收”三大任务，不断创新工作思路，坚持以精准扶贫、精准脱贫为主线，明确目标任务，细化推进措施，落实工作责任。投入专项扶贫资金4.9万元，克服天干久旱导致产业扶贫基地种植的毛蔗减产的不良影响，和帮扶村积极面对灾情，全力推进打造毛蔗生产、加工基地，帮扶责任人每月不少于一次进入入户实施帮扶工作，节日期间组织所有帮扶责任人开展走访慰问，组织办公室志愿服务队进入铜山村开展“精神文明建设、双创双修”结对共建活动，创新精准扶贫模式，已申报一个扶贫项目。

机关中心工作 组织20名工作人员担任“两会”旁听员，到乐平市“两会”各代表团讨论点倾听与会代表讨论，梳理归纳建议意见并呈送市领导审阅；组织全体干部职工聆听市委常委、市纪委书记、市监委主任吴顺斌同志以“守小节，明大礼，懂取舍”为主题的廉政党课；完成了常务会议室无纸化办公改造升级，进一步规范了会议流程，提升了工作效率，节约了会议支出；开展了新春义务植树活动；积极组织开展志愿服务活动，对本办责任路段环境卫生情况、占道经营及乱停乱放等不文明现象进行劝导；干部职工在责任路段进行文明交通值班；为提高干部职工的自我学习意识和团队学习能力，举办了庆祝建党98周年“七一”知识竞赛活动；为庆祝建军92周年，组织转业退役军人和家属深入市消防救援大队走访慰问。开展了学雷锋活动，为乐平市社会福利院清扫卫生。做好了人防办公大楼搬迁工作，开展了人民防空数据统计核查工作；对全市警报系统进行了全面检测并开展了“9·18”防空警报试鸣演练。坚持工作日每日晨会制度，全面加强考勤管理，规范干部职工上班纪律，严格坚守岗位。 （市政府办）

人力资源和社会保障

概述 围绕民生为本、人才优先的工作主线，不忘初心，牢记使命，扎实推进“五型人社”建设，努力开创人社事业发展新局面，各项工作进展顺利。

稳定就业形势 通过公益岗位开发托底就业、扶贫车间安置就业、劳务输出转移就业、民营企业就近吸纳就业、技能培训促进就业、鼓励贫困劳动力自主创业等措施，全市城镇新增就业人数8611人，下岗失业人员再就业2753人，安置“4050”人员就业590人，零就业家庭安置率100%；新增农村劳动力转移10511人，民生工程任务圆满完成；面向社会提供就业岗位37839个，完成目标任务的151%；发放创业担保贷款8125万元，完成年度目标任务的109%；超额完成政府“为民办十件实事”工作任务。

完善社会保障 全面完成社保“四险”扩面征缴目标任务，“四险”收支水平均有较大提高，做到了应收尽收，切实保障待遇支出；社会保险降费减负有序开展，自5月1日起，降低城镇职工基本养老保险和机关事业单位养老保险单位缴费比例，继续延长阶段性降低失业和工伤保险费率期限，为参保单位减轻社会保险负担4898.99万元。全面推进社会保障“人手一卡、一卡通用、全省通用”工作，申报制卡35万张，即时制卡22545张，补卡5736张。

事业单位人事管理 加强事业单位人才公开招聘力度，公开招聘中小学教师393人，其中省招聘中小学教师189人、农村特岗教师199人、选聘高素质高中教师5人；安置免费师范生5人；其他事业单位招聘45人；招募“三支一扶”大学生32名；为公安局、消防大队、行政服务中心等单位公开招聘合同聘用人员62人；为在外地任教的34名“归巢”教师办理了调入手续。

职业技能培训与鉴定 加强培训机构规范管理，对培训机构的培训计划、培训工作进行日常督查和年审；对申请符合稳岗补助的20家企业进行了资格审批；加强基层人社保障所就业扶贫和基础业务考核工作；大力推进职业技能提升行动，全面推行新型学徒制，共开展各类技能培训5866人次。

专业技术人员管理 认真做好专业技术职称评审和管理工作，认定初级资格616人；为取得高级资格150人、中级资格146人办理了资格证书；推荐两名人选参加景德镇市2019年百千人才工程评选，其中1人入选；对全市8432名专业技术人员考核情况验收，其中优秀1097人，称职7298人，其他情况181人。

工资福利待遇 完成省招、特岗及“归巢计划”等435名教师的工资审批，其他事业单位考入及转正等75名人员工资审批；完成机关事业单位270名到龄退休人员退休审批；完成机关事业单位120名死亡人员抚恤金及341名抚恤金改办人员审批；完成全市机关事业单位人员工资报表统计工作和全市机关事业单位工资普调工作；审批企业法定到龄人员退休1097名，其中审批各企业正常到龄退休人员1004名，提前退休93名；审批办理失地农民退休367名。

构建和谐劳动关系 加强劳动保障监察工作力度，开展日常劳动用工巡查用工单位30余家次，督促签订劳动合同1300余份；开展农民工工资支付专项检查用工单位12家，督促支付农民工工资30余万元。根治欠薪取得新进展，现场受理投诉举报欠薪案57起，涉及劳动者690余人，涉案金额900万余元（含工程款），为农民工追讨工资800万余元；立案处理欠薪案件3起，涉及劳动者160余人，涉案金额94万余元，为劳动者追讨工资62万余元；完成薪酬调查单位31家；积极推行建筑领域农民工工资实名制信息化管理制度工作，开通农民工工资账户12家。劳动调解仲裁效能提升，立案受理争议案件110起，涉及劳动者114余人；仲裁97起，调解10起，结案率达97.2%；另庭外(基层调解组织)调解争议案件309起，已调解199起，调解率64.4%。在已处理的107起（不含基层调解组织）争议案件中，为劳动者挽回经济损失206万余元。调查工伤事故144起，认定工伤141起；处理工伤行政复议案件4起、诉讼12起；协助78名工伤职工鉴定伤残等级。

信访法规 妥善处理各类信访件83起，其中网上信访件74起、领导批示信访件9起；受理“12345”热线工单607起，群众满意率100%；加强对企业劳动用工的指导规范和服务，利用“春季招聘”“普法宣传”“综治宣传”“全民参保宣传”等活动为平台，举办劳动保障法律法规、政策宣传咨询活动多场，服务群众2万余人次，发放宣传资料3万余份，为用人单位鉴证劳动合同1200余份。引导农民工理性维权，依法维权。

公共服务体系建设 全面推进人社公共服务体系建设，围绕“一网通办、一卡（证）通办、全程网办、全省通办”，让服务对象办事“只跑一次”或“一次不跑”，加快实现“不进人社门，办好人社事”的服务目标，梳理和编制了统一服务事项，共梳理出权力事项122项，公共服务事项24项。根据省人社厅统一部署，目前已开通网上办理事项67项。积极参加人社部窗口单位业务技能练兵比武活动，通过参加网上学习答题，进一步锤炼了窗口工作人员的政治素养、业务能力和工作作风，提升了掌握政策法规、运用信息平台、规范服务行为、处置突发事件及协调沟通等方面的能力水平。

（市人力资源和社会保障局）

地方志工作

概述 紧紧把握地方志工作的方向，履行地方志工作职责，贯彻落实《全国地方志事业发展规划纲要（2015—2020）》，围绕年初确定的工作思路和目标任务，采取积极有力的措施，狠抓落实，修志、用志及读志等各项工作取得了显著的成绩。

年鉴编纂与发行 加强领导，积极征稿，努力向精品上下功夫，突出着力点，年初以市政府办名义下发了《乐平年鉴（2019版）》编纂方案和做好《乐平年鉴（2018版）》发行工作的通知，按照年鉴篇目、内容的要求，按照条目内容落实责任单位，认真收集整理，将年鉴稿件撰写分解落实到各部门，编纂人员责任到人，收集各单位报来的年鉴资料180余篇，字数达60万字的《乐平年鉴（2019）》已和江西人民出版社签订公开出版合同。全年共发行和赠阅《乐平年鉴（2018）》550余册。

业务开展与志书交流 参与到历史文化名城、旧城改造等资源的保护开发中，挖掘整理资料，展开调研，助力文化强市建设；主动用志，为招商引资、特色城镇化建设、城市建设、古迹保护开发等提供有效的借鉴和依据，实现了研究历史和服务现实的最佳结合。印制了《乐平大事记》（2018版），坚持每月整理《乐平大事记》（2019年度），完整、准确地记录年度内乐平大事要事。继续做好了为省、景德镇市年鉴资料提供工作。交换地情资料4次，提供资料查询20余次，充分发挥了地方志"资政、资商、资业"的作用，通过积极交流、交换收藏志书等方式，使市志办藏书得到了丰富，工作人员视野得到了开阔。积极推进与乐平市情地情相关丛书编辑出版工作，弘扬传统文化，留下乡愁记忆。继续和市名研会合作出版了《翥山洎水》四辑。协助其他单位做好了全市大事、要事图片拍摄和整理工作。参与了《山翥洎灵——历史文化名城乐平阐微》的编辑、核稿工作。正在筹备《乐平进士》的编写工作。

（市志办）

招商引资

概述 招商引资工作紧紧围绕"5+2"特色产业，以招抱团、引配套、补链接为重点，紧盯广东、浙江、上海等发达地区新一轮产业转移的契机，扎实开展"三请三回"招商活动和系列招商引资工作，取得了较好的成绩，完成了全年工作目标任务。全年新引进项目39个，其中亿元项目7个，实际进资124.8亿元，同比增长8.5%。完成外资8067万美元，同比增长6.13%。

开展系列招商活动促进项目落户 一是市委、市政府主要领导对招商工作高度重视，亲力亲为高位推动。市委书记俞小平先后到杭州、哈尔滨等地参加招商推介和项目洽谈，市长高翔分别到广东、杭州、成都、上海、南京等地考察洽谈，推介乐平；二是抓住春节、中秋、八一建军节等节庆时机，开展了"2019年乐平籍在外发展人士新春恳谈会""外地企业家中秋茶话会""八一节驻地部队走访慰问"等系列活动；三是在深圳、广东、南京、成都、杭州、上海召开了"三请三回"招商推介会。其中杭州推介会邀请到会客商100余名，签约项目28个，签约资金达45.29亿元。

完善招商服务措施促进成果转化 一是以市行政服务中心为平台，进一步简化项目落户手续，打造"只跑一次"办事流程，为项目落地开通绿色通道；二是在全省率先设立为企服务站，专项负责收集和协调全市企业在落户、建设和生产过程中遇到的问题和困难。2019年累计收集64家企业78个问题，成功协调落实59家企业73个问题；三是缩短预审时间，聘请技术人员设计打造网上预审平台，使预审时间由原来的25天，缩减至7天左右。

开展扩园增区和"腾笼换鸟"解决用地短板 以化解项目用地短缺为目标，扎实开展了扩园增区和"腾笼换鸟"工作。一是会同金山工业区管委会对闲置厂房和项目用地进行了登记管理，根据厂房实际有针对性地引进企业入驻，既盘活了闲置厂房，也解决了部分项目急于落地问题。实际完成闲置厂房再利用 63100平方米，回购利用闲置项目用地160亩。二是启动了乐平返乡创业园二期（乐港杨范工业集聚区）、后港食品产业区规划和土地申报工作，为有效地化解企业等地落户问题打下了坚实基础。

（市招商局）

政协乐平市委员会

综　述

2019年是新中国和人民政协成立70周年，是全面建成小康社会的关键之年，也是乐平市全面推进高质量发展的重要一年。市政协在市委的坚强领导下，以习近平新时代中国特色社会主义思想为指导，深入学习贯彻中共十九大和十九届二中、三中、四中全会以及中央政协工作会议精神，认真贯彻落实习近平视察江西重要讲话精神，高举爱国主义、社会主义旗帜，坚持发扬民主和增进团结共识相互贯通，建言资政和凝聚共识双向发力，围绕市委的决策部署，在“大学、大干、大变”的发展实践中，认真履行政治协商、民主监督、参政议政职能，为推进乐平市特色鲜明的现代化赣东北明珠建设和决胜全面建成小康社会做出了应有贡献。

一年来，市政协共召开全体委员会议1次，主席会议11次，常委会议6次，专题座谈协商会议8次。各专委会共召开有关会议14次，各委员活动组共组织各类活动20余次。各专委会组织开展了7次专题调研视察，形成调研视察和学习考察报告6篇。接待了省政协“营商环境”“高效推进‘映山红行动’攻略建议”“殡葬改革” 等专题调研，景德镇市政协 “发展特色农业，助力乡村振兴”“加大招商引资力度，加快产业经济发展” 调研组在乐平市的视察调研。组织委员积极参与景德镇市政协庆祝人民政协成立70周年系列活动，有4篇征文获奖，其中一等奖1篇，三等奖3篇，送展节目“剪纸”“赣剧清唱”获好评。市政协六届四次会议以来的127件提案全部办理完毕，编印了《六届四次会议提案汇编》，评选出21件优秀提案。加强了对外新闻报道和信息报送工作，全年有30余篇新闻稿件在《人民政协报》微信公众号、《江西政协报》《景德镇日报》《乐平新闻》等主流媒体上刊发。做好了历年政协文史资料电子版校对和《乐平文史资料》（合订本）及《共库建设史料》编纂前期准备工作，积极协助共库纪念馆建设，同时市政协建议的共库精神表述语，经市委审议，被正式确认。

全体会议及常委会会议

六届四次全体会议　中国人民政治协商会议乐平市第六届委员会第四次会议于3月15日至18日在乐平城区召开。会议在中共乐平市委的正确领导下，经过全体与会委员的共同努力，圆满完成了各项议程，开得隆重热烈，富有成效，是一次民主、团结、务实、奋进的大会。

与会人员列席了市六届人大四次会议，听取并协商讨论了高翔同志所做的《政府工作报告》及其他报告。会议听取并审议了祝金标副主席代表六届市政协常务委员会所做的《工作报告》，听取并审议了蒋西爱副主席代表六届市政协常务委员会所作的《市政协六届三次会议以来提案工作情况的报告》。

会议号召，全体政协委员和政协各参加单位要高举习近平新时代中国特色社会主义思想伟大旗帜，更加紧密地团结在以习近平同志为核心的党中央周围，在中共乐平市委的坚强领导下，树牢“四个意识”，坚定“四个自信”，做到“两个维护”，不忘初心、牢记使命，砥砺前行、奋发有为，为在与世界对话中奋力打造特色鲜明的现代化赣东北明珠不断做出新的更大贡献，以优异成绩向新中国和人民政协成立70周年献礼。

政协常委会议 市政协六届十二次常委会议于3月8日在市为民服务中心三楼2号会议室召开。傅金林主席主持了会议。会议审议通过了《关于市政协民主评议市教育体育局、市建设局、市规划局等单位提案办理情况的报告》《市政协六届四次会议相关材料》（共8项）、《人事事项》（共4项）。

市政协六届十三次常委会议于3月16日在市为民服务中心三楼2号会议室召开。王进才副主席主持了会议。会议审议通过了《关于接受傅金林同志辞去政协乐平市第六届委员会主席职务请求的决定（草案）》，协商提出了《补选六届市政协主席候选人、增补六届市政协常务委员候选人建议名单（草案）》、《选举工作人员建议名单（草案）》。

市政协六届十四次常委会议于3月17日在市为民服务中心三楼2号会议室召开。傅金林主席主持了会议。会议专门听取了六届四次会议各讨论组召集人汇报；审议通过了《补选六届市政协主席候选人、增补六届市政协常务委员候选人建议名单》《选举工作人员建议名单》《市政协六届四次会议的提案审查情况报告（草案）》《市政协六届四次会议决议（草案）》。

市政协六届十五次常委会议于5月30日在市民政局三楼会议室召开。王颖军主席主持了会议。会议审议通过了市委对政协机关的人事任免事项。

市政协六届十六次常委会议于9月26日在市为民服务中心三楼2号会议室召开。王颖军主席主持了会议。会议听取了市委办、市政府办关于市政协六届四次会议以来提案办理工作情况汇报；传达学习了习近平总书记在中央政协工作会议暨庆祝中国人民政协成立70周年大会上的重要讲话精神；宣读了《乐平市政协“不忘初心、牢记使命”主题教育实施方案》；主题教育征求政协常委对政协班子及班子个人的意见。

市政协六届十七次常委会议于12月4日在市为民服务中心三楼2号会议室召开。王颖军主席主持会议。会议审议通过了《关于同意查四良同志辞去政协乐平市六届委员会副主席职务，撤销其委员资格的决定》。

重大活动及重要提案

重大活动 1.为高家樟木里村的产业扶贫项目240亩白茶，协调解决了有机肥20吨，协调解决了入户道路资金10多万元。7月份调整了20名科级干部分别到塔前镇塔杨村、新园村、塔前社区，与建档立卡贫困户结对帮扶，大力宣传扶贫政策、认真落实帮扶措施、切实解决生活困难。支持帮扶村产业扶贫资金6万元。协调解决新园村和塔杨村的“一事一议”项目。

2. 根据中央、省委和市委统一部署，从9月份起，市政协认真开展了第二批“不忘初心、牢记使命”主题教育。组织引导党员干部读原著学原文悟原理，开展红色革命传统教育、警示教育等。班子成员及机关科级干部深入农村、社区一线，开展“结伴式、蹲点式”调研，形成调研报告20余篇；采取会议征集、设立意见箱、发放征求意见表等多渠道多形式检视和查找问题，建立清单台账，制定整改措施，做到边学边改、边查边改、立行立改。召开了专题民主生活会和组织生活会。通过主题教育，较好实现了理论学习有收获、思想政治受洗礼、干事创业敢担当、为民服务解难题、清正廉洁做表率的目标要求。

3. 抓住共库竣工通水60周年这一重要时间节点，认真落实市委书记俞小平在市政协六届四次会议上讲话时强调的“深入挖掘、大力弘扬共产主义水库精神”的要求，成立了共库精神研讨课题组，开展了《共库建设史料》征集编纂工作，召开了共库精神研讨会，形成了以“忠诚为民、艰苦奋斗、团结协作、无私奉献”为核心内容的共库精神表述语的建议意见，该建议意见得到了市委的采纳，经市委常委会审议被正式确认为“共库精神”并向社会发布。

重要提案 市政协六届四次会议期间，大会提案组共收到提案150件，其中委员提案133件，计375人次；集体提案17 件。经提案委员会全体会议审查，决定立案127件（其中合并13件），占提出提案总数的93.3%，不予立案的10件，占提出提案总数的6.7%。在已立案的提案中，属经济科技发展方面（含工业、农业、三产、财贸）提案19件；属科教文卫体方面提案38件；属城乡建设与管理、生态建设方面提案47件；属社会治理、保障和改善民生方面提案23件。会中立案的提案，经广泛协商，政协主席会议决定重点提案6件。全会闭会后，收到提案1件，经提案委审查并经市政协主席会议审议，决定转为社情民意处理。

按照“分级负责、归口办理”的原则，涉及政府系统办理的提案有117件（含重点提案6件），由市委系统落实承办单位办理的有9件，由市政协落实办理的提案1件，共有31个单位参与办理工作。

六届四次会议提案的办理工作于7月底前完成，答复率为100%。从办理情况来看，委员提案所提问题已经解决或基本解决的（A类）37件，占承办总数的29.13%；所提问题正在解决或列入计划逐步解决的（B类）84件，占承办总数的66.14 %；所提问题因客观条件限制或其他原因，需以后解决的（C类）有6件，占承办总数的4.72%。从走访部分委员和查阅委员反馈意见表看，委员对提案办理满意率为98.43%，基本满意率为1.57%。

市政协六届四次会议提案紧紧围绕市委、市政府中心工作和我市发展重点、社会难点、民生热点，内容丰富、选题准确、重点突出、特色鲜明、质量较高，多数提案反映情况真实，研究分析透彻，提出建议可行，凝聚了广大政协委员的心血、政协各参加单位的智慧，体现了政协委员们高度的政治责任感和较高的参政议政水平，为主动融入景德镇国家陶瓷文化传承创新试验区建设、打造特色鲜明的现代化赣东北明珠发挥了重要促进作用。

专门委员会工作

提案委员会 一是提案征集。3月份召开市政协六届四次会议期间，提案委共收到提案150件，提出提案的委员共计367人次。经提案委审查，决定立案127件（其中，因内容相似合并立案的13件，不予立案10件），立案率93.3%。立案的提案，经市政协六届十五次主席会议审议，决定重点提案6件。截至10月，收到会后提案1件，经市政协六届二十一次主席会议审议，决定转为社情民意。二是提案办理。市委、市政府始终重视提案办理工作，市政府坚持做到“两会”结束后及时召开政府常务会议研究提案办理工作，及时印发《关于切实做好人大政协建议提案办理工作的通知》，并召开提案交办会，就办理时限、办理责任和办理措施等提出了具体要求。各承办单位制定了办理工作方案，落实了办理工作任务和责任，为畅通提案办理渠道、规范提案办理程序和提高提案办理质量奠定了良好的基础。六届四次会议提案的办理工作于7月底前完成。从答复情况看，委员提案所提问题已经解决或基本解决的（A类）37件，占承办总数的29.13%；所提问题正在解决或列入计划逐步解决的（B类）84件，占承办总数的66.14 %；所提问题因客观条件限制或其他原因，需以后解决的（C类）有6件，占承办总数的4.72%。从走访部分委员和查阅委员反馈意见表看，委员对提案办理满意和基本满意率为100%。三是提案汇编。为有利于委员们相互交流提案写作技巧和全面知晓提案办理效果，最大限度地减少或避免重复提案，同时也为市领导及各有关部门了解提案、改进工作提供了第一手资料，提案办理完成之后，编辑整理《六届四次会议以来提案汇编》。四是民主评议。对文广新旅局、工信局、农业农村局、人社局、卫健委、民政局的提案办理工作进行集中评议，其中卫健委、工信局、民政局、人社局被评为满意，文广新旅局、农业农村局被评为基本满意。

文化文史和学习委员会　一是认真撰写提案、督办提案、民主评议提案。递交了两件专委会提案，并被列入重点提案，其中1件提案作为大会口头发言材料；6月份，对口督办了六届四次会议提案；11月份，对文广新旅局15件提案办理工作开展了民主评议调研工作。二是围绕建设共产主义水库纪念馆和提炼共库精神履职尽责。赴安徽、浙江部分县区考察学习水库纪念馆（展览馆）建设情况，形成了《考察报告》；开展了共产主义水库建设史料、物件和共库精神研讨文章征集工作，召开了共库精神研讨会，完成了共库精神提炼工作，“忠诚为民、艰苦奋斗、团结协作、无私奉献”的共库精神表述语的建议意见，经市委常委会审议确认；协同共库管理局做好共库纪念馆的规划设计布展工作。三是加强纵向、横向联系。参加了景德镇市政协组织的“市政协文化文史委全体会暨全市文化文史工作座谈会”，赴辽宁、山西两省考察学习“当地历史特色文化传承与创新”，并结合乐平市实际，向景德镇市政协提交了推进“景德镇国家陶瓷文化传承创新试验区”建设建议稿两篇；接待了浙江省淳安县政协副主席汪雪梅一行来乐平市考察文化产业发展工作。四是开展专题调研。启动了文化遗产保护工作专题调研，深入文化主管部门和部分乡镇了解文化保护工作情况。五是开展委员小组活动。赴临港镇视察秀美乡村建设。六是开展文史资料工作。做好了历年政协文史资料电子版校对及《乐平文史资料》（合订本）及《共库建设史料》编纂前期准备工作。七是做好重要会议的相关服务工作。圆满完成市政协六届四次会议秘书组的各项工作任务，及时编辑印发《市政协六届四次会议文件汇编》。八是做好宣传工作。1—11月《江西政协报》上稿12篇，《景德镇日报》上稿1篇；协助办公室做好景德镇市政协庆祝人民政协成立70周年征文活动。

农业农村经济委员会　一是学习方面。认真学习贯彻全国、省、景德镇市和我市两会精神，习近平总书记视察江西时的重要讲话精神、中央和省农村工作会议精神、中共十九届四中全会精神。认真参加“不忘初心、牢记使命”主题教育活动，进一步强化为人民服务的宗旨意识，守初心、担使命，找差距、抓落实，努力实现理论学习有收获、思想政治受洗礼、干事创业敢担当、为民服务解难题、清正廉洁做表率的目标。二是建言资政方面。围绕促进乡村产业兴旺、助力乡村振兴这一课题，赴云南、广西两省4县市进行考察学习，视察了乐平市有关乡镇的产业园区、特色种养、休闲观光农业、乡村旅游业等，召开座谈会，形成调研报告，提交市政协主席会审议后与相关单位进行协商。三是提案督办方面。负责督办重点提案两件，一般提案35件。对农业农村局、工信局两个单位的提案办理工作开展民主评议调研。四是中心工作方面。认真做好六届四次会议宣传组工作，负责大会发言材料的收集、整理等。接待了省政协副主席陈俊卿来乐平市调研“高效推进映山红行动攻略建议”，景德镇市政协党组副书记、副主席张景根一行来乐平市视察“发展特色农业，助力乡村振兴”。接待了吉林省珲春市政协考察乐平市的“农村一二三产业融合发展”、湖南省双牌县政协考察乐平市的“乡村振兴和农村人居环境整治”。

人口环境资源委员会　一是强化学习，切实提高履职水平。积极参加“不忘初心、牢记使命”主题教育活动。深入学习习近平新时代中国特色社会主义思想和习近平总书记关于加强和改进人民政协工作的重要论述。结合市委、市政府的中心工作，加强人资环委工作方面的有关法律法规和新观点、新方法的学习，增强服务能力。二是主动作为，认真开展调查研究。4月19日，赴涌山镇视察乡村振兴。6月17日，参加了景德镇市政协组织的赴黑龙江、内蒙古考察“自然生态及人文环境保护建设”。7月、8月、9月围绕“科学应对人口老龄化，大力发展养老服务业”课题赴山东省莱西市、乳山市、牟平区，新余市渝水区等地区考察学习，实地查看市福利院、乡镇敬老院，召开专题座谈会，向有关单位提出了建议。11月12日，对工信局、农业农村局提案办理工作进行民主评议。11月14日，开展了“乐平城乡一体化供水水质”视察。三是团结协作，积极做好相关工作。积极参与扶贫工作，选派环资委副主任到塔前镇任村第一书记。认真做好学习强国、双创双修等中心工作。

法制社团和港澳台侨委员会 1. 认真组织参政议政。共组织30批217人次就相关工作进行民主监督、参政议政。对全市经济社会发展思路和目标、社会稳定、和谐发展、双创双修、民生工程等重要问题提出意见建议，切实履行了政协委员参政议政职能，发挥了参谋助手作用。2. 精心组织视察调研。先后赴辽宁省和江西省德兴市、萍乡市学习考察城乡公交一体化工作，形成了调研报告；参加了景德镇政协组织的赴河南省考察“进一步加大招商引资力度，加快产业集聚发展”活动；协助省政协调研殡葬改革情况；配合景德镇中院调研市法院基层基础工作；配合相关部门调研关爱未成年人教育，预防未成年人犯罪工作；3月份，赴洪岩镇视察秀美乡村建设工作；9月份，视察市敬老院设施建设情况。3. 积极做好中心工作。积极参与精准扶贫及双创双修工作；起草了2019年政协委员管理相关制度；到交通局督办重点提案；组织女政协委员对部分两癌贫困母亲进行了走访看望；参加了景德镇市基层侨联（侨务）工作培训，并举办了乐平市台联侨联委员学习培训。

教科卫体委员会 1. 加强理论学习。认真学习《习近平关于“不忘初心、牢记使命”重要论述选编》《习近平新时代中国特色社会主义思想学习纲要》，习近平总书记视察江西时的重要讲话精神。围绕建设好景德镇国家陶瓷文化传承创新试验区，改进监督工作方式方法，提高工作的针对性、实效性。2. 做好提案督办 。召开提案督办座谈会，提案人与提案主办单位和协办单位负责人面对面沟通协商，并对提案落实情况及下一步办理工作提出了建议。3. 组织委员活动。4月份赴镇桥镇视察“美丽校园”建设；11月份视察农村卫生服务现状。4. 开展课题调研。围绕“普及我市高中阶段教育工作”课题，赴外地学习考察，召开座谈会，提出许多科学合理的建议，形成调研报告，召开对口协商会议。5. 做好扶贫工作。深入贫困户家中，了解家中成员所需，尽力帮助其解决问题，积极做好帮扶工作。

承接与交往

上级视察 4月11日上午，省政协副主席、省工商联主席雷元江一行来乐平调研非公经济发展工作；下午，省政协社法委副主任、省残联党组书记、理事长何剑锋一行来乐平调研营商环境。4月26日，省政协副主席陈俊卿来乐平调研 “高效推进映山红行动攻略建议”。5月23日，省政协调研组来乐平调研殡葬改革工作。5月29日，景德镇市政协副主席王国华率队来乐平调研“加大招商引资力度，加快产业经济发展”工作。6月13日，景德镇市政协副主席张景根来乐平视察“发展特色农业，助力乡村振兴”工作。

横向联系 3月5日，浙江省淳安县政协来乐平考察“文化产业发展工作”。3月12日，贵溪市政协主席李中华等一行来乐平考察乡村振兴工作开展情况。 3月25日，景德镇市政协主席张春萍、鹰潭市政协主席戴春英等一行赴江西世龙实业有限公司视察调研，并促成世龙公司与贵溪市一家企业达成合作意向。7月8日，吉林省珲春市政协一行来乐平考察 “农村一二三产业融合发展”。7月29日，湖南永州市双牌县政协来乐平调研“乡村振兴和农村人居环境整治”。10月9日，广西鹿寨县政协来乐平调研“城市道路建设”。

3月31日至4月3日，赴安徽、浙江学习考察水库纪念馆建设。5月16日，赴云南、广西学习考察“乡村振兴”。6月10日，赴辽宁省学习考察城乡公交一体化工作。6月16日，赴吉林省学习考察普及高中阶段教育工作。7月22日，赴山东省学习考察“科学应对人口老龄化、大力发展养老服务业”工作。12月18日，赴海南省学习考察“医养结合”工作。12月28日，赴黑龙江省学习考察“访调对接”工作。

民主党派

概述　截至年底，全市共有民主党派组织四个，即：民革乐平支部、民盟乐平总支（卫生支部、教育支部、综合支部）、农工民主党乐平支部、九三学社景德镇市委员会乐平直属支社，共有民主党派成员111名，其中民革党员13名，民盟盟员65名，农工民主党党员20名，九三学社社员13名。

民革乐平支部　民革乐平支部积极围绕中心工作，为关注民生、了解民情，精心筹备开展各类组织活动。1．理论联系实际，提高政治素养。4月12日至14日，民革乐平支部携手景德镇市综合一支部共赴井冈山开展为期三天的爱国主义教育活动。7月11日，召开了民革乐平支部中心组学习会，认真学习“习近平总书记在江西考察时的重要讲话精神”及全省、景德镇市以及乐平市领导干部会议精神。11月15日，组织党员认真聆听民革景德镇市委会副主委张淑珍在乐平市的主题教育宣讲。11月25日，开展“不忘合作初心，继续携手前进”的主题教育学习交流会，认真学习了中共十九届四中全会精神、民革中央主席万鄂湘关于学习贯彻中共十九届四中全会精神的重要讲话以及中央统战部部长尤权视察江西时讲话精神。参加了9月29日由景德镇民革市委会主办、10月16由中共乐平市委统战部主办的国庆会演活动。2．团结社会力量，发扬优良传统。5月24日，民革乐平支部携手女企协会到接渡镇姜家小学，开展“爱心润童年，民革伴我行”送文化下乡活动。11月28日，携手乐平人民医院医疗专家健康扶贫志愿服务队到礼林镇牌楼村开展“精准扶贫送健康 送医下乡暖人心”义诊活动。民革乐平支部逢年过节，多次在贫困村开展“送医送药送温暖，精准扶贫暖民心”活动。3．服务社会大局，积极参政议政。民革乐平支部6名政协委员积极参政议政，六届一次会议以来共撰写个人提案和集体提案21件，其中《关于加强秀美乡村建设的几点建议》《关于推进农村留守老年人关爱服务体系建设的建议》《加快创新引领，促进结构调整，着力培育乐平中小工业企业发展壮大》等提案得到了相关部门的高度重视；多次参加民革景德镇市委会在临港镇、洪岩镇、高家镇开展的脱贫攻坚民主监督调研活动。并且，还将积极利用民革江西省企业家联谊会景德镇分会的资源优势，积极参与支持产业扶贫，助力洪岩镇、高家镇、临港镇的脱贫攻坚工作。4．加强组织建设，改善组织结构。发展了一名80后民革党员。认真开展“不忘合作初心，继续携手前进”主题教育活动。12月17日，召开民革乐平市支部“不忘合作初心，继续携手前进”主题教育专题组织生活会。景德镇市人大常委会副主任、乐平市委书记俞小平莅临现场看望与会人员。景德镇市副市长、民革景德镇市委会主委熊皓，乐平市委常委、统战部部长王慧娟，乐平市政协副主席方华出席活动。5．加大宣传力度，扩大支部影响。积极撰写宣传类稿件，多次被江西省民革、瓷都民革、瓷都统战、乐平之窗、乐平政协网和乐平统战等媒体采用，扩大了支部的影响力。

民盟乐平总支　民盟乐平总支坚持围绕中心、服务大局，切实加强自身组织建设，认真履行参政党职能，积极开展社会服务活动，各项盟务工作取得新的成效。民盟乐平总支被民盟中央评为思想政治建设和宣传工作先进集体荣誉称号，6位盟员被评为景德镇市优秀盟务工作者，黎萍撰写的《从宫保巷出发，迎接共和国的星辰与阳光》荣获江西省委统战部“祝福祖国，我与祖国共奋进”征文优秀奖。4月份，黎萍赴绍兴参加第二届国家首批历史文化名城九城市民盟书画展，撰稿《笔墨为媒讲中国故事，书画寄情展民盟风采》，发表于《江西民盟》。4月份，民盟景德镇陶瓷大学支部联合民盟景德镇中国轻工业陶瓷研究所支部一行来乐平考察古戏台传统文化。一是加强思想建设，凝聚思想共识。深入学习贯彻中共十九届四中全会精神，深入学习领会习近平总书记关于加强和改进统一战线工作的重要思想，结合庆祝新中国成立70周年和“不忘合作初心，继续携手前进”主题教育活动，迅速掀起政治学习的热潮，引导全体盟员提高政治站位，树牢“四个意识”、坚定“四个自信”、做到“两个维护”。组织参加民盟江西省委会庆祝新中国和人民政协成立70周年微信知识竞赛。10月份，组织参加全市统一战线庆祝建国70周年“同心向党，祝福祖国”大型文艺会演活动。二是围绕中心工作，参政议政注重实效。组织盟员政协委员参加有关协商讨论会、情况通报会10多次，围绕《乐平市政府工作报告》等重要文件的征求意见稿，以及“城市道路管网建设”“贫困户就业帮扶”“天然气管道建设与管理”“加强统战工作”等10多项重要工作进行协商讨论，提出意见建议50多条。盟员政协委员提交提案20余件，民盟总支提交集体提案1件、大会发言材料1份。三是抓好基层组织换届工作，提高组织活力。顺利完成了换届工作，开创了乐平民盟工作新局面。1月10日，汪辉当选新一届民盟乐平教育支部主委。1月25日，汪建军当选新一届民盟乐平卫生支部主委。加强了对入盟积极分子的考察培养。吸收了张东霞、王文付、戴婧、石洁四位同志加入民盟组织，确定了两位下一批入盟考察对象。截至年底，共有盟员65名。四是发挥智力优势，积极开展社会服务活动。1月25日，在塔前镇新园村委会开展健康扶贫专家义诊活动，为100多名当地百姓的健康状况答疑解惑，免费量血压、测血糖并免费发放对症治疗的药品。6月4日，到江西蓝妮子农林发展有限公司，开展精准扶贫产业调研。并将活动情况撰稿《科技创新结硕果，产业扶贫暖人心》，发表于《人民政协报》微信公众号和《江西民盟》。9月6日，到高家镇杨家边小学，开展“喜迎新中国成立70周年，送文化进校园”活动，向每个学生赠送了学习文具和儿童益智读物，向17位贫困家庭学生赠送了精美书包，同时向学校赠送儿童读物400余册和一批文体用品。撰稿《民盟乐平总支开展送文化进校园活动》，发表于《人民政协报》微信公众号和《江西民盟》。

农工民主党乐平支部 农工民主党乐平支部紧紧围绕中心工作，积极发挥自身优势，认真履行参政党职能，努力提高参政议政水平。1. 加强政治学习。进一步树牢“四个意识”、坚定“四个自信”、坚决做到“两个维护”，引导党员紧扣市委、市政府中心工作积极建言献策、努力在议政建言和凝聚共识上双向发力。2. 加强党员培养。新发展党员两名，两名卫生界优秀人才提交了入党申请书。刘宇超被作为重点培养对象选派到省国资委挂职锻炼，胡琛被推荐担任乐平市监察委员会第一届特约监察员。7月1日至7日童萍、方静参加了农工党省委会新党员培训班的学习。方静还先后参加了8月6日至8日在政府和医疗机构任实职的农工党员干部廉洁自律专题教育培训班， 9月16日至30日全省民主党派代表人士培训班。先后组织党员参观学习了红十军建军旧址和赣东北特委旧址爱国廉政教育基地。3. 积极参政议政。1月18日上午，童萍、戴征、刘宇超参加了市委六届七次全体（扩大）会议精神党外人士情况通报会。下午，童萍、程跃林参加了《政府工作报告》征求意见座谈会。1月25日，童萍参加全市社会各界人士新春座谈会，并作为民主党派代表发言。两会期间，提交了的集体提案1件，个人提案8件。两会结束后，先后报送了8条社情民意。组织党员深入基层进行专题调研，形成了《积极发挥政府作用、促进我市乡村产业发展》《关于加强社区卫生服务工作的建议》

调研报告。程跃林参加景德镇农工党主委会的调研课题组，并撰写了《关于完善无偿献血机制，缓解“血荒”的几点建议》提交景德镇市委统战部。4.送医送药下乡。6月14日，组织医疗专家党员赴市级贫困村众埠镇河东村，开展送医、送药、送健康义诊扶贫活动。为群众提供健康教育、公共卫生服务、医疗咨询、就诊服务等各项免费医疗服务，免费为村民发放药品及健康宣传手册、宣传单。5.参加各类活动。7月和9月，戴征先后参加了农工党江西省委会举办的“我和我的祖国”征文、诗歌朗诵比赛，论文《新中国成立70周年之我见》被农工党省委会微信公众号刊登，诗歌朗诵荣获三等奖。9月底，到景德镇美术馆参观“人民政协70周年光辉成就展”。10月中旬，参加全市统一战线庆祝新中国成立七十周年文艺演出活动。年底，戴征、王小飞、胡琛等助力消费扶贫，购买大方县1259.6元农特产品。程跃林多次带领志愿者开展“清网护鸟”等野生动物保护活动及“捡拾乐平”“净滩”“零废弃日”宣传等环保公益活动。

九三学社乐平直属支社 1.参政议政。支社6名政协委员参加乐平政协会议，共撰写提案6件，其中，集体提案1件，大会发言1件。集体提案《在精准扶贫中着力乡村文化重塑》列为乐平政协重点提案，《关于进一步加快推进我省新型研发机构的建议》获社省委社情民意课题立项，并完成调研，形成调研报告并结题。支社获九三学社景德镇市委会2018年度“先进支社”。2.支社活动暨社会服务。3月份，组织“不忘初心、牢记使命”主题学习活动，主委做了专题学习辅导。4月份，联合市作协开展“共库精神研讨会”乡村文化调研采风及谷雨诗会。8月份，开展《关于进一步加快推进我省新型研发机构的建议》课题调研活动。10月份，组织社员参加市委统战部国庆70周年晚会演出活动。12月5日，联合中共乐平市委统战部开展“同心·光明行”走进鹅头山社区活动，为留守老人们开展眼科疾患诊疗，用眼卫生咨询，并免费发送老花镜260副。根据社章要求，发现、培养入社积极分子一名。3.岗位成才。况庆雷同志获得九三学社江西省委表彰的“2018/2019年优秀社员”，当选乐平市新的社会阶层人士联谊会会长。林军同志用画笔讴歌新时代，画出佳作百余幅，并举办画展。张新华同志积极组织作协会员和部分社员开展诗会、采风和笔会等活动，为乐平市委市政府“洎水欢歌颂辉煌·庆祝新中国成立70周年”晚会撰写诗歌、快板词和节目串词。并受邀担任“江西少年诗词大会”颁奖嘉宾。（市政协办）

纪委监委

全体会议及常委会会议

2019年1月29日上午，市纪委召开六届四次全会。市纪委委员19人出席会议，市四套班子领导、市法院院长,各乡镇（街道）党（工）委、市委各部门、市直各单位、各人民团体党政主要负责同志，各乡镇纪委、街道纪检监察工委书记，市直有关单位纪委书记（纪检组长），未设立纪检监察机构的市直各单位分管领导，市纪委监委副科级以上干部共401人参加会议。全会传达了习近平总书记在十九届中央纪委三次全会上的重要讲话精神和赵乐际同志所做的工作报告，省委书记刘奇在省纪委十四届四次全会上的讲话和孙新阳同志所做的工作报告，景德镇市委书记钟志生在景德镇市纪委十一届四次全会上讲话和董立新同志所做的工作报告。市委常委、市纪委书记吴顺斌代表市纪委常委会做题为《推动纪检监察工作高质量发展，为打造特色鲜明现代化赣东北明珠提供坚强保障》的工作报告。景德镇市人大常委会副主任、乐平市委书记俞小平出席全会并做讲话。大会分组讨论俞小平的讲话，审议并通过吴顺斌所做的工作报告。

党风廉政建设

主题教育走深走实　有序开展“不忘初心、牢记使命”主题教育，加强党性锻炼，先后举办专题读书班、观看警示教育片、聆听典型事迹报告等，开展了“我与国旗合个影”、诵读红色经典、“守初心担使命·追梦纪检监察人”演讲比赛等系列活动。开展“蹲点式”调研，发放初心问卷1200余份，发现问题43个，提出举措48条，解决群众关注的事16件，为基层党员干部上党课47次。聚焦“8+6+1+1+N”整治整改任务，牵头抓好漠视侵害群众利益问题专项整治，查处问题119起157人；坚决查处为农村学生进城读书牟利问题，清退非法获利33.4万元。拍摄的家风微电影《百年一当》登陆中央纪委国家监委网站“清廉中国”专栏，微视频《赣腔廉韵 修己以敬》获评省纪委省监委“十佳作品”。

政治监督到点到位　坚持把准监督方向，强化监督重点，压紧压实全面从严治党政治责任，加强对“双创双修”、脱贫攻坚等市委重大决策部署贯彻落实情况的监督检查。坚持精准问责，对发现的144起管党治党不力问题，问责22个党组织和142名党员干部，通报31起35人。坚持严把选人用人和评先评优的政治关、品行关、作风关、廉洁关，共回复党风廉政意见103批次971人次，对13人提出不宜使用或暂缓使用的建议。同级监督先行先试，市委下发了《关于加强对市委常委会及其成员同级监督实施办法（试行）》，创新“一卡两问三书四单”的做法得到省纪委肯定。

政治巡察见质见效　有序推进巡察全覆盖。全年共开展三轮巡察，分别对10个市直单位党组织、两个乡镇及所辖两个村党组织脱贫攻坚“回头看”暨扫黑除恶、作风建设专项巡察，12个乡镇及所辖12个村（居、社区）党组织和19个市直部门（群团组织）党委（党组）常规巡察，全覆盖率81.3%；前两轮巡察共发现问题线索78件，已立案27起31人，运用第一种形态处理23人。持续做好巡察

"后半篇文章"。被巡察党组织挂点市领导带头参加巡察反馈会，组建4个督查组对前5轮巡察反馈问题整改情况开展督查并予以通报，现场指出问题131项，提出意见125项，建立健全规章制度245项，震慑效果明显。着力提升巡察干部工作水平，健全与组织、宣传、审计等部门协作配合机制和保密规定、问题底稿制度，乐平市巡察工作经验做法被《江西巡视巡察参考》专题刊发。

执纪审查

正风肃纪落细落实 坚持狠抓作风建设，坚定不移纠正"四风"。一是严肃查处"怕慢假庸散"作风顽疾，查处形式主义、官僚主义问题147起，处理189人，给予党纪政务处分85人，组织处理104人，通报44起69人；查处违反中央八项规定精神典型问题106起，处理121人，给予党纪政务处分71人，通报19起25人。二是围绕脱贫攻坚、环境保护、重大项目推进等重点工作落实情况，开展20轮次明察暗访，发现问题线索283起，处理132人，其中通报批评71人，提醒谈话43人，诫勉谈话15人，约谈4人。三是集中整治"挂牌热"，为基层组织瘦身，取消摘除挂牌2371块，其中涉及乡镇（街道）各类牌匾589块，涉及村（社区）各类牌匾1782块，《江西日报》报道了乐平做法。

反腐惩恶治标治本 坚持无禁区、全覆盖、零容忍，保持惩治腐败高压态势。一是惩治腐败"严"字当头。市纪委机关受理群众信访举报258件，全市立案查处408起，同比增长19.6%，其中科级干部87起99人，同比增长55.4%；处分339人，持续放大办案震慑。二是打伞破网"深"字为要。全年查处党员干部或公职人员148人，其中，涉黑涉恶腐败人员50人，充当"保护伞"问题14人，履职不力问题84人，对6人采取了留置措施。三是正反教育"廉"字托底。深入开展"三会一书两公开"警示教育，以案为鉴、堵塞漏洞，对63名受处分的党员干部进行了"回访"教育。

身边腐败较真动真 坚持人民至上，严厉惩治群众身边腐败和作风问题。一是深化扶贫领域腐败和作风问题专项治理。查处典型问题169起214人，给予党纪政务处分67人，第一种形态处理147人，通报63起92人。二是开展民生领域专项整治。全市共查处教育医疗、环境保护、食品药品安全等民生领域有关问题15件，涉及20人，党纪政务处分6人，组织处理14人，问责13人。三是开展人防系统腐败问题专项治理。坚决贯彻习近平总书记关于治理人防系统腐败问题的重要批示精神，按照上级部署，深入调查核实人防系统重点问题线索，处置问题线索17件，立案6起，其中乡科级5人。四是探索开展村小组财务监督。按照景德镇市纪委的要求，在众埠镇开展村小组财务监督试点，出台监督办法，回应群众关切。

队伍建设

纪检改革取得实效 扎实推进派驻机构改革，14个派驻纪检监察组主动开展监督检查96次，发现问题157个，立案89起，"派"的权威和"驻"的优势全面显现。继续巩固乡镇纪委标准化规范化建设成果，景德镇市乡镇纪委标准化规范化建设工作推进会在乐平市召开。强化监督实效，切实发挥3个乡镇（街道）综合监察组和336名村级纪检监察员作用，创新在全市中小学设立74名纪检监察员，全力推动监察职能向基层延伸。主动谋划制度建设，自主选择改革课题5个，先后出台《派驻纪检监察组工作流程》《谈话函询办法》《对全市重点工程开展情况的问责办法》等7项制度，使各项监督检查行有所依、处有所据。

队伍建设善作善成 抓实思想政治建设。结合开展"加强自身建设年"活动，通过理论中心组学习会、主题党日、支部学习会等形式，把领导干部讲党课、重温入党誓词、政治生日等活动抓紧抓实，纪委机关党建工作做法在《江西日报》头版刊载。抓活干部能力建设。组织全市纪检监察干部业务培训5次，闭卷测试4次，业务测试成绩列景德镇市第一；多轮次选派人员到上级纪检监察机关上挂锻炼、跟班培训，抽调新任职的乡镇纪检干部参与审查调查工作，多名上挂省纪委干部受到省纪委肯定。抓严内部监督管理。市监委聘请了29名特约监察员，通过开展机关开放日活动，以及邀请参加重要会议、重大活动、重点工作等，更好地解决谁来监督纪委监委问题。坚持严管厚爱结合，严明政治纪律、办案纪律，开展干部谈心谈话、政治家访活动，处置反映纪检监察干部问题线索23件，函询11人，谈话提醒2人，以高标准锻造忠诚干净担当的纪检监察铁军。

（市纪委办）

群众团体

总工会

概述　乐平市总工会紧紧围绕全市中心工作，认真落实上级工会要求，充分发挥自身优势，团结和带领全市广大工会干部和职工为把乐平建设成为“特色鲜明的现代化赣东北明珠”接续奋斗，以优异成绩庆祝新中国成立70周年。

强化思想引领　大力开展宣传贯彻党的十九大及中国工会十七大会议精神。通过开展“六个一”主题宣传教育活动，深入学习宣传贯彻党的十九大精神和中国工会十七大精神，坚持工会发展道路。以工会领导班子成员为重点，通过组织中心组理论学习和工会干部学习培训等形式，切实把学习贯彻党的十九大精神和中国工会十七大精神的活动引向深入，不断增强全市工会干部践行工会发展道路的自觉性。

开展“不忘初心、牢记使命”主题教育　“不忘初心、牢记使命”主题教育全面启动以来，市总工会紧紧围绕上级提出的主题教育总要求、目标任务、重点措施，紧密结合工作实际，结合习近平总书记关于工人阶级和工会工作的重要论述和在江西视察时的重要讲话精神，积极开展形式多样的主题教育活动，推动广大党员干部自觉践行初心使命，让习近平总书记系列讲话精神进企业、进车间、进班组，把习近平总书记的叮嘱与期望传达到一线职工。

实施“精准帮扶”工程　一是开展了春节“送温暖”活动，共发放送温暖资金170余万元，使广大职工普遍感受到党和政府及工会组织的温暖和关爱；二是同时配合做好了市四套班子领导及省、景德镇市总工会领导春节走访困难职工、劳模相关工作；三是组织机关扶贫干部集中学习扶贫政策和扶贫业务知识，坚持每月至少一次的走访慰问结对帮扶贫困户工作原则，并在节假日期间为贫困户送上慰问物资和节日的祝福，将党和政府的关怀和温暖送到贫困户的心坎上，做到真扶贫，扶真贫。

召开市政府与市总工会第十二次联席会议　12月13日上午，市政府与市总工会工作联席会议在市政府常务会议室召开，市委副书记、市政府市长高翔出席会议并讲话。市委常委、市政府副市长王晨主持会议。市人大常委会副主任、市总工会主席张北海以及市总工会全体班子成员和有关单位负责人出席了会议。会议听取了市总工会工会工作情况汇报及今后的工作思路要点，并就《市总工会呈请市政府解决的有关问题》进行了专题研究。

举办乐平市第一届职工运动会　联合市教体局和体育发展中心举办了乐平市第一届职工运动会。本届职工运动会于9月22日启动，至10月底结束，历时40天。运动会共设有乒乓球、羽毛球、拔河、田径、趣味项目、跳绳、围棋、象棋、游泳、网球、篮球等16个竞赛项目，来自全市168个代表团的3000余名运动员参加了此次比赛。经过40天紧张、激烈地角逐，决出了39个团体总分奖、优秀运动员奖和优秀组织奖等。据不完全统计，运动会直接带动5万多名职工参与全民健身和体育锻炼，是乐平市近年来职工参与度最高、参与人数最多、覆盖面最广的一次运动盛会，为提升全市职工体能素质和身体健康水平起到了促进作用。

开展各项活动丰富职工文化生活　联合“德亮”中医志愿服务队开展了市总工会为返乡农民工义诊

活动，为300余名返乡农民工测血压等免费体检；联合市书法家协会开展了“送万福、进万家”义写春联活动，活动期间，累计为市民们送去春联和“福”字共1000多份；在锦溪水泥有限公司举办了“中国梦·劳动美”文艺演出下基层活动，近300名职工代表观看了文艺演出；联合市卫健委等单位举办了《职业病防治法》宣传周活动。

做好“五一劳动奖”表彰及关心关爱劳模工作 做好了申报、推选省、景德镇市“五一劳动奖章(状)”、工人先锋号、“五一巾帼标兵”等工作。加强劳模档案管理，建立健全劳模数据库，走访困难劳模，救助困难劳模。统一为全市各级劳模办理银行卡，慰问金实行一卡通发放。大力营造劳动最光荣、劳动最崇高、劳动最伟大、劳动最美丽和“关心劳模、爱护劳模、学习劳模、争做劳模”的良好氛围。开展劳模疗休养，共组织了44名劳模疗休养，让广大劳模更加感受到工会娘家人的关怀。

着力提升基层工会组织建设水平 按照省总、景德镇市总的统一部署，重点推进非公企业工会、行业联合工会和社会组织工会的组建，突出抓好“九大员”和农民工、劳务派遣工入会。持续推进基层工会完善职代会制度和集体协商制度，民主管理和集体协商不断扩面，新建非公企业民主管理示范单位5家。

做好为职工维权与服务工作 深化“6+1”联动机制，畅通农民工维权“绿色通道”，切实保障了农民工的合法权益。抓好“三师一室”建设，零距离为广大职工开展服务。于2017年7月首次在福建晋江成立了农民工维权服务站，2018年先后在浙江永康和诸暨成立了农民工维权服务站，2019年又分别成立了上海、广东深圳农民工维权服务站，五个农民工维权服务站共帮助外出农民工调解有关维权帮扶案件120余起，挽回经济损失200余万元。

做好女职工与互助保障工作 贯彻落实《女职工劳动保护特别规定》《中华人民共和国劳动合同法》《女职工保健工作规定》和《江西省妇女发展纲要（2011—2020）》。为关爱职工和女性健康，市总工会组织了全体机关干部职工进行了身体健康检查，并号召全市各级工会组织本单位干部职工进行身体检查，并开展了“关爱女职工健康”活动，为全市180余名民营企业女职工提供了免费妇科体检。全年完成职工互助保险95.2余万元，投保人数27100余人。对全市参加互保生大病职工赔付、慰问52例，金额达43.6万余元。

实施“网上工会”建设工作 市总工会开发运行了“乐平市职工之家”微信公众服务号，该公众号主打免费法律咨询服务，12000余名全国各地的律师在线免费解答各种咨询。同时设有普法宣传、网上入会、在线培训、职业介绍、网上帮扶申请、法律援助申请等功能。目前已有粉丝数十万余人，解答职工咨询1100余起，开展法律援助50余件。积极与省总工会、景德镇市总工会的网上工会做好对接，不断更新提升“乐平市职工之家”的功能，全力打造智慧工会，做到线上线下深度融合，两条线全天候为职工群众服务。

加强党风廉政建设 认真执行领导班子和领导干部勤政廉政的一系列规定，坚持党风廉政建设“一岗双责”的要求，坚决杜绝“怕、慢、假、庸、散”五大作风顽疾，严格执行“四大纪律”“八项要求”和“五个不许”等规定。接受了市委第四巡察组对市总工会党组的巡察工作。结合实际情况，深入开展扶贫领域腐败和作风问题专项自查自纠，做到敢查、敢纠、敢改，严肃党内政治生活，强化帮扶干部角色意识和政治担当能力，为脱贫攻坚战的胜利保驾护航。

（市总工会）

共青团

概述 乐平团市委以纪念五四运动100周年和庆祝新中国成立70周年为契机，积极发挥好党的助手作用，扎实开展各项工作，为建设特色鲜明的现代化赣东北明珠做出了积极贡献。

扎实推进青少年思想道德建设 以节庆纪念日为契机，利用青少年入队、入团等人生成长重要时机，抓好团队意识的有效衔接，将社会主义核心价值体系教育贯穿始终。如：清明节前后，组织广大青少年来到登高山烈士纪念碑前，开展了“传承·2019清明祭先烈”主题活动，通过敬献花圈，重温入队、入团誓词等形式，缅怀无数可歌可泣的革命烈士。五四前夕，指导一中、乐中、三中举办了“十八岁成人仪式”主题教育活动，激发了青年学生的社会责任感和道德感。六一前夕，动员组织各少先队组织开展了“争做新时代好队员”主题队日活动，通过队前教育、集体入队、主题队课等活动，引导青少年听党话、跟党走。

注重以先进典型引导激励青少年 一是积极推荐参与上级各类评选。黎定焱获评“第22届江西青年五四奖章”；魏青云、余镭滨获评“江西省农村青年致富带头人”；徐苏西获评省优秀共青团员；朱寅生获评“第十九届瓷都十大杰出青年”；邹天朗等4名学生获评“第二十四届瓷都十佳少年”；刘金祥获评“景德镇农村创业致富带头人 ”。二是开展“两红两优”评选活动。开展了乐平市优秀团员、优秀团干部、五四红旗团委、五四红旗团支部和共青团工作先进集体评选活动。三是举办乐平青年五四奖章评选活动。为纪念五四运动100周年，举办了第2届乐平青年五四奖章评选活动，10名个人和10个集体分别获评荣誉称号，并联合市教育体育局举办了纪念五四运动100周年暨青年五四奖章颁奖文艺晚会。市领导俞小平、高翔分别为个人和集体颁奖；俞小平书记寄语广大团员青年以青春之歌奏响圆梦“明珠梦”的新篇章。

深化宣传引导工作 一是综合运用微博、微信等新媒体平台聚集、沟通、影响青少年。截至11月，微博、微信共发布信息2883条（微博1872条，粉丝14891名；微信图文1011篇，微信用户8717名），常发布的主要话题有青年志愿者、多彩少先队、工作动态、青年大学习等。二是开展专题理论学习。通过微信平台刊发了习近平总书记在十九届中共中央政治局第十四次次集体学习时的重要讲话全文和在纪念五四运动100周年大会上的讲话全文；转载了共青团中央系列综述文章；做好了“学习强国”平台运用；开展了“学习新思想·争当新青年”网上主题团课学习活动，不断兴起“青年大学习”的热潮，强化理论武装。三是开展主题教育宣讲。积极组织各乡镇团委、学校团委、市直机关团组织开展了“学习传达习近平总书记‘五四’讲话精神”“学习习近平总书记视察江西时讲话精神”“学习党的十九届四中全会精神”等主题宣讲活动30余场，引导广大团员青年传承五四精神，为实现中国梦贡献青春力量。

扎实开展“青春志愿”行动 一是服务中心展风采。组织200余名青年志愿者参与了中国文化遗产大会、“魅力家乡·明珠乐平”乐平籍在外发展人士新春恳谈会、景德镇市“双创双修”现场会乐平巡查、第四届全国半程马拉松比赛、乐平市森林资源保护管理专项整改行动动员大会等大型社会活动的志愿服务工作。二是赣青扶贫献爱心。5月，组织25名建档立卡贫困户家庭小学生参加了“爱心入户、宝贝出村——江西希望工程关爱困境儿童新力研学计划景德镇行”暨点亮微心愿活动，不仅赠送了书包、文具等学习用品，还带领参观了陶瓷博物馆、直升机科技馆等场所。联合第二届乐平青年五四奖章获得者王文娟开展了情暖贫困学子活动，为145名大中小学生发放春季助学金8.8万元。开展了“中国茅台·国之栋梁——2019希望工程圆梦行动大型公益助学活动”，共为5名符合条件的大学新生争取了每人5000元助学金。举办了青年文明号“金秋助学·圆梦行动”助学金发放仪式，共为4名资助对象每人发放了5000元助学金。开展了“希望工程助力脱贫攻坚行动助学活动”，共为15名符合条件的建档立卡贫困户家庭的中小学生争取了共16000元助学金。三是开展各类主题活动。3·5学雷锋日前后，以“青春学雷锋·建功新时代”为主题，组织开展了爱心义诊、义务植树、“双创双修”知识宣传、理发、修补、敬老等活动，弘扬正能量，展示新风采。6月14日，组织开展了“人人享有安全血液”国际献血者日主题活动，154人参与无偿献血，捐血量达54900毫升。7月，联合华东交大理工学院团委组织志愿服务队赴临港镇四联村开展了大学生“三下乡”活动。通过防艾知识宣讲、课业辅导、游戏互动、慰问贫困学生等形式，助力脱贫攻坚，丰富学生暑期生活。动员各机关单位团组织青年突击队参与了“7·12”抗洪抢险的救援、隐患排查、物资发放等工作，发挥生力军和助手作用。8月，举办了“助力双创双修·关爱户外劳动者”夏日送清凉活动。共为2000名来自城管、环卫、交警、供电、双创双修项目建设工人等行业的户外劳动者赠送了爱心清凉包，并为“爱心冰柜”活动捐赠了100箱饮用水，传递对户外奋斗者的关爱。9月，组织供电公司团委、中医医院团委开展了中秋节关爱弱势群众志愿服务活动，同时团市委机关干部还前往结对扶贫帮扶村众埠镇双溪畈村开展了慰问走访活动，让贫困群众感受社会的温暖。

加强未成年人保护宣传 一是组织城区小学少先队大队部开展了“青春自护·平安春节”假期自护教育主题活动。二是在全市社会治安宣传月做好了《未成年人保护法》《预防未成年人犯罪法》和《江西省未成年人保护条例》等“两法一条例”的宣传工作。三是联合蓝天救援队赴各中小学举办了“防溺水”安全教育讲座50余场，营造保护未成年人良好社会氛围。四是组织各中小学校共青团、少先队组织开展了江西省第十个未成年人保护宣传周活动。以“呵护青春蓓蕾·关爱儿童健康”为主题，通过悬挂标语、召开主题队会、举办专题讲座等形式，营造关爱青少年的良好氛围。

持续做好希望工程建设 一是开展了乐平市希望小学现实情况统计摸底。对1998年以来，由上级希望工程项目援建的七所希望小学师生人数、班级数、是否被撤并等现状情况进行了统计。二是成功申报众埠镇尚田小学成为北京四维图新科技有限公司结对授建学校，捐款45万元用于教学楼建设，并举办了揭牌仪式。三是联合上海慧佳慈善基金会向镇桥镇徐家小学捐赠了15万余元的电脑、打印机、桌椅等物资。

开展系列主题活动 一是动员组织各基层团组织在五四青年节前后，以“青春心向党·建功新时代”为主题，开展了爱心义诊、十八岁成人仪式、上团课、演讲比赛、群诵等活动，激励广大团员青年弘扬五四精神，展示良好精神面貌。二是落实《江西省中长期青年发展规划》要求，联合驻乐部队开展了“爱在赣鄱·团团有约”军地青年联谊活动，服务青年婚恋交友要求，为近50对单位青年搭建相识平台。三是组织40余名团干部代表赴赣东北特委旧址开展了“不忘初心跟党走·青春建功新时代”庆七一主题党日活动。通过看布展、听讲解、重温入党誓词等方式，深切缅怀方志敏等先烈的革命精神，进行党性教育。四是联合市委组织部、市直机关工委举办了“青春与祖国同行·做新时代追梦人”庆祝新中国成立70周年主题演讲比赛。全市各机关56名选手参赛，抒发爱国情怀，展示良好面貌。五是组织开展了庆祝新中国成立70周年系列主题教育活动。通过集中收看庆祝大会、开展“我和国旗合个影”活动、参加全市国庆升旗仪式、开展“青年大学习”平台国庆特辑、动员基层共青团组织开展庆国庆主题活动等方式，抒发爱国情怀，引导广大青少年听党话、跟党走。六是组织城区小学少先队组织开展了“小手拉大手·文明共参与”——“双创双修”宣教活动，充分发挥学校、家庭和广大学生在巩固和提升精神文明建设中的特殊作用，进一步推动了“双创双修”工作和未成年人思想道德建设。

扎实开展“不忘初心、牢记使命”主题教育 一是确保主题教育按时启动。9月18日下午，召开了主题教育工作会。对主题教育进行动员部署。成立主题教育领导小组，制定了具有共青团工作特色的活动实施方案。二是确保学习教育取得实效。分学习习近平总书记关于“不忘初心、牢记使命”主题教育的重要讲话精神和中央省委安排部署、习近平新时代中国特色社会主义思想的科学理论体系、习近平关于青少年和共青团工作论述摘编等4个专题，按计划有序实施。班子成员采取个人自学、集体学习研讨、参加支部主题党日活动等多种形式，对有关学习读本进行集中研学，同时，使用“青年大学习”网上互动学习平台、“学习强国”“江西网院”等App平台坚持全面系统学、及时跟进学。在做好市委要求的规定动作的同时，团市委结合行业特点，在自选动作上也力求有特色。以纪念新中国成立70周年为契机，组织开展举庆祝新中国成立70周年演讲比赛、开展革命传统教育、开展“我和国旗合个影”主题活动、观看庆祝新中国成立70周年大会、设立主题教育宣传栏为主要内容的主题系列活动。三是确保调查研究务实开展。把加强基层团组织建设、学校共青团改革、少先队荣誉感等问题作为调研重点，坚持把主题教育调查研究与推动共青团改革紧密结合。班子成员带着各自的调研课题和工作难题，到第十一小学、第五中学、塔山街道团工委、锦溪水泥有限公司等单位，调研了解团员青年学习、思想和工作情况，为推动全市共青团掌握第一手资料。四是确保实现主题教育目标。坚持统筹推进，边学边查，边查边改，不等不靠，主动作为。针对列出的问题，列单子、建台账，制定整改措施，明确了责任领导和完成时限，及时了解掌握整改进展情况。

抓实基层组织建设　一是召开了全省团的基层组织建设质量年工作部署会乐平分场会议，坚持问题导向，严格抓好团员发展、组织生活、“学社衔接”、组织整顿、智慧团建等重点工作。二是指导市人民医院团委召开了团委成立暨第一次团员代表大会，引导团员青年锐意进取。指导乐平一中、乐平四中、乐平二中分校团组织召开了团员代表大会，选举产生了新一届校团委班子，进一步规范中学团组织建设。三是强化“智慧团建”系统建设。完成了所有团员信息录入工作、指导乡镇团委建立了“学社衔接”团支部、召开会议，做好了毕业生团组织关系转接业务培训。四是举办了“我是青年·我要清廉”党风廉政建设宣传教育活动，引导广大团干坚定理想信念，全面落实从严治团，为建设“特色鲜明的现代化赣东北明珠”贡献青春、智慧和力量。五是举办了团省委2019年“送培训下基层”活动乐平专场。印发了《中国共产主义青年团团员发展工作细则》和《关于中国共产主义青年团团费收缴、使用和管理的规定》等文件，提高了基层团干部业务能力。

少先队工作丰富多彩　一是推荐31名代表出席了景德镇市第三次少先队代表大会，展示了乐平少先队员良好精神面貌。二是组织城区中小学团委书记、少先队大队辅导员开展了“诵读红色家书·传承红色基因”诵读分享活动。三是推荐30余名队员参加了“瓷都十佳少年”和“瓷都百名好少年”评选，共有20名队员喜获荣誉。四是推荐了3名辅导员赴井冈山革命传统教育基地参加了省辅导员骨干培训班。五是推荐三名少先队员参加了江西省“我心中的红色铜鼓”第六届红色书画作品创作大赛，并全部荣获三等奖。六是举办了第一届红领巾讲解员风采大赛，迎接新中国建国和少先队建队70周年，教育引导少先队员听党话、跟党走。并推荐2名少先队员荣获全省红领巾讲解员风采大赛一等奖。七是开展“争做新时代好队员”六一主题队日活动。“六一”前后，全市各少先队组织通过集体生日、联欢会、文艺表演等多种方式丰富少年儿童节日生活，让广大少先队员在丰富多彩的活动中愉悦身心、陶冶情操，充分体会节日快乐，感受党和祖国的关怀。八是召开了少先队乐平市第三次代表大会，表彰了第三届优秀少先队和优秀少先队集体；选举产生了第三届少先队乐平市工作委员会。九是组织开展了庆祝中国少年先锋队成立70周年系列活动。通过“我和队旗合个影”活动、开展队前知识培训、讲述和红领巾的故事、学习习近平总书记贺信精神等方式，让少先队员们度过了一个有意义的建队纪念日。（团市委）

妇联

概述 市妇联紧紧围绕中心、服务大局，按照“党有号召，妇联有行动”的要求，围绕市委提出的“大学大干大变、回归全省十强、打造六个明珠”的奋斗目标，在维护妇女合法权益、帮扶妇女创业就业、推进妇女儿童民生工作等方面，团结带领妇女同胞积极参与经济社会发展，展示乐平妇女良好形象，为加快全面建设小康步伐贡献巾帼力量。

加强思想政治引领 以“古戏台大讲堂”为载体，围绕“巾帼建新功 共筑中国梦”“巾帼心向党 建功新时代”“赣鄱巾帼心向党 感恩奋进新时代”等主题开展宣讲活动。6月26日上午，乐平市“赣鄱红色娘子军”宣讲团授旗仪式在天湖市民之家隆重举行，在全市各农村、社区、企业、学校开展“赣鄱巾帼心向党 感恩奋进新时代”乐平市“赣鄱红色娘子军”76场，学习习总书记讲话精神、党的方针政策、家风家教、法律宣讲、预防儿童伤害等宣讲活动。在十里岗篁坞方志敏旧居拍摄“家国情怀故事汇·妇联主席话初心”，讲述“方志敏在篁坞”的故事。

推进妇联基层改革 市委常委专题会讨论审议《乐平市关于配齐村妇女小组长进一步夯实最基层妇联组织的实施方案》，以市委办名义正式发文。利用三个月时间，于8月底全面完成了配备村妇女小组长试点工作，全市共配备了1486名村妇女小组长。开展31个“妇女微家”创建活动，市巾帼志愿者“加油站”、女企业家协会、蔬菜产销之家、松树岭4个妇女微家作为景德镇示范点。

推进家庭文明建设 一是开展家庭文明创建评选活动。做好双创双修“清洁家庭”创建活动，组织全市广大妇女群众积极参与农村农户庭院专项整治行动，发放“美丽庭院 从我做起”倡议书5万余份，开展环境卫生整治“巾帼志愿者”行动，在景德镇市农村农业局举办的农村人居环境整治培训班作“助力环境整治，发挥半边天作用”典型经验介绍。市妇联到“双创双修”结对共建社区接渡镇周家社区开展志愿活动，开展“双创双修”路长制责任路段文明劝导和文明交通志愿服务工作。方清华、丁冬娥、黄跃琴3户家庭荣获江西省最美家庭；朱寅生、黄火生、胡金水、盛清秀、陈丽丽、张明英、林莲樱、梁利珍、王启林、徐桂琴、董菊平11户家庭荣获景德镇市最美家庭。组织参与省、景德镇市妇联开展的“给妈妈写一封信”主题征文活动。获得全省优秀组织奖、中学组获一等奖两名、二等奖1名、三等奖5名、优秀指导老师两名；在景德镇市妇联开展的“给妈妈写一封信”主题征文活动中，荣获小学组一等奖1篇，二等奖3篇，三等奖3篇，优秀奖17篇。中学组一等奖1篇，二等奖1篇，三等奖3篇，优秀奖4篇。优秀指导老师4名。乐平十小张弛家庭参加省妇联、景德镇市妇联“弘扬家国情 礼赞新时代”庆祝建国70周年家庭红色故事比赛活动，获得景德镇市二等奖、省三等奖。联合文明办在全市开展第二届文明家庭评选活动。二是传承好家庭好家风好家训。为营造全市“注重家庭、注重家教、注重家风”的浓厚氛围，依托乐平市家庭教育指导中心，家庭教育宣讲团走进社区、学校、农村，与家长们面对面交流如何陪伴孩子，如何促进孩子成长，共举办宣讲20余场。5月的第四周，开展《江西省家庭教育促进条例》宣传周活动，在市为民服务中心、乡镇、村（社区）等单位、公园及公共活动场所的电子滚动屏幕播放《江西省家庭教育促进条例》内容。开展“守住廉洁门 当好廉内助”主题教育活动，全市160余名领导干部的配偶参加了教育活动并做好收集家书工作。向广大市民发放了“弘扬文明新风 家家幸福安康”倡议书10000余份。巾帼志愿者协会组织37位志愿者向广大群众进行“抵制高价彩礼，弘扬文明新风”宣讲，向全市广大家庭和姐妹们发出“抵制高价彩礼，弘扬文明新风”倡议书2万余份。举办乐平市“爱国歌曲唱出来，幸福生活跳起来”全市妇女群众歌舞展演大赛活动，评选4支广场舞队参加景德镇市妇联、景德镇市体育局主办的“瓷都娘子军”创卫千人誓师大会暨“爱国歌曲唱出来、幸福生活跳起来”广场舞展演，1支队伍荣获景德镇妇女群众歌舞展演大赛二等奖，其他3支队伍获得优秀奖；其中，乐平广秧协会舞蹈队荣获全省妇女群众歌舞展演大赛三等奖。开展2019景德镇市家风家教实践基地申报工作，推荐赣东北特委旧址、中国工农红军第十军建军旧址为景德镇家风家教实践基地。

开展巾帼志愿活动 发挥女性组织优势，巾帼志愿者协会组织巾帼志愿者以互动游戏、爱心帮扶、免费心理、婚姻咨询等多种方式，关爱留守儿童、关心空巢老人等特殊群体，为他们送去温暖。共开展各类志愿服务活动22次，共关爱留守流动儿童、空巢老人近6000人，组织参与活动志愿者350余人次。通过项目化运作，充分发挥广泛联系妇女、儿童和家庭的职能优势，实现志愿者、服务对象和活动项目的有效衔接，不断提升品牌效应。

引导妇女创业就业 广泛宣传妇女创业就业意义和国家的相关帮扶政策，开展培训，树立典型，鼓励广大妇女创业就业，提高了妇女建设家乡的热情。推荐了乐平市乡村大学生创新创业协会、乐平市山之蓝农林发展专业合作社负责人参加全国妇联在北京举办的乡村振兴培训班。

推荐选树优秀新时代女性 乐平市农民大学生创业协会荣获全国巾帼建功先进集体；许春风荣获全省巾帼建功标兵，乐平市巾帼志愿者协会授予全省巾帼建功先进集体荣誉称号。乐平市巾帼志愿者协会会长郎柳玉的作品《那岁月烙下的》在全省“新时代新女性——庆祝改革开放40周年”女性作品征集活动中荣获文字类二等奖。乐平东湖市民之家荣获江西省“三八”红旗集体。胡婷家庭荣获江西省“书香家庭”。开展2019年“关爱英模——寻找与共和国共成长的女性先进人物特别行动”工作，推荐1名六小教师张美兰。乐平市巾帼志愿者协会会长、乐平市二中语文老师郎柳玉荣获江西省三八红旗手。程如虹等10人荣获景德镇市三八红旗手，乐平市疾控中心药械科等5家单位荣获景德镇市三八红旗集体。程海兰等7人荣获景德镇市巾帼建功标兵；乐平市纪委监委组宣部等5家单位荣获景德镇市巾帼文明岗，乐平市洎阳街道安平社区等2家单位荣获景德镇市巾帼建功先进集体。授予尹肖玉等30人乐平市三八红旗手荣誉称号、市行政服务中心管委会等6个单位为乐平市三八红旗集体荣誉称号。授予石磊等20人乐平市巾帼建功标兵荣誉称号，众埠镇便民服务中心等6个单位为乐平市巾帼文明岗荣誉称号，洎阳街道扶摇社区等6个单位为乐平市巾帼建功先进集体荣誉称号。

维护妇女合法权益 认真接待来信来访，继续发挥12338妇女维权热线作用，共接待并处理来信来访85起，此外，充分发挥基层妇联组织在信访中的作用，据不完全统计，全市20个乡镇（街道）全年共处理各类信访纠纷和矛盾案件不少于100件，为建设和谐社会发挥了积极作用。大力宣传《妇女权益保障法》《未成年人保护法》和《反家庭暴力法》，组织女法律工作者开展以“妇女权益保护 法律与你同行”为主题的讲座，以及送法下乡、法律咨询等活动。“国际反家庭暴力日”在涺口镇举办“情暖瓷都—法律进我家”活动。推选两名人员村妇联主席参加农村女“法律明白人”说法大赛。乐平市司法局双田司法所所长熊林松荣获“全国维护妇女儿童权益”先进个人荣誉称号。在乐平市妇联微信公众号发布扫黑除恶知识，以知识普及促妇女知情，通过上访妇女群众开展线索排查。开展了农村妇女“两癌”免费检查项目数据采集系统填报工作，乐平市共筛查出农村两癌患病妇女142名系统审核通过119名，全国妇联两癌系统审核通过2018年度17个农村贫困母亲两癌救助对象的材料申报工作，为乐平市14名身患“两癌”的建档立卡贫困妇女争取到中国妇女发展基金会“两癌”救助款14万元，每人1万元。为城镇贫困妇女实行“两癌”免费检查。

促进巾帼脱贫 市妇联7名科级领导干部结对帮扶20户精准扶贫户，六一节、端午节、中秋节、重阳节、春节等节日为他们送去节日慰问品。扶贫日前夕，组织机关党员志愿服务队与中医院“德亮”志愿服务到十里岗三房村开展了“健康扶贫，义诊进村”活动。并采取多种形式帮助贫困户，帮他们早日脱贫。开展走基层、访妇情“冬日暖阳”慰问贫困妇女活动，共走访120名七类贫困妇女，发放慰问金6万元。开展“母亲邮包”温暖过冬探访慰问活动，为贫困母亲和家庭送“母亲邮包”50个、“馨芽邮包20个”。开展“春风送岗位，巾帼助脱贫”活动，为有就业创业意愿的劳动力妇女提供了就业岗位1万余个。协同市政协组织开展了“女政协委员心系贫困母亲 让爱绽放你我心中”公益活动，为12位因病致贫的贫困母亲进行捐赠。协同全国建功先进集体乐平市农民大学创业协会为30名贫困妇女免费开展电商培训。联合丽文家政服务培训中心为妇女举办月嫂、育婴保育技能培训。

实施妇女儿童民生项目 认真实施省妇联民生项目，开展了近40场青春期自我保护、防溺水安全教育宣讲活动。

关爱贫困留守儿童 市妇女儿童活动中心举办春秋季公益，开设成人类20科课程，儿童类10科课程，受益达1300余人。举办“关爱贫困儿童·共筑快乐家园”暑期公益课堂，共开设书法班、陶艺班、古筝班、少儿美术、尤克里里、中小学衔接、珠心算等10大类课程，招收近100名学员。在“六一”、端午节、中华人民共和国成立70周年、中秋节期间开展“童心绘祖国·放飞心中梦”六一文艺活动、“童心绘祖国·放飞心中梦”进乡村长卷绘画活动、“粽香暖童心，爱心妈妈陪我过端午”包粽子活动、“我们的节日——中秋”主题活动、“时代新人说——我和祖国共成长”少儿演讲比赛等活动。开展“恒爱行动——百万家庭亲情一线牵”爱心毛衣暖冬公益行动，全市“爱心妈妈”织毛衣160余件。开展“春蕾计划”爱心捐款及贫困女童摸底工作，全市共募集善款98305元。开展景德镇市妇联“金秋助学”资助贫困家庭女大学生推荐工作，共7名贫困女大学生受资助2.8万元。开展乐平市“金秋助学”资助贫困家庭女大学生工作，爱心人士杨建华资助5名贫困女大学生发放资助款2万元。

（市妇联）

工商联

概述 乐平市工商联全面贯彻落实习近平总书记视察江西及民营企业座谈会等重要讲话精神，紧扣“两个健康”主题，紧紧围绕乐平市中心大局，认真履行团结、服务、引导、教育工作职责，推动工商联各项工作取得新成效。乐平市工商联被确认为2018—2019年度全国“五好”县级工商联。

深入开展“不忘初心、牢记使命”主题教育 围绕学习贯彻习近平新时代中国特色社会主义思想这条主线，以服务“两个健康”发展、优化营商环境、提升服务能力、加强机关建设为导向，通过抓实学习教育、搞好调查研究、认真检视问题、抓好整改落实，确保了主题教育取得实效。

参政议政 组织本界别人大代表、政协委员围绕全市经济社会发展等方面进行调研，提交“两会”议案提案27件，其中集体提案两件，委员大会发言1件，并作题为《提振发展信心，激发民营经济新活力》的大会发言。

调查研究 配合省市工商联，就民营企业转型升级和高质量发展、营商环境和支持民营企业发展政策落实情况深入调研；开展企业用工需求调查。形成

《我市非公经济发展营商环境的调研报告》等调研报告。

民企走访 市工商联围绕“坚定发展信念信心、防范化解重大风险”进行了民企大走访，走访调研企业30余家，开展了企业问卷调查，赠送《惠企政策汇编》200余份，推荐报送我市“坚定发展信念信心防范化解重大风险”民企大走访活动的典型案例两件，民企高质量发展典型案例1件。

企业调查 组织开展第二次民营企业运行状况调查，天新药业、中远农业荣获2019江西民企百强；天新药业、世龙实业荣获2019江西民企制造业百强。

商会改革发展 配合市深改委制定了《中共乐平市委深改委印发<关于促进工商联所属商会改革和发展的实施办法>的通知》。召开工作推进会议，制定了《乐平市工商联所属商会管理办法》《乐平市“四好”商会建设评定标准》《关于开展工商联所属商会内部治理自查整改工作的通知》，开展商会自查整改督查工作。

银企合作 开展“金融政策进商协会”对接活动及商会企业贷款需求务虚交流会，与中国银行、建设银行等多家银行部门合作，推行“信用贷”“授信贷”等多种金融产品，帮助中小微企业拓宽融资渠道，提升金融服务水平。

交流考察 发挥工商联横向联系优势，组织50余名会员到浙江杭州市，新余市渝水区，吉安市井冈山等地开展学习考察交流活动；发挥工商联资源优势，在深圳、广州、杭州等地组织举办“三请三回”招商推介会，接待广东、杭州、义乌等地商会企业返乡投资考察；组织乐平籍乡贤代表共计300余人参加“2019乐平在外发展人士新春恳谈会”，共叙乐平发展，搭建乐平引资引智交流平台。

维权服务 联合市检察院在工业园区工商联分会设立“检察联系点”，为园区企业提供政策宣传、维权诉求、意见建议收集等服务，搭建企业维权服务平台长效机制；为江西东风药业“关于请求恢复苄星青霉素生产”的诉求，对接联系省、景德镇市民企维权服务中心，持续跟进维权企业服务工作。

学习培训 举办《乐商讲坛》两期专题讲座，培训会员150余名；组织70名民营企业高级工技能人员职业培训；组织80名会员参加景德镇市工商联、江西财智学院电子商务、体系认证知识等学习。

精准扶贫 纵深推进“百企帮村”精准扶贫行动，举办“2019年国家扶贫日乐平市扶贫产品展示对接会”，积极搭建消费扶贫平台，引导和鼓励民营企业、社会爱心人士带头参与消费扶贫行动，助力打赢脱贫攻坚战。

走访慰问 组织商会会员开展赈灾、慰问、义诊、义剪等活动，免费发放药物等物品2万元，走访建档立卡贫困群众、孤寡老人360余户，赠送大米、食油、月饼、饮水机等慰问物资和慰问金，合计30余万元。

爱心助学 组织商会企业开展教育扶贫活动，资助58名贫困家庭高考录取大学生，总计捐款70万元；六一儿童节期间，女企业家协会赴接渡镇姜家小学，举行“关爱金色童年”送文化下乡活动，捐赠图书300册，价值2万元。

双创双修 认真落实责任路段路长制巡查整治工作，发放创建全国文明城市宣传手册200余份；组织商会会员捐赠夏季饮品，为环卫工人、交警、快递等一线作业人员提供“五个一”的免费服务，为建设美好文明新乐平积极贡献力量；走访汽车流通行业协会，协调企业长期占道经营等问题，引导我市汽车业有序规范经营。

庆祝新中国成立70周年活动 组织非公人士参加景德镇市非公党委举办的“不忘初心跟党走，牢记使命再前行”主题演讲比赛，许桂炎获得第一名；组织机关干部及会员参加市委统战部庆祝新中国成立70周年“同心向党·祝福祖国”文艺会演。

（市工商联）

社　联

概述 紧紧围绕中心服务大局，在社科理论研究与应用、社科工作服务与创新、社科知识普及与宣传等方面开展了系列工作。

加强理论学习及业务培训工作 认真学习党的十九大、十九届二、三中、四中全会精神和社科业务知识，不断夯实自己的理论基础。把思想和行动统一到以习近平总书记为核心的党中央的要求上来，牢固树立政治意识、大局意识、核心意识、看齐意识，进一步增强道路自信、理论自信、制度自信、文化自信，坚定不移推进全面从严治党，切实增强党组织的凝聚力、创造力、战斗力，紧密结合社科普及工作实际，谋划和推进各项工作。

制定了详细的理论学习和社科业务知识学习的制度，建立了党组中心学习小组和党员干部理论学习与社科业务知识学习的长效机制。坚持在每周的星期一进行工作汇报和业务学习，每月第一周的星期五进行以中心学习组为主的政治理论学习和业务学习。同时组织全体干部参加了江西干部网络学院网络在线知识学习及“学习强国”App学习。

积极开展理论研讨活动 市社联会同市委宣传部在全市联合开展了学习贯彻习近平总书记视察江西时的重要讲话精神理论研讨活动。

会同市委宣传部于9月至11月在全市联合开展乐平市“礼赞新中国，奋进新时代”庆祝新中国成立70周年理论征文活动，11月组织召开了乐平市“礼赞新中国，奋进新时代”庆祝新中国成立70周年暨红色文化理论研讨会。

会同市委宣传部于9月至11月在全市联合开展“不忘初心、牢记使命”主题教育理论征文活动，12月召开全市“不忘初心、牢记使命”主题教育理论研讨会。乐平市学习党的十九届四中全会精神理论研讨会。

开展“百名会员下基层”活动 为切实组织并开展好下基层调研活动，市社联专门下发文件，组织所属学会会员自6月开始至年底，在全市开展“百名会员下基层”大型调研活动。调研活动具有很强的针对性，调研中每个学会必须带着课题进行，活动结束后每个学会至少完成1个以上课题论文。

稳步推进社科年度课题工作 通过下发年度课题征集意见函，召开课题立项研讨会等多种途径，研究、制定了《乐平市2019年度社会科学规规划项目课题指南》，拟定课题26个，并分发到基层会员手中。

主动对接景社科联重大招标课题，争取了三个课题立项，分别是新时代农村新乡贤文化研究、乡村振兴战略中的文化建设研究和乐平历史文化旅游资源及其开发利用。

积极开展《江西省社会科学普及条例》宣传及科普宣传周活动 10月26日至11月1日组织开展了2019年乐平市社科普及宣传周活动。活动采取社联主办，学会和相关单位协办的方式进行。教育学会、会计学会、名研会、哲学会等所属学会和古戏台博物馆、红十军建军旧址、方志敏旧居等省市社科普及基地，分别结合自身特点，以咨询、发放资料、送戏下乡、开放展览及科普知识培训和学术讲座等形式开展了丰富多彩的社科活动。活动现场发放社科资料近600份，接受群众咨询100余人次，组织会员、学生等近千人到科普基地——古戏台博物馆、红十军旧址、方志敏旧居实地参观。

开展社科品牌学会创建工作 启动了社科品牌学会创建工作，创建工作采取学会申报、实地考察评估等方式，遴选出品牌学会。

坚持学会秘书长联席会议制度不放松，不定期召开基层学会联席会议，为各学会交流工作提供平台。通过运转，全市社科系统已建立了年初工作部署明确目标、年度社科培训提升素质、年终总结评比提升水平的工作机制。

提高《乐平社科》办刊水平 《乐平社科》是社科战线的重要学习阵地，是全市社科工作者向市委、市政府建议献策的载体，为了提高办刊水平，我们做到认真谋划主题、约稿管控质量、加强交流反馈，努力提升办刊质量，经多次改版，现已成为栏目齐全有特色、理论研讨有深度、百家争鸣有亮点的内部刊物。

加强党建和党风廉政建设工作 严格执行中央"八项规定"精神和省市若干规定。认真组织学习《廉政准则》《中国共产党纪律处分条例》《中国共产党党内监督条例》，组织本单位党员干部对违法违规问题进行自查自纠，从而从源头上预防腐败的产生，为本单位各项工作顺利开展提供坚强的纪律保证。

开展"不忘初心、牢记使命"主题教育活动 按时开办了全体党员主题教育专题读书班，召开了调研成果交流会，领导班子成员结合学习和调研成果讲专题党课，对照党章党规找差距，列出了具体的问题；组织党员干部观看中央电视台电视专题片《榜样4》等系列专题片，传达学习违纪违法警示实例，切实加强对干部的警示教育；组织党员干部认真学习贯彻党的十九届四中全会精神，领导班子及班子成员检视存在的问题、有针对性提出整改措施，并于12月召开领导班子专题民主生活会和组织生活会。

做好扶贫村帮扶工作 克服工作人员少，经费短缺等困难，按照市委、市政府的安排，落实各项帮扶政策。对精准扶贫户进行了广泛走访，填写了帮扶贫困户基本情况登记表、摸底表，建立了景德镇市扶贫"帮扶到户、责任到人"帮扶工作台账，开展脱贫攻坚结对帮扶工作，建立"结对帮扶情况"台账。社联四名副科以上干部每月坚持深入到扶贫村，对贫困户进行挨户走访，了解家庭情况和个人需求。传统节日期间，对12户精准扶贫户开展走访慰问工作。

深化社联改革工作 根据省市委文件精神，按照《市委全面深化改革委员会2019年工作要点》及八个专项小组2019年工作计划的通知要求，结合乐平市学术性群众团体的工作实际，乐平市社联于2019年9月制定了《乐平市社会科学界联合会深化改革实施方案》并于11月市委全面深化改革委员会第九次会议通过。12月20日乐平市委办公室以密级文件形式向全市各单位下发了《中共乐平市委办公室关于印发<乐平市社会科学界联合会深化改革实施方案>的通知》。

积极配合市委第三巡察组开展巡察工作 按照市委关于巡察工作的统一部署，市委第三巡察组于10月至12月对社联党组组织建设、思想建设、组织建设、作风建设、纪律建设、夺取反腐败斗争压倒性胜利及巡察整改情况等方面进行巡察督查。

（市社联）

文 联

概述 市文联贯彻落实"二为"方向、"双百"方针，认真履行文联工作职责，积极开展文联工作，为繁荣发展我市文艺事业工作做出了一些成绩。

强化学习教育，加强机关建设 市文联机关把学习贯彻习近平新时代中国特色社会主义思想和党的十九大精神作为首要政治任务，贯彻落实到文联工作中。一是以"不忘初心、牢记使命"主题教育为抓手，强化理论武装，通过召开专题学习读书班、坚持每周一次学习例会、主题党日等多种形式，重点学习贯彻新时代文艺工作的方针政策，学习贯彻市委、市政府的决策部署，起到了统一思想、提高认识、促进工作的实际效果。二是按照党要管党、全面从严治党的要求，加强机关党建工作，建立健全文联党组工作制度、支部"三会一课"制度，落实党风廉政建设责任制，教育党员干部强化党性修养、牢记宗旨意识、坚定政治立场、坚决维护以习近平总书记为核心的党中央权威和集中统一领导。三是贯彻落实市委、市政府关于加强作风建设的决策部署，开展作风建设专项整治，不断改进工作作风。

举办乐平市书法美术作品展 围绕庆祝新中国成立70周年主题，乐平文联组织举办了庆祝新中国成立70周年暨"践行初心使命"全市书法美术作品展，在市美术馆展厅展出，展期10月15日—10月21日，共7天，观展群众数千人。此次展览是全市庆祝新中国成立70周年系列活动的一项重要内容，也是全市文艺工作者"践行初心使命"，丰富群众精神文化生活的一项重要活动。展览共展出作品100幅，其中书法作品、美术作品各50幅。展示了乐平市文艺工作者为时代画像、为人民放歌的使命担当。

开展系列文艺志愿服务活动 10月18日，市文联联合江西省文联、省各文艺家协会、乐平各文艺家协会，共同组织开展了“万名文艺家下基层”新时代文明实践中心系列文艺志愿服务走进乐平活动。此次活动共分文学创作讲座、书法进校园讲座、广场舞培训、赣剧辅导、农村书法辅导、钢琴讲座、合唱讲座等七场进行。系列文艺志愿服务活动的开展，推动乐平市文艺工作者深入基层，服务人民，为乐平市广大群众送来了丰盛的精神文艺大餐，深受群众的热烈欢迎。

开展义写春联活动 坚持文艺为人民服务，春节前夕，组织全市20余位书法家，在东湖市民之家广场，举办义写春联活动，为群众义写春联2000余副，得到市民的广泛赞誉。春节义写春联是乐平文联的一项传统文艺惠民活动，这项活动已持续开展了二十多年，累计义写春联4万余副。

书法家协会：乐平书协目前有中国书法家协会会员7人，省书协会员56人，市书协会员160人，2019年新增省书协会员3人。获奖省级以上书法展17人、28次。其中，国展获奖及入展的有：张之方，麻姑山颜体全国书法大展优秀奖；蒋卫平，“白居易奖”首届全国书法篆刻大赛入展、第七届世界军人运动会全国书法作品展入展；洪美华，吴昌硕国际艺术奖入展。省展获奖及入展的有：吴寿平，江西省第四届书法培训中心临帖展三等奖；方根，江西省第四届书法培训中心临帖展入展；蒋卫平，“赣籍开国将军百战图”大型创作展入展；洪美华、方丽春、叶爱晴，首届“星凤楼法帖”杯暨江西省实施乡村振兴战略书法作品展入展。

美术家协会：市美协与市收藏协会在岈岨山湖村小学举行了“关爱贫困生，真情暖人间”爱心捐赠活动，为孩子们带去了书包、文具等学习用品。组织会员参加“江西省第十五届美术作品展”；组织会员赴景德镇参加第十三届全国美术作品（陶瓷作品）展。在省级及景德镇市以上入展的有：段长虹的陶瓷作品《科技兴国》入展江西省第十五届美展，《厉害了，我的国》入展景德镇市政协举办的“庆祝人民政协成立七十周年”创作展；许玉华的油画在“一带一路”首届中国油画写生作品展中获奖；詹明荣、段长虹、詹霄健作品入选“赣籍将军百战图大型展”；段长虹国画《三敛云舒水自流》《秋山行吟图》、邵蓉国画《青春之歌》入选江西省美协举办的《新时代、新赣图、新征程”书画大展》。

摄影家协会：举办了两次江西摄影公益大讲堂走进乐平专题讲座。由江西省摄影家协会主席徐渊明主讲，地点分别在东湖市民之家和天湖市民之家，全市200余名摄影爱好者参加了活动；由江西省摄协组织制作的涵盖全省所有名胜风景的、长达110米的、微信点击量超过10万+的摄影作品长卷，其中由刘风雷、徐天泽拍摄的乐平古戏台和众埠文山怪石林也收录在卷上，向全国隆重地做了一次推介；组织举办了主题摄影艺术季赛活动，该活动按一年四季分设“春·生”“夏·长”“秋·收”“冬·藏”等四个主题，面向全市广大摄影爱好者征稿，每季评出当季奖项；定期组织会员开展摄影采风活动，共组织了采风活动7次，摄影沙龙30次。入选国展和省展的作品有：许升山的摄影作品《印象康恩贝》入选“可爱的中国美丽的弋阳”全国摄影大展；陈雪明的摄影作品《通信的变迁》入选江西省纪念改革开放40周年摄影展。

作家协会：新增中国作家协会会员邹冬萍，这是继程关森、周德坤之后的乐平市第三位文学类国家级会员。配合“共库精神”研讨以及陈列馆布展活动，创作诗歌、散文作品多篇；开展“高雅文学进校园”活动，发展新会员四名；组织会员赴十里岗镇南港、仓下、白塔、篁坞等地采风活动，接受红色文化教育。

戏剧家协会：市剧协举行换届大会，选举产生了新一届领导班子；安排四名青年演员赴江西省艺术职业学院进修赣剧轮训班；创作编排传统剧目《生死牌》、赣剧《金玉奴》在乐平市扫黑除恶专场演出；创作赣歌《直飞蓝天》参加“祖国颂，瓷都情”景德镇市庆祝新中国成立70周年晚会。

音舞协会：组织会员参加全国音乐师资培训，两人获中国音协考级听力指导教师证书；组织拍摄庆祝新中国成立70周年快闪歌曲《我和我的祖国》；举办第五届江西钢琴艺术节乐平选拔赛，全市100多名钢琴选手参加了比赛，5人获全国比赛优秀奖；联合市妇女儿童中心和老年大学，长期开设音乐公益课堂；与市图书馆、市妇联联合组织举办了“不忘初心、牢记使命”少儿经典朗诵比赛和“时代新人说·我和祖国共成长”少儿演讲比赛。

（市文联）

侨　联

概述　乐平市侨联认真贯彻落实党的侨务工作方针，坚持以侨为本、为侨服务，以创新精神，务实作风做好新形势全市侨联工作，为乐平市在与世界对话中打造特色鲜明的现代化赣东北明珠做出应有的贡献。

做好侨界参政议政的组织工作　全市两会期间，组织侨界委员履行职能，积极撰写提案、参政议政。

深入开展侨界调研活动　结合“不忘初心、牢记使命”主题教育活动，根据省侨联和景德镇市侨联有关工作部署，9月26日，市侨联积极组织东湖名都“侨胞之家”文艺队参加景德镇市侨界庆祝中华人民共和国成立70周年活动；9月27日，市侨联全体干部到洎阳街道东湖名都社区“侨胞之家”开展调研活动，召集侨界群众代表进行了座谈，撰写了《如何做好基层侨联组织建设工作》调研报告。10月1日上午组织全体机关干部收看收听了中华人民共和国70周年阅兵仪式；10月16日，组织侨青会部分委员参加市委统战部庆祝中国成立70周年活动。11月22日下午，侨联全体干部和侨青会部分成员到侨企金河谷股份有限公司开展调研，听取了金河谷有限公司法人代表邵翔介绍侨企的运营情况，并组织集中学习了中央委员会总书记习近平代表中央政治局所做的工作报告全文；《中国共产党第十九届中央委员会第四次全体会议公报》和习近平总书记在上海考察时的讲话精神。

做实精准扶贫工作　做好精准扶贫户的走访慰问工作；春节前市侨联干部带上慰问物资走访众埠镇新屋村精准扶贫对象。

做好华人教育工作　认真做好世界华文学生作文大赛的参赛组织工作。市侨联积极与教育部门联系，认真组织全市各中学参与比赛，二十届世界华人学生作文大赛乐平市侨联共推荐作文286篇参赛，共获一等奖4名，二等奖15名，三等奖18人。

切实维护侨益　8月25日，市侨联分别为在汛期受到洪灾影响的困难侨眷刘华正等人送去了慰问物资。

做好上级交办的工作　积极配合省外侨办做好侨界困难群众情况摸底工作，侨资企业情况统计和资料报送工作；参加乡镇（街道）2018年统战工作考核工作。

建立乐平市侨界智库　结合乐平市第二次侨情普查，建立完善了乐平市侨界智库登记档案，现有智库人数24人，其中有中国工程院院士、现任北京大学常务副校长的詹启敏；深圳市金硕微科技有限公司董事长马应烽；世界马氏联谊总会会长、拿督马中商务理事会董事局董事马汉坤；美国转化医学杂志主编邹刚明；南京信息工程大学信息与控制学院教授、博士生导师徐军等。

内引外联扶贫助学　坚持做好侨心工程项目。努力争取侨界人士的投资和捐赠，积极向有关方面申报侨心小学，吸引更多的海外人士来乐平市捐资助学、扶贫济困、捐资兴业。现正在力争香港雁心会侨心捐建学校项目于2020年落户乐平市岈崌山小学。激发华人华侨造福桑梓的热情。支持和鼓励海外华侨、侨资企业开展捐赠活动，发动马氏后裔等海外华侨、港澳同胞捐建社会公益事业。11月21日，众埠镇廷鸾小学举行第七届“学淦杯”奖学金发放仪式。“学淦杯”奖学金由乐平市侨青会副会长、乐平市宏宇农资有限公司董事长马学淦全额捐资，于2016年开始，每半年发放一次，据该校不完全统计，至此已累计发放奖学金5万余元。7月3日陪同法国驻武汉总领事馆教育专员李惟晟先生，法国驻武汉总领事馆教育合作项目官员李丹女士，南昌大学法国校友会执行会长方岗，景德镇市侨联副主席唐建昌参观了乐平市一中，并出席了法国波尔多大学与乐平一中建立合作办学关系的座谈会。

充分发挥侨青委作用 市侨联青年委员会积极发挥侨界青年的作用，委员甘丰为公益组织捐赠饮用水及设备1万余元；侨青委联合蓝天救援队深入校园进行安全知识宣讲100余场；启动“蓝色光”项目，对全市智障人士免费发放黄手环200多个；与公安部门联动，帮助群众寻找失踪老人，走失小孩。

加强侨联基层组织建设 在开展东湖侨务社区建设工作基础上，继续在东湖名都市民之家创建“侨胞之家”活动，依托东湖名都中心社区优势，出资制作宣传栏、侨务政策知识宣传栏、宣传图片、“党建+侨建”宣传阵地，建立侨胞之家可有效覆盖周边东湖社区、观音泉社区和景丰门社区。将“党建+侨建”纳入社区日常议事日程，建立党组织与侨联组织之间的互动机制，做到党建、侨建同步研究，同步考核，在加强党建过程中带动侨联建设，在推动侨建过程中促进党的建设，实现党的建设与侨务工作的互动双赢。9月30日，市侨联联合东湖名都社区共同举办了庆祝新中国成立70周年文艺晚会，获得了群众一致好评。

景德镇市归国华侨联合会授予乐平市洎阳街办东湖名都社区“侨胞之家”。乐平市侨联将加大基层组织建设，按“组织起来、活跃起来”的要求，稳步推进侨联基层组织建设工作，以饱满的工作热情迎接全市基层侨联（侨务）工作培训班在乐平市顺利召开。

做好联络联谊 利用接待之机，广交新朋友，拓宽联谊面，积极邀请侨商代表和侨界重点人士参加新春座谈会，落实市领导负责与国内外知名洪马后裔保持日常联系，积极与海内外华人社团和著名侨领接触，向海内外马氏朋友推介宣传乐平。10月19日，市侨联陪同接待了世界马氏联谊总会马汉坤总会长乐平祭祖一行。（市侨联）

残 联

概述 乐平市残疾人联合会成立于1991年，是中国残疾人联合会的地方组织，具有“代表、服务、管理”职能，代表残疾人的共同利益，维护残疾人的合法权益；团结教育残疾人，为残疾人服务；履行政府委托的部分行政职能，管理和发展残疾人事业。市残联下设康复股、教育就业股、人秘股、残疾人劳动就业服务站。市残联“不忘初心、牢记使命”，深入推进了群团改革和残疾人社会保障体系和服务体系建设，较好地完成了各项目标任务。

康复工作 《乐平市人民政府关于建立残疾儿童康复救助制度的实施细则》经市政府常务会议通过，印发全市贯彻落实。文件根据乐平市残疾儿童康复救助工作的实际需要，为每名接受康复救助儿童家庭增加1000元的生活补助，切实将残疾儿童康复工作纳入制度性保障。大力实施残疾儿童抢救性康复，有30名0～6岁智障儿童在市春天启智学前教育中心接受了康复训练，47名0～6岁脑瘫儿童在市脑瘫儿童康复中心接受了康复训练。转介异地康复训练的残疾儿童有14名。全市发放轮椅、拐杖、助行器、助听器、助视器等辅助器具1000余件。组织假肢服务机构分两批集中安装大小腿假肢共32条。首次与乐平市暖阳心理咨询中心合作，在洪岩镇、塔山街道、双田镇、镇桥镇、临港镇、后港镇各举办一期残疾人心理康复服务培训，共计培训学员300名。中国残疾人福利基金会向乐平市30名脑瘫儿童捐赠了便携式儿童轮椅，捐赠总价值近10万元。

教育就业工作 为7名大学生新生申请了省残联助学项目，资助金额2.6万元，同时，本级残疾还给予每名大学生新生800元资助。积极开展了“金秋助学活动”，为30名精准扶贫户及其他贫困残疾人子女每人发放600元助学金。为6名具有一定规模残疾人自主创业者给予政策支持，资助资金共计3.6万元，对12家盲人按摩机构，给予每家1000元的扶持。在镇桥、乐港、高家、涪口等乡镇举办农村残疾人种养殖业培训，共计培训学员450名。在在赣东北商贸城举办了一期残疾人电商培训班，共计培训学员50名。在佳佳基大酒店举办了一期残疾人城乡职业技能培训班，培训学员70名。安置农家书屋残疾人图书管理员240名，其中精准扶贫户79名。同时，还完成了购买45个公益性岗位。

基层组织建设工作 根据中国残联的统一部署，积极开展残疾人基本服务状况和需求数据动态更新工作，完成调查员培训、入户调查、数据录入等工作，共核查残疾人22914人，对636名死亡残疾人进行了动态注销。做好了第二代残疾人证换发证工作，深入全市乡镇、街道为重度残疾人和精准扶贫户办证300余本，全市共换发第二代残疾人证22599本。召开了乐平市精神残疾人及亲友协会成立大会暨第一次会议，选举陈华林同志为乐平市精神残疾人及亲友协会会长。为200名智力、精神、重度肢体残疾人发放残疾人评定补贴。十里岗镇残联的专职委员程荣富代表江西出征全国残疾人专职委员知识竞赛获得季军，并被评为“学习之星”二等奖。市脑瘫儿童康复中心负责人华小春获得“全省助残先进个人”。礼林镇卫生院医生彭声欢被评为全省“最美残疾人”称号。

宣传文体工作 认真做好残疾人事业宣传报道工作。在县级以上报刊、网站刊登乐平市残疾人事业的报道32篇。申报了后港镇南家苑社区为残疾人健身体育示范点，继续实施了残疾体育关爱进家庭活动，为50名贫困残疾人家庭提供了体育健身器材。乐平市选送的轮椅操节目在全省残疾人文化艺术节群体展示项目中获得“最佳活力奖”。选送的书法作品在全省残疾人文化艺术节书画展上获得二等奖。开展了第29个全国助残日系列活动。深入市脑瘫儿童康复中心、市春天启智学前教育中心看望受训的脑瘫和智障儿童，发放了爱心衣物；到双田镇走访慰问精准扶贫户及困难残疾人；组织志愿者到双田镇精神障碍社区康复站开展志愿服务活动。开展了“五个一”活动，组织53名残疾人参观博物馆、游览洪皓公园、观看电影、读一本好书、开展心理疏导知识讲座等活动。

扶贫与基本生活保障工作 春节期间，市残联多渠道筹措资金开展走访慰问残疾人活动，为他们送去了慰问金，年货和轮椅、拐杖等辅助器具，确保困难残疾人家庭过一个欢乐的春节。在市第五医院实施了残疾人“阳光家园”居家托养计划，此项目为政府购买残疾人日间照料项目，共为180名精神残疾人开展托养服务。开展残疾人“两补”对象身份审核工作，完成16319人次的身份审核工作。为80名两补发放对象，补发2018年建档立卡贫困残疾人“两补”漏发资金，共计5.28万元。

维权工作 在乐港镇、临港镇、礼林镇实施了残疾人家庭无障碍改造，共计改造50户，为改造对象安装坐便器、加设扶手、门口铺设盲道、坡道。这项举措有助于推进无障碍设施向残疾人家庭的延伸，提高残疾人的生活质量。为448名残疾人发放了燃油补助，共计发放金额11.648万元。接待来信来访19件，提供法律援助5件。无进京、赴省上访的事件发生。

精准扶贫工作 市残联成立了精准扶贫领导小组，组建了“连心”小分队，由9名队员组成，其中常驻队员3名，9名副科级以上干部对双田镇龙珠村精准扶贫困户进行了全覆盖一对一结对帮扶。落实帮扶资金12万元（其中：产业基地帮扶资金6万元、其他帮扶资金6万元）。市残联还根据实际，深入乡镇为重度残疾人上门办证、免费发放助辅助器具；开展残疾人无障碍改造项目，将精准扶贫的落到实处。

党建工作 开展“不忘初心、牢记使命”主题教育活动，通过“三会一课”、党组中心组学习和读书班等形式，深入学习了《习近平新时代中国特色社会主义思想学习纲要》《习近平关于“不忘初心、牢记使命重要论述》，党组班子成员结合自己的工作深入开展调研，对照发现的问题深入进行了整改工作，针对重度残疾人办证难的问题，分六批次下到基层，进村入户开展上门办证活动。做好了党建的日常，按照《景德镇基层党组织标准化建设清单》的要求，按照“六个有”标准，进一步完善了党员活动室。按照党建+残疾人工作的理念，深入推进党员进社区工作。做好了三会一课和主题党日活动的开展。大力开展作风建设整治工作。积极推动解决残疾人就业、康复等关系群众切身利益问题，办好一批惠残工程和惠残实事，不断提高人民群众的生活质量和幸福指数。（市残联）

科　协

概述 乐平市被中国科协、江西省科协评为“全国科普日”活动优秀组织单位，就乐平市科协系统改革工作在江西省科协系统改革工作经验交流视频会上作典型发言，就乐平市公民科学素质工作在景德镇市公民科学素质工作促进会上做典型发言。

聚焦大学，围绕中心服务好大局 一是坚持集中与自学统一，提高政治站位。科协党组和党员干部制定学习计划，认真学习习近平新时代中国特色社会主义思想和党的十九大精神，认真学习党的路线、方针、政策及科协业务知识，要求全体党员干部充分利用电脑、手机、微信等平台加强自学，做好笔记，撰写心得体会。全体党员干部认认真真学原著、悟原理，坚持学思贯通，知信行统一，联系实际学，不断往深处走、往心里走、往实里走，自觉做到增强“四个意识”、坚定“四个自信”、做到“两个维护”。二是坚持“两学一做”常态化，开展主题党日活动。市科协坚持“两学一做”常态化，推进支部“三会一课”有序开展；同时，定时定期开展主题党日活动，深入学习习近平新时代中国特色社会主义思想和党的十九大精神，学习党规党纪条例，并结合科协实际推进党建+科普活动。三是突出重点，持续深入开展“不忘初心、牢记使命”主题教育活动。积极开展专题学习，守初心、担使命，找差距、抓落实，不断强化理论学习深度和广度，学原著、悟原理，理论联系实际；坚持自我检视和基层调研结合，以刀刃向内的勇气去检视发现问题，深入群众，倾听群众声音，接受人民群众的批评和建议，撰写调研报告，剖析自身问题并积极整改长效坚持。四是围绕中心大局，全面做好中心工作。首先，充分发挥人才荟萃优势，为驻村帮扶点徐家畈村举办一期产业发展科技培训班，为扶贫产业注入科技血液；副科级以上干部深入各自扶贫对象，排忧解难，帮助服务，分别在春节前、端午前两次专访贫困户，送去党和政府的温暖。为新对接帮扶的双田德明村委会给予资金、技术上的指导帮扶，中秋佳节，全体帮扶干部上门走访，给全体贫困户带来节日的问候和祝福；其次，利用“科普之春”“科技活动周”活动平台，宣传“双创双修”工作意义；组织志愿者在责任路段和交通岗亭巡查和劝导服务。再次，结合科普工作制作了综治、节能图报在科普活动中进行宣传展示；工会、妇女工作做到有人抓和管，主动对接，开展活动。

组织开展“科普之春”活动 3—4月在全市范围广泛开展“科普之春”活动，组织消防、禁毒、农业、林业、气象、蓝天救援志愿队、帮帮团等单位团体在涌山镇政府广场开展了“科普之春”活动启动仪式；市、乡两级科协组织开展科普进社区、科普进农村、科普进学校等活动，广泛开展科普工作，活动内容包括组织科普志愿者发放科普宣传资料、举办科普图版展、科普知识小问答、防灾减灾宣传、开展农村种养技术培训和发放农村种养殖书籍等。组织人员参加景德镇市、江西省第三届科普演讲大赛获优秀奖。

组织开展“科技活动周”活动 市、乡两级科协在活动周期间，通过科普展板、发放科普资料、组织专家开展科普养生讲座、义诊、糖尿病筛查、新产品成果展，组织学生开展科普知识有奖问答等活动，为群众和青少年提供了很好的科普服务。

开展“全国科技工作者日”活动 立足“科技+科普”，着力展示科技工作者新面貌，为激发广大科技工作者投身乐平经济建设的信心和热情，乐平市开展了“十佳科技工作者”评选活动，并召开全市科技工作者表彰大会，会议表彰了先进，并就全民科学素质工作做了部署，为10支科技志愿者服务队授了队旗，营造了“尊重劳动、尊重知识、尊重人才、尊重创造”的良好氛围。全市各乡镇科协还分别举办了科普知识讲座、精准扶贫产业发展培训、致富能手互动、种菜能手比武、出好科普宣传栏等活动，科普覆盖面扩大触及千家万户，科学普及率大大提升。

积极组织开展“全国科普日活动” 9月17日在南河公园广场承办景德镇市放乐平举办的全国科普日启动仪式主场活动，活动形式多样，涉及科普文艺演出、科普知识有奖问答、遥控无人机航模表演、图版展、义诊、优质农产品展、禁毒宣传等，深受市民喜爱;此次活动共发放各类科普书籍5000多册，科普宣传单10000多份。

深化科协体制改革 把提升基层科协组织力“3+1”工作作为科协系统改革的重要抓手，推进乡镇(街道）科协不断吸纳“三长”进入科协组织兼职，增强组织活力，提升号召力、凝聚力和战斗力。据统计，乡镇（街道）科协吸纳19名农技站长、18名中小学校长、13名农技协会长、13名卫生院院长、5名文化站站长和50多位科普致富带头人分别为兼职副主席或兼职委员，这些人才的引进，推进乡镇（街道）科协全力服务当地经济建设。为帮助基层科协加强自身建设，市科协为基层科协积极筹措资金为基层科协购买电脑等办公设施，组织全市乡镇（街道、园区）科协主席开展科协业务知识培训，为基层科协建设给予保障。10月，乐平市农技协联合会成立，为全市农业引进推广新品种、新技术，发展特色种养殖业，农产品电子商务销售，互相交流种养殖技术，使其走上规范化、科学化和市场化、绿色生态之路开辟了一条新路子。

实施科普基础工程 在市中医医院、东湖社区安装了智慧科普服务站，巩固了省级科普教育基地——乐平市古戏台博物馆、文山怪石林等。加强青年创客之家与科普教育基地的深度融合，鼓励建立院士、海智、博士等工作站，更好地用事业造就人才、用环境凝聚人才、用机制激励人才，全面促进人才成长和作用发挥，推进了全市人才工作的开展，营造了尊重知识、尊重人才、尊重劳动、尊重创造的良好氛围。

实施科技培训育智工程 充分运用农函大平台，与省农函大对接，分别在乐港镇大路边、镇桥镇古塘村、后港镇徐畈村、高家镇的白茶科普示范基地举办了江西省2019年“双创双升”培训班和农村人才素质提升、科技种菜、油茶产业、茶文化等培训班，培训一线能手300余人，为他们注入科技动力，提升了致富理念，增强了致富动力，将为乡村振兴培育了一批乡村产业发展人才。市科协与市扶贫办在东方大酒店国际厅举办了实施精准扶贫油茶及果树产业培训班，省农大左继林教授、辜青青教授为来自乡镇分管领导和油茶、茶叶、果树等种植大户110余人授课 。广大参与人员既学好了技能知识，又进一步增强致富自信，在致富扶贫路上发挥积极作用。举办了6期江西省农函大“双创双升”农村人才素质提升培训班，培训400多人，培训专业为养牛、蔬菜、蔗糖加工及种植，葡萄种植等；在东方大酒店邀请省、景德镇市著名教授4人，举办为期4天新型农民创新创业培训班，培训人员100多人。

实施"银会"合作项目工程 开展银会合作工作，为需要资金扶持的农技协、科普示范基地等提供优惠贷款贴息服务；各基地协会纷纷"走出来，引进去"，引入新品种、新技术，改进管理方法，盛源葡萄、凤凰山菊花、乐平白茶等产业通过不断创新逐渐打出了自己品牌，创新发展现代休闲农业，针对企业进行专利技术推送等成效斐然。

推动院士工作站、专家服务站建设 坚持以"需求为基础，项目为核心，企业为主体，实效为根本"的基本原则，建立了宏柏化工院士工作站、三王牧业院士工作站，通过院士团队的入驻，为乐平市企业创新驱动发展提供了充分的技术支撑。为推动育才、引才计划，积极推动专家服务作站申报创建工作，景德中药、凤凰生态公司、思红蜂业、乐平市妇幼保健院等企业拟积极申报创建专家服务站，为乐平市引进高端人才，加强技术团队创业创造了有利条件。

发挥科普大篷车平台作用 市科协科普大篷车是一部流动科技馆，集体验科技魅力、普及科普知识功能。市科协根据不同季节，科普大篷车开进农村、学校普及科学知识，创导文明健康生活方式，营造全市讲科学、爱科学、用科学氛围。

发挥电子显示屏和科普画廊宣传作用 筹措经费在办公楼大厅建立了一个标准科普电子屏，由专人负责，定时更新全天候播放科普知识，为前来办事市民及干部职工上一节科普课。同时，分别在休闲农业做得好的优秀科普示范基地盛源葡萄科普基地、凤凰生态公司、瑶山生态园、蓝莓科普基地建立了4个标准科普画廊 ，定期更换科普内容，为前来观光、休闲的市民普及科学知识。 （市科协）

历代名人研究会

概述 市历代名人暨洪皓马端临研究会、市历史文化研究会为着传承、发展中华优秀传统文化这一工作主旨，为着彰显、推介省级历史文化名城乐平这一工作重心，深化研发，积极工作，有所作为，在建设优秀传统文化传承体系、推动乐平文化事业的发展繁荣上，做了一些工作，取得一些成绩。

七十大庆撰文助力 一方面，在挖掘研究、宣传推介地方历史文化工作上做出努力，如出版较系统较全面地反映乐平历史文化的专著，作为向共和国成立70周年献礼；另一方面，突出了70周年大庆的宣传研究工作主题，推出了多篇反映乐平革命历程、乐平城乡70年巨变的文章，市内主要媒体采用的《翥山洎水起宏图　明珠城市更璀璨——乐平七十年辉煌成就》《乐平解放70年的70件大事》等重磅文章，都以会员为主体而撰写的。为庆祝新中国成立70周年，乐平市开展了红色革命故事征文活动，名研会有多名会员积极参与，撰写稿件。有会员以"中国共产党执政70年的成功之道"为主题，撰写论文参加江西省庆祝中华人民共和国成立70周年的理论研讨活动，并获奖。

回望先贤接续发力 列入回望的先贤名人的主要是：柳宗元为之撰写碑文、获朝廷"显孝"匾额的孝女饶娥(749—762，诞生1270周年)；潜心研习儒家经典、著作等身的理学家程时登(1249—1329，诞生770周年)；医技高超、医德高尚，曾享誉一方的名中医汪源泉(1879—1952，诞生140周年)；民国中将、台儿庄大捷三著名师长之一张雪中(1899—1995，诞生120周年)；身经百战、功勋卓著的老红军马步英(1899—1991，诞生120周年)；曾任赣东北省妇女部长、乐平县第三、四、五届政协副主席饶玉鸾(1909—2001，诞生110周年)；擅长陶瓷粉彩山水的高级工艺美师王乃水(1939—2008，诞生80周年)；原江西省书协副主席，受冯亦吾、启功、沈鹏高度评价的市长书法家张保增(1949—2006，诞生70周年)。

历史资源挖掘有力 "中国文化遗产大会"在乐平召开之际，编印了《乐平文化遗产镜铨》，以《翥山洎水》增刊的形式散发给与会的专家学者，从十大方面对乐平的文化遗产进行推介。通过会刊发文，向人们推出了一些今人知之不详或鲜有人知的历史人物。如对北宋为国捐躯的忠义名臣程振、宋亡后拒仕元廷悉心研习儒家经典著作等身的理学家程时登、元岁贡慈湖书院山长汪炳儒、被朱元璋错杀的明代孝子程仕简、明代会元理学家程楷、近代抗日英烈程啸平等；对乐平城乡留下文化印记的古街名村、古迹名胜等，通过撰文赋诗进行阐述、赞颂，用“赋”及文言文形式进行状写；对乐平的文化遗产、历史名人，也继续进行深入研究与阐发。如对赣剧四大名班、400余座古戏台等文化遗产等课题，推出了数篇内涵丰富的力作；对乐平的红色文化，有对“红十军精神”“共库精神”的研发论文，也有写革命故事的精彩短文。

文化研讨付诸努力 开展文化研讨方面，协同市委宣传部放众埠镇召开了“乐平赣剧文化暨‘四大名班’探研会”，通过研讨，对乐平赣剧的老义洪班、老同庆(毛狸)班、明经同乐班、赛同乐班等“四大名班”达成了共识。配合与积极参与了“共库精神”研讨会、石凌鹤赣剧文化研讨会，“乐平饮食文化”研讨会，名研会会员发挥了积极的骨干作用。

刷新成果彰显实力 较系统较全面地反映乐平厚重历史文化的新书《山翥洎灵——历史文化名城乐平阐微》，顺利完稿，于8月份由江西人民出版社出版、各地新华书店发行。会刊《翥山洎水》全年出刊5期(含1期增刊)，刊登了78篇各类文稿(不包括照片)，约33.7万字，总体上办刊水平和稿件质量有所提高，研究性、学术性的文稿比重加大。

微信公众号《乐平文化与乡贤》全年共推出86期237条以乐平地方历史为主要内容的文化信息。内容也广为外地网友转发，为其他公众号转载，有38条为《乐平之窗》转载，且有8条被其列为头条信息。有会员文章在《中国国家地理》刊物上发表，在江西省庆祝中华人民共和国成立70周年的理论研讨会获奖。

加强交往平添活力 就稿件来源看，会刊《翥山洎水》、微信公众号《乐平文化与乡贤》中有10余篇文稿、多则文化信息，或来自北京乐平同乡会，或来自北京、南京、西安等地乐平名人后裔，或来自鹰潭、福州等地乐平同乡；从与有关院校等研究机构的交往看，继续保持与西北大学、吉林财大、北京华文出版社、赣南师大等专家学者的联系与文化信息交流。

乐平洪氏联谊会接待了来自四川、福建、安徽、湖南、重庆等地皓公后裔来乐平的寻根谒祖活动。乐平洪氏代表参加访问柬埔寨的企业家代表团，受到柬埔寨首相洪森的接见。乐平马氏联谊会于5月份，接待了香港海富国际有限公司董事长马俊豪先生，为其捐建的马廷鸾雕像在众埠镇廷鸾小学举行了落成揭彩仪式。9月份，市人大常委会副主任周长波率考察组一行到河南信阳等地考察调研马氏文化。10月份，广东汕头市成田镇马氏代表团一行63人来到乐平祭祖。10月中旬，世界马氏联谊总会马汉坤总会长一行来乐平祭祖。（市名研办）

红十字会

概述 乐平市红十字会于2013年10月从乐平市卫生局剥离，成为党和政府联系人民群众的桥梁和纽带，从事人道主义工作的社会救助团体。乐平市红十字会以发扬“人道、博爱、奉献”的红十字精神，以保护人的生命和健康，促进人类和平进步事业为宗旨，以改善最易受损害群体生活境况为目标，遵循国际红十字运动的七项基本原则、国际人道法和《中华人民共和国红十字会法》以及《中国红十字会章程》，在市委、市政府领导下依法独立开展工作。

“5·8博爱周”活动 无偿献血活动。市红会广泛宣传发动，积极推动无偿献血活动开展。组织召开大型无偿献血公益活动，5月7日—5月11日在市政广场及市进修学校举行为期5天的主题宣传暨无偿献血活动，全市有效献血340人，有效献血量达123500毫升，有力地提供全市临床医疗用血的需要和安全；“安全书包”发放。5月8日下午，市红会来到镇桥镇护里小学，为83名贫困学生送去爱心礼物——“安全书包”（价值24000余元）。

完成首例人体器官（组织）捐献 12月25日，在乐平市红会工作人员的见证下，乐平市首例器官获取手术顺利完成，积极加强与新闻媒体的合作，加大宣传力度，扩大社会影响力。

全面开展应急救护培训 根据《江西省国民经济和社会发展第十三个五年规划纲要》把加强应急救护培训等红十字工作写入规划目标，作为省民生工程，应急救护培训由点及面，采取分行业，分区域和特别针对的方式，在多领域大力开展救护员培训。市红会与市教体局和市直机关工委分别联合下文，针对学校和机关单位开展应急救护培训进学校、进机关活动，救护员持证培训共培训2000余人，超额完成年度任务。另组织救护师资于2月—3月以“开学第一课”形式将急救知识分别送进市第二中学、市第一中学、乐平中学等学校，向700余名在校师生普及救护知识与技能；其次在已开展救护员培训的学校，通过主题班会的形式向在校学生普及急救知识，截至目前已培训2.78万名学生。

“世界急救日”活动 红十字会与红新月会国际联合会将每年9月的第二个星期六定为“世界急救日”。2019年的“世界急救日”是9月14日，当天，市红会在天湖市民之家组织开展了——“急救，关注易受损群体”主题活动。旨在向社会公众传播救护知识与理念，推动红十字救护工作的开展。

项目工作开展 “红十字养老护理员培训”项目。按照省红会要求，积极和景德镇市加强汇报与沟通，制定2019年江西省彩票公益金红十字养老护理员培训项目计划书，并完成养老护理员培训50人；“一家一个救生圈”项目。“一家一个救生圈”是洪水备灾和青少年防溺水项目，于2018年发起该项目，通过人道资源动员，定制救生圈装备等前期筹备工作，于2019年6月落地实施，在接渡镇杨子安村举行“一家一个救生圈”项目——集中发放仪式，共发放救生圈装备2300套，价值16万元。

拓展筹资渠道 提升救助能力 做好腾讯公益日前期商圈和社区线下场景搭建工作，积极组织并参与腾讯99公益日（9月7、8、9日）线上筹款活动，筹款3.98万元；筹集江西锦溪水泥有限公司、江西省哈文教育发展有限公司、富德生命人寿江西分公司等单位捐款共计45.16万元，全年合计筹资49.14万元。

积极开展精准扶贫 成立帮扶领导小组，认真制定扶贫方案，定期到村开展座谈和实地走访慰问，了解贫困户具体情况以及主要致贫原因，详细建立结对帮扶台账，记好民情账。拨给镇桥镇护里余畈村扶贫资金6000元。春节期间，对镇桥镇护里村和浒崦村6户低保户走访慰问，并送去慰问金和物资（香菇、木耳、大米、食用油、棉被等），共计5200余元。端午节期间，对镇桥镇护里村精准扶贫户进行走访慰问，并为每户分别送去慰问金200元和物资（大米、食用油、粽子等），共计2400余元。中秋节期间，对镇桥镇百乐村9户困难户进行走访慰问，送去物资月饼和食用油，共计1500余元。对器官捐献者李新晨家庭实施困难救助，并发放救助款5万元。拨给镇桥镇百乐村扶贫资金9000元。

“双创双修”工作 根据市双创双修工作指挥部统一部署，成立“双创双修”工作领导小组。积极开展创文创卫工作：在责任路段——洪皓森林公园开展文明交通劝导、对无序车辆及时劝导归位摆放、卫生整治行动、发放文明宣传手册等活动；根据相关要求，做好机关环境卫生工作。

召开第一次会员代表大会 12月31日，乐平市红十字会第一次会员代表大会在市为民服务中心召开，红十字会会员代表和志愿者代表及群团特邀嘉宾共200余人参会。省红十字会党组成员、专职副会长戴莹，景德镇市人大常委会副主任、乐平市委书记俞小平，景德镇市红十字会党组书记俞定珍，乐平市委副书记高晓云，市委常委、组织部部长潘赛新，人大常委会副主任朱柳英，市政府副市长方静，市政协副主席方华出席大会开幕式，市委副书记高晓云主持。大会听取和审议红十字会党组书记、常务副会长汪春艳同志代表市红十字会所做工作报告，并通过《乐平市红十字会 2020—2024 年发展规划纲要》《乐平市红十字会 2018 年度财务收支情况报告》等决议，选举产生乐平市红十字会第一届理事会和第一届监事会领导机构，聘请景德镇市人大常委会副主任、乐平市委书记俞小平，市委副书记、市长高翔为乐平市红十字会名誉会长；聘请市委副书记高晓云、市人大常委会副主任朱柳英和市政协副主席方华为乐平市红十字会名誉副会长。

“不忘初心、牢记使命”主题教育活动 按照“守初心、担使命，找差距、抓落实”的总体要求，突出学习教育、调查研究、查摆问题、整改落实四个重点，通过抓学习、搞调研、找差距、促整改，从思想上、政治上、行动上把主题教育落到实处，推动工作初显成效。

获奖情况 2 月，荣获江西省红十字会“2018 年度县级红十字会先进单位”；3 月，荣获景德镇市红十字会“2018 年度绩效管理工作先进单位”；10 月，荣获江西省红十字会 “2019 年‘99 公益日’县级红十字会网络众筹优秀单位”；10 月，“全国首届红十字志愿者趣味运动会”上分设的五个奖项，乐平市红十字志愿者队获得三个单项奖（1 个二等奖，两个三等奖）和一个团体奖（三等奖）的佳绩。

（市红十字会）

军 事

人民武装

概述 2019年，乐平市人武部在景德镇军分区党委和乐平市委、市政府的坚强领导下，坚持以强军目标为引领，狠抓教育铸军魂、投身改革抓落实、紧贴任务做准备、正规秩序守底线、深化融合促提升，较好地完成了年度各项工作任务，全面建设再上新台阶，被省军区评为“新闻报道先进单位”。

加强党的建设，推进党管武装 **一是扎实开展主题教育**。从9月开始，以党委班子成员为重点，扎实开展“不忘初心、牢记使命”主题教育，把学习教育、调查研究、检视问题、整改落实贯穿全过程。召开党委会专题议教，成立以党委书记、副书记为组长，副部长及各科负责人为成员的领导小组。采取与军分区同步集中组织、领导带头与个人自学相结合的方式，分两个阶段安排10天时间，学好必读书目，抓好常态教育。下发系列书籍10余册，集中利用每天一小时，开展集中读书活动。利用周一交班，组织基本理论抽点，检验学习成效。为深化教育效果，组织开展乐平红色革命故事征文活动，收集故事28个编印出版《光荣岁月》专用教材。隆重举办民兵“我和我的祖国”群众性宣传教育活动，讴歌发展变化，坚定理想信念。组织到鸣山煤矿第一个党支部、赣东北特委旧址参观学习，现地开展“坚守初心，赓续血脉，勇担使命，矢志强军”专题教育。采取召开座谈会、书面征求意见等方式，征求机关各科室和近30个基层人武部以及专武干部的意见建议，梳理汇总形成了涵盖6个方面共17条意见建议的报告。针对检查反思问题和巡视巡察反馈问题，认真组织“四个方面”专项整治，梳理了15个方面问题并认真抓好整改。针对具体问题，党委写出检查剖析材料，拿出立行立改的实际行动，把整改任务分解到具体部门、具体单位，明确责任人、列出时间表，有计划有步骤地推进落实。

二是推进党管武装向强军目标聚焦。坚持和落实双重领导制度，推进党管武装，协调召开市委武委会全体会议，传达学习中央军委《关于聚力推进备战打仗的决定》和省委、省政府、省军区《关于加快推进军民融合深度发展的意见》，研究解决了民兵训练基地改造经费和人武部职工养老保险补缴等实际问题。协调召开常委议军会，建立宣传采访乐平籍模范官兵制度，规范国防教育合署办公人员的选拔程序和方法，审议通过驻乐部队5名家属随军随调安置方案，落实市人武部职工2018年奖励工资35万元和2019年开始交通补贴每年7.2万元，研究解决人武部营房改造资金359万元和训练基地保障经费394万元。

三是强化纪检监察工作。2月份，结合干部调整，及时健全组织，完善工作制度，确保工作不断线。坚持抓好形势政策教育，利用学习、会议等时机明确“六个决不允许”、政治纪律“十不准”等规定，严格落实“十条禁令”，不断严明纪律要求。进一步规范党内政治生活，加强党内监督以及专项清理整治，强化了干部职工政治意识和纪律意识。注重抓好重大案件警示教育，扎实开展“全面肃清郭徐房张流毒影响”专题教育，认真传达学习党中央、中央军委关于房、张等违纪违法案件通报，使党员干部受到深刻的教育和警示。巩固深化“八个专项清理整治”成果，严格落实上级有关干部工作、财经工作和房地产租赁有关规定要求。

四是加强干部队伍建设。3月，步兵某师防空团指挥连政治指导员胡玉勇调任市人武部军事科正连职参谋，7月转改军队文职人员，任市人武部军事科参谋（科员）。3月，陆军合成第九十一旅合成二营两栖坦克三连副连长兼军体教员范振中调任市人武部军事科副连职参谋，7月转改军队文职人员，任市人武部军事科参谋（办事员）。8月，乐平市人武部部长杜建锋调任河北省秦皇岛市卢龙县人民武装部部长。9月江西省军区鹰潭军分区保障处处长苏振华调任乐平市人民武装部部长。

五是做好宣传思想工作。结合工作积极撰稿投稿，全年共完成新华社刊用稿1篇、中国国防报5篇，中央电视台新闻联播用稿1条、中央人民广播电台用稿5条，江西电视台两篇，《江西日报》2篇，东部战区强军网18篇，省军区强军网45篇。新闻和网络用稿在景德镇军分区4个人武部中总积分排名第一，有效地展示了乐平武装工作形象。及时调整市国防教育领导小组成员，将国防教育基本内容纳入地方党委中心组理论学习和党校专题课程，组织“缅怀先烈，铸牢军魂”清明祭祀、重温入党誓词、国家烈士纪念日公祭活动。利用宣传长廊常态化开展国防教育，先后设计制作庆祝新中国成立70周年、征兵宣传、“不忘初心、牢记使命”3个专题的宣传展板，国防教育氛围进一步浓厚。

适应实战需要，强化军事训练　一是机关首长带头参训。5月1日，组织以部首长、机关人员、基层武装部长为主的40人20公里战斗体能训练，组织了紧急疏散、防空袭、通过染毒地段、野外保障等5个科目的训练和演练。尔后基层武装部长参加军分区组织的手枪实弹射击训练。

二是组织民兵分队长暨四会教练员集训。3月中旬，在市民兵训练基地组织为期七天的民兵分队长暨“四会”教练员集训，近三年进入武装系统工作的专武干部、民兵干部、优秀教练员共46人参加，集训主要以室内外教学法为主，充分挖掘民兵分队长的教学能力，为培养基层民兵分队指挥员打下了良好基础。

二是组织民兵分队点验　6月12日，在市人武部室内组织30人的反恐维稳分队集训，科目主要以警棍盾牌术为主，并参加军分区点验汇报表演，获得军分区首长的一致好评。在东风制药有限公司厂区，市反恐维稳分队30人、民兵应急连100人、工业园区市属民兵应急营防化救援连80人、医疗救护排20人共230人参加了景德镇市属应急营整组点验活动。

四是强化专武干部集训。根据省军区、军分区要求，选派4名专武干部参加3月底省军区组织的为期一个月的专武干部集训，一名同志被评为“优秀学员”。选派了3名骨干赴抚州参加6月底应急维稳专业骨干集训，一名同志被评为“优秀学员”。选派3名专武干部赴人武学院参加省军区组织的12月初专武干部集训，一名同志被评为“优秀学员干部”。

五是组织联合训练。11月11—14日，分别组织应急力量160人、专业力量186人、工业园区市属民兵应急营防化救援连40人共386人，参加轻武器实弹射击考核，共消耗步枪弹4900发，30余名同志成绩优秀。10下旬开始，按军分区练兵比武计划，选派一名文职干部、两名部职工、五名专武干部和多名基干民兵进行了选拔和集中强化训练，通过共同努力，取得了较好成绩。

完善各类预案，抓好日常战备　一是细化修订本级非战争行动方案军事行动方案。根据上级赋予的非战争军事行动方案计划修订任务，按照“完善配套、上下对接，兵点对应、实在管用”的要求，细化修订本级非战争行动方案军事行动方案1个总案16个专案，作战方案1个主案5个分案，日常战备方案7个。组织机关现役干部和基层部长对方案计划进行会审，全面规范两级方案计划，提高方案的针对性、可操作性和实效性，进一步提高基层单位遂行抗洪抢险、森林灭火、防化救援和协助地方维护社会稳定等任务能力。

二是落实日常战备工作。以年度战备拉动为任务牵引，以“1+10 指挥权责”为行动清单，利用元旦、春节、五一、国庆“四节”节日战备，组织战备全市 19 个乡镇（街道）应急排以及市属应急连各排轮流担任值班分队，值班首长每天对值班分队围绕应急救援和维稳处突进行紧急出动和机动演练。每季度组织一次前指带应急分队拉动，按照遂行任务不同及距离市区远近，合理搭配，每周选定一个基层单位担负战备值班分队，周一参加大交班，结合形势，受领任务，保持应急分队战备值班常态化机制，提高战备工作水平。

三是加大基础战备设施建设。对人武部库室建设进行了升级改造，对资料室和器材库进行整体翻新，同时按照省军区、军分区库室建设标准要求，以及民兵应急连扩编人员要求，投入了 3 多万元添置装备物资器材，设施设备功能齐全，满足作战战备需求。

四是编实建强队伍。年初，召开潜力调查部署会，建立机关分组挂钩整组责任制，既点对点调研、又面对面指导，并适时召开会议讲评工作、纠正偏差、提出要求，全程实施量化考评制，真正把潜力调查往前赶、往实里抓、往深处抠，确保见底见效。积极适应“三化”要求，创新编组方法。重点采取“四同”（同一时间、同一场地、同类装备、同一标准）方法查验三类队伍，克服交叉编组现象，按“十三五”调整改革编组要求，重点围绕“编建训保用”目标，除市属应急连因扩编人员出入队比例较高外，其余各分队“四率（党员、转业退伍军人、专业对口、平时在位）两比例（出入队、高中以上文化）”均落实到位。全市编组各类分队 42 支，撤除了原有的双 37 高炮防空分队，新增工业园区市属应急营 100 人以及 29 人网络攻防小队等编制。

五是抓好民兵组织规范化建设。建立军地督导检查机制，市、乡、村三级联动，抓好基层武装部教导员、专武干部和民兵营连长队伍建设。通过协调投入 170 万元专项经费用于民兵基层建设，大抓基层武装部、民兵营（连）规范化建设，抓好礼林镇武装部建设试点，高标准抓好新成立的城管局、乐平工业园武装部正规化建设，各单位民兵应急排单兵服装得到全面更新，民兵营连建设软件全面达标，两级正规化建设水平到整体提升。

参与军地共建，投身抢险救灾 **一是广泛参与地方共建活动。**广泛组织发动民兵参与创建卫生城、文明城活动，投身城乡环境大整治，先后清理垃圾 100 余吨，清理河道近 10 公里，清洁公共设施 180 个。挂点洪岩镇洪岩村 2018 年脱贫后，持续抓好扶贫对接工作，划拨 2 万元用于扩大瓜蒌产业基地面积，年创收达 6 万余元。同时，认真做好最后 1 户贫困户口“一对一”结对帮扶活动，确保年内全面脱贫。

二是积极投身抢险救灾斗争。7 月中旬，乐平再次普降大暴雨，市防汛抗旱指挥部及时启动了防汛三级应急响应，部机关迅速集结 180 名民兵奔赴抗洪第一线，连夜奔赴乐安河魁杨圩堤杨家段和岩山段抵御洪峰，在最危险最需要的险段开展抗洪抢险工作，突击加固险段 40 米，防护堤坝 1000 多米，充填砂石 1500 余方，控制泡泉 3 个。参战民兵的出色表现，受到地方省市县三级和军事机关领导的高度赞誉。

细化责任清单，做实安全管理 **一是抓好安全教育。**本着对干部职工负责的思想，重点抓好思想教育、法规教育、条令条例、安全常识教育以及心理疏导等方面的例行性教育，增强官兵的条令条例意识和纪律观念。认真进行战备形势、遵章守纪、安全常识、规章制度、信息保密等的教育，突出元旦、春节、国庆节等节日战备教育，确保战备秩序正规。

二是落实组织措施。党委高度重视安全管理工作，及时调整了安全委员会和保密委员会和 3 支骨干队伍，细化责任清单，逐级签订安全责任状；坚持落实每季党委安全形势分析，逢会讲安全、人人讲安全。同时，机关还成立督查组，做到不定时组织安全巡查，每月进行一次例行性安全检查、每季度对各科室安全工作情况、办公秩序、战备工作等情况进行一次综合性安全工作检查，对发现的问题及时纠正。

三是强化风气氛围。积极营造抓安全工作的外部氛围，采取板报、横幅、标语等多种形式，浓厚抓安全工作的氛围。加强安全工作软、硬件建设，投入资金8万元加装监控摄像头5个，结合兵器室整治更换抽湿机1台，全年更换灭火器6组，改造老化线路2000多米，同时给每人配备了1组保密柜。在营区醒目的地方设置安全警示牌，时刻提醒广大官兵讲安全、想安全、抓安全的意识和工作作风，形成群管群治的良好氛围。

四是扭住关键部位。严格落实晚点名和查铺查哨等制度，摸清三个以外人员底数，做好重点人员的思想工作和帮带工作。严格落实车辆管理规定，严格车辆动用审批权限，严格“三证一匙”的管理规定，加强车辆技术状况的检测和保养。严格计算机涉密载体保密管理，安排专人分管、专人负责，签订责任书，坚持定期和不定期的检查，确保计算机和涉密载体安全。严格执行武器、弹药管理规定，做到分工明确，数量清楚，坚持擦拭保养制度，防止锈蚀、损坏。严格计算机上网审批制度和通信工具审批使用规定，严格文件的收发制度，确保文件、涉密资料管理正规有序。严格落实安全风险评估，严守操作规程，严明训练纪律，确保训练安全。

抓好后勤建设，提高保障水平　**一是建好基础设施。**通过市财政落实营院及办公楼改造经费240余万元，对办公楼外墙、办公室整体升级、机关食堂、征兵服务站大楼以及其他公共设施等营院多处场所进行了重新改造，高标准抓好营院建设及验收工作。定期组织车辆维护保养，定期对营房空余房、水电、安全消防设施等进行检查，对避雷设施进行安全检测，落实食堂煤气报警、刀具上锁、食品配送和食物留验制度，各项保障规范有序。

二是落实理财制度。坚持党委理财制度，每月利用党委会、行政办公会通报经费使用情况，在大项经费开支上必须经党委会研究决定，对票据不符合标准坚决不报，不打擦边球。认真执行《财务管理规定》，切实做好经费的预算审计与监督，加强对经费管理和监控，严格落实“收支两条线”，把好经费的计划关、使用关。

三是开展资产清查工作。按照省军区、军分区的统一部署开展了资产清查工作，对市人武部的所有资产进行了重新摸排核实，特别是对账目在册资产进行了实地的核实，并对部分因使用时间长破损大的物品进行核定上会研究处理。同时盘活了资产的使用效益，对一些闲置资产重新进行分配使用，节约了资产使用。

坚持依法征兵，高标准完成任务　1月份，即开展返乡大学生精准宣传、大学生预征预检、征兵进校园等活动，多方收集乐平籍优秀大学生官兵先进事迹，组织宣传组行程万里采访宣传模范官兵风采，利用宣传长廊和乐平本级多种媒体进行广泛宣传。全市适龄青年参加兵役登记7169人，上站体检859人。在征兵体检中，严格规范设置体检站，严格标准、严密组织，严把体检关。人武部会同公安机关，同步展开政治考核，先后淘汰35名违法乱纪及思想原因不合格的应征青年。认真落实廉洁征兵相关要求，聘请特邀监察员5名分阶段组织巡视，促进廉洁征兵制度规定落实。坚持“集体研究、量化排兵、择优定兵”的原则，充分尊重应征优秀青年的主体意愿填报入伍方向。扎实落实国动部和省军区“五好三满意”的服务型兵役机关建设要求，精心组织役前教育训练，打牢新兵思想基础，提前适应部队生活。全市兵员征集总任务是245人，男兵242名，其中女兵2人，直招士官1人，征集大学生新兵191人（男兵188人、女兵2人、直招士官1人），占征集数的77.95%，高标准完成了军分区赋予的72.73%的大学生征集任务。

（市人武部政工科）

人民防空

概述 乐平人防面对行政机构改革，管理模式、机制体制发生的新变化新情况，克服困难，迎难而上，坚持“长期准备、重点建设、平战结合”的方针，紧紧围绕工作目标，改革创新，科学合理统筹好人防与经济社会融合发展，突出重点，狠抓落实，人防各项工作稳步推进。

人防系统腐败问题专项治理 密切配合市纪委、监委积极开展专项治理，通过对 2013 年以来人防“结建”审批项目的全面梳理，按照时间节点要求，对 5 个方面的重点内容进行了全面自查自纠：对政府抄告单项目进行约谈，对已竣工人防建设项目的标识标牌情况和未竣工人防建设项目工程进展情况进行全面跟进和信息采集，对拖欠易地建设费的项目已启动司法清缴程序，对人防工程尚未完成质量监督程序的项目下发《告知函》。并以此为契机，迎难而上，进一步加强人防审批和工程质量监督等核心环节的制度建设，建立健全各项规章制度，推动构建人防体系清正廉洁的长效机制，进一步打造风清气正的人防工作环境。

主题教育 紧紧围绕学习贯彻习近平新时代中国特色社会主义思想这条主线，不断强化理论学习，结合市委“时代之问”的乐平答卷，按照“守初心、担使命、找差距、抓落实”的总体要求，切实将主题党日活动和“两学一做”融入“不忘初心、牢记使命”主题教育活动中，并深入学习贯彻党的十九届四中全会精神，立足乐平人防实际，面对新时代的新特点，适应新时代要求，牢固树立科学发展观，进一步转变观念、创新思路、压实责任，着力提高人防治理能力和人防管理现代化。

人防建设 在坚持依法依规，严格审批基础上，加强人防易地建设费收缴，严防出现跑、冒、滴、漏等现象。同时，着力加强人防工程建设监督，采取不定期质量巡查方式，对人防工程质量进行跟踪督查。进一步完善人防工程建设，对人防竣工项目，积极推进标识标牌的规范完善。全面启动了《乐平市地下空间专项规划》，为人防工程建设规划与城市规划良好结合，科学合理开发利用好地下空间打好坚实基础做好了前期准备。

通信警报 加强了对全市各电声警报器和控制系统的维护管理，确保了警报覆盖率达到 95%以上。强化了对指挥中心人防视频系统、军用第三代短波电台正常维护保养，确保了指挥通信设备与省人防保持正常通联。9 月 18 日成功开展了“9·18”警报器试鸣工作。

人防宣传 结合“3·1”国际民防日、“5·12”防灾减灾日、“9·18”防空警报试鸣日、第 69 个新中国人民防空创立日等有关纪念日，认真开展了人防宣传教育活动。2019 年，免费向城市市民和农村群众发放《江西省城市市民应急手册》3000 余本，向城区中学生免费发放《中学生防空防灾知识》4600 册。并积极开展了“五进”活动（进机关、进学校、进社区、进企业、进网络），先后到市第二中学、市第六中学、市新时代中学、人防服务企业等进行了人防知识法律法规宣传，效果良好。

其他工作 积极配合省、景德镇市人防办领导到金山工业区人防企业进行人防设备生产、企业资质、生产质量等情况检查为切实推动机构改革后各项工作的顺利开展，多次到兄弟县、市人防办学习考察。全面落实省人防办副主任林显君一行莅临乐平市调研指导人防工作的相关工作。分批选派人员到省人防办跟班学习。分别深入人防服务企业兴丰丽园和市第五中学等地进行实地调研，提出解决问题办法措施。组织全体干部职工收听收看国防大学联合作战学院吴清丽少将授课。面对人防新时代特点，积极探索新业态的发展路子，切实抓好人防战备资源开发利用，有效地发挥人防工程在市场经济中的潜在价值。 （市人防办）

政　法

综治维稳

概述　2019年，全市政法综治战线在市委、市政府的正确领导下，坚持以习近平新时代中国特色社会主义思想为指导，紧紧围绕打造“快乐平安和谐明珠”战略目标，把维护全市社会稳定工作放在首位，以提升群众安全感和满意度为根本，以纵深推进扫黑除恶专项斗争为重点，扎实开展综治中心实体化建设，全面提升基层社会治理能力和水平，较好地完成了平安建设和政法综治工作任务，保持了全市政治稳定和治安稳定，人民群众的安全感和满意度得到进一步提升。市扫黑除恶专项斗争领导小组及市扫黑办分别被评为景德镇市扫黑除恶专项斗争工作先进单位。

严格目标考核，强化平安创建　严格执行《乐平市健全社会治安综合治理领导责任制实施细则》，着力抓好社会治安综合治理领导责任制、目标管理责任制和一票否决权制的落实，细化分解任务，严格实行平安建设（综治工作）目标考核，强力推进平安建设。建立协调机制，抓好具体工作的调度落实。扎实推进基层平安创建活动，大力创建平安乡镇、平安社区、平安小区、平安单位、平安校园、平安医院、平安企业，重点打造“无越级上访、无刑事犯罪、无安全事故、无邪教毒品”的“四无”村（居）小区，做到乡镇（街道）负责、部门主动配合、单位挂点帮扶、群众积极参与，动员组织社会力量共同开展平安建设。

推行网格管理，构建大数据平台　以推进综治中心实体化建设为统揽，坚持“重在应用、贵在实用”的原则，科学布设网格，选优配强人员，提升网格化管理水平。新增基层网格79个，调整网格员121名，严格落实“定人、定位、定岗、定责、定时”网格员五定责任制，当好法治宣传员、维稳信息员、矛盾纠纷调解员、治安巡逻员、民意观察员。在现有网格录入数据的基础上，认真做好网格内各类人员及相关数据的甄别、排查和完善工作，做到乡镇（街道）不漏村（社区）、村（社区）不漏小组、小组不漏户、户不漏人，进一步提高了数据的准确率和连续性。市综治信息平台共收集、流转、处置社会治理事项19310条，其中排查各类安全隐患3149条、解决民生诉求4503件，化解矛盾纠纷5171件，初步实现了“社情民意网格收集、信息平台汇总数据、综治中心分派吹哨、相关部门依责销号”的工作格局。

在网格化管理中，着力构建“信息化+网格”大数据平台。86家市直职能单位实现了综治信息平台融合、业务融合、数据融合，密织了一张心贴心服务群众的基层社会治理“平安网”，做到和谐平安联创、矛盾纠纷联调、重点问题联治、社会治安联防、重点人员联管。

同时，整合公安、司法、民政、人社、房管、卫健、教育、交通运输、市场监管、应急管理等相关业务数据，进行数据交换、关联比对，实现了综治数据资源互通共享，加强综治信息平台应用管理。进一步优化了业务工作流程，提高了工作效率，提升了工作准确度，实现了信息采集、事件处理、统计报表、分析研判、综合查询、视频集成、绩效考核、办公自动化的深度融合运用。

学习“枫桥经验”，依靠群众化解矛盾　针对近年来基层社会治理工作中出现的矛盾发现难、矛盾纠纷调解难、协议执行难和排查效率低、调解成功率低、群众参与热情低的“三难三低”现象，打破固有思维定势，跳出“传统体制”找出路，依靠群众破解难题。在认真总结“十户联防”“民事道德法庭”等本土原创工作模式的基础上，以各级人民调解组织为主轴，广泛组织发动群众，吸纳“十户联防”中心户长、“帮帮团”成员为矛盾纠纷信息员，选聘“五老人员”“帮帮团”志愿者为义务调解员，引导“帮帮团”、老年协会、蔬菜协会、舞蹈协会等社会组织参与调解工作，培养壮大基层调解力量。各级人民调解组织共吸纳社会组织106个、义务调解员3620余人，从根本上解决了人民调解工作“人少事多”的老大难问题，进一步提高了矛盾纠纷调解的公信力。

大力加强矛盾纠纷排查化解工作 加大司法调解、行政调解、人民调解“三调联动”工作力度，着力发挥“群众说事中心”的作用，推广“双+调解”工作，有力地维护了社会和谐稳定。全市共排查矛盾纠纷6832件，其中突出矛盾纠纷12件、一般矛盾纠纷1835件、简易矛盾纠纷4985件，调解6695起，调解成功率98%，调解案件全部得到执行，执行率100%，真正做到了案结事了。

着力建立健全矛盾纠纷调处机制 一是建立矛盾纠纷评判机制，实行矛盾纠纷合议评判，首席调解员与义务调解员在合议评判过程中享有同等权力，共同进行矛盾纠纷评判，查明事情真相，分析矛盾纠纷原因，评判是非对错。重大矛盾纠纷由村（居）调委会运用“群众说事”机制组织听证，析事明理、辨明是非，并组织参加听证的人员采取投票形式进行表决。二是建立矛盾纠纷调解机制，简单矛盾纠纷按职责分工由调解员及时实地调解，达成口头协议的，事后到调委会登记备案。对一些复杂的矛盾纠纷，通过“双向选择”（即村调委会选定调解员和当事人选择陪调人员），由村（居）调委会组成“合议庭”进行调解。 对村（居）调委会自身不能调解的重大疑难矛盾纠纷，及时移交上级调委会和乡镇（街道）司法所调处，并要求认真做好矛盾纠纷各方的稳控工作，防止久调不决、小事拖大、矛盾激化。三是建立调解协议执行机制，严格落实“谁调解、谁执行”责任制，对经过调解达成了调解协议的，现场能执行的调解人员现场监督执行；对约定了执行时限的，承办人负责跟踪督办协议各方按时履行义务；对调解协议所涉及的内容执行时间较长或标的物价值较大的，建立调解协议确认引导制度，引导当事双方共同向人民法院申请确认人民调解协议，提高协议执行效力。四是建立矛盾纠纷当事人回访制度，定期派员对矛盾纠纷各方当事人进行回访，了解他们的思想动态，巩固调解成果，促进社会和谐，真正实现了矛盾纠纷发现得早、调解得好、执行到位、案结事了。

抓好工作试点，推进综治中心实体化 按照城市街道、重点城镇、边远乡镇三种类型选定了洎阳街道、涌山镇、洪岩镇开展综治中心实体化建设试点工作。一是平台提档升级。把“智慧小镇”建设与综治中心实体化建设工作一体推进，对试点乡镇街道综治信息化指挥中心升级改造，配备有关信息化设备，整合公安、自然资源和规划、城市管理、住建、环保、市场监管、12345政府服务热线力量入驻街道综治中心。二是强化组团服务。为策应办事件及时流转、线下及时处置，按照“网格长+网格员+帮帮团成员”模式配备网格工作力量。洎阳街道还将辖区划分为4个执法服务片区，分别配备一个综合执法中队，由街道4名副书记包片负责执法和服务。三是加强志愿服务。为配合“平安江西”App的使用，开发使用“洎阳市民之家”微信公众号和“洎阳智慧社区”客户端，更好地响应群众诉求和服务百姓。通过抓点带面，全市网格出勤率达99.9%，网格巡查率达90%，上报办事件19310件，已处理17108件，办结率88.6%，其中排查各类安全隐患3149条、解决民生诉求4503件，化解矛盾纠纷5171件。运用平安江西志愿者App招募平安志愿者12279人，开展合规志愿活动350件。

在综治中心实体化建设中，着力健全运行机制，乡镇（街道）综治中心在加强各成单位工作组织协调的同时，建立了综治、司法、信访“三位一体”的核心层、紧密层、联动层，做到“一个窗口”服务群众、“一个平台”处置反馈、“一个制度”议事管事，着力处理好治安防控、矛盾化解、信访处理、法律援助等基层亟须解决的问题。

全力维护70周年大庆期间稳定 紧扣保平安、迎大庆工作主线，对国庆期间的安保维稳工作进行了全面部署，印发了《新中国70周年大庆安保维稳工作方案》，成立了70周年大庆安全稳定风险防范协调应对工作专班，全力以赴抓好各项维稳安保措施的落实，确保了“六个坚决防止发生”目标的实现。

着力解决和处理涉法涉诉信访突出问题 本着“控增量、减存量”的涉法涉诉信访工作目标，强化了机制建设，强化督查考核，抓好措施落实。先后制定了《初信初访首办责任制》《信访工作责任追究办法》等制度。采取联合接访、会商研判、统筹协调、归口管理、跟踪督办等多种形式，着力解决一批重大疑难涉法涉诉信访案件，促进了相关案件的化解，解决了一些群众合理诉求问题。1—12月全市政法各单位共接待初信初访162起(其中公安局61起，法院86起，检察院15起)；化解145起(其中公安局55起，法院79起，检察院11起)，化解率达89.5%。全年，共排查出涉法涉诉信访重大积案24起，化解15起，化解率62.5%。

稳步推进司法救助工作 在司法救助工作中，主要针对遭受犯罪侵害或民事侵权，无法通过诉讼、执行等司法程序获得有效赔偿的当事人，采取辅助性救济措施，重点解决符合条件的特定案件当事人生活面临的急迫困难，并对在案件诉讼期需要法律援助的困难群众提供无偿的法律援助。2019年，全市政法各单位共救助案件38起，53.07万元（其中市公安局8起，12万元；法院26起，31.07万元；检察院4起，10万元；），办理法律援助371件。

深入开展扫黑除恶专项斗争 一是强力推动扫黑除恶责任落实。将扫黑除恶专项斗争工作纳入市四套班子例会的重要内容，定期通报和调度布置。建立市级“九长”、乡镇街道“四长”和部门单位“两长”工作台账，将扫黑除恶工作列入了市委、市政府督查工作的重要内容和市委巡察工作的内容，先后开展8次督导，传导压力，压实责任。二是深挖彻查涉黑涉恶犯罪线索。市乡村逐级落实了扫黑除恶线索摸排承诺制，规范线索收集、交办、回复、核查等相关制度，打好黑恶积案、问题线索“双清零”攻坚战。全年侦破涉恶犯罪团伙两个，起诉涉黑涉恶案件4件，宣判涉黑涉恶案件4件，查封、冻结、扣押涉案资产1335万元，惩治涉黑涉恶腐败和“保护伞”案件97件。中央督导组转交的96条问题线索，已全部按时按要求进行了回复；96条问题线索通过核查后，市公安局立案6起，刑拘6人，取保候审两人。全市共收到1342条线索，已核查办结1216条，办结率为90.61%。深入开展非法侵占国有集体资产资源专项清查活动，共收回水库98座6411亩、水塘92座460.5亩、山林土地农田10215.15亩，房屋35套11593平方米，收回宅基地14135平方米，拆除“两违”11593平方米，追缴资金273万元。

开展三大专项整治 先后组织开展了重点行业领域整治、众埠镇社会治安重点整治和主题教育专项整治工作。重点行业领域整治共拆除两违建筑面积14800平方米；查处非法营运车辆40余辆，纠正违章168起；查处61起涉林案件（移送林业公安16起），行政处罚40余万元；查处假冒伪劣食品400公斤，下达监督文书188份，责令整改通知书90份，挽回经济损失10万元；查处投标公司存在虚假信息1起，并下达行政处罚决定书。众埠镇重点整治摸排问题187个（件），整治期间已化解处理180个（件），迅速扭转了众埠镇治安混乱的局面。主题教育专项整治共查处涉黄刑事案件9起，刑拘24人，捣毁窝点3个，查处涉黄行政案件51起，治拘120人；查处涉赌刑事案件33起，刑拘

76人，查处涉赌行政案件646起，治拘328人；查处涉毒刑事案件211起，破团伙涉毒案件8起，刑拘108人，治拘352人，强戒115人，社戒76人，缴获毒品2102克，整治工作成效明显。

全面落实中央和省委督导整改工作 中央扫黑除恶督导组反馈六个方面28个问题和省委督导组反馈五个方面7个问题，做到挂图作战、逐条销号，认真落实整改，市扫黑办移送线索核查提高了9.64个百分点，市纪委线索核查办结率提高了26.59个百分点，市公安局线索核查办结率提高了15.4个百分点，查处涉黑涉恶违纪人员增加了93人，基层党组织基础建设进一步得到稳固。

大力开展平安大宣传 一是4月中旬在全市范围内开展了“平安建设暨扫黑除恶专项斗争集中宣传日”活动，市委书记、市长亲临现场指导。工作人员面对面接受群众的法律咨询，现场解答群众关心的问题，发放平安乐平建设、“七五“普法、扫黑除恶、反邪教、禁毒等宣传资料，营造平安建设的浓厚氛围。二是积极开展“法律明白人”培养工作，坚持政法部门和乡镇（街道）“双主体、共作为”，采取政法部门主要领导包片、班子成员包乡镇（街道），单位包村、干警结对培养的形式，在全市355个村（社区）全部建立了培养点，共遴选“法律明白人”骨干2428人，培养普通“法律明白人”67595人，开展集中培训44407人次，“法律明白人网校”自学培训60116人次。三持续加大扫黑除恶专项斗争宣传力度，上户发放宣传资料70余万份，并通过制作固定宣传标语、宣传版画、宣传车、电子显示屏等方式开展宣传，在全市城乡开展“扫黑除恶”专题文艺巡演，进一步提高扫黑除恶专项斗争的知晓率。把扫黑除恶知识纳入市委党校乡科级干部轮训和村“两委”干部集中培训的重要内容，共培训6批943人。注重发挥乡村两级“古戏台讲堂”“道德讲堂”“群众说事室”的宣传、评说和教育功能，把扫黑除恶专项斗争引入其中，每月开展一次活动，让人民群众直观感受和直接参与扫黑除恶专项斗争，进一步激发了群众的参与热情。

加强政治督察和纪律作风督查巡查 为深入贯彻落实《中国共产党政法工作条例》和江西省委《关于贯彻〈中国共产党政法工作条例〉实施细则》，9月份，重点督导全市政法各单位认真做好省委政法委政治督察和纪律作风督查巡查反馈问题的整改工作。12月份，市委政法委组织开展了对全市政法各单位的政治督察和纪律作风督查巡查，进一步强化纪律作风建设，树立政法队伍的良好形象。

（市委政法委）

公　安

概述 乐平市公安局坚持以做好新中国成立70周年大庆安保工作为主线，以防范化解各类重大风险为基点，坚持党对公安工作绝对领导、全面领导，坚持总体国家安全观和以人民为中心的发展思想，始终忠诚使命、担当作为，敢打善战、攻坚克难，有力有效地维护了全市政治大局、社会治安大局的持续稳定。刑侦绩效考核、执法质量考核、经侦绩效考核连续四年排名居景德镇市第一，扫黑除恶工作考核排名景德镇市第一，被评为景德镇市扫黑除恶先进单位。

全力维护社会政治安全稳定 紧紧围绕新中国成立70周年大庆安保维稳，强化底线思维，不断强化各类重点人员稳控，扎实做好信访维稳工作，严密网上网下阵地管控，加强各类活动安保工作。全年对在册的304名重点人员开展不间断排查、管控，对66名原邪教人员开展“回头看”，并治安拘留3名“全能神”邪教分子；严打“三非”人员，共查处144人，遣送46人，在查处“非访”行为上，共刑事拘留3人，行政拘留46人，对赴昌赴京“非访”人员形成了强大震慑；以“最高标准、最严要求、最实举措”，赢得了新中国70周年大庆安保维稳战的全胜，捍卫了国家政治安全，全市没有发生有影响的拦门堵路等群体性事件，没有发生暴恐事件，没有发生政治案（事）件。

全力维护社会治安大局稳定 以扫黑除恶专项斗争为总抓手，突出主业意识，瞄准黑恶势力、多发侵财性犯罪、黄赌毒治安顽疾等突出问题，开展了“春季攻势”、防范打击市区盗窃临街店面、赣鄱霹雳4号、斩魔4号、斩魔5号、赣鄱霹雳5号、斩魔7号、“黄赌毒”专项整治等一系列专项行动，始终对各类违法犯罪保持“露头就打”“打早打小”的高压严打态势，确保了社会治安态势持续稳定。全年共立刑事案件2298起，同比略有下降，其中可防性案件1697起，与上年基本持平。全年刑事拘留513人，逮捕390人，起诉472人，行政拘留1071人；八类案件发案率为0.91%，同比下降27.8%，连续七年下降；在扫黑除恶上，全年共破九类案件41起，刑拘130人。其中打掉两个恶势力团伙，刑事拘留5人，监视居住1人。以余建峰和张文才为首的两起黑社会性质组织案、以徐晓勇为首的恶势力集团案已依法宣判，扫黑除恶工作考核排名景德镇市第一，乐平市公安局被评为景德镇市扫黑除恶先进单位。在命案攻坚上，7起现发命案全破，连续七年命案现案全破。其中，破获彭某宏抢劫杀人案，赢得了上级公安机关的高度赞许，省厅刑侦总队、景德镇市公安局专门发来贺电慰问，该案也成为年度内省厅优质案件。在打击侵财上，破侵财刑事案件616起，刑拘侵财人员211人，查处侵财违法案件155起，治拘侵财人员131人，挽损近130万元。其中，抓获电信诈骗相关人员22人，破案8起，捣毁窝点3个。在整治“黄赌毒”上，查处涉赌案件298起，刑拘10人，行政拘留170人，查处涉黄案件37起，捣毁涉黄窝点两个，刑事拘留4人，行政拘留78人，打掉贩毒团伙6个，刑拘涉毒人员37人，治拘100人，强戒45人，全市“黄赌毒”违法犯罪均呈下降趋势，尤其是全市的毒品市场进一步萎缩，打击整治成效明显。在严打涉众型经济案件上，破获案件16起，挽损2238余万元，查封不动产17处、5700余万元，抓获逃犯10人。尤其抓获公安部“猎狐行动”重特大案逃犯1人。

公安改革取得新成效 推进信息化警务（勤务）机制改革，制定《乐平市公安机关深化信息化警务（勤务）工作机制改革工作方案》《乐平市公安局信息化警务（勤务）核心岗位工作模式（试行）》，做实“24小时核心岗+值班+备勤”的勤务机制，突出重点人员监测、重点群体跟踪、重大风险预防，强化情报信息搜集，牢牢掌握警务工作主动权，全年共获取重点人员信息1500余条，协助劝返赴昌进京上访100余人次。《深入推进信息化警务（勤务）工作机制改革》改革课题被乐平市委深改委评选为全市“改革创新特别奖”优秀课题；推进人民警察职务序列改革，全年对446名执法勤务类民警和23名警务技术类民警进行了首次套改；对313名执法勤务类民警和18名警务技术类民警晋升职务，并争取市委市政府支持，及时落实了新的岗位津贴和超时补贴。推进辅警人员管理制度改革，牵头拟定了《乐平市公安机关警务辅助人员管理办法》，以市政府名义印发实施，将辅警队伍建设纳入本地经济社会发展总体规划，明确了辅警的职责权利，确定了招聘程序、经费保障、职业保障等相关制度，扎实有序推进辅警衔制度，进一步提升辅警人员的职业荣誉感、认同感和福利待遇。推进派出所基层基础工作，以省厅“派出所基础建设攻坚年”为契机，持续加强派出所基层基础建设，投入近480万元用于洪岩、鸬鹚、涌山三个派出所的业务用房等建设工程；争取中央预算内投资基础设施项目资金279万元用于塔前、临港、高家三个派出所业务用房建设；向市财政争取近545万元用于更新基层基础设施和装备；以全市重点项目建设为抓手，积极争取到城西、城北派出所和案管中心项目建设资金2100余万元，并全力推进建设。推进了公安机关“放管服”改革。坚持以人民为中心发展思想，按照打造“五型”政府的要求，扎实推进了一系列公安“放管服”改革，在户政、车管所、出入境窗口全面推行延时、错时、预约服务，确保365天每天有人在岗接待群众办理相关业务。9月、12月，国保大队出入境服务窗口整体搬迁至市行政服务中心新大厅，交警大队车管所业务整体搬迁至大连路锦阳汽车城内，管理服务水平提质增效，更好地服务全市人民。

筑牢公共安全底线　加大治安隐患排查，以“查违规、查隐患、查制度”为重点，汲取响水“3·21”爆炸事故教训，扎实开展了隐患排查。尤其在新中国70周年大庆期间，对全市民爆物品使用单位、剧毒化学品生产、销售及使用单位、宾馆、加油站等400余家重点单位开展了密集式安全隐患排查，及时消除隐患，以“零容忍”实现了“零事故”。强化交通管理整治，以“双创双修”为牵引，强化交通整治，加大对酒驾、客车超员、机动车乱停乱放、电动车加装遮阳伞等多发性交通违法的整治力度，全力维护道路交通安全，共查处交通违法行为11万余起，收缴电动车遮阳伞4万余把，查处酒驾624起，查处涉牌涉证违法3165起，拖移车辆5200余辆，拘留交通违法行为人180名，办理刑事案件71起，侦破一般伤人逃逸事故17起，重大逃逸事故7起，案件侦破率均为100%。严格落实火灾防控，会同消防救援大队共检查单位1915家，发现火灾隐患3307处，督促整改3283处，下发责令改正通知书1775份、下发行政处罚决定书74份、下发临时查封决定书26份，责令“三停”单位25家，罚款38万元，拘留1人，全市没有发生大的火灾事故。强化监所安全管理，以问题为导向，以隐患排查为抓手，结合蹲点帮扶、督导检查和视频巡查，不断完善监所安全管控，全年未发生安全事故，保持了监所七年“零事故”。

提升执法规范化水平　提素养，以党委中心组率先学法用法为引领，充分发挥“关键少数”的“头雁效应”，引导全体民警学好法律条文，持续提升执法主体法律素养。继续支持全警积极参加高级执法资格考试和国家法律职业资格考试，并对通过者予以嘉奖。强监督，对“一案一码”系统运行情况进行网上巡查，每月上传率均保持在百分之百，对发现问题及时通报并责令相关单位整改，共下发巡查通报18期。严考核，从程序、事实、证据、适用法律、处罚等方面开展案件执法质量考评，实行一月一评查、一案一评查。一年来，对31个办案单位的执法质量进行了严格考评，发放执法质量通报12次，考评刑事案件24起、行政案件370起，平均分均在85分以上。搭平台。以通过国家法律职业资格考试的民警为支撑，积极主动向江西省司法厅申请成立公职律师办公室。8月6日，公职律师办公室正式揭牌成立，成为全市首家政府部门公职律师办公室，一方面提升了全局法治化建设水平，推进了公安工作质量变革，另一方面也为全警搭建了法律应用提升平台。

锻造忠诚干净担当铁军　坚持政治建警，紧紧围绕“不忘初心、牢记使命”主题教育，以新中国成立70周年大庆安保为抓手，开展“践行新使命、忠诚保大庆”实践活动。充分利用红十军旧址、篁坞方志敏旧居、赣东北特委旧址等一批红色教育资源，持续推进“传、筑、锤、树”励警教育；召开12次党委中心组学习会，局党委率先垂范，先学一步、学深一层，深入学习了习近平新时代中国特色社会主义思想、党章党规、习近平总书记在全国公安工作会议及视察江西时的重要讲话精神，引导全体民警强化党的理论学习，切实将信仰的种子植入灵魂，把忠诚的基因融入血脉。狠抓从严治警，牢牢把握新时代全面从严管党治警要求，持续推进“正风肃纪”，开展了领导干部利用名贵特产类特殊资源谋取私利问题的自查自纠、利用名瓷谋取私利问题的自查自纠，开展了对黄赌毒和黑恶势力听之任之、失职失责甚至包庇纵容、充当“保护伞”专项整治，组织观看了《问政》《迷失的初心》等电视栏目和警示教育片等。全年共诫勉谈话两人，谈话提醒27人，行政警告1人，停止执行职务1人，责令书面检查27人，通报批评15个单位24

人次。推进从优待警，主动走访慰问为公安事业不懈奋斗、做出重大牺牲的有功之臣、烈士遗属，特困民警、一线民警，传递党和政府的温暖；积极争取市委市政府支持，补发民警2016年7月至2019年9月执勤津贴1209万元；在经费十分紧张的情况下，想方设法筹措资金近1280万元，为全体民警发放综治等奖金；严格落实《公安机关维护民警执法权威工作规定》，对漠视执法尊严、暴力抗法行为，依法从重、从快查处，共查处妨害公务案1起，刑事拘留1人，查处阻碍民警执行职务类案件18起，行政拘留21人，有力有效地维护了民警的合法权益和执法权威。强化励警育警，开展丰富多彩的文娱活动，活跃警营氛围，激发民警活力，提升队伍战斗力。参加了全省公安机关跨区域足球交流赛、2019景德镇国际马拉松赛，参加全市第一届职工运动会并获团体第二名。持续抓好为民警报功授奖工作，提振队伍争先创优、干事创业的信心。共有1个单位荣获集体二等功，3个单位荣获集体三等功，1名同志获立个人一等功，16名同志获立个人三等功，6名同志荣获景德镇市公安局嘉奖等。

（市公安局）

交 警

概述 乐平市公安局交警大队为推动全市道路交通环境进一步好转做出了积极贡献，赢得了有关领导的充分肯定和社会各界的广泛赞誉，顺利通过省级文明单位复查，先后获得江西省公安厅“2019年春运和两会交通安保突出单位”、景德镇市“第十六届文明单位”等荣誉称号。

查获客车超员危险驾驶案 1月28日，大队在开展春运客运车辆检查时，查获一起客车严重超员危险驾驶案。该违法客运车辆核定载客19人，实际载客37人，超员载客18人，超员率高达94.7%，其驾驶人已构成危险驾驶罪。这是《中华人民共和国刑法修正案（九）》施行以来，我市查获的首起因客运严重超员，涉嫌危险驾驶罪的案例。

参与联合大整治行动 3月26日晚上，交警、刑侦、治安、巡警、经侦、禁毒、派出所等多部门警种共200余名警力，开展了联合整治统一行动，交警60名参战人员共分成三个组，分赴西门广场、凤凰大道、登高山等主要路口路段设卡盘查，严查酒驾醉驾毒驾等违法犯罪，并对涉牌涉证、非法加装遮阳伞等交通违法行为及时进行了查处。

开办超标电动车挂牌业务 《景德镇市电动自行车管理办法》于4月15日起，与国家出台的《电动自行车安全技术规范》同步实施。为规范超标电动车管理，方便群众取得临时通行标志，4月11日至14日，通过电视、网络、官方微信等途径发布通告，并采取悬挂横幅、散发传单、出动宣传车等形式大力开展宣传。同时，抽调警力加班加点开展超标电动车登记上牌工作，为确保相关政策顺利实施创造了良好条件。

开展“机非分离”整治行动 为改善城区道路交通安全环境，减少交通安全隐患，优化道路交通秩序，自5月份开始，多次组织警力在城区乐平大道、东风路地段开展“机非分离”整治行动。一方面，组织拖车定时展开巡逻，及时清理非机动车道上的违停车辆，保证非机动车道畅通无阻。另一方面，在上下班高峰期安排专人在道路两侧全线守护，利用车载喇叭喊话等形式，及时叫停“机非混行”行为，引导非机动车辆全部进入非机动车道行驶。

快速破案获锦旗 5月16日17时40分许，在城区鸿宇锦绣城小区门口发生一起交通事故，一辆二轮电动车撞人逃逸，伤者腿部受伤严重。事故中队民警接警后迅速赶往现场，并连夜调取事发地周边监控，研判肇事电动车行驶轨迹。经连续3天蹲守和走访，确定吴某某系肇事逃逸人员。5月20日中午，民警赶往吴某某家中将其抓获。破案后，受害者将一面书有“为民解忧，破案神速”的锦旗送到事故处理中队，向办案民警表示诚挚的感谢。

省厅交管局督导组检查工作 9月24日下午，省厅交管局总工程师毛志坚带队的督导组，来乐平就“除隐患、防事故、保大庆”工作进行督导检查。其间，督导组领导组织有关民警进行了座谈，并就进一步做好“除隐患、防事故、保大庆”工作提出明确要求。毛志坚强调：一要提高思想认识，加大隐患排查；二要压实工作责任，细化工作措施；三要严格队伍管理，严明战时纪律；四要规范执勤执法，树立公安交警队伍良好形象；五要重视自身安全，坚决避免发生因安全防护不到位而引发的民警自身安全事故。此外，督导组还就城区交通影响评价以及城市文明畅通提升等方面工作，与民警进行了深入探讨交流。

朱华文同志因公牺牲 11月13日，城区交警一中队中队长朱华文因工作期间突发疾病，经抢救无效于7时15分许不幸离世，终年40岁。朱华文同志1979年5月出生，2001年8月毕业于南昌市人民警察学校，2004年9月通过公务员招录考试进入乐平市公安局，2005年10月调入交警部门，2007年12月加入中国共产党，先后任大队城区中队副中队长、城区一中队中队长。朱华文从警15年以来，共获得有关上级的各类表彰奖励达40多次。11月15日上午，社会各界干部群众共计约500人自发来到市殡仪馆，送别因公牺牲的朱华文同志。

查纠交通违法行为 查纠各类交通违法行为147410起，记分283392分（其中一次性记12分1125人），其中查处酒驾707起、强制解体各类报废车辆174辆、拘留交通违法行为人237人次、查扣各类“红皮车”12辆、吊销驾驶证55本。

车驾业务管理 全年为机动车立户8554辆（其中小型汽车6589辆、摩托车1965辆），变更登记527辆，抵押登记3624辆，转入登记1819辆。办理驾驶证1089个，补换证11456个。

（市交警大队）

森林公安

概述 乐平市森林公安局紧紧围绕“对党忠诚、服务人民、执法公正、纪律严明”总要求，认真履行森林公安职责，严厉打击涉林违法犯罪活动，有效地维护了乐平市森林资源和生态安全。

立足办案主业，严打涉林违法犯罪 通过开展“践行新使命、忠诚保大庆”主题实践活动，开展各类涉林严打专项整治行动，及时严厉打击了各种涉林违法犯罪活动，提高了森林公安机关的威慑力。全年共立刑事案件45起，破案46起（含积案5起），刑事拘留17人，逮捕15人，取保候审32人，监视居住4人，移送起诉案件32起41人；审结治安案件1期，治安拘留1人；审结行政案件34起，处罚36人次；核查“扫黑除恶”线索21条。有效地遏制了破坏森林和野生动植物资源违法犯罪活动，维护了生态安全。

一是扎实开展严厉打击野生动物犯罪专项行动。从4月初开始，按照市公安局的统一部署，迅速梳理出一批破坏野生动物资源犯罪线索，集中力量，精准打击。5月10日，经过缜密侦查，快速反应，一举捣毁城西加油站附近非法收购野生动物窝点，查获各类野生动物100余只，抓获涉嫌非法收购国家重点保护动物的犯罪嫌疑人余某并对其采取强制措施。行动期间，全局共破获非法收购、猎捕、杀害珍贵、濒危野生动物案件3起，收缴各类野生动物1000余只，刑事拘留两人，逮捕1人，监视居住1人，专项行动取得了显著的成效。

二是开展“严打生态犯罪、护航美丽江西”专项行动。按照上级森林公安机关的统一部署，经过精心组织，持续开展了“严打生态犯罪、护航美丽江西”专项行动。4月29日，根据市林业局移交的案件线索，依法对高家镇下埔村毛虫坞山场非法占用农用地案立案侦查。经查，2012年5月以来，犯罪嫌疑人高某、高发某、高云某、吴宇某合伙开办乐平市高氏新型建材有限公司，在仅办理5亩长期林地使用手续、5亩临时林地使用手续的情况下，非法占用高家镇下埔村毛虫坞山场林地生产红砖。经林业司法鉴定，其非法占用林地28.19亩，造成林地上原有植被和林业种植条件严重毁坏、改变了林地用途。5月11日，犯罪嫌疑人高某、高发某先后被刑事拘留、执行逮捕，5月30日，犯罪嫌疑人高云某、吴宇某投案自首并被取保候审。此案的快侦快破，有效地震慑了涉林违法犯罪，实现了打击成效的最大化。

三是开展扫黑除恶专项斗争。提高政治站位，主动作为。全体民警辅警认真学习中央关于开展“扫黑除恶”行动批示的精神，同时组织开展扫黑除恶知识测试，为推动扫黑除恶专项斗争行动开展奠定理论基础。科学合理部署，落实到底。按辖区划分责任，明确工作重点，统筹安排，认真开展甄别、排查涉黑线索，建立台账。全年共核查涉黑涉恶线索21条，均按规定要求在规定的时间节点完成并反馈给相关部门。创新宣传方式，深入推进。及时召开扫黑除恶专项斗争推进会、制作LED宣传横幅、宣传栏、发放应知应会手册等宣传方式，多角度、深层次宣传，向群众展示森林公安机关开展“扫黑除恶”专项行动的态度和决心。

四是全力以赴开展森林资源保护管理突出问题专项整治行动。针对国家林草局驻福州专员办检查组10月25日至11月3日检查期间发现并反馈乐平市在森林资源保护管理工作中存在的毁林造林、林地监管不严等八个方面存在的问题，市委、市政府的精心组织部署，第一时间制定了《关于在全市范围内开展严厉打击破坏森林资源违法犯罪专项行动实施方案》。专项整治行动开展以来，有6名涉林犯罪嫌疑人投案自首并被依法采取刑事强制措施。在短短的20几天时间内，共立刑事案件11起，破案11起，刑事拘留6人，逮捕1人，取保候审两人。严打整治取得了阶段性的成效。

坚持政治建警，强化队伍建设　党建工作不松懈。根据《乐平市“不忘初心、牢记使命”主题教育实施方案》，从9月开始，到11月底，领导班子牢牢把握“不忘初心、牢记使命”主题，把深入学习习近平新时代中国特色社会主义思想作为根本任务，全面落实守初心、担使命，找差距、抓落实的总要求，通过抓实党的十九届四中全会精神的学习，搞好调查研究、认真检视问题、抓好整改落实，努力实现理论学习有收获、思想政治受洗礼、干事创业敢担当、为民服务解难题、清正廉洁做表率的目标。根据《中国共产党支部工作条例（试行）》精神，认真落实“三会一课”制度，规定动作做到位，自选动作有特色，使“主题党日活动”规范化、常态化，并经常性地组织党员民警利用干部网络学院、学习强国、新时代文明实践中心平台强化日常自学，丰富学习形式。以党的建设促队伍建设，全面加强新时期的党建工作，扎实推进基层党组织规范化建设，牢固树立“四个意识”、切实坚定“四个自信”、坚决做到“两个维护”，持续深入开展“两学一做”学习教育活动，用政治理论武装全体党员民警，不断提高民警的整体思想觉悟，努力把森林公安机关建设成为政治性、服务性和纪律性机关。

纪律建设不松散。全面落实习近平总书记提出的“四句话、十六字”建警治警总方略，毫不动摇地坚持政治建警、从严治警，打造对党忠诚、服务人民、执法公正、纪律严明的森林公安队伍。结合森林公安工作实际和特点，持续抓好纪律作风建设，先后开展了领导干部利用名贵特产类资源谋取私利问题自查自纠，开展了纪律处分执行情况自查自纠，开展了领导干部利用名瓷谋取私利问题专项治理，制定并完善了《乐平市森林公安局考勤制度》等各项规章制度，坚持无禁区、全覆盖、零容忍整风肃纪，加强党风警纪教育，促进森林公安民警的作风养成。

扎实开展脱贫攻坚工作　扶贫工作队及副科级以上领导干部常年深入众埠镇董畈、墩建村，临港镇四联村，名口镇五一桥、上四村开展结对帮扶工作，认真落实脱贫攻坚专项巡视反馈意见整改措施，切

实把帮扶工作落到实处。通过用心帮扶，进一步密切了警民关系，树立了新时代森林公安的良好形象。（市森林公安局）

消　防

概述　乐平市消防救援大队在改革转隶的特殊时期，全队一班人保持定力、坚定信心、攻坚克难、奋力拼搏，全力以赴较好地完成了上级党委赋予的各项工作任务，保持了队伍内部和社会面火灾防控两个稳定。

灭火救援数据　在防火、灭火和应急救援中，全年共出警349起，出动消防车737辆次，出动指战员4602人次，抢救被困人员77人，疏散人员343人，抢救财产价值5778.4万元。成功处置了“7·24”接渡镇袁家村深井救援、“3·13”商铺店面火灾等灾害事故，深受当地政府和群众的好评。

获得的主要荣誉　人民路消防站被乐平市宣传部表彰为学雷锋示范点，梁兴祥、陈斌被支队记个人三等功，中队排长廖其灿被评为“瓷都十大最美警察”。消防员陈斌被评为乐平市第二届“乐平青年五四奖章”个人奖，左剑敏被省文明委、省委宣传部评为“全省青年岗位能手”，陈斌被市委宣传部评为“学雷锋标兵”。在支队岗位练兵比武竞赛中，乐平取得了团体总分第三名的好成绩，尤其是“纵深灭火救人操”比赛项目，比赛成绩打破了支队最好成绩，消防员祝惠棠、黄荣聪分别打破了爬绳上四楼和单杠卷身上两个项目的支队记录。

火灾防控工作　紧紧围绕服务经济建设的大局，严格贯彻落实《中华人民共和国消防法》，层层落实消防安全责任制，狠抓城市公共消防设施建设，加强消防宣传教育培训，积极开展“防风险保平安迎大庆”专项整治、出租屋及校园周边经营场所消防安全管理、公共娱乐场所消防安全专项整治”、全市“九小”场所消防安全专项整治等消防安全专项行动，落实重大火灾隐患整改，圆满完成了“元旦”“春节”“五一”和“高考”“国庆70周年”等重大活动的消防安全保卫任务，保证了社会面火灾形势和队伍建设“双稳定”，为服务全市经济、建设“平安乐平”做出了积极贡献。全年共检查单位1928家，发现火灾隐患或消防违法行为3343处，督促整改3318处，下发《责令改正通知书》1805份，办理行政处罚案件74起，责令“三停”单位25家，临时查封单位27家，行政拘留1人，罚款38万元，挂牌重大火灾隐患场所3家。并根据支队的统一部署及辖区特点，围绕重大节日安保和专项整治为重点，积极履行消防监督检查职能。

政治思想工作　狠抓转隶期间指战员思想教育引导，牢记领袖训词精神，以习近平总书记授旗训词为指引，在消防改制的关键时刻，以“不忘初心、牢记使命”和“学训词、铸忠诚、创新业、立新功”主题教育为抓手，持续开展改革教育工作，打牢政治思想教育根基，并以此为契机进一步摸排队伍思想动态，营造干事创业的良好工作氛围。积极按照上级的要求采取走出去、请进来的方式方法，主动与市政府办两个党支部开展了听党课、重温入党誓词等系列活动，邀请火箭军优秀教员和越战老兵来队宣讲。主题教育开展期间，制作改革教育展板10余块，横幅20余条，制作习总书记训词小卡片100张，开展座谈讨论8次，撰写心得体会100余份，签订责任书50余份。涌现了多个先进典型，特勤班班长梁兴祥在抗洪抢险中表现突出被总队记三等功一次，中队排长廖其灿被评为“瓷都十大最美警察”，乐平中队“暖心男”陈斌，以消防员的实际行动进行救援，获得抖音300万点赞，赢得社会各界高度评价，粉丝高达3000多万人，2月，陈斌被市委宣传部评为“学雷锋先进个人”，同时以其为原型拍摄微电影《英雄无畏》，有效地提升了队伍的感召力和凝聚力。在消防改制的关键时期，以消防救援国家队主力军为定位，以“火焰蓝”全新面貌为落脚点，积极打造一支特色文化队伍，为2019年各项活动做好准备。组织市区中队和工业园中队全体指战员编排大型合唱节目《十八棵青松》，并以换装后“火焰蓝”全新面貌在乐平市春节联欢晚会登台亮相，得到市委及宣传部领导高度肯定。

实战训练工作 始终把岗位练兵工作摆在各项工作的首要位置，紧紧围绕打造灭火救援国家队主力军的中心目标，严格按纲实训、严密组训，推进战训工作。一是推进战训工作。为进一步规范辖区熟悉、预案制定、实战演练三项基础业务，积极推进数字化预案编制工作，每周至少两个半天进行辖区熟悉和演练，并完善辖区情况熟悉手册。重点单位数字化预案编制率100%，并在重点单位100%建成微型消防站的基础上，强化微型消防站培训及实战演练和区域联防演练，全年共开展熟悉演练工作130次，区域联防演练5次。二是推进实战练兵比武。为切实提高队伍战斗力，积极开展“每月一考”活动，将车辆事故、危险化学品事故处置，水域、内攻搜救与紧急避险、安全员救援等内容纳入每月指战员量化考评，并每月检查训风、考风情况，健全训练比武积分排名机制。在支队组织的半年比武竞赛中，取得了团体总分第三名的好成绩，尤其是“纵深灭火救人操”比赛项目，中队的比赛成绩打破了支队最好成绩，消防员祝惠棠、黄荣聪分别打破了爬绳上四楼和单杠卷身上两个项目的支队记录，为总队、支队输送了多名岗位练兵教练和队员（徐金龙、孙梦陈、祝惠棠、陈斌、董泉、黄荣聪），为总队、支队岗位练兵工作贡献了应有力量。三是推进企业志愿者消防员进队培训工作。为切实落实为民服务措施，结合队伍规模和辖区企业现状，大队主动将企业志愿者消防员消防轮训执勤期由原来的三个月的缩短为一个月。虽然时限缩短了，但在质量上坚决不压缩，本着“拉得出，打得赢”及为企业培养合格的消防管理人才的宗旨，重新量身制定培训方案，使轮训者真正懂得灭火救援、火灾隐患自查、自纠、自改和消防宣传。新执行的第一批六名企业志愿者消防员已正式参与轮训执勤。

后勤保障工作 按根据年初建立金山工业区微型消防站和城西消防站目标任务，金山工业区微型消防站已入住，城西消防站已进入政府立项阶段。立足标准保障建设标准，实现保障规范化、制度化运行，并在乐平市工业园中队储备了各类泡沫7.8吨，各类执勤装备器材1000余件，提高应对重特大灾害事故遂行保障能力。

同时，围绕灭火救援实战需要，按照司令部提出要求，重点加强装备建设，推动装备提档升级。先后投入20万余元添置了各类灭火救援装备。投入4万余元购置了水域救援装备，以及各种特种器材装备，推动装备发展从数量规模型向质量效能型转变。积极开展装备技术革新，加快成果转化和推广应用。开发的水带手提架及水带背架经过反复测试，已可以正常使用，有效地提升了队伍的战斗力。

推进专职队伍建设。政府专职消防队员工资及福利待遇按照新标准，与当年新招收的14名合同制消防员，一并于9月17日经乐平市人民政府第六届76次常务会研究通过。

（市消防救援大队）

检　察

概述 乐平市人民检察院以“打造一流队伍，争创一流业绩”为总体目标，履行监督职能，服务地方发展，践行司法为民，提升检察贡献。各项办案核心指标居全市前列，“扫黑除恶”“公益诉讼”“未成年人检察”等工作先后被江西政法网、新法制报、景德镇日报等省市媒体多次报道，其制作的《理想的颜色》微视频在全国检察系统新媒体创意大赛中获得银奖。12月，被评为全国检察宣传先进单位。

依法惩治刑事犯罪 办理批捕案件454件599人，公诉案件518件739人。起诉故意杀人、抢劫、绑架、强奸等严重暴力犯罪16件22人，起诉盗窃、诈骗等多发性侵财犯罪150件177人，参与追赃挽损3421万余元。积极落实最高检“一号检察建议”，通过微视频、开设法治讲座、发放宣传画册等形式加强未成年人犯罪预防和保护，开展集中宣教活动11次，累计受益人数达1300余人次。“12·4”国家宪法日指导开展全部由小学生参加的模拟法庭，庭审现场制作光碟在各中小学巡回播放。

纵深推进扫黑除恶专项斗争 依法从重从快打击黑恶势力犯罪，批准逮捕黑恶犯罪嫌疑人5人，起诉17人。对黑恶案件发出5份检察建议。牵头会签协调配合机制意见，实现“介入审查与侦查监督同步骤，查清罪行与追赃挽损同频率，指控犯罪与破网打伞同推进”。审查起诉了王某松等黑社会性质组织案，列出补查事项86项，移送线索11条，对昌江区组织部、众埠镇党委政府在选人用人上提出了相关建议，切实履行法律监督职能。

积极营造市场经济法治环境 提升金融等领域的专业化检察贡献。起诉非法吸收公众存款罪等金融犯罪案件两件6人，审查起诉的同时积极追赃挽损，全力化解集体访风险。切实保障企业家人身和财产安全，班子成员全部挂点并走访天新等22家重点企业，了解经营中的法治痛点难点，给出对策建议。共受理企业诉求6件，已全部办结；提供法律咨询、服务10次。两次邀请民营企业家代表走进检察院建言检察工作，发出两份检察建议要求及时恢复民事案件执行立案。出台《关于充分发挥检察职能保障和服务民营企业健康发展的八条措施》等文件。对于民营企业审慎采用限制人身自由和财产权利的强制措施，做到少捕慎诉。

全面强化法律监督 依法开展刑事侦查、审判监督。提前介入故意杀人等7起重大案件，引导侦查、固定证据。全年监督立案3件3人，监督撤案1件1人，纠正漏捕3人，抗诉后改判1件1人，发出检察建议7份，书面纠正违法两件，发出审判监督情况通报1份。深化“两法衔接”，建议行政执法机关移送涉嫌犯罪案件两件。强化审判监督，抗诉两件两人。成立落实食品药品安全“四个最严”要求专项行动领导小组，联合市场监督管理局开展实地走访米粉作坊、狗肉店等食品安全专项活动。加强追诉工作，全年追诉7件7人。

依法开展刑事执行活动监督 依法维护被监管人员合法权益，对涉及会见、通信等方面的违规行为提出纠正意见两次。依法、审慎开展羁押必要性审查，提出变更强制措施建议34份，对34人实行审前取保候审，钝化社会矛盾。坚持定期找在押人员谈话教育，共计187余人次。上法制教育课18人次，进行各类安全防范检查6次，发现各种安全隐患和漏洞并提出口头纠3次，提纠率达100%。向乐平市公安局、法院、司法局共发出检察建议书24份，其中社区矫正违法违规检察建议21份。对符合条件的39名罪犯出具特赦检察建议书39份。对某律师反映的会见权受到阻碍一事，及时与律师沟通，告知律师须完善手续，同时协调看守所，优先安排会见。

依法开展民事行政诉讼监督 办理各类监督案件22件，发出再审检察建议1件；对审判程序中违法行为的监督的案件5件，发出检察建议5份；对民事、行政执行活动的监督的案件10件，发出检察建议9份。已发出的检察建议均被采纳。针对程序告知不及时、超期立案、超期裁判等类案问题发出检察建议，努力为民营企企业发展保驾护航。办理了两件涉及服务非公经济发展的案件，开展民事虚假诉讼专项监督。在对涉黑涉恶刑事案件中相关联的民商案件排查的过程中发现1件民事虚假诉讼案件，向法院发出再审检察建议，目前，人民法院已经裁定再审。

依法开展公益诉讼 全年共立行政公益诉讼案件30件，全部发出检察建议；立刑事附带民事公益诉讼案件5件，起诉4件。在春节、中秋等重大节日前后会同有关部门对超市、蔬菜批发市场进行食品安全检查，中、高考期间开展“校园及校园周边食品安全”行政检察监督活动；年中会同市人大对乐平市二次供水情况及饮用水源地保护进行了调研，全年共办理关于水源地保护案件9件，发出健全水源地日常监管机制等9份检察建议，督促相关行政部门成功收回1.38亿元土地出让金。该检察建议书被江西省人民检察院作为正面典型案例通报。向市人大常委会专题汇报诉讼监督及公益诉讼工作，与水利部门会签协作配合意见，与建立线索双向移送机制，形成社会治理齐抓共管合力。补植野生香樟8株、复绿50余亩。对两起非法捕杀、贩卖野生动物案依法提起刑事附带民事公益诉讼，法院均支持检察机关意见，其中法院当庭判决叶某华赔偿国家野生动物资源损失人民币16000元，并责令被告参加林业部门组织的护鸟公益行动，200名群众及人大代表、政协委员现场观摩了庭审，受到了直接、切身的法治教育。

服务脱贫攻坚 以“送法进农村”形式实行精准法治扶贫，为农民干事创业提供咨询。对家庭矛盾、邻里纠纷引发的轻微伤害案深入乡村进行调解，做到小事不出村，矛盾不上交，打造新时期检察版“枫桥经验”，实施产业扶贫帮扶工程，帮助贫困村建设龙虾、甲鱼水产养殖基地，邀请省农科院专家实地指导，开学季为两名贫困学子送去助学金3000元，并筹集资金10万元帮助修建堰垱灌溉。着力将救助工作深度融入精准扶贫工程，为“因案致贫，因案返贫”的困难群众提供有效司法救助。共办理司法救助案件4件，发放救助金10万元。如给予因被盗导致无钱看病的五保户、精准扶贫对象老金2万元国家司法救助金。

完善维稳机制 对1110件案件进行风险评估，排查线索39条，全力保障新中国成立70周年大庆。严格执行最高检“七日内程序告知、三个月实体答复”工作要求，接待重大经济案件集体访、疑难案件重复访群众48批次206人，采用告知诉讼权利、承办人解读法条、检察长接待日等多种形式稳控情绪。全面落实认罪认罚制度设计理念，将认罪认罚制度和宽严相济刑事政策的融会贯通，采用说服犯罪嫌疑人、联系辩护人、向家属释法说理等多种途径提升认罪认罚适用比例，节约了司法资源。对192名犯罪嫌疑人适用认罪认罚从宽。

深化司法体制改革 完成内设机构改革，以系统性重构部门设置保障“四大检察”全面平衡发展。结合乐平地区的市情和生态要求，单独设立未成年检察部和生态环境检察部，配齐人员、配强设备，全力“领跑”。推进职务犯罪、经济犯罪专业化建设，受理监察委员会、公安经侦部门移送案件25件38人，对饶某林贪污案等一批疑难复杂案件成立专案组，选拔办案能手参与审查突破，确保办案效果。落实入额院领导带头办案制度，重大疑难案件由检察长、副检察长任专案组组长，提升自己、锤炼队伍。选拔任用9名中层干部，硕士学位占比达22.3%，同比上涨13%。

全面加强队伍建设 深入学习贯彻习近平新时代中国特色社会主义思想和党的十九届二中、三中、四中全会精神，全面落实意识形态工作责任制，开展“参观烈士故居”“问政心得体会大家谈”等系列活动5次，夯实基层战斗堡垒。结合“不忘初心、牢记使命”主题教育，撰写心得交流文章150余篇，对照检查问题进行清单式整改。加强素能建设，提升担当本领，设类案专题小课堂8次，举办“刑事诉讼法及刑事诉讼规则”法律知识竞赛，40名年轻干警及书记员在比赛中得到锻炼。全年发表宣传信息90余篇，60余篇被省级以上媒体采用，发表调研文章9篇，《浅谈红色非物质文化遗产纳入检察公益诉讼范围分析》获评景德镇市检察院优秀论文二等奖。深化自我监督，内部评查案件78件，完成专项分析报告2篇，实现办案监控“全方位、全流程、全覆盖”。深化检务公开。发布和推送案件信息15余条，召开新闻发布会1次，举行开放日活动5次，充分听取各方意见建议，确保检察权始终高效、规范运行。 （市检察院）

审　判

概述 乐平市人民法院在市委的坚强领导、市人大的有力监督和市政府、市政协及社会各界的关心支持下，在上级法院的精心指导下，坚持以习近平新时代中国特色社会主义思想为指导，紧扣全市工作大局，忠实履行宪法法律赋予的职责，不忘司法为民初心，牢记司法公正使命，各项工作取得新进展。全年共受理各类案件7056件（含旧存），结案6803件，结案率96.41%，一审案件服判息诉率90.93%，员额法官人均办案190.7件。

纵深推进扫黑除恶 一是加大打击力度。依法严惩黑恶势力犯罪，强力“打财断血”，共审结涉黑恶案件4件25人，结案率100%，判处五年以上有期徒刑12人，重刑率48%。判处罚金209.5万元，1人没收个人全部财产。二是加强线索摸排。向刑事被告人及民事诉讼当事人送达《涉黑恶势力犯罪线索、“保护伞”举报告知书》；以正在审理的黑恶势力犯罪案件为突破口，深挖彻查背后的“关系网”、“保护伞”；从民间借贷、“套路贷”等涉民生案件中挖掘是否存在涉黑恶线索。共核查各类线索17件，实现了线索核查清零。三是强化司法建议。将涉黑恶案件的审理同综合治理结合起来，深入分析研判黑恶势力犯罪形成发展的过程、原因，依法向相关部门发出司法建议，并跟踪办理落实情况回复率100%。

优化营商法治环境 一是完善司法制度保障。坚持依法平等保护原则，制定出台《乐平市人民法院关于依法保障民营企业健康发展的十条措施》，通过加大诉前调解力度、审慎审理商事纠纷案件、规范财产保全行为等举措，减少企业诉累。二是高效化解涉企纠纷。加快涉企案件办案效率，做到快立、快审、快结、快执。江西某精细化学工业有限公司因遭遇困境无法生产，与刘某华等百余位员工解除劳动关系后，刘某华等人不服诉诸法院。鉴于该案系群体性诉讼案件，涉案标的巨大，该院组织精干力量审理该系列案。承办法官从企业经营状况、员工企业情结、执行标的履行可能性等方面向当事人释法明理，终使110余名员工与企业达成和解。既维护了员工的合法权益，又保护了企业的持续发展。

服务保障乡村振兴 一是紧抓审判业务主线。充分发挥审判职能，完善多元解纷机制，大力开展诉前调解，坚持巡回就地办案，有力地推进乡村法治化建设。各人民法庭共受理婚姻家庭、交通事故、侵权赔偿等案件1687件，审结1664件，结案率98.64%。二是持续夯实基层基础。继接渡法庭、双田法庭被列入首批“双达标”法庭后，众埠法庭被省高院授予“人民法庭双达标”示范法庭，全面实现了基础设施规范化、开庭办案科技化、诉讼服务便民化、文化建设特色化、驻庭生活庭院化。

依法惩治刑事犯罪 共受理刑事案件459件，审结449件，结案率97.82%，判处罪犯619人，刑事附带民事案件调撤率53.7%，共为被害人及其家属挽回经济损失308.86万元。一是刑事审判宽严相济。保障群众生命财产安全，审结故意杀人、故意伤害、抢劫等犯罪案件67件73人；维护社会公共安全，审结交通肇事危险驾驶等犯罪案件48件48人；维护良好市场经济秩序，审结信用卡诈骗、非法经营、非法吸收公众存款等犯罪案件18件21人；助力生态环境改善，审结非法采矿、滥伐林木、非法占用农用地等犯罪案件27件36人；净化社会环境，审结涉毒品、开设赌场等犯罪案件46件88人。二是加强人权司法保障。多措并举推行量刑规范化试点工作，建立数据库，动态监测案件量刑情况，避免出现量刑畸重或畸轻的情况。扎实开展刑事案件律师辩护全覆盖试点工作，通过法律援助机构为86名被告人指派辩护律师。

妥善处理民商纠纷 共受理民商事案件4434件，审结4314件，结案率97.29%。一是定纷止争解民忧。加强人身权益保障，审结道路交通事故、医疗损害、劳务损害等人身损害赔偿案件310件；维护文明和谐家庭关系，审结婚烟家庭、继承等案件1137件；维护公平有序市场经济秩序，审结买卖合同、民间借贷等案件1971件；维护用人单位和劳动者合法权益，审结劳动争议案件104件。二是调判结合化纠纷，始终坚持"能调则调、当判则判、调判结合"，有效化解民商事纠纷，最大限度降低诉讼的对抗性，真正做到案结事了。共调解、撤诉案件2137件，调撤率49.54%。

监督支持依法行政 共受理行政案件82件（其中行政诉讼案件1件），审结82件，结案率100%。一是深化管辖机制。继续做好行政案件集中管辖相关工作，引导当事人正确行使诉讼权不对当事人坚持向该院递交诉状或起诉的，依法保障其诉权，努力提升审判公信力。二是规范案件审查。扎实开展非诉行政执行案牛审查工作，严把审查关，杜绝不合格案件。同时，对该类案件实行依法审查、快速审结，共审结非诉行政执行案件81件，促进行政机关依法行政。

有效破解执行难题 共受理执行案件2032件，执结1910件，结案率94%，有财产可供执行案件法定期限内执结率99.37%，无财产可供执行案件终本合格率10%，执行信访办结率100%。一是开展专项行动。加大对黑恶势力犯罪刑事裁判涉财产部分的执行力度，全力"打财断血"；加大对涉民生案件的执行力度，维护社会稳定和谐；加大对涉金融债权案件的执行力度，努力实现更多债权利益；加大对涉党政机关、国有企业债务案件的执行力度。保障当事人合法权益。洪岩镇政府与洪岩风景旅游有限公司合同纠纷执行案件，在市政府、市委政法委的协调下，该院联合公安、城管等十几家单位成立联合工作组，于2019年12月顺利收回并移交了洪岩仙境景区的经营权。二是加大执行力度。加大司法拍卖力度，共发起网络司法拍卖87件次，实现网拍率100%，成交16宗，成交金额1581.15万元，溢价率12.96%；加大强制措施适用力度，共对1494名被执行人限制高消费，限制乘坐飞机2887人次，火车369人次，依法将243人次纳入失信被执行人名单，实施司法拘留27人次；加大打击拒执犯罪力度，2人因拒不执行判决裁定罪被判处刑罚。

合理配置司法资源 遴选员额法官9名，员额法官平均年龄下降3.4岁，45周岁以下中青年员额法官占比54.05%，形成新老接更加紧密、年龄结构更趋优化的法官队伍。全面完成内设机构改革，将职能交叉、业务相近的部门整合，减少管理层级，院机关由15个内设机构整合为10个内设机构，缩减比例3333%。坚持院庭长办案常态化，发挥示范引领作用，院、庭长共受理案件2916件，占案件总数的41.33%。

健全案件审理机制 深化案件繁简分流，成立速裁团队，以"短、平、快"方式化解矛盾纠纷，刑事案件一审简易程序适用率53.16%，民事案件一审简易程序适用率82.43%。加强诉前调解完善多元解纷，发挥人民调解、行政调解、律师调解、行业调解等作用，多层次分流调解，共诉前调解矛盾纠纷1276件，有效地减轻当事人诉累，降低诉讼成本。

全面加强审判管理 规范审判权力运行，应用"审判e管理"加强对"发改再"案件、"四类案件"、长期未结案件等案件的事中事后监管。推进审判质效工作常态化，自主研发"e站通"一站式信息化服务平台，集中管理各类办案数据，定期排名通报，倒逼审判质效提升。

推进两个"一站式"建设 立足审判实际，聚焦诉源治理，对诉讼服务中心进行了升级改造，着力打造一站式多元解纷机制、一站式诉讼服务中心新格局，将多元解纷、诉调对接、速裁快审、执保案件、对外委托、案件送达等工作集中至诉讼服务中心，为人民群众提供多样化、专业化、精准化的司法服务。

强化司法便民惠民 开展"巡回审判"1200余次，就地化解矛盾纠纷，合理满足人民群众的司法需求。加大司法救助力度，成立司法救助委员会，实现救助制度法治化，救助案件司法化，共为生活确有困难的当事人缓、减、免交诉讼费18.34万元，为53人次申请执行人发放司法救助金100.23万元。

化解涉诉信访难题 注重预警防控，严把立案审查关，做好矛盾纠纷的分流疏导工作。完善工作机制，强化信访案件跟踪、督办、终结流程管理，及时化解信访纠纷。拓宽信访渠道，推进远程视接访，推动律师参与信访化解，为解决诉求提供便捷通道。共处理涉诉信访案件132件，处理群众来电88人次，办理材料收转39件次。

构建阳光司法机制 严格落实司法公开要求，大力推进智慧法院建设。强化审判流程公开，全面公开审判流程各项信息；推进庭审活动公开，通过中国庭审公开网直播庭审420余次；深化裁判文书公开，通过中国裁判文书网公开法律文书6300余份；狠抓执行信息公开，通过中国执行信息网公开执行信息6400余条。

主动接受外部监督 自觉接受人大监督和政协民主监督，邀请人大代表、政协委员视察法院、参与座谈、旁听庭审、见证执行依法接受检察机关法律监督，邀请检察长列席审判委员会，进一步提高重大疑难复杂敏感案件审理的透明度。广泛接受社会监督，严格落实人民陪审员制度，普通程序案件人民陪审员参审率98.67%；邀请党校学员、新闻媒体等各界人士走进法院，促进和彰显司法民主。

加大法治宣传力度 回应社会关切，重点报道工作动态、法官风采、典型案例等，经《人民日报》、《人民法院报》、《江西政法网》、《新法制报》、乐平之窗等各级媒体报道，传播法治正能量。丰富宣传形式，积极开展法治宣传、送法进校国等活动，多样化提升法治宣传效果。由该院干警本色出演并选送参赛的短视频《守望》，在中央政法委主办的第四届平安中国“三微”比赛中荣获优秀短视频奖，是江西法院系统唯一获奖作品。

加强思想政治建设 强化政治引领，坚持党对人民法院工作的绝对领导，坚持中国特色社会主义法治道路，确保法院工作正确政治方向。抓好主题教育，扎实推进“不忘初心、牢记使命”主题教育，做到学习教育有声有色、知行合一，调查研究求真务实、深接地气，检视问题刀刃向内、找准找实，整改落实立行立改、一改到底。

深化廉政作风建设 认真履行“一岗双责”，层层签订《党风廉政建设责任状》，加强干警日常管理和监督，做到一级抓一级层层抓落实。坚持从严正风肃纪，积极开展审务督查检查，深化典型案例警示教育，持续改进司法作风。完善廉政风险防控体系，准确运用监督执纪“四种形态”，落实谈话提醒、述职述廉、防止干预过问案件等制度，促进司法公正廉洁。 （市法院）

司法行政

概述 乐平市司法局经过机构改革后重新组建，立足“一个统筹、四大职能”，统筹协调依法治市工作，全面履行“行政立法、行政执法、刑事执行、公共法律服务”四大职能，为维护社会稳定、创建“法治乐平”做出积极的贡献。

加快推进依法治市进程 6月23日，市委全面依法治市委员会第一次全体会议组织召开，部署落实市委全面依法治市委员会做出的决策。4月12日，联合乐平市30多家单位在西门广场开展“平安建设暨扫黑除恶专项斗争集中宣传日活动”，发放宣传资料3000余份，解答法律咨询200余人次。开展“法律六进”活动，组织乐平市法制副校长开展进校讲法150余场次，发放《青少年以案释法读本》（初高中分册）共3.5万册；5月，下到接渡、礼林、涪口等乡镇开展法律宣传活动，共解答群众法律咨询100余人次，发放宣传资料3000余份；9月，开展“送法进军营”活动，给100多名即将退役的军人们开展法律知识讲课；10月22日，联合市公安局开展“宪法进宾馆活动”，发放《宪法》读本5000余册。12月，开展为期一周的“宪法宣传周”活动，共发放各类法治宣传资料3万余份，法治宣传袋1万余个，接受群众各类法律咨询3千余人次：3日，乐平市司法行政系统开放日活动；4日至7日，在西街广场、各乡镇（街道）举办法律宣传咨询暨法治文艺演出活动。共遴选“法律明白人”骨干2428人，普通“法律明白人”67595人，培训44407人次。

加强政府法制工作建设 为贯彻实施行政执法“三项制度”，9月6日召开全市行政执法“三项制度”暨“双随机、一公开”工作推进会。乐平市共有33家单位参与“双随机、一公开”，公布了951名行政执法人员信息，3570个监管对象，1448件执法案件信息。共收到复议申请23件，办结21件，审核规范性文件意见征求稿及合同意见征求稿88件。

开展“精准法律服务质量年”活动 在检察院、法院、看守所、劳动争议仲裁委以及残联设立法律援助工作站，安排值班律师落实法援服务，扩大法律援助惠民范围。做好法律顾问团工作，深入推进政府法律顾问和公职律师制度，实现全乐平市范围内法律顾问制度全覆盖。共办理政府法律顾问事项64件，于7月17日成立市公安局公职律师办公室和市司法局公职律师办公室，办理公职律师执业证6个。市公共法律服务中心共办理公证3200余件，司法鉴定 427件，法律援助549件；基层法律服务所办案220件，法律咨询1800余件；12348法律援助热线共接待法律咨询72件。

推广新时代人民调解“枫桥经验” 作为“访调对接”省级试点单位，市司法局与市委信访局联合设立“访调对接室”，聘请了两名专职人民调解员，于8月1日正式挂牌上岗，共受理信访咨询30余件，受理信访移动件10余件，成功调解5件，涉及金额7余万元。建立健全人民调解专家库，成立夏炳南个人工作室和胡凯平个人工作室。建立“群众说事”月通报制度，各乡镇、街道共上报群众说事5875件，群众满意率94%，其中婚姻家庭纠纷占比最高，共有630件；其次邻里纠纷，共有561件；涉及信访相关事件共计197件。

推进刑罚执行一体化建设 加大社区矫正执法规范建设，充分发挥监狱民警参与社区矫正的作用。建立公检法司社区矫正日常工作联络员制度，基本确定每季度一次联合执法监督检查制度。做好新中国成立70周年社区矫正及安置帮教安全稳定工作，完成乐平市39名社区矫正人员特赦工作。新增矫正人员347人，解除矫正376人，现在矫正408人。

深入推进扫黑除恶专项斗争 梳理近五年来的人民调解案卷，查找可能存在的涉黑涉恶犯罪线索；对近五年来刑满释放人员进行个别谈话，鼓励有奖举报涉黑涉恶犯罪线索；要求全市律师、法律工作者及时上报在工作中掌握的涉黑涉恶犯罪线索，共上报扫黑除恶线索7件。建立律师辩护代理报告备案制度，乐平市律师办理黑恶势力犯罪案件辩护代理实行报备75件，市司法局派员旁听8件。

重点开展“数字法治·智慧司法”建设 建成景德镇首家县级司法局指挥中心，在乡镇司法所安装摄像头，实现互联互通互动。移动“法务通”工作平台全线开通。

开展“不忘初心、牢记使命”主题教育 抓实学习教育，带动6个党支部37名普通党员干部跟进学习，通过日常自学和集中研讨相结合，切实做到静下心来学、集中研讨学、多种样式学。抓好调查研究，坚持把调查研究作为接通地气、找准问题、改进工作的有效方式，认真开好调研前的部署会、调研中的成果交流会、调研后的专题党课会，确保调查研究走深走实、不走过场。抓实检视问题，坚持以问题为导向，通过自己找、群众提、集体议，认真查摆不足，深刻检视剖析。抓牢整改落实，坚持把“改”字贯穿始终，找出“痛点”、瞄准“靶心”、消除“病灶”，力戒形式主义、官僚主义，以整改的实际成果检验主题教育真正成效。

队伍建设 组织全体干部职工深入学习习近平新时代中国特色社会主义思想，贯彻落实“两学一做”；严格落实中心组学习制度，制定《中共乐平市司法局党组中心组2019年学习计划》；组织党员干部观看《一抓到底正风纪——秦岭违建别墅整治始末》专题片、《迷失的初心》警示教育片以及《问政》节目；9月27日，开展现场革命传统教育，重温入党誓词，传承红色基因。严肃党内政治生活，严格执行重大事项请示报告制度；落实全面从严治党主体责任，签订党风廉政建设责任书；坚持用制度管钱、管事、管人，严格执行《财务管理制度》《考勤制度》等“十六项制度”；对各所、股室党风廉政建设责任制落实情况、中央八项规定精神执行情况、干部作风建设情况以及执法执纪情况开展督查，做到发现一起，查处一起，绝不姑息，弘扬新风正气。

获奖情况 获“全国‘七五’普法中期先进县（市、区）”；洪岩司法所被评为全省首批“特色司法所”先锋模范型；鸬鹚司法所被评为全省第三批“五好司法所”；熊林松被评为全国维护妇女儿童权益先进个人；张金良被评为全省“最受欢迎人民调解员”。

（市司法局）

经济管理与监督

综合管理

概述 市发展和改革委员会以习近平新时代中国特色社会主义思想为指导，以供给侧结构性改革为主线，统筹推进稳增长、促改革、调结构、优生态、惠民生、防风险等各项工作，有力地促进了全市经济社会持续健康发展。

国民经济和社会发展计划执行情况 全年实现地区生产总值 340.21 亿元，较上年增长 7.8%；其中，一、二、三产分别完成增加值 36.73 亿元、162.19 亿元、141.29 亿元，增长 3.2%，8.8 %和 7.9 %；三产结构比 10.80：47.67：41.53；财政总收入 46.53 亿元，增长 7.3%；规模以上工业增加值增长 9.0 %，固定资产投资增长 10.5%，社会消费品零售总额 119.41 亿元，增长 12.3%。城镇居民人均可支配收入 37074 元，同比增长 8.0%；农村居民人均可支配收入 17919 元，同比增长 8.8%。外贸出口 23.81 亿元，同比增长 3.8%；实际利用外资 8067 万美元，同比增长 6.1%；居民消费价格同比上涨 1.3%，控制在合理区间内。

固定资产投资和服务业 固定资产投资工作实现稳定增长，同比增幅为 10.5%。全市规模以上其他营利性服务业营业收入 4.36 亿元，同比增长 29.8%。金融机构存款余额 372.0 亿元，同比增长 12.6%；贷款余额 197.85 亿元，同比增长 17.2%。共完成社会消费品零售总额 119.41 亿元，同比增长 12.3%。

项目批复和备案 全年在“江西省投资项目在线审批监管平台”共受理办结事 771 件，其中政府审批类 441 项（环资 33 项、农经 29 项、投资 271 项、项（投资 18 项、社会 20 项、农经 37 项、工业产业 240 项、商贸物流 5 项、能源 10 项），极大地拉动了全市的经济持续发展，促进了社会和谐进步。

项目申报 始终坚持对接宏观发展战略，谋划制定了综合交通、铁路、生态环保、公共服务等基础设施及补短板重点领域建设三年攻坚行动计划，围绕乐平市功能定位和区位优势，积极包装谋划申报项目。全年共申报省大中型建设项目 10 个，总投资 61.3 亿元，申报省、市、县三级联动项目 14 个，总投资 39.49 亿元。申报景德镇市重点建设项目的 41 个，总投资 158 亿元。

项目管理 以重点项目为抓手，全力推进项目工作。全年共有省重点项目 2 个，分别为洪岩风景区开发建设、生活垃圾焚烧发电建设项目，总投资 21 亿元，年度计划投资 6 亿元；共有景德镇市重点建设项目的 41 个，总投资 158 亿元。投资进度在景德镇市排名第一。2019 年全市共安排市重点建设项目 141 个（续建项目 70 个、新建项目 71 个），总投资 367 亿元，全年计划投资 127 亿元。现乐平嘉里购物中心、新港中学改扩建等 23 个项目已完工。乐港杨范工业小区、后港食品企业集聚区项目建设正在启动。

生态文明建设 大力实施“生态保护”战略，狠抓生态保护、生态修复工程建设。一是生态防治成绩斐然。2019 年，牵头科学编制了乐安河保护治理开发利用的综合规划和专业规划，启动了乐安河“一江两岸”试点工程。完成了名口镇、鸬鹚乡等九个沿河乡镇的污染农田划定工作。乐安河流域及七大入河支流地表水 I 类—III 类水体比例均达 100%，生态环境进一步优化。二是建章立制规范管理。组织召开了乐平市2019年第一次生态文明会议对相关工作进行了布置。并牵头制定了《乐平市生态环保领域基础设施补短板三年攻坚行动计划（2018—2020）》《乐平市国家生态文明试验区建设2019年工作要点》《乐平市贯彻落实长江经济带“共抓大保护”攻坚行动方案》《乐平市推进生态鄱阳湖流域建设行动实施方案》等一系列方案，现正按会议和文件要求稳步推进相关工作。

2020年国民经济和社会发展计划编制 2020年经济社会发展主要预期目标：生产总值同比增长8%左右，财政总收入同比增长5%，规模以上工业增加值同比增长8.3%左右，固定资产投资同比增长10%，社会消费品零售总额同比增长10.5%，实际利用外资同比增长6%，城镇居民人均可支配收入同比增长8%，农村居民人均可支配收入增长同比8.5%，居民消费价格总水平涨幅控制在3.5%以内，节能减排完成国家下达任务。

深化体制改革 完成了机构改革，并承接了多项深改事宜。一是“降成本优环境”持续深入。推进重点领域改革，努力打造政策最优、成本最低、服务最好、办事最快的“四最”营商环境，精准深入推进降成本优环境专项行动。成立了降成本优环境领导小组，制定了《乐平市降成本优环境专项行动领导小组2019年工作要点》，积极落实包括省182条，景德镇市36条、乐平42条在内的税费减免等涉企优惠政策，协调解决融资难、用工难等生产要素制约问题。全年共向各企业推送相关政策11000余条，发送短信700多条。开展点对点精准滴灌式辅导，走访企业90余户，发放各类宣传资料4000余份，连心卡片1035张。共召开为企专题协调会和企业现场调度会7次，成功协调落实59家企业73个问题。共为企业减负8.05亿元左右(其中:降税6.04亿元，减费3100万元，社保减负5800万元，减轻电费负担700万元，土地、房产制度性交易减免120万元，其他减负1.04亿元)。二是“放管服”改革不断深化。承接好下放审批事项。按照省里批复的实施方案中明确赋予涌山镇的管理权限，属于发改委权限的已全部下放到位，并指导、协助涌山镇做好了权力的承接。继续提高审批效率、严格执行“一次不跑”“只跑一次”改革。对所有核准目录之外的非政府资金注入方式投资的民间投资项目，实行网上备案制，使民间投资查询办理更加方便快捷。三是公务用车制度改革有条不稳。做好因职务晋升、调动单位等参改人员常规性公车补贴发放审核工作。认真做好事业单位公车改革工作，现第一批事业单位车补已到位。四是机构改革全面完成。按照《乐平市机构改革方案》要求，将原市物价局和部分煤行办工作人员，纳入了统一管理，调整了部分人员工作岗位，对原物价局和煤行办的班子成员纳入了委班子成员分工，分别分管了委机关部分业务股室。对其工作人员也进行了调整，分别调整到委机关各业务股室。从2019年开始，所有涉改人员（含退休人员）与委机关人员同样福利待遇，充分调动了大家的工作积极性，提高了工作热情，缓解了委机关人员不足的矛盾，营造了良好的工作氛围，机关作风得到有效改善，机关面貌有了新气象。

政务网络建设 不断加大市政府网络平台的建设工作力度。一是加强政务外网网络巡查。采取网上巡查和机房实地查看方式，对政务外网关键节点进行检查，确保政务外网安全可靠运行。二加大政府网站信息维护。会同相关部门及时发布政务公开相关信息。三是配合市司法局、工信委、国土局等单位做好相应的应用接入工作。四是有效地保障了全市政务外网，政务专网的整体稳定运行。全年保障的全国、全省视频会议次，未出现一起重大故障。

（市发改委）

安全生产监督管理

概述 2019年，在市委、市政府坚强领导和各乡镇（街道）、各部门、各单位共同努力下，乐平市安全生产形势持续平稳。一是事故总量和死亡人数持续下降，没有发生生产经营安全事故。二是连续17年未发生重大以上安全生产事故。三是打击非法小煤窑连续13年实现“零开采、零死亡”目标。

责任体系建设 加强组织领导，完善体制和责任体系。一是强化安全生产领导。市委、市政府高度重视安全生产工作，在市政府主要负责人担任安全生产委员会主任的基础上，由常委分管安全生产工作，市政府各副市长担任分管行业领域的专业安委会主任，确保各项安全生产工作落实、落深、落细。二是密织安全生产责任网。市委常委会一年不少于两次专题研究安全生产工作，市政府一年不少于4次研究安全生产工作，市安委会一季度1次全面部署我市安全生产各项工作任务，市安委办每月召开安全生产例会，有力推动了安全生产齐抓共管格局。各行业管理部门按照“谁主管谁负责”“谁审批谁负责”原则，认真履行职责，加强配合，齐抓共管，共同消除安全生产盲区。年初，层层签订安全生产责任书，应用综合督查、专项检查和暗查暗访等手段，确保事事有人管，件件有落实。将安全生产工作纳入年终高质量发展考核内容，实行警示约谈、“一票否决”等制度。三是强化高位督查。市委市政府主要领导经常采取“四不两直”方式，在重点时期、重点时段对重点行业领域安全生产工作进行暗访督查。

专项整治成效 1. 着力风险管控，深化安全生产隐患治理。一是坚持每月月初各乡镇（街道）、负有安全生产管理职责的安委会成员单位排查隐患，每月月底例会调度隐患排查、整改情况，重大隐患统一以市安委办的名义挂牌督办，并负责督办和验收。一年来，以安委会、安委办分别下发督办函6份，现已全部整改到位。二是履行安委办职责，全面开展各类专项整治和综合治理。在重大节假日、重点时期下发各类文件11份，指导全市安全生产工作。应急管理局组织开展对有限空间作业、动火作业、危化品仓储等高危作业场所专项整治。住建局开展了高支模、深基坑、起重机械、临时用电、临边防护等安全措施落实情况的检查；公安、消防、应急、市场监管、工信、发改、供电等部门开展电动自行车、“多合一”场所、大型综合体消防综合治理；公安交警大队、交通运输局对全市道路交通安全隐患开展排查整治；市场监管局开展了住宅小区电梯专项整治，对游乐场所、学校、医院等场所的特种设备开展现场检查；商务局、市场监管局、交通运输局开展非法汽油销售点和非法流动加油车的联合整治行动；文广新旅局对农家乐、旅游景区、旅行社开展安全生产大检查；截至目前，全市累计检查生产经营单位2700家次，排查出安全隐患6944条，现已整改隐患6939条，整改率为99.93%；其中：排查出重大隐患9条，整改完成9条，整改率达100%。乐平市政府投入资金加强铁路安全被国家应急管理作为典型事迹表扬。2. 持续深化十大专项整治和统筹推进安全生产“打非治违”百日行动。截至12月底，共宣传动员312次，悬挂标语、横幅693条，制作展板91块，发放宣传资料26280份，发送宣传短信1970条，播出公益广告1249条，开设专版专栏12期，发微信1268条，开展安全咨询314次，开展警示教育432场，开展安全培训21778人次，播出（刊发）新闻129条。开展风险、隐患自查企业557家。辨识管控风险点共5471处。创建标准化达标企业68家，风险管控示范企业48家。3. 扎实开展安全生产“三项整治”和安全生产集中整治行动。按照省统一部署，积极开展安全生产“三项整治”活动，重点在全市小微企业安全生产、“两客一危”和工程运输重点车辆、农村交通及“九小”场所消防安全范围内开展整治，精心制定方案，迅速行动，先后召开动员会、调度会推进。突出以危险化学品、建设施工安全为重点，重点整治政治站位不高、红线意识不强，安全责任、隐患排查不扎实，监管执法宽松软等问题集中整治，建立问题清单、任务清单、责任清单。严格落实危险化学品、非煤矿山、建筑施工等企业抢进度、赶工期忽视安全生产各项安全监管力度，有条不紊地布置春运安全防范工作。4. 监管执法情况。一是精准发力，提升执法威慑力。重点查处主体责任不落实企业以及无证上岗和“违章指挥、违规作业、违反劳动纪律”的个人违法违规行为。对彩云食品厂提请政府挂牌督办，并实行销号管理，应急、消防、交通、交警大队等部门已查处案件11起(不包括亡人事故)，责令三停单位27家，行政拘留33人。二是开展联合执法，克服安全监管盲区，解决安全“最后一公里”。共开展联合执法5次，先后对集鑫服饰、好又多超市、乐平灯泡厂、童家山工业园、女人服饰等企业，由安委办牵头，组织消防救援、城市管理、市场监管、工信局、公安等部门开展检查，形成高压，倒逼企业落实主体责任。

宣传教育培训 一是举办了全市乡镇（街道）、安委会成员单位安全生产分管领导、监管人员业务培训班，进一步提高安全生产监管人员的业务水平。二是积极开展宣传教育培训，积极开展安全生产“七进”活动，精心组织安全生产月活动，《江南都市报》16个版面全方位介绍乐平市安全生产工作开展情况，6月16日咨询日全市发放各类安全知识宣传材料4万余份，摆放宣传展板30余块，发放印有安全知识宣传的特制小蒲扇5000把，发放宣传手册2万余册。全市开展各类主题宣讲活动39场，开展应急预案演练活动19场次，参与演练2000余人次。

应急救援体系建设 依托消防救援大队、蓝天救援队在校园深入开展“防震、防溺水、防践踏”知识宣讲和应急演练，全市277家中小学校普及达166家以上，消防救援大队1篇《攀登》还被《人民日报》转载。“5·12”防灾减灾宣传周活动，以减灾示范社区为重点，开展不同形式的防灾减灾知识宣传和社区灾害演练。

安全监管方式创新 通过政府购买服务，“专家查隐患、应急局促落实、企业抓整改”的监管方式，解决专业人才不足，克服安全监管短板，达到了较好的效果。

获奖情况 市应急管理局被全省评为“安全生产月”优秀单位。

（市应急管理局）

财政管理

概述 市财政部门在市委、市政府的坚强领导下，在市人大、市政协的监督和指导下，以习近平新时代中国特色社会主义思想为指导，认真贯彻落实党的十九大和十九届二中、三中、四中全会精神，坚持稳中求进工作总基调，贯彻新发展理念，落实高质量发展要求，努力克服宏观经济不确定性因素增多、下行压力持续加大等各种困难，落实积极的财政政策，着力打好三大攻坚战，财政经济运行平稳有序。

攻坚克难聚财力 始终把组织收入摆在财政工作的首要位置，积极应对和克服错综复杂的经济形势、“减税降费”等结构性政策减收、刚性增支较多及防范化解债务风险等不利因素影响，积极应对税制改革，继续加强税源管理，大力培植财源，狠抓收入征管，不断健全了涉税信息共享机制，落实治税措施，强化非税收入预算管理、收缴管理、土地出让金重点非税收入征缴等各项工作，千方百计挖掘增收潜力。积极向上争资，深入研究分析财税政策，向上反映乐平市财政运行、体制机制改革和重点项目建设等情况，争取上级财力和项目支持，2019年全市财政总收入完成46.53亿元，较2018年决算数增长7.3%。全市一般公共预算收入完成31.63亿元，较2018年决算数增长20.1%，2019年争取上级补助资金29.01亿元，新增债券资金4.95亿元。

倾尽全力保民生 积极克服减税降费对财力的影响，突出重点，有保有压，2019年全市一般公共预算支出达66.06亿元，同比增长7.8%，支持全市和谐稳定大局。坚持底线思维，兜牢“三保”底线，严格落实上级财政关于“三保”的工作部署，做到了“保基本民生、保工资、保运转”，为维护经济社会大局稳定提供财政支持。牢固树立过“紧日子”“苦日子”的思想，严格预算执行，严控新增支出，确保一般性支出压减5%以上、“三公”经费再压减3%左右，不断优化支出结构。稳步实施各项社保制度改革准备工作，为企业职工养老保险基金省级统收统支，医疗保险基金、工伤保险基金市级统收统支夯实了基础，不断完善社会保障制度体系。不断优化支出结构，持续加大扶贫、教育、卫生、社会保障等民生领域的投入。大力支持脱贫攻坚，全年投入0.65亿元专项扶贫资金，让贫困户得到实实在在的收益，集中财力保障脱贫攻坚；大力支持污染防治攻坚，全年节能环保支出1.12亿元；继续加大基础教育投入，全年教育支出16.92亿元；进一步提高城乡居民基本医疗保险补助标准，建立健全了城乡居民医疗保险、大病保险和重大疾病救治机制，加大城乡居民医疗投入，全年医疗卫生与计划生育支出7.51亿元；持续加大农业投入，2019年农林水全年支出6.2亿元，同比增长11.4%，大大改善了农民生产条件、农村人居环境，广大群众的获得感、幸福感倍增。

提质增效促发展 深化“放管服”改革，不断优化营商环境。积极落实“减税降费”政策，支持实体经济发展，着力用政府收入的“减法”来换取企业效益的“加法”和市场活力的“乘法”；加快清理拖欠民营企业、中小企业账款工作，有效地激发市场主体活力，市场预期更加稳定；发放“财园信贷通”149户4.1亿元。切实帮助企业降低成本，促进全市经济转型升级和提质增效，提升企业发展活力。

坚定不移推改革 坚持把改革创新作为推进财政事业发展的强大动力，积极推进各项改革。全面加强国有资产监督管理。对全市国有资产进行全面清查核实，实现全市所有国有资产统一登记，实行经营性国有资产统一经营管理，发挥国有资产规模效应，努力实现国有资产价值最大化。稳步推进非税收入收缴电子化改革。不断完善财政票据电子化管理各项制度，截至目前，除医疗单位外，乐平市非税收入收缴管理系统已全部上线运行，有效地解决了非税收入缴费“跑两次”现象。继续深化政府采购制度改革。严格执行“任何单位和个人不得干预采购人自行选择代理机构”的规定，落实节能环保和优先购买环保产品、进口产品审核等政府采购政策，有序做好预算单位采购贫困地区农副产品相关工作。积极推进预算绩效管理改革。引入第三方对专项资金项目开展绩效评价，以财政扶贫资金为试点开展了绩效评价，不断推进绩效管理工作。认真贯彻落实全国人大对预算联网监督工作的指导意见，全力配合推动监督平台搭建，推进预算公开透明、严格依法理财的良好舆论氛围。

凝心聚力抓管理 加强了财政监督检查，在全市范围内开展惠民惠农财政补贴资金“一卡通”的违法违规行为进行专项治理，组织全市公务消费网络监管平台开展自查，进一步提高公务消费网络监管平台上线率，上线率达到91.18%。加强了政府采购，2019年，组织政府招标采购项目招标191次，中标金额4.14亿元，节约金额1622.85万元，节约率达到3.77%。加强投资评审管理。2019年，对124个政府投资建设项目进行了预算评审，报审金额17.56亿元，定审金额15.45亿元，审减额2.11亿元，平均审减率11.98%，大大地提高了财政资金使用效益。加强了政府债务管理。健全了债务管理机制，完善了债务风险防控制度，进一步加强了全市政府债务管理，坚决遏制隐性债务增量，积极化解隐性债务存量，有效地防范金融风险，2019年省财政转贷乐平市地方政府债券总计6.08亿元。其中：再融资债券1.13亿元，新增债券4.95亿元。

优化作风强队伍 努力锻造一支政治、业务、作风、形象过硬的财政干部队伍。紧紧围绕主题教育任务目标，扎实开展“不忘初心、牢记使命”主题教育。

严格按照时间节点程序，做好、做细、做实党组织换届选举工作，进一步强化组织凝聚力，提升组织战斗力。以党组理论中心组学习、支部“三会一课”、主题党日活动等多种形式，带动全体干部职工深入学习贯彻习近平新时代中国特色社会主义思想，党的十九大和十九届二中、三中、四中全会精神，习近平总书记视察江西时的重要讲话精神，牢牢把握意识形态工作主动权。积极组织参加乐平市迎七一“大学、大干、大变”党务知识竞赛并获一等奖，举办“青春心向党、建功新时代”纪念“五四”运动100周年文艺晚会、趣味运动会，“不忘初心、牢记使命”庆祝中国共产党建党98周年演讲比赛，庆祝中华人民共和国70周年文艺会演等活动，进一步强化财政干部职工使命担当。切实履行全面从严治党主体责任，严守政治纪律和政治规矩，以永远在路上的坚韧和执着，坚持不懈转作风改作风，实现作风建设常态化、长效化。多次组织专题培训，不断提高财政干部理财用财能力，着力打造高素质专业化财政干部队伍，为财政改革发展提供坚强的组织保障和人才支撑。

服务基层助脱贫 按照市委、市政府及市扶贫工作领导小组的部署，结合当前实际，坚持问题导向，理清思路，多措并举，扎实开展结对帮扶、驻村扶贫等脱贫攻坚工作，组织69名扶贫干部与贫困户开展一对一帮扶，精心选派两名驻村第一书记到镇桥镇护里村和吊钟村开展驻村帮扶工作，把产业扶贫作为重点工作来抓，科学谋划、因地制宜、多措并举，抓好了“四个一”扶贫产业，建立利益联结机制助推产业扶贫化。为帮扶村发展生态养鸡，2019年底吊钟村委会实现销售收入2万余元，12户贫困户每户获益平均1000余元；发展草莓种植，2019年底护里村40户贫困户取得了1000元左右的红利；2020年为帮扶村发展50亩油茶产业扶贫基地种植油茶4000余株，实现了经济与社会效益的双丰收，贫困户获得了相应“红利”，有力推动了帮扶村产业扶贫工作的发展，取得了较好的成效。

2019年，荣获第十五届省级文明单位称号，被景德镇市评为基层党建示范点，荣获全市落实党风廉政建设责任制优秀单位 、尊师重教先进单位、先进基层党组织。 （市财政局）

税　收

概述 国家税务总局乐平市税务局现有在职干部职工199人，有15个内设机构和6个派出机构。该局坚持以习近平新时代中国特色社会主义思想为指导，深入学习贯彻落实党的十九大和十九届四中全会精神，不断增强“四个意识”、坚定“四个自信”、坚决做到“两个维护”，按照“六大工程”工作部署，不断巩固征管体制改革成果，抓实全面从严治党、依法组织收入、落实减税降费、优化营商环境等大事要事，力促“四合”工作上新台阶，奋创乐平税务新局面，圆满完成全年各项工作任务。

组织收入 以组织收入为中心，严格落实组织收入原则。按照总局“三个务必、三个坚决”、省局“八个不”的要求，应收尽收、应减尽减，严防出现收过头税、引税、提前预收、虚收空转、异常入库等现象。2019年，该局组织入库计划口径税收收入366171万元，同比增收7713万元，增长2%。组织入库财政口径税收收入381176万元，同比增收8249万元，增长2%，顺利实现奋斗目标。

优惠政策 2019年，共为企业减免税金61868.34万元。其中：鼓励高新技术减免18664.72万元，为资源综合利用企业办理即征即退增值税4416.55万元，改善民生减免7634.97万元，促进小微企业发展减免12263.88万元，支持三农减免2591.23万元，支持文化教育体育减免549.63万元，支持其他各项事业15446.42万元。

减税降费 保障减税降费红利落实落袋，成立减税降费工作领导小组，对标对表，挂图作战，开展减税降费培训纳税人2000余人次，扎实开展第三方借减税降费服务巧立名目乱收费行为专项排查整治，联动推进政策落地。2019年，共计减税降费40522.31万元。

两险征缴 组织召开了全市两险征缴工作协调会，联合全市各乡镇机关力量强效推动两险征缴工作。进一步加强征缴工作宣传辅导力度和广度，让相关政策措施家喻户晓、深入人心，提高广大人民群众参保缴费的主动性。拓宽缴费模式，坚持线上征缴与线下委托代征相结合的模式，积极引导缴费人通过“微信”“支付宝”等平台进行线上缴费，同时确保线下委托代征现金缴费的资金安全。坚持以人民为中心，严格对照征缴工作流程、服务标准制定应急工作预案，管理好负面舆情，增强缴费人的获得感、幸福感和满意度。2019年由全市税务部门征缴入库的城乡居民基本两险4827.74万元，机关事业单位社保费36654.30万元。

主题教育 坚持抓好“不忘初心、牢记使命”主题教育活动。全局开展三期共计10天的集中学习研讨，各支部每周安排集中学习半天以上，每名党员干部平均每天自学1.2小时。组织200名干部职工登录“学习强国”App，23人以上学习积分超过12000分。组织开展主题党日、抓基层党建工作述职、组织生活会和开展民主评议党员等活动100多场，其中局党委、支部共进行主题教育党课讲授21堂，一对一、面对面谈心谈话200余人次。把握“守初心、担使命，找差距、抓落实”总要求，以“抓重点、补短板、强弱项”为主题，带着问题深入开展调研，虚心听取收集干部职工、纳税人和缴费人、党政领导和有关部门意见建议37条，党员干部对照党章找差距、深刻检视问题144条，形成检视问题整改落实台账，制定整改措施94条，并全面落实了整改时限和整改责任领导、责任单位。

纳税服务 打好“降成本、优环境”组合拳。科学整合办税服务场所资源，第一税务分局（办税服务厅）9月23日整体进驻新行政服务中心，推进“四个一”办税，落实“不打烊”式延时服务，确保纳税人便捷、高效办税。展开“滴灌式”精准辅导，累计发放宣传材料18000余份、“税企连心卡”1035张，采取纳税人学堂、税企微信群、政务网站等方式向纳税人和缴费人推送相关税收政策11000余条，各分局通过税源管理微信平台线上发送政策辅导短信700多条，推出4类82条便民服务措施。

队伍建设 加强干部业务培训学习，以“岗位练兵”“业务比武”为抓手，开展以“全覆盖、全税种、全流程、全岗位”培训，全局180名干部参加业务大比武综合检测环节，参与率达到90%，8人参加市局专业提升环节考试，其中龙盛华代表景市局参加省局大企业管理业务大比武，名列前茅。积极组织开展文明交通值勤等多项志愿服务，组织全体干部职工学习施星灿等同志先进典型，向市文明委推荐1名孝老爱亲道德模范。落实精准扶贫，共走访慰问贫困户100多户次，发放慰问物资及资金合计3万余元。走访慰问困难党员群众58人，发放慰问金54800元。

作风建设 高度重视落实管党治党的监督责任。一方面，创新党务、纪检干部学习和考核的方式，通过微课堂、讲习所等线上线下平台，定期对党务和纪检干部进行集中培训，累计培训30人次、150余课时，提升了党务和纪检监察干部的综合素质。另一方面，提升党内监督工作实效。坚持每半年听取一次纪检组工作汇报，研究做好纪检监察工作。坚持按月对“三重一大”事项制度执行情况进行监督检查，主动防止暗箱操作和腐败问题。

（市税务局）

统计管理

概述 市统计局位于乐平市为民服务中心4楼。在职干部职工共28名，其中副科级以上领导13名：书记1名、局长1名、副局长两名；总统计师1名、二级主任科员两名（其中1名待安）、四级主任科员4名、副科级队长2名。机关工作人员9名、事业工作人员5人、聘用人员1人。内设4个职能股室、3个下属事业单位，分别是人秘股、综合股、政策法规股、社会统计股、普查中心、城调队（副科级）、企调队（副科级）。

提高基层统计报表质量 实行“横向联、纵向抓、合力推”的工作方法，不定期举办各项专业培训，增强统计人员业务素质；加强与乡镇、部门的联系、协调，从领导重视上着手，确保各项报表工作顺利开展。加大“双随机一公开”统计执法监督检查力度，健全完善各专业统计数据质量审核评估机制，优化统计数据报送采集流程，提高统计数据报送效率，确保统计数据真实可靠、及时全面。同时，本着成熟一个打造一个的原则，下拨资金进行乡镇统计站标准化建设，规范基层基础；对联网直报员实行补助，提高了报表人员工作积极性，利于基层人员把好数据的进出口关，形成强有力的工作合力，做好数字的统计员。

提升统计数据分析能力 以强化统计分析为抓手，组建统计分析课题组，领导以上率下，要求专业统计干部均要承担统计分析任务，努力形成全员参与、争先恐后的统计分析研究氛围。鼓励全体人员深入市场，开展调研，敏锐地捕捉各类热点（金融存贷比、妇儿两纲）和亮点（新中国成立70周年）信息，多出分析精品，做好数据的分析员。

增强经济形势预测水平 要求各专业在统计报表中发现新情况（如某企业产值环比下降明显、某项目投资后续资金不到位等），要及时向相关单位了解出现问题的原因，采取相应的措施，提出新的发展的思路，准确判断未来经济走势，做好形势的预测员。

健全部门信息预警机制 充分发挥统计监督职能，对各部门进行全面、系统的监测和预警，对有些不切实际的部门统计数据进行查证，加强部门间的沟通，以促使国民经济按照客观规律的要求持续、健康、协调发展。遇到本部门不能解决的问题，及时向市领导汇报，做好信息的预警员。

提高信息咨询服务水平 充分利用“数库”的优势，多出统计产品，做到月有《统计月报》、季有《统计资讯》、年有《统计年鉴》和《乐平市情》，以准、快、精为方向，第一时间向市委、市政府领导和社会公众提供翔实有力的统计资料，提升统计信息服务水平，做好民众的服务员。

新增入库工作 从新增入库企业工作来看，乐平市新增企业有新的突破。2019年全市新增入库企业63家，退库两家，净增61家，净增数完成目标（31家）的196.77%。其中规模以上工业新增11家、限上贸易新增27家、房地产新增6家、规模以上服务业新增17家退库2家净增15家、资质内建筑业新增两家。新增企业不断增加将对乐平市经济增长提供强大后劲。

抓好乐平市第四次全国经济普查工作 召开了全市经济普查业务人员培训会，组织开展第四次全国经济普查的正式登记工作和抽中样本个体户的登记工作；对乡镇做好经济普查正式登记进行督促指导，完成了经济普查数据PAD录入、上报、审核和普查数据开发应用工作。在6月20—22日为期3天全国第四次经济普查事后质量抽查工作中，得到了国家检查组的肯定。

荣誉 国务院第四次全国经济普查领导小组授予王娟同志第四次经济普查国家级先进个人，中共乐平市委员会授予中共乐平市统计局支部委员会全市先进党支部。 （市统计局）

国家统计乐平调查

概述 国家统计局乐平调查队紧紧围绕国家统计局、江西调查总队和乐平市委、市政府的工作重点，认真贯彻落实习近平新时代中国特色社会主义思想和党的十九大及十九届四中全会精神，从严从实推进“不忘初心、牢记使命”主题教育，以党建为核心，以全省统计调查工作会议精神为指引，以加强本队工作薄弱环节、夯实基层基础、防范统计造假为重点，以提高调查工作质量和优质服务水平为主线，以提高干部素质和实现乐平调查队工作全面发展为目标，认真履行基本职能，全面推进党风廉洁建设及常规工作的开展，持续强化调查服务能力，突出调查队“轻骑兵”优势，全面优质地完成了各项工作任务。

规范基础专业调查 住户调查不断强化规章制度建设。根据江西调查总队《住户调查规范化标准》和住户一体化的总体要求，乐平调查队在住户调查工作制度的基础上进行了修订和完善，制订了《居民收支调查工作规程及质量管理制度》；进一步完善了《城乡住户调查优秀辅调员及记账户考核管理办法》等工作制度，及时完善台账管理制度。不断加强对辅助调查员和记账户的培训，采取集中培训和分批次逐户入户培训相结合的方式指导记账工作。农产量调查进一步规范调查工作程序。为了标准化、规范化、科学化地开展调查工作，乐平调查队在总队《农作物抽样调查制度》的基础上，对农产量专业调查中，水稻放置样本、收割样本、脱粒、晾晒、过称等实测操作全工作流程及具体操作要求进行了细化，对农业调查工作进行规范的目标管理，充分调动了辅助调查员的工作热情，工作水平得到有效提高。积极做好畜禽监测调查工作。2019年根据国家统计局要求要对畜禽监测调查情况进行全面摸底，乐平调查队按照总队畜禽样本调整会议要求积极布置，与畜牧局和各乡镇联合，下乡逐户摸清调查范围内的样本，为更好地做好畜禽监测样本轮换打下基础，2019年以来新畜禽监测样本调查工作得以有序开展。劳动力调查有序进展。按照全省劳动力调查会议精神和《全国劳动力调查方案》，乐平调查队认真组织学习，吃透调查方案，提高调查技巧，提升数据质量。乐平调查队坚持每月督促与检查调查员上户入户调查、每月陪访、每月PDA维护更新，并认真做好数据评估等工作，对当月与上月数据的变化做好说明工作，确保劳动力数据真实、可靠、及时。

加强培训提升业务水平 定期召开各专业基层调查业务培训会议，对乡镇统计员、辅调员和记账户等进行了专题培训。一是强化政治站位，狠抓任务落实。深刻领会国家调查制度精神，学习传达了总队各专业调查培训会议精神，要求各调查网点要高度重视，认真组织，精心调查，确保高质量、高时效地完成统计调查工作。二是强化风险意识，严明工作纪律。强化相关统计法律法规学习，深入学习防范和惩治统计造假弄虚作假相关责任规定，严格落实统计调查制度，筑牢廉政法纪思维，严守统计底线，确保源头数据真实准确完整及时。三是强化操作实际，提高数据质量。贯彻落实各专业调查全流程操作规范等方面进行详细讲解，确保调查员学深吃透。现场培训结束后，对调查员提出的疑难困惑进行现场一对一解答，起到较好的释疑解惑作用，确保调查员真正搞懂弄通，以精湛的业务技能投入调查工作。 （乐平调查队）

国有资产管理

概述 在市委、市政府的坚强领导下，市国资办全面贯彻执行市委市政府的决策、决议，规范和加强乐平市国有资产监督管理，不断提升监管能力水平，做强做大国有公司，较好地完成了各项工作任务。

党建工作 定期召开党建工作会议，研究部署党建工作，制定年度工作计划，讨论重大事项。开展系列活动，掀起习近平总书记视察江西重要讲话精神和“不忘初心、牢记使命”主题教育学习热潮。严格按程序召开专题组织生活会，认真对照检查、严肃开展批评与自我批评，查摆问题、提出整改措施、建立整改台账，并跟踪检查落实整改情况。加强意识形态工作建设，将意识形态工作纳入党建工作责任制，坚持意识形态工作原则，全力打好意识形态工作主动战。扎实开展“主题党日”活动，按照市委组织部文件要求，通过丰富的活动载体，进一步强化党员的党性观念，着力提升激发党员干事创业热情。

发展国有公司 按照市委、市政府关于组建八家国有公司的部署，新注册成立了乐通发展、容斋文化、洎农农业、乐旅旅游等一批国有公司。紫泽公司、翥山公司、乐通公司三家公司已根据经营范围开始启动运行，为实现经营目标迈出了坚定的步伐。各公司之间共同发展，互相支持，发挥彼此之间的整合效益，业务之间的相互支持，为公司的发展壮大贡献力量。

整合盘活国有资产 对全市所有国有资产进行清查核实，实行国有资产统一登记，经营性国有资产划转国有公司实行统一经营管理，盘活整合国有资产资源，发挥国有资产规模效应。已完成第一批、第二批清产核资工作，通过政府常务会审定了资产划转清单，划转资产预估值约15亿元，国资公司已接收资产72处（其中住建局3处保障房小区资产包含225间商铺），完成办证241户，划转国资公司的资产已完成公开拍租第一批店面。国有企业的并表工作正在推进，已委托审计机构进行专项审计，为股权划转打基础，乐平市城市公共空间管理和服务有限公司并表已经完成，有效做实了国资公司资产，增加了现金流。持续加大土地等资产注入，壮大国有公司实力。积极参加土地竞拍，组织资金成功竞拍摘得土地累计500亩，全年总共注入资产约13亿元，新增资产总额达17亿元。

国有资产监管工作 在强化国有资产日常监督管理的基础上，加强了国有公司的监督管理，有效地提升了出资监管机构的履职能力。对委派监事制度进行了完善，进一步明确了监事干部队伍和职责；完善了财务总监制度，整合财政、国资人才资源，委派了财务总监；开展了国有公司财务检查。

项目建设工作 江维电化棚户区改造项目，34栋主体建筑及地下室已全部封顶，主体检测全部验收合格，正在实施内外装饰及附属工程。停车场建设项目，规划新增京东广场、昌平南路、岁有巷、苗圃共4个停车场总计465个泊车位，均已建成投入使用。南内河棚改安置房建设项目，已有9栋楼进行施工作业，基础已完成，其中7栋已完成主体一层及以上。童家山安置房建设项目，工地板房、冲洗平台等临时设施已搭设，施工图设计基本完成。

安全生产工作 始终牢记“安全第一”，每季度积极开展安全生产隐患排查和专项整治行动；节假日期间，加强安全督查，有效防范和坚决遏制安全事故。2019年，全系统未发生群体性事件和安全生产事故，较好地维护了一方的稳定，为谱写新时代江西改革发展新画卷的景德镇篇章贡献乐平力量做出了应有的贡献。 （市国资办）

审计监督

概述 乐平市审计局人员编制39人，在编49人。内设有综合股、财金股、经责股、行政事业股、固定资产投资审计股、法规审理股、电子数据股，下设乐平市国家投资建设项目工程预决算审计中心和乐平市经济责任审计中心。

机构改革 成立中共乐平市委审计委员会，市委审计委员会办公室设在市审计局，接受市委审计委员会的直接领导，承担市委审计委员会具体工作，研究提出在全市审计领域坚持党的领导、加强党的建设的政策建议，组织研究全市审计工作战略、规划、重大政策和改革方案，协调推进和督促落实市委和市委审计委员会决策部署，研究提出年度审计项目计划等。设市委审计委员会办公室秘书股，负责处理市委审计委员会办公室日常事务。市审计局的内设机构根据工作需要承担市委审计委员会办公室相关工作，接受市委审计委员会办公室的统筹协调。

审计成果 全年共完成审计项目68个，其中：财务收支审计项目21个，经济责任审计项目9个，查出管理不规范金额3642万元，归还原渠道资金634万元，上缴财政金额212万元，固定资产投资审计项目38个，送审金额7.59亿元，核减金额6960万元，提出合理化建议165条。

党建工作 深入开展“不忘初心、牢记使命”主题教育工作，引领全局干部职工牢固树立“四个意识”、坚定“四个自信”、坚决做到“两个维护”；完善意识形态工作机制，强化政治建设，先后完善了《乐平市审计局党组意识形态工作责任制实施方案》《意识形态工作考核制度》《意识形态工作责任追究制度》；深入开展“两学一做”常态化教育，做好了全局党员党的十九大精神、十九届四中全会轮训工作，抓紧抓实“学习强国”App、干部教育在线网等学习方式。同时，开展丰富的主题党日活动和组织全局党员赴十里岗篁坞方志敏烈士故居、上饶集中营开展了实地党课教育活动，以及庆祝建党98周年系列活动，集中收听收看庆祝新中国成立70周年、《榜样4》和在烈士公祭日开展纪念活动；各党支部完成新一届支委换届、新调入党员组织关系接转、发展对象转预备、各季度党费收缴工作；组织党员进社区兼任功能性党组织委员和开展慰问浯口敬老院、责任区卫生清扫等活动，并在七一期间慰问困难党员、退休生病党员等，2019年，市审计局发展了党员两名。

政策措施贯彻落实跟踪审计　开展了扶贫专项资金政策措施落实情况跟踪审计，重点揭示政策措施落实衔接不到位、项目资金拨付不及时等问题，提出审计意见和建议，促进各项惠民政策落到实处。

财政审计　重点审计了预算管理、国库管理、各项基金运行情况、非税收入征管等五个方面，并对5个部门单位的预算执行情况进行了延伸审计。通过审计，共发现预算编制不科学、财政专户结余金额大，未及时发挥使用效益等问题，并提出了合理化建议8条，进一步提升了政府防风险意识和加强财政管理。开展了对2018年同级审中发现的问题专项督查，并及时向市人大常委会报告，得到市人大常委会高度认可。

固定资产投资审计　认真贯彻落实审计署办公厅关于进一步严格规范投资审计工作的通知，退出工程建设管理议事协调机构。同时，全面推进政府投资审计工作的开展，充分开展社会中介审计，有效地为政府及建设单位堵塞了漏洞、规范了基本建设程序、节约了建设资金，对投资建设中存在的一些问题，提出了相应的审计意见及建设，为促进政府投资建设的规范发展提供有力保障。

经济责任审计　根据上级审计机关要求，设立经济责任审计工作联席会议；认真贯彻绿色发展理念，开展了对双田镇、后港镇、名口镇、卫计委、商务局等乡镇或部门的原主要领导经济责任审计，以及对礼林镇原书记的自然资源资产离任审计工作，通过开展领导干部经济责任和自然资源资产审计，推动领导干部切实履行自然资源资产管理和生态环境保护责任，助力经济高质量发展。

专项审计　积极配合省审计厅开展对乐平市基本公共卫生服务补助资金、环境大整治等进行专项审计。同时，还开展了清理拖欠民营企业及中小企业账款和对民用爆破器材专营公司、保安服务公司、江西食品厂、乐平市烟花爆竹专营有限公司等四个单位的专项审计工作，以及做好环境整治和征地拆迁资金专项审计调查，进一步促进政府理清债务、提高政府资金的使用效益。

内部建设　组织相关人员到景德镇市审计局就财政同级审、政府工程投资、法规审理等方面进行了学习交流，并参加了《宏观经济与区域经济发展》、《宪法》知识讲座；通过以审代训，抽调人员参加省审计厅组织的江西银行的审计项目和景德镇市审计局组织的经济责任审计项目；选派1人参加省厅组织的计算机中级审计培训班，并向社会招聘1名财务审计人员；通过参加省审计组织的每月一训，江西省干部网络培训、审计干部网络培训等培训，不断提高审计人员理论水平和业务水平。

其他　深入推进精准扶贫工作，局党组认真贯彻落实省、景德镇市和乐平市脱贫攻坚工作会议精神，专题研究，统筹安排，强化扶贫工作领导责任制，落实第一责任人，并开展“帮扶解困”送温暖和献爱心捐款活动，分别到帮扶村走访慰问，并在节日期间为困难家庭送去了慰问物质。截至目前，市审计局已为帮扶村后港镇菱田村争取项目和拨付资金14万元。同时，加大产业扶贫力度，号召全局干部职工购买帮扶户的产品。并在支持帮扶村在2018年种植金针菇的前提下，再增加种植芹菜，现已基本产生效益。深入推进“双创双修”工作，认真做好省级和景德镇市文明单位创建工作，通过开展丰富的文化的生活，营造和谐团结向上的氛围，激励审计人员爱岗敬业，忠实履行审计监督职责。被评为江西省十五届文明单位。同时按照《乐平市“双创双修”路长制和共建社区工作方案》对责任路段进行了巡查和积极推动全市绿色殡葬改革工作和组织人员做好防汛各项工作。深入推进扫黑除恶专项斗争工作，配齐配强扫黑队伍，组织全局干部职工对扫黑除恶专项斗争应知应会知识进行测试两次和广泛宣传，仔细摸排线索，并在审计过程中，重点关注侵占国有资产的情况。深入推进“五型”机关建设。根据“放管服”改革要求，认真清理并完善乐平市行政服务事项权利清单，创新审计服务方式，优化审计工作流程，大力推行一次性告知制、审计流程公示制等，着力改善和兑现政务办事只跑一次、一次不跑服务承诺，实现审计服务提质增效；启动事业单位公车改革，并已改革到位。（市审计局）

市场管理

概述 市场监督管理局积极履职，大力加强市场监管，深入推进市场整治，扎实有序推进了各项市场监管工作。全市新发展私营企业1532户、个体工商户4717户、农民专业合作社150户；立案查处各类经济违法案件356起。

优化服务发展 积极营造“四最”营商环境，服务各类市场主体发展。充分发挥合同管理职能作用，备案登记房地产格式合同5起、房产中介格式合同9件，现场监督拍卖1起，办理动产抵押登记7起，注销抵押登记4起；加强消费者投诉举报平台制度建设，受理消费者投诉657件，办理12345政府服务热线转办件770件，全部办结，有力地维护了消费者合法权益。

深化信用监管 督促列入严重违法行为的受限法定代表人办理变更登记23户22人、注销登记5户，移出异常名录95户，归集上传企业信用监管信息数据5912条；通过电话、宣传单、微信朋友圈、上门走访等形式，在超市、银行、公交车LED灯牌等醒目位置，积极开展年报信息公示宣传，全年企业年报率92%、个体工商户年报率94%、农民专业合作社年报率91%。

加强计量检测 认真抓好计量器具的检定，坚决杜绝不合格计量器具的违规使用。全年共检定计量器具3038台件，调试失准计量器具246台。

食品安全工作 围绕节日市场、“两会”、中高考期间和中小学生田径运动会等重要时间节点，狠抓食品安全，全力保障“舌尖上的安全”。共检查经营户3300多户、生产企业51家、小作坊114家、学校食堂46家、幼托机构食堂224家、单位食堂17家、保健食品经营单位63家，抽检食用农产品1549个批次、餐饮食品159个批次、桶装水4个批次、米粉24个批次、沙琪玛12个批次、油条12个批次，收缴劣质、过期、垃圾食品550多公斤，收缴假冒牛栏山白酒177箱，立案查处食品违法案件83起；加大“非洲猪瘟”工作防控力度，严防未经检验检疫的猪肉及其制品流入市场，收缴未检疫的“白条肉”239斤，下达责令改正通知书8份。

药械安全工作 深入开展药品、医疗器械安全整治，检查生产企业3家、批发企业1家、零售药店135家、医疗器械经营单位20家、药品使用单位640家，下达责令改正通知书49份，监督销毁超过有效期的疫苗520支，抽检药品30个批次，立案查处药品违法案件6起、当场处罚9起，立案查处医疗器械违法案件3起。

特种设备安全工作 认真履行特种设备安全监察职责，按照安全生产十大专项整治要求，全面推进特种设备安全专项整治活动。共检查压力容器1315余台、电梯150台、锅炉63台、场内车辆69台、起重机械58台、游乐设施6台，立案查处特种设备违法案件13起。

市场专项整治 抽样送检化肥52个批次，根据群众举报，就地封存“富瑶”和“红彤彤”问题磷肥15吨，立案查处经营不合格化肥案件9起；深入开展商标专用权保护，立案查处商标侵权案件12起；督促不符合广告行业标准的37家单位进行变更登记，与广告经营单位签订广告发布信用承诺书57份，约谈广告经营户10户，开展了打击涉嫌非法集资广告排查清理工作，立案查处违法广告案件7起，当场处罚7起；开展网络巡查1700余次，实地检查网络实体店8户，处理网络消费投诉57起，下达责令改正通知书11份，立案查处网络经营违法案件1起；加强工业产品质量安全监督检查，抽检手机、电缆、瓷砖等产品34个批次；深入推进成品油市场整治，检查加油站（店）24家、运输车1台、储油点1个，抽检成品油36个批次，下达责令改正通知书18份，立案查处产品质量不合格案件44起。

主题教育工作 按照市委“不忘初心、牢记使命”主题教育工作要求，围绕“守初心、担使命，找差距、抓落实”的总要求，将学习教育、调查研究、检视问题、整改落实贯穿始终。组织副科级以上领导干部专题读书班、党员集中培训、上党课、开展专题研讨，使党员干部静下心读原著、学原文、悟原理；副科级以上干部坚持问题导向，聚焦市场监管问题困难、聚焦监管对象诉求等确定调研主题，深入基层一线找问题、查原因、定措施，集中召开调研成果交流会，积极推进成果转化运用；按照“四个对照”“四个找一找”，认真检视，深刻剖析，明确整改方向和举措；结合学习调研时发现的问题以及检视出的问题，确定整治重点、明确整治责任，即知即改、立行立改，真刀真枪解决问题。

加强作风建设 认真落实作风纪律，坚持把纪律和监督挺在前面，严格考勤和请假制度，不定期深入各下属单位开展执法办事、廉洁自律、作风纪律等方面的明察暗访，深入整治“怕、慢、假、庸、散”作风顽疾，规范干部职工从政行为。

扫黑除恶工作 深化扫黑除恶专项斗争，局领导班子成员分别带队深入各类市场，通过走访、约谈、座谈会等形式，开展宣传、督导、排查工作，发放统计表1000余份，力求工作实效。全年向市扫黑办上报线索4条。

“双创双修”工作 牵头组织开展了“五小”行业专项整治，对1300户餐饮店建立整治工作台账，制作、发放餐饮食品安全分级量化信息公示制度牌1200套；加强责任路段巡查，与临街商铺业主签订《商店门内达标责任书》618份，发放宣传手册2000份；组织了东门农贸市场临时搬迁安置工作。同时，局领导班子成员挂点分片，每周不定期下到分局督促指导“双创双修”整治工作，杜绝“脏、乱、差”，确保干净卫生、整治有序。

（市场监督管理局）

行政服务

概述 市行政服务中心坚持“大学大干大变”，积极助力“放管服”改革，大力创新审批方式，优化简化审批流程，倾力推动“最多跑一次”改革，打造“一窗式”服务平台，大力优化乐平市营商环境，努力打造实体大厅、网上大厅、移动客户终端、微信公众号、政务服务热线平台“五位一体”的政务服务新格局，为企业、群众提供了快捷高效的服务。一年来共受理行政审批和服务事项68076件，办结率达100%，群众满意率达99.9%；完成各类公共资源交易项目359宗，成交价为459736.57万元，增收节支共17400.92万元。

坚定政治引领，抓好党风廉政教育工作 严格按照“不忘初心、牢记使命”主题教育的要求和部署，通过班子成员深入基层调研、带头上党课、请专家讲党课等形式，依托党工委中心组学习、“主题党日”、周一例会、“新时代”讲习所文明实践中心、“江西干部网络学院”“学习强国”App等形式，进一步深刻理解习近平新时代中国特色社会主义思想和党的十九大、十九届四中全会精神的重要内涵和意义，始终把党风廉政建设和反腐败工作作为重要工作，与重点工作同部署，同推进，同落实，同考核。层层签订《行政服务中心2019年党风廉政建设责任书》，定期听取班子成员工作汇报和班子成员个人廉洁从政情况报告，认真查摆党工委和个人在作风建设方面存在的问题，开展批评和自我批评，通过主题教育，中心全体党员干部的思想认识和工作能力都有了较大提升。

政务服务工作 1. 加快推进新政务大厅规范化建设，政务服务管理工作全面提质。总投资3000多万元的政务服务大厅2019年4月28日正式开工，9月23日投入运行，新政务服务大厅建筑面积8300多平方米，集成了“7+2+1”功能区，即7个高频审批服务事项专区（不动产登记集成服务、办税、社会保障和就业、医疗报销、公积金服务、出入境管理、婚姻登记），两个并联办理事项专区（企业开办“一窗受理”、建设工程项目“一窗受理”），1个行政审批事项“一窗受理”专区，进驻单位35家、进驻事项1221项，全市依申请类事项90%以上项目已进驻，基本实现了“进一扇门”办所有事的工作目标。结合省政府要求全省各地2019年底前完成政务服务“好差评”建设工作的要求，政务服务“好差评”建设与新大厅建设同步进行，拟定《乐平市政务服务“好差评”实施方案》。同时，制定了《乐平市行政服务中心窗口工作人员行为规范》，根据日常考勤巡查，每季度评选5名“先进工作者”和5个“红旗窗口”。组织开展“互联网+政务服务”“行政许可法”等主题业务培训，增强窗口工作人员综合素质提升。完善网上行政审批系统平台，各类信息查阅平台，政务服务排队叫号、群众满意评估系统。设置医保社保自助查询系统，设立母婴室、添置5台净水设施等便民利民设施，开展免费复印服务。大厅配备了高拍仪、证照打印机等统一的办公设备，设立了24小时自主服务区和网上办事大厅体验区，进一步完善服务功能设施。率先在全市成立第一家工会“志愿者服务站”。人员管理方面，举行政务礼仪培训，要求窗口工作人员统一着装和佩戴胸牌，办理过程中一律使用规范语言和标准手势，规范了政务服务行为。服务制度方面，严格落实首问负责制、限时办结制、服务承诺制、一次性告知制等制度，全面推行上门服务、代办服务和亲切服务，建立了错时和延时便民服务制度，开通了老年人、残疾人无障碍办事通道，提供帮办、代领办、预约服务等便民制度，为群众提供优质、高效服务。

2. 稳步推进“一网通办”工作，拓展提升“赣服通”功能。将市本级部分事项纳入了全省“一窗式”受理平台，实现了网上受理。完善“一窗式”平台对接、“一链办理”机制，抓好“一次不跑”的基础性工作，提升政务服务事项网上可办率。2019年8月10日，乐平市完成了“赣服通”分厅建设，首批81个事项实现群众手机端自助办理。

3. 全力推进“最多跑一次”向乡镇延伸。进一步加强了基层便民服务中心建设，按照要求进行标准化建设的指导，督促各乡镇积极使用“一窗受理”平台受理接件，并定期对应用情况进行通报，实现“一个窗口对外”，让群众办事“只进一扇门”，市人社局、市民政局、市医保局等单位积极研究，推进行政审批权力下放工作。

公共资源交易工作 按照国家有关公共资源交易平台整合的要求和功能区域需求，中心对交易场所的功能设置进行了科学规划和精心设计，实现了物理隔离、电子监控、一站式服务、在线监督等一体化平台的既定功能，以科技手段体现人性化服务，实现了功能布局合理、场所管理规范、业务流程顺畅。系统整合，互联互通。积极探索创新“互联网+交易服务”思维理念，全力推进公共资源交易“一体化”平台系统建设工作，初步完成“一网三平台”建设，全面实现政府采购、工程建设项目登记、信息发布、场地预约、专家抽取、投标保证金收退等全流程电子化。实现了省、市两级信息化平台互联互通，资源共享，建成了涵盖公共服务、交易受理、交易组织、交易评审、行政监察及综合管理的公共资源交易信息化平台。项目进入中心交易，按固化流程规范操作。中心专业化的交易设施和服务，有效地促进了交易质量和效益的提高。

积极开展扶贫帮困工作 建立工作机制，落实帮扶政策。围绕“两不愁，三保障”和“四个好”目标，深入开展“一帮一”结对帮扶工作，采取一名科级党员帮扶干部联系一户贫困户的形式，深入贫困户了解真实情况，建立“一户一策”扶贫档案，根据实际情况制定长期有效的脱贫措施和帮扶制度。一是对有劳动能力的困难家庭，通过资金扶持、技能扶持、就业扶持等多种形式，坚持“输血”与“造血”相结合，引导和支持其依托现有政策脱贫致富。二是对既无劳动能力、又无生活自理能力的残疾人家庭，由中心出资出力，帮助其改善生活状况，增强其生活信心；对有望康复的残疾人员，积极开展医疗救助活动，切实保障残疾人能够得到及时有效地救助。三是对贫困户儿童、孤儿，提供助学保障，帮助其顺利完成学业；对既无劳动能力、又无生活自理能力的孤寡老人，发动党员干部、群众出资出力，帮助其改善生活状况。完善相关台账，严格督查考评。按照“一户一策”的原则，制定完善贫困户帮扶台账。按照中心年度帮扶实施方案要求，完善帮扶干部下村时间、地点、人员、走访对象、工作内容，收集群众诉求以及解决措施等方面的工作台账。中心严格按照实施方案的规定，将帮扶工作落实情况纳入个人年度目标考核机制，对帮扶工作消极应付、不负责任、工作不力的给予严肃处理。

（市行政服务中心）

土地矿产管理

概述 乐平市自然资源和规划局按照“强基础、提质量、优服务、促发展”工作目标，立足规划引领、保护优先，节约集约、聚焦聚业工作思路，尽心尽责、规范管理、对标对表，切实提升服务保障和资源保护能力，自然资源和规划各项工作成效显著。

保障经济发展 编制完成2019年“批征供”三计划。完成了“两规”融合修改项目，总面积1999.56亩，规划修改面积1668.62亩。呈报农用地转用和征收面积7501.64亩，农民建房400亩。办理项目用地预审128宗，面积51046.89亩。挂牌出让54宗土地，面积2612亩，成交价款32.72亿元，创历史新高。办理二级土地市场交易1817宗；二手房交易1849宗。完成土地征收50宗，面积6700亩。拆迁房屋273栋，未发生一起因拆迁进行上访事件。

推进资源保护 建立耕地保护措施，层层签订责任状。完成30.38万亩高标准农田建设上图入库。严格执行耕地占补平衡政策，加大土地开发、城乡增减挂钩、旱改水、高标准农田建设等项目投入，耕地面积同比增加1774亩，确保全市耕地保有量不低于86.74万亩，基本农田保护面积不低于76.8858万亩，获得2018年度全省耕地保护优秀县市荣誉称号，获得省政府120亩新增建设用地计划指标奖励。全面启动山水林田湖草——矿山生态修复综合治理详细调查和规划编制，大力推进绿色矿山建设，恢复治理了沿沟煤矿、桥头丘煤矿、万山煤矿等一批废弃矿山生态环境，治理面积9520亩，恢复植被1670亩，复垦土地185亩。实施36个占补平衡土地开发项目，新增耕地面积9770.02亩。实施7个旱改水项目，新增耕地面积3168.16

亩。编制完成《乐平市矿产资源分布及经济效益分析报告》《乐平市矿产资源总体规划（2016—2020)》。完成采矿权有偿处置工作，共收取采矿权出让收益1.15亿元。完成7次有证矿山检查工作，共检查矿山300余座次，检查中发现4座矿山有越界开采行为，已立案查处。

严格执法监察 打击“两违”596起，占地面积4605平方米，拆除违法建筑物68272.7平方米。发现自然资源各类违法行为62起，立案查处自然资源违法案件27宗，移送涉嫌刑事犯罪案件4宗，刑拘1人。完成2018年度卫片执法检查及国家自然资源督察南京局2017年例行督察问题整改工作，对89宗不纳入“大棚房”问题专项清理整治范围用地进行整改。积极做好违建别墅问题专项清查整治工作，摸排上报208个问题，核查举证省级下发疑似违建别墅图斑202个，合计410个，对认定的两栋违建别墅已彻底拆除整改到位。完成了11个房地产项目用地的复核验收。举证消化批而未用土地3024.47亩，消化周期由3.7年降至1.9年，获得省政府100亩新增建设用地指标奖励。完成2011年第三批次集镇建设用地等7个批次建设用地区位调整，调出地块709.27亩，调入地块683.94亩。深入推进“放管服”改革，完成94项行政权力事项的录入。举行基准地价调整、拟征收土地、规划核实、增减挂听证会104次。办理信访事项123件、受理12345热线工单508件。扎实开展扫黑除恶专项活动。

维护群众权益 组建自然资源和规划行政综合服务中心窗口，颁发不动产登记业务23088件，解决不动产登记历史遗留问题386件。整理档案资料39325份，成功承办全省自然资源系统档案规范化管理经验交流会。按照地灾防治工作方案，建立值班、巡查排查制度，完成汛前1079处地质灾害隐患排查。全市共发生6起地质灾害险情，由于措施得力及时未造成人员伤亡和重大财产损失。成功举办“乐平市2019年山洪暨地质灾害人员转移应急演练”。

不断强化基础 第三次全国国土调查初步成果完成数据建库。增减挂项目立项报备4037.91亩。全面完成农房一体确权登记发证外业调查。推动不动产数据整合建库和不动产登记系统升级扩容建设。率先在全省建成数据库、台账和档案三位一体的“一张图”调绘信息系统，建立自然资源“一张图”大数据完整框架。完成与政务平台、税务、“赣服通”数据共享，增量数据同步。新建、维修改造的12个自然资源和规划所的办公用房全部投入使用。名口自然资源和规划所办公用房建设已立项，正在加快建设，计划2020年5月交付使用。做好2018年度考核及7名退休人员工作。编制机构改革“三定”方案，机构整合顺利完成。测绘各类项目地块面积7319.34亩，已启用1980平方公里地形图初步成果和2000坐标系成果转换。制定出台《乐平市农村房地一体确权登记颁证专项工作方案》《占补平衡及城乡建设用地增减挂钩土地整治复垦项目工作实施方案》《关于组建乐平市打击“两违”和矿产资源违法行为行政执法大队实施方案》等规范性文件。

（市自规局）

物价管理

概述 一是加强价格监测预警。坚持每周两次赴各大市场采集居民生活必需品74个品种的价格，并及时上报给省、市价格监测部门，对可能引发价格异常波动的倾向性、苗头性问题及时预警。二是认真开展价格认证工作。全年共办理各类财产价格认定案件160件，认定金额约400万元，为司法部门提供了办案依据，在法律规定的时限内无一例复核裁定的案件，结案率达100%。三是积极应对价格波动。针对猪肉价格上升的情况，4月启动应急机制，主动作为，精心协调民政局、退伍军人事务局、

人社局等单位开展临时补贴发放工作，全年发放补助金额475.66万元，确保了我市经济社会稳定向前。（市物价局）

住房公积金管理

概述 景德镇市住房公积金管理中心乐平办事处负责乐平市行政区划内的住房公积金归集、管理、使用等工作，共有干部职工20名。现已开通赣服通、手机公积金App、支付宝查询，网上办事大厅，12329热线等网络便捷服务，让职工足不出户办理公积金业务。

公积金业务不断扩大 2019年，共归集住房公积金3.92亿元，历年累计归集住房公积金25.5亿元。办理各类提取3517笔，提取合计1.63亿元，历年累计提取住房公积金9.14亿元。发放个人住房贷款2.3亿元，发放个贷户数629户。历年累计向8210户家庭发放个人住房公积金贷款17.9亿元。截至12月底，已有356个单位，29027人建立了住房公积金制度，其中非公单位96个，缴交人数7715人，占总人数的26%。

“放管服”改革 2019年，按照“放管服”改革要求，基本完成了柜台柜面服务整改、“赣服通”功能上线、公积金业务“一窗受理”和“一网通办”、“互联网+监管”系统平台化建设。同时，也加快了公积金业务掌上办理速度，将提取、贷款等基础业务全部移植到了手机平台上，办事职工只需动动手指，相关业务就可在几个工作日之内办理完成，真正做到“让办事职工少跑路，让数据多跑路”。下一步，管理中心将继续围绕“放管服”改革，加大信息化建成，提高离柜率，着力打造“智慧公积金”，实现线上办理“一次不跑”。

（市住房公积金管理办）

农业农村

综　述

概述　农业农村局在市委市政府的正确领导下，把握农业农村优先发展方向，以实施乡村振兴战略为总抓手，牢牢把握稳中求进工作总基调，落实高质量发展要求，对标对表全面建成小康社会必须完成的硬任务，抓重点、补短板、强基础、扬优势，巩固提升农业供给侧结构性改革，在“大学、大干、大变”中加快乡村振兴步伐，坚定信心，保持定力，求真务实，坚定不移推动各项任务顺利完成。

粮食安全　全市粮食播种面积达95.31万亩，其中早稻种植面积25.77万亩、中稻种植面积32.97万亩、二晚种植面积29.16万亩、旱粮种植面积7.41万亩。水稻良种覆盖率达97%以上，其中主推品种覆盖率86%。粮食总产达40.67万吨，比上年同期增加3200吨。落实强农惠农政策，保障农民种粮基本收益，做好耕地地力保护补贴与稻谷补贴工作。同时，积极发展高档优质稻、再生稻、粳稻等特色粮食生产基地。粮食生产能力稳中有升，继续巩固我市粮食主产区地位。推动优势产业向优势区域集中，建设和巩固粮食生产功能区、重要农产品生产保护区、特色农产品优势区。认真执行国家粮食收购政策，切实保护种粮农民利益。

“菜篮子”保供稳价　随着蔬菜新品种、新技术示范推广的力度加大，全市蔬菜新优品种覆盖率、新技术推广利用率普遍提升，菜农蔬菜种植水平得以提高，蔬菜生产出现产销两旺的好势头。今年全市蔬菜播种面积达35.4万亩，蔬菜年总产量115万吨，蔬菜年总产值14.9亿元，蔬菜批发大市场总交易量83.53万吨，交易额20.32亿元。全年肉类总产量3.47万吨，同比减少1.35%；禽蛋产量0.717吨，同比增长1.1%；出栏生猪29.4万头，同比减少15.13%；存栏生猪12.3万头，同比减少42.33%；牛出栏0.887万头，同比增长1.27%；存栏牛0.943万头，同比增长1.28%；羊出栏0.83万头，同比增长4.79%；存栏羊1.14万头，同比增长4.98%；家禽出笼297.6万羽，同比增长1.37%；存笼家禽208.8万羽，同比增长1.46%。全市水产养殖面积75836亩，水产品产量21346吨，其中捕捞2502吨，同比增长6.4%；养殖18844吨，同比下降0.7%；特种养殖6584吨，同比增长5.07%。

美丽宜居示范县创建　被列为2019年全省36个美丽宜居示范县创建单位之一，美丽宜居示范乡镇洪岩镇和后港镇均取得了很大的成效。洪岩镇借助全域旅游PPP项目，建设了一条长12余公里的樱花大道。后港镇全力打造景鹰高速挂线风景带，全线14公里长，沿线两边已基本打造完毕，沿线建设了5个美丽宜居示范村庄。另外用EPC项目在206国道边上打造了大田村美丽宜居示范村，已完成工程量50%以上。35个美丽宜居示范村庄已经全部按照“四精”要求在建设，大部分村庄已经建设完成，如洪岩镇的陈冲坞村、后港镇的曹家村、梅花园村、大田村、镇桥镇的神溪村、礼林镇的罗山村、鸬鹚乡的万西村等。2500个美丽宜居示范农户庭院落实在35个示范村庄，随着示范村庄的建设完成，示范农户庭院也将随之完成，目前已完成一半以上的任务。美丽宜居示范风景线，已经建设完成的有景鹰高速挂线，计划打造的还有乐德线、乐弋线、田乐线。

高标准农田项目建设　按照“统一规划、分步实施、整体推进”的原则，高标准农田建设各项工作正在高效有序推进。2019年度高标准农田建设总规模为103409亩，共涉及14个乡镇：其中乐港镇11720亩、双田镇3800亩、涌山镇6440亩、十里岗镇

2340亩、临港镇7523亩、众埠镇12500亩、涪口镇8622亩、礼林镇12589亩、高家镇5390亩、镇桥镇10976亩、接渡镇8879亩、洪岩镇2120亩、后港镇7190亩、鸬鹚乡3500亩。

农垦危房改造 全市2019年农垦危房改造任务为894户，其中凤凰山垦殖场120户、十里岗垦殖场121户、科山垦殖场180户、梅岩垦殖场35户、疬崌山垦殖场40户、红岩垦殖场38户、文山垦殖场360户。项目中央投资804.6万元，省级配套资金为536.4万元，每户补助标准为1.5万元。农垦土地确权颁证工作全面完成。

新型农业经营主体 在市场监督机构登记注册的合作社共1249家，较2018年新增181家，合作社拥有成员37887人，其中：农民成员35726人，带动农户86135户，合作社拥有资产279225.9万元，同时，按照“规范化、规模化、标准化、品牌化、产业化、有制度、有产业、有品牌、有人才”的“五化四有”要求，深入开展农民合作社示范社创建活动。全市共评定国家级示范社等各级示范合作社53家。已登记家庭农场注册900家，已评定各级示范家庭农场42家。

土地承包经营权流转 2019年全市土地流转总面积41.36万亩，占耕地面积的62.3%，较2018年增加3.38万亩，增长8.9%。其中：转包26.6万亩，转让0.28万亩，互换0.12万亩，股份合作0.01万亩，其他14.35万亩。流转给农户面积33.7万亩，流转给农民专业合作社面积0.96万亩，流入企业面积0.33万亩，流入其他主体6.3万亩。流转用于种植粮食作物的面积37.6万亩，流转出承包耕地的农户7.34万户，签订耕地流转合同7.51万份，签订流转合同的耕地流转面积32.8万亩。

农业机械

概述 全市农机总动力为49.54万千瓦，较上年增长2.89万千瓦，增长6.2%。农机作业水平稳步提升，农业机械化协调发展。水稻机耕率达98.82%，较上年增长0.49%；机收率达98.55%，较上年增长0.38%；水稻机插水平达35.25%，较上年增长2.75%；农作物耕种收综合机械化水平达到79.68%，较上年增长1.15%。机耕、机收逐步得到普及。已成为粮食增产和农民增收的新途径。农民来自农机经营服务的收入较快增长，农机社会化服务稳步推进。2019年全市新增推广补贴农机具1036台(套)，销售额6230余万元。完成中央财政补贴资金1967.641万元。全省排名第三。为实施乡村振兴战略、促进农业农村现代化夯实了装备基础，进一步促进了乐平市农业机械化全程全面高质高效发展。

农机购置补贴 2019年新增补贴机具品目及数量：自走履带式谷物联合收割机252台；轮式拖拉机322台；旋耕机401台；谷物烘干机29台；采茶机11台；植保无人飞机8台；履带式拖拉机7台；茶树修剪机4台；施肥机1台；打捆机1台。乐平市农机大市场建成4年多来，已逐步形成了集农机整机销售、农机零配件供应、新型农机具展示、农机维修服务、农机报废回收服务、信贷保险服务、农机信息服务、农机驾驶培训和农机“一站式”服务“九位一体”的专业大市场。进一步优化、巩固了乐平市农机大市场的区位优势，推进了农机大市场又好又快发展。实现了广大购机者从选购、维修、报废机具到注册登记、申请补贴、信贷保险、驾驶培训等业务的“一条龙”服务。

农机推广 共培训各类农机技术人员1270人，其中：农机操作人员620人次；农机维修人员300人次；农机技术人员200人次；机插秧培训人员150人次。广大农机手的技术水平得到了较大的提高，为农机生产安全和农业增效提供了技术保证。

农机监理 全年共注册登记农业机械581台。其中：轮式拖拉机322台；履带式拖拉机7台；联合收割机252台，注册登记率达到100%。2019年共举办农机驾驶操作考试7期，核发拖拉机驾驶证270人，联合收割机操作证221人。对已达报废年限或连续两年未参加年度检测的变型拖拉机144台，依法公告注销。 （市农业农村局）

林 业

概述 林业局机关及企、事业单位在职干部职工、退休干部职工近300余人，乐平市机构改革后，内设5个职能股室，9个直属行政事业单位，2个局属事业单位，2个局属企业单位。林业工作紧紧围绕生态环境建设及保护任务，以森林督查及林长制为抓手，严守生态红线；以发展林下经济为重点，做大做强绿色产业，探索打通绿水青山与金山银山的双向转换通道，打造美丽中国“江西样板”。全年完成人工造林面积1.5万亩，为计划任务的375%，其中“三化”造林400亩，油茶造林8553亩；完成封山育林面积5000亩，为计划任务的100%；完成森林抚育20000亩。

狠抓资源保护 巩固绿色存量 规范采伐管理，执行森林限额采伐政策，分解下达年度木材生产计划，实行木材生产计划进村公示制度，2019年共办理木材采伐许可证272张，木材总蓄积量为43668.86立方米，出材量为28516.76立方米；规范林政执法，强化木材运输管理，未出现公路“三乱”，2019年共办理木材运输证1085份；严格执行林地限额管理制度，严把重点工程、重点项目征占用林地审查关，督促征占用林地的单位和个人进行植被恢复，确保林地总量动态平衡，2019年全市依法办理林地征占用手续88宗，办理林地征占用面积189.2883公顷；规范野生动植物管理，大力宣传野生动物保护法规，严厉打击非法捕猎、贩卖、经营野生动物及其产品等违法行为。

严厉打击涉林犯罪。2019年重点开展了严厉打击各类破坏森林资源违法犯罪专项行动、保护候鸟等野生动物“清网行动”专项行动等，集中打击各类涉林违法犯罪行为，有效地遏制森林资源管理乱象，始终保持打击高压态势。2019年全市共查处林业行政案件117起，其中：滥伐林木案件53起，非法征占用林地案62起，其他涉林案件两起；移送林业公安24起；森林公安局共受理各类涉林案件77起，其中立刑事案件45起，破案46起（含积案5起）；刑事拘留17人，逮捕15人，取保候审32人，监视居住4人，移诉案件32起41人；审结林政案件34起，处罚36人次。

强化森林防灭火安全。加强森林火险预警，林火视频监控系统保持24小时全天监测，加大重点区域巡护密度，严禁一切野外用火，保证森林防火安全；开展“十查十看”活动，对宣传活动情况、责任制度落实情况、队伍建设情况、野外火源管理情况、村级落实情况、林区相关企业情况等内容开展深入督查，发现问题，下达限期整改通知书；强化队伍管理，利用两周时间，对全市20支半专业森林消防队进行森林防火理论知识、灭火战术技能、火场紧急避险的综合培训。

开展松材线虫病防控。全市以全省“百日攻坚”行动为契机，克服多雨天气的不利因素，集中人力、物力全面完成接渡、涺口、双田、后港、塔前、涌山等乡镇1.4万亩的除治任务，完成疫木清理37000余株，打孔注药35000支，释放花绒寄甲天敌10万头。按时启动2019—2020年松材线虫病防治工作，成立2019—2020年松材线虫病防治工作指导组，督促乡镇落实松材线虫病除治队伍，重点督查疫木除治工作的进度和质量，确保在最佳除治期内完成除治任务。

持续推进林长制。全市在初步建立市、乡、村三级林长制体系的情况下，对照国家林草局驻福州专员办检查组反馈的问题，按照整合山头地块、整合护林人员、整合管护资金的“三整合”要求深入推进林长制，完成森林资源网格划分和护林员考核、整合和选聘工作，加快市乡两级林长办标准化建设，推动林长制App信息化管理。

推进两项调查 全面摸清底数 全面完成二类调查任务。成立第七次森林资源二类调查工作领导小组，制定《乐平市森林资源二类调查工作实施方案》，召开二类调查工作启动部署暨技术培训会议，按照《方案》要求，按时按质完成森林资源二类调查的内、外业工作。全市1147个固定样地数据及22000余个小班区划数据全部汇总完成并提交到省林业局。

开展森林督查工作。针对省林业局下发本市898个卫片图斑，全市集中技术、执法力量对898个卫片图斑特别是国家林草局驻福州专员办检查组反馈的问题图斑重点开展核查，对存在非法占用林地和非法采伐林木行为的问题图斑，属行政案件的由案件查处组依法予以行政立案查处，达到刑事立案标准的案件移交市森林公安局立案处理。

抓实两项整改 提升服务水平 抓好主题教育问题整改。“不忘初心、牢记使命”主题教育坚持问题导向、目标导向，全面深入查摆梳理突出问题。针对检视问题形成的领导班子和班子成员问题清单，全面进行归纳整理，分门别类列出具体问题表现，深入分析产生根源，明确问题来源，细化整改措施、完成时限，确保事事有着落、件件有回音，领导班子问题清单中的21项问题全部整改到位。

落实森林资源保护管理专项整改。10月25日至11月3日，国家林草局驻福州专员办对全市森林督查和贯彻落实森林资源保护发展责任制进行检查，根据检查组反馈意见问题，本市成立专项整改领导小组，制定《乐平市2019年森林资源保护管理突出问题专项整改行动实施方案》，并于11月18日召开全市森林资源保护管理专项整改动员大会。会后，全市迅速对福州专员办检查组反馈指出的突出问题，组织实施“十个一”专项整改行动；对全市范围内森林督查图斑和图斑外涉林案件进行全面排查，及时整理线索材料移交执法专案组查处，从快从严、依法依纪进行严厉打击。

坚持统筹兼顾 推进各项工作 开展扫黑除恶专项斗争。始终将开展扫黑除恶专项斗争作为一项政治任务，成立扫黑除恶专项斗争领导小组，制定实施方案，召开动员大会，传达上级扫黑除恶会议精神，并以会代训，学习“扫黑除恶”应知应会知识，现场进行知识测试。定期召开专题会议布置和调度扫黑除恶线索排查及案件查处工作。

做好市重点项目的服务工作。为确保市重点工程项目顺利实施，相关业务股室将服务关口前移，主动与相关建设单位对接，并对所有在建重点项目的项目部工作人员进行林地手续报批业务培训。积极做好206国道改建等市重点项目、殡葬改革和脱贫攻坚等林地使用、林木采伐、树木移栽的资料收集及手续报批工作。

推进精准脱贫工作。做强扶贫产业，立足林业工作实际，积极实施油茶扶贫产业，配合市扶贫办做好全市油茶造林的技术指导和苗木采购工作，全市共完成油茶造林8500余亩。加大资金投入。增加挂点帮扶村的帮扶资金，由原来的每村每年1万元增加到2万元。安排公益性岗位，在符合聘用的同等条件下，优先安排73名精准扶贫对象从事护林员公益性岗位。

强化学习教育 夯实思想阵地 学习党的十九届四中全会和习近平总书记视察江西重要讲话精神。将学习宣传贯彻党的十九届四中全会和习近平总书记视察江西时的重要讲话精神作为首要政治任务，提高政治站位，精心组织实施，通过党委中心组、主题党日、举办培训班等学习平台组织党员干部学习，并开展知识测试，确保学习到位、宣传到位、落实到位。同时，进一步理清工作思路，完善工作举措，推动党的十九届四中全会和习近平总书记重要讲话精神落实落地。

开好两个民主生活会。召开“脱贫攻坚专项巡视整改”专题民主生活会和“不忘初心、牢记使命”专题民主生活会，领导班子成员逐一进行对照检查，拿起批评和自我批评武器，敢于揭短亮丑，碰真动硬，达到预期效果；在“不忘初心、牢记使命”专题民主生活会上，聚焦‘不忘初心、牢记使命’这一主题，突出力戒形式主义、官僚主义这一重要内容，对标对表习近平总书记关于“四个对照”“四个找一找”要求，检视问题、深刻剖析，提出整改落实方向及措施。

（市林业局）

水 利

概述 乐平市水利工作在市委、市政府的领导下，在上级业务主管部门的支持和帮助下，水利局着力完成了水利项目建设、水旱灾害防御、河库治理、扫黑除恶和脱贫攻坚等各项工作任务。

水利工程建设 水利局积极响应市委、市政府的号召，以大干为动力、以项目为抓手，强化水利工程建设。2019年水利局水利工程有十大重点项目，总投资7.4亿元，是水利局工程项目投资最多的一年，分别是魁杨联圩堤、塘西联圩堤、续湖联圩堤、11座规划外小（二）型病险水库除险加固工程、安殷水治理、车溪水治理、潘溪水治理、镇桥涝区治理、碧湾中型灌区节水配套改造工程、城乡供水一体化工程等十个。

魁杨联圩堤 圩堤保护范围包括杨家、岩头山、魁堡、魁陈、陈家等3个村委会6个自然村，保护面积14.51平方千米，保护人口1.32万人，保护耕地面积1.66万亩，工程批复资金10141万元。项目主要建设内容：圩堤加宽加固全长9.415千米，堤基防渗（射水造墙）2.4千米，迎水坡预制砼生态护坡堤段长2.47千米，干砌石护岸堤段长2.02千米，抛石固脚堤段长2.8千米，全堤堤身草皮护坡面积24.48万平方米，新建堤顶公路9.415千米，穿堤建筑物拆除重建13座，其中电排站拆除重建两座，自排闸拆除重建5座，提灌站拆除重建5座，交通闸拆除重建1座。工程批复资金10141万元。

塘西联圩堤 塘西联圩位于涽口镇车溪水下游左岸，乐安河右岸，保护范围包括涽口镇的枧头、塘头、西桥、桃园、杨溪、程家墩、寨下等村，保护面积11.73平方千米，保护人口1.6万人，保护耕地面积1.4万亩。堤线起于塘头村东南山头，沿乐安河右岸下行过塘头村、下港村至杨溪村折向东南沿车溪水左岸上行经程家墩村、炎田畈接乐德铁路堤封闭，堤线全长9.870千米，其中临乐安河干流堤段长5.6千米；临车溪水支流堤段长4.270千米。工程建设的内容及规模有：加固整治堤线总长9.870千米，其中：①加固培厚堤防7.751千米；②新建防洪墙2.119千米，新建防浪墙0.12千米；③填塘固基长0.287千米；④护坡防护长5.830千米(连锁式生态护坡长1.830千米，砼预制块护坡长3.550千米)；⑤抛石固脚长2.428千米；⑥堤顶公路长9.870千米；⑦堤系建筑物27座（加固处理堤系建筑物9座，新建穿堤建筑物共18座)；⑧增设和恢复现浇砼渠道1.514千米，堤段内侧砼挡土墙长0.1千米，拟修建亲水台阶3处，上堤踏步共13处等)；⑨增设必要的工程管理设施等。工程总投资16594.17万元。其中工程部分总投资11311.38万元，建设及施工场地征用费4587.73万元，环境保护工程318.03万元，水土保持工程377.03万元。工程施工总工期为22个月。

续湖联圩堤 续湖联圩保护面积25.48平方千米，保护耕地2.55万亩，保护人口3.32万人。圩内保护乐弋公路及966个国营、集体、个体工矿企业等基础设施。本工程设计洪水标准采用10年一遇，圩堤上的闸、涵、泵站等穿堤建筑物的洪水标准按10年一遇洪水位提高0.5米设计，治涝标准采用5年一遇，工程批复总投资估算为8189.91万元。工程建设的主要内容为：加高加固土堤10.559千米，新建砼护坡1.2千米，生态砼护坡堤段长0.5千米，迎水面草皮护坡8.859千米，填塘堤段长0.21千米，压浸堤段长0.6千米，护岸固脚堤段长0.5千米；新建堤顶砼防汛公路10.559千米，建筑物拆除重建23座，新建1座。资金来源为省级以上补助资金及自筹，其中中央投资4832万元，地方投资3357.91万元；建设工期为12个月。

11座规划外小（二）型病险水库除险加固工程 本工程是以灌溉为主，兼有防洪、养殖等综合效益的小（二）型水库。

1. 斗丰源水库位于乐平市洎阳街道湖腰畈村，

大坝坝址所处地理位置坐标为东经 117° 08′ 19″，北纬 28° 59′ 06″，距乐平市城约 3 千米，属乐安河支流礌溪水。

2. 何家水库位于乐平市涺口镇尖山村，大坝坝址所处地理位置坐标为东经 117° 13′ 42.8″，北纬 29° 00′ 36.9″，距乐平市城约 15.0 千米，属乐安河支流车溪水，流域面积 0.72 平方千米，总库容 13.2×10⁴ 立方千米。

3. 莲花水库坐落于乐平市名口镇戴村，距乐平市城区约 35 千米，属乐安河支流长乐水。水库总库容 18.6×10⁴ 平方米，设计灌溉面积 300 亩，保护耕地 300 亩，人口 300 人以及公路、电讯等基础设施等，是一座以灌溉为主的小（二）型水库。水库正常蓄水位 49.65 米（黄海高程，下同），设计洪水位 50.71 米（P=5%），校核洪水位 51.15 米（P=0.5%）。

4. 路口水库位于乐平市众埠镇横路村，坝址以上流域面积 0.51 平方千米，总库容 14.5 万立方米，大坝坝址所处地理位置坐标为东经 117°16′ 44″，北纬 28°49′ 46″，距乐平市城约 25 千米，乐安河支流建节水。

5. 三角丘水库位于乐平市镇桥镇小草村，水库所在流域为乐安河支流。该水库集雨面积 0.42 平方千米，总库容 14.1×10⁴ 立方米，灌溉面积 300 亩，下游保护人口 1000 人、耕地 1000 亩，是一座以灌溉为主的小（二）型水库。三角丘水库于 1958 年开始建设，次年建成并蓄水，后经多次加高加固达到现有规模，工程建设质量较差。枢纽建筑物主要由大坝、灌溉涵管、溢洪道等组成。2007 年 3 月，景德镇市水务局组织有关专家对三角丘水库进行水库大坝安全评估，评估三角丘水库大坝为三类坝。

6. 山塘水库位于乐平市后港镇礌溪村，属乐安河支流潘溪水，距乐平市区 8 千米。坝址地理位置为东经 117°08′10″，北纬 29°01′33″。坝址以上控制集雨面积 1.2 平方千米（本次复核），水库总库容为 49.8 万立方米，设计灌溉面积 500 亩，下游人口 600 人，保护 1 个自然村。是一座以灌溉为主，兼有防洪、养殖等综合效益的小（二）型水库。水库正常蓄水位 28.51 米（黄海高程，下同），设计洪水位 28.87 米（P=5%），校核洪水位 29.05 米（P=0.5%）。

7. 众埠镇施家坞水库位于乐平市众埠镇松柏村，水库所在流域为乐安河建节水支流。该水库集雨面积 0.59 平方米，总库容 43.2×10⁴ 立方米，灌溉面积 400 亩，下游保护人口 500 人、耕地 500 亩，是一座以灌溉为主的小（二）型水库。

8. 石家坞水库位于乐平市高家镇鸟树村，距乐平市区 33 千米，属乐安河支流官庄水。坝址地理位置为东经 117°25′16″，北纬 29°01′48″。石家坞水库保护下游 1 个自然村，人口 600 人，灌溉面积 600 亩，以及公路、电讯等基础设施，是一座以灌溉为主，兼有防洪、养殖等综合效益的小（二）型水库。水库正常蓄水位 69.98 米（黄海高程，下同），设计洪水位 71.02 米（P=5%），校核洪水位 71.48 米（P=0.5%）。

9. 石牛塘水库位于乐平市乐港镇童乐村，大坝坝址所处地理位置坐标为东经 117° 00′ 26″，北纬 28° 57′ 51″，距乐平市城约 18 千米，属乐安河潘溪水支流。

10. 西冲坞水库位于乐平市涺口镇尖山村，坝址以上流域面积 0.62 平方千米，总库容 11.6 万立方米，大坝坝址所处地理位置为东经 117°14′16.1″，北纬 29°0′53.29″，属车溪水。

11. 自筹水库位于乐平市十里岗镇店上村，距乐平市市区 40 千米，属乐安河支流长乐水。坝址地理位置为东经 117°28′59″，北纬 28°51′53″。坝址以上控制集雨面积 0.27 平方千米，水库正常蓄水位 40.10 米（黄海高程，下同），设计洪水位 40.76 米（P=5%），校核洪水位 41.02 米（P=0.5%），相应库容分别为 7.0 万立方米、9.95 万立方米、11.6 万立方米，设计灌溉面积 500 亩，保护下游人口700人以及公路、电讯设施等，是一座以灌溉为主，兼有防洪、养殖等综合效益的小（二）型水利枢纽工程。主要除险加固任务：

（1）大坝：对大坝进行防渗加固处理，加固整修坝体断面。

（2）溢洪道：拆除重建溢洪道进口段、控制段、部分泄槽段。

（3）坝下低涵管：拆除重建坝下低涵管及进口斜卧管，增设出口消能设施。

（4）坝下高涵管：拆除重建坝下高涵管，增设出口消能设施。

（5）工程管理设施：新建必要的安全监测设施及管理用房，维修、改造防汛公路。

工程概算总投资892.69万元。资金来源：中央补助890万元。

安殷水治理 乐平安殷水河道治理工程位于乐平市礼林镇。工程起点为翥山渡，終点为坝首电站拦水坝。工程涉及礼林、接渡两个乡镇的坝首、陈埠、礼林镇、牌楼、围渡、黄家洲等10余个村委会。工程受益面积16.3平方千米，保护面积12.8平方千米，受益人口3.8万人，保护耕地1.7万亩，X118、乡村公路以及电讯等重要基础设施等。工程建设任务及规模为治理河段总长15.0千米，主要任务为：①河道疏浚长4.3千米，护坡长7.38千米（干砌石护坡长3.10千米，生态护坡长4.28千米），护岸长5.65千米（浆砌石护岸长1.13千米，生态护岸长4.52千米）；②涉河建筑物：重建陂坝1座；③修建滨河道路长3.37千米（游步道2.56千米，农耕道0.81千米）；④增设便民设施15座；⑤增建必要的工程管理设施等，工程总投资为2711.12万元。

车溪水治理 乐平车溪水河道治理工程，位于临港镇境内，治理河段总长15.69公里，其中：车溪水干流长13.69公里，临港支流长2.0公里。工程区内保护面积12.7平方公里，受益人口1.5万人，保护耕地0.72万亩，乐德铁路、307省道，乡村公路以及电讯等重要基础设施等。主要建设内容：河道疏浚11.93公里；护坡8.17公里；护岸7.71公里；拆除重建陂堰1座，机耕桥1座；新建滨河步道3.01公里；设置便民亲水设施13处；增设必要的管理设施等。江西省水利厅以赣水河湖字〔2018〕44号文件批复总投资：2552.24万元。

潘溪水治理 磻溪水（双田段）河道治理工程，治理河段总长17.52千米，主要涉及磻溪水主河道中上游及其2条支流（其中：磻溪水主河道治理河长11.76千米，横田支流长3.72千米，德范支流长2.04千米）。工程区内保护面积12.2平方千米，受益人口0.9万人，保护耕地0.68万亩，206国道，皖赣铁路，景鹰高速挂线，乐涌公路，乡村公路以及电讯等重要基础设施等，批复投资3112.45万元。工程建设任务及规模为治理河段总长17.52千米，其中磻溪水11.76千米，横田支流3.72千米，德范支流2.04千米。主要内容：①河道清淤、疏浚长3.470千米（磻溪主河道长2.52千米，横田支流长0.3千米，德范支流长0.75千米）；②河道清障长8.18千米（磻溪主河道长4.62千米，横田支流长2.41千米，德范支流长1.15千米）；③护坡长4.54千米（干砌石护坡长1.03千米，生态护坡长3.51千米，④护岸长12.31千米（浆砌石护岸长1.325千米，C20砼护岸长0.26千米，生态护岸长10.725千米）；⑤建筑物：拟拆除重建陂堰6座，机耕桥4座，新建机耕桥1座。⑥滨河道路长4.13千米，其中：（磻溪河主河道长2.24千米，横田支流长0.99千米，德范支流长0.90千米）；⑦生态景观节点四处，长2.97千米；⑧便民亲水设施39处等；⑨增设必要的管理设施等。

镇桥涝区治理 镇桥涝区地处中部低洼圩区，内涝主要通过共青干渠、禾峰干渠汇水，并分别于塘湖泄水沟、镇桥泄水沟、寺山泄水沟三处的自排闸和电排站排入乐安河。涝区以西为共青水库及山区洪水通过塘湖高排干渠排入乐安河；以东为栽禾峰水库及山区洪水通过寺山高排干渠排入乐安河。

项目治理主要内容：扩容电排站（塘湖、寺山、镇桥、丁家）装机容量由2755千瓦提高至4210千瓦，高排渠整治总长18.43千米，其中素砼护砌护岸总长13.73千米，泄洪沟素砼衬护11.57千米，泄洪沟疏浚57.84千米。满足区域10年一遇规划排涝要求，本项目的批复总投资为9521.02万元。

碧湾中型灌区节水配套改造工程 乐平市碧湾重点中型灌区节水配套改造工程位于乐平市众埠镇，设计灌溉面积5.61万亩。项目建设内容为南、北干渠灌溉渠道进行清淤整治及防渗衬砌，总长度为17.542千米（其中南干渠5.933千米，北干渠11.609千米），拆除重建渡槽3座、暗涵4处、分水闸12座、泄水闸7座、排水涵两座、交通涵27座、新建12座量水槽，设计施工工期为12个月。工程总投资2259.76万元，其中建筑工程投资1866.22万元，设备及安装工程投资122.57万元。项目实施后可使渠道水利用系数提高到0.63，灌溉保证率达80%，改善并新增灌溉面积1.96万亩，工程经济内部收益率达10.852%。

城乡供水一体化工程 乐平城乡一体化世行贷款项目：扩建城区润泉水厂，现状规模5万立方米/天，扩建规模5万立方米/天，新建一条共产主义水库至润泉水厂的原水管线，扩建礼林水厂，现状规模0.5万立方米/天，扩建规模0.5立方米/天，新建城区配水管网延伸工程及农村供水工程。项目总投资5.19亿元，世行贷款2.8175亿元，剩余部分2.3767亿元全由企业自筹。

河道采砂管理 2019年河道采砂管理，共执法巡查260余次，出动执法人员800余人次，现场制止人工采砂37次。扣押非法采砂作业挖机12台，铲车16辆，非法运砂车23辆，共立案查处非法采砂案30余起，刑事立案3起，刑拘8人，非法采砂行为得到了有效遏制。

水库退养工作 为加强对水库水源地保护，有效地防治水库养殖污染，保护和改善水域生态环境，促进生态文明建设，全市250座小（二）型以上水库已签订了水库退养协议并根据市委、市政府要求，到2019年底，水利局对全市81座小（二）型水库放空，实现渔业种群结构的优化等生物技术措施养殖，有效地改善了生态环境及水库水质。

水土保持执法工作 面对资源约束趋紧、环境污染严重、生态系统退化的严峻形势，水利局加强了水土保持的监管工作。水土保持可促进人与自然的和谐共处，保障人居环境安全，一年来宣传水保执法30余次，追缴历年来水土保持补偿欠费170多万元，做到了应收尽收。

精准扶贫工作 根据市委、市政府有关工作部署，紧紧围绕脱贫攻坚目标任务，精准落实扶贫政策、提升贫困人口“两不愁，三保障，一安全”水平、增强贫困群众获得感幸福感。水利局结合行业工作的具体实际，研究制定了方案，明确了目标，制度了《2019年水利脱贫攻坚“春季攻势”行动方案》《2019年水利脱贫攻坚“夏季整改”行动方案》进一步细化精准扶贫的工作目标和具体任务。对全市6278户建档立卡贫困户安全饮水情况再次进行普查，摸清了饮水安全底数，建立了建档立卡贫困户饮水安全工作台账。2019年底前，按照《农村饮水安全评价准则》评价指标要求，对全市建档立卡贫困户中水质、水量、用水方便程度和供水保证率四项指标进行了评价，四项指标均全面达标，确保了全市建档立卡贫困户饮水安全，并将《建档立卡贫困户饮水安全评价表》纸质版装入了贫困户家庭资料袋。

扫黑除恶专项工作 深入贯彻落实了中央、省、市开展扫黑除恶专项斗争的指示精神和有关要求，坚持“有黑扫黑，有恶除恶，有乱治乱”，水利局明确了专项斗争工作的指导思想、组织领导、工作目标任务、重点打击对象、工作措施及工作要求，全力推进扫黑除恶专项斗争各项措施落到实处，确保全市水利系统扫黑除恶专项斗争有序开展，特别是在河道采砂、国有资产资源清查、水利工程建设招投标、河湖岸线保护等方面开展了卓有成效的整治。2019年共收缴店面和水库承包租金8.5万元，拆除河堤违章建筑15幢，对12条线索全部进行了清零销号。对中央第十五督导组转办的3起信访件、省扫黑办转办1件信访件、市扫黑办转办12件信访件都进行了回复。

“河长制”工作 乐平市建立了市、乡、村三级河长组织机构；针对全市19个乡镇的“一河七水”、231.2公里河道、250座小（二）型以上水库，落实了共计955名河（库）长，其中3名市级河长、16名市级副河长、232名乡镇河长（包含副河长）、207名村级河长、500名库长（包含副库长）。为严格落实“河长制”，实行了分级分段管理。明确责任区域，强化责任落实，强化监督问责，以严的标准、实的作风推进各项工作。审议通过《关于印发乐平市河（湖）长制县级会议制度等五项制度的通知》《乐平市全面推行河（湖）长制工作方案》《乐平市鄱阳湖生态环境专项工作方案》《关于调整部分非常设机构组成人员的通知》等4项规章制度；2019年乐平市总河湖长俞小平书记下发了《河湖长制湖长制当前重点工作动员令》（乐总河令〔2019〕1号）；印发了《关于印发乐平市2019年县级河长、湖长巡河湖督导方案》(乐河办字〔2019〕6号)。市、乡、三级河长巡河工作落到实处开，由乐平市河长办制作的宣传“河长制”工作的微电影《渔网》获水利部优秀奖。

防汛抗旱工作 2019年是非常特殊的天气年份，上半年“7•14”超警戒水位达到3.78米的洪水，由于鄱阳湖水位持续偏高，造成乐安河水位顶托，导致乐安河下游段达到历史最高水位，防汛压力非常大，在全市干群的共同努力下实现了“不决一堤，不倒一库，不死一人”的防汛总目标，把灾害损失降到最小。七月下旬，乐平市受副热带高压控制，长期高温无雨，抗旱形式异常严峻，水库干涸，礌溪河断流，乐平市饮用水紧缺，市水利局科学调度、控水，“南水北调”，从共库引水至礌溪河，以确保润泉供水有限公司礌溪水厂顺利取水，来解决群众正常用水。下半年，乐平市遭受持续干旱，出现了50年一遇的大旱，在市委、市政府高度重视下，全面动员，全力以赴抓抗旱。真正取得了历史性防大汛、抗大旱的全面胜利。（市水利局）

水文巡视

概述 乐平水文巡测中心，位于乐平市坝口路1号。主要管理乐平市辖区内：6个水文站（虎山、枧头、寨下、陈家埠、西丰湾、麻布滩），9个水位站，44个雨量站，4个墒情站，2个地下水站，10个水质站点。主要监测项目有降水、蒸发、水位、流量、沙量、水温、岸温、地下水、墒情、水质等项目。主要监测河流有乐安河、官庄水、洎水、长乐水、建节水、车溪水、安殷水、礌溪水。

雨情 2019年乐平市雨量基本平稳，1—12月行政区域平均降雨量1656毫米，比上年偏少216毫米，比多年均值偏少8%。其中：1—3月行政区域平均降雨量585毫米，比多年均值偏多60%；4—7月雨量916毫米，比多年均值偏少12%；8—12月雨量155毫米，比多年均值偏少61%。

水情 2019年，乐安河虎山水文站出现超警戒水位2次，以7月14日出现的29.78米（超警戒3.78米）为本年度最高水位。连续出现超历史最低水位，以11月16日出现的18.24米（低于警戒7.76米）为建站以来最低。

（市水文巡视中心）

气　象

概述 气温比历年平均值偏高，降水偏少，日照偏多，属偏欠年景。天气气候呈几个主要特点：一是1月1日至3月10日多持续阴雨寡照天气， 2月7日—21日出现了连续15天的阴雨无日照天气；二是雨季开始时间早、结束时间晚，7月上半月出现两次大暴雨天气过程，特别是7月12—13日普降大暴雨，局部特大暴雨，大部分乡镇出现了洪涝灾害，乐安河出现了超警戒线3.53米洪水；三是7月16日至12月31日降水为异常偏少，仅为192.8毫米，偏少6成，创历史同期新低，其中盛夏到初秋高温持续时间长，高温日数创新高，8月起气象干旱不断发展蔓延，空气干燥程度为同期最高，高森林火险天气明显偏多，气象干旱呈现出持续时间长、强度大、影响范围广等特点。

气温 年平均气温18.6℃，较历年平均偏高0.5℃。年极端最高气温37.8℃，出现在7月28日及8月24日，年极端最低气温-1.1℃，出现在1月24日。

冬季（12—2月）平均气温7.6℃，与历年同期偏高0.5℃。

春季（3—5月）平均气温18.1℃，较历年同期平均偏高0.6℃。日平均气温稳定通过10℃的初日为3月10日，较历年平均早11天，稳定通过15℃的初日为4月12日，较历年平均晚5天。2019年有春分寒，有清明寒。

夏季（6—8月）平均气温28.0℃，较历年同期平均偏低0.1℃，7月1日—7月2日、7月24日—8月9日以及8月13日—8月15日、8月17日—8月28日分别出现了日平均气温≥30.0℃、日极端最高气温≥35.0℃的晴热高温天气。

秋季（9—11月）平均气温20.5℃，比历年同期偏高1.1℃，有轻度寒露风。

降水 年降水总量1758.7毫米，较历年平均偏少67.9毫米。

冬季（12—2月）降水总量472.3毫米，较历年同期平均偏多154.3毫米。

春季（3—5月）降水总量636.0毫米，较历年同期平均偏少61.9毫米。

夏季（6—8月）降水总量563.9毫米，较历年同期平均偏少106.1毫米。

秋季（9—11月）降水总量222.0毫米，较历年同期平均偏少135.5毫米。

日照 年日照总时数1852.2小时，较历年平均偏多48.3小时，年日照百分率42%。

主要气象灾害 1. 暴雨洪涝：2019年共出现3次暴雨过程，两次大暴雨过程；其中7月4日8时至21时受高空槽和低层切变线影响我市普降大到暴雨，部分大暴雨，本次暴雨过程主要造成北部乡镇不同程度受灾，受灾人口达37724人；直接经济损失4267万元，其中农业经济损失3018万元；农作物受灾面积3172公顷，因灾死亡大牲畜4头；损坏房屋8间，应急转移人口344人。受高空低槽、中低层低涡、切变线和西南急流影响，12日早上8时至13日20时乐平市普降大暴雨，平均雨量169.5毫米，以涽口镇243.6毫米最大，双田、洪岩238.3毫米次之，涌山225.0毫米，本次暴雨过程造成全市所有乡镇不同程度受灾，截至18日受灾人口达107038人；直接经济损失24635万元，其中农业经济损失9973.8万元、家庭经济损失4135万元、基础设施损失10521万元；农作物受灾面积13100公顷；损坏房屋89间，紧急转移安置人口2402人。

2. 高温干旱：自7月17日以来，乐平维持晴热高温少雨的天气，截至8月27日累计雨量仅为17.7毫米，降水偏少、气温持续偏高，导致全市各乡镇（街道）出现不同程度的干旱，旱情。据统计，截至8月27日，全市共有5.11万人受灾，直接经济损失2100万元，7.8343万亩作物受旱；其中重旱2.068万亩，轻旱5.5025万亩，干枯0.2638万亩，水田缺水5.32万亩，旱地缺水4.54万亩，机电井出水不足17眼。乐平市投入抗旱人数1.2015万人，机电井88眼，泵站103处，抗旱设备2028台套，抗旱用电72.5万度，抗旱用油54.2吨，投入抗旱资金885万元，其中群众自筹595万元。9月3日以来乐平持续晴天少雨，加之前期持续高温少雨，旱情持续加重。截至12月17日，累积降水量仅为39.2毫米，较历年同期偏少80%多，为有气象记录以来历史最少，造成乐平所有乡镇不同程度出现干旱灾情。据统计，截至12月2日，全市共有59.21万亩作物在耕种，重旱1.733万亩，轻旱4.965万亩，干枯0.2752万亩，水田缺水5.21万亩。旱情严重的乡镇有镇桥镇、众埠镇、接渡镇、乐港镇等乡镇；目前农田旱情已基本结束，旱情缺水为蔬菜、旱地等，重旱0.125万亩，轻旱0.432万亩。旱情还造成部分居民出现饮水困难，合计约2800户，11200人；累计投入抗旱人数6.2015万人，机电井88眼，泵站103处，抗旱设备2023台套，装机容量0.986万千瓦、抗旱用电226万度，抗旱用油145.2吨，投入抗旱资金2033万元，其中县级财政505万元，群众自筹1429万元，减少农业因旱经济作物损失0.435亿元，减少粮食损失0.576亿元。乐平市气象局从8月10日开始抓住有利条件进行了多次人工增雨作业，使旱情得到了一定程度的缓解。

气象服务 “守初心，担使命”全力做好2019年的气象服务工作。2019年共为市领导及相关部门提供气象决策服务材料《气象情况反映》4期，《气象呈阅件》16期，1—11月发布雷电黄色预警38次、橙色预警1次，大雾黄色预警13次、橙色预警6次，高温黄色预警10次、橙色预警23次，暴雨蓝色预警1次、黄色预警5次、橙色预警3次、红色预警1次，大风蓝色预警3次，台风蓝色预警1次等气象灾害预警信号105条。对外公布了气象灾害重点防御单位。更新了预警信息接收对象和接收方式，发送灾害性天气预警和雨情通报手机短信54次，共计35000余条。由于预报总体上比较准确，加上市委市政府的科学调度，虽然2019年乐平市气候极端反常，但没有造成人员死亡和大的损失。尤其是2月7日至21日出现了连续15天的低温阴雨无日照天气和汛期出现了三次较大的连续暴雨过程，都提前2—5天准确预测出来了，在暴雨出现前和暴雨结束后，都为各级领导和老百姓提供了准确及时的气象服务。特别是7月12—13日全市普降大暴雨，大部分乡镇出现了洪涝灾害，乐安河出现了超警戒线3.53米洪水（为历史第四高水位），该局提前两天准确预报，制作了两期专题气象服务产品，还不断通过乐平市领导干部微信群、乐平安全微信群、手机短信、气象电子显示屏、气象大喇叭等方式更新天气预报、预警。加强与农业部门的沟通合作，组织了技术人员到农业合作社和种养大户中进行实地调查灾情，开展面对面服务。同时对春节、端午节、高考、中考期间的天气提供了专题气象服务。

人工影响天气 抓住有利天气时机积极开展人工增雨作业，成效显著。2019年2月3日（农历年腊月二十九），乐平市共出现9个森林火点，按乐平市委、市政府领导指示，该局立即组织人员进行人工增雨，2月4日（年三十）16时09分人工增雨作业人员抓住有利时机，成功实施了人工增雨作业，作业后，乐平市普降中到大雨，9个森林大火全部被雨浇灭，经济效益和社会效益十分显著。今年汛期结束后，乐平就进入了晴热高温少雨天气，影响乐平市的台风次数是最少的一年（台风只影响一次），乐平市出现了持续37天的晴热高温无雨天气，持续时间之久，为有气象记录以来之最，乐平市出现了伏秋连旱，面对严重的干旱，该局抓住一切有利时机进行人工增雨作业，8—12月份共实施人工增雨作业13次，有效的人工增雨，为缓解旱情、城市降温、增加水库蓄水起到了明显的作用，得到了各级领导和市民的点赞。

基础业务 地面观测、预报服务等各项业务指标目前均达省市局标准，无任何责任性业务差错。对分布在全市区域内的31个自动气象站、224个气象预警大喇叭、32个气象显示屏进行了维护，为全市防灾减灾工作提供了有力支撑。

乐平工业园区专业气象台 一是进一步丰富预报服务产品，2019年专业台气象服务产品在原有的由单一的48小时内风向风速预报、一周风向风速趋势预报的基础上，逐步增加空气污染气象扩散条件预报以及重大气象灾害性天气短临预警和特殊气象扩散条件下预警等方面的内容。同时对园区气象扩散条件实时评估以及未来一周扩散条件进行预报。二是手机App系统正式运用，通过手机App系统发布乐平市工业园区高分辨率污染数值预报产品。三是专业气象台部分设备升级换代。完成50M带宽专线升级工作，完成了专业台可视会商系统升级工作，确保了专业台会商系统和省、市、县局连接畅通。

安全工作 不定期对本单位的安全进行全面检查，并就发现的安全隐患制定了台账和整改措施。对防雷安全监管工作常抓不懈，一年四季对各单位特别是化工企业、加油站、液化气站、炸药库和烟花爆竹仓库的防雷防静电安全进行了检查和检测，发现有不合格的防雷防静电装置及时提出整改措施。利用“3·23”世界气象日、“5·12”减灾日和“安全生产月”活动上街下乡宣传防雷和气象灾害避险知识，近几年来无任何安全事故。

“三农”气象服务 继续做好了“三农”气象服务工作，收集整理了气象灾害数据、气象灾害风险数据、气象防灾减灾救灾人员数据、设施数据、重点单位数据，形成防灾减灾“一本账”。绘制了气象防灾减灾地图，压实气象灾害防御指挥部工作职责、强化了乡镇气象灾害防御工作。完善了基层气象灾害防御队伍，加强了“江西微农”平台的宣传推广，增加用户数量和影响力。在春耕春播等关键农时和重大天气过程时及时开展了服务。协助景德镇市气象局完成了蔬菜气象中心的调研、规划、方案编制和选址等工作。

党风廉政建设和党建工作 与上级、下级签订了党风廉政建设责任状，强化主体责任和监督责任，严格执行“八项规定”精神，控制“三公”经费支出，规范财经纪律，做好廉政风险防控，加强作风建设，没有出现违纪违规现象。加强党建工作，配备专职党支部书记，按直属工委的要求，开展各项党建工作。

精准扶贫工作 及时调整了精准扶贫工作领导小组，由局主要负责人任组长，一名副局长任副组长，局班子其他同志为成员的工作领导小组，领导小组下设办公室，细化了工作任务，明确了工作职责。及时制定工作计划，落实扶贫任务。春节、端午节、中秋节前夕，购买了大米、桃酥、香菇、粽子、油、月饼等慰问品，由局主要负责人带领帮扶干部亲自送到帮扶对象手中，既拉近了干群关系，又为贫困户群众过上快乐的节日尽了一点绵薄之力。3名副科以上干部对应8户扶贫户，每月都会对每户精准扶贫户进行走访慰问。

精神文明、综治、节能工作 2019年获得省第十五届精神文明单位、乐平市综治先进单位、节能先进单位。 （市气象局）

2019年乐平市气象资料

项目＼月份	一	二	三	四	五	六	七	八	九	十	十一	十二	全年合计或平均
平均气温（℃）	6.5	7.2	13.0	18.7	22.7	25.9	28.1	30.1	25.8	21.0	14.7	9.0	18.6
极端最高气温（℃）	18.0	23.4	30.6	33.5	33.4	35.7	37.8	37.8	37.6	35.9	29.9	25.2	37.8
出现日期	24	6	20	8	18	29	28	24	13	4	17	16	28/7、24/8
极端最低气温（℃）	-1.1	1.2	2.9	5.6	13.7	19.1	21.2	21.3	13.9	9.6	2.5	-0.5	-1.1
出现日期	24	1	4	1	3	15	9	20	23、24	30、31	19	4	24/1
降水量（毫米）	119.1	275.7	262.5	172.9	200.6	104.2	448.8	10.9	49.3	10.7	26.5	77.5	1758.7
一日最大降水量（毫米）	22.5	42.0	69.6	28.5	52.6	28.3	148.6	10.9	36.7	5.2	21.0	17.0	148.6
出现日期	4	20	21	29	27	22	13	10	2	27	27	21	13/7
降水日数（≥0.1毫米）	17	22	17	19	15	21	13	1	3	5	4	11	148
最长连续降水日数	7	18	3	5	6	7	7	1	2	3	2	9	18
降水量（毫米）	60.5	225.8	61.3	55.1	75.1	44.3	229.8	10.9	48.8	9.2	21.4	75.2	225.8
起止日期	30/12-5	7-24	1-3	21-25	12-17	17-23	4-10	10	1-2	25-27	27-28	18-26	7-24/2
日照时数（小时）	58.5	22.8	58.6	124.0	162.2	142.7	185.0	296.5	277.2	183.8	176.5	137.4	1852.2
日照百分率（%）	18	7	23	32	39	34	43	73	75	52	55	43	42
相对湿度（%）	86	91	82	84	75	83	84	70	68	72	69	77	78
最小相对湿度（%）	21	50	21	25	25	38	43	31	23	25	17	19	17
出现日期	24	4	13	1	4	11	1	30	30	20	14	5	14/11
最多风向	NW	NW	E	E	E	E	ENE	E	E	NW	E	NW	E
平均风速（米/秒）	1.8	1.9	2.2	2.0	2.0	2.2	1.9	2.4	2.0	2.0	1.9	2.0	2.0

2019 年初终日期（日/月）

项目名称		上年度			本年度初日
		初日	终日	初终间日数	
霜		22/1	24/1	3	2/12
雪		30/12	31/12	2	/
积雪		30/12	31/12	2	/
结冰		23/1	24/1	2	/
最低气温（≤0℃）		17/12	24/1	39	3/12
地面最低温度（≤0℃）		17/12	24/1	39	3/12
当年	雷暴	23/2	2/9	192	/
	无霜期日数	321			/
	日平均气温≥5℃	19/2	26/12	311	/
	日平均气温≥10℃	10/3	18/11	254	/
	日平均气温≥20℃	9/5	15/10	160	/

工　业

综　述

2019年，在市委、市政府的正确领导下，乐平工信系统围绕“推进经济高质量发展”的重要指示要求，全力推动工业稳增长、促转型、强创新，工业经济实现高质量发展。全市116家规模以上工业累计完成工业总产值亿358.31亿元，同比增长7.8%；工业增加值增速9%；实现营业收入333.61亿元，同比增长6.34%;实现利税28.78亿元，同比增长9.36%。乐平市荣获2016—2018年度全省加快工业发展加速工业崛起先进单位；乐平市被评为2018年度江西省工业高质量发展先进县（市、区）。

开展“不忘初心、牢记使命”主题教育　召开动员会，及时传达各级会议精神及相关部署。做到学习教育的全覆盖。加强调查研究，以实事求是的精神，反映存在的问题，分析原因，提出解决问题的意见和建议。在调查研究的基础上，党委班子成员认真准备了专题党课。认真检视问题，开好对照党章党规找差距专题会，以实事求是为原则，认真检视出了在思想、工作、作风方面的各项问题，并制定出整改措施积极进行整改。强化整改落实，局党委牢牢把握边学习边检视边整改的要求，始终紧盯整改实效，确保取得成效。

民营企业活力增强　世龙实业入选中国化工企业500强；天新药业、中远农业荣获2019年江西企业100强及江西民企100强；天新药业、世龙实业再获2019江西民企制造业百强佳绩；宏柏新材料成为2019年江西省唯一获得全国制造业单项冠军示范企业。

规模以上企业增长迅猛　建立乐平市工业企业“个转企、企升规”联席会议制度，落实责任，分类指导，力促企业成长壮大，及时进入规模企业统计。全年新增规模以上工业企业13家，净增11家，创数年来新高，超额完成净增5家的目标任务。

平台搭建加快推进　积极推进返乡创业园二期（乐港杨范工业区和后港食品企业区）建设，成立项目部，明确各成员单位工作职责、工程进度。完成项目备案及红线图，完成10家企业（乐港杨范7家，后港食品3家）的立项工作；启动前期初步设计工作，项目部板房、内部道路及绿化已建设完成；后港食品企业区前期已测量60余亩土地，平整土地30余亩，待征地手续完备后再推动后期工作，拆除两基12米电杆，新建两基15米电杆，拆除120导线300米，重新架设导线300米。乐港杨范工业区深水井建设完成，乐港杨范片林地正在报批。

服务水平持续提升　工信局积极牵头，主动作为、多方协调，全力推进拖欠民营企业中小企业账款偿还工作，已偿还32597.1万元，占全部拖欠账款的90.2%，超额完成省减负办下达的年底前完成66.67%的偿还任务。与景德镇市中小企业信用担保中心、邮储银行建立紧密合作机制，企业用订单到中小企业担保中小担保，邮储银行放款，减轻企业流动资金的压力。组织企业参加映山红现代企业制度暨集中上市辅导班集训。指导乐丰化工、宏柏新材料、景德中药等企业完成股份制注册，为乐平企业将来上市上板奠定基础。

行业管理规范有序　推进全市墙材革新和“限黏”，防止非江西省墙材产品目录内的墙材产品混入市场。扎实开展“推散禁现”工作，推广散装水泥使用量。主动与供电公司对接，对迎峰度夏（冬）及重要节假日用电高峰期间的有序用电进行协调。加强全市电力设施建设协调工作，为乐平经济社会建设提供坚实的电力支持。积极配合国际禁止化学武器公约组织对大明化工进行核查。为世龙实业、吉翔医药监控化学品特别生产许可证办理延期换证工作，在确保监控化学品不扩散的同时，努力服务企业发展壮大。加强对工业用盐等非食用盐的管理，防止非食用盐流入食盐市场，确保全市食盐安全。开展安全生产月活动，综合协调乐平工业和信息化领域安全生产工作。

“两化”融合深入推进 为宏柏新材料申报2019省级工业转型项目。组织相关企业参加在南昌举行的联通5G产业和2019世界计算机大会。邀请省智库专家指导宏柏新材料申报2019年省级工业转型升级专项资金工作。帮助宏柏新材料完成省级两化融合贯标工作的顺利完成，并且最终通过认证。协助景德镇中药完成两化融合示范企业的申报工作。

循环经济加快发展 为企业办理技改项目进行节能评估，从源头上把好节能关。印发《严格控制乐安河高污染行业发展工作方案》，做好高污染行业企业落后产能淘汰工作，做好技、扩、改项目的立项准入。深入世龙实业、锦溪水泥等重点耗能企业，了解企业耗能情况并予监督。同时，全力遏制钢铁行业新增产能，联合相关部门彻底做好“地条钢”产能的监管和打击工作。开展乐平陶瓷行业企业专项节能监察，对未办理节能评估审查的工业企业项目下发责令整改通知书。据统计2019年顺利完成“十三五”期间乐平市重点用能企业节能目标。

统筹做好中心工作 做好脱贫攻坚工作,落实贫困户手机使用费、宽带入户减免政策。帮助扶贫挂点的牌楼村修建硬化两条水泥路面，改善了村民出行难问题。产业扶贫基地毛蔗糖喜获丰收，实现产值9万余元，为壮大村集体经济、助推贫困户脱贫产生了积极作用。抓好“双创双修”工作，协调强弱电公司对赣东北大市场、联盟路、七星巷进行了空中乱象整治工作。配合住建局、洎阳街道办对气门厂和邹家社区等老旧小区及背街小巷空中乱象进行整治工作。抓好本局责任路段日常巡查工作，做好志愿者交通文明引导服务值勤工作。推进交通项目电线杆迁移工作，服务全市交通项目建设。此外，开展扫黑除恶专项斗争。

5+2特色产业实现工业总产值337.96亿元，同比增长10.5%。其中：

精细化工产业 实现工业总产值173.98亿元，同比增长15.5%。

生物医药产业 实现工业总产值95.61亿元，同比增长5.1%。

机械制造产业 实现工业总产值28.31亿元，同比增长23.0%。

矿产建材产业 实现工业总产值30.39亿元，同比增长-3.7%。

绿色食品产业 实现工业总产值4.24亿元，同比增长4.4%。

光伏能源产业 实现工业总产值3.34亿元，同比增长10.2%。

电子信息产业 实现工业总产值2.08亿元，同比增长-19.3%。 （市工信局）

工业园区

概述 江西乐平工业园地处乐平市东南郊，总规划面积10平方公里，已建成6.59平方公里，是江西省唯一的精细化工产业基地，是全省34家重点工业园区和江西省21家省级民营科技园之一。2007年被授予江西省精细化工产业基地，2014年被授予江西省工业示范产业集群，2014年被科技部认定为国家级精细化工高新技术产业化基地，2018年7月认定为江西省新型工业化创业基地。

经济持续健康发展 园区现有企业110家（其中投产企业74家，规模以上企业65家），2019年完成工业产值316亿元，主营业务收入301亿元，工业增加值88亿元，实现利润18亿元，上缴税收10.2亿元，安置就业人员18200余人。

高新技术企业 天新药业的维生素B_6、B_1产能和销售量占据全球份额的70%和40%，居世界第一；宏柏科技生产的硅烷偶联剂在全球和国内的市场占有率均为第一；上市公司世龙实业为江西省最大的氯碱生产企业，是中国氯碱工业协会AC发泡剂专业委员会主任单位和《工业氯化亚砜》《AC发泡剂》行业标准的起草单位；AC发泡剂占全国份额的34%左右，AC发泡剂产量居全国第一、氯化亚砜产量居全国第二。

科学规划布局 为拓展园区发展空间，促进产业集聚，构筑新的发展平台，完成了园区产业规划编制工作。邀请江西省环境科学院为园区进行规划环境影响评价编制，已通过专家评审。聘请赣安公司进行安全风险等级评估，评估结果已通过政府审批。完成智慧平台第一期建设。启动了园区调区扩区工作。

财园信贷通 帮助解决中小微企业融资难题，全年共计发放企业贷款4.2亿元。

项目建设有序推进 重点项目分别由班子成员分工负责，对项目实施蹲点服务，现场督促，倒排工期，序时推进。“一企一管”升级改造工程，已完成投资约4350万元，钢格栅制作及油漆工程完成，安装完成95%；支墩H型钢安装及油漆工程全部完成；高架钢结构制作及油漆完成，安装完成95%；废水监测房及废水池进入装饰工程完成85%；PE管及保温制作完成85%,土建完成95%。园区主要道路升级改造工程已完成206国道两侧、4路、6路绿化补栽补种、9路绿化施工，工程总投入约7400万元，进入收尾阶段。工业6路西延伸已完成50%。聘请乐平设计院等单位对206国道沿线排水沟和照明及4路北段设计工程等7个项目的设计，并完成了其中三条道路辅沥青项目的施工。完成进园企业丰林林产、兴华科技等企业用地红线。完成对环保整改项目园区雨水明渠抢修加固。

安全环保落实到位 针对园区存在的环境问题，实施一系列工程性措施进行全面整改。继续实施了园区绿化提升项目、污水管网“一企一管”升级改造项目。续聘浙江衢化巨程公司为园区安全环保进行第三方服务。开展了园区企业产品和工艺全面核查工作；配合市应急局迎接了国家应急部和省应急厅对园区企业的安全检查工作；与园区污水处理厂一并开展了对园区企业污水处理站工艺全面排查工作；建立园区企业废气巡查值班制度，每晚安排相关人员进行园区内废气、废水巡查监测。

党建工作提升 深入学习贯彻落实党的十九大和习近平新时代中国特色社会主义思想、省委市委全会精神，抓好“不忘初心、牢记使命”主题教育的学习，坚持“两学一做”“三会一课”、中心组学习常态化制度化，开展好每个月的主题党日活动，牢固树立“四个意识”、坚定“四个自信”、坚决做到“两个维护”用科学的理论武装党员。推进园区非公经济组织党组织建设，推动非公经济党组织工作开展，根据实际对企业党组织设置及人员进行了调整，开展了非公经济党组织书记述职评议工作；以江西智慧党建云平台为抓手，创新学习形式，有效地破解了非公党组织开会难、活动难、管理难的难题；做好发展党员工作，发展党员3名，预备党员转为正式党员1名，培养发展对象2名。坚持不懈地抓党风廉政建设，正面教育与警示教育相结合，进一步增强党风廉政建设和反腐倡廉工作实效。着力抓好精准扶贫工作，加强精准扶贫工作力量，经常走访慰问贫困户，帮助解决实际问题。

机关作风改进 全力推进“五型”政府建设，完善了《江西乐平工业园区机关管理制度》，以制度管人管事，保证了工作任务有安排、有落实、有督查；每项工作落实责任人，任务分解到人，做到人人肩上有担子、个个身上有压力。通过一系列行之有效的作风建设措施，全体干部工作效能显著提升，干事创业氛围日益浓厚。推进园区体制机制改革，建立健全与园区发展相适应的领导体系、管理体系、运行体系、服务体系和保障体系，激发园区的内生动力。通过了质量管理体系认证及环境管理体系认证。

（乐平工业园区）

金山工业区

概述 金山工业区筹建于2008年8月，是乐平市为承接发达地区产业转移，促进产业转型升级的一个环保绿色工业园区，发展新型环保循环产业的平台，也是乐平市以金山工业区作为全省"产城融合"示范区的核心区。通过十多年的建设和发展，金山工业区正努力建设好新型环保循环产业平台，向绿色循环实力产业园区迈进。

经济发展势头强劲 "发展就是硬道理"，金山工业区紧紧咬住年初制定的各项经济指标的目标，在努力扩充培植税源和加强税源管理上狠下功夫，截至2019年底，入园企业143家，总投资70亿元，均为绿色无污染企业，实现税收3100万元，与2018年持平，园区工业企业实现工业总产值10亿元，实现营业收入9亿元。申报了2家规模以上企业，新增了3家固投企业，培育了5家固投企业，实现工业总产值12亿元，营业收入11亿元，其中规模以上企业产值8亿元，固定资产投入20.5亿元，同比增加70%，解决劳动就业3000人。

招商引资势态良好 园区干部多次赴江浙一带招商，以热情、真诚、务实的招商风格，获得了许多客商的好感，建立了长久友好的感情，2019年租赁厂房落户企业7家，引进公司经济21家，有意向落户的企业30多家，引进了和光金融科技产业园、江西挚辉机械制造有限公司等企业，与兵哥梦有限公司、中深鹏瑞科技集团就投资60亿元分散式储能柜项目进行了洽谈，总部经济有望成为园区发展的新动能。

园区建设有序进行 1．基础设施建设。①园区基础设施提升工程前期工作已完善，已做好项目建议书，正在选址，土地规划、设计已完成。②完成了金三路、金六路延伸工程。③一期680段3号雨污管建设工程完成50%。2．重点工程稳步推进。①工业地产进度：完成雪迪龙厂房1-2层外墙体粉刷，定制厂房A-2、1-3层外墙体粉刷，定制厂房A-4、孵化器厂房二层梁板面主体结构现浇，定制厂房B-5二层梁板面主体结构现浇。②高精锻压进度：已建成主体厂房一栋，办公楼已经顺利封顶，完成厂区防护斜坡，供电专线已经开工建设。

园区环境不断优化 一是建立了环境整治长效管理机制，有效地破解了园区环境脏乱差的问题，对园区入园道路的多次修缮，园区的垃圾处理、绿化和亮化工程的推进，并严格落实值班巡查制度，园区品位大大提升，面貌焕然一新；二是认真开展了扫黑除恶、侵占国有资产、打击非法集资、综治安全感测评双提升行动，普法宣传、节能减排活动，使法制观念在企业和周边群众心中生根，园区的治安环境进一步优化；三是认真开展矛盾纠纷排查调处，解决了海派工贸等企业的一大批疑难矛盾纠纷21起，为企业发展建设保驾护航，解决了6起12345的转办件，满意率85%。园区未发生一起越级信访事件和重大案件，有力地维护了园区和乐平市的稳定。

管理服务优质高效 一是继续推进腾笼换鸟。原旦旦产业园企业租赁厂房10多万平方米已全部置换了新企业入园；多方协调，回购了力润实业的49.3亩土地。二是项目入园规范有序。严把入园关，所有入园企业必须完成乐平市立项审批手续，满足规上企业和产业要求，坚持环评安评消防三同时，严守环保红线，不符合环保要求的一律拒绝进园。三是营造新型政商环境。构建了优质高效的"清、亲"的园企关系，用保姆式、店小二、一条龙的热情服务，做到出现问题，随叫随到及时协调处理，对企业的入园咨询、租厂房、协调用电、用水、用气、用工、服务办理完善环保手续，协调享受税收政策等各种诉求力求立即解决到位，"只跑一次"，发扬不怕苦，不怕累的精神，认真细致推进服务工作，园区干部为企业协调用水用电等问题15起，园企关系进一步改善，企业满意率大大提升。四是安全生产常抓不懈。以零容忍态度狠抓安全工作，年初制定园区安全工作计划，与企业签订责任状，结合安全生产百日攻坚行动、“三项整治”加大了宣传力度，开展安全生产隐患大排查活动，排查单位66家，下达责令整改通知书12份，警钟长鸣，全面落实了安全生产主体责任，消除园区安全生产隐患。

环境保护高压态势 落实责任制，分管领导和挂点领导分工负责，环保监管工作制度化常态化，采取24小时不定期的巡查制度，坚决执行市委书记俞小平同志环评就是通行证，没有环评就一律禁止通行的指示，多次联合环保等部门组成联合检查组，拉网式排查，对未达标企业停产整改，整改不到位的联合有关执法部门进行联合执法，确保环保达标生产，全面梳理了工业区143家企业环评、验收手续办理情况，解决了前期部分未办理环评企业手续问题，下一步全面清理和解决工业区生产性企业环评审批及遗留问题。对“地条钢”危害高度重视，将“地条钢”作为不能碰的红线，严格监管16家有中频炉企业的用电情况，建立24小时不定期的巡查制度，安装摄像头全方位全天候监控，建立企业防范“地条钢”工作台账，防范“地条钢”工作制度化常态化，通过严格监管，园区没有生产地条钢的企业。

（金山工业区）

东风药业

概述 江西东风药业股份有限公司成立于1965年。1996年9月“东风药业”股票在上海证交所挂牌上市，成为江西省第一家在沪市上市的企业。1998年7月，与江中制药厂进行重组成立江中制药集团。2008年9月，国有企业改革东风药业下放乐平市政府管理。2009年10月，企业改制加盟沈阳同联集团。

根据市政府“退城进园”统筹规划，东风药业在乐平市工业园建设新厂区，总占地面积22万平方米，建筑面积8万平方米，项目总投资5.19亿元。新厂共建9个生产车间，11条生产线，实施对青霉素原料药、舒巴坦钠原料药、青霉素粉针制剂、头孢菌素类制剂和固体制剂车间的搬迁，新建阿莫西林原料药和胶囊生产线。项目建成后年产值可达30亿元，年利税总额可达6亿元，就业员工可达1000人，具有显著的经济效益和社会效益。

东风药业是中国最早生产抗生素药品的企业之一，在行业内占有重要地位。其产品青霉素类、粉针剂、阿莫西林胶囊剂在国内外市场享有盛誉。2015年以来，东风药业主要品种青霉素原料药、舒巴坦钠原料药、青霉素粉针剂已通过国内GMP认证，国际上已通过9个国家（瑞士、日本、墨西哥、伊朗、土耳其、菲律宾、法国、德国、意大利）客户的现场质量审计，其中有6个品种取得了墨西哥国家的药品GMP证书，2017年8月申报欧盟、FDA的认证。东风药业的产品完全有实力代表江西制药企业走向国际高端市场。

（东风药业）

天新药业

概述 江西天新药业股份有限成立于2004年9月，是一家专业生产维生素的高新技术企业，公司占地面积约1000亩，现有员工约2000人。公司产品有维生素B_1、维生素B_6和叶酸，主要用于原料药、食品添加剂、饲料添加剂，公司产品在国内外市场占有主导地位。2019年，全年实现销售收入20.26亿元，出口1.8亿美元，上缴税收6.18亿元。

在产品质量上坚持“悉心打造产品，用心关爱健康”的质量方针，在上海建立了研发中心，致力于研发和生产最具价值的产品，为公司的创新发展提供强有力的技术保障。目前，公司建立了完善的综合管理体系，已经通过了新版药品GMP、美国FDA、EUGMP、ISO22000、FAMI-QS、环境管理体系、职业健康与安全管理体系等认证。

公司秉承“诚信、守法、尊重、沟通、务实、创新”的企业文化精神，关注员工健康成长与价值体现，深入贯彻“安全第一，预防为主，遵规守纪，不断改进，保障员工安康和企业永续经营”的方针。

公司坚持以人为本，积极开展“传、帮、带”再教育活动，增强员工安全意识，提升员工综合技能。公司党总支领导群团组织，举办丰富多彩的文化活动，丰富员工生活，持续改善工作环境，优化劳动保障与薪酬待遇，帮助员工快速成长，实现自我价值。

公司始终贯彻社会价值高于经济价值思想，以绿色发展，环境保护为己任，采用先进科技，综合利用，变废为宝，推行清洁生产，发展循环经济。高度重视环境保护，公司累计环保投资6亿元以上。目前一期环保投入累计达2.8亿元，其中两个污水处理站投入8000万元，两个蒸馏车间投资1.5亿元，尾气回收处理装置投资5000万元。二期环保总投资3.5亿元，其中两套日处理固体废物30吨/天焚烧装置投资2亿元，污水处理站和蒸馏车间投资1.5亿元。公司先后被评为“中国质量诚信企业”“信用管理AA级企业”；江西省“先进非公有制企业”“外贸出口先进企业”“诚信企业”“AAA守信用重合同单位”“绿化园林单位”等荣誉称号。

在自身发展的同时，公司不忘回报社会，主动承担社会责任，并将其作为企业永续发展的核心价值观之一，积极参与社会公益事业，每年资助贫困大学生约60万元；每年资助若干个新农村示范点建设，积极参与乐平市的精准扶贫工作，以及老年人事业等等。

面向未来，公司发展前景广阔，目前在建的项目有天新二期、尚楷生物科技、危废处理中心等项目，累计投入将达到12亿元以上。随着这些项目的建成投产，公司将再次实现新的跨越。天新药业以做优做强企业为目标，健康人类为使命，服务社会为宗旨，坚定不移地走生态文明，绿色发展道路，为实现民族工业振兴而砥砺前行。 （天新药业）

世龙实业

概述 江西世龙实业股份有限公司，位于江西省乐平工业园，2003年12月经国家商务部批准设立，注册资本2.4亿元，占地面积70余公顷，有南北2个生产区，员工近1300人。拥有产品自营进出口权，拥有自备热电厂和铁路专用线。现有资产总额16.66亿元，2019年营业收入18.5亿元。公司2015年3月在深圳证券交易所中小板A股上市（简称世龙实业，股票代码002748），是目前乐平市唯一上市公司。

在行业的优势与地位 1. 公司是以氯碱产业链深加工生产精细化工产品为主的国家高新技术企业，是中国石油和化工行业技术创新示范企业。公司荣获“江西省第一批创新型企业”“江西省节能减排科技创新示范企业”“首批江西省知识产权优势培育企业”“江西省两化融合示范企业”“江西省首批重点调度企业”。公司2009年、2012年、2015年、2018年，连续多届通过高新技术企业认定和复审。

2. 装置规模。公司在中国氯碱行业属中上水平，目前实际产量位于江西省前列；年产30万吨氯碱生产线，采用当前国际最先进的零极距离子膜法生产工艺技术；年产8万吨AC发泡剂，装置规模全球第二位，工艺技术在国内同行业处于领先水平，是江西省高新技术产品；年产5万吨氯化亚砜，是国家“火炬计划”项目，被江西省人民政府授予“科技进步奖”；年产10万吨氨水生产装置，是国家工信部在AC发泡剂行业清洁生产推广项目，被誉为行业资源综合利用和循环经济的典范。

3. 行业地位。进入2018年“中国石油和化工民营企业100强”（名列93位）、“江西省民营企业制造业100强”（名列72位）；2019年“中国石油和化工企业500强”（名列492位）、“江西省民营企业制造业100强”（名列70位）。

4. 技术优势。公司是中国氯碱工业协会AC发泡剂专业委员会主任单位；主导《AC发泡剂行业质量标准》修订，参与《工业氯化亚砜》HG/T3788-2013质量标准制定；通过了质量（ISO9001）、环境（ISO14001）、职业健康安全（OHSAS18001）三标管理体系认证，2019年通过国家海关机构的AEO高级企业认证，是江西省化工行业首个、也是景德镇地区唯一通过海关AEO高级认证的企业；公司拥有一个省级企业技术中心和“化工研究院”，与清华大学、南昌大学等高校建立了产学研合作；目前公司拥有国家发明专利16项，其中氯化亚砜产品方面有12项，AC发泡剂产品方面有4项。公司已掌握了超微细AC发泡剂和二氧化硫全循环法生产高纯度氯化亚砜方法的生产技术，拥有多项自主知识产权，公司的生产技术处于国内领先水平。

5．质量品牌。公司“世龙牌”氯碱、AC发泡剂产品，连续多年保持“江西省名牌产品”称号。公司产品行销30多个国家和地区，AC发泡剂产品国际贸易市场份额连续4年平均占全国该产品总量的34%，海外市场份额最高时达39%。港珠澳大桥人工岛上空调机房冷冻水管和风道系统的福乐斯隔热零级材料，武汉抗击新冠肺炎病毒火神山和雷神山医院建设使用的华美绝热保温材料，都有世龙精品AC发泡剂在橡塑保温与新型建材行业的应用。

履行企业社会责任 1．公司始终把社会效益放在首位，先后获得中国石油与化工协会“履行社会责任突出贡献奖”“江西省A级纳税企业”“江西省质量管理先进单位”、景德镇市“环境保护工作先进单位”等社会荣誉。

2．作为上市公众企业，公司十分注重保障投资者权益，真实、准确、及时、完整披露信息；保护职工合法权益，按照国家法规为员工缴纳“五险一金”，同时，推行员工免费工作餐制度，在薪酬、社保、公积金方面逐年提升标准，不断改善员工福利；鼓励员工积极参与民主管理；恪守诚信契约精神，与供应商、经销商实现互惠共享，合作双赢。

3．始终坚持“安全是底线、环保是红线、质量是生命线”的企业社会价值观，加大安全环保投入，近几年投入7.8亿元用于改善和提升安全、环保设施取得良好效果，公司实现一般及以上安全生产事故为零，三废治理环保在线监测100%达标，未发生一起环保事故。

4．积极投身社会公益和精准扶贫，参加当地政府“百企帮村”活动，实施“公益扶贫+定点扶贫+教育扶贫”，近三年累计向当地社会捐款、捐物超过100万元。在2020年“新冠肺炎”防控阻击战中，公司主动向当地卫生防疫机构和慈善机构捐赠次氯酸钠消毒液4800吨（配置后成品），向社会民众免费发放消毒液1200余瓶，折合专项抗疫捐赠金额97.3万元。公司的义举，受到政府与民众的广泛好评。

产业升级前景广阔 公司坚持以高质量可持续发展为目标，以创新、协调、绿色、开放、共享为主导，以资源综合利用与循环经济为抓手，不断推进产品价值链升级。

当前，公司通过原有产品升级、自主研发新产品项目、合作引进新技术，以资本为纽带对相邻相近产品企业收购兼并重组，进一步开拓国际市场等多种途径，实现产品换位、延伸、优化，正在形成高效循环的五大板块产品系列：

1．氯碱板块系列：以年产30万吨离子膜烧碱生产线为基础，延伸开发氯化亚砜下游氯醚、丁酯等氯气深加工产品，2019年底氯醚、丁酯产品已成功推向市场。

2．AC发泡剂板块系列：以年产8万吨AC生产线为基础，研发改良型、高附加值精品，并配套扩建2万吨80%水合肼，2019年9月水合肼成功投产。

3．日用化工板块系列：利用上游副产品，开发20万吨过氧化氢、过碳酸钠等日用化工产品，过氧化氢项目2019年12月完成主体设备安装，计划2020年5月底投产。

4．新材料板块系列：以二羟甲基丙酸（DMPA）、二羟甲基丁酸（DMBA）为依托，开发水性油漆、水性涂料等新型环保建材产品，丙酸产品2019年10月成功投产。

5．生物科技板块系列：选择邻氯苯晴、对氯苯甲醛等6个技术含量高、市场前景好的医药、农药中间体，发展新一代生物科技产品。邻氯苯晴、对氯苯甲醛项目已获政府部门立项，计划2020年6月建成投产。

现在的世龙实业是一个成长型朝阳型企业，未来的世龙实业必将成为一个国际有影响、行业有地位、市场有名望，引领江西产业升级、带动地方经济发展、广受社会尊敬的优秀龙头企业。

（世龙实业）

宏柏化学

概述 江西宏柏新材料股份有限公司设立于2005年，经过多年的经营发展，于2017年12月整体改制成为一家中外合资的现代化股份制企业。公司主要从事功能性硅烷、纳米硅材料等硅基新材料的研发、生产与销售，产品广泛应用于汽车、橡胶制品、建筑、医药医疗等行业，为江西省专精特新企业、国家高新技术企业、工信部制造业单项冠军示范企业。公司注册资本2.49亿元，总部坐落于千年瓷都景德镇，生产基地占地面积一千多亩，拥有职工一千多人，公司在香港、澳门、东莞、哈尔滨分别设有子公司及分公司。

公司主营业务情况 公司主营业务为功能性硅烷、纳米硅材料等硅基新材料及其他化学助剂的研发、生产与销售，是我国功能性硅烷，特别是含硫硅烷细分领域中具备循环经济体系及世界领先产业规模的企业之一。公司与境内外大型知名轮胎制造商普利司通、米其林、固特异、德国马牌、韩泰、住友、中策等建立了紧密的长期业务合作关系。2019年，公司营业收入超过10亿元人民币。经工信部氟硅行业协会以及中国石油和化工行业联合会双重认定，公司含硫硅烷偶联剂产品连续三年在全球和国内的市场占有率排名均为第一。

2019年11月27日，公司被工业和信息化部评为制造业单项冠军示范企业，荣获含硫硅烷偶联剂行业单项冠军殊荣。

科研创新情况 宏柏新材作为为行业内首家完成硅新材料产业链绿色循环生产的公司，十分注重在技术研发方面的投入，拥有一支化学工程、分析化学、精细化工、高分子、化工设备、仪表控制等诸多领域背景的数十人专业团队，构建了从研发到应用完整的技术研发体系。2015年，公司与杜善义院士团队合作建设了景德镇市首家院士工作站，并建设院士工作站产业孵化中心，对产品工艺进行研发设计与优化。宏柏在坚持自主研发、自主创新的基础上，保持与国内著名高校的紧密合作，积极跟踪行业前沿技术，于2015年组建了硅基材料研究所。公司通过建立院士工作站及硅材料研究所等产学研孵化平台，实现技术升级和产业升级，加快科研成果落地转化，预计未来五年内将培育多个新产品项目。目前公司已获得和已受理的国家发明专利达二十多项，拥有多项专有技术，其中省级新产品达20项。

（宏柏化学）

吉翔医药

概述 江西吉翔医药化工有限公司是一家以医药中间体、农药中间体及磷精细化学品为主的综合性科技型精细化工企业。地处江西省精细化工产业基地——乐平市工业园区。公司成立于2005年，注册资金2000万元，股东上海绿麟达新材料科技有限公司投资1620万元，江西绿能达新材料科技有限公司投资380万元。公司生产厂区占地面积达4万余平方米，员工180人。公司主导产品氮肥增效剂正丁基硫代磷酰三胺（NBPT）是目前最有效的脲酶抑制剂之一，能提高尿素的利用率，可用于固体尿素和硝铵尿素液体肥料，已在国外得到广泛应用。3,5-二氯苯甲酰氯（DCBC)是一种重要精细化学品，主要用于农药、医药和新材料中间体。这两个项目共取得3项发明专利，同时已通过新产品鉴定，技术已达到国内领先水平。其中正丁基硫代磷酸三胺列入了2015年度国家火炬计划项目（编号：2015GH030642)。五氯化磷（PCl_5）作为氯化剂广泛用于医药化工行业，同时是锂电池电解液六氟磷酸锂的重要原料，市场需求量大。

江西吉翔医药化工有限公司是经认定的国家高新技术企业，通过了ISO9001：2015质量管理体系认证。曾荣获“江西省创新型试点企业”“江西省专精特新中小企业”同时建有省级企业技术中心，为景德镇市磷精细化学品工程技术研究中心的依托单位。近年来共承担国家和地方科研项目20余项，获得省优秀科技新产品奖1项、省优秀新产品奖5项、市科技进步奖两项；技术发明奖1项，申请国家发明专利11项，已授权9项。

（吉翔医药）

赛复乐医药

概述 乐平市赛复乐医药化工有限公司成立于2006年，注册资金1000万元，是浙江山峪集团股份有限公司全资子公司。公司是一家集医药中间体研发、生产、销售于一体的精细化工企业，2019年被评为江西省高新技术企业。位于江西省精细化工园区——江西乐平工业园（景德镇）。公司现有员工200余人，生产厂区占地面积60亩，建有8个生产车间，配套功能齐全。公司拥有先进的生产设备、生产工艺及检测手段，同时具备完善的三废处理系统及绿化式生产厂区。

公司主要生产泰诺福韦［抗病毒药物中间体（乙肝、艾滋病等)］、苯甲酰腈醇等。其中泰诺福韦产品获江西省工信厅组织评选的2018年度江西省优秀新产品一等奖，并于2018年12月通过美国FDA审计。

（赛复乐医药）

远洋威利

概述 江西远洋威利实业有限公司成立于2001年，位于“世界瓷都”——江西景德镇，是专业研发生产纤维水泥板，提供防火板材建筑系统解决方案、装配式房屋墙体解决方案的生产厂家。

“远洋威利”商标为“江西省著名商标”“江西省名牌”，公司是“国家高新技术企业”“江西省专业化小巨人企业”，通过“ISO9001、ISO14001、欧盟CE认证”。远洋威利于2018年在俄罗斯成立了大象建材公司，将年产1200万平方米纤维水泥平板。

远洋威利是一家拥有自主研发创新精神、自主知识产权的生产制造企业。公司实施“重品牌、强品质、精品类”的三品战略，贯彻“生产、技术、工程三位一体”的项目销售管理模式。研发生产远洋威利®系列产品，包括：FCB牌纤维水泥板和硅酸钙板、防火FCA硅酸盐板、建元牌低密度板轻质柔性灰硅板、清水壁岩板、壁岩通体彩板、FCA钢结构楼板、防火抗下陷天花板、防火穿孔吸音板。是中国在纤维水泥板制品产品生产上品类齐全、质量优、有影响力的厂家。

“远洋威利”系列绿色板材具有防火不燃A1级、耐水、耐潮、保温、耐久、隔音、隔热、轻质、高强、无石棉、无甲醛、无辐射等优点。主要应用于以下五大建筑系统：吊顶、隔墙、护壁等防火、吸音隔声建筑空间构建系统和楼层间加层楼板应用系统；建筑被动式防火和高温绝热系统：钢结构和电线电缆防火包覆、耐火隔墙、玻璃幕墙衬板等；外墙外保温装饰系统；室内混凝土风格装饰系统；装配式房屋系统，包括轻钢房屋、装配式岗亭、钢结构房屋等。远洋威利系列板材可以涵盖和替代一座建筑物中大部分板材材料和非承重墙体材料。

公司产品遍及中国的各大城市，参与了众多大型项目，并同国内优秀的建筑装饰公司和设计院均有开展广泛的业务往来。产品被应用于秦山核电站、高铁站、国家电网变电站、众多五星级酒店、甲级写字楼、三甲医院、标志性公共建筑等地方。在国外市场，经过十几年的努力，公司产品已远销中东、东南亚、非洲、拉美、欧洲、美国等54个国家地区。“远洋威利”系列产品在国内外享有较高的知名度，赢得海内外客户的一致认可。

经过20年的发展，远洋威利专注于纤维水泥板的创新研发，目前有18个专利，其中9项发明专利、9项实用新型专利。前后获得众多荣誉：如国家级高新技术企业、江西省名牌产品、中国著名品牌、江西省著名商标、江西省小巨人企业、江西省专精特新中小企业、江西省一企一技示范企业、国家科技型中小企业、江西省节能减排示范企业、江西省资源综合利用示范企业等。

目前公司通过ISO90001、ISO14001、CE认证、SGS认证，拥有国家建筑材料检测中心、国家防火建筑材料检测中心、SGS的检测报告。

远洋威利系列板材是以高品质水泥、精选矿物（如石英砂、高岭土、瓷土、珍珠岩等）及多种天然矿物添加剂为主要原材，采用专业的生产技术和设备，以优质的进口木质纤维为增强材料，经流浆、成胚、千吨压机加强、高温蒸压养护、表面处理而成，以高稳定性著称的托贝莫来石晶体构造为主的防火耐潮绿色轻质板材。产品环保，不含石棉和有毒有害物质。

公司年产能力达1500万平方米，拥有先进的生产设备和行业领先的纤维水泥板的研发创新能力，产品品类齐全、涵盖领域众多，在纤维水泥板制品行业，紧跟世界潮流、引领国内行业趋势，可满足客户专业性、细致化、多样性的需求。

（远洋威利）

交通邮电

铁路运输

概述 乐平市站位于市区西站端，中心里程为皖赣线 K451＋496km 处，是一个集客、货、装为一体的综合性三等站。站内设有到发线 6 条，办理接发列车与调车作业业务。设有鸣山专用线 1 条，用于鸣山煤矿的煤炭直接装车外运任务；设有军事专用线 1 条，用于军事装备运输任务。设有货物线两条，用于本站货物装卸。龙门吊车 1 台，最大起重能力 26 吨，调度机车两台，担负着本站、乐德支线、库前站和接渡站小运转及调车取送任务。日均办理 7 趟营业的旅客列车业务。日均办理旅客 1320 余人次，年货运吞吐量 120 余万吨。

（乐平市火车站）

交通运输

概述 市交通运输局现有干部职工 268 人，下设 7 个事业单位：运管所、港航所、公路站、渡口站、质监站、路政大队、城客所。主要职责为贯彻落实关于交通运输工作方针政策、决策部署和要求，拟订和编制交通运输行业规划、政策、标准并组织实施；承担道路、水路运输市场监管和交通运输建设市场监管责任；履行道路和水路运输及行业管理职能；维护公路路产路权管理，协调审批公路建设项目；治理公路超限超载；监管农村公路建管养；实施办理交通行政执法监督和行业投诉及仲裁行业纠纷；落实交通运输行业安全生产和应急管理工作；查处车辆非法运输、经营成品油行为。

“不忘初心、牢记使命”主题教育成效明显 重点学习习总书记关于脱贫攻坚、扫黑除恶、作风建设及“不忘初心、牢记使命”主题教育重要讲话精神，重点学《交通强国建设纲要》和《关于深化公路管理养护体制改革的意见》，自觉参与学习强国教育，增强“四个意识”、坚定“四个自信”、做到“两个维护”；加强党的意识形态工作，建立乐平交通微信公众号，发稿 53 篇，告知便民服务措施，宣传新出台的交通政策法规，把握正确的舆论导向，展现交通工作成效；对局属 11 个支部实施基层组织换届，配齐配强基层组织领导，为交通工作提供有力保障；将集中学习与送学上门相结合，实现 345 名党员教育全覆盖。以解决群众反映的困难和问题入手，对照 9 个检视突出问题，逐项提出整改。

交通综合行政执法改革方案通过审议 《乐平市交通运输综合行政执法改革工作实施方案》2019 年 12 月 7 日经市政府第 84 次常务会议审议通过。2019 年 12 月 18 日经市委全面深化改革委员会第十次会议审定通过。

重点工程项目建设进展顺利 镇杨公路、钟家山至袁家亭公路建成通车；观峰大桥、南港大桥、礼林中桥完工；钟家山至袁家亭公路建成通行；G206 国道桃林至大田、S306 A 标、涌临公路、塔荷公路、乐德挂线四联至临港公路、接渡大桥、景鹰高速连接线及其收费大棚和广场建设进展顺利。启动景鹰高速连接线上跨铁路工程建设。

“四好农村路”建设扎实推进 完成后港至桃林、渡汪线、礼众线、众篁线、官洪线 5 条县道等 80 公里实施美丽生态农村路建设；完成公路安保工程 180 公里；完成“畅返不畅”80 公里，通村组公路 110 公里已陆续启动建设，年内已完成 60 公里；全面完成省、市级扶贫村水泥路。加强所属公路养护 1914 公里，公路养护率达到 100%。年内实施众埠松树岭至德兴黄柏、沿沟经周坑至婺源秀山、吴乐秧挂线、礼林上戴畈至前鲍等4条县乡道28.5公里改造；年内启动双田上河至金鹅山、接渡袁家亭至礼林、观峰大桥至万年中洲大桥、德兴银城至十里岗、小坑至屷岶寺旅游公路等5条县乡道44.8公里改建。完成镇桥金山1桥、洪岩罗家洲桥、涌山厚田桥、张家店桥、后港菱田桥、后港程家桥、双田范家桥、塔前蓝村桥8座危桥改造。15座危桥重建已经开工，16座危桥已挂网招投标，力争2020年完成全市31座危桥重建任务。行政村客车通行率达到99%，到2020年达到100%。实现全市全部行政村通客车。

道路运输、水上运输监管井然有序 加强运输企业“三项整治”和“两客一危”安全隐患排查，全年危货排查16次，发现4起隐患并整改；全年客运排查49次，发现43起隐患并整改；按照“八个无”整治目标，加强路域环境整治，维护路产路权，清理非公路标识物(牌)2300处，清理非法建筑2处，堆积物200处；加强乐安河货运船舶污染治理，督促19户船主安装相关排污设施；加强渡运管理，实施8个渡口渡船上岸大修，购置救生、消防器材，开展应急演练熟悉水上救护。

开展扫黑除恶专项斗争，行业乱象得到有效遏制 对照中央扫黑除恶第15督导组通报问题和省委扫黑除恶第二轮督导的反馈意见。依照“有黑扫黑、无黑除恶、无恶治乱”的工作方针，重点实施开展黄赌毒和黑恶势力听之任之、失职失责甚至包庇纵容、充当“保护伞”专项整治。积极开展扫黑除恶专项斗争，多部门联合执法联合整治行业乱象，集中执法力量重点查处非法营运、出租车违规收费及拒载、班车站外揽客、货运车辆非法改装、严重违法超限超载运输等行为。对当前17起客运市场非法营运和2起工程领域乱象，通过整治“清零”行动得到有效整改。查扣非法营运及“黑车黑的”70多辆，查处货车非法改装185台，卸货220余吨，非法营运乱象得到了遏制；做实国有集体资产资源专项清查。组织财务审计人员对局属各单位进行国有集体资产资源专项清查，航运公司少部分职工承包公司船舶，拖欠公司承包款17.5万元被公司追缴；运输公司个别职工侵占公司房产店面20平方米，被公司清退，个别职工占用公司价值1500元装卸设备，被公司收回。

开展“双创双修”创建，机关庭院、站场建设焕然一新 组织志愿者参与城区责任路段志愿服务，加强责任路段环境卫生、交通秩序维护，劝导行人讲卫生、守秩序，做文明市民；配合一江两岸循环道路景观工程建设，完成航运公司住户房屋拆迁30栋；建设环境整洁、美丽舒适、功能齐全的停车场、客运站、候车室、公交站台。新增出租车20辆；更新公交站台42个。机关庭院亮化、绿化，整洁有序。

人大建议和政协提案办理落到实处 38项建议提案中22项建议提案已落实；13项建议提案纳入近两年交通运输建设工作计划；3项目建议提案纳入远期交通运输建设工作安排。重点建议和提案每周抓进度，每月有新进展有新突破，办理人大建议政协提案满意率100%。 （市交通运输局）

公路建养

概述 乐平公路分局创建于1958年，隶属景德镇市公路管理局，其前身是乐平公路段，系正科级事业单位，从2003年搬迁至乐平市大连路杨家岭。主要负责乐平市境内专养公路7条，共计230公里的国、省、县、乡道建设、养护和管理任务（G206国道、S306仙莲线、S205瑶鹅线、S303浙临线、S409涌众线、S411乐镇线、湘官一级公路）。分局机关内设部门5个，即党政办公室、生产技术办公室、财务审计办公室、安全生产监督管理站、路政大队；下属单位1个，即公路养护公司；公路养护设6个道班，即塔山大道班、后港大道班、涌山大道班、临港大道班、梅岩大道班，众埠大道班。

公路养护 建立路面保洁、养护巡查制度，坚持每日一次巡查保洁，既保证了行车安全畅通，又满足了路损发现及时、报告及时、处理及时的养护要求，同时加大护栏、公里牌、百米牌、轮廓标等设施维修管理力度，基本实现了护栏线型顺畅、搭接牢固，标志、标线清晰，防眩设施完整，视线诱导设施清洁、无缺损。为更好的服务群众出行，分局共投入两百多万元，新建了菱田道班和下石养护中心的公厕及塔山服务区改建工程，不仅完善了公路设施，还提升了公路形象。为贯彻落实公路桥梁养护管理工作制度，组织桥梁、涵洞的经常性检查工作，桥梁管理系统建库共计 56 座。实行了一桥一档案管理制度，及时对发现的病害、缺损进行处理，保证桥梁构造物在完好的状态下工作，提高桥涵的使用寿命，同时投入近百万元对接渡大桥、韩家渡大桥等危桥的交通管制和高排渠桥维修。继续开展“一种三养”活动，充分利用各道班空闲土地，种植蔬菜、养殖家禽，不仅丰富了职工的“菜篮子”，而且充实了职工业余生活，也增强了团队协作精神。今年共完成整修路面 1696 平方米、整修路肩 365001 平方米，清理边沟 183729 米；路面保洁累计 1311 万平方米，机具割草 302665 平方米。

景德镇市湘湖至官庄公路品质提升工程 景德镇市湘湖至官庄公路品质提升工程全长 42.08 公里，桩号为 K0+000-K42+079.82。K22+480-K34+000 段计 11.52 公里，路基宽度 20 米，路面宽度 18 米，透水性材料填筑，整个路段左右两幅并为整体路基后加铺 20 厘米级配碎石底基层+20 厘米低剂量水泥稳定碎石下基层+20 厘米水泥稳定碎石中基层+下封层+8 厘米 ATB-25 沥青碎石上基层+粘层+6 厘米 SBS 改性 AC-20C 沥青混凝土下面层+粘层+4 厘米 SBS 改性 AC-13C 沥青混凝土上面层的结构形式；K0+000-K5+000、K20+720-K22+480 段计 6.76 公里，路基宽度 20 米，路面宽度 18 米，采用共振碎石化混凝土面板 26 厘米，作为新铺沥青路面结构的底基层后加铺下封层+11 厘米 ATB-25 沥青碎石上基层+黏层+6 厘米 SBS 改性 AC-20C 沥青混凝土下面层+黏层+4 厘米 SBS 改性 AC-13C 沥青混凝土上面层的结构形式；K5+000-K20+720、K34+000-K42+079.82 段计 23.79982 公里，路基宽度 20 米，路面宽度 18 米，采用多锤头破碎水泥混凝土面板 26 厘米，作为新铺沥青路面结构的底基层，其后加铺 24 厘米水泥稳定碎石+下封层+8 厘米 ATB-25 沥青碎石上基层+黏层+6 厘米 SBS 改性 AC-20C 沥青混凝土下面层+黏层+4 厘米 SBS 改性 AC-13C 沥青混凝土上面层的结构形式。于 2019 年 4 月开工建设，2019 年底完工。

S411 乐镇线（乐港—镇桥段）示范路工程 S411 乐镇线（乐港 —镇桥段）示范路工程全长 14.546 公里，结构类型分为四种：1. K0+000-K2+250、K3+040-K3+467、K4+738-K4+775、K6+040-K6+269、K6+633-K8+705、K9+032-K9+212、K10+746-K12+845、K13+582-K14+350 路基为 15 米的在原有路面两侧分别加宽 2 米非机动车道，1.25 米绿化带，0.75 米土路肩。非机动车道结构类型为 15 厘米厚级配碎石底基层+15 厘米厚水泥稳定碎石基层+透油层+1 厘米沥青下封层+4 厘米厚细粒式沥青混凝土；2. K2+250-K3+040、K3+467-K4+738、K8+705-K9+032、K12+845-K13+582 路基为 19.5 米的在原有路面两侧分别加宽 2 米非机动车道，1.25 米绿化带，3 米人行道。非机动车道结构类型为 15 厘米厚级配碎石底基层+15 厘米厚水泥稳定碎石基层+透油层+1 厘米沥青下封层+4 厘米厚细粒式沥青混凝土。人行道结构为 15 厘米水泥稳定碎石+3 厘米厚水泥砂浆+5 厘米厚生态吸水砖；3. K14+350-K14+546.977 路基为 12.5 米的在原有路面两侧分别加宽 2 米非机动车道，0.75 米土路肩。非机动车道结构类型为 15 厘米厚级配碎石底基层+15 厘米厚水泥稳定碎石基层+透油层+1 厘米沥青下封层+4 厘米厚细粒式沥青混凝土；4. K5+385-K6+040、K6+269-K6+633、K9+257-K10+709 现状路面保持不变。于 2018 年 9 月份开工，2019 年底完工。

S409 涌众线（梅岩—众埠段）公路品质提升工程 S409 涌众线（梅岩—众埠段）公路品质提升工程全长 23.842 公里，对水泥砼路面破损严重地段，进行开挖补强处理，挖除原混凝土路面结构及 50 厘米厚原有路基，压实路基后铺筑 50 厘米砂砾石，再铺筑 38 厘米厚水稳，其余路况较好路段进行整体碎石化作为底基层，铺 20 厘米水稳下基层+20 厘米水稳上基层+6 厘米中粒式沥青混凝土+4 厘米细粒式沥青混凝土上面层。于 2019 年 7 月开工建设，目前主体已完工。 （市公路分局）

邮 政

概述 乐平市邮政分公司全面落实上级决策部署，以党的建设为统领，以“六个坚持”为工作着力点，以发展为主线，汇聚全员力量，催生发展新现象。

党建工作 1.强化责任意识，以上率下抓党建。按照从严治党新要求，分公司坚持以党建为统领，把抓好党建工作作为最大责任，先后主持召开专题研究党建工作会 8 次，做到党建工作与经营工作目标同向、工作合拍、措施配套。坚持把党建工作纳入企业工作运行机制，定期听取党建工作汇报，按季度开展督查活动。认真落实党建工作目标管理责任制，严格落实考核问责机制。持续推动“三建”“双基”工程，强化揽投部站、金融网点阵地建设，营造良好的党建氛围。2.强化基层组织，健全体系抓党建。为夯实基层县域公司党建基础，充实党建力量，分公司党总支部一是按照专业调准党支部设置，在原先的两个支部的基础上，再新增两个支部，细化支部工作内容和管理，增强支部堡垒作用；二是将所有城镇、农村基层网点划分为 5 个片区，每个片区设置一个党小组，至少由 3 名正式党员组成，管理相邻若干个网点，进一步强化党小组网点生产经营工作的指导作用；三是充实基层党员队伍。将 9 名人事关系在邮政企业，且党组织关系在乡镇、农村的党员，原则上党组织关系要转入邮政企业，基层党员队伍得到进一步充实。3.强化学习管理，提高站位抓党建。深入学习党的十九大精神和习总书记系列重要讲话精神，落实“三个第一时间”学习机制，通过线上线下集中学习和个人自学，党总支部集中学习 12 次，专题研讨 6 次，党总支书记带头上党课 4 次，观看专题影片 3 次，组织 20 人次赴乐平市看守所参加廉政教育学习，24 人次参加全市“不忘初心、牢记使命”专题培训班。通过“走出去、请进来”的方式，进一步强化了干部队伍素质建设，促进作风转变。印发了党建知识应知应会“微小册”人手一册，使党的政治理论学习做到全覆盖，推动党建工作进一步深化。4.强化主题教育，务实创新抓党建。按照“不忘初心、牢记使命”主题教育的总体部署，紧紧围绕学习贯彻习近平新时代中国特色社会主义思想这条主线，聚焦生产发展、普遍服务、精准扶贫年度重点工作和企业责任，坚持问题导向。同时，扎实开展“不忘初心、牢记使命”主题教育，发现突出问题 14 条，带回基层意见建议 10 条，均实行“清单化”管理，细化制定 20 项整改措施，100%整改到位，切实推动调研成果转化为具体工作实践。

经营情况 2019 年，全市邮政实现收入 8399 万元，完成省公司计划的 102.43%，同比增幅达到 18.46%，收入完成进度与增幅两项指标均列全省第一位。同时，四大专业均全面完成省公司高包计划。1.高位创优，金融业务常态发展。按照市分公司提出的“十个常态化”部署，持续抓好各项工作的落实，专业收入、重点指标、客户维护、渠道开发等经营数据都实现了高位创优。一是业务收入规模进位，全年累计完成金融业务（含短信）收入 6830 万元，较上年同期增长 910 万元，增幅 15.37%，规模列全省第 8 位，增幅列直管县第 1 位，较上年同期前进 3 位。二是资产增长规模领先，全年金融总资产净增 9.26 亿元，列全省第一；其中邮储余额本年净增 13.52 亿元，列全省第一，市场占有率达到 21.57%；代理保费 1.83 亿元，列全省第一其中期交6140.07万元，完成全年计划的106%。三是客户基数规模壮大，全年客户数净增18529户，其中万元以上客户数净增4823户，价值客户净增幅度列全省第4位。2.调准结构，寄递业务整体提速。按照省公司提出的“三对标”“四增效”要求，大力发展标快业务，以标快业务的增效增收，有效助推寄递翼改革累计实现标快收入285.6万元，同比增长95%，高出省公司制定的增幅50%要求45个百分点。其中，专业揽收239.8万元，同比增长89%，窗口揽收45.89万元，同比增长133.69%。一是贯彻“一把手”工程指示。在经营上“一把手”亲自带头，营销了车牌、身份证、社保卡寄递以及学生档案、初升高录取通知书等标快寄递大项目；二是抓住“放管服”改革机遇。重点实施了“身份证寄递”和“社保卡寄递”两项政务标快项目。“身份证寄递”项目，通过“专员+支局长+投递员”模式，做到了快速起量上规模，业务转换率达到了30%以上。三是制定“活机制”激发潜能。为全面促进标快业务发展，分公司先后下发了一系列文件，号召全体员工积极参与标快发展。3.项目引领，集传业务有序转型。一是函件专业成绩突出。通过对校园和政企市场的精准定位和有效开发，书信比赛、毕业生纪念册，两大校园项目累计实现收入80万元。政企赣讯通、互联网媒体、画册等项目，累计实现收入达到46万元；提前半年完成收入计划，获得了省公司张国寿副总经理签发的贺电；二是集邮专业项目给力。为跳出传统市场走低的影响，集邮业务以“玫瑰花”“钱币册”等新项目为主要抓手，并通过“集邮+金融”结合网点开展了各类品鉴沙龙活动，各类新项目累计实现收入达到50.5万元以上；三是报刊专业稳定增长。通过继续加强邮教、邮刊合作，首次与教育局下发了教辅合作文件，累计实现报刊收入208.23万元，同比增幅达到4.5%。4.回归本源，渠道平台全面建设。2019年，按照市分公司“渠道回归本源”的要求，渠道专业完成收入268.62万元，同比增长50.61%，收入规模及增幅均列全区第一位。一是建设服务平台。加强代开税票业务宣传力度，新开办9个税票代开点，做大了业务规模，为更多优质客户提供高效的邮政服务，在4季度实现较大的突破，单季度代收税额31.59万元，列全区第一位；二是推进消费扶贫。合作18家涉农企业（合作社）带动467户贫困家庭增收175.1万元；做大节日营销规模，做全慰问走访市场，做足单位食堂用品，全年开发67个党政单位客户，销售扶贫农品160余万元。与相关部门联合组织或参加现场展销活动3场，在“赣品网上行”活动中，省公司李金良总经理在参观时现场点赞乐平的消费扶贫模式。三是专业融合发展。累计将962名客户全部引流给金融专业进行开发客户的金融需求，兑换金融客户积分8.6万分，引导农村营投队伍累计挖掘客户资产1.07亿元。

社会责任 1.夯实普遍服务。践行“人民邮政为人民”的服务宗旨，从管理和服务两个角度，重点关注四项普遍服务和特殊服务等窗口服务质量，全年无事故、无处罚，各项工作全面达标，被省邮管局列为9个普服工作示范县之一。2.助力精准扶贫。牢记“服务三农”“电商扶贫”的神圣使命，结合市委市政府“邮政负责组织开展电商消费扶贫活动，推动开展农产品应急促销”的要求，做好“乐平扶贫商城”运营工作，重点开发农产品同城市场，引导社会各界消费具有扶贫属性的产品，打通扶贫农品的销售渠道，推动特色产业持续稳定发展，以消费扶贫促进贫困群众增收，助力精准扶贫事业发展。3.严控金融风险。一是创新检查模式，丰富检查手段，健全检查管理方式，提高检查质效；二是优化考核机制，落实岗位责任，充分调动检查人员的积极性；三是打造合规文化，营造合规氛围。始终把员工的思想教育作为合规文化建设和案件防范工作的“治本之策”，放在突出位置上来抓。

企业效能 1.员工素质不断提升。共举办培训班6期，采取“走出去、引进来”等培训模式，通过集中轮训、分散培训和外出学习考察等方式分批次组织48人（次）各层次人员到浙江、上海、南昌、鹰潭等地学习及实地考察，开展员工培训、职业技能鉴定和专业技能竞赛60余场次。金融专业选拔内训师1名，打造财富团队1支。双田网点理财经理杨莉被中国邮政储蓄银行评为“明星大堂经理”、乐平市财富中心入选“全省十佳优秀财富团队”、综合办公室李璐获“江西省邮政宣传工作一等奖”。2.关爱行动不断深入。关爱行动不断深入。提升“双改善”品质，新建、改造了两个“职工小家”，为13名员工解决异地生活实际困难。其中，临港网点职工小家被评为“省级模范职工小家”。做好四季关爱和“两节”送温暖慰问，发放防暑降温物品3万余元；全年共走访慰问困难员工、劳模和离退休人员48人次，发放慰问金5.6万余元。组织为重病职工爱心募捐活动两次，筹集善款6.1万元。3.能力建设不断提升。加快基层网点建设、处理中心设备改造，投入资金近百万元，引进安检机1台，新增集包分发设备1套、电动三轮车37台，保障邮件安全的同时，有效地降低包裹的分拣成本、提升运行时限；改造金融网点1个，新增洪岩、洪岩路、高家3个“轻型网点”。4.安全服务不断提升。全市邮政综治和安全生产形势总体良好，全体员工围绕“责任制”这一核心，认真履行“一岗双责”，企业综治安保工作不断加强，未发生事故，被评为全市“综治先进单位”。同时，被评为景德镇市第十六届文明单位。 （市邮政局）

电　信

概述　中国电信股份有限公司乐平分公司是一家具备电信全业务、多产品融合的服务能力和渠道体系的企业，本着用户至上，用心服务的宗旨，为客户提供便捷、丰富、个性化、高性能价格比的综合信息服务。2019年是乐平电信奋进转型的一年，围绕“强进攻、优服务、抓基础”的总目标，坚持大学大干大变，公司经营发展势头持续健康稳定。

党建统领　1.高站位把牢政治方向。不断巩固和深化“不忘初心、牢记使命”主题教育成果，增强“四个意识”、坚定“四个自信”、做到“两个维护”，把党的政治建设贯穿到公司工作的各个领域。2.高要求守住廉洁底线。严格落实中央“八项规定”精神，坚决从严查处各类腐败问题和侵害客户利益行为，坚持不懈抓好公司党风廉政建设和反腐败工作。认真履行“一岗双责”，紧盯重点领域、关键岗位，强化廉政监督和廉政风险防控，确保企业生态风清气正。驰而不息整治“怕慢假庸散”等作风顽疾，坚持把纪律和规矩挺在前面，真正实现干部清正、员工清廉、企业清明。3.高标准落实依规治企。全面推进依规治企，继续完善合规性审查、风险评估等决策程序，不断提升决策的科学化、民主化、规范化水平。自觉接受党建指导员、工会委员、职工代表和全体员工的监督，广泛听取各方面意见，不断深化企务公开，持续规范依规治企，让权力公开透明、阳光运行。4.高水平创建党建标杆。打造奋斗型支部，通过积分管理引导，树立先进典型，发扬党员奋斗精神，实现党建与业务发展深度融合。打造和谐型支部，建立党员间常态化谈心谈话和党员群众联系服务制度，将问题和矛盾消化在萌芽阶段。

用心服务　1.践行以“人民为中心”发展思想，重塑用心服务体系。通过总经理接待日活动，装维服务专人管控，厅店520服务达标推进，加强稽核降低差错，强化触点服务意识。2.全面贯彻网络强国战略，以人民为中心发展思想，接应企业转型，进一步做精网络、做优服务、做高效能，推动云网融合一体化运营，以高质量网络支撑企业高质量发展。强化基础网络隐患整治，移动网络的不断优化，确保用户网络领先感知，有效支撑业务发展。做实接入网维护划小，现场综合化维护稳步推进，推进农村业务受理先行，开展客网维护人员星级评定，提高主动服务意识。3.乐平教育城域网、乐平纪检办案中心机房改造、天网维护服务等信息化业务不断发展，乐平 12345 服务热线从 2018 年日均 150 个电话增长到 2019 年日均 230 个电话，日常运营主要包含：周报、月报、周微信公众号更新、季度数据分析，基本满足政府办对话务中心的要求。

（市电信公司）

移动通信

概述 乐平移动围绕“双创双修”整体要求，全面助力“双创双修”，累计投入线缆整治费用超 400 万元，不断丰富扶贫政策，推出扶贫专享套餐、流量包、语音包组合，直降补贴扶贫特惠购机，为贫困客户免费赠送百兆宽带和网络电视。推进网络强国战略，持续加强网络深度覆盖建设与容量保障，加大对城市主干道路的网络管道、光缆、机房资源建设与投入，以应对未来新城区、道路的网络覆盖。2019 年共启动网络保障 26 次，2019 年 3 月 16 日，率先在乐平市开通 5G 体验站 ，为参加两会的代表提供 5G 体验。

为两会代表提供 5G 演示和体验 3 月 16 日，乐平市政协六届四次会议现场，乐平市四套班子主要领导及大会主席团领导、代表亲临乐平分公司移动 5G 体验站，感受移动 5G 时代。与参观领导详细询问了中国移动在乐平市的 5G 建设规划，以及 5G 网络应用前景等相关情况，充分肯定了市移动公司“移动 5G 抢先对话未来”工作。在乐平分公司 5G 体验站，与参观领导现场观看 4G 与 5G 网络下载速率的比较的演示，听取了乐平分公司关于 5G 网络特点及场景的相关应用介绍，并近距离感受 5G 网络，体验无人机+360 度 VR 高清全景画面。

开展精准扶贫工作 3 月 26 日，乐平分公司党员先锋队在支部书记的带领下，来到了接渡镇儒林村委会，与当地接渡镇政府等相关部门以及移动区域和相关渠道人员一起开展精准扶贫营销工作。这次精准扶贫活动的开展赢得当地政府部门及村民的一致好评。活动现场，乐平分公司党员先锋队积极对村民宣传扶贫政策，现场对扶贫用户赠送食用油、鸡蛋、大米等物资，并赠送移动 100M 宽带业务，支部书记还和老乡面对面交谈了解、解决实际困难。

率先启动“宽带入户服务”工程 乐平分公司在东湖名都小区尝试开展宽带服务进小区活动。所有人员全程参与整个流程穿越，打通流程及各种营销场景。现场电话预约 20 户，入户服务 15 户，耗时 7 小时，单户平均耗时 30 分钟；为 10 个住户均解决宽带问题或给出解决建议。

开展“走进荷塘”廉政文化教育活动 4 月 22 日，乐平公司领导班子携家属参加了市公司组织的廉政文化教育和革命传统教育。重温廉洁从业承诺，忠实履行岗位职责，发挥先锋模范作用。公司支部书记、支委围绕“自力更生、艰苦奋斗、勇于开拓、清正廉洁”的荷塘精神谈心得体会并做表态发言，坚决落实公司五大攻坚克难行动，为打造“品质优先、区域领先、全面争先”的新时代瓷都品质移动而奋斗。

公司“空中乱象”专项整治工作受到肯定 为高度配合双创双修工作进一步开展，响应乐平市委市政府号召，在乐平市工信局协调推动下，“空中乱象”整治工作掀起新一轮高潮。为确保“双创双修”工作取得实效，公司针对各类通信光缆线路布放不规范导致的“空中乱象”现状，开展了相应老旧小区、农村宽带及线路整治工作。全面针对各类通信资源，如：县城至村沿途的杆路及光缆；行政村(含下辖自然村)内杆路、光缆及光交；分纤箱及分纤箱至用户段的皮线光缆；示范村内的专线、基站接入光缆等，根据不同“乱象”，主要为杆路光缆混乱的、吊线及架空光缆不规范的以及村内光缆错综复杂的按照不同的整治标准开展专项整治。

（市移动公司）

联合通信

概述 中国通信行业总体实现了稳增长、调结构的目标，市场结构逐步优化，在大发展、大融合、大变革的产业形势下，通信行业也迎来许多难得的发展机会。同时，技术进步尤其是移动互联网的创新发展也将传统通信业务发展带来巨大调整。乐平市联通公司以创新为驱动，不断增强企业核心竞争力；以深化改革统揽全局，提升企业和行业发展活力；扎实推进市场营销体系、市场新领域、建维体系、服务体系以及管理体系的创新转型。树立创新和争创一流业绩的思想，协调和组织管理力量，优化配置资源，营造和谐市场竞争环境，切实保障消费者合法权益，积极履行社会责任，切实加强网络与信息安全工作。围绕经营目标磨砥刻厉，深化运营公司的各项内容，确保安全生产，扎实开展群众路线教育实践活动。

截至2019年12月份，乐平市移动网人口覆盖率91%。4G人口覆盖率83%，乐平市城区4G基站120个，农村4G基站232个。

拥抱互联网 正当微信在用户使用的风风火火的时候，联通转身拥抱微信，推出“王卡助手”公众号，“王卡助手”是第一款运营商与OTT深度合作产品，超越了简单的流量优惠方式，配备了五大微信特权包括群组特权、表情特权、支付特权、流量特权和游戏特权，以后还将不断叠加新的特权等。“王卡助手”将通信权益和微信特权有机地结合在一起，全面满足用户需求，带给用户更多的优惠和便利。这一“破冰”之举仅仅是一个开始。借助“沃·4G”与手机QQ、微信、搜狐视频等建立了定向流量包月套餐，满足了用户使用移动互联网观看视频的需求，同时免除了用户对高流量消耗的后顾之忧，用户能够随时随地安心打开手机享受来自互联网的影音内容。作为运营商在移动互联网时代转变经营理念的创新举措，这一经营模式解决了运营商和移动互联网厂商对立的局面，联通在不断加快自身向移动互联网靠拢的脚步。

开展“新春走基层——给贫困户送温暖献爱心”活动 鸬鹚乡万西村是乐平市联通公司挂点帮扶的贫困村，是“十三五”规划的市级贫困村。为了让贫困户能过一个欢乐祥和的春节，1月20日上午，乐平市联通公司扶贫干部专程来到万西村开展“新春走基层——给贫困户送温暖献爱心”活动。紧接着与万西村“两委”干部就脱贫攻坚工作开展情况进行座谈，并实地查看万西村新农村建设情况，共同探讨发展大计，对万西村2019年的脱贫攻坚工作和新农村建设提出了指导意见。与村“两委”干部、第一书记和驻村工作队员一同走访看望全村建档立卡贫困户，详细了解贫困户生活情况，为每个贫困户家庭送去春节慰问品，并送上慰问金。提前给贫困户拜早年，祝他们日子越过越美好。

组织党员干部应知应会考试 启动“庸懒怠”作风专项整治行动 4月24日下午，乐平市联通公司组织了一场应知应会模拟测试，召开了“加强作风建设、整治‘庸懒怠’宣贯启动会，参会人员有助理及以上管理人员和全体党员。为取得好成绩，党员干部们认真备考。通过学习，大家对党的十九大精神、公司企业文化和重要工作部署有了更加深刻的认识。各部门继续组织本部门员工学习和集中考试，上下统一思想、步调一致。考完后紧接着召开“加强作风建设，整治‘庸懒怠’专项治理活动”宣贯启动会，会上由纪检传达了省公司专项治理活动文件精神：一是明确庸政、懒政、怠政的14个表象就是整治重点。二是加强组织领导，设置保障机构，加强宣贯，营造氛围。三是要认真整治，确保成效。要求大家讲政治、讲大局，不能做旁观者，对照“庸懒怠”的14项行为认真开展自查，主动作为，查摆问题。把这次开展的两个活动作为检验“庸懒怠”的行为抓手，为江西联通“186”工作部署的各项能力提升取得成效做出努力。四是要求党员在竞赛活动中发挥先锋带头作用，争做身边的优秀党员。

客户服务暖人心 每月的18日，是联通客户日，每月的这一天，联通公司都会推出闯关开宝箱赢大奖、大转盘人人都有奖等一些有奖活动，客户是乐平联通最尊贵的客户人员，客户服务始终放在全公司最重要的位置，狠抓各项服务工作的落实，加强服务短板的改进，尽全力做到，加强客服维系工作，提升客服满意率，对VIP至尊卡、钻石卡、金卡、银卡客户，分别提供差异化的分级服务，积极开展电话营销工作，大大提高了服务整体水平，加强营业厅管理，打造优秀服务窗口，以推进窗口服务规范化、标准化、亲情化发展；重视投诉处理工作，降低客户重大申诉率；加强营业员的学习培训工作，提升服务水平；落实4G专属客服经理制度，加强4G俱乐部特色服务，长期为用户提供咨询、下载等特色服务。

“乒乓在沃·天下唯沃”第七届球挑战赛顺利举办 7月21日，“乒乓在沃·天下唯沃”第七届中国联通乒乓球挑战赛景德镇赛区选拔赛在景德镇市浮梁乒乓球馆隆重举办，赛事以“乒乓在沃·天下唯沃”为活动主题，携手乒协发布比赛通知，吸引了广大热爱“乒乓”运动的联通用户的踊跃报名，分为混双、男子少年组、男子组、女子少年组、女子组共有7个不同组别。此次赛事赛出了水平，增进了球友间的友谊，让球友们进一步了解了联通，并向社会各界传递了景德镇联通“客户为本、团队共进、开放创新、追求卓越”的核心价值观。

筑牢党群桥梁，彰显企业文化与群团活力 11月18号上午，江西联通第二届职工运动会在江西科技学院奥林匹克中心体育馆盛大开幕，乐平联通公司代表团20余名干部员工以“增强体魄，健康在沃；振兴联通，责任在我”为己任，以昂扬的姿态展示瓷都联通人的蓬勃朝气。第二届运动会开展了广播体操、拔河、毛毛虫、袋鼠运瓜、同竿共进等多个运动项目。 （市联通公司）

金融保险

中国人民银行

概述 2019年乐平市金融稳健运行，存贷款余额继续保持稳定增长态势，信贷风险可控，经济效益稳中有进。全市金融机构本外币存款余额373.00亿元，较年初增加41.72亿元，增长12.59%；本外币贷款余额197.85亿元，较年初增加28.97亿元，增长17.15%；贷存比由年初的50.98%上升至53.04%，增加了2.06个百分点。

金融运行 存款总量持续增长，同比增幅上升。2019年乐平市金融机构人民币住户存款余额为301.18亿元，较年初增加53.17亿元，增长21.44%；广义政府存款余额为31.57亿元，较年初减少9.91亿元，负增长23.89%；非金融企业存款余额为39.97亿元，较年初减少1.74亿元，负增长4.17%。外币存款余额1.38亿美元，较年初增加0.27亿美元，增长24.32%；外币贷款余额571万美元，较年初增加568万美元，增长189.33%。贷款总量持续增长，同比增幅上升。2019年乐平市金融机构人民币住户贷款余额为97.33亿元，较年初增加13.89亿元，增长16.65%；非金融企业及机关团体贷款余额为100.53亿元，较年初增长15.08亿元。不良资产双升。2019年乐平市金融机构不良贷款余额4.80亿元，比年初增加1.58亿元，较年初增长49.07%；不良贷款率2.43%，比年初增长了0.52个百分点，信贷资产质量有待进一步提升。

货币政策 加大政策宣传和“窗口指导”。召开行长（经理）联席会，传达、落实全国经济工作会及人民银行工作会议精神，切实把握信贷投放的力度和节奏。加强货币政策监测分析。对投资、消费、货币政策实施以及金融运行中存在的倾向性、苗头性问题的监测分析，客观真实反映经济金融运行情况和货币政策实施效果。加强再贷款管理。对使用再贷款发放扶贫贷款的增量、用途、利率的合规性进行核查，督促按规定建立扶贫再贷款资金使用台账和扶贫再贷款资金使用管理制度。加强利率管理。督促金融机构科学合理定价，避免恶性竞争等非理性定价行为，共同维护辖区良好的定价秩序。

金融服务 做好取消企业银行账户许可工作。做好取消企业银行账户宣传工作，建立非现场监测机制、风险提示工作机制和评价通报机制，实时关注企业银行账户数量增加异常情况，及时收集风险案例并予以提示、通报。对4家银行开展企业银行账户巡察，督促建立完善企业银行账户管理、内控合规、业务考核、责任追究等制度。优化人民币服务。推进辖内现金服务及“硬币自循环”活动工作，义务兑换残缺、污损的人民币及券别调剂业务。2019年义务鉴定特殊残缺污损人民币4次，金额1.71万元；收缴上解假币519张，金额46390元。优化征信服务。增设两台个人征信自助查询机，解决了社会公众个人征信查询量大，查询点少、群众等候时间长的难题。2019年全市个人征信查询10121笔，较上年同期增加5378笔，增长36.48%；企业征信查询191笔；发放企业信用机构代码证1569笔。拓展小微企业金融服务。专题部署信贷支持民营和小微企业、“产业+金融”扶贫贷款和扶贫小额信用贷款等重点工作，创新推出了特色小微贷款产品，满足小微企业信贷需求。运用票据再贴现业务拓展融资渠道，实现了景德镇市辖内县域电子票据再贴现业务“零”突破。依托“江西省小微客户融资服务平台”，推进小微融资服务长效机制建设。2019年小微客户注册数为4269户，通过平台申请贷款户数999户，获贷户数564户，获贷金额12.36亿元。开展金融知识宣讲。开展征信、金融消费者权益保护、储蓄国债、反洗钱、“金融知识普及月”等宣传活动，引导金融消费者增强维权意识，营造和谐、诚信的金融环境。

金融监管 开展宏观审慎评估。按季对地方法人金融机构进行MPA评估、央行资金政策效果评估和现场核查工作，督促信贷增长保持合理预期，避免突击投放或超预期投放。开展涉农信贷政策导向效果评估。对辖内11家银行业金融机构开展了2018年度涉农信贷政策导向效果评估，其中优秀1家、良好5家、中等3家、勉励2家。加强金融统计业务管理。严把统计人员准入关，规范统计业务操作，确保统计数据报送时间性、准确性和完整性。同时做好重点联系企业景气监测管理，及时了解异动产生的原因。持续推进征信信息安全管理。对6家金融机构的征信合规管理，征信内控制度及问责制度、征信信息安全情况与和征信系统用户管理等方面内容开展了巡查。做好金融稳定工作。建立区域金融稳定协调合作机制，部署重点企业金融风险早期识别信息报送工作，通报需关注的重点企业。对不良贷款率连续反弹进行风险提示，并做好金融风险防控工作。建立了重大事项报告管理台账，2019年共14家金融机构报送了30份《重大事项报告》。加强反洗钱监管。2019年对1家银行、2家保险公司开展反洗钱现场走访，对其反洗钱工作不足之处进行辅导，对发现的问题督促及时整改。

履职创新 普惠金融工作取得新成效。一是建成农村乡村级现金服务点38个，覆盖除城区外的17个乡镇。二是在54个贫困村（含6个省级贫困村）建立了扶贫工作站，做好建档立卡贫困户基础服务、信用档案建设、信贷需求与对接工作。三是建成农村普惠金融服务站265个，实现行政村覆盖率达95%以上。全面推广“两权”抵押贷款工作。农村承包土地经营权抵押贷款实现“增量扩面”目标。2019年乐平市土地承包经营权抵押贷款余额12474.46万元，其中：支持农户贷款75户、家庭农场贷款14户、专业大户22户、农民合作社14户、农业产业化龙头企业4户。聚焦金融扶贫，助力乡村优先发展。设立精准扶贫贷款绿色通道，做到能贷尽贷。2019年乐平市发放金融精准扶贫贷款2.49亿元，其中：“产业+金融”金融精准扶贫贷款余额2.46亿元，小额扶贫贷款余额284万元；完成对接帮扶企业241家，带动建档立卡贫困户4920户。全面推进“农村信用体系创建”。点面结合持续推进农村信用体系数据采集工作，推动农村信用创建贫困村全覆盖；加大农村信用建设成果在实际工作中的运用，将信贷资源向对信用好、有技术能力的农户、建档立卡贫困户倾斜。

（市人民银行）

中国工商银行乐平支行

概述 在景德镇市分行党委的坚强领导下，在乐平市委、市政府的大力支持下，工商银行乐平支行认真贯彻落实省市行年度会议精神，坚持“做客户、拓市场、抓管理、增效益”经营发展思路，各项业务实现了较好的经营成效。截至2019年12月末，全年实现拨备前利润11240万元。储蓄存款较年初净增5.24亿元，同业排名第一；个人金融资产净增4.95亿元。对公存款较年初净增2652万元，其中公司存款净增10700万元。各项贷款较年初净增3.17亿元，其中个人贷款较年初净增3.26亿元，增量同业第一，余额突破10亿元大关。普惠金融业务年内新增2719万元。内控案防实现“五无”目标。

齐心协力，拓展负债业务市场份额 一是紧紧抓住旺季增存的“黄金季节”，加大储蓄存款组织力度；二是牢牢抓住“外拓+内挖”两个渠道，克服年内东湖、登高山两个网点装修的不利因素，加大外拓营销力度，确保金融资产在旺季过后稳步增长；三是常年坚持代发工资单位的营销维护，代发工资客户资产增长及留存率均排全行前列。四是建立对公客户分层营销机制，切实抓好公积金、财政、社保、部队等重点对公机构目标客户的定期走访和维护，争取到了社保客户批量发卡、住房公积金存款未受账户集中归集影响；五是通过不懈努力，以第一名的成绩取得了乐平市财政国库集中支付新一轮代理银行资格，同时成功取得乐平市银行业金融机构进驻新行政服务中心大厅的唯一银行。

群策群力，加大资产业务市场营销 一是大力加强个人住房按揭贷款和经营贷款营销力度，取得了个贷市场同业大幅领先优势； 二是进一步发挥“商户快易贷、企业快易贷和税务贷”等优势产品作为小企业信贷扩户的重要利器，年内新增信贷扩户15户，净增8户；三是持续加强上下联动营销，公司资产业务营销取得突破，国资、紫泽公司授信3.5亿，并为国资公司发放6000万元贷款，获得了乐平市政府及财政部门的高度认可。

不遗余力，努力确保安全稳健运营 一是加大依法诉讼清收力度，加快不良资产处置进度，对江乐，正海，北易、绿乐等企业提起了诉讼，全额清收康鑫不良171万元，压降利华逾期贷款2400万元，对中远批发市场1.1亿元项目贷款做了还款期限调整，有效地缓释了风险。全年压降个贷不良220万元，银行卡不良82万元。二是加强对运营风险控制和重点环节的帮扶，深入开展“压实责任年”主题教育活动，加强员工异常行为排查，加强对重点岗位、重点人员专管专防，认真开好案防分析会。三是对已满轮岗期限的网点负责人、客户经理、现场管理、柜员均实施了岗位轮换，筑牢内控案防的第一道防线。 （中国工商银行乐平支行）

中国农业银行乐平支行

概述 全行各项存款余额57.2亿元，同比净增4.1亿元，日均余额56.6亿元，同比净增4.8亿元，存量市场份额四行第一，增量市场份额第二。各项贷款余额20亿元，较上年净增5.24亿元，存量市场份额四行第一，增量市场份额第二。

突出重点工作，强化盈利能力及社会担当 一是大力开展资金组织工作。根据上级行部署，回归本源，聚焦核心，不忘初心，主抓存款。全行广大干部员工牢固树立细化市场、扩充总量、优化结构的目标，认真做好资金组织工作。二是加大信贷有效投放力度。大力营销个贷业务，重点做好住房贷款和个人生产经营贷款；全力营销法人优质项目，提升业务经营效益，为乐平市南内河改造项目授信5.9亿元；加大对当地大型企业营销推动力度，为相关企业授信6900万元；助力当地小微企业发展，为小微企业提供精准金融服务累计授信2000万元；三是大力开展“三农”信贷营销，重点对农业产业龙头企业提供信贷支持，稳步推进农户贷款业务，新增惠农e贷12805万元；四是全力推进ETC业务，在乐平市5家ETC发行机构中排名第二。

坚持严格管理，加强合规文化建设 坚持业务开拓、内控监督齐头并进，两书抓两手都要硬，坚持内控优先，在防范风险的基础上发展业务。始终坚持从严治行，强化管理，规范经营行为，未发生重大风险与案件。一是狠抓合规文化教育，提高合规管理意识。通过组织全行员工观看警示教育片，在全行范围内进行合规文化大讨论活动，增强员工反腐倡廉能力。二是认真开展基础管理年、三化三铁创建活动、合规文化建设等活动，引导、督促广大干部群众全面正确履行岗位职责，严格按制度规范经营管理和业务操作行为。三是严格执行干部员工轮岗制度。按照干部交流轮岗规定，对重要岗位人员工作岗位进行了调整，全年共调整78人。

落实一岗双责，深化党风廉政建设 一是组织支行党委成员按照市行的部署专题召开了分管部门及业务条线反腐倡廉工作会，明确年度工作任务和目标，并要求与各业务条线工作同部署、同检查、同整改、同落实，全行已形成严格履行“一岗双责”的互动局面。认真学习中纪委“七个不准”“八条禁令”以及省分行党委廉洁自律“十项规定”等内容，总结查找自身存在的问题和不足，切实做好整改提高。二是研究部署形式主义、官僚主义的集中整治工作，印发《乐平市支行干部员工工作作风整治的实施方案》，根据方案要求在各部室、各网点开展作风整治活动，对照清单查找问题、整改问题的工作，使全行工作作风得到进一步提升。三是抓好日常管理工作与专项活动相结合。开展组织开展了自我排查、重点排查和深度排查等专项活动；通过内部员工排查与外部公安、工商、纪检、法院、检察院走访调查相结合的方式，深入开展员工违规违纪行为排查，对违规违纪违法行为实行“零容忍”。（中国农业银行乐平支行）

中国银行乐平支行

概述 中国银行乐平支行始终坚持“科技引领、创新驱动、转型求实、变革图强”的战略新举措，用好“三比三看三提高”的工作方法，攻坚克难，发力前行，朝着打造成乐平市政府招商引资的首选银行，乐平市重点客户的合作银行，乐平市中小企业的创富银行，乐平市普惠金融的示范银行不懈努力，取得了良好的经营业绩和社会效应。

经营情况 截至2019年末，中行乐平支行各项存款折人民币存款余额28.49亿元，各项人民币贷款余额10.57亿元。人民币存款余额市场份额在当地有较大提升，外币市场份额继续保持当地同业领跑地位，负债业务发展达到上级行三年转型要求，新增额和日均余额均名列全省县域机构第一名。

服务实体经济，助推当地发展 2019年，中国银行乐平支行与当地政府部门紧密联系，与上级行多次现场沟通，成功向乐平市安平路项目综合改造项目投放贷款。对当地重点企业、重大项目，中行一如既往地提供授信支持，并且充分利用外汇产品优势，持续为当地外贸企业服务，既为客户创造了财务价值，又增加了经营效益。

推动普惠金融，培育客户成长 2019年，中国银行乐平支行完成普惠定向降准8273万元，两增两控9887万元，普惠客户数突破性增长。

担当社会责任，助力脱贫攻坚 为贯彻落实国家有关脱贫攻坚的工作部署，发挥金融助推脱贫攻坚作用，中国银行乐平支行与乐平市扶贫办开展扶贫小额信贷业务合作，成功发放多笔扶贫小额贷款，得到了扶贫办和广大农户的高度认可。挂点的扶贫村也将顺利脱贫。

服务市民生活，提升服务形象 中国银行乐平支行始终坚持服务为本的理念，为不同客群量身定制适合的金融产品。我行经常组织员工深入街道、农村开展防范网络诈骗、反洗钱、普惠金融、兑换破残币、金融知识下乡等各类服务宣传近二十余次，获得了当地政府、人行、银监局及市民的好评。

坚持党建引领，增强堡垒战斗力 先后与多家政府机构、园区企业、工商业商会结对共建，形成了资源共享、优势互补，共同提高的党建新格局。今年以来，成功举办了政银企座谈会、参与“暖冬行”困难走访、组织“义送春联”社区行活动、扎实开展“不忘初心、牢记使命”专题教育，与共建单位前往廉政教育基地参观学习。通过丰富的党建活动，引导党员把教育成果运用到实践中，在业务发展、内控管理、学习生活等方面做先锋、当表率，知行合一践行初心。（中国银行乐平支行）

中国建设银行乐平支行

概述 以党建工作为引领，班子成员率先垂范，抓好政治建设、理论武装，打造过硬队伍，加强党建等工作，把党的领导制度优势转化为高质量发展能力。强力 推进“4818”“4822”“48522”客户战略。团结就带领全行上下同心同德、攻坚克难，全面推动业务转型发展。全行各项业务呈现稳中有进、稳中见好的良好态势。

主要经营指标完成情况

1．负债业务稳步提升。截至2019年底，一般性存款余额（本外币）42.55亿元，其中对公存款余额13.17亿元，个人存款余额29.39亿元。

2．资产业务稳中求进。截至2019年底，各项贷款余额15.39亿元，当年新增44066万元。

3．盈利能力持续增强。截至2019年底，净利润8193万元。

4．中间业务收入快速增长。截至2019年底，中间业务净收入2776万元。

5．客户基础进一步优化。2019年底，对公账户数量11693户，信用卡发卡累计发卡数为36278张。

工作亮点

1．大力支持政府PPP项目建设，对乐平市洪岩特色小镇项目、乐平市景鹰高速连接线项目进行信贷投入，对乐平市洪岩特色小镇项目中国建设银行和国家进出口银行、农业发展银行共同授信12亿元，对景鹰高速连接线项目授信4.5亿元，贷款资金已逐步投入到项目建设当中，为改善当地环境，促进当地基础建设做出应有的贡献。

2．党建促业务发展，党建聚员工力量。为迎接"七一"建党节，中共乐平市委宣传部、乐平市融媒体中心、建行乐平支行于2019年6月份联合拍摄推出了快闪《我和我的祖国》，我行共有二十多位员工参与了全程拍摄，在全市人民面前展示了建行元素，提升了建行在当地的社会影响力。

搭建生态圈，实现批量获客 按照"科技+教育+公益"三位一体方式进行营销，多次与本地相关学校进行联系，加强营销力度，小范围试点，打通流程，乐平三中试行成功后，以此为范本，主动与教体局联系，各网点与学校联系一对多对接，学费通和公益教育平台同步上线。

裕农通+缴费，拓展乡镇客户 以党建、共建为抓手，建行乐平支行党总支与乐平市卫健委党委联合开展了"党建+金融"党建共建培训班，两单位共有300余名党员参训。通过培训班，双方职工资源共享、优势互补、共同搭建了党建工作新格局，实现党建和业务合作双提升。乐平支行与卫健委签订合作协议，挑选了下辖重点乡镇服务点进行设置，已激活272个裕农通点，为乡村振兴提供优质的金融服务。

防风险，促管理 乐平支行成立以支行行长为格主、各分管行长为管理网格格主、各网点负责人为格主分支网格一体的网格化管理系统。通过基础网格员工行为网格化管理强化压实格主案件防控主体责任，明确格主与格员之间管理责任、员工之间相互监督责任。每月格主对格员进行谈心谈话，关心了解格员工作家庭生活情况，关注员工行为动态。强化员工行为过程的精细化管理，通过"管人、管事、管思想"层层推动员工尽职履责、依法合规。

（中国建设银行乐平支行）

中国交通银行乐平支行

概述 围绕总行"三大任务、三大重点、三大目标"，坚持"以党建促发展"提升核心竞争力，立足"实干"，突出"实绩"，在稳中求进，稳中求发展。2019年末，各项存款余额达11.63亿元，各项贷款余额6.85亿元。

主要业务经营情况 支行通过开展"开门红"劳动竞赛、"社保卡攻坚战"专项竞赛、"百行进万企"等竞赛，着力营造"全心抓存款，全力抓存款，全行抓存款"的氛围。支行积极向分行争取信贷规模，集中调配资源，加大对市内重点企业、重点项目的支持力度，确保信贷规模稳步增长，努力提升服务实体经济质效。

进一步落实普惠金融 创新产品服务实体经济，努力降低融资成本，切实减轻企业负担，乐平支行推出了"涉农农担贷""普惠两增客户及线上抵押贷""交银智慧金服平台""小微贷""燕语贷""税融通""燃气贷"等创新模式，着力打造互联网、人工智能深度融合的金融综合服务能力，为客户提供全方位、多层次、综合化的服务。

严抓内控强化风险管控 根据总行2019年案件防控“5+N”专项治理方案要求，巩固“五大领域”“长剑行动”治理成果，聚焦重点领域、重点问题，进一步压实案防责任，化解案件风险，强化员工的制度观念和内控观念，避免操作风险的发生；加强对员工行为的管理，增强员工的风险防范意识和职业道德水平，全年对员工家访谈心全覆盖。进一步巩固了“风正、气顺、心齐、劲足、绩优”的良好局面。关注员工八小时以外的交际圈和动态。加强干部员工“四严禁、一必须”管理，严禁出现违反“八不准”的情况，严格管控员工异常行为、违规行为，强化纪律和规矩意识，全行合规经营氛围日益浓厚。

加强企业文化建设 在抓好业务发展的同时，大力推进企业文化建设，在“三八妇女节”组织女员工花艺插花活动；组织全行员工开展昌南湖健步行活动，并响应总行工会在全行员工中开展“交享阅”全员阅读活动，使读书成为交行人的日常生活方式。

精准扶贫 社会责任 积极开展扶贫工作，和高家镇副镇长、山田村驻村第一书记、村书记等相关党政领导就如何发展村里经济，早日脱贫进行扶贫调研，制定帮扶计划，2019年以来，在山田村帮扶结对子4户，配合高家镇镇政府，支援产业脱贫，根据山田村情况，在山田村雷达畈重点打造扶贫示范基地，建成100亩油茶种植示范基地，确保贫困户增收，实现精准脱贫，乐平支行总计提供了资金援助3.6万元。同时，定点在涪口镇环秀村、涪口镇赵家村两村每月开展“储蓄国债惠民服务站”宣传活动，不断发挥金融力量履行社会责任，创新金融产品和服务，夯实金融基础设施等，助推扶贫开发金融服务和乡村金融发展。

党风廉政建设取得新成效 支行坚持把党建工作和业务工作同部署，定期召开支部会议和党员大会，持续推进党风廉政建设和反腐败工作。坚持落实党风廉政建设监督责任，层层签订《党风廉政建设和案件防控责任书》，坚持廉政谈话制度，积极开展形式多样的反腐倡廉警示教育，提升员工拒腐反腐能力。

获奖情况 获2019年“景德镇全市内保系统”工作先进单位、中共交通银行景德镇分行“先进基层党组织”称号。 （中国交通银行乐平支行）

中国农业发展银行乐平支行

概述 乐平市支行认真贯彻省分行2019年年初工作会议和年中工作会议精神，按照“发展第一、党建引领、管理科学、氛围和谐”的工作思路，重点围绕总行提出的“四大工程”建设，紧紧抓住八项体制机制专项改革，在党的建设和主题教育引领下，支行各项工作稳中有进，实现了全行高质量发展的良好态势。2019年，该行各项贷款余额200201万元，其中短期贷款133501万元，中长期贷款66700万元，存款余额38002万元，业务收入10169万元，实现账面利润2226万元，比2018年增加1354万元，增幅155.28%。

业务发展稳中有进 始终牢固树立服务国家粮食安全的大局意识，加大支农力度，助力地方经济建设。一方面从保障粮食安全、维护市场稳定、保护农民利益的高度，认真落实粮食收购的各项政策要求，充分发挥农发行粮食收购资金供应主渠道作用，全力以赴做好全市政策性粮油收储。2019年协助完成2858.8万公斤轮换计划，发放最低收购价中晚稻贷款4000万元，支持企业跨年收购中晚稻3606万公斤，完成“去库存”销售中央事权的政策性粮油6304万公斤，累计收回粮食贷款15206万元，发放价差亏损挂账贷款9笔，累计投放金额8882万元，收购重金属超标稻谷1000万公斤，发放县级储备粮贷款1008万元，收储中晚稻400万公斤。另一方面，大力推进重点项目工程，保障支持高标准农田建设，积极助力小微企业发展。2019年，该行获审批项目2个，其中6月及11月两次投放乐平市洪岩旅游总体开发建设（近期）PPP项目贷款共计3.67亿元，完成了上级行下达的支持长江大保护任务；该行代监管高标准农田建设贷款余额34282万元，共有24个标段项目建设，2019年，该行支付高标准农田建设贷款资金80笔，金额23885万元。2019年度建设任务10.35万亩，工程完工率100%。

夯实各项财会基础 全力推进运营集约化改革和财务管理体制改革，主动提升站位，坚持把落实总行改革决策作为实践“以客户为中心”经营理念，采取“筑基础、防风险、重执行”三位一体工作措施，全力推进运营集约化建设和财务管理体制建设在农发行乐平支行落地生根。一是网银推广有成效，在该行积极营销下，贷款客户的网银签约率达100%，贷款客户电子支付替代率100%，非贷客户62.5%。二是财管审核通过高，该行财管系统中报销一次性通过率96.45%。三是优质服务点赞多，该行上线新系统，减少客户奔波次数，极大地提高了对客户的服务效率。

创建和谐平安银行 始终围绕无经济刑事案件、无重大责任事故、无重大违规违纪问题、无重大监管处罚，力保业务发展好、风险防控好、合规运营好、和谐氛围好的“四无四好”良好态势，积极创建和谐平安银行。一是组织安全知识讲座。邀请专业人员向全行员工传授消防知识，使员工学有所获，并于2019年进行实战消防训练两次。二是定期开展综治演练。组织员工模拟歹徒抢银行、火灾发生等危险突发情况，进行应对措施演练，让每位员工都有忧患意识，以便危机到来时能迅速、有效地应对。

发挥党建引领作用 以党的政治建设为统领，以“不忘初心、牢记使命”主题教育为重点，大力实施党建“提质聚力”工程，在党建引领作用下，支行的业务有了显著发展，获评“先进党支部”。一是加强支部班子建设，开展政治理论学习、实地实践调研、对照检视问题、深入落实整改等活动，充分发挥示范作用。二是丰富党建活动形式，持续推进“不忘初心、牢记使命”主题教育学习，结合爱国主义教育、先进典型教育、革命传统教育等形式先后开展了十余次特色主题党日活动，其中“9·18升国旗仪式”“志愿捐赠”“缅怀革命先烈”等多项主题活动被省分行微信公众号刊登发布。

（农发行乐平支行）

景德镇农村商业银行乐平支行

概述 景德镇农商银行乐平支行，截至2019年12月末各项存款余额105.26亿元，较年初增加11.9亿元，增幅为12.75%，各项贷款余额45.86亿元，继续保持全市存贷款规模第一的市场地位，是全市网点机构和从业人员最多，客户资源最广，经营机制最活，结算费用最优惠的金融机构。

全面推进精品网点建设 继续大力推行精品网点建设，对辖内部分网点进行了升级改造，改善经营环境。原乐平支行由于网点老旧，已不能适应现阶段服务需求，对乐平支行进行重新装修。有效提升景德镇农商银行乐平支行的企业形象。

全面提升服务质量，加大营销力度 按照行总部文明规范服务要求，积极转变服务意识，坚持“以客户为中心”，尽力为每一位客户提供满意的服务，通过优质服务提升了景德镇农商银行乐平支行的形象，得到了广大客户的好评。同时积极营销，2019年新增社保代发客户近4000户，并利用发放助学贷款的时机，积极向广大学生客户推广网银、手机银行等产品，取得了较好的效果。

加快实施业务转型 加快发展电子银行、票据、理财等业务，促进业务结构优化，景德镇农商银行乐平支行始终以“立足社区、服务三农”为宗旨，以方便客户为己任，贴近老百姓实际需求，大大减少客户排队等候的时间，取得良好的社会效益和经济效益。

大力支持“三农”和小微企业 不断优化贷款结构，突出信贷支持重点，加大对涉农和小微企业的贷款投放力度，至12月底，涉农贷款余额31.03亿元，小微企业贷款余额14.22亿元，各项贷款较年初增加4.04亿元。截至2019年12月底，累计发放“财政惠农通贷款”3.02亿元，累计发放“财园信贷通”贷款7.24亿元。并且，根据省联社年会工作部署和《江西省农村信用社（农商银行）深入推进“四扫”工作方案》文件精神，乐平支行结合实际、真抓实干、全员上阵认真贯彻“四扫”工作，景德镇农商银行乐平支行大力对接辖区内企业、新型农业经营主体、个体工商户、社区居民和农户，了解了资金需求意向，并已为部分客户发放了贷款，通过一年卓有成效的工作，有力支持当地经济发展，得到市委市政府的高度评价。

全面加强风险管控工作 在全支行范围内进一步加强内部管理，坚持合规经营，加大监督、检查和约束，努力防范各类风险发生，并加强对全支行员工的学习培训，提高员工的风险防范意识及法律意识，使得景德镇农商行乐平支行各项经营保持持续、健康、快速发展。

积极响应国家政策号召，使普惠金融落到实处 持续积极对接市政府及其下属社保、下岗再就业中心等部门，加大下岗再就业贷款、助学贷款、助保贷款及建档立卡贫困户扶贫贷款的发放力度，提高精准扶贫的效率，履行金融机构的社会责任。并在助学贷款办理高峰时期，在教育局资助中心设立临时办公点，提供一站式服务，方便学生办理助学贷款业务。同时在乐平市行政服务中心设立金融便民服务点，为有需求的客户解答相关问题。截至12月末，累计发放下岗再就业贷款1.58亿元，累计发放生源地助学贷款10894笔，累计金额0.76亿元，累计发放“财政助保贷款”713笔，累计金额0.25亿元。并与政府相关部门及时沟通，较好较快地为困难群众办理此类贷款业务，上述特色贷款取得了良好社会效益，得到市委、市政府和客户群体的好评。

（景德镇农商银行乐平支行）

融兴村镇银行

概述 乐平融兴村镇银行是市委市政府招商引资单位，由哈尔滨银行独资发起设立的一家新型农村金融机构。2011年4月29日经中国银行业监督管理委员会景德镇监管分局依法批准正式对外营业。乐平融兴村镇银行作为“乐平人自己的银行”，秉承“普惠金融，和谐共富”的经营理念，坚持“立足中小、服务市民、服务三农”的市场定位，坚持走小额信贷发展之路，充分发挥“机制灵活、服务高效、办事快捷、周到细致”的服务意识，锐意创新，多元并举，错位发展，努力实现市场和客户的地方化，产品与服务的个性化，业务流程的便捷化，经营管理的创新化，风险掌控的高效化。九年多以来累计投放各项贷款约31.36亿元，向地方财政累计缴纳各种税费2700多万元，其中中小企业、个体工商户和三农贷款占全部贷款的92.4%，有效地支持了地方经济发展、提高了人们的生活质量。同时乐平融兴村镇银行遵循“三建”模式着力打造成为管理规范、风正气顺的具有核心竞争力的现代化新型农村商业银行。

市场定位 立足乐平、支持中小、面向三农、服务市民

经营特色 机制灵活、简便快捷、独立审批、快速放款

“贷得赢”系列贷款产品 房屋抵押贷款、公务员工资担保贷款、农户贷款、中小企业贷款、个体工商户经营贷款。

业务范围 吸收公众存款；发放短期、中期和长期贷款。

（乐平融兴村镇银行）

中国邮政储蓄银行乐平支行

概述 中国邮政储蓄银行乐平市支行在职总人数54人，内设综合管理部、公司业务部、三农金融部等3个部门，有直属营业部、珠海中路支行、镇

桥镇支行等3个自营网点，16个邮政代理网点，各个网点分布全市城乡。全年紧紧围绕“稳中求进”的工作总基调，各项业务发展及管理工作继续保持良好的态势，较好地完成了年初确定的各项目标任务。

经营效益 继续牢固树立“以效益为中心”的经营发展理念，全年收入同比增长7.24%，列全省县区支行第27位；全年利润同比增长7.39%，排在全省县区支行第31位。主要经营效益指标保持了较好增长，基本完成了年初的财务预算目标。

负债业务 截至2019年末，全支行自营网点个人储蓄存款余额8.94亿元，同比增幅10.34%，活期占比26.76%。2019年，全年新增信用卡发卡2800余张，全年综合保费实现352万元；理财有效销售2784万元。手机银行激活客户全年净增3192户；中邮期交保险全年累计销售256万元，同比增长52.38%。并于4月中旬提前259天完成全年中邮保险长期期交业务，完成比达150.89%；国债业务销量474万元，同比增长59.52%；邮惠付二维码累计完成329户，完成比达124%。个金业务在转型发展和基础管理上保持了高位创优的良好态势。

资产业务 截至2019年底，全行各项贷款余额12.74亿元，同比增幅13.34%。其中“财园信贷通”余额6642万元，“惠农信贷通”余额3168万元，“产业+金融”余额4515万元。一是通过每月不间断召开“两财”“两小”专题工作会，持续加大服务三农、助力小微工作力度；二是丰富了产品体系，开通了“极速贷”，具有“申请快、审批快、支用快”的“三快”操作优势，让广大商户足不出户就能享受邮储银行贷款服务，全年实现放款54笔，金额1046万元。三是通过与市分行及市工会积极对接，成功实现瓷都工贷放款11笔，金额640万元。

风险管控 一是强化案防合规管理。突出“全面合规”的主题，坚持以“尽职检查、专项检查、非现场检查”等多查并用强基础；以“纪律处分、组织处理、经济处罚、警示教育”多罚并用明规矩；以“检查结果运用、案防联动、素质提升、数据分析”多改并用促合规。二是资产质量管控有力有效。按季开展不良资产专项清收竞赛，全年累计收回不良贷款25笔，累计金额1086万元，完成清收计划的103%。三是全面加强金融消保工作。陆续开展了“金融消费者权益日”“金融消保、我们在行动”等宣传活动，普及消费者上千人。四是逐级签订了案件防控责任书、安全保卫责任书，强化了安全保卫主体责任意识。深入推进“平安邮行”创建活动，落实安全保卫工作日常工作机制，提升了基层整体安全防范水平，全年保持了不出风险事件、不出安全事故、不出各类案件的“三无”良好局面。

获奖情况 1.荣获2019年江西省邮储银行提质升级“先进职工小家”荣誉称号。

2.荣获江西省分行“先进基层党组织”和景德镇市分行“先进基层党支部”称号。

3.荣获景德镇市“十六届”文明单位称号。

4.乐平营业部荣获“乐平青年五四奖章”集体单位荣誉称号。乐平镇桥镇支行荣获“2019年度景德镇市现金服务工作优秀网点”荣誉称号。

（中国邮储银行乐平支行）

江西银行景德镇乐平支行

概述 2015年，南昌银行吸收合并景德镇市商业银行，完成了江西银行“吸并组建”的一大步。2016年，江西银行梳理明确了战略愿景和发展目标，制定了整体战略和各业务条线发展规划以及各支撑体系转型规划。江西银行在2018年6月以江西省“映山红行动”中“江西金融第一股”的身份实现了H股上市。

截至2019年11月末，江西银行集团资产总额4579.94亿元，较成立之日增加2624.88亿元，增速134.26%，各项存款余额2819.71亿元，较成立之日增加1421.28亿元，增速101.63%。

（江西银行景德镇乐平支行）

九江银行乐平支行

概述 九江银行乐平支行于2011年11月正式成立，支行下辖洎阳支行和福泰华庭社区支行。乐平支行网点开设2个业务窗口，自助存取款设备3台，综合业务自助机1台，硬币兑换机1台。所辖的洎阳支行属全功能二级支行，有两个业务窗口，自助存取款设备两台，综合业务自助机1台。九江银行乐平支行所开办的业务均可在洎阳支行办理。福泰华庭社区支行属社区支行，开设有1个服务窗口，设有自助存取款机两台，综合业务自助机1台，只办理各类零售以及非现金业务。乐平支行还下设3个24小时自助银行网点，突破了网点少及时间所限，延长了服务半径和服务时间，更好地诠释服务客户、方便客户、以客户为中心的服务宗旨。

人员情况 截至2019年底，全行共26人，其中正式在岗工23人、派遣工3人；26人取得大专及以上学历；20人通过了银行从业资格公共基础科目考试；2人取得初级会计证书，4人取得证券资金从业资格。

业务发展 截至2019年底，九江银行乐平支行余额为90599.91万元；公司存款为24630.10万元，储蓄存款为65969.81万元，各类贷款结余110411.82万元。业务的良性发展，确保了2019年全年收入利润目标的实现，2019年全年实现营业收入5806.32万元，较上年增加3762.52万元，增幅为64.8%。其中贷款利息收入5789.41万元，较上年增加3765.21万元，增幅为3.34%，全年实现利润3849.09万元，完成全年计划。

获得的荣誉 2019年乐平支行龚家龙、程婷婷等4人分别被评为总行“优秀员工”。

企业文化 开展了多场公益活动，先后举办了“新年登山”“元宵猜灯谜”“职工运动会”助力高考公益讲座、九江银行杯广场舞大赛等大小27场文体活动。且向乐平创新中学为贫困生捐资2万元扶贫资金。 （九江银行乐平支行）

中国人寿乐平支公司

概述 中国人寿乐平支公司实现总保费14147.31万元，同比增长2.18%。其中：新单保费4440.63元，新单期交3116.03元，十年期及以上首年期交保费1756.09万元，同比增长24.92%。短期险保费1335.62万元。竞争优势持续稳固， 始终保持市场“双领先”地位。

落实“三定”改革 认真落实“鼎新工程”，优先保证大个险人员配置，原收展、保规两支队伍成功实现融合。乐平支公司定为D类公司，部门设为七个：综合部、营销服务部、收展服务部、机构业务部、运营服务部、培训部。

风险防控巩固提升 一是风控意识逐步提升。通过参加反洗钱暨合规知识大赛，举行反洗钱及防范非法集资风险主题宣传月活动，听取人民银行专家反洗钱知识授课等举措，不断强化广大从业人员风控意识。二是排查整改深入推进。先后组织侵害消费者权益乱象整治及“治乱象 促合规”专项排查等整治工作，完善长效机制，进一步夯实了风控基础。

运营服务品质改善 一是运营服务工作稳步推进理赔省级集中，并强推智能工具。加大线上服务的集中应用力度，通过寿险App、e店、e柜等智能工具的强势推广应用，引导客户和销售人员自助办理，实现客户便捷体验及业务员自主化经营。二是运营效率提升，理赔申请支付时效1.5天，同比缩短2.34天；出险支付时效为48.02天，同比缩短28.45天；三是客户诉求与特色服务的融合，强化增值服务供给，不断丰富保险+运动、保险+健康、少儿绘画、国寿大讲堂、VIP客户定级等活动的形式及内容，切实树立公司服务品牌。打造“温馨、舒心、暖心”客户服务。

切实抓好“不忘初心、牢记使命”主题教育 开展“不忘初心、牢记使命”主题教育，增强了守初心、担使命的行动自觉，提振了干事创业、担当作为的精气神，脱贫工作任务完成较好，安排帮扶干部三人，帮扶贫困8户，开展精准扶贫解决问题。

（中国人寿乐平支公司）

人保财险乐平支公司

概述 人保财险乐平支公司认真贯彻落实集团公司“3411”工程和上级公司年度工作会议要求，紧扣高质量发展转型的主题，持续夯实队伍建设，智慧平衡好规模与效益、速度与质量、超于与合规的关系，有效提升发展能力、盈利能力、服务能力和风控能力，做实渠道，做精专业，加快打造精品公司步伐。2019年，公司实现保费收入1.19亿元，稳居乐平财险公司首位，上缴各类税收767.57万元。

积极发挥保障作用 通过保险机制运用，进一步化解社会纠纷，降低治理成本，提升民生保障，为建设富裕美丽幸福现代化乐平贡献力量。健全公共安全保障体系，积极拓宽保险服务保障范围，为乐平市安全生产、生态环境、医疗卫生、校园安全等多领域提供责任保险保障。

大力推进“警保联动” “警保联动”是公司主动充分发挥资源优势，公司与交管部门互助融合，开启事故快处快赔新模式，共同提高道路交通事故处理水平，有力地缓解交通拥堵“顽疾”。

助力脱贫攻坚 公司积极对接市委、市政府“坚决打赢脱贫攻坚战，让农村贫困群众共享幸福美好生活”的要求及乡村振兴战略，主动加强与县域扶贫部门的合作，发挥保险精准扶贫作用，助力乐平市脱贫攻坚战略的实施。坚持“金融扶贫，保险先行”理念，积极开办贫困人口重大疾病医疗补充保险、贫困人口意外险、扶贫驻村干部意外险、扶贫责任保险等业务，有效构筑起了坚实的保险保障，全力为乐平市脱贫攻坚工作贡献保险力量。

服务“三农”发展 积极参与农业结构调整，按照“稳粮、优供、增效”的主基调，推进农业保险扩面提标。在市政府的大力支持下，加快推进水稻大灾种植保险扩面，在11个乡（镇）全面铺开，惠及所有种植户，为提升水稻生产保障层级，助力“优供”区域重点水稻产业升级提供了防灾减灾保障。2019年，公司为全市11个乡镇的563户种粮大户及59023户散户种植的水稻提供了3.47亿元保险保障，水稻承保面积达49.69万亩。在2019年7月份水灾和8月至11月持续性旱灾中，公司认真对待，积极部署，全力开展查勘定损工作，加班加点做好赔付工作，减少农户损失，帮助农户尽快恢复灾后生产。

夯实基层党建工作 以学懂弄通做实习近平新时代中国特色社会主义思想和党的十九大精神为主线，认真开展“不忘初心、牢记使命”主题教育宣传教育活动，推动基层党的政治建设。

（人保财险乐平支公司）

人保寿险乐平支公司

概述 人保寿险乐平市支公司注重转型发展全年总保费收入0.8亿元，占全市寿险市场的33.51%，支付各类赔款214.36万元，期中最大单件赔付30万，满期给付等累计0.36亿元，退保0.2亿元。在全省系统各项指标均位居全省前列。

创新售后服务 年内，对所有新契约承保客户进行100%满意度回访。推出线上理赔服务，大大节约理赔时效，从出险到理赔款到账平均56天。开通网上查询理赔情况和短信或邮件告知理赔信息，向客户提供年度报告；进行意外、健康、理财等风险知识讲座。

和谐暖心工程 积极贯彻上级公司暖心工程，优化公司机构，加大基层公司队伍建设投入，招募大学生多名，合计向社会提供就业岗位400个，为构建和谐社会做出贡献。

获得荣誉 2019年度是本公司总保费全省系统第二，乐平市支公司获得了三星级机构、全国100强公司等系列荣誉称号。

3411工程 2019年是公司认真贯彻总公司“3411”

工程。推动3家保险子公司转型发展。创新驱动发展战略、数字化战略、一体化战略、国际化战略。打好一场中心城市攻坚战，守住一条不发生系统性风险的底线。2019年没有出现过任何上访事件及群体事件。经过多年的努力，公司良好的服务在当地得到了广大群众的认可。

（人保寿险乐平支公司）

太保财险乐平支公司

概述 中国太平洋财产保险股份有限公司乐平支公司于2001年11月进驻乐平市，是太平洋产险江西分公司设立在乐平市的经营管理机构，现有员工10人，坐落于乐平大道大地豪城106号，经营场所面积330平方米。

经营思路 2019年是集团公司建司28周年，江西太保建司23周年，也是乐平支公司稳步发展的一年。乐平支公司认真贯彻总、分公司2019年经营策略，全面聚焦“控品质、强基础、增后劲”，积极推进转型发展，努力应对市场形势的复杂变化，做深做细做优重要工作，抓好商改深化改革，持续落实转型项目，坚持问题导向，强化执行力。全年公司实现保费收4600余万元。

客户服务 坚持“狠抓管理、夯实基础、效益为先、稳健发展”的经营方针，加强管理，开拓市场，改善服务，取得了良好的经营业绩。1. 做到文明办公，做到环境整洁，语言文明，礼貌服务，规范办公行为。2. 提高工作效率，从各个工作环节都要保持高效，要使快速简捷、灵活的工作作风得到客户的认可。3. 做好跟踪服务，与客户始终保持经常性的较好沟通，确保客户的问题在最短的时间内得到解决。

工作亮点 服务“三农”，积极开展农业保险。在2019年“7·7”水灾期间，太保财险乐平支公司和乡镇、农业等部门配合，积极应对灾情，减少农户损失。扫黑除恶，金融放贷。积极参与市政府主持的专项打击活动，参与乐平经济社会发展，积极履行保险社会责任。与交警部门多方位合作。交警合作在景观路摆放“温馨提示”展示牌，提醒低洼路段等路况信息等多方位合作，服务群众。在2019年水灾期间，太保财险乐平支公司和交警、消防等部门配合，以理赔查勘人员为主，组织全司人员积极参与抗洪抢险，理赔服务，并邀请行协、消协等部门领导全程参与见证太保人的奉献和爱心。

服务承诺 太保财险乐平支公司秉承“诚信天下 稳健一生 追求卓越”的企业核心价值观，实施以客户需求为导向的战略转型，积极为客户提供专业的风险保障服务。针对保险销售、承保、理赔、回访、投诉、增值服务及履诺等环节，为了做好服务工作，努力提高现场服务效率，采取人性化服务，加快工作速度，提高服务质量，提高服务水平。全面树立公司新形象，真正形成优质文明高效的服务。1. 销售环节。严格履行如实告知义务，如实解释保险条款、被保险人义务和理赔流程，不夸大保险责任，不隐瞒责任免除事项；促进公平有序的竞争环境，不诋毁同业，不误导客户，严格遵守行业监管规定。2. 承保环节。履行承保义务，不拖延承保；按照与客户约定时间及时配送保单；不断加强并完善合作伙伴的沟通和管理机制，确保各个渠道提供标准化优质服务。3. 理赔环节。保持全国统一客户服务热线95500畅通，提供365×24小时接报案、咨询、查询等服务。人伤案件提供“一对一、全流程”服务，实现专人联系、贴心服务。公司设立人伤服务团队为客户提供专业的人伤咨询服务，协助参与人伤案件伤者评残、事故调解和诉讼咨询等环节，根据客户需要提供全程服务。对损失金额1万元以下的非车险案件，资料齐全的1个工作日内通知赔付。

回访及投诉处理环节 1. 确保投诉渠道畅通，全国统一客户投诉电话95500-3-4或4008095500，以及官网投诉平台www.cpic.com.cn/财产保险/服务大厅/在线投诉，365天24小时受理客户投诉。

2. 太保财险乐平支公司建立了总经理接待日机制，解答客户咨询、倾听客户意见、处理客户投诉。

增值服务 1. 面向在太保财险乐平支公司投保商业车险的9座及以下各类非营业客用车辆提供全国免费道路救援、医疗救援等增值服务。2. 向客户提供酒后代驾、车辆代检等区域性、个性化增值服务。3. 利用国内领先的防灾防损技术，为重大客户提供深入的、个性化的风险查勘服务，以及专业的防灾防损报告。

履诺环节 建立举报监督机制，设立举报监督邮箱：66284500@qq.com 工作人员在具体服务中若有违反上述承诺行为的，实行"零容忍"，一经发现核实，即予严肃处理。

（太保财险乐平支公司）

太保寿险乐平支公司

概述 乐平太平洋人寿保险公司坚持以"发展、管理、效益"为服务宗旨，树立"诚信、创新"的企业文化精神，倡导以人为本，诚信服务的准则，积极壮大团队，大力开拓保险市场，在上级公司的正确指导下，全面完成上级下达的年度各项指标，实现保费收入3379万元，其中个险新保483万元，个人续收保费2413万元，团险保费279万元，产寿交叉保费245万元。

强化风险管理 公司内强素质、外塑形象、完善内部管理制度，规范操作程序，落实印章管理制度，核保核赔以及零现金管理制度，严格按章办事，避免了因管理不善给公司和客户造成的经济损失，规避了道德风险发生。

理赔服务 公司坚持"一诺千金，用心承诺"的服务宗旨，全年共受理大小理赔案件561起。公司坚持执行"不滥赔，不惜赔"的理赔原则，理赔金额达435万元，受到了社会的肯定，客户的好评。

防范非法集资 为进一步打击和处置非法集资，增强客户意识，守住自己的"钱袋子"，提高广大客户对非法集资的危害认识，营造良好的金融环境，公司成立工作领导小组，常抓不懈，积极开展切实有效的宣传，上街、上门、上户发放宣传资料2000多份，并且公司前台也摆放了近3000份资料，对前来办理客户进行解说，宣传非法集资的危害性，做到家喻户晓。

保险进社区 公司采取合适社区驻点，更好地为居民服务，让客户逐渐拉近与保险的距离，从而了解保险、懂得保险、拥有保险。公司开展保险进社区、保险送下乡保险宣传知识讲座共计96次。

"7·8"全国保险公众宣传日 倾听公众心声，提高服务品质，塑造公司形象，公司以此为契机，大力推动业务发展，提高服务水平，为给客户带来更好的保险保障而努力，树立公司良好的形象，践行社会责任，促进保险行业持续健康发展，7月8日上街摆放咨询台，耐心解答客户近100人，保险宣传资料发放近2800份。努力实现"保险，让生活更美好"。

加强业务培训 提升服务技能 为全面提高员工队伍素质，促进公司改革和发展，公司把业务培训作为一项长期性工作来抓，2019年度先后举办"营销员岗前培训""经理主任提升培训"业务知识培训等共计48次，提升了员工的综合素质。

（太保寿险乐平支公司）

商 贸

商 务

概述 乐平市商务局和乐平市商贸国有资产经营公司围绕商务中心工作，抓住重点，确保各项工作有序推进。2019 年，全市社会消费品零售总额 119.41 亿元，同比增长 12.28%；限上商贸流通企业零售额 18.02 亿元，同比增长 16.6%；批发业销售实名 0.98 亿，同比增长 30.9%；零售业销售额 15.95 亿，同比增长 14.9%；住宿营业额 0.34 亿元，同比增长 10.8%；餐饮营业额 0.75 亿元，同比增长 17.9%；外贸出口 23.81 亿元，同比增长 3.8%；电子商务入统企业平台交易额 19.15 亿元。

新组建了乐平市商务局 根据《乐平市机构改革实施方案》（乐办字〔2019〕7 号），将原市商务局、市招商局、市物资局、市二轻工业局的行政职能进行整合，组建新的乐平市商务局，作为市政府工作部门。不再保留承担行政职能的事业单位市商务局、市招商局。不再保留具有事业性质的市物资局（市物资集团公司）、市二轻工业局（市轻工企业集团公司）。新组建的商务局设综合股、市场运行调节和体系建设股、商贸流通业发展和市场秩序股、外向型经济和贸易股、招商引资和项目协调股等 5 个股室。负责全市成品油流通、汽车流通（含二手车、报废车）、民爆器材、商贸物流、再生资源回收、电子商务、外贸进出口、招商引资、为企服务等行业监管和行政服务工作，承担零售商开展促销活动、再生资源企业、对外贸易经营者备案登记。协调做好所属企业各项工作。

项目建设有序推进 锦阳汽车城项目：2019 年完成投资 1.29 亿元，累计投资 4.79 亿元。项目建成钢结构汽车展示厅 13000 平方米，综合办公楼和服务大厅 8700 平方米，完成道路场地硬化 2 万多平方米，完成五幢汽车 4S 店（7300 平方米）主体建设。哈弗 4S 店、别克 4S 店、福田 4S 店、江铃、陆风、宝骏、标致、吉利、君马、领克、东风日产已经入驻开业。二手车交易市场商铺已经建成，场地硬化全面完工，车位规划已完成，全面招商已经启动。车管所装修已完成，并搬迁入驻。一期第二批摘牌项目用地建设平稳推进，沿街商住楼已经完工，配套住宅小区启动建设。方圆国际酒店项目。2019 年完成投资 1400 万元，累计投资 3160 万元。该项目主体完成封顶。绿洲花园项目。2019 年完成投资 5950 万元，累计投资 20570 万元。该项目一期全部完工，二期主体完成 95%。绿洲华府项目。2019 年完成投资 24300 万元，累计投资 24300 万元。该项目 4 栋楼主体完成六层，地下室完成一半。

脱贫攻坚蹄疾步稳 蹲村扶贫调整为乐港镇童乐村和杨家村解决落实两村帮扶发展资金和工作经费 8 万元。帮助杨家村规范了葡萄产业园扶贫，落实 21 户贫困户帮扶资金 6300 元，向市扶贫办申请解决了该项目扶持资金 10 万元。为杨家村申请居家养老活动中心和“瓷都”爱心食堂项目、村庄环境整治项目和改善贫困户家居环境项目资金 30 万元。杨家村居家养老活动中心和“瓷都”爱心食堂于 2019 年 11 月底投入运营。为童乐村 4 名残疾人各争取一辆价值 800 余元的轮椅，为两名听力残疾人各争取了价值 3000 余元的助听器，为村委会争取了一套 1 万多元的健身器材，为 7 个在外务工人员申请了交通补助，为 11 个尚未享受低保的贫困户申请了低保，为 1 户贫困户申请享受产业+金融分红，为贫困学生落实教育扶贫政策。

农贸市场改造有条不紊 2019 年，实施了城区北门和珠海路农贸市场升级改造。北门农贸市场于2019年10月11日关闭启动改造，12月30日改造建设完工，2020年1月22日交付，1月27日正式运营；珠海路农贸市场于2019年10月29日关闭启动改造，2020年1月20日改造建设完工，1月23日交付，因受新冠肺炎疫情影响，3月12日投入使用。另外，开展了东风厂农贸市场选址调查摸底。

环保整改落到实处 对全市44家加油站实行了油气回收改造，通过了第三方检测机构验收，改造完成率100%。对全市加油站地下油罐防渗漏设施进行了改造，完成41家，改造完成率为93%，另有3家因市政建设、道路改造等原因正在办理迁建手续。

重点工作扎实有效 新增对外贸易经营者备案登记企业6家。组织本市企业参加第二届中国国际进口博览会，签订设备采购协议39.32万美元。推进农村电子商务产业发展，成功签约引进阿里巴巴天猫优品项目落户乐平。举办了乐平市首届烹饪大赛暨特色美食展，来自全市18个乡镇、共30支参赛队同台切磋厨艺，通过比赛，产生出16个具有代表性的菜品，评出“乐平一桌菜”。牵头推进全市农贸市场和大型商超等公共场所创文创卫，增设公益性广告牌200多块，增设商超母婴室7个，增设无障碍卫生间3间。承办12345政府服务热线工单128件，办结128件，办结率100%。

（市商务局）

中央储备粮

概述 景德镇直属库有限公司在分公司党委的正确领导下，在各处室和辖区各库点的支持配合下，坚持以习近平新时代中国特色社会主义思想为纲领，深入学习贯彻党的十九届四中全会精神，按照集团公司、分公司的工作部署及要求，攻坚克难，团结奋进，各项工作取得了较好的成绩。

主要工作 一是扎实开展主题教育。制定主题教育工作实施方案，成立景德镇公司主题教育领导小组，组织召开主题教育动员大会，进一步明确了主题教育总要求和具体内容，并对工作任务和时间做了详细的安排部署。二是积极配合分公司巡察。按照巡察相关要求，景德镇公司全体干部员工各司其职、密切配合，优质高效地提供服务，客观真实地提供资料，实事求是地反映问题，主动接受巡察组的监督检查。三是坚持抓好安全生产。认真贯彻“综合治理，以防为主”的工作方针，坚持从教育、制度、监督入手，建立与地方警民合作，组织全员观看警示教育片，开展消防演练，不断增强应对突发灾害和事故的能力，全面提升全员安全和责任意识。全年未发生一例安全责任事故。四是继续夯实仓储管理基础。根据集团公司、分公司仓储管理工作要求，以推进“五个做实”为平台，以科技储粮为抓手，着重加强保防队伍建设，进一步提升工作执行能力，不断夯实仓储工作基础。全面实现五个百分百（即账实相符率100%、压盖率100%、“四无”率100%、空调控温率100%、宜存率100%）。五是全面落实财务预算管理。一年来，坚持把财务工作放在首位，突出“降险增效”理念，认真组织会计核算，全面规范各项财务基础工作，不断提高财务服务质量，较好地完成了上级下达的各项财务预算指标，全年实现利润859.45万元。六是抓好事权粮管理。积极贯彻执行国家宏观调控政策，进一步落实“三方”监管责任，联合对各收储库点仓房情况、仓容数量和收购资金进行摸底调研，及时启动辖区早、晚稻托市收购，有力地维护了粮农利益，取得了良好的社会效益。

（中储粮景德镇直属库有限公司）

供　销

概述 全市供销社系统认真开展“不忘初心、牢记使命”主题教育，践行为“三农”服务的宗旨，不断创新改革机制，改进工作方法，按照深化供销综合改革任务和要求，积极巩固和发展惠农服务中心建设，壮大农合联组织，开展土地托管，农村综合服务站建设工作，探索搭建以服务“三农”为主的县、乡、村三级电商网络经营平台。强化内部管理，努力化解在综合改革中遇到的困难和矛盾，各项工作成效显著，全系统发展稳中求好。

主题教育活动扎实多样 牢牢把握“守初心、担使命，找差距、抓落实”的总要求，扎实开展“不忘初心、牢记使命”主题教育。一是制定学习研讨计划。每周确定学习内容，按计划有序完成领导干部主题教育集中学习任务。二是开展学习研讨活动，市社党委班子成员自定专题，结合各自工作实际，撰写集中学习研讨交流发言材料，深入交流体会。三是科学指导下属社有企业党组织开展主题教育活动，认真开展调查研究，切实解决实际中的难点、疑点、堵点。四是多种形式积极开展缅怀先烈及“双创双修”自愿服务，党纪、政纪警示教育等主题教育活动。

巡察反馈意见整改到位 市社党委高度重视市委巡察组的巡察意见和建议，真诚接受，照单全收，并按照反馈的意见和建议，按照“真认账、真反思、真整改、真负责”的要求，明确整改目标、整改任务、整改措施和整改时限，切实抓好整改到位。

综合改革工作有声有色 巩固和发展惠农服务中心，创新为农服务的方式和手段。积极开展为农民提供农资配送供应、病虫害统防统治，代耕代种及储存加工、粮食烘干等系列产前、产中、产后的社会化综合创新服务。因地制宜，开展土地托管服务，有效解决农民因劳动力缺少，种植技术缺乏造成土地撂荒资源浪费问题，促进农民朋友增收和企业增收。创立“农民之家”，搞好惠农服务。注重网络信息平台建设，积极探索农村电子商务平台的搭建。深入基层开展调查研究，广泛开展座谈会，咨询会。

强化内部管理 制定新的资产管理办法和财务收支管理办法，对基层单位财务执行措施，严格实行收支两条线管理，加强资产管理、全面对存量社有资产进行现场调查，对全系统社有资产进行科学分类，并按照不同类型资料采取不同管理办法，堵塞管理上的“跑、冒、滴、漏”。杜绝一切不合理开支，强化社有资产收益精细核算和管理。

有效解决历史遗留问题 积极争取政府的支持，有效地解决了十几年来困扰和束缚供销社生存发展的“老大难”问题：即向社保局交纳的改制递增费问题。烟花爆竹仓库重建工作重新进入到正常的工作流程。争取政府支持，解决本单位非税收入返还问题，资金紧缺困境得到缓解。

中心工作扎实推进 扎实开展安全生产工作和安保维稳工作，狠抓以烟花爆竹安全经营和社有资产安全管理为重点的安全生产工作，积极开展隐患排查治理，加强安全教育培训。认真贯彻落实上级关于做好安保和维稳的一系列部署要求，采取得力措施，全力化解各类不安全、不稳定因素，加强节假日值班工作，密切关注系统内维稳动向，确保全系统平安稳定。扎实开展脱贫攻坚工作，深入调查研究，找准脱贫攻坚工作的重点和难点。制定脱贫攻坚工作计划。切实开展好结对帮扶，落实帮扶措施。

（市供销社）

石　油

概述 乐平公司完成汽油 19558 吨。同比增长 6.4%。完成柴油销售 12204 吨，同比增长 54.7%。完成零售机出总量 31762 吨。同比增长 20.9%。2019 年，非油品完成 1293.6 万元。重点商品完成 146.2 万元。

数质量工作规范严谨 乐平公司按照标准对进，销，存各关键点采取了损耗指标管理，进一步落实和加强油品在站管理，降低油品损耗，理顺加油站作业环节，严密传递手续。严格要求做好设备的维护保养，防止应设备“压健康”而造成油品损耗。强化作业环节的节能降耗工作。

安全稳定工作 为切实落实维稳责任制，公司加紧开展不稳定因素排查和出现过的苗头问题的督查督办工作，坚持抓早、抓小、抓苗头，把矛盾化解在萌芽状态。加强重点人员稳控，实行分类管理、随时掌握重点人员动态，确保不出现进京上访事件。在做好安全维稳工作的同时，公司突出抓好消防安全大检查，强化落实消防安全措施和消防安全责任，在中秋节前请市消防大队专业人员对公司全体站长的消防预案演练进行了授课与现场指导，提高了员工防止恐怖事件、扑救火灾和消除事故隐患的处置能力，进一步加强人防、物防、技防水平，真正做到本质安全。

积极推进乐平公司网点建设 乐平公司受历史遗留问题影响，网点建设近十年来受到制约，乐平公司不断积极与当地政府沟通，争取地方支持，目前部分加油站迁建事宜已获政府批文，正在稳步推进中。（中石化乐平石油公司）

盐 业

概述 乐平市盐业公司担负乐平市行政区域及德兴市部分乡镇的食盐批发供应工作，年销售1900吨左右，公司下设前台配送部及后台服务部，现有在职职工14人。

盐政管理 根据国家发改委《关于整顿和规范食盐市场秩序的通知》及《江西省盐务局江西省盐业集团公司内部盐政管理规定》的文件精神，2019年认真开展食盐市场的整顿和市场管理工作，依法行政警示教育工作。以保证合格碘盐为己任，以全面整顿和规范食盐市场秩序为重点，一年来，没收私盐约20吨，同时贯彻开展了食盐安全月活动及“3·15”“5·15”“整顿食盐市场”等系列宣传。

防治碘缺乏病宣传 食盐加碘，防治碘缺乏病是一项长期而艰巨的工作，普及碘盐，宣传防治碘缺乏病的知识是国家消除碘缺乏病危害的有效手段，全年组织大型宣传活动两次，发放宣传手册及宣传单一万多份，制作固定宣传牌三百多个，悬挂于各乡镇的商店、农贸市场、学校和卫生院以及各行政村。

企业内部管理 根据景德镇市盐业公司的工作布置，公司成立了三个服务和管理盐业市场为主的食盐配送站，三个食盐配送站在市公司的领导下都圆满地完成了市公司下达的任务，有效地打击了私盐贩子的嚣张气焰，提高了广大人民群众的法律观念和自我保护意识，净化了食盐市场，维护了食盐的市场稳定秩序。（市盐业公司）

烟 草

概述 乐平市烟草专卖局（分公司）在乐平市委、市政府的正确领导下，围绕建设现代化烟草经济体系，扬优势、出样板、创优秀，狠抓卷烟销售市场的规范经营，夯实营销专卖基础管理，同时大力推进乐平市诚信互助自律小组创新建设，高质量落实各项工作。先后2019年度景德镇市系统营销管理达标单位、2019年度安全生产工作达标单位、2019年度社会治安综合治理工作达标单位的荣誉称号。在景德镇市烟草专卖局庆祝建国70周年文艺会演中获得一等奖、五四演讲比赛获得三等奖。廖秀梅、张俊两名同志作为县局优秀代表，双双获得2019年度全省系统的“十佳吉祥使者”称号，其中廖秀梅连续三届获得全省系统“十佳吉祥使者”称号；廖秀梅、侯昆获得全市系统“十大奋斗者”称号；吴桐获得全市系统“十大奋斗青年”称号。

坚持党的建设，取得新的突破 以“不忘初心、牢记使命”主题教育为载体，深入学习党的十九大和习近平新时代中国特色社会主义思想，守初心、担使命、找差距、抓落实，做到了学习教育常态化、研讨交流个性化、调查研究群众化、检视问题公开化、整改落实具体化。开展“三亮三比”活动，通过亮标准、亮身份、亮承诺、比技能、比作风、比业绩活动激发党员争先锋，形成比学赶超、争创一流的良好氛围。积极推进廉政文化进机关，通过员工大会、党员大会以及专题会议等形式，将全体干部职工纳入廉政教育中，同时，运用廉政警示展板、家庭助廉倡议书、观看警示教育片、学习《廉政准则》等形式，落实廉政文化进机关进网点活动。

坚持营销管理，实现高质量运行 全年累计销售卷烟22114箱，同比增长0.22%；鼓励品牌销售11481

箱，同比增长1.33%,实现卷烟销售收入7.8亿元，同比增长1.54%；实现税利2.41亿元，同比增长1.48%。乐平市局强力推进电子结算工作，打通实现电子结算最后一公里跨越，2019年实现电子结算率96.62%，真正以电子结算高覆盖推动规范经营全面落地。2019年乐平市烟草专卖局共发展终端155户，同比提升95户，发展消费者会员50000余人，坚持终端推进与运行质量两手抓两手硬。同时，乐平市烟草专卖局在不断完善乐平市诚信互助小组线下建设的基础上，不断推进诚信互助小组的蜕变，积极打造线下与线上相结合，有力地推动小组2.0智能版建设，极大地提升了小组工作效率，也更为精准地掌握市场状态。

保持专卖管理，实现新提升 查处大户案件29起，其中：万元案16起，重案7起，取消经营资格1户，注销3户，停业整顿10户。破获国家局标准网络案件1起，判刑3人，其中实刑两人。极大地提升了市场净化率的保障。在全国全省大力推进许可证不规范经营的形式下，乐平市烟草专卖人，以高度的政治责任感，用不到两个月的时间完成了1400余户的许可证不规范整改工作，夯实市场管理基础。

坚持新发展理念，实现新蜕变 开展季度之星和271的评比，每月开展了奋斗者积分活动，通过系列活动，以新发展理念引领工作的开展，实现了创新领域的蜕变。261工作法及营销队伍转型在景德镇市推广，信用管理体系建设得到江西省烟草专卖局高度认可，自律小组2.0实现全省零突破，内管QC荣获前茅，这一系列创新推动乐平烟草实现高质量发展。（乐平市烟草分公司）

城乡建设

城乡规划

概述 乐平市自然资源和规划局立足“规划引领、保护优先，节约集约、聚焦聚业”工作思路，尽心尽责、规范管理、对标对表，着力提高规划编制质量和效率，以高水平的规划引领城乡建设和发展。

全面启动国土空间规划编制 本着对历史负责，对发展负责的态度，保质保量做好乐平市国土空间总体规划、生态保护红线评估优化化及各项规划工作。《乐平市国土空间总体规划（2019—2035）编制工作方案》已经市政府第81次常务会议审议通过，初步搭建“一张图”实施监督系统，完成了2019年开发保护现状评估。

健全乡村振兴规划体系 组织开展市域村庄分类工作，基本形成了全市321个行政村、1393个自然村村庄分类调查报告，并以镇桥镇神溪村为试点村庄，高标准推进试点村村庄规划编制工作。全面配合推进“厕所革命”并做好乡镇公厕规划选址，乡镇公厕已确定106所公厕，其中集镇公厕12个点，村庄公厕94个点。

完善专项规划编制体系 制定36项规划编制计划，逐步开展道路网、公共服务设施等26项专项规划编制。完成《乐平市历史文化名城保护规划》《何家台历史文化街区保护规划》《乐平市中心城区海绵城市专项规划（2017—2030）》《乐平市城市排水（雨水）防涝综合规划（2017—2030）》经乐平市政府批复启用。

加强城市设计及详细规划 编制完成《乐平市东风北路沿线城市设计及原金融区控制性详细规划修编》《童家山片区修建性详细规划》两项城市设计。启动《沿河街区块城市设计及控规修编》及大连路临街、新206国道、景鹰挂线、东风南路西侧片区、乐平大道延伸、安平路等平面设计。

落实城乡规划基础业务 组织召开4次规划委员会主任会议，审议通过21个项目建筑设计方案。为鸿宇锦绣城二期、赣东北商贸城一、二期、东湖名都、天湖明珠等20个项目建设工程办理竣工规划核实。为锦阳汽车城、万景众创城、以色列农业科技示范园等9个市重点项目，天新、乐德国际等24个项目办理建设工程规划许可证，有效地保障全市重点项目及其他工程项目落实落地。发放鸿宇中央城、南内河棚户区改造安置房工程项目等44个项目建设用地规划许可证。组织专家对华安东园、翠湖天地、锦阳城等20个规划方案进行评审。为鸿宇中央城等13个项目方案办理报审。出具规划条件通知书67份，城区36份、乡镇31份。

（市自规局）

城市建设

城市双修项目 人民路改造、乐平大道“白改黑”、安平路道路景观和春华路延伸、乐德铁路北侧童家山工业园段雨污和教育园区南侧工程已基本完工。李家岭立交桥维修加固、306省道再生资源市场段拓宽改造、洪皓森林公园（二期）、乐平大桥北引道拓宽改造工程、乐平火车站广场及周边升级改造、一江两岸循环道景观及民电路延伸工程正在有序推进。新港中学东、南路建设工程全面启动。

住房保障工作 对江维电化社区、武警中队、人民法院等重点单位，市第五批33户“两参”重点优抚老兵家庭等重点人群的保障住房按政策予以落实。完成棚户区改造任务1200户占全年任务的113%。

南内河、童家山安置房建设启动建设。完成农村四类重点对象危房改造任务1191户，其中建档立卡贫困户526户，2143.8万元的年补助资金全部发放到位。同时，新增管输天然气用户6204户，超额完成了年度工作目标。

生态环保工程 紧扣全国农村生活污水治理示范县建设，大力推进生态环保项目建设。城西生活污水主管网工程累计完成管道700米。南内河综合治理工程清淤疏浚5.9公里、完成14条9公里污水管道铺设，周家提升泵站泵房基本完工并实现通水。污水处理厂提标扩容工程全面启动。礌溪河水和官口水库饮用水源保护村庄8个村庄生活污水治理已完成，神溪华家村、大田村、龙溪村等3个美丽示范村开工建设，众埠镇污水处理厂全面施工。同时，按照“六个百分之百”要求，将施工扬尘治理纳入对在建建筑工地、拆迁工地的常态化管理内容，建筑工地扬尘污染问题得到有效遏制。

老旧小区改造 对城市规划区（建成区）内，2000年以前建成的老旧小区开展了调查摸底工作，全市共排查老旧小区221个，13927户，计划分三年完成。2019年分四个片区完成老旧小区改造21个，1409户，实现了“道路平整、设施配套、干净整洁、安全有序、管理规范、和谐宜居”。

包村扶贫工作 帮助解决面临的具体问题，并利用春节、端午等节日走访慰问困难群众。同时，通过帮助贫困户修建进户路、安装维修门窗等措施，切实解决贫困户的住、行等问题。加大产业扶贫力度，投入扶贫资金12.1万余元，对结对的墩上村柑橘园进行扩建，同时聘请果树栽培技术员进行技术指导，稳定了贫困户的收入；结合结对的明户村实际情况，同村两委班子、合作社相关人员及帮扶对象多次商讨，制定明户村2019年的产业帮扶计划，并签订产业帮扶项目合作协议。

规范行业管理 加强建筑市场管理，确保建筑施工质量和安全。坚持施工许可制度，办理施工许可证17个。严把竣工验收备案关。办理竣工验收备案10个。强化施工安全管理，开展建筑工地安全检查6次，无安全事故发生。加强物业行业管理，逐步提升物业服务水平，指导行业不断规范经营行为，提高服务质量。维护物业小区安全稳定，督促各物业小区对内的安全生产、消防安全隐患进行排查。同时，每月组织全市物业小区召开行业例会，使行业发展不断走向规范化。

房产市场监管 强化房地产开发企业资质管理，网上办理开发企业资质10笔。加强对开发项目的监控，坚决杜绝无资质开发，挂靠开发、无证（预）销售等违法违规行为。加强商品房预售资金监管，研究制定了《乐平市新建商品房预售资金监管办法实施细则（试行）》。严格商品房预售许可证发放，核发《商品房预售许可证》47件。加强房地产市场分析和信息化建设工作，强化房地产开发统计管理和分析，及时分析乐平市房地产现状，联网直报2019年商品房销售面积72.911万平方米，销售总金额35.827亿元。同时，积极参与楼盘问题的化解工作，在维护和保障购房者合法权益的基础上，促进了社会稳定和房地产市场健康稳定发展。

（市住建局）

城建投资开发与重点工程建设

概述 坚持保证重点、兼顾全面的原则统筹安排城市建设资金，重点项目建设稳步推进，投资效益不断显现，城市环境日益改善。

在建续建项目 1．众埠镇污水处理厂及乐港镇、后港镇配套管网建设工程 投资预算：8509万元 项目责任单位：建设局。2．东风北路二期新建工程 投资预算：4032万元 项目责任单位：建设局。3．洪岩北路二期新建工程A标 投资预算：3445万元 项目责任单位：建设局。4．乐平大桥北引道拓宽改造工程 投资预算：3898万元 项目责任单位：建设局。5．火车站广场及周边环境形象提升工程 投资预算：1853万元 项目责任单位：建设局。6．乐平工业园绿化提升工程 投资预算7000万元，项目责任单位：工业园。7．乐平工业园一企一管 投资预算6200万元 项目责任单位：工业园。

新安排建设项目 1．乐安河一江两岸循环道景观建设工程 投资预算：19167万元 项目责任单位：建设局。2．乐平美丽示范村及礌溪水和官口水库饮用水源保护村庄生活污水治理设施项目 投资预算：5819万元 项目责任单位：建设局。3．洪皓森林公园二期建设工程 投资预算：1910万元 项目责任单位：建设局。4．306省道再生资源市场段拓宽改造工程 投资预算：1409万元 项目责任单位：建设局。5．新港南路、新港东路道路工程 投资预算：1131万元 项目责任单位：建设局。6．教育园区西侧道路 投资预算：490万元 项目责任单位：建设局。7．中远西路污水主管网工程 投资预算：483万元 项目责任单位：建设局。8．美城里市政道路新建工程 投资预算：330万元 项目责任单位：建设局。

确保建设资金安全运行 严格资金使用管理，实行“专户管理、封闭运行、专款专用”，坚持保证重点、兼顾全面的原则统筹安排城市建设资金。严格资金支付程序，采取“统一核算、集中支付”的模式，进一步完善了资金拨付流程，加快了资金支付进度。在银行对政府融资平台信贷从严的情况下，城投公司加强城市建设资金管理和运用，提高资金运用效率。坚持合理计划、量入为出，认真做好资金使用计划，进一步提升国有土地价值，为政府创造更大的土地收益。

全面落实驻村帮扶责任 积极开展帮扶工作，为贫困户谋发展、办实事、促增收。为增加贫困户收入，发展村集体经济，带动村干部成立了黄生蔬菜种植合作社，在财力、人力、物力上对村两委建设、基础设施建设、扶贫户生产生活方面给予大力援助。同时做好涌山镇涌山村新农村建设帮扶工作。积极筹措资金支持涌山镇涌山村委会做好新农村建设工作。

加大城建资金投入 2019年共投入城市建设资金37.77亿元，其中：偿还债务支出3.09亿元，征地拆迁支出5.38亿元，城市建设支出3.44亿元，各项基金支出6.91亿元，工业建设支出1.47亿元，公路建设支出1.48亿元。（市城投公司）

城市管理

概述 乐平市城市管理局是新组建的政府工作部门之一，其主要职责是市容环境卫生管理、园林绿化管理、市政运行和维护管理以及城市综合行政执法。全局内设综合股、法制股、公用事业股、政务服务股四个股室，下设环境卫生管理处、园林绿化管理处两个副科级事业单位。另组建了市容、规划、市政、广告、秩序等8个专业执法中队和12个街道（乡镇）中队，共有人员587人，其中局机关34人，环卫48人，园林146人，基层执法359人。按身份统计，占编在岗298人，缺编在岗20人，合同聘用18人、协管108人，公益性岗位11人，临时工130人。

市容环境明显改善 新增保洁人员50人，共763人，新增保洁面积84.72万平方米，新增购买服务费759万元，机扫率达98.6%，垃圾处理率达98%。整治赣东北大市场和西门农贸市场宰杀点，拆除违章建筑、活动遮雨棚近万平方米，清理垃圾328吨，20多年顽疾得以根除，市场旧貌换新颜。全年共取缔夜间露天烧烤498家，规范占道（出店）经营近3.5万家次，清理占道及破旧广告牌8569余块，清理占道商演36起，过街横幅4365条，拆除违章亭棚75处，拆除大型高空户外广告及路边指示牌94块，拆除水泥槽62个，扣缴四角伞236把。高效服务，积极办理“12345”投诉件，“12345”投诉件占全市总量的50%，每周均有上百件。共受理各类工单5615件，办结5341件。

功能短板有效修补 面对市政基础设施历史欠账多，尤其人行道破损和“城市公厕”是两大“硬伤”。

全年完成人行道修补等公用设施项目43个，投入1570万元，学府街、昌平路等9条道路去旧出新。强力推进“厕所革命”。城区新、改建公厕34座，集镇13座公厕年底全部竣工。

城市品质大幅提升 一是坚持疏堵结合抓秩序。通过“城管+交警”联合执法，全面整治城区违法停车占道经营行为。全年教育宣传车辆租赁、售卖、违规占道洗车商家近千家，扣缴两轮电动车（三轮电动车）、摩托车近千辆，拆除雨篷伞千余把，清理僵尸车75辆，规范各类乱停乱放车辆近万余辆，拖离扣压占道车辆7辆，清理违章接坡95米。全市共划设停车泊位机动车3100余个，非机动车3500个，下发违停车辆处罚单4100张，“治堵治乱”初见成效，城市不再堵、不再乱。二是坚持见缝插绿抓美化。全年共建街边绿地12个，补植行道数1940株，摆花彩化面积1500平方米，共投入1000万元，城市黄土不再外露。投入近40万余元，增设健康步道、健康指示宣传栏、健身器材等设施，东湖健康主题公园全面建成。三是坚持彰显文明抓公益宣传。全年共拆除违规违章广告设施8569余块，安装宣传习近平新时代特色思想、社会主义核心价值观、“双创”等宣传文明道德、文明礼仪和新风新时尚的公益广告660块，电灯公益广告2600余杆，全城一片文明和谐新风。

打击“两违”不停歇不手软 拆除存“两违”43栋，面积约1.1万平方米，拆除城市规划区“两违”及蓝顶棚5.1万平方米，拆临、拆围118处，规划区责令停建152户，下达停建通知书157份、拆除通知书75份。

大力提升城管形象 一是强化学习，严明纪律。大力开展“强基础、转作风、树形象”行动，深入开展作风纪律整顿活动，根治“怕慢假庸散”等问题。充分利用每周五例会，强化学习培训，全面提高城市管理水平。二是落实廉政，转变作风。深入推动党风廉政建设“两个责任”落到实处，认真组织开展“六进”活动、开展城管志愿服务活动。落实温情服务、柔性管理、刚性执法，推动建设管理精细化、执法规范化、服务人性化的城管队伍。三是着力打造“女子”城管，温柔执法成靓丽风景。采取“721”工作模式，以女性特有的细致、耐心和周到、柔性执法、亲情管理，在工作中加强管理与服务的有机结合，使温柔执法成街边一道靓丽的风景线，打造一个畅通、安全、平稳、舒适的文明街区增色添彩。

（市城市管理局）

城乡供水

概述 乐平润泉根据年初制定的经营目标计划，强化队伍建设，积极推进城乡供水一体化的建设与运营，紧紧围绕供水服务这个中心工作，抓重点求突破，真抓实干、不断创新，经过全体员工共同努力，较好地完成了各项工作，全年完成供水销售为1357.93万吨，全年营业总收入7046.11万元。

经营管理 1.不断完善城区及农村各水厂安装流量、压力、水质在线监测系统。在城区水厂和农村水厂出厂水完善安装流量、压力监测系统，对众埠水厂、东方红水厂、幸福水厂、南岗水厂、镇桥水厂、礼林水厂先行安装余氯、浊度等在线监测仪器，确保农村水厂出厂水质二十四小时不间断在线监控与管理，切实落实城乡供水市场“同网”“同质”“同价”“同服务”标准。

2.化验室升级改造，提升水质检测能力。以迎省检、国检为契机，投入两百多万元引进了先进的检测设备，使公司水质检测中心具备了42项检测能力。加强农村水厂的水质检测能力，今年组织了多次农村水厂化验员培训。为确保农村水厂的水质安全，农村水厂除进行日常规9项的检测工作外，还定期将水样送公司水质检测中心进行42项检测。

工作亮点 1.农村水厂全面推进标准化建设。在农村镇桥水厂、东方红水厂、幸福水厂、南港水厂四个水厂继续实施水利工程标准化管理，各项标准化管理工作都得到较大幅度高效提升。

2.确保汛期、干旱期间正常供水。上半年洪涝，安排专人负责，加强汛期巡查力度，并对各部门负责人、农饮分公司各水厂厂长在洪水期间进行24小时值班制，安排值班，要求每日汇报当地汛情对安全生产的影响，切实了解汛期每日汛情；同时，积极准备防汛物资，组织应急人员，随时听候调遣，确保了汛期安全供水。下半年自7月下旬以来持续高温干旱天气，乐平市出现了前所未有的水源干枯情况，礌溪河9月份出现断流，礌溪水厂水源担负着乐平市城乡2.3万吨/日的供水任务，城区供水紧张，采取错峰供水和向地势高的小区送水等措施保障市民生活用水，同时向乐平市委市政府、市水利局汇报旱情，乐平市委市政府高度重视并协调共产主义水库管理局开闸放水，保障了城区正常供水。

项目建设 1.城网改造工程建设情况。完成以下路段的管网改造工程：①乐平大道向东延伸段DN400球墨管532米，DN300球墨管714米；②市场西路程家畈至洎阳路DN200球墨管350米；③学府世家东侧乐平大道口至湖滨路口DN300球墨管270米；④安平南路张家桥南头至税务所DN400球墨管1768米，PE400管135米；⑤沿渠巷DN400球墨管192米，DN200球墨管360米。

2.项目部项目工程建设完成情况。

乐平农村供水项目：完成南港水厂店上村、湖洋村共599户，镇桥水厂蒋湾村434户，礼林水厂围渡村及高家村2366户，众埠水厂南昌畈村、张杭村、石源村、董畈村、南山村2981户，接渡镇东畈村委会203户，安装管道43.69千米，袁家亭至钟家山管道改造、乐德挂线管道改造正在有序实施中，完成2090.46万元。

乐平礌溪水厂（双田镇、塔前镇） 农村供水入户安装工程：完成双田镇双溪村委会、黄岭村委会，塔前镇高圳村委会、塔前村委会、桃林村委会、花门楼村委会、新场村委会、岩前村委会共23406人，安装管道22.13千米，工程完成投资1323万元。

（润泉供水公司）

城乡供电

概述 市供电公司切实履行好“安全、经营、社会”三大责任，坚持以“攻坚克难促发展”为主线，高质量推动公司进位赶超，为更好地服务乐平经济社会发展贡献力量。全年完成售电量10.74亿千瓦时，同比增长14.05%。

供区划转和移交平稳有序 召开专题会议层层宣贯供区划转和移交是服务地方经济发展的必然要求，凝聚共识，大力拥护供区划转，实现在安全生产、员工队伍、思想稳定的情况下，确保各项交接工作平稳有序。根据景德镇公司指挥中心制定的业务交接方案，公司承接乐平公司及乐供中心供指工作，配网抢修班配置人员共计13人，其中班长1人，工作人员12人。

党的建设全面加强 扎实开展“不忘初心、牢记使命”主题教育。制定供电移交、党支部攻坚等7个调研课题，通过收集存在的意见及建议12条，制定针对性、操作性较强提升措施。对照省公司党委巡察反馈立行立改3个问题，举一反三整改销号。坚持“两学一做”常态化，2019年党委中心组学习15次，18个党支部开展三会一课367次、主题党日217次。集中组织红色教育5次、知识竞赛2次、红歌赛1次。党员与员工“一带二”全覆盖。共产党员服务队助力春耕、抗洪、抗旱、扶贫助困、志愿帮扶450余人·次。高效完成为乐港镇魁杨联圩重要路段架设9公里抗洪“专线”抗洪保电任务。

安全局面保持稳定 刚性执行施工现场“四不两直”安全督查、生产作业“十不干”规定，扎实开展“隐患大排查”行动，排查整改隐患230条。保持反违章高压态势，开展反违章稽查2493人次，领导到岗到位119人次，查处违章32起，约谈9次，约谈人数51人。2019年未发生任何安全责任、电网设备、信息安全、火灾和重大交通事故。

电网建设加快推进 2019年10kV及以下配电网建设改造总投资8700.82万元，35kV基建项目工程项目总投资4750.1万元。2020年项目储备9935.14万元。完成后港镇整乡整镇改造可研编制工作。220kV涌山变、110kV上何变立项并开展前期工作，将乐平电网融入景德镇电网。220kV后港变、110kV杨范变、35kV名口变列入规划，推进110kV城西变2#主变扩建核准工作。新投运一座35kV变电站，容量2×10兆伏安，新建35kV线路19.711公里(电缆0.371公里)。

营销业绩有效提升 加强营销绩效考核，全面落实营销各项考核指标，积极开展降损增效工作。公变采集成功率99.96%，同比上升0.05%；专变采集成功率99.43%，同比上升0.74%；户表采集成功率99.9%，同比上升0.15%。台区日线损完成5.88%，同比下降0.56%；日优秀率完成85.77%，同比上升1.49%。台区监测率达到96.25%以上，同比上升3.24%。智能缴费深化应用率完成指标值88.5%，同比上升56.3%。营销侧户变对应一致率达到99.07%以上。

生产运维精细管理 完成7条35kv输电线路共计28公里的线路通道树竹的整治工作。完成35kV前溪变投运、35kV鸣山变涉电部分改造工作完成配电线路综合整治35条，线路跳闸次数同比减少97次，跳闸率同比下降49.49%。制作杆号牌19190块、“禁止钓鱼”警示牌162块，已全部完成悬挂安装，完成裸线跨鱼塘及人口密集区隐患绝缘化整治143处。完成52台公变的配变轮换。

服务质量不断提高 一是建立服务新机制。聚焦供电服务前端，按照连片、就近、方便服务的原则，实现客户提出用电需求就能迅速办结的新机制。二是完善奖惩措施。对员工采取“正向激励+反向考核”的管理方式，在个人绩效考核的基础上，辅以团队绩效考核，树立优劳优酬的鲜明导向，不断激发员工潜能，提高主动一次性服务到位的意识。三是健全服务网络。建立公司与乡镇、供电所与村委会、客户经理与客户之间的三级服务网络，推行“绿色通道”“保姆式”、一站式、跟踪式服务，全力保障客户用电需求的渠道畅通，实现供电服务“最后一米”到“最优一米”的转变。2019年，累计受理投诉同比下降54.08%。 （市供电公司）

环境保护

综　述

环境保护工作坚持以改善环境质量保障群众身体健康为目标，紧紧抓住园区和城乡环境治理这一主线，以污染物减排为重点，监管与服务并举，依法行政与强化管理并重，全力促进本市经济建设与环境保护全面协调可持续发展，有力推动了环保各项工作进展并取得了一定成效。全市环境质量保护总体良好，城市空气质量二级和好于二级的天数占全年的86.5%以上，达到二级标准。乐安河流域国控、省控断面水质年均值优良率100%，集中饮用水水源地水质达标率100%。景德镇市乐平生态环境局2019年度被江西省生态环境厅授予全省生态环境系统目标管理考核先进单位。

机构改革

环境机构垂改　5月25日，市政府召开六届第63次常务会议，审议通过了市环保局《关于要求审议〈乐平市生态环境机构监测监察执法垂直管理制度改革工作方案〉的请示》。6月23日，中共乐平市委召开六届第89次常委会会议，审议通过了市政府党组《关于要求审议〈乐平市生态环境机构监测监察执法垂直管理制度改革工作方案〉的请示》。7月29日上午，景德镇市乐平生态环境局举行了揭牌仪式，8月31日上午，景德镇市乐平生态环境综合执法大队进行了挂牌。开启了乐平生态环境领域的新篇章，为坚决打好污染防治攻坚战，推动我市生态文明建设迈上新台阶奠定了基础。

环保管理

环境影响评价　严格把好环境保护前置审批关，认真执行《中华人民共和国环境影响评价法》，对新建、扩建和技术改造项目，坚持环境影响评价制度，不折不扣地执行国务院关于建设项目必须做到污染治理设施与主体工程同时设计、同时施工、同时投入运行的规定。严格执行建设项目审批程序，确保项目审批执行率。对于不符合产业政策和环保政策、污染严重的项目坚决不予以审批。2019年否决了染料、制革、冶炼、废电池拆解、化工重污染项目10个，企业新增项目必须淘汰老项目，做到腾笼换鸟，保持总量不变。在优化经济发展环境中，坚持把关不设卡，开辟环保审批“绿色通道”。对精准扶贫、医疗产品的项目，符合政策、污染小以及争取上级部门国家专项资金类项目，一律简化审批程序，缩短审批时间。从办理立项手续到做环境影响评价，乐平生态环境局实行全程跟踪服务，既把好企业的环保入口关，又积极为企业服务。2019年协助上级生态环境部门办理乐平市区域内建设项目的环境保护审批，并对具备试生产和验收条件的项目，进行试生产检查和验收。督促企业自主验收。开展建设项目“环评”和“三同时”检查工作，提高建设项目管理的工作效率，优化服务。加强建设项目监督管理工作，对乐平工业园、金山工业区、塔前工业区等未办理环评手续的，下达催办通知书，督促其办理环评手续，对已办理环评手续但未验收的企业，督促其申请办理项目环保验收。全年，共完成本级审报告表批项目134个，备案登记表152个，协助上级生态环境部门审批项目工作。进一步加强行政服务中心、环保行政审批窗口工作。

推行“阳光操作”，按照市行政服务中心的统一安排，制定审批工作程序，将建设项目环境影响评价文件的审批依据、办事程序、申报材料、承诺时限、审批人员情况，通过分发文件、宣讲材料和互联网站，全部向社会公开，方便办事企业查阅，严格按照有关行政审批程序办理好各项行政审批事项。

环境统计 认真对环境统计中有关数据进行分析，寻求工业废水、工业废气等污染物排放规律，分析“三废”处理、利用及主要工业污染物总量控制形势，从中撷取信息，以指导“十三五”期间全市污染减排等环境保护工作。2019年，全市环境统计企业为59家，其中，工业企业为52家，工业取水量为1587.42万吨，煤炭消耗量为98.02万吨，用电量为7.69亿千瓦时，工业废水排放量为1203.54万吨，工业废水中COD的排放量为543.85吨，氨氮排放量为117.04吨。工业废气排放量为114.87亿立方米，工业废气中二氧化硫排放量为1087.83吨，氮氧化物排放量为2060.52吨。大型畜禽养殖场（养殖头数5000头以上）调查数为4家，城镇污水处理厂调查数为2家，其中城镇生活污水处理量为1016.79万吨，工业水处理量为247万吨。生活垃圾集中处置场调查数为1家，处理生活垃圾填埋量为12万吨。

清洁生产 组织开展了江西锦溪水泥有限公司、江西宏柏新材料股份有限公司清洁生产审核，并通过了审核评估。

污染物减排 启动江西世龙实业股份有限公司、江西江维高科股份有限公司、乐平市天新热电有限公司三家企业超低排放改造工作，于2019年底全面完成，削减二氧化硫128.27吨，氮氧化物281.67吨。已认定削减COD63.65吨，氨氮11.29吨。

集中式饮用水源地保护 始终坚持把加强饮用水源地环境作为一项重中之重工作来抓，按照“划、立、治”原则，全面开展水源地环境保护工作。全市11个集中式饮用水源地均完成了保护区的划定、批复工作，对所有水源地设置了标识牌和警示牌，完成了10个水源地的一级保护区隔离网建设。在巩固县级集中式饮用水源地专项整治的基础上，2019年度开展了乡镇集中式饮用水源地专项整治，对水源地农业面源污染、交通穿越、洗衣码头、农村生活污水排放口开展了专项整治，及时消除了水源地环境安全隐患。并按要求对11个水源地取水口水质开展了水质监测，每季度在“乐平市政府网”环保信息平台发布共库县级以上集中式饮用水源地水质信息，监测数据显示，乐平市水源地水质达标率为100%。

在线监控 一是全面摸清污染源底数，有效掌握全市污染源情况。通过对原有的污染源在线监控平台优化提升，统一整合已建设的废水、雨水、废气自动在线监测数据、空气质量监测站数据、空气质量监测站视频数据、雨水排口视频数据以及气象站数据，通过GIS地图展示污染源企业点位与监测、视频监控设备点位的分布。最终通过智能化监控平台在污染源监控指挥中心大屏同步展现。从而实现全面有效掌握全市污染源情况；二是监控数据有效共享、信息互通，结合乐平市污染面源广，监察力量相对薄弱的现象，采取智能监控每一污染源企业的动态情况，达到有效管控，已完成全市污染源企业用电监控设施建设，多次配合完成查处污染源企业不规范运行污染治理设施，给乐平市环境污染监管提供了有效查处依据；三是环境信息监控利用无人机搭载高清摄像，对全市污染面源进行有效巡查，将移动监控手段应用于乐平市环保监察领域，多次通过无人机在水源地排查出较为隐蔽的不规范污染排放口10多处。2019年，为落实国家生态环境部关于加快环境信息化建设的通知要求，乐平生态环境局主动谋划，对全市污染源企业的信息化监管进行了有效加强。严格规范了在线设施的正常运行：1. 进一步规范全市污染源自动监控软硬件设备运行。对56处在线监控设施运行情况进行双随机排查，且责令各在线设备运营单位及时了解设备的完好情况。协同项目技术部共处理监控中心软件故障109起、硬件故障89起、网络故障18起，以及提高污染源监控平台软件、网络等运行安全等级，有力地保障了污染源监控系统的正常运行。系统发挥了全面、良好的监督监管作用。2. 进一步规范各运维单位对所属企业的运维工作。严格要求各在线监控运营单位工作日常规范管理：对存在问题的站房严格要求企业废水不外排，站房内因设备部件异常导致数据不能有效上传平台的，一律要求立即整改。3. 配合完成了省厅污染源监控平台监控点位的信息录入，以及日常信息督办件回复。2019年度，经过污染源监控平台显示异常192起，其中现场在线设备故障异常有126起，在线数据预警报告66起。将自动在线数据预警情况及时有效交办到各运维单位和监察执法部门处置，大大降低了乐平市污染事故的发生。

辐射管理 进一步强化了辐射环境管理工作，配合上级对各个涉及辐射环境管理单位进行培训，对辖区内的涉及辐射环境管理企业进行了调查，督促涉及辐射环境管理企业使用管理好环保工作，未办理环境保护审批手续的，督促其办理手续。

第二次污染源普查 完成了第二次全国污染源普查任务；摸清了各类污染源的基本情况、主要污染物排放数量、污染治理情况等，并通过上级普查部门验收。全市普查对象数量973个。其中入户调查对象数量973个，包括：工业源486个，畜禽规模养殖场64个，生活源378个，集中式污染治理设施5个；以行政区为单位的普查对象数量289个。工业企业或产业活动单位483个。工业源普查对象数量居前3位的行业：非金属矿物制品业106个，化学原料和化学制品制造业42个，非金属矿采选业42个。上述3个行业合计占工业源普查对象总数的39.3%。

污染防治

水污染防治 严格落实《水污染防治行动计划》，认真履行“河长制”工作职责，以源头治理和重点整治相结合，推动水域、陆域共同发力，通过开展饮用水源地环境保护专项整治、加强乐安河及七大支流水质断面监测、强化工业园区监管、推进园区、城市建成区污水管网建设、农村水环境专项整治、畜禽养殖专项整治、“散乱污”企业专项整治、严厉打击环境违法行为等措施，乐安河流域水质持续改善，2019年度，乐安河流域国控、省控断面水质年均值优良率100%，全市集中式饮用水源地水质达标率100%。

大气污染防治 以“控车、降尘、减排、禁烧、少油烟”为工作重点，进一步降低PM2.5浓度，减少重污染天数，改善大气环境质量，增强人民的蓝天幸福感，在大气污染防治上实施了一系列举措，并确定了一定的成效。开展了挥发性有机污染物（VOCs）综合治理：深入推进五大行业VOCs污染调查和治理工作，对全市五大行业（有机化工、医药、表面涂装、塑料制品、包装印刷）进行分类管理，并制定分级管控名单。为高效处理挥发性有机废气，使有机废气在高温环境分解干净，乐平市赛复乐医药化工有限公司、江西吉翔医药化工有限公司已新建完成蓄热式（RTO）焚烧炉。开展了施工扬尘防治工作：配合建设部门督促施工单位制定具体的施工扬尘污染防治实施方案，对在施工过程中未采取有效防治措施造成扬尘污染的，依据相关环保法律法规予以行政处罚。烟花爆竹禁燃禁放以及秸秆禁烧工作：已出台《划定乐平市禁燃禁放烟花爆竹区域的通告》，划定禁止燃放烟花爆竹的区域和场所，在建成区范围内全面禁止燃放，在建成区范围外的各乡镇进行限放。制定《乐平市农作物秸秆禁烧工作方案》，同时成立了秸秆禁烧考核领导小组，并将秸秆禁烧考核纳入到各乡镇（街道）年度综合考核内容。燃煤锅炉废气整治：为了全面推进乐平市燃烧锅炉大气污染防治专项整治工作，禁止新建20蒸吨以下燃煤锅炉，全面淘汰建成区10蒸吨及以下燃煤锅炉，2019年乐平市已淘汰22台，淘汰10蒸吨/时及以下燃煤锅炉。加强油烟治理：对乐平市餐饮行业进行了排查整治，督促餐饮企业安装油烟净化器，杜绝违规排放油烟，确保达标排放。

土壤污染防治 起草并制定了《乐平市土壤污染防治重点工作评估考核分解表》《乐平市污染防治攻坚战建设用地污染防治专项行动实施方案》《乐平市土壤污染防治2019年工作计划》等工作方案；开展建设用地土壤调查，全市有56个地块纳入调查范围，48家在产企业，5家关闭搬迁企业，1家填埋场，两家尾矿库；完成《乐安河流域重金属污染防治规划》中近期工程《乐安河流域沿线各乡镇农田重金属污染监测及分区》工作；完成全市2019年度涉镉企业排查；开展场地调查，完成佳顺灯头厂场调工作，原东风药业股份有限公司场调工作正在进行；2019年完成12家土壤重点监管企业自行监测任务。

固废污染防治 对全市固体废物进行严格监管，确保固体废物安全处置利用。推进乐平市固体废物资源化、减量化、无害化。根据相关工作及专项行动要求，每年多次到产废单位按照规范化管理要求进行检查和指导。严格规范固废存储及处置程序，最大限度减少固废二次污染。尤其是对危险废物强化监管，对企业生产、存贮情况进行建档登记，督促相关企业与有资质的单位签订了固废处置协议，运到有资质的固废处置单位进行处置，执行固体废物申报制度，严格执行生产企业、运输单位、处置单位、环保部门和主管部门的电子联单管理，并对违反固废处置规定的企业进行处罚，消除环境隐患。全年各级环80余次，对20多家企业在危险废物规范化管理方面存在的问题提出整改意见。全市产生危险废物9000余吨，转移处置3000余吨，自行利用处置4000余吨，处置利用率近80%。危险废物种类主要为精馏残渣（液）、有机溶液、污泥、活性炭、废包装材料（保温材料）等。一般工业固体废物产生企业28家，合计产废30.6万吨。

自然生态保护 指导洪岩镇开展“绿水青山就是金山银山”省级实践创新基地申报工作；指导礼林镇杨桥村、礼林镇柴家村、众埠镇高桥村、众埠镇南山村、双田镇双溪村、镇桥镇百乐村等6个村庄开展省级生态村创建申报工作；完成对乐平市2018年之前已命名省级生态村的回头看工作；指导督促传统村落环境保护工作，召集相关乡镇召开传统村落环境保护项目推进会；组织对2008—2018年以来农村环境综合整治专项资金使用和整治项目进展及成效开展调查评估，制定《乐平市农村环境综合整治项目成效评估工作方案》，对项目实施存在的主要问题进行排查、梳理，分析原因，形成乐平市自查自评报告，上报景德镇市生态环境局；完成东湖省级湿地公园遥感监测疑似问题核查、共库饮用水源地20个疑似点位的核查工作，组织开展乐平市所有饮用水源地WJBS核查工作。

环保督察问题整改 先后组织制定了《乐平市贯彻落实中央环境保护督察“回头看”及鄱阳湖水环境问题专项督察反馈意见整改方案》和《乐平市贯彻落实省生态环境保护督察反馈意见整改方案》，对标对表，坚决整改。根据环保问题清单，认真抓好了中央及省环保督察反馈问题后续整改工作，做到全面完成并申请销号。对开展好已完成整改问题的“回头看”，严格落实整改“销号制”，按照“条条要整改、件件有着落”原则，加强跟踪督办，切实做到所有问题按期全面整改到位，确保不出现反弹，经得起中央及省环保督察组的检验。1. 中央环保督察反馈问题整改进展情况。对照中央环保督察反馈意见梳理出的21个问题，需限期整改的19个问题，18个已完成，1个达序时进度(江维电化厂棚户区改造项目)；需长期坚持或持续改善的2个问题（地方党委、政府认识不到位问题和乐安河野鸡山村断面水质问题），均达序时进度；交办的16件信访件，已解决或基本解决16件，解决率100%。2. 中央环保督察“回头看”反馈问题整改进展情况。截至目前，对照中央环保督察“回头看”及鄱阳湖水环境专项督察反馈意见梳理出的5个问题，需限期整改的3个问题，2个已完成，1个达序时进度(规模化畜禽养殖场污染治理效果不明显问题）；需长期坚持或持续改善的2个问题（江西省督察整改压力传导不足，存在前松后紧、避重就轻等问题和一些地方和部门盲目乐观，认为江西省总体生态环境较好，因此没有把生态环境保护摆在更加突出位置问题），均达序时进度；现场检查发现的4个问题已完成；交办的20件信访件，已解决或基本解决20件，解决率100%。3．省环保督察反馈问题整改进展情况。省环保督察反馈的17个问题，限期整改类问题10个，4个已完成，4个达到序时进度，2个未达到序时进度，完成率40%；需长期坚持或持续改善的7个问题，均达序时进度；现场检查发现的15个问题已完成；交办的5件信访件，已解决或基本解决4件，还在1件信访件正在落实之中（乐平市新平花园的南内河边上，直排垃圾和污水，典型的黑臭水体问题），解决率90%。在全力抓好中央环保督察、“回头看”反馈问题、省级督察和各级检查组反馈问题整改的前提下，进一步全面摸排、查找其他方面可能存在的突出问题，比如“散乱污”企业整治问题、农村生活垃圾集中处理问题、规模以下畜禽养殖污染问题、医疗垃圾处置能力有待提高问题、土壤污染问题、非重点工业企业排污问题等等，有针对性地切实做好整改，确保老问题整改到位，新问题没有出现。

环境监察、监测

环境监察 继续强化工业园区环境监管，完善了《乐平工业园区24小时环保巡查制度》《园区特殊天气水、气监管办法》《乐平市工业园区雨水排放管理制度》以及园区雨水沟渠长制、包企责任制、园区企业环保专员协查制等一系列园区环境管理制度，形成了《乐平市工业园区环境管理制度汇编》。根据相关制度要求，执法人员加大力度在园区范围内开展24小时环保巡查，实行无缝交接班。加大城区、乡镇辖区范围内环境监管。一是强化网格化环境监管。重新完善了乐平市网格化环境监管体系，根据《乐平市环境保护监管网格工作方案》要求，严格按照“属地管理、分级负责、无缝对接、全面覆盖、责任到人”的原则，对划定的下级网格按照“划片包干、定人定岗、定位定责”的监管模式进行严格监管，形成了生态环境部门统一监管、主管部门行业监管、乡镇属地监管的环保执法监管格局。二是实行全天候、无死角环保执法监管。市生态环境执法人员除在工业园区实行24小时巡查制外，还在全市范围内不间断开展环保夜查、晨查和交叉、双随机等环保执法行动，实现环保执法无缝隙、无空当。有法必依，执法必严，违法必究，严厉打击非法排污行为。2019年，立案查处50起，处罚金额达184万元，移送公安1起，查封（扣留）1起，实施停产、停业整治33起，报请政府关停企业2家。

专项行动 一是实施“清磷”行动。开展了全市“清磷行动2019”专项行动，对全市11个涉磷重点行业进行了排查，共排查出13家涉磷重点企业，对存在一定的环境隐患问题的企业，已督促并完善整改工作，以确保污染物稳定达标排放。二是实施钙粉产业链环保专项整治行动。制定了《乐平市环境保护局关于开展我市钙粉企业环保专项整治实施方案》和《乐平市环境保护局关于开展我市非煤矿山环保专项整治实施方案》，在全市开展钙粉行业和非煤矿山环保专项整治攻坚行动。同时向各相关钙粉企业和采石场分别下达了《关于对我市钙粉行业开展环保专项整治的通知》和《关于对我市非煤矿山企业开展环保专项整治的通知》，要求钙粉企业、采石场按照该局制定的《乐平市钙粉行业综合整治工作环保验收标准》和《乐平市非煤矿山综合整治工作环保验收标准》来实施限期整改，逾期未完成的，实施停产整治。4月18日，联合塔前镇政府、公安、国土、供电等部门，对塔前镇无环评手续、无环保设施的非法企业进行了统一拆除与清理，共拆除清理13家非法钙粉企业和1家非法砖厂。5月起草了《乐平市钙粉产业链环保专项整治实施方案（送审稿）》经征求意见后报请市政府审议。2019年8月26日，乐平市人民政府办公室下发了《乐平市人民政府办公室关于印发乐平市钙粉产业链环保专项整治实施方案的通知》，进一步细化了整治标准和职责划分。陆续对环保整治进度滞缓的钙粉产业链企业实施了停产整治、停业整改；对污染情况严重的个别企业报请政府实施了关停。三市实施了污染防治攻坚战化工园区整治专项行动。制定了《乐平市污染防治攻坚战化工园区整治专项行动实施方案》并根据方案进行了实施，通过全面摸底排查，对存在环境隐患问题，不能做到稳定达标排放的企业实行限期整治。四是实施了污染防治攻坚战工业达标排放专项行动。根据全省中央环保督察“回头看”问题整改动员部署会暨全省污染防治攻坚战推进会会议精神，以及《江西省污染防治攻坚战八大标志性战役工作方案》要求，制定了《乐平市污染防治攻坚战工业达标排放专项行动实施方案》并根据方案进行了实施，根据方案要求，严格落实企业污染防治主体责任，全面加大环境监管执法力度，通过“双随机”检查、专项行动、投诉举报、在线监控、监督性监测等日常监管工作，全面排查超标、超总量排放污染物、无污染防治设施、偷排偷放等不达标工业企业。对不达标公司实施了立案处罚和整改。五是实施了污染防治攻坚战“散乱污”企业整治专项行动。

制定了《乐平市污染防治攻坚战“散乱污”企业整治专项行动实施方案》并根据方案进行了实施，按照方案要求，加大对“散乱污”企业的排查整治力度，配合各乡镇（街道）、各职能部门持续推进“散乱污”企业整治专项行动，自专项行动开展以来，排查出应关停取缔31家“散乱污”企业，拟搬迁矿产品加工企业6家，拟升级改造类企业167家。根据江西省生态环境厅《关于进一步加强化工企业、散乱污企业排查工作的函》要求，为准确准确摸清我市“散乱污”企业底数，市生态环境局于2019年9月进一步加强了排查工作，对照全省第二次污染源普查数据，核实了132家疑似企业是否属于“散乱污”并根据要求分类实施整治。六是实施了乐平工业园区化工企业污水处理站排查整治专项行动。为贯彻落实党中央、国务院关于打好污染防治攻坚战的决策部署，夯实园区企业污水处理能力建设，大力整治企业污水处理中存在的环境问题，严控企业污水排放，开展了乐平工业园区化工企业污水处理站排查整治专项行动，根据园区实际制定了《乐平工业园区化工企业污水处理站排查整治专项行动实施方案》，按照方案要求，市生态环境局联合相关环保技术专家开展了此次专项行动，检查工业园区化工企业污水处理工艺是否发生变更，是否进行了环保验收，摸清废水产生环节、产生的特征污染因子、排放量以及排放浓度；掌握企业污水处理站各处理环节的处理能力以及浓度变化数据；检查企业污水处理设施是否严格按规程进行正常运行。

环境监测 市环境监测站顺利完成了各项监测工作和任务：1．乐安河各断面及排口16个点位每周监测一次。对乐安河野鸡山、韩家渡断面水质加密监测与分析。2．国控重点污染源监测工作：国控重点污染源监测单位有10家，其中废水监测有世龙、天新、凯发、洪城、宏柏、东风、金龙共7家，废气监测有世龙、锦溪、天新、江维、宏柏、东风、赣丰白共7家。国控重点污染源监测每半年监测一次。3．对共库、磻溪河两个饮用水水源地水质进行了30个项目采样监测分析。4．对国控及省控四个断面水质进行了28个项目采样监测分析。5．对乐安河洎阳大桥至野鸡山流域十二个点位进行了每周两次加密监测；对工业园五排口进行了监督性监测及在线数据比对。6．对乐平市九个入河排污口进行监测。7．对市内七大支流进行监测。8．对园区企业待排池水质进行监测。9．每周三进行业务培训。10．通过了嗅辨实验室臭气浓度等新方法资质扩项，并对多家企业进行了臭气浓度嗅辨工作。11．完成了监测站地址搬迁后的资质复评审和扩项各项工作。12．上报重点污染源企业监督性监测数据至全国污染源监测信息管理与共享平台。13．开展乐平市辖区内污染源监督性监测、委托监测、应急监测及执法监测。2019年共出具监测简报1055份；正式监测报告168份：其中地表水水质监测报告12份、饮用水源地水质监测报告12份、重点污染源监测报告26份、其他各类监测报告118份。

工业园区环境整治 工业园区环境监察工作在多年探索监管模式及总结工作经验的基础上，形成了《乐平市工业园区环境管理制度汇编》，切实有效地对工业园区企业进行监管。根据相关制度要求，执法人员严格对园区企业进行环境监察。1．深入企业厂区，详细检查企业雨污分流情况、废水处理设施运行情况等，确保企业废水，包括生产、生活以及冲洗废水全部进行收集处理达标后通过园区污水动力管网排入园区污水处理厂进行深度处理。2．协助推进园区五个雨水排口的在线监控设备的安装与联网工作，实现园区雨水排口的智能监管。3．加大园区雨水管网水质情况巡查力度，并对重要部位与敏感点位进行取样送检。同时创新监察手段，通过运用机器人探测，对园区历史遗留的老旧管网进行开挖，斩断企业通过老管网偷排的“后腿”。4．抓好固废日常规范贮存、处置工作。着重排查工业危险废物产生企业环评及台账记录中危险废物种类和数量与实际情况是否相符；危险废物贮存是否符合相关标准规范要求，贮存台账记录是否与实际情况相符，有无危险废物流失；是否严格执行危险废物转移联单制度，转移的数量与危险废物经营单位接收的数量是否一致；是否将危险废物委托给持经营许可证的单位利用处置。对排查出来的违规贮存、转移、处置等违法问题，予以依法查处。在抓好日常规范贮存、处置工作基础上，还可通过天网严密监控危废转移情况，全面掌控园区固废转移动态。5．强化园区大气监管。一是执法人员在检查企业废气治理设施的同时，利用企业废气人工检控口，人为嗅闻判断企业废气处理情况。督促企业也要不定时利用人工检控口自查废气处理情况，确保无异味出现；二是充分发挥“第三方”公司的环保技术力量，联合北京雪迪龙科技股份有限公司技术人员对企业进行废气取样检测；三是根据废气在线监控预警平台的数据异常情况反馈，及时赶赴现场进行调处；四是协助推进企业无组织废气监测设备的安装与联网工作，以尽快实现园区无组织废气排放的在线监管。

宣传教育

宣传教育 1．加大新的法律法规宣传力度，继续开展送法入企活动，开展重点企业学习培训、专题讲座等活动，进一步加强对新环保法规的学习和理解，进一步提高企业环保意识。2．在“6•5”环境日期间，组织开展形式多样、内容丰富、范围广泛的专题宣传活动，大力宣传乐平环保事业发展取得的丰硕成果；通过群众喜闻乐见的多样形式开展环保宣传进学校、进企业、进农村、进社区活动，激发群众参与环保、支持环保的热情，助力生态文明建设。3．开展绿色创建主题宣传。以创建生态文明建设示范市、生态镇、生态村和为重点，广泛宣传环保，引导大众参与环保，发挥典型示范作用，提升生态文明水平。4．为进一步加强环保宣传和方便群众参与市环境保护治理工作，发挥了市环保局创建的“乐平市环保”微信公众号和微博自媒体宣传作用，便于群众参加互动，创建三年来自原创和转发相关消息2000余条。通过开展一系列宣传活动，营造了全市人民关心支持和参与环境保护的浓厚氛围，激发了社会公众的热情，参与环境保护的活动平台，发挥了媒体和公众对生态环境环保事业的推动作用。

环境信访投诉 抓环境信访工作不放松，做到了接待、登记、回复热情服务。按照江西省环保厅下发的《江西省环境保护厅关于依照法定途径分类处理环保领域信访问题的实施意见》精神，环境信访及时受理，信访回复率达到100%，信访群众比较满意，没有出现赴省、赴京访方面的问题。针对环境保护方面群众来信来访工作的特点，一是建立了一把手亲自抓、负总责,分管领导具体抓,经常抓的工作机制,把信访工作纳入主要议事日程,及时研究解决信访工作中遇到的重大问题,指导信访工作;二是把信访工作目标分解到职能部门。做到任务到部门,责任到个人,并进行严格考核,形成了上下共同承担信访工作的局面;三是制定完善了《乐平生态环境局环境信访工作制度》，基层大队亦制定了一系列的信访处理的制度、程序,规范了信访工作从接待、登记、领导批阅、办理、督查、办结、反馈各环节严格要求,使信访工作进一步迈入规范化、制度化轨道。为做到了环境信访投诉受理及时，调处迅速，回复满意。2019年，共受理各类环境投诉371起，其中上级转办（函）件27起，江西网上信访服务中心投诉件14起，12369环保网络平台举报件57起，12369热线电话举报件273起，受理率100%，回复率100%，上访群众满意率达到96%。受理案件涉及种类包括大气、水、固废、噪音等，环境投诉量大、种类多、突发性强，其中以园区废气扰民及钙粉行业粉尘污染投诉居多。在面对环境投诉量大、种类多、突发性强等难题面前，市生态环境局做到克服困难，及时汇报，督促办理，各类投诉都能一一基本得到解决，上访群众也基本表示满意，还针对群众比较关注的塔山工业园区废气扰民的热点投诉，做到受理及时，处置及时，并耐心细致的向群众进行一一回复。强化了“12369”环保举报热线值班制度，充分维护了人民群众的环保权益。对于环境问题坚持有诉求必处置，及时妥善处理环境问题，为树立环保卫士形象，树立政府为民好形象，发挥了重要作用。“12369”投诉渠道使乐平市的环境问题综合解决能力和水平有了很大提高，同时为维护全市环境安全和社会和谐稳定起到了很大作用。

（景德镇市乐平生态环境局）

教育科技

综　述

全市有各级各类学校362所，其中普通高中3所，完全中学1所，十二年一贯制学校1所，中等专业学校1所，职业高中1所，九年一贯制学校10所，初级中学28所，小学240所，教学点75个，特殊教育学校1所，教师进修学校1所，在职教职工7973人，在校学生148623人。幼儿园319所，其中公办幼儿园105所，民办幼儿园214所，在园幼儿29340人，专任教师2316人。基础教育学校校舍面积140.88万平方米，校园占地面积383.69万平方米。

经费投入　教育经费支出为186387万元，其中公共财政预算安排的教育经费为169230万元，财政经常性收入为217310万元，公共财政教育支出占公共财政预算支出的26.54%，比上年增长0.04个百分点，公共财政教育支出增长高于财政经常性收入增长1.45%。预算内义务教育学校生均教育事业费逐年增长，普通小学生均公共财政预算教育事业支出9866.10元，比上年7377.93元增长33.72%，普通初中生均教育事业费10324.33元，比上年7841.07元增长31.67%。

学前教育　实行政府投入为主，社会投入为辅的办园体制。全年投入1419.58万元，开工建设5所乡镇中心幼儿园，对7所小学附属幼儿园进行改造，为18所乡镇中心幼儿园和小学附属幼儿园改善办园条件。举办了两期幼儿园园长及骨干教师培训班，培训教师800人左右。开展了普惠性幼儿园认定工作，认定民办普惠性幼儿园59所。319所公民办幼儿园参加教育部办园行为督导评估，65所幼儿园完成了县级督评，对214所民办幼儿园进行了年检，对48所幼儿园提出了整改意见，取缔了10所办园条件较差的民办幼儿园办园资格。

义务教育　科学布局教育网点，完成《乐平市教育布点及学区规划设计（2020—2030）》修订编制工作。进一步落实落细控辍保学乡镇（街道）、学校“双线目标责任制”，逐级签订控辍保学责任书。深入开展“万师访万家”活动，对疑似失学儿童进行摸排，成功劝返辍学儿童8名（其中建档立卡户3名），补建学籍179人次。开展了第五届城乡学校“结对共建”活动。城区小学为农村学校送教35节课，捐赠资金或物品近10万元。作为全省义务教育质量监测的27个样本县之一，乐平市是景德镇市唯一一个参加的，10月31日按标准顺利完成了监测工作。

高中教育　高中教育规模进一步做大，教学改革纵深推进，内涵发展成为共识，校园文化更加浓郁。高考成绩再创佳绩，2019年高考一本上线650人，二本上线1859人，二本上线率为41.4%，取得了景德镇文科前六的好成绩。程俊雄、杨政昊录取清华大学，徐光华录取中国人民解放军空军航空大学。在第36届全国中学生物理竞赛中，8名学生获奖，1名学生获全国二等奖；在2019年全国高中数学联合竞赛江西赛区竞赛中，15名学生获奖，8名学生获二等奖；在第33届中国化学奥林匹克（初赛）中，10名学生获奖，1名学生获一等奖；在2019年全国中学生生物学联赛中，4名学生获奖，1名学生获二等奖。

职业教育　7月9日，经省教育厅报省政府批准同意，乐平市职业中等专业学校升格为乐平中等专业学校（普通中专）。400米高标准塑胶运动场、第5幢学生公寓建成并投入使用。学校先后与江西陶瓷工艺美术职业技术学院、江西吉安职业技术学院签订《中高职合作办学协议》，采取“3+2”分段联合培养模式加强合作，合作专业分别为电子商务和学前教育。同时与江西汉辰泽云教育科技有限公司加强校企合作，合作专业为数控技术应用专业工业机器人方向。举办了为期3个月的全省退伍军人技能培训，培训共120人次。有四名教师获得江西省“双师型”教师荣誉称号。景德镇传统文化职业学校在江西省青少年武术散打锦标赛中以11枚金牌、5枚银牌、7枚铜牌的优异成绩，名列总团体冠军。11月在江西省青少年武术套路冠军赛中夺得6枚金牌、两枚银牌、3枚铜牌，实现了武术套路新的跨越。12月在江西省中小学武术套路比赛中夺得3枚金牌、3枚银牌、6枚铜牌。在江西省青少年武术套路俱乐部比赛中夺得3枚金牌、3枚铜牌。运动训练专业高三班班长高铭同学荣获首个国家中职奖学金。

校建工程 新建的十三小、新港中小学建成投入使用；第七小学、十五小学加快施工进度，2020年秋季开学可交付使用；续建教育园区初中小学部，启动第九小学扩建、第十九小学新建、第三小学重建项目建设。投资1950万元完成了29个农村中小学教学楼、教师周转房建设项目，建筑面积达41640平方米。投资959万元完成了25个农村中小学运动场建设项目，运动场面积达55870平方米。投资497万元完成了21个农村中小学围墙、护坎等建设项目，围墙长度达2627米，护坎4774立方米。投入1426万启动了教育城域网建设。投入近1100万元完善学校教育装备设施，采购图书40万册，一批药品仪器、6300套课桌椅、410张学生用床，1110个宿舍物品柜，十二小、新港中小学食堂用品，中小学教师办公桌椅、文件柜、广播设备、静电地板、户外篮球架、图书阅览桌等。

教育民生 全年落实教育民生资金4223.9963万元。其中为义务教育阶段学生免费提供教科书1630.65万元；民办学校减免杂费257.66万元，受益学生6872人；义务教育家庭经济困难生活补助435.1363万元，受益学生9953人次；资助家庭贫困幼儿2421人，发放资金91.325万元；资助普通高中贫困学生6286人次，发放资金633.875万元；资助中等职业教育贫困学生265人次，发放资金26.5万元；资助高考困难学生304人，发放资金152万元；为80名家庭贫困高考新生入学进行路费资助5.15万元；为1220名家庭贫困大学生办理生源地助学贷款991.7万元。2019年秋季，对518名考取“985”院校和全日制硕士、博士研究生的乐平籍大学生实行奖励，奖励金额达377.4万元。

队伍建设 通过人才引进、公开招聘、三支一扶、免费师范生等方式新增教师431人，其中面向社会招聘教师388名，人才引进5名，三支一扶4人，接收34名乐平籍在外任教人员回乡任教。交流轮岗校长12人，教师108人，达到了应交流轮岗人数10%的比例要求。选调了61名满30年教龄教师在农村小学任教的子女进城任教，从农村学校考调了47名优秀教师进城任教，遴选了3名优秀教师赴新疆支教，选派了7名教师秋季到薄弱学校进行支教。对139名在农村工作满30年的教师和两个教育世家一次性发放奖励资金70.5万元。乡镇教师工作补贴发放927.35万元，受益教师4169人。选拔教师参加“国培计划”152人次、“省培计划”205人次，组织开展本级培训3302人，其中信息化素养提升项目现场培训600人，教师意识形态和师德师风教育培训1001人，首期小学校长高级研修班108人，新教师岗前培训392人，义务教育道德与法治、语文学科教师培训1201人。组织全市所有教师参加了全省中小学幼儿园“互联网+教师专业发展”全员培训，推选优秀学员18名。遴选推荐了1名教师入选2019年教育部教师工作司“乡村优秀青年教师培养奖励计划”。表彰了217名优秀教师、先进班主任、青年教学能手、师德标兵和优秀校长。

教育科研 以教育教学为中心，立足课堂教学主阵地，向常规管理要质量，向学科建设要效益，开展了第三届全市义务教育阶段“2132”名师工程系列活动，全市共评聘出20名领军教师、100名学科带头人、300名市(县)级骨干教师和200名市镇级骨干教师，活动赛课12天63节次，参与听课的老师2000余人次。组织了小学语文、数学课题优质课评比，小学科学、书法优质课竞赛、小学语文教师现场书写大赛、小学道德与法治“三个一”竞赛、初中农村语文教师课堂教学大赛、初中英语教师课堂教学比赛和城区小学语文课堂优质课竞赛、初中数学和化学课堂教学大赛、第二届全市初中师生物理实验操作大赛等一系列教学比武活动，选拔26名青年教师参加景德镇市“五项全能”决赛，促进教师专业成长。组织2019年义务教育道德与法治、语文学科教师培训活动，参训人数达800人。承办了江西少年诗词大会第三季（乐平赛区）决赛暨乐平首届少年诗词大会，有6名同学进入全省百人团的总决赛，1名同学进入全省20强。选派了34名各学科教师参加景德镇市课堂教学大比武活动，15人获一等奖；年立项了2个省级十三五年度课题和2个省级基础教育课题。

素质教育 狠抓立德树人工程。坚持把培育和践行社会主义核心价值观融入学校德育全过程，组织开展了“向雷锋同志学习”“五老资源进校园”等为载体的社会主义核心价值体系主题教育活动。举办了“美丽乐平”“爱国主义影片观后感”等征文活动和“不忘初心，牢记使命”书信竞赛，参与学生达10800余人。在第二十九个“全国助残日”开展了以“关爱孤残儿童，让爱洒满人间”为主题的“爱心助残”活动，共计捐款20余万元，倡导了扶残助残的社会风尚，营造团结友爱的良好氛围。同时结合全市“双创双修”中心工作，开展了“美丽校园”创建评比活动，打造干净整洁的校园。成功举办第八届中小学生田径运动会，73所学校的代表队，1554名运动员参加比赛，6000余名师生参加开幕式的表演，有4人次打破3项记录，7人次达国家三级、3人次达国家二级运动员标准。校园足球活动蓬勃开展，举办了全市第一届“鸿宇杯”中小学生足球联赛，共有25支球队，346名运动员参赛。全市有46名学生代表景德镇市参加全省青少年校园足球夏令营活动，在2019年景德镇市青少年校园足球联赛（小学组）中，五小、六小、九小足球队挺进四强，再创佳绩。先后举办了第六届全市中小学生书法及绘画现场比赛、第三届中小学生棋类比赛，参赛学生近千人次。在全省青少年校外教育学生成果展示活动中，乐平市选派的4名学生全部获奖，其中一人获得陶艺制作一等奖、两人分获航空航模二、三等奖、一人获得围棋展示三等奖。同时全民健身运动蓬勃开展。成功举办了首届职工运动会、“泸州老窖茗酿杯”羽毛球团体双打比赛、“体彩杯”八人制足球赛、“贺岁杯”象棋大赛、“三八”女子门球赛、第三届老年人运动会、“全民健身日”体育展示、第四届“鸿宇中央城杯”全国半程马拉松比赛、第五届文山山地自行车爬坡赛。

教育督导 为巩固义务教育基本均衡发展成果，推进义务教育向优质均衡发展，充分发挥责任督学作用，乐平市教体局加大责任督学区建设和中小学责任督学挂牌工作，挂牌督导实现了中小学、幼儿园全覆盖。按照方案对全市中小学教育教学、幼儿园办园行为进行督导评估，对全市18个乡镇（街道）高质量发展“教育发展”进行了考核。作为样本县，认真组织了乐平市20所样本校近千名师生，顺利实施了2019年江西省义务教育质量监测工作，组织了75名乐平市责任督学、视导员在江西师大继续教育学院进行在职提升研修。

校园文化建设 围绕市委、市政府创建国家文明卫生城市的总体目标，在全市中小学校广泛开展“双创双修”暨文明校园创建评选活动，把“双创双修”指标体系与培育和践行社会主义核心价值观融入学生的校园生活，通过创建，全面提升学校办学内涵和办学形象。各校围绕“领导班子建设好、思想道德教育好、活动阵地设置好、教师队伍培养好、校园文化建设好、校园环境布置好”文明校园建设的六大任务，积极开展“小手拉大手”“一创建两争做”（学校创建“文明窗口”，教师争做“文明导师”，学生争做“文明天使”）系列主题教育活动，在活动中引导学生学会做人、学会求知、学会思考、学会奉献，全面提升师生的思想道德素养。

党建工作 在全市教育系统建立了73个新时代文明实践站，开展了新时代文明宣传实践活动和“不忘初心、牢记使命”主题教育。全年开展新时代文明宣传实践活动962次以上，组织党员志愿服务活动572次以上。教体局党委成立了4个指导组，指导各党组织开展“不忘初心、牢记使命”主题教育，每个党支部把学习习近平新时代中国特色社会主义思想作为主题教育的主线，原原本本学习《习近平新时代中国特色社会主义思想学习纲要》《习近平关于“不忘初心、牢记使命”重要论述选编》等规定书籍，学习习近平总书记对江西的重要指示批示精神和在江西考察时的重要讲话，对党员培训32学时以上，督促党员自学每人40个学时以上，并通过开设73个读书班，组织研讨73场，深入调查研究，讲好专题党课，以刀刃向内的勇气检视问题，坚持边学边改，整改到底，教育广大党员做到“一颗红心”跟党走。2019年发展33名预备党员，34名预备党员转正，109名教师被确定为入党积极分子。表彰了先进党支部12个，优秀党员105 名，先进党务工作者27名。

党风廉政建设 印发了《2019年党风廉政建设和反腐败工作任务分工》，签订了党风廉政建设责任书，做到任务明确、责任到人。强化防范教育，通过经常性沟通、专题检查、联合监督执纪、抓好整改等措施推动主体责任和监督责任协同发力、相互促进。对各学校党风廉政建设情况进行专项督导评估，并将评估结果纳入年度目标考核。将落实党风廉政建设责任制情况列为民主生活会和个人述职述廉报告的重要内容。重点查处违反中央八项规定精神、违反教师职业道德规范和违反工作纪律等方面案件。一年来，给予8人纪律处分，其中警告1人，政务警告1人，党内警告5人，党内严重警告1人，清退违规收费33.4万元。

教育脱贫 在全面落实中央和省“九项”资助政策基础上，对5326人次建档立卡学生实行了“校服免收费、空白作业本免费赠送、义务教育阶段规定目录教辅免费赠送、普通高中电教教材和音像教材免费赠送、意外伤害身故保险投保免交费”等5条特惠政策，落实资金118.8969万元，让贫困家庭学生享受到全方位资助，不因贫失学。

荣誉称号 2019年，在全省县级党政领导干部履行教育职责督导评价中被评为优秀等次。在全省教育大会上，乐平市作为推进全省义务教育基本均衡发展突出贡献集体上台领奖。 （市教体局）

乐平中学

概述 江西省乐平中学由著名乐平籍数学家戴良谟创办于1928年。1962年被评为首批江西省重点中学，1980年再度被评为省重点中学，1995年被评为省优秀重点中学，2004年成为首批省优质高中建设工程项目学校。2019年先后获得江西省高招委空军招飞工作先进单位、大连海事大学优质生源基地、景德镇市招生考试委员会招生工作先进集体、乐平市教育教学先进单位等荣誉。该校拥有一批素质精良的教师队伍，现有专任教师345名，其中特级教师1名，高级教师129名，有研究生学历教师50名，地市级以上学科带头人、骨干教师60余名，现有班级83个，学生5100余名。2019年以来，该校认真贯彻学习“两会”精神，扎实开展“不忘初心、牢记使命”主题教育活动，以全面实施素质教育为核心，朝着“办人民满意的优质高中教育”的目标不懈努力，取得了一定的成效。

党建工作 深入学习、贯彻习近平新时代中国特色社会主义思想和党的十九大精神，以务实的工作作风，牢固树立“四个意识”，自觉在思想上、政治上、行动上同党中央保持高度一致。该校还通过红色革命教育、书记上党课、专题研讨交流等多种形式扎实开展“不忘初心、牢记使命”主题教育活动，为该校的教育事业发展提供了坚强政治保障。

成绩喜人 在市委、市政府的正确领导下，在全市人民的关心和支持下，经过该校师生的共同努力，2019届高考再创辉煌：盛小亚同学以632分勇夺景德镇市文科第一名，该校文科包揽景德镇市前6名。程俊雄同学（景德镇市理科第二名，位列全省理科第27名）、杨政昊同学以679分（景德镇市理科第五名，位列全省理科第53名）录取清华大学。本届理科高三（2）班班级平均分近640分，高出一本线118分，600分以上同学30人，660分以上同学4人。本届高三报考人数1862人，一本442人，上线率23.7%，比上年增长7.4%；二本1047人，上线率56.2%，比上年增长14.1%。一本、二本上线率均创历史新高。学生竞赛成绩突出。在第36届全国中学生物理竞赛中，8名学生获奖，1名学生获全国二等奖；在2019年全国高中数学联合竞赛江西赛区竞赛中，15名学生获奖，8名学生获二等奖；在第33届中国化学奥林匹克（初赛）中，10名学生获奖，1名学生获一等奖；在2019年全国中学生生物学联赛中，4名学生获奖，1名学生获二等奖。

教研成果丰硕 教师积极参加景德镇市2019年教师课堂教学比武活动，其中徐洋洋、王彬等5位教师荣获一等奖；胡梦茹、倪慧慧教师荣获二等奖。在2019年全省班班通活动中，该校教师徐晓栋荣获一等奖、饶世龙荣获二等奖。在第二十五届江西省中小学、幼儿园教师（景德镇赛区）优秀教学资源展示活动中，该校教师获得优异成绩：41名教师作品获得奖项，5名教师获一等奖，20名教师作品获二等奖。论文方面。在2019年普通高中“我学新课标”征文活动中，该校教师积极撰写论文，获得优异成绩。其中刘莞芸、卢婷等13名教师获一等奖，余昌军、吴雪花等20名教师荣获二等奖。该校还将全校教师获奖论文编辑成册，汇编成《翥山精华——乐平中学教师优秀论文集》，供大家学习。

家校共建 携手同心谋发展，家校合力育英才。在2019年成立了家长学校和选举了家长委员会成员，在家长委员会的参与和协助下，广大家长充分发挥自身优势，形成家校合作的教育合力，主动参与到学校管理中来，为学校发展献计献策，为学校发展提供智慧。该校还开办了家长学校，并进行了三次授课。家长学校课程主要围绕学校教育与家庭教育、学生心理健康指导、家庭教育与成才等话题进行，对于学生的道德发展、高中生常见的心理问题及其应对方法以及对学生家庭教育工作有很大的指导意义。

信息化校园建设 着力打造信息化校园。“班班通”系统覆盖全部班级，实现信息技术与学科日常教学的有效整合，促进教师教学方式和学生学习方式的变革，最终促进学生的发服务延伸，推动“网络学习空间人人通”。利用“智慧平台”，该校打造了一个开放、多元、人文、智慧、高效、安全、和谐的智慧校园，为学校实现战略发展目标提供强有力的支持，实现学校教研、教学、管理、服务等整体信息化，整体提升学校核心竞争力，实现学校优质高效可持续发展。该校还启动了云教育中心空中直播教室，聘请特零班实验班骨干教师，通过课程直播的模式，强大的课堂管理功能，来指导和实现学生的自主学习和教师继续教育，从而实现在家可学、时时可学，达到优质教育资源广覆盖、广受益的目标，实现全校优质教育资源共享。

奖优助困 在上级领导部门、社会爱心企业、爱心人士的支持和帮助下，奖优助困工作顺利开展。为454名“建档立卡”等五类学生减免学费177060元，为1697名家庭经济困难学生落实助学金1717500元，为75名家庭经济困难高中毕业生落实高考入学政府资助金375000元，为62名建档立卡贫困生发放“滋蕙计划”助学金124000元。2019年，该校积极与各级政府部门、企事业单位、杰出校友以及社会爱心人士对接，落实奖助学金共计368500元。2019年，江西天新药业有限公司捐资50万元支持该校教育事业。

精准扶贫　以“精准助学”和“驻村帮扶”有机结合的工作形式，以点带面全面铺开扶贫工作。该校充分整合利用学校资源，在教育扶贫方面发挥出了巨大的优势，全校所有建档立卡贫困学生在校就读学费、校服费、资料费全免，每学期还发放贫困生补助和校长奖学金。为加大扶贫力度，以团委副书记程红兵同志为第一书记的扶贫工作组，在该校校长曹晓泉的指导下，与该校帮扶村乐港镇杨家村共同成立扶贫产业基地，力争实现产业脱贫攻坚。

大事记

1月8日，在2018年度国家科学技术奖励大会上，88届校友张深根教授荣获国家技术发明二等奖。

2月18日，召开行政扩大会议，新任领导曹晓泉同志正式与学校分管领导、各功能处室领导见面。

4月3日，为促进该校青年教师成长、提高课堂教学效率，组织青年教师分文科、理科两组开展了青年教师说课比赛活动。

6月4日，高三年级举行了首届“爱心传递，光荣赠书”活动，有效地遏制住了高三毕业生毕业撕书现象。

6月5日，为引导高三学子以积极心态面对高考，争创佳绩，举行了高三年级毕业典礼暨高考动员大会。

6月20—22日，江西省第45期高中校长培训班学员莅临该校开展校际交流活动。

7月20日前，副科级以上领导干部与新一轮帮扶贫困户全部对接到位。

9月23—27日，邀请驻乐火箭军部队为该校高一新生开展为期5天的军事训练活动。

10月26日，举行了家长委员会成立暨家长学校开班仪式。

12月12日，为进一步推进教研工作，该校正式出版印刷了乐中教师论文集。

12月24日，校长曹晓泉应江西师范大学免费师范生院邀请，赴该院开展专题讲座。

12月29日，召开了江西省乐平中学第十二届二次教代会。　（乐平中学）

乐平市第一中学

概述　江西省乐平市第一中学创办于2015年，是乐平市委、市政府投资近3亿元重点建设的民生工程。学校前身为乐中分校，2018年4月正式揭牌成立。学校占地270余亩，建筑面积8.8万平方米，建有连廊式教学楼、实验楼、体育馆、艺术楼、食堂、田径场等，气势恢宏，高大壮观。现有教师334人，其中硕士研究生学历教师有66人，开设了九年级至高三共86个教学班，在校生5000余人。2019年，该校继续坚持社会主义办学方向，落实立德树人根本任务，秉持“任何一个学生都是具有潜能的”育人理念，进一步深化改革，致力打造特色化优质高中的品牌学校。

推动学校内涵式发展　以习近平新时代中国特色社会主义思想为指导，全面贯彻党的十九大精神和全国、全省、全市教育大会精神，牢固树立“四个意识”，自觉在思想上、政治上、行动上同党中央保持高度一致，切实践行“两个维护”，扎实开展“不忘初心、牢记使命”主题教育活动；继续优化育人环境，力促教师快速成长，全面提高教育教学质量，为该校的教育事业发展提供了坚强政治保障。

爱国教育有声有色　以庆祝中华人民共和国成立70周年为契机，将党的教育方针转化为教育教学的实际行动，开展了形式多样的爱国教育活动，如国庆、元旦等重要节庆日举行升旗仪式；在全校学生范围开展“我和我的祖国”征文比赛和演讲比赛活动；利用校园广播在课间循环播放《歌唱祖国》《没有共产党，就没有新中国》《义勇军进行曲》等爱国歌曲，让爱国教育在乐平一中落地生根。

不忘初心、牢记使命”主题教育活动 一是举办了专题讲座，邀请了市纪委、市监委驻乐平市教体局纪检监察组组长程继军为学校领导班子成员、党员教师、全体班主任、各处室工作人员做了一场题为《当前廉情分析与廉洁从教研究》的专题讲座；二是举办了“不忘初心、牢记使命”主题教育读书班活动；三是组织党员教师赴界首乐平红十军革命旧址、景德镇美术馆、景德镇学院等地进行参观学习。

领导关怀 2019年，市委市政府十分关心该校的建设与发展。景德镇市人大常委会副主任、乐平市委书记俞小平，乐平市人民政府市长高翔等领导先后到该校调研指导工作。

建清洁美丽校园 根据乐平市“双创双修”工作指挥部的通知精神，从实际出发，细化创建内容，量化创建指标，推进卫生校园创建各项工作任务落到实处。该校通过校园广播、晨跑讲话、LED显示屏、致家长一封信、悬挂横幅及制作宣传栏等多种形式，深入广泛宣传卫生校园创建活动；在创建过程中，该校实行“一日三扫、一日一通报、一周一大扫除”的监督落实机制，将校园环境卫生整治工作任务分解到各年级，落实到班，实行班级包干负责制，确保文明校园创建工作日常化、常态化，形成了长效机制。

创新管理 实行半封闭式管理，建立了走读生刷脸进出校门、学生晨练跑操集会、辅导员教师查寝、午休静校、寝室定期消毒等制度。学校开设了心理健康课，设置了心理咨询室，每天都安排了由校领导带队的值班组教师进行24小时值班，给学生提供及时的帮助和安全管理。

特色办学 注重因材施教，着力推进分层、分类教学和管理，形成多元的育人模式。根据学生的成绩、个性特长，在各年级组建了不同层次的文化班、体育班、美术班、音乐班等，给学生提供多元化成才的舞台。该校2019年体育、艺术办学成效初显，首届体育特长生有20人录取本科，艺术生有43人录取本科。

教师创新教学形式成网红 90后地理教师白海花大胆创新教学方法，创作了一首《沙漠骆驼》版《气候类型及其成因》，将地理知识改编成歌曲，把枯燥难记的知识变得朗朗上口，既方便学生们记忆，也激发了学生们的学习兴趣。这一创新的教学方式受到江西二套、乐平电视台等新闻媒体关注。

开放办学 始终坚持“开放办学”的思想，广泛开展国际教育交流活动。2019年，该校与法国波尔多大学经济管理学院、法国布雷斯特高等商学院、法国高等教育署武汉中心开展了合作办学洽谈交流活动，并签署了合作办学意向协议书。

高考成绩喜人 2019年高考，在生源质量相对薄弱的情况下，一本上线29人，二本科上线264人，创造了“低进高出，高进优出”的佳绩。

诗词大会获殊荣 在2019年景德镇市第二届高中生诗词大会上，由学生朱洵喆、董春来、徐爱琴、方海林等组成的代表队一举夺得了特等奖。

“光华奖学金”颁奖 12月13日，由塔前梁献光、梁献华、梁建平三兄弟设立的“光华奖学金”2019年颁奖仪式举行。50位优秀学生每人获得奖学金2000元，20位优秀教师每人获得奖教金1000元。

教育脱贫 认真落实国家惠生政策，切实做好教育扶贫工作，做到绝不让一名学生因贫困而辍学。该校对建档立卡户学生、城乡低保户学生、残疾学生，采取了免收学费、住宿费，缓交杂费等措施，为符合要求的各类贫困生发放了国家助学金。

德育活动好评如潮 坚持以活动为载体，在学生中开展了丰富多彩的德育活动。该校结合元旦、五四青年节、国庆节等节庆日，先后在学生中开展了班歌比赛、诗歌群诵、爱国教育、毕业典礼、文艺会演、新生军训、高考百日誓师大会、成人礼等10余场具有影响力的精品德育活动。该校独具特色的校园文娱活动受到社会各界关注与好评，校团委两次选送了学生表演的文艺节目参加乐平市大型文艺晚会的表演，受到市委领导、观众的一致好评；

学校组织了师生代表作为鲜花代表队参加乐平市第六届文化艺术节；各类德育活动先后被各大媒体关注。

斩获荣誉不断 师生2019年在各类比赛、活动中斩获各类殊荣。教师张涌、吕蕾、颜吉长等人在省市教学比赛或征文活动中荣获一等、三等奖；先后获得了景德镇市五四红旗团委、景德镇市“三好杯”篮球赛亚军、2019年乐平市首届校园足球赛高中组冠军等荣誉。

大事记

1月3日，举行了第四届艺术节暨元旦文艺会演活动，5300余名师生一起参加了该活动。

2月25日上午，举行2019年高考百日誓师大会，该校领导班子成员，全体高三年级师生，高一、高二年级部分班级师生，高三学生家长代表共计2000余人参加了本次誓师大会。

4月21日，首届体育特长班学生在2019高考体育专业考试中取得优异成绩，余子贤等4名学生专业成绩达90分以上，32名学生成绩80分以上。

5月4日，为纪念五四运动100周年，弘扬五四爱国精神，举行了以“飞扬青春 起航梦想”为主题的第四届“五四”群诵活动。

5月5日上午，举行了2019届高三学生十八岁成人礼。

5月6日下午，景德镇市人大常委会副主任、中共乐平市委书记俞小平，乐平市人民政府市长高翔一行莅临调研校园食品安全工作。

5月21日—5月30日，成功举办第四届体育节。

6月1日下午，学生代表队成员朱洵喆、董春来、徐爱琴、方海林等6位学生以总分320分的优异成绩一举夺得了2019年景德镇市第二届高中生诗词大会特等奖。

6月9日下午，由校团委倡议，高三年级组织开展了2019届高三毕业生“文明离校 友爱传承”捐书义卖活动。

6月10日，在学校操场隆重举行了主题为“成长·感恩·启航”的2019届高三学生毕业典礼。该校师生及部分毕业生家长2000余人共同见证了这一难忘而美好的时刻。

6月21日，吉林辉南县第一中学校长徐善令、九江市都昌县三叉港中学校长邵小平一行10名教育同仁来校参观交流。

6月23日，2019年高考成绩揭晓，在生源质量比较困难的情况下仍再创佳绩，一本上线29人，二本上线264人，较2018年净增57人，创造了“低进高出、高进优出”的佳绩。

7月1日下午，党总支组织部分党员教师赴众埠镇界首红十军建军旧址开展学习教育活动。

7月3日上午，法国波尔多大学经济管理学院院长Bertrand Blancheton先生莅临乐平一中参观考察，并就合作办学召开了座谈会。

7月26日，法国布雷斯特高等商学院院长祝智庭来讲学。

9月17日下午，召开“不忘初心、牢记使命”主题教育工作动员会。乐平市委“不忘初心、牢记使命”主题教育第二指导组副组长朱桂发到会指导并讲话。该校领导班子、全体党员教师、各处室成员、各年级委员、各备课组长参加会议。

9月30日上午，5000余名师生隆重集会，举行“我爱你中国”主题活动，庆祝中华人民共和国成立70周年。

10月15日，乐平市“鸿宇杯”第一届中小学生校园足球赛圆满落下帷幕，学生足球队以四战全胜的战绩，夺得高中组冠军！

11月22日上午，江西省“全国青少年校园足球特色学校”复核专家组组长南昌工程学院体育教学部主任贺权一行3人，在景德镇市、乐平市教体局校园足球领导小组负责人的陪同下莅临就“全国青少年校园足球特色学校”进行复核检查。

11月29日下午，共青团乐平市第一中学委员会成立大会暨第一次代表大会在二号教学楼阶梯教室隆重举行。大会采取无记名投票方式选举产生了共青团乐平一中新一届委员会委员。

12月13日，举行了2019年“光华奖学金”颁奖仪式。“光华奖学金”设立者梁献光、梁献华、梁建平三兄弟，该校领导、获得2019年“光华奖学金”的50位学生和20位教师、部分师生代表，共200余人参加了颁奖仪式。

12月17日至12月26日，由工会主办，中奥地产承办的乐平一中2019年“中奥华安·天悦杯”篮球赛隆重举行。 （乐平市第一中学）

乐平市第二中学

概述 乐平市第二中学坐落在洎阳中路46号，有教职工328名，84个教学班，5707名学生。校园面积33367.6平方米，校舍面积17662平方米，其中专用办公房14072平方米。师生生活用房及其他用房3590平方米，绿化面积4800平方米。

党建活动扎实开展 按照“守初心、担使命，找差距、抓落实”的总要求，扎实开展“不忘初心、牢记使命”主题教育。结合主题教育，学校党总支及各支部认真组织学习党的十九届四中全会精神，积极召开全会专题集中研讨会。坚持党员“两学一做”学习教育常态化、制度化，严格落实党组织“三会一课”制度，组织党员收看党的重要会议和党员电教片，观看《庆祝中华人民共和国成立70周年大会》，专题节目《榜样4》，号召全体党员向时代楷模张富清、全国优秀共产党员黄文秀等同志学习，开展“关爱留守儿童，共读一本好书”党员志愿活动，并和联盟路社区开展“党员服务进社区”共建活动，充分发挥党员先锋模范作用。坚持党务校务公开，坚持集体领导，认真落实民主集中制和“三重一大”制度，把党风廉政建设工作纳入总体工作规划，与教育教学工作同部署同落实，认真贯彻落实关于脱贫攻坚、扫黑除恶、双创双修、生态环保等各项工作要求。7月1日，组织党员教师到弋阳葛源接受红色教育。7月，学校党总支获乐平市教育系统“优秀党组织”光荣称号。12月按照上级党委的部署，规范完成了下属党支部的换届选举工作。

办学条件不断完善 完善校卫生室、心理咨询室，改造南面厕所及行政楼卫生间。为解决教师校园内停车难问题，增设三处共216平方米停车棚。为满足印刷试卷的要求，添置了一台速印机，对阅卷室、保卫科等处增设空调。对校园内的监控设备进行了全面升级改造，共安装150多个高清摄像头，现已实现校园监控全覆盖。学校足球场、篮球场安装了太阳能广场灯，满足了足球队、篮球队的训练需求，学校被教体局确定为全市校园足球训练基地。

教学质量稳中有升 2019届毕业生在169人被八升九考试提前录取的情况下，中考700分以上仍有18人，500分以上939人，两人录取江西省海军航空实验班（全省共招100人），乐中统招上线119人（全市统招数311人），三中统招上线302人（全市统招数480人）。在2019年度的八升九考试中，录取乐中96人（共招150人），三中79人（共招169人），一中83人（共招169人），总共录取258人，占比例约为53%。优异的教育教学成绩，赢得了家长和社会的普遍称赞。

教研活动持续不断 多次组织教师走出去，参加省、市各类教育科研活动，5月，组织骨干教师13人前往浮梁县新平中学开展校际交流活动，11月，与南昌县莲塘六中开展了教学交流活动。一年来，教学竞赛活动频繁且成绩显著，持续组织青年教师开展公开课活动，4月，在景德镇市初中数学、物理教学大比武活动中，程方钢、徐高林分获一等奖。10月，在全市英语优质课比赛中，张苏妮获一等奖，舒兵慧获二等奖。12月，在全市化学教师课堂大赛中夏香英获一等奖、陈乐获二等奖；在全市青年教师数学优质课大赛中，杜鹏、刘可斌、洪传钦均获一等奖，他们的课件被市教研室作为精品课件收藏，而且二中数学教师表现出来的团队合作精神得到了教体局领导的一致好评。积极组织青年教师参加“2019年景德镇市五项全能”竞赛活动、教育信息化人员的培训活动、“三个一”比赛活动。谢爱平、杜思红、徐高林荣获市“优秀老师”和“教学能手”称号，夏祥宪在全市教育大会暨第35个教师节庆祝表彰大会上作为“领军教师”代表发言交流经验。11月，选拔推荐叶爱英、夏祥宪、胡宝香等9位优秀教师申报省级学科带头人和骨干教师。

德智体美全面发展 1. 围绕社会主义核心价值观内容开展丰富多彩的德育活动。清明期间，组织学生开展清明节祭扫英烈活动，观看爱国主义影片。五四青年节，组织开展“纪念五四运动100周年”主题团日活动。组织学生走进“赣东北特委纪念馆”“中国古戏台博物馆”，开展“三色”教育活动。国庆节期间，以“我和我的祖国”为主题开展班会、作文、黑板报系列活动。组织七年级新生开展升旗仪式。石欣宇、胡逸、汪晋宇、李曼琪四位同学获乐平市“新时代好少年”光荣称号。七年级学生童煜涵、马欣滢在参加景德镇市“传承红色经典·喜迎七十华诞”初中学生诵讲红色历史故事比赛中，双双获得一等奖。与乐平市妇联联合举办“礼赞祖国母亲”获奖作品朗读会。在景德镇市妇联开展的“给妈妈的一封信”主题征文活动中，学生李响获中学组一等奖，汪萌获二等奖，徐洋铭、蔡如鹏获三等奖，多名同学获优秀奖，教师黄香才获“优秀指导老师”荣誉称号。郎柳玉老师荣获第六届乐平市道德模范奖（助人为乐类）。

2.组织学生参加乐平市第八届中小学生田径运动会，取得初中组团体总分第一名的佳绩。在江西省青少年校园足球夏令营选拔赛中，七年级学生程杰成功入选江西省初中乙组最佳阵容，并代表江西省参加在广东深圳举行的全国校园足球夏令营，同时程杰同学也获得了国家二级运动员称号。11月，顺利开展校园足球班级联赛活动，并顺利完成了江西省“2018年全国青少年校园足球特色学校”复评验收工作。2019年体育中考平均成绩在全市名列前茅。

3.在乐平市第六届中小学现场书画比赛中，该校学生熊泽恒获中学组书法一等奖，石嘉沛获中学组书法二等奖，彭雪琪获中学组绘画二等奖；在中小学棋类比赛中，冯晨获初中组围棋一等奖，蔡晨曦获初中组象棋一等奖。9月28日，张雅晨、杨瑶老师编排的戏曲古典舞《镜像梨园》，作为优秀节目参加了乐平市庆祝中华人民共和国成立七十周年文艺会演。

安全工作常抓不懈 定期抓好安全检查，及时消除安全隐患，强化落实值班制度。开展“扫黑除恶专项斗争”知识测试、防溺水安全教育活动、“扫黑除恶——反对校园欺凌”、防性侵法制讲座、防灾（防震）疏散演练活动、消防安全疏散演练活动，提高师生安全防范意识。值日领导、值日教师加强对校园、课间休息时间和课外活动的巡查，发挥保卫科、门卫的职能作用，把一切的不安定、不安全因素消灭在萌芽状态。（乐平第市二中学）

乐平市第三中学

概述 乐平三中坐落于乐平市新老城区结合部，东临新区，西靠乐景公路，南接旧城，北依天湖公园，区域交通便利，环境优美。2009年被评为江西省重点中学，现有75个教学班，在校学生近5000人，在职教职工316人。学校规划合理，教学设施完备，师资力量雄厚，管理科学严谨，育人理念先进，办学特色鲜明，教学质量优良，校园充溢着浓郁的书香气息。

“以质量求生存，以特色图发展”，乐平三中秉承“团结守纪，刻苦进取”的优良校风，坚持创新发展，走“管理立校，质量兴校，品牌强校，特色扬校”之路，摸索出了一个独特的“建队伍、强管理、促教研、活机制”的管理模式，形成了自己独特的办学特色。

主题教育扎实开展 一是召开了“不忘初心、牢记使命”主题教育活动工作动员部署会，开展了“不忘初心、牢记使命”主题教育暨中层干部专题读书班活动，校班子成员先后为全体党员专题辅导并上党课，二是组织全体党员撰写了调研报告、学党史、新中国史、诵读习近平金句、分享入党初心，赴登高山进行现场革命传统教育活动。三是党总支召开了调研成果交流会，并对检视的问题进行了逐步整改。四是党员对照群众意见、党章党规《准则》《条例》查找了在党员意识形态等方面的差距和不足，并对列出的问题进行了逐一整改；邀请了学校优秀教师代表进行先进事迹宣讲。五是深入学习党的十九届四中全会精神和党员交流发言，召开了民主生活会和组织生活会，开展批评和自我批评及民主评议；年底，在阶梯教室召开“不忘初心、牢记使命”主题教育总结大会。

党建活动丰富多彩 一是该校固定以每周五下午第三节课为党员活动日。4月12日，校长王清华在新时代讲习所为全体党员上了一节题为《全面提高教育教学质量，努力办好人民满意的教育——学校贯彻习近平总书记关于教育的重要论述》的党课。6月14日，该校在新时代文明实践站召开了深入学习习近平总书记视察江西时的重要讲话精神，校党总支委员郑建华副校长为全体党员上了一节学习习总书记讲话精神的党课。二是组织党员教师前往登高山烈士陵园扫墓，在党员中开展了党员气排球赛活动等系列活动，组织优秀党员赴于都、瑞金进行红色传统教育。

教学成绩喜获丰收 1. 高考成绩再创新高，招生模式不断创新。6月23日，在2019年高考中，该校高考成绩再创历史新高，本科以上上线总人数682人。其中文、理一本上线人数176人，本科以上上线人数共534人，600分以上9人；体艺类文化及专业双上本科线148人，比2018年增加41人。7月，学校通过教体局组织的八升九考试，成功召入了169名九年级学生。

2. 教师教学竞赛传捷报。4月，在景德镇教学大比武中，吴慧伦、谭文化和程雨鑫老师获得了一等奖，华梦婷、周占波和洪琼燕老师获得了二等奖。11月，在2019年景德镇市普通高中“我学新课改”征文活动中，该校熊芳等六名教师获一等奖，洪琼燕等17人获二等奖。12月26日，洪琼燕老师获景德镇市青年教师“五项全能”竞赛一等奖。

3. 学生竞赛获佳绩。高三学生方有乐获全国数学竞赛三等奖，高一学生代表队获得景德镇市高中生诗词比赛一等奖。

高度重视教学教研 注重加强教研管理，提升教师专业素养，提高课堂效率，采取了“请进来，走出去，校本教研”三大措施，加强校际交流，拓展教师视野，促进教师专业成长。一是邀请江西金太阳教育集团专家刘灿辉老师就如何打造高效课堂对全体教师进行讲座；邀请湖南师大文学院研究生导师、湖南师大附中语文教研组长厉行威老师来该校做高中语文教学教研专题讲座；景德镇市教研所高中语文、化学、生物、地理等学科教学教研活动及大比武先后在三中召开。二是组织高三部分教师赴余江一中、鹰潭一中学习交流。三是各教研组大力开展了公开课、优质课活动、课件比赛、网上晒课；举行了青年教师“五项全能”比赛；在高一、高二年级推进高效课堂模式，以顺应即将到来的高考改革。

喜迎新中国成立70周年华诞 一是开展了迎国庆系列活动。二是校园装扮一新，张灯结彩，挂满国旗、彩旗、标语及举办伟大历程、辉煌成就展览。三是在田径场隆重举行升旗仪式及师生一起合唱《我和我的祖国》和在多功能会议厅集中组织收看了庆祝中华人民共和国成立70周年大会直播，并聆听了习近平总书记发表的重要讲话。

德育出硕果 一是紧紧围绕立德树人根本任务，开展系列主题教育活动，塑造学生良好品格。举行了以“向国旗敬礼，让梦想起航”为主题的系列活动（升旗仪式、国旗下讲话、校长奖学金颁奖仪式、高考冲刺百日誓师）。二是践行社会主义核心价值观，弘扬“奉献、友爱、互助、进步”的志愿精神，开展了“学雷锋，树新风”主题实践系列活动；举办了第九届以“弘扬三乐精神，歌颂美好校园”为主题的谷雨诗会；为纪念“五四运动”一百周年纪念日，举办了以“青春、梦想、感恩、责任”为主题的十八岁成人礼励志活动；举行了“无悔青春，一路凯歌”的2019届高三毕业典礼；举行了纪念毛泽东诞辰126周年活动。三是制定了立德树人实施方案；召开思想政治理论课教师座谈会；积极推行副班主任制度。

积极开展校园文化活动 为丰富校园生活，举行以班级为单位的篮球赛、篮球宝贝赛；举行第29届秋季田径运动会；为丰富学生业余生活，举行了高一、高二足球联赛和高一学生乒乓球、高二学生羽毛球预决赛；举办了以“记录青春岁月，书写时代华章”为主题的第四届“新星杯”现场作文比赛；举办了以“不忘初心、牢记使命，携手奋进新时代”为主题的2020年元旦文艺会演。二是坚持以人为本，关心教职工切身利益，积极开展教职工文体活动。为庆祝第106个“三八”国际妇女节，开展了教师踢毽子、投篮等系列庆祝活动；举办了“壮丽七十年，奋进新时代”青年教师演讲比赛；举行了老师退休仪式。

济困帮扶出实效 1月18日，乐平市关工委老同志来该校对贫困学生进行一对一结对帮扶。3月15日，中国建设银行乐平支行在该校举行“携手建行，助飞梦想”2019年“成长计划”奖学金发放仪式。该校每学期都组织党员教师与建档立卡贫困生一对一结对帮扶。

9月7日，景德镇市人大常委会副主任、乐平市委书记俞小平，市委副书记、市长高翔，市委常委、副市长王晨，副市长韩伟等一行到该校检查并指导工作。

9月10日，景德镇市人大常委会副主任、乐平市委书记俞小平，副市长方静等一行到该校走访慰问教育世家退休教师徐运才。

9月29日，省农业农村厅副厅长邓贤贵来该校督导食堂食品安全工作。 （乐平市第三中学）

乐平市第四中学

概述 乐平市第四中学位于乐平市西南部。校园占地面积56695平方米，校舍总面积21904平方米，教学用房面积13103平方米。学校共设44个教学班，其中初中部4个班，现有学生2870多人。在校教职工167人，其中中学高级教师91人，中学一级教师36人。学校坚持“校风好，质量好，校园美”的办学目标，坚持“会做人，会读书，会办事”的育人目标，构建“文明、安全、卫生、和谐”校园。学校坚持“合格＋特长”的办学理念，弘扬体艺教学特色，搭建学生个性发展平台。

教育教学 举办了八年级英语竞赛。开展了全校教师听课周活动，各科各选一个40周岁以下的教师上一节公开课；然后进行评课，加强了教师之间的教学交流，注重了对年青教师的培养。组织学生赴景德镇市参加景德镇市中小学田径运动会，取得体育道德风尚奖优异成绩。举办了隆重的开学典礼。举办了第6届校园田径运动会，共有44个代表队参加。在高一高二年级组建艺术班和体育班。举办了校园文化节活动，主题是“青春告白祖国、唱响时代华章”，丰富了校园文华生活，提高了学生的综合素质和能力，向社会各界展示了学生乐观积极、锐意进取的面貌。各班开展了“辞旧岁，迎新年”元旦文艺活动营造了浓厚喜庆氛围。占羽珣老师在景德镇市中小学课堂教学大比武活动中获得高中语文学科一等奖。余左美老师在景德镇市教育局德育论文比赛中获得一等奖。黄烁峦同学获得第二十五届“瓷都百名”荣誉称号。

爱心帮扶 以驻村扶贫和教育扶贫的方式开展脱贫工作。在驻村扶贫方面，学校以吴如祥老师为驻村扶贫第一书记，采集贫困户信息，采取产业脱贫、就业脱贫的方式帮助脱贫。校领导每月至少两次到帮扶村，分组进村。校领导还定期走访前鲍村贫困户，送去党的温暖。在教育扶贫方面。学校认真解读和落实教育部门9+5帮扶政策，不让一个学生因家贫而失学。建立了减免费用的制度，即建档立卡户免收学杂费，低保户、残疾学生减免学费，义务教育阶段建档立卡户学生免学杂费。要求各年级各班对建档立卡户、农村低保户、残疾生进行摸底。年级成立贫困生评审小组（建档立卡户单列指标），所被评为人员，给其贫困生助学金。

安全工作 一是加强防溺水工作。邀请乐平市蓝天救援队人员对全校学生进行安全知识的讲演。暑假发放《致学生家长一封信》，告知家长履行教育职责，减少不必要的溺水事故。二是进行反邪教教育。邀请乐平市公安民警对各班学生进行反邪教宣传，让学生认识到什么是邪教，邪教的危害等。三是加强消防安全教育。邀请市消防队开展消防知识讲座和演练。四是加强法制教育。法制副校长对全校学生进行法制知识的宣传，增强学生的法律意识、纪律意识。五是做好禁毒教育工作，利用健康教育课、班会课、宣传栏等形式对师生进行禁毒知识的教育，每个学生都参加了禁毒知识竞赛。六是加强对租住房学生的管理，每月定期检查。

基础设施 领导积极筹措资金，逐步解决师生教学、办公、生活中的突出问题：平整了教学楼内近700平方米土地，并铺设成为海绵水泥地面；教学楼四周环境得到综合整理，学生活动空间得到进一步加大；综合楼16间厕所经过装修并正式启用，学生上厕所难问题得到解决；对学生寝室的床铺、线路、电扇等设施进行了全面维修并引进资金建成热水供应系统解决了学生洗热水澡问题。

（乐平市第四中学）

乐平市第五中学

概述 乐平市第五中学坐落在东湖新区洪岩路2号，占地面积约86亩，其中校舍占地面积6215平方米，校舍建筑面积28926平方米，现有教学班85个，在校学生5606人，教职工276人，10余位教师跻身省市教学能手行列，其中江西省特级教师1人，江西省学科带头人1人，江西省骨干教师1人，江西省优秀班主任1人，景德镇市拔尖人才3人，景德镇市骨干教师2人，景德镇市学科带头人1人，8人入选景德镇市“511名师工程”，8人被评为乐平市领军教师。学校重视硬件设施建设，加快推进绿色学校建设的步伐，建成了校内花园和S形长廊，不断改善和优化办学条件，新建成的综合实验楼有各种功能馆室24间，仪器装备达到省定标准，所有班级都安装了“班班通”，基本满足了现代化教学的需求。

学校荣誉 被评为景德镇市内保系统工作先进单位。

主题教育扎实有效 坚持把党的政治建设摆在首位，以习近平新时代中国特色社会主义思想武装头脑，深入推进“两学一做”学习教育，扎实开展“不忘初心、牢记使命”主题教育，认真学习贯彻落实习近平总书记视察江西重要讲话精神，推进“互联网+党建”，用好“学习强国”App，拓展学习阵地和考核平台，组织了全体党员教师集中收听收看新中国成立70周年庆典活动，思想教育和意识形态工作取得新实效。同时，加强对共青团、工会等组织的领导，积极开展党建带群建活动，充分发挥党组织“凝聚人心、推动发展、促进和谐”的作用，学校工会和团委工作都得到了上级部门的肯定与表彰。

教育扶贫颇见成效 以“党建+”理念，实施党建+精准扶贫，筹措资金为帮扶点名口流三村委会办实事，校领导对名口流三村、兰坑村24户贫困家庭结对帮扶，使他们的生活及经济状况有了明显的改善。认真实施教育民生工程，落实好了义务教育阶段两免一补政策，建立健全了精准扶贫档案台账，该校无一学生因贫困而辍学。校团委积极做好残疾学生帮扶工作，对残疾学生开展了送教上门活动。

师德师能双提升 树立“强教先强师”的理念，弘扬师德，端正师风，关注教师专业成长，炼师能，促发展，提升教师精、气、神，塑造了新时代良好教师形象。一方面认真开展好“一师一优课，一课一名师”活动，举办优秀教师优质课比赛，促进了教师专业化成长；另一方面严格考勤制度，实施人脸识别或指纹识别签到，要求教师遵守工作纪律，并将贯彻落实中央八项规定精神和教师师德建设相结合，把“廉洁从教”纳入学校师德建设，组织教师签订《自觉抵制有偿家教承诺书》及“廉洁从教”师德师风建设责任状，重大节日前，提醒全校教师不收受家长学生各种馈赠，不接受宴请。同时加强有偿家教专项整治和“微腐败”整治力度，规范从教行为，营造了风清气正的校园廉洁从教的浓郁氛围。

义务教育均衡发展积极推进 坚持“以质量兴校”的办学思路，以提高课堂教学效率为突破口，落实教学常规管理精细化管理，同时关注和爱护留守儿童，扎实抓好学困生转化工作，全面提高教学质量，顺利通过了省义务教育质量监测，得到上级部门高度评价。2019 年中考成绩稳中有升，八升九成绩高位运行：师范定向 4 人，乐中统招上线 153 人，三中上线 312 人，一中上线 932 人；八升九考试乐中录取 41 人，三中录取 55 人，一中录取 57 人。同时，九年级有 12 名同学成功进入了南昌二中海航实验班复试，列景德镇市第一（景德镇市总共 23 人入围复试），且 11 名同学通过复试，最后 2 名同学通过体检，录取为江西省海军航空实验班 2019 级学员，实现自己的飞天梦。

“一校一品”创建活动凸显特色 一是深入开展社会主义核心价值体系的学习教育活动，利用“五四”“六一”“国庆”等节庆日开展内容鲜活、形式新颖、吸引力强的道德实践活动，正向引导学生弘扬民族精神，传承发扬红色基因。通过主题班会、“争做健康文明少年”书信比赛和观看爱国电影观后感征文比赛等形式开展了系列爱国主义教育活动，培养了学生热爱祖国、热爱家乡的情感。二是通过读书月活动，积极开展“书香校园”和“书香班级”的创建，推动学校读书活动的开展。三是积极组织开展丰富多彩的体育、文艺和社团活动，陶冶学生的性情、品格。不仅举办了第六届校园文化艺术节，还成功举办了乐平五中首届田径运动会，运动员们在本届运动会上赛出了成绩，赛出了风格，展示了全校师生团结奋进、积极进取良好精神风貌。

德育机制日益完善 以“既要教会学生做人，又要教会学生求知”为出发点，以创建“文明和谐”学校为目标，以理想信念、文明礼仪教育为主线，以培育社会主义核心价值观为核心，以养成教育为抓手，不断增强德育工作的主动性和实效性。一是狠抓班主任队伍建设，提升育人和管理水平。坚持每周一次的班主任例会制度，将布置工作与理论学习、班主任工作方法指导相结合，组织班主任学习德育工作中的新思想、新方法，使德育工作与时俱进；同时，重视班主任工作经验的研讨与交流，通过多种形式的活动有力推动学校德育工作的开展，提高学校德育工作队伍的整体素质，增强工作能力，形成工作合力。二是结合全市“双创双修”工作，组织各班级利用班会逐条学习《中学生日常行为规范》等制度，教育学生爱护公物，注意节约用水、用电，养成讲文明、讲卫生的良好习惯；狠抓常规管理，加强班级量化考核，政教处、团委对各班的卫生、文明礼仪、纪律、两操等情况进行量化考核，确保常规工作持之以恒、抓细抓实，久久为功。同时，组织开展了“关爱留守儿童志愿服务行动”“关爱空巢老人志愿服务行动”和文明交通劝导志愿服务活动，培育了师生“讲文明、树新风”的良好习惯，使学生明确自己的行为规范，实现由规范执行到自觉遵守。三是加强心理教育，健全学生人格。学校健全了心理咨询制度，充分发挥校内心理咨询室功能，并邀请校外心理专家来校讲座辅导，促进心理研究工作，指导日常心理教育活动。

安全综治有力高效 一是坚持“谁主管，谁负责”的一岗双责原则，不断完善各项安全制度，与各处室和班主任及教师层层签订安全工作责任书，做到职责明确，责任到人。学校还加强了晨检与午间巡查力度，强化了进出人员管理，加强了校园内车辆停放管理，对学校的设施设备、食堂及重点部位等进行了拉网式排查，防患于未然。二是警钟长鸣，强化了安全教育，有针对性地开展了交通安全、饮食安全和防溺水安全教育，并组织开展了“关爱生命，文明出行”和“预防溺水，从我做起”的签名活动。组织师生积极参加毒品预防知识竞赛和全省中小学生安全知识网上答题，进一步普及了安全知识，增强了广大师生的安全素养。三是加强了学校及周边治安环境整治工作，积极协调相关部门持续开展了校园周边治安环境、交通秩序、饮食卫生等专项治理，实施师生共建、警校共建平安校园，教育学生不准进入网吧、电子游戏室，为学生的健康成长创造了良好的环境。

校园环境更加亮丽 全校师生积极参与乐平市创建“全国文明城市”和“国家卫生城市”的“双创”活动，绿化、美化、净化和亮化环境，共同创建美丽校园。学校南大门建设，共享停车场和塑胶运动场相继完工并交付使用，进一步提升了学校硬件设施水平。同时，对新建的综合实验楼内的音乐、美术、图书、实验等功能馆室的文化氛围精心布置，体现了和谐、高雅、奋发向上的品位。学校语言文字规范意识增强，校内醒目位置设有激励奋进和制约行为的文明标语警句，走廊、楼道、过道和教室内更新张贴了《中学生守则与行为规范》、名人画像、名言警句、温馨提示语等，更加规范、美观，发挥环境育人功能，起到了润物无声的作用。

（乐平市第五中学）

乐平市第六中学

概述 乐平市第六中学地处乐平市区春华路。学校于2003年从乐平三中剥离后成立，2005年8月正式启动（本址）校园建设，校园占地60017.4平方米，校舍总面积20750平方米，按教学区、体育运动区、生活区、实习区等功能要求设计建设。2019年秋季，设60个教学班，在校学生3490人，在职教师189人，其中党员57名。

本年度，学校深入开展“乐平六中‘2+2双创双修’主题”活动，即创优校园环境及校园文化、创新教学成绩；修炼教育教学基本功、修复教学各项设备及设施，学校各项工作取得了出色的成绩。

不断加强队伍建设 积极开展了“不忘初心、牢记使命”主题教育。先后开展了“学习《中国共产党农村基层组织工作条例》”“学习全国两会精神、促进乐平更好发展”“纪念‘五四’运动100周年”“学习习近平总书记视察江西重要讲话”“学习黄文秀同志和‘新时代赣鄱先锋’‘新时代瓷都先锋’先进事迹”“学习程风同志先进事迹”等主题党日活动。7月1日，学校党总支组织全体党员赴上饶集中营开展“不忘初心、牢记使命”主题教育实践活动。2019年，学校党总支发展预备党员两名，入党积极分子1名。

切实提高德育实效 坚持以人为本，以身边鲜活事例为榜样，立德树人。12月20日，召开了“向朱华文同志学习”专题学习会，号召全校师生向人民好警察朱华文同志学习。

持续开展“五老资源进校园，丰富政教育英才”系列活动：2月21—23日，组织学生参加“全市青少年书信比赛”；3月初，在七年级开展“道德长跑日记”撰写和评比；3月下旬，组织学生参加景德镇市“传承红色基因，争做时代新人”征文比赛，九（6）班毕安妮同学荣获一等奖；3月27日，开展“讲好英雄故事，传承民族精神”演讲比赛；5月初，组织师生学习习近平总书记“在纪念五四运动100周年大会上的讲话”；5月11—12日和10月26—27日，分别组织师生生观看《血战湘江》和《我和我的祖国》影片；5月20日，举办“庆祝中华人民共和国成立70周年‘中华崛起，民族复兴’主题教育”报告会；6月中旬，开展“庆祝建国七十周年大合唱”活动 ；9月份，选派教师参加乐平市庆祝祖国七十华诞文艺会演，选派八年级学生参加“乐平市庆祝第35个教师节”表彰会演，举办“70华诞——颂祖国·庆国庆”中学生手抄报比赛；10月11日，组织全体师生集中参观“不朽的丰碑”乐平革命史迹展及“洎水珍萃”乐平文化史迹展；10月14日，召开“拒绝陋习 崇尚文明”动员大会；11月11日，举行中学生道德长跑日记观摩会。

防微杜渐，处处夯实安全工作 学校始终把学生安全教育作为学校教育中的重要一课，从细节入手，从小事起步，防微杜渐。

先后开展了“未成年人保护”法律知识讲座、紧急疏散演练、“4·19”综治宣传月活动、“4·15国家安全日”宣传活动、“扫黑除恶”主题报告会、中青年教师消防技能考核、“6·26世界禁毒日” 宣传活动、“12·1世界艾滋病日”宣传活动、“12·4全国普法日”宣传活动等活动。11月中下旬，组织全校学生参加“2019全省学生安全知识网络答题活动”和“2019年全国青少年禁毒知识答题活动”。此外，根据季节特点，有重点地开展安全主题教育。坚持“每周一提醒”，并通过主题班会、主题班刊、“致家长一封信”、校讯通等形式全面加强防溺水、防雷电、防山洪安全主题教育。

不断提高教学质量 以创优校园环境及校园文化、创新教学成绩；修炼教育教学基本功、修复教学各项设备及设施为抓手，新修订了《乐平六中教学常规作业要求与检查规定》和《乐平六中教案书写规范与检查规定》等制度。

学校素质教育再创佳绩。4月6日，学校顺利承办了景德镇市“省海航”招生考试。全校师生在各级各类竞赛中获奖共计51人次：其中刘胜欢老师、李文婷老师在“2019年景德镇课堂教学大比武中”分获一、二等奖；张梅洪、汪洁、华秀华三位老师在“乐平市优质课大赛”中获得一等奖。组织学生参加大型文体比赛，先后获得“乐平市‘鸿宇杯’第一届中小学生校园足球赛”初中组冠军、“乐平市第三届中小学生棋类比赛”一等奖、“乐平市第八届中小学生田径运动会”（初中组）团体第三名及“道德风尚奖”。11月21—22日举办“乐平六中第二届秋季田径运动会”；12月31日举办乐平六中首届“庆元旦”文艺会演。

“精准扶贫”落实到位 学校按上级要求，选派驻村第一书记和队员到众埠镇芜丘村、倪家村开展扶贫工作。认真执行“9+5”扶助政策，对精准扶贫“建档立卡户”学生，实行资助全覆盖。1月初，景德镇市侨联、乐平市侨联、“魏基成慈善基金会”在景德镇市侨联主席周景俭同志的带领下，来学校走访慰问精准扶贫的学生，并为他们送去了御寒保暖的棉衣。

文明创建有声有色 主动开展志愿者服务活动。1月14—15日，组织教师志愿者为“中国文化遗产大会”提供志愿服务；组织教师志愿者利用“文明江西”App注册、打卡，并深入街道、社区开展志愿服务社会实践活动；组织教师志愿者深入开展“文明劝导、志愿服务”社会实践活动，每天安排4名教师，到天湖路与洎阳北路交叉口红绿灯处值勤，引导交通秩序，劝阻制止不文明的交通行为。

积极开展“双创双修”工作。大力开展校园环境净化美化工作，植树种草，增加校园绿化面积；通过微信群、《致家长一封信》等平台，向家长宣传“双创双修”的重要意义，要求家长加强环境卫生保护及子女的文明习惯养成教育。

（乐平市第六中学）

乐平市教师进修学校

概述 学校作为一所师资培训学校，承担着全市教师各类岗位培训，同时面向社会开展学历教育。本年度学校以习近平新时代中国特色社会主义思想和党的十九大精神为指导，全面贯彻党的教育方针，扎实有序地开展各项工作，为推动乐平市教育改革的深入发展做出了努力。

强化师德建设 6月14日召开学习贯彻《新时代中小学教师职业行为十项准则》动员大会，倡导争做新时代有理想信念、有道德情操、有扎实学识、有仁爱之心的“四有”好老师。

9月至11月在市委“不忘初心、牢记使命”主题教育第四指导组的指导下，把完成规定动作和创新特色动作相结合，扎实推动主题教育工作，锤炼了党员干部忠诚干净担当的政治品格，筑牢信仰之基、补足精神之钙、把稳理想之舵。以主题党日活动为切入口，强化党员教育，通过学党史，听党课，净化思想，提升党员政治素养。

党建工作上台阶 将教师支部和行政支部合并为“乐平市教师进修学校教师党支部”，增强支部政治领导力、思想引领力、群众组织力和社会号召力。

探索党建+工作。5月10日，学校党支部与参加第二期教师意识形态和师德师风教育培训班的学员联合开展“读红色家书暨学习习近平在五四运动100周年纪念大会上的讲话精神”主题党日活动。11月1日与众埠莲塘村委一起开展学习宣传黄文秀同志和“新时代赣鄱先锋”“新时代瓷都先锋”先进事迹主题党日活动，并开展学习习近平新时代中国特色社会主义思想和党的十九大精神送教下乡活动。强化廉政建设。落实“三重一大”制度，进一步规范大宗物资采购程序；建立中层以上干部个人廉政档案；3月组织学校正职的爱人参加“守好廉洁门，当好廉内助”活动；通过学校微信工作平台开展经常性的廉洁教育和廉政纪律提醒，做到了警钟长鸣。

师训成教双丰收 本年度师资培训完成六个大项的培训任务，具体包括完成“国培计划（2018）”信息化素养提升项目远程培训、 2018—2019学年度江西省中小学（幼儿园）“互联网+教师专业发展”全员培训工作。其中国培参训学员1286人，远程培训涵盖全市各中小学，参训学员6088人。完成教师意识形态和师德师风教育培训，参训教师610人。其中第一期（4月19—21日）参训人数200人。第二期（5月10—12日），参训人数208人。第三期（6月14—16日），参训人数202人。第四期（7月8—10日），参训人数202人。第五期（7月12—14日），参训人数200人。完成了首期小学校长高级研修班（8月7—11日），此次培训采用2+3模式，两天在教师进修学校集训，3天在江西师大继续教育学院参训。参训学员108人。完成了2019年新聘教师岗前培训(8月26—30日)，参训教师392人。完成了2019年新聘教师意识形态和师德师风教育培训，参训教师 381人。其中第一期（11月29—12月1日）参训人数190人；第二期（12月6—8日）参训人数 191人。完成了2018—2019学年度“互联网+”奥鹏初中、小学送教下乡培训（12月12日—12月15日），参训学员其中小学语文40人，初中英语39人、书法65人。

成人教育工作立足服务能力提升，有序开展学历教育，圆满完成国家农业农村部3月19—20日对“一村一”工作调研。19年招收新生247人，现有在籍学员455人。

学校硬件升级 对食堂的结构进行了优化，更新设备，安装监控设备；建设教师健身房，购置了健身器材，为教职工提供强身健体的公共场所和开展互相交流、共同提高的场所；改造车棚，对党员活动室进行了标准化建设。

工会职能突显 开展各类节庆的庆祝活动和送温暖活动，组织女职工开展登山、跳绳，举办趣味投篮活动和乒乓球比赛，组队参加全市职工运动会。看望生病和丧亲教师，为他们送去学校的关心。在活动中加强教职工的凝聚力，全力构建和谐温暖的职工之家。

文明创建落到实处 积极开展驻村扶贫工作。千方百计克服自身财力薄弱的困难，加大投入拨出专项经费用于扶贫帮扶工作，仅下半年拨付各类扶贫资金39100元；选派王衡平参加全市志愿服务组织管理员业务知识培训和在北京举行的医护师资初训班培训；发挥传统节日在弘扬中华民族优秀文化和加强公民思想道德建设的载体作用，开展“我们的节日”系列主题活动，让教职工感受传统文化魅力的同时进一步增强团队凝聚力和向心力。组织教职工到鼎红路口开展文明交通志愿服务活动。组织教职工和学员开展义务献血活动。

硕果累累 成教工作被评为江西省优秀成人继续教育院校，为唯一入选的一所县级进修学校。被评为景德镇市文明单位。吴寿平的书法作品入选2019年4月27日在北京三品美术馆举行的“第五届全国教师现场书法创评特等奖作品展”。

（乐平市教师进修学校）

乐平市职业中专

概述 2012年，迁址新建乐平市职业中学。为加快乐平职业教育步伐，扩大教学规模，经乐平市人民政府同意，决定将乐平市职业中学更名为乐平市职业中等专业学校，对外加挂乐平市职业技术培训中心的牌子，学校办学性质为公办职业中专教育。学校位于乐平市金山工业区，环境幽雅，风景如画，交通便利，市区公交车可直达。学校占地面积300亩，建筑面积3万平方米，是周边县（市、区）规模最大的公办职业中专及职业技术培训基地，学校实行全封闭式管理，四人一间带独立卫生间的学生公寓、24小时热水供应、宽敞整洁卫生的食堂使学校具备了全省一流的学习及生活环境，是江西省省级示范校。2013年12月，该校被评为江西省第一批达标中等职业学校。2014年4月14日，乐平市农业干部学校在该校挂牌成立。2019年7月9日起，经省教育厅报省政府批准同意，在乐平市职业中等专业学校的基础上设置乐平中等专业学校（普通中专）。该校目前拥有学前教育、计算机应用、电子商务、数控技术应用、汽车美容与装潢、园林绿化、古建筑修缮与仿建七大专业，2016年增设“三校生”高考班。目前在校生共1400余人。

中高职对接及校企合作 4月，与江西陶瓷工艺美术职业技术学院进行衔接，使用“3+2”分段联合培养模式（初中起点3年制中专加两年大专），与其签订了《中高职合作办学协议》，合作专业为电子商务专业。9月，与江西吉安职业技术学院达成了“中高职对接3＋2”合作协议，合作专业为学前教育。校企合作方面，与江西汉辰泽云教育科技有限公司达成合作协议，合作专业为数控技术应用专业工业机器人方向。以上专业为企业定向培养相关人才，学生入学即签订协议，百分之百定向就业。另外，该校还与“985”重点院校合作举办学历提升教育，可使广大学生获取大专及本科文凭，还面向社会举办汽车维修及美容装潢、数控与机械加工、计算机软件等技能培训。

教学工作及师资建设 强化管理工作的科学性、实效性，在课程设置与课表安排上注重了现代教育理念和科学、严谨的治学精神，在仅有的师资条件下（部分科目教师不全），合理编排各级课程表，修订教师教学考核细则，举行多种形式的活动，使教学工作井然有序。特别是强化了备课、上课、考查等工作，基本上制止了用陈旧教案上课，缺课、迟到、早退现象较少。晚自习规范，教风、学风、考风良好，教学质量较为理想。该校还要求每一位教师根据新课程标准的要求，立足课堂，面向全体，正确把握教改方向，改进教学方法，着力培养学生学习能力，科学挖掘学生内在潜能，促进学生文化素质稳步提高。

提高教师素质是教学工作重点之一。该校推行集体备课，评课等活动，并举行优质课比赛，大大激发了教师的学习、教学积极性，使教师业务水平有了很大提高。2019年度有四位教师获得2019江西省“双师型”教师荣誉称号。

打造平安校园 深入开展爱国主义教育、集体主义教育，利用星期一升旗仪式集会点评上周政保安全工作，表扬先进，指出不足，先后组织法律知识讲座和法律知识竞赛，实行24小时值班制度和学生出入登记及门卫管理制度，严把学生及校外社会人员的出入关。与农科园派出所进行安全协防，设立职业中专警务室，每天由一名学校领导和一名中层干部值班，另聘请两名保安，每幢宿舍楼安排一名宿管员，并制订出完善的安全工作制度。组织积极开展全校安全排查工作，通过“119”火警宣传日的宣传、教育，大大提高学生自我保护意识，从根本上杜绝消防安全事故发生。

开辟第二课堂 组织教务处与校团委、学生会、各体育老师联合开展丰富多彩的课外活动。3月份的校园植树节活动，9月中旬对全体新生进行为期两个星期的军训活动，另外还有迎新生晚会、烧烤节、校园爵士舞大赛、“中国梦，乐职心”演讲比赛、每周的“快乐星期天”“乐职好声音大合唱”比赛、趣味运动会、2017级学生感恩毕业晚会、新年元旦晚会等。这些课外活动不仅极大丰富学生的课余生活、提高学生学习热情也大大增强班级凝聚力，而且为扩大学校社会影响也起到积极作用。

积极开展各类社会培训 进行了为期3个月的全省退伍军人技能培训，培训人次共120人。

办学条件改善 1月以来，该校通过公开招标或邀请招标，实训综合楼项目，400米高标准塑胶运动场、第5幢学生公寓已建成投入使用。

（乐平市职业中专）

科学技术

概述 乐平市科学技术局是主管全市科技工作的市人民政府工作机构，依法行使科技行政管理权。主要负责归口管理的科学技术管理事务、基础研究、应用研究、技术研究与开发、科学技术普及、科技交流、一村一品、技术合同的认定等工作。2019年我局以习近平新时代中国特色社会主义思想为指导，深入贯彻党的十九大精神，从更高层次贯彻落实习近平总书记对江西工作的重要要求，认真开展创新型县（市）创建工作，加快实施创新驱动发展战略，积极深化科技体制机制改革，深入开展“科技兴明珠、喜迎新时代”活动，答好“时代之问”，完成了各项工作目标。

科技计划及项目管理 共争取市级以上科技计划项目资金609万元，下达本级科技计划项目资金100万元。

科技创新成果和奖励 着力强化企业技术创新主体地位，以创新政策带动企业加大研发投入，提升创新供给能力，全年有创新活动企业数量达到33家，全社会研发投入（R&D）达到4.11亿元，同比增长43%，占全市生产总值（GDP）的比重达到1.21%，技术合同交易额达到3600万元，同比增长55%。

科技创新平台建设 6家通过科技部备案的国家级星创天地获得省科技厅项目建设支持；天新药业维生素实验室获批省重点优良实验室；推荐景德中药公司申报国家级、省级“创新型科技团队计划”；建立景德镇市级科技特派员站11个；移动物联网成熟经验和产品已在供水、供电以及农业、工业等领域应用推广；全市高新技术企业达33家；23家企业通过国家科技型中小企业评价。

科技扶贫工作 动员和组织科技特派团、科技人员和科技管理干部深入扶贫一线，并实现本市各乡镇全覆盖；在浯口、后港等乡镇深入开展“送科技下乡，助力攻坚脱贫”活动；重点支持带动贫困户脱贫的企业申报省市级科技项目和平台建设。

一村一品 稳步推进2019年度省级现代农业专项（一村一品）工作，重点扶持了主导产业特色明显，带动力强、农民参与程度高、增收显著、示范效果好的产业发展项目。

（市科技局）

文旅新闻

文旅事业

概述 2019年是“文旅融合”的第一年。市文广新旅局在市委、市政府的正确领导下，坚持以习近平新时代中国特色社会主义思想为指导，围绕市委、市政府中心工作，推动全市文旅融合发展、加强公共文化服务建设、文化遗产保护、文化旅游市场管理等各项工作，准确把握文化旅游融合发展前进方向，全力推动乐平文旅品牌建设，推进文旅工作再上新台阶。

荣誉奖项 元月，经中国民间文艺家协会考察论证，乐平市被命名为“中国古戏台之乡”。2月，乐平市被江西省文化和旅游厅被评为“2018—2020年度江西省民间文化艺术之乡”（赣剧之乡）。10月，南窑遗址成功入选第八批国保单位，这是乐平市继浒崦名分堂戏台后第二个国家级文物保护单位。

体制改革 原乐平市文化广播影视新闻出版局和原乐平市旅游风景管理局合并组建乐平市文化广电新闻出版旅游局。

文化旅游活动 举办第一届“中国文化遗产大会”；承办2019年度春节文艺晚会及团拜会；开展“扫黑除恶”为主题的文艺演出；策应“学习强国”学习平台，推出国歌主题线上活动；举办第六届文化艺术节。以“4·23”世界读书日 、“5·18”国际博物馆日、“5·19”中国旅游日、“6·8”中国遗产日为主题推出系列文化旅游活动。

文化遗产文物保护 完成县级非遗项目代表性传承人申报评审工作；推荐申报第六批景德镇市非物质文化遗产项目代表性传承人，22位县级传承人成功申报市级传承人。完善市（县）文保单位申报资料，做好省基层文保项目保护工作，完成上报革命文物项目计划书，申报第八批国保单位南窑遗址成功入选。

公共文化服务 完成全市336个村（社区）标识标牌上墙；农家书屋266个和资源共享服务点177个，已正常开放；文化广场配置身边好人榜58个；全民健身路径器材246个；简易音响58个；接渡镇杨子安社区已按一类示范点建设达标开放。

文化旅游市场 结合市重点工作开展文化旅游市场“扫黄打非·护苗2019”专项行动专项整治行动、校园周边环境专项整治行动、文化和旅游市场扫黑除恶专项整治行动、黄赌毒和黑恶势力听之任之、失职失责甚至包庇纵容、充当“保护伞”专项整治行动等；整治文化旅游行业各种违法违规经营行为，倡导文化旅游企业诚信经营，优化文化旅游发展环境。

免费开放 送戏送电影送书下乡 市文化馆、博物馆、图书馆、美术馆、非遗展厅、赣东北特委爱国主义教育基地坚持实行无节假日模式免费开放，全年参观人数达数十万人次；共放映电影5422场，补充配送全市266家农家书屋2000元/家的图书；送戏下乡64场。

旅游发展 对接景德镇市创建全国全域旅游示范区，编制《乐平市全域旅游总体规划》，拍摄旅游宣传片；新建旅游厕所8座，收回洪岩景区经营权，督促文山怪石林景区完善创4A级景区复核工作。

（市文广新旅局）

广电网络

概述 始终坚持以省公司“信”立广电网络、“诚”就精彩生活的发展理念，坚持做广电网络人自信，加强内部管理，实行全员绩效考核机制，开拓创新，真抓实干，为开创乐平市广电网络文化生活大发展繁荣奠定了坚实的基础。

保用户出亮点 全市有线电视管理采取网格服务，在用户流失严重的情况下，加大宣传力度，把城乡接合部私网纳入公司整合，同时，鼓励条件较好的实行双向网改造，用宽带来捆绑用户。

加大网络维护 加强对网络维护人员业务培训，转变工作态度，树立“真诚服务、用户至上”的维护管理理念，做到当日工作当日完成，真正做到用户需要随叫随到。

积极配合支持政府工作 为美化乐平和秀美乡村建设、空中乱象整治，公司积极配合、积极参与，同时，解决孤寡老人、低收入人群看电视难的问题。

（市广电网络公司）

图书发行

概述 江西省新华发行集团有限公司乐平市分公司属江西新华发行集团（原江西省新华书店）下属分公司，于2010年7月经江西省出版集团全面部署改革，并成功上市，现更名为“中文天地出版传媒股份有限公司”。现有在职员工28人，经集团公司批准的人事代理聘用工两人。

2019年，分公司按照省发行集团公司“一业为主，多元经营”的发展战略，努力巩固图书主业，着力搞好多元经营，积极提升企业效益，不断整合企业资源，细化内部管理，培育先进企业文化，振奋精神，坚定信心，攻坚克难，扎实工作，努力实现乐平市分公司健康稳步发展。

指标完成情况 实现营业收入8098.3万元，比任务数7426万元增加了672.3万元，增长9%；实现利润总额1262万元，比任务数1028万元增加了234万元，增长22.76%，圆满完成当年各项销售任务。

教材、教辅发行工作 坚持社会效益第一的原则，切实履行中标后的服务承诺，做好教材售后服务工作，确保教材教辅发行工作大局的稳定，保证“课前到书，人手一册”，2019年发行教材294.9万册，码洋2236万元。为乐平市教育事业的发展和地方经济建设做出了应有的贡献。

一般图书销售 不断提升中心门市部服务质量，强化市场营销宣传，内抓管理，外塑形象，图书门类齐全合理，店容店貌焕然一新。图书品种达到2.4万左右，2019年完成销售图书码洋325万元。

发展多元经营 一是与民营手机商强强联手，壮大乐平市新华移动手机广场实力。坚持媒体宣传做足文章，强化手机销售和售后服务，全年销售412万元。二是加强和上海晨光文具股份有限公司合作，大力支持、积极配合乐平市晨光生活馆的销售，晨光生活馆销售码洋22万元。三是协助新华壹品与新阳光顺利交接。

农家书屋配送 成立领导小组，组织专题会议，由王丽洁副经理为组长并亲自带队分两组，在当地新闻出版分局及残联的积极配合下，短短12个工作日，加班加点，早出晚归，跑遍全市19个乡镇、街道，266个自然村，共配送农家书屋266家。并帮助指导各村图书管理员图书分类上架，以及怎样进行图书管理，圆满完成了2019年农家书屋配送工作，取得了良好的社会效益和经济效益。

培育企业文化 一是大力开展精神文明创建。充分发挥书店的主渠道和精神文明建设的阵地作用，大力开展精神文明创建活动，全员上下比文明、赛文明蔚然成风，时刻不忘省级“文明单位”的表率作用，积极申报创建十五届省级文明单位。二是广泛开展道德讲堂。广泛开展以“身边人讲身边事、身边人讲自己事、身边事教身边人”为主题的“道德讲堂”活动。有力激发全体干部职工学先进、树先进、做先进。三是学雷锋争先锋。大力弘扬雷锋精神，积极营造“奉献、友爱、互助、进步”的良好氛围，乐平分公司干部职工积极参加“学雷锋，争先锋”组织引导广大青少年和社会公众积极参与志愿服务行动。四是志愿者活动蔚然成风和帮建村留守儿童一对一结对助学、2019扶苗行动、协助文明交通等。累计志愿者服务时26000余小时。五是主动加强帮建活动，先后投入资金10.8万元对精准扶贫、精神文明、新农村、综治帮建村进行针对性帮建，并取得了良好的效果。

规范内部管理 一是加强党风廉政建设严格执行中央“八项规定”精神，把纪律挺在前面，进一步落实省发行集团关于企业廉洁从业的有关规定，规范经营管理，严肃财务纪律，推进党风建设和反腐倡廉工作。二是完善进销存管理。加强经营收入现金收款及应收账款管理，确保应收账款全部到位。三是健全管理机制。规范内部管理，制定系列规章制度，建立考核激励机制，使各个岗位权责明确，奖罚分明。四是注重开源节流。严格预算管理，加强成本控制，努力降低费用开支。五是加强综合治理。把社会治安综合治理工作和安全生产工作纳入重要议事日程，狠抓落实。六是发挥工青妇组织的作用。工、青、妇组织在上级组织和分公司党支部领导下，充分发挥本组织的职能作用，积极参与本单位精神文明创建，为企业献计献策，当好参谋，创效益、作贡献。 （新华集团乐平分公司）

融媒体

概述 乐平新闻编辑部是一家全媒体综合新闻机构，出版发行的《景德镇日报·乐平新闻》为乐平市委机关报，并承办乐平政务微信主平台“乐平之窗”微信公众号、“乐平发布”微博和乐平融媒App平台。

新闻宣传紧扣中心 始终紧紧围绕市委、市政府的中心工作开展新闻宣传，较好地把握了正确的舆论导向。年初，编辑部抓住机构改革、春节慰问困难群众等工作进行了报道，特别是“禁燃”令实施后，为更好地推进此令落实，对回收爆竹、开出处罚第一单等行动报道迅速，效果明显。为盘点去年全市的工作亮点，自3月份开始，编辑部开辟《回眸2019》专栏，陆续推出了双创双修、脱贫攻坚和工业环保等一批综合性报道，起到凝聚人心鼓足干劲的作用，在干群中引起良好的反响。编辑部还聚焦扫黑除恶、脱贫攻坚、环保整治、党风廉政建设和重点项目建设等全市性重点工作方面采写了130余篇有点有面的报道，在报纸和微信上刊登，营造了良好的舆论氛围，发挥了主流媒体舆论引导作用。在对外宣传上，一年来，共向《江西日报》《景德镇日报》《江西新闻网》等地级以上媒体发稿130余篇，这些稿件较好地反映了乐平跨越发展、进位赶超的良好形象，提升了乐平知名度。

媒体建设再创佳绩 通过四年多的建设和发展，乐平之窗微信公众号业成为乐平最具影响力的政务新媒体。2019年以来，“乐平之窗”微信公众号在新闻选题、发布时间和服务性上下功夫，关注人数持续攀升，由2018年的4万多人增加到6万粉丝。网民、粉丝的互动参与性热情高涨，线上线下活动频繁。2019年“乐平之窗”微信公众号再次跻身全省县区政务微信十强，排名第三。我们努力做好乐平融媒App平台工作。它的发布和阅读量，与“乐平之窗”微信公众号、“乐平发布”政务微博一起构成了乐平市官方移动新媒体方阵，目前在全省县市一级，一直保持在前十名。 （乐平新闻编辑部）

卫生体育

卫生综述

概述　2019年，全市卫健系统共有市、乡、村三级医疗卫生单位662家。县级医疗卫生单位有人民医院、中医医院、妇幼保健院、疾控中心、卫生计生综合监督执法局、皮防所等6个；乡（镇）卫生院19所（其中中心卫生院6所）；社区卫生服务机构5所，医务室两所，门诊部7所，民营医院14所；个体诊所81个；村卫生室525个（其中零差率352所和非零差率173所），覆盖全市所有村委会；其他医疗机构3所（疾控中心预防接种门诊、结核病门诊、美沙酮门诊）。全市卫健系统在编人员1355人，其中委机关59人，市直医疗卫生单位840人，乡（镇）卫生院456人。全市卫健系统共有退休人员701人。全市共有执业（助理）医师1557人，注册护士1975人。有注册乡村医生1022人。全市医疗机构共设病床3076张。

2019年全市出生人口9115人，出生率9.21‰。其中男4976人，女4139人，出生人口性别比为120.22∶100。死亡人数3033人，死亡率3.06‰。人口自然增长率6.14‰。

上级调研　7月10日，省人大常委会委员、教科文卫委副主任委员傅克刚，省人大科教文卫委副主任委员公艳萍一行来到乐平，就分级诊疗工作开展调研活动。傅克刚一行先后来到塔前镇中心卫生院、新园村卫生室、市人民医院、市中医医院等地调研。通过实地调研，傅克刚一行对乐平市分级诊疗工作给予了充分肯定，认为乐平市分级诊疗工作领导重视、思路清晰、措施扎实、成效明显。调研组指出，分级诊疗是深化卫生体制改革的重要举措，对合理分配医疗资源、引导优质医疗资源下沉、切实解决人民群众看病难看病贵问题意义重大。乐平市各单位结合实际，积极探索，工作中出现了不少亮点。今后还要加大宣传力度，让群众认识到分级诊疗改革的意义。要继续夯实基层基础，促进优质医疗资源下沉，不断提高乡镇卫生院常见病、多发病防治水平。要继续深化改革，创新管理体制，完善制度建设，积极推进各项医改措施，确保分级诊疗工作有序推进。要坚持以人民为中心的指导思想，全面加大医院信息化建设力度，加快推进远程医疗工作，切实满足基层患者的就医需求。

爱国卫生　先后多次召开专题会议进行研究部署，投入大量人力、物力、财力持之以恒开展卫生城市创建。市卫健委作为创卫工作牵头单位之一，主动担当，积极作为，在抓好本系统创卫工作任务的同时，充分发挥创卫工作的参谋助手作用。在全市共同努力下，12月，乐平市获得了江西省卫生城市命名（赣爱卫发〔2019〕8号）；礼林镇、涌山镇、镇桥镇获得江西省卫生乡镇命名（赣爱卫发〔2019〕7号），洪岩镇已通过了国家卫生乡镇公示，即将公示。

“厕所革命”工作。新建乡村公厕48座，圆满完成景市下达任务数。

基层建设　在全市三大公立医院实现了新建、改建和整体搬迁的基础上，把村卫生室建设列为政府十大民生工程之一，政府共投入1800余万元，新建295个村卫生室，实现了每个行政村都有一所公有产权的标准化村卫生室的目标并实现了村卫生室标准化配置，村医工作环境和群众就医条件得到明显改善。

计划生育服务管理 计划生育工作已由管理向服务转变，市卫健委认真落实计划生育奖励政策，关注民生问题，切实保障群众利益。全市城镇独生子女父母奖励 651.67 万元，奖励人数为 5174 人；发放计生特别扶助奖金 152.3 万元，帮扶计划生育失独、伤残家庭 250 人；发放农村计划生育奖扶资金 206.6 万元，奖扶人数为 1423 人；发放独生子女死亡家庭一次性抚慰金奖扶资金 11.5 万元，奖扶人数为 23 人；发放阳光助学资金 12.1 万元，帮助农村计划生育子女 121 人；全面推开计生特殊家庭住院护理补贴保险，受益人数为 19 人，保险赔付 2.25 万元。2019 年计划生育工作获景德镇市二等奖。

脱贫攻坚 接续开展了“春季整改”“夏季提升”和“秋冬巩固”回头看三大攻势行动。大力实施健康扶贫，筑牢基本医保、大病保险、重大疾病商业补充保险和医疗救助“四道保障线”，确保贫困人口住院报销比例控制在 90%适度目标，落实“先诊疗后付费”、一站式结算、大病专项救治、家庭医生签约履约、免费疫苗接种等健康扶贫政策，推进饮水安全水质检测和驻村帮扶工作。全市贫困人口住院共 7057 人次 8310.76 万元，报销补偿 7705.54 万元，报销比例为 92.97%。推进 31 种大病及时救治，救治 3579 人次。建立贫困人口“履约台账”，签约 13178 人，履约 12914 人，履约率 98.00%；二级以上医疗机构对基层指导 661 次，服务 14934 人次。实施贫困人口免费疫苗接种，接种流感疫苗和 23 价肺炎疫苗 3433 针次，接种率 95.27%。对农村 10 个自来水厂，市卫监局、市疾控中心分别实现了季度监测和半年检测的工作机制；对分散式供水贫困户采取“望、闻、问、尝”等简便适宜方法进行水质现场评价。全市贫困人口集中式供水贫困户 3710 户、分散式供水贫困户 2597 户的饮用水全部实现达标。为符合条件的贫困人口办理慢性病证，截至 2019 年底贫困人口持有慢性病证 2842 张。驻村帮扶工作取得阶段性成效，2019 年给双田镇双华帮扶资金 42000 元，礼林镇铺里 83000 元，柴家 12000 元，白土 12000 元，府前 21000 元。

妇幼健康 加强孕产妇集中管理工作，通过县、乡、村三级集中管理模式，对辖区内所有孕产妇进行建档、提供孕期保健、妊娠风险评估、高危妊娠管理、危重症转诊等服务，提升孕产妇系统管理率，规范管理好高危孕产妇，降低孕产妇及新生儿死亡率。开展城镇贫困妇女两癌检查及全市农村妇女两癌检查工作，年度总任务数 18000 人已全部完成。对所有患者均进行及时告知、并干预处理或转诊，按要求定期开展随访工作；加强孕产妇、新生儿危重症救治中心建设，市人民医院、市妇幼保健院为乐平市孕产妇危重症救治中心，市人民医院为乐平市新生儿危重症救治中心，根据省卫健委《关于开展危重孕产妇救治中心和危重新生儿救治中心验收工作的通知》要求，于 2 月组织专家对两家机构进行验收。继续推进妇幼重大公共卫生项目。全市预防艾滋病、梅毒和乙肝母婴传播工作完成 8667 人。其中检出艾滋病阳性 6 例，梅毒阳性 30 例。为乙肝表面抗原阳性 440 例产妇所分娩新生儿均免费接种乙肝免疫球蛋白，接种率 100%。全市增补叶酸预防神经管缺陷项目叶酸服用 6114 人，服用率达 95.17%。加强妇幼保健机构管理。组织专家对提出申请更换母婴保健证的 19 家机构进行资料审批、现场审核，对人员进行考核。

公共卫生服务能力建设 10 月 12 日对全市基层机构公卫项目负责人进行了项目培训，共培训 23 人；开展基层卫生人才能力提升培训项目，共培训基层人员 217 人，其中乡村医生 171 人；举办乡村医生能力提升培训班，共培训乡村医生 90 人。做好乡医管理和培养工作，对注册乡医进行五年期满再注册工作，已网上注册 1022 人，其中乡医 769 人，执医执助 253 人。2019 年报送 28 人参加村卫生室订单定向医学生培训。

继续推进基本公共卫生服务项目，为 0～6 岁儿童、慢性病患者、65岁以上老年人、孕产妇、高血压患者、糖尿病患者、严重精神障碍患者和肺结核患者等重点人群进行免费体检及健康管理，全市共建立居民电子档案68.0181万份，建档率80.17%。为广大群众提供了优质、安全、高效的基本公共卫生和医疗服务，患病群众能够得到及时救治，提高了群众的健康意识和健康素养。组建家庭医生团队76个，常住人口签约32.1万人，签约率为37.84%。于2019年5月正式开始启用江西省居民健康档案信息系统。

4月2日至4月26日江西省审计厅对乐平市2018年基本公共卫生服务补助资金进行了专项审计调查，对审计发现的问题立行立改，制定了整改方案，成立了领导小组，发现的问题均已整改落实到位，通过此次审计，使项目的实施、资金的管理得到进一步规范。

重点民生工程 “光明·微笑”工程让445名白内障患者重见光明，为18名唇腭裂患者免费手术；儿童“两病”项目，让3例儿童白血病患者、41例儿童先天性心脏病患者得到救治；贫困家庭重性精神病患者免费救治项目惠及3377人次；尿毒症免费血透救治628人；116人得到贫困家庭15种重大疾病专项救助。开展城镇贫困家庭妇女两癌检查和农村妇女两癌筛查工作，免费为15077名农村妇女进行宫颈癌检查，为13901人农村妇女进行乳腺癌检查，城镇贫困妇女两癌免费检查1076人，达到预防为主，未病先防的目的。献血人次1559人，献血量557400毫升，用血量675000毫升。

医疗服务能力建设 开展整治医疗乱象工作，市卫健委联合医保、网信、发改、公安、市场监督等六部门联合开展医疗乱象专项整治行动，重点整治医疗诈骗、虚假宣传、乱收费、骗保等医疗乱象。共立案查处相关案件19起，责令整改20家，核减7家医疗机构共10项诊疗科目和床位60张，给予行政处罚10.5万元，进一步规范了医疗秩序，切实增强人民群众看病就医的获得感、安全感、幸福感。

开展了整治漠视侵害群众利益专项活动，对乡村缺合格医生、贫困人口饮水安全、查处假冒伪劣消毒产品、减轻群众看病就医经济负担、医疗服务行为不规范、行政审批和政务服务等7个方面的民生问题进行专项整治。

开展医疗废物处置工作。全市各级各类医疗卫生机构与景德镇市国信清源环保有限公司签订医疗废物委托处置合同，签约率100%；乡镇卫生院规范设置医疗废物暂存间，指定专人负责辖区内卫生室的医疗废物接收、暂存，由景德镇市国信清源环保有限公司一星期两次安排专车转运。进行定期清运、集中处置：争取市政府支持，由市财政配套医废集中处置专项经费61万元，确保医废集中处置工作顺利进行。

卫生监督 坚持做好医疗市场、公共场所、学校、饮用水、消毒产品等方面的日常监管工作。全市公共场所315家，监督301家，监督覆盖率为96%；监督检查学校110户次，下达卫生监督意见书110份，其余189家由各乡镇卫监协管人员监督完成，监督率达100%；对全市托幼机构，校外培训机构，学校采光照明等随机专项抽检工作，抽检20家，抽检合格率100%。开展国家“双随机”综合执法，完成国家抽检任务247件，监督247家，关闭13家，下达监督意见书234份，完成234家，任务完结率100%。当场处罚21家，罚款总额2.34万元。开展药店消毒产品和集中消毒餐饮具单位监督检查。对56家城区药店和7家餐饮具消毒单位进行了卫生监督检查，下达卫生监督意见书总63份；对全市中小学校、医疗机构、公共场所“四小”行业等260家单位进行了重点卫生监督检查，下达了卫生监督意见书。并与各单位负责人签订了商店门内达标责任书，对不符合卫生标准的单位，均下达了卫生监督意见书，要求其限期整改。举办了两期卫生监督员、信息员的业务知识培训，参训人员120余人。

疾病预防控制 认真贯彻执行《传染病防治法》，

完善了传染病自动预警系统，提升了对疫情流行态势做出科学研判的能力；加强了疫情监测和各项防控措施的全面落实，手足口病疫情得到有效遏制，流感监测工作成效显著；重点培训学习了登革热防控知识，处理输入性登革热共6例，没有本地病例发生；圆满完成了传染病及肠道传染病的定期督导检查、指导和培训工作任务。加强了查漏补种和入托、入学查验证等预防接种管理，实现了全市免费接种覆盖率达100%，以乡镇为单位免疫规划疫苗单苗报告接种率98.57%以上，实现了儿童预防接种信息互联互通。认真落实“四免一关怀”“三免一补助”政策，定点医院抗病毒治疗工作稳步推进，圆满完成2019年脑卒中高危人群干预项目。

7月29日以来，连续强降雨，致乐平市18个乡镇、5000多人受灾，受灾面积达50万平方米情况，成立了灾后防疫防病卫生应急领导小组，抽调专业人员20余名组成3个救灾防病消杀分队，配备喷雾器、消毒杀虫药品深入受灾地区开展消杀工作指导，并现场为村民进行灾后居家和环境消杀。使用84消毒液5000多瓶、漂白精片1600余瓶，发放宣传单20000多份，确保了洪灾过后无大疫。成立了公共卫生风险评估专家组，对大灾之后进行了专题风险评估，对突发疫情等公共卫生问题能及时有效地解决。

老龄健康 因机构改革，市老龄委工作职责于2019年划于市卫健委。积极履行老龄委职责，重新调整了《乐平市老龄工作委员会成员单位及组成人员》，于10月7日召开了职能调整后的第一次全市老龄工作会议暨“老年节”庆祝大会，会后对乐平的百岁老人进行了走访慰问。深入开展2019年全国“敬老月”活动，于9月21日组织开展2019年“阿尔茨海默病预防与干预”宣传活动。这次科普宣传有近千余群众参与，共向大家发放1000多份《阿尔茨海默病预防与干预核心信息》宣传资料。在乐平市登记备案的社会办医养结合医疗机构有五洲医院，其他未备案在筹建当中的社会办医养结合医疗机构有仁济医院、第五医院、王氏正骨医院、第二医院。11月份，联合计生协会开展2019年中国城乡老年人生活状况监测调查，对洎阳街道、乐港镇、后港镇、双田镇4个乡镇、街道的88位年满60周岁及以上的老年人进行监测调查，已完成所有的上户访问和监测工作。

职业健康 因机构改革，职业健康工作职责于2019年划于市卫健委。开展了《职业病防治法》宣传周活动。开展了主题宣讲活动两次，开展宣传咨询活动4次，开展警示教育活动5次，印发宣传材料近千份，出动宣传人员50多人，宣传受众人数800余人。开展全市“安康杯”知识竞赛活动。这次活动采取征文、问卷答题和现场抢答方式进行。活动内容紧紧围绕《中华人民共和国安全生产法》《中华人民共和国职业病防治法》及相关健康知识进行开展，问卷答题设置了选择题、判断题、简答题和论述题四大题型。举办职业健康培训。参训人员来自各相关企业分管职业健康工作负责人、市疾控中心、卫计监督局相关职能科室负责人，共60余人参训。

政策法规宣传 根据《“健康江西2030”规划纲要》和《“健康景德镇2030”规划纲要》要求，制定下发了《“健康乐平2030”规划纲要》，《规划纲要》将健康融入所有政策，推进卫生健康关口前移，全方位、全周期、多层次维护人民群众健康。

认真开展规范性文件清理工作，做好食品安全风险监测工作。制定《乐平市2019年食源性疾病监测工作方案》和《2019年食源性疾病报告工作的培训计划》，成立了食源性疾病病例和病原学监测领导小组，并于6月28日在疾控中心三楼进行了专业培训，做到手把手教会每个学员上机操作并可以进行网络报告。各食源性疾病病例和病原学监测单位都已完成任务。

加强宣传教育，充分发挥新媒体作用，利用网络平台进行健康教育知识宣传。日常利用“健康乐平”微信公众平台进行卫生政策宣传，卫生行业动态及健康知识宣传。加强信息报送工作，制定下发《关于进一步加强信息报送工作的通知》，在公众号平台共推送580篇健康知识，制作安装宣传栏共12期46张。制定下发《乐平市2019年度居民健康素养监测方案》，组织开展调查员培训，协调街道办、乡（镇）政府、居委会、村委会等有关部门做好数据收集、入户调查等工作。做好景德镇市“最美医生”“最美护士”推荐工作。

全面深化改革 稳步推进公立医院改革。区域医疗费用门诊均次费用增幅为13.61％，出院者均次费用增幅为25.59％。全市药占比为35.28％，较2018年略有下降。市公立医院百元医疗收入（不含药品收入）中消耗的卫生材料费用为28.88元。医疗服务收入占比为33.49%。乐平市作为全省县域综合医改试点单位之一，不折不扣抓好医改各项工作任务，突出改革重点，纵深推进医共体建设，制定《乐平市县域医疗卫生服务共同体建设实施方案》报市政府审定，以人民医院和中医医院牵头，18个乡镇卫生院加入，着力解决基层医疗薄弱的问题，建立和完善“基层首诊、双向转诊、急慢分治、上下联动”的分级诊疗制度，推动优质医疗资源下沉，着力提高基层首诊率和县域就诊率，让群众就近享受优质、便捷、高效的医疗服务。下发了《乐平市人民政府关于完善医疗卫生行业综合监管制度的实施意见》（乐府字〔2019〕45号）和《关于建立全市医疗卫生行业综合监管工作协调机制的通知》（乐府办字〔2019〕151号）。

重点项目建设 人民医院综合大楼建设启动，工期两年。中医医院改扩建项目综合大楼投入使用，新建的急诊大楼和辅助楼正在建设当中，预计2020年年底全面竣工。争取到位乐平市中医医院改扩建建设项目中央投入资金2200万元，超额完成年度争项目争资金500万元的目标任务数。

扫黑除恶专项斗争 加大宣传力度，卫健系统共设立举报箱38个、宣传栏40个、悬挂横幅335条（永久性4条）、张贴公告108张、转发微信工作图片298张、发放致全市人民一封信202份。积极摸排线索。已经摸排出基层卫生院有侵占国有集体资产资源的5处，已全部收回。进一步加大医疗卫生行业的线索摸排力度，特别是药品、医疗设备、医疗器械、建筑领域、医托、医闹等方面，加大排查力度深挖出有价值的深层次线索，并及时核查处理。

党的建设 秉承“抓党建就是最大政绩”的管党治党理念，坚持问题导向、整改导向、目标导向，通过深入开展“不忘初心、牢记使命”主题教育，全面落实从严管党治党各项举措，不断加强了党的思想建设、组织建设、制度建设和作风建设。加强理论学习。继续坚持“三会一课”和“主题党日”制度，通过主题教育集中学、学习强国天天学等多种方式，结合年度学习计划安排，认真落实与实际工作的融合。加强公立医院党建工作，对加强公立医院的党建工作、高知群体入党等重要课题进行了深入调研。结合主题教育的大方向，进行了问题检视和整改落实，为进一步提高党建工作的主动性、整体提升党务工作的高质量发展，夯实政治基础和思想基础。严格执行中央八项规定精神，严格领导干部和全体党员廉洁自律制度，扎实改进“四风”，积极推进党风廉政建设责任制落实，时刻要求全体干部职工要坚定政治纪律、政治规矩和廉洁自律底线，不断转变工作作风，依法依规开展工作，努力营造风清气正、干事担当的氛围。 （市卫健委）

乐平市人民医院

概述 乐平市人民医院是一所集医疗、教学、科研、防保、急救和康复为一体的二级甲等综合性医院。医院始建于1933年，1996年3月被国家卫生部授予“二级甲等医院”，1996年8月被世界卫生组织联合国儿童基金会授予“爱婴医院”称号，2005年3月被景德镇市卫生局授予“景德镇市群众满意医院”称号。医院占地面积62919平方米，总建筑面积约53422.9平方米（不含传染病区），开设病床

620张，病床使用率110%。

医疗业务业绩 完成门诊43万人次（含社区），收治住院病人32676例，完成各类手术5134例，“120”抢救急危重病人7357例，完成健康体检10030人次，其中学生体检5900人次，职工体检4130人次，“光明·微笑”工程为440例白内障患者成功实施复明手术。业务收入35543万元（包含社区收入），医保报销人数27666人，报销金额约10707万元。接受省大中专卫生院校实习生113人，为各乡镇卫生院进修培训19人，派出援疆人员1人，选送医务人员外出进修42人，共发表学术论文30篇，较好地完成了教学培训任务。

综合大楼建设 于12月开工，建设地址在住院部大楼西侧预留建设用地上。规划建筑面积34400平方米，楼层为13层。其中：地上综合大楼建筑面积23400平方米，地下建筑面积11000平方米。

医院等级评审 通过开展医院二甲复评，健全了院科两级医疗质量管理制度，真正行使指导、检查、考核、评价和督导职能，每月开展质量考核、反馈、通报与绩效管理考核挂钩。重点强化了18项核心制度的落实，加强了院感、应急能力、消防安全、医疗质控管理培训。加强了重点科室的监督与管理，规范重点科室建设。严格执行单病种和临床路径的质量控制，规范了输血管理，强化院感工作，定期组织院内感染知识讲座，举办院内感染防控技能大比武活动，安排专人对重点科室和医疗器械进行细菌监测。强化了医疗废物管理，科室垃圾实行分类回收，有效地防止了院内感染的发生。加强了优质护理服务，开展“优质护理服务示范工程”创建评比活动，优质护理示范病房增加到了8个，落实了入院护理、基础护理、专科护理、健康教育和康复指导等工作。通过全院医职员工的共同努力，以优良的成绩顺利通过了江西省第三周期二级甲等综合医院评审。

医联体合作 分别与上海同济医院、深圳市眼科医院、省人民医院、南大一附医院、南大二附医院建立了紧密型医联体，就妇科、耳鼻喉科、眼科、心血管内科、重症医学科、神经外科、急诊科、骨科等开展技术合作，派出医护人员42人次到上述医院进修，同时邀请专家定期来院开展手术带教、查房、授课，推动了学科发展。全年邀请开展了大型义诊活动4次，专家授课16场，专家手术带教513台次（其中造影介入术209台）。

互联网络便民服务 银医系统上线，实现线上（微信）、线下（32台自助机）挂号、缴费及检查结果查询功能，大大缩短了患者等候时间。在门诊药房、慢性病药房各配备一台自动发药机，住院部药房配置一台口服药品自动分包机，实现全院发药系统信息化。在呼吸内科、肾内科率先安装智慧病房信息系统，实现全院智慧血糖管理和智慧心电管理。利用网络技术，安装了出院随访管理系统，出院患者随访率达到78%。

慢病管理工作 依托城北新区社区卫生服务中心，在医院设立了慢病管理中心，开设了慢性病专用药房，抽专人负责慢病管理工作，运用慢性病管理信息系统对慢性病进行筛查和管理，建立慢性病管理档案，管理好每一位患者，做好高危人群筛选、生活方式干预、定时随访与监测，发布安全用药信息。全年慢病就诊人次47162，收入2540万元，医保报销1777万元。

管理能力提升培训 聘请北京医院管理专家举办了1期《医院管理能力提升》特训班和4期《打造有温度的医护团队》培训班。每期培训班有75人参加，为期三天的封闭培训，总培训人数360人。通过培训，使大家掌握了医院管理工作中的方法和技巧，掌握了管理工作中的角色定位，明确了自身的岗位职责，为打造一支职业化、专业化的医疗团队及2020年医院人文医院建设年活动奠定坚实的思想基础。

职工文体活动 3月6日，举行了三八节拔河活动。5月13日，开展了护士节文体比赛活动。5月20

日，举行了医院职工篮球比赛。8月19日，举行中国医师节“医疗安全与优质服务”主题演讲比赛活动。10月份，在全市职工运动会上，运动选手以骄人的成绩斩获4枚金牌。12月30日，在市文化中心举行了2020年“不忘初心，砥砺前行，铸就梦想，再创辉煌”迎新年元旦文艺晚会。

（市人民医院）

乐平市中医医院

概述 乐平市中医医院院成立于1983年，是一所集医疗、教学、科研、预防、保健、康复、社区服务等功能为一体的综合性中医医院，是国家“二级甲等”中医医院，担负着为全市近百万人口提供医疗保健服务的重任，是全市中医药工作龙头单位、中医药技术指导中心。医院坐落在市中心，总建筑面积为45085平方米，编制床位600张，现有医职员工394人，其中主任医师5人，副主任医师职称23人，中级职称102人，初级职称201人，拥有江西省基层名中医两人，景德镇市首届名中医1人。2019年医院坚持中西医并重，传承发展中医药事业，全年业务总收入1.56亿元，较上年增长15%；门诊13.3万人次，较上年增长10.1%；出院1.2万人次，较上年增长12.4%；共为183位尿毒症患者免费血液透析23789人次。

强化组织建设 坚持把公立医院党建工作作为基层党建重要任务，牢固树立“围绕中心抓党建，抓好党建促发展”的理念，通过多项举措构筑医院党建工作新格局，切实提升公立医院党建工作水平。一是加强组织领导，把稳医院发展方向。充分发挥党建引领医疗事业发展作用，切实加强党对医院的领导，制定了《乐平市中医医院党总支会议议事规则》《乐平市中医医院院长办公会议议事规则》，各支部配齐配强党务干部，确保党建工作处处有人抓、时时有人管，有效解决了党建和业务“两张皮”的问题。全面落实党组织领导下的院长负责制，把党的领导融入医院管理各个环节，充分发挥院党组织把握方向、管大局、作决策、促改革、促落实的领导作用。二是丰富载体活动，发挥党员先锋模范作用。将党组织活动与医院工作有机融合，以党建引领抓服务、树正气、促提升。深入开展“不忘初心、牢记使命”主题教育，围绕“主题党日”活动，组织党员赴赣东北特委旧址、韶山、长沙寻访革命先辈的奋斗足迹，接受爱国主义教育。结合医院发展、医疗服务、脱贫攻坚、“双创双修”，先后开展“知党史、感党恩、听党话、跟党走”、《中国共产党教育管理工作〈条例〉知识测试》、“颂诗词 唱红歌”、《不忘初心、继续前进》诗歌朗诵等丰富多彩的主题活动，引导党员职工立足岗位，推动形成良好医德医风，增强了党员组织归属感，充分发挥了党员的先锋模范作用。三是规范制度建设，提升医院效能。围绕“群众满意医院创建”，完善医院各项规章制度和各类人员岗位职责，进一步提升工作效率。在持续推进党组织标准化建设的基础上，认真实施党支部建设提升行动，奋力开展争创“先进基层党组织”。严格落实“三会一课”、民主评议党员、党员活动日等制度，认真开好领导班子民主生活会和党员组织生活会，形成支部抓班子，班子抓党员，党员带职工的良好格局。四是强化服务意识，提升服务水平。以改进医德医风、提升医疗服务水平为主要内容，通过“党建+优质医疗服务”提升工作深度。全面细化服务内容、优化服务流程，设立志愿者服务中心、党员志愿者先锋岗服务，积极营造“一个党员一面旗，一心一意谋发展”的良好氛围，大力提升医院服务形象，形成了党组织履职尽责创先进、党员立足本职争优秀的生动局面，推动了医院各项工作又好又快发展。

强化志愿服务 “德亮”志愿服务队弘扬“奉献、友爱、互助、进步”的志愿精神，志愿服务者注册267人次，志愿时长162105小时，并积极参加社会公益活动19次。组织医护人员无偿献血66300毫升，传递正能量，用热血和爱心诠释医务工作者救死扶伤的天职，得到了社会各界的广泛好评，志愿服务也形成了常态化和制度化。吸引更多青年医护人员积极主动参与到志愿服务中。2019年荣获乐平市志愿服务会“优秀志愿服务组织”。

强化基础建设 在市委、市政府及相关部门的支持下，改扩建项目红线范围内房屋征收已纳入南内河综合治理工程棚户区改造项目，房屋征收资金和房屋拆除资金列入南内河综合治理工程棚户区改造项目中支出。中医院宿舍7户私产房的房屋征收工作已完成，项目红线范围内12户公产房征收工作完成，原银海铝材有限公司办公楼公产房的征收和拆除正在有序进行。医院综合大楼5月1日投入使用，门诊大楼拆除，新建六层急诊行政大楼、地下停车库、六层附属生活用房、院内建围墙、停车位、绿化、总建筑面积为17392.14平方米，其中地上建筑面积为9453.77平方米，地下建筑面积7055.27平方米、半地下建筑面积为883.1平方米。改善病人就医环境，扩大医院整体医疗水准。

强化特色科室建设 始终秉承“厚德精术 继承创新”的院训，大力发展中医药特色优势，按照《国家中医药管理局办公室关于印发县级中医医院医疗服务能力基本标准（试行）的通知》要求，临床科室设置由原来6个临床科室增设至11个（肺病科、心血管病科、肾病科、中风病科、糖尿病科、脾胃病科、外科、骨伤科、疼痛科、针灸科、康复科），改善了就医环境，缓解医院候床、加床住院现象，医院综合实力不断凸显。累计投入资金3000万元先后添置了64排螺旋CT、1.5T核磁共振、大C臂机等大型医疗设备，目前新设备运行良好，扫描速度更快，图形更加清晰，显著提升了我院的疾病诊疗技术水平，为临床新技术新业务的开展提供了有力的支撑。

强化健康与驻村扶贫 驻村工作队坚持因地制宜开展“春季攻势”和“夏季整改”活动，制定方案及整改台账，针对存在的问题采取清零方式进行落实，256亩油茶产业基地已形成规模，为发展短期效益，套种100亩花生，套种200亩绿豆和投放养殖2000斤鱼苗，以增加村集体收入。传统节日对贫困户进行走访，为职工发放端午、中秋物资，消费扶贫20万人民币，为帮扶村贫困户子女刘鑫钰扶贫助学，组织全院职工募捐17550元助学基金，联系景德镇市卫生学校就读助产专业，签订就业合同。用实际行动弘扬“医者仁心”，让贫困家庭真正感受到党和政府的温暖，增强贫困学子立志成才的信心，工作的开展，为2020年的脱贫攻坚全面收官打下坚实的基础。切实抓好健康扶贫工作，对建档立卡贫困户患者治疗，严把入院出院指针，坚持“一站”综合服务结算，坚持“先诊疗，后付费”，在诊治过程中切实做到合理检查、合理治疗、合理用药。

医疗质量和水平进一步提高 在科技兴院方针指引下，积极推广应用新技术、新项目。严格遵守三级医师查房制度，首诊负责制度、死亡病例讨论、疑难病例讨论、术前讨论、病例书写规范等24项核心制度。肺病科开展了全麻下大容量肺灌洗术；中风科开展了静脉溶栓；糖尿病科开展了中药穴位；外科开展了前列腺等离子电切术、输尿管软镜技术；骨科开展了关节镜下肘关节清理术、关节镜下骶髂关节结核病灶清除术、关节镜下踝关节清理术、先髋置换术、胸椎黄韧带增厚后路减压植骨融合内固定术、胸腰椎骨折经皮复位内固定术；让先进的技术惠及广大患者，缓解患者到上级医院的奔波之苦和经济负担。按照各病区护理单元中医操作进行具体分化，积极开展中医护理技术操作，丰富辩证施护的内涵，梳理、总结、提炼常见病和优势病种中医护理经验，制定中医护理方案，并推广实施，充分发挥中医护理在治未病、慢性疾病防治特色优势作用，通过刮痧、中药灌肠、熏洗法、拔火罐、热敏灸、中药封包、艾条灸（长蛇灸、混元灸、隔姜灸）、耳穴压豆、三伏贴、穴位贴敷、中药涂擦、穴位注射等技术，创造了社会效益、经济效益双丰收，让患者切实享受到中医药的“简、便、廉、优”的实惠。满足人民群众多样化、个性化的需求，使护理工作更加有温度、有效率。

公共卫生服务有起色 开展了一次突发公共卫生事件应急演练，提高了医院处置突发公共卫生事件能力，高质量完成HIV抗体和食源性疾病检测，肠道门诊、发热门诊按规范设置。景丰门社区卫生服务中心2019年全年为居民建立电子档案与纸质档案26092份，为1129位老年人做健康体检，为1349位老年人中医医药管理；为高血压907病人健康体检及随访；为2型糖尿病399人健康体检及随访；深入社区为辖区居民开展宣传普及科学健康知识12次，分类干预，指导用药；管理孕产妇158人，家庭产后访视了158人；管理严重精神障碍160人，定期更换宣传栏内容24次，为社区辖区居民提供安全有效方便的公共卫生服务，满足居民日益增长的健康需求。

医院在健康发展过程中，医院的赞誉度捷报频传，荣获景德镇市第十六届文明单位，林小明荣获景德镇市基层名中医，徐德亮荣获江西省省委组织部“新时代赣鄱先锋，群众身边好党员” 江西省“五一劳动奖章 ”盛清秀荣获江西省文明办“江西好人”景德镇市委宣传部“瓷都好人”朱茜荣获景德镇市最美护士，骆桂根荣获景德镇市“十佳科技工作者” 景德镇市2019年度第5期“瓷都好人”，杨雪琴、朱秀华、高菡、程珍泉4位同志荣获乐平市第八批“拔尖人才”。（市中医医院）

乐平市妇幼保健院

概述 乐平市妇幼保健院始建于1953年，现位于乐平大道11号，是全市唯一一所集医疗、保健、教学、科研于一体的二级甲等妇幼保健专科医院，医院占地面积35.5亩，建筑面积2万平方米，设置床位200张，2019年住院人数为7109，门诊为94473人次，年分娩数4039人次。医院业务收入为5709.87万元，同比增长12.78%。

妇幼保健工作 1．孕期保健。规范孕产妇保健中心门诊建设，对每位孕妇从早孕开始行围产期建卡，共建卡4230份。按照产前检查技术规范进行常规检查、高危筛查，对高危孕妇重点监测，加强管理，随访追踪，引导高危孕产妇提前住院待产，以保障母婴安康。

2．儿童保健。体体检门诊对6042名0～6岁儿童进行了健康管理，并对复合建档要求的儿童建立了健康档案和填写儿童保健手册。开展新生儿访视，对新生儿进行了访视记录，同时进行母乳喂养的指导。对高危儿进行了专案管理，对早产儿、低出生体重儿、窒息、高胆红素血症、贫血和佝偻病患儿进行了系统的治疗。按照《新生儿疾病筛查管理办法》和技术规范以及《新生儿听力筛查实施方案》，开展了新生儿疾病筛查和听力筛查工作，疾病筛查3616人次，筛查率97.77%，听力筛查3441人次，筛查率93%。对城区40所幼儿园进行了卫生保健的督导并对在园儿童进行了体格检查。

3．孕前优生检查工作完成情况。国家免费孕前优生健康检查任务数为2410对，实际完成3138对，完成率130.2%，查出高风险人数957人，高危人数率为30.5%，其中高龄人数603人，占63%，梅毒筛查阳性37人，肝功能异常 76人，肾功能异常 35人，甲状腺功能异常76人等疾病。

妇幼重大公共卫生项目 农村妇女免费“两癌”检查项目。两癌免费检查宫颈癌任务数为18000人，实际完成18306人，完成率101.70％。乳腺癌除2000人任务数外，在全市其他乡镇也全面展开检查，共完成17739人，完成率为886.95％。超额完成上级下达的检查任务数。

婚检项目完成情况 全市婚姻登记人数为5558对，免费婚前医学检查人数5371对，婚检率为99.99%，圆满完成省里婚检率95%的目标任务要求。

联盟社区卫生服务中心工作 为辖区内16767居民建立健康档案，0～6岁儿童健康管理5452人，孕产妇健康管理455人，其中早孕建册140人，产后家庭访视192人。对65岁以上老年人健康管理439人，高血压患者健康管理371人，糖尿病患者健康管理132人，重精患者健康管理80人。大力开展健康教育宣传课、主题宣传活动等。并与辖区居民签定家庭医生签约服务协议并完成履约。

获奖情况 1．中医药适宜技术推广先进单位。2．孕产期保健与儿童健康集中管理工作先进县（市、区）。

（市妇幼保健院）

体 育

概述 积极组织开展全民健身活动，进一步创新思路，整合资源，不断加强公共体育基础设施建设，全面推动乐平市体育事业发展。

群众体育 由市政府主办、市体育发展中心和市老体协承办的乐平市第三届老运会于6月至10月举行，本次活动共设10个比赛项目，全市共有82个单位，约5000 人参加了活动。4月承办了“鸿宇杯”第十六届中国城市围棋联谊赛。8月承办了“成功驾校杯”全国围棋甲级联赛。10月承办皖浙赣三省20余县区门球协会交流赛。11月3日举行了乐平市第四届“鸿宇中央城杯”全国半程马拉松比赛，本次比赛有来自全国20多个省市的2000多名马拉松好手参加比赛。11月承办2019年江西省散打套路冠军赛。11月底，乐平市自行车登山运动协会在乐平文山怪石林景区举行了第五届文山山地车爬坡赛，周边地市的20多支车队近300人参加了比赛。

竞技体育 认真抓好田径、篮球、男女足球等项目的训练和参赛工作。在全省比赛女子足球获三等奖，快乐体操获二等奖，获2019年全省散打锦标赛总分第一名。

场地建设 投入87万元在城区及城乡接合部新建全民健身路径34套，投入154万元自建56个农民体育健身工程，争取省体育局项目资金170万元，其中：3个城市社区多功能运动场地，完成1个50万元项目，在建2个；另外2个农村社区全民健身场地设施示范工程在建。

体育产业 全年体育彩票销售额4275万元。

（市体育局）

民　生

劳动就业

概述　2019年，人社局在市委、市政府的正确领导下，坚持以习近平新时代中国特色社会主义思想为引领，牢固树立和贯彻落实“五大发展”理念，围绕民生为本、人才优先的工作主线，不忘初心、牢记使命，扎实推进“五型人社”建设，努力开创人社事业发展新局面，各项工作进展顺利。

稳定就业形势　通过公益岗位开发托底就业、扶贫车间安置就业、劳务输出转移就业、民营企业就近吸纳就业、技能培训促进就业、鼓励贫困劳动力自主创业等措施，全市城镇新增就业人数8611人，下岗失业人员再就业2753人，安置“4050”人员就业590人，零就业家庭安置率100%；新增农村劳动力转移10511人，民生工程任务圆满完成；面向社会提供就业岗位37839个，完成目标任务的151%；发放创业担保贷款8125万元，完成年度目标任务的109%；超额完成政府“为民办十件实事”工作任务。

完善社会保障　全面完成社保“四险”扩面征缴目标任务，“四险”收支水平均有较大提高，做到了应收尽收，切实保障待遇支出；社会保险降费减负有序开展，自5月1日起，降低城镇职工基本养老保险和机关事业单位养老保险单位缴费比例，继续延长阶段性降低失业和工伤保险费率期限，为参保单位减轻社会保险负担4898.99万元。全面推进社会保障“人手一卡、一卡通用、全省通用”工作，申报制卡35万张，即时制卡22545张，补卡5736张。

事业单位人事管理　加强事业单位人才公开招聘力度，公开招聘中小学教师393人，其中省招聘中小学教师189人、农村特岗教师199人、选聘高素质高中教师5人；安置免费师范生5人；其他事业单位招聘45人；招募“三支一扶”大学生32名；为公安局、消防大队、行政服务中心等单位公开招聘合同聘用人员62人；为在外地任教的34名“归巢”教师办理了调入手续。

职业技能培训与鉴定　加强培训机构规范管理，对培训机构的培训计划、培训工作进行日常督查和年审；对申请符合稳岗补助的20家企业进行了资格审批；加强基层人社保障所就业扶贫和基础业务考核工作；大力推进职业技能提升行动，全面推行新型学徒制，共开展各类技能培训5866人次。

专业技术人员管理　认真做好专业技术职称评审和管理工作，认定初级资格616人；为取得高级资格150人、中级资格146人办理了资格证书；推荐2名人选参加景德镇市2019年百千人才工程评选，其中1人入选；对全市8432名专业技术人员考核情况验收，其中优秀1097人，称职7298人，其他情况181人。

工资福利待遇　完成省招、特岗及“归巢计划”等435名教师的工资审批，其他事业单位考入及转正等75名人员工资审批；完成机关事业单位270名到龄退休人员退休审批；完成机关事业单位120名死亡人员抚恤金及341名抚恤金改办人员审批；完成全市机关事业单位人员工资报表统计工作和全市机关事业单位工资普调工作；审批企业法定到龄人员退休1097名，其中审批各企业正常到龄退休人员1004名，提前退休93名；审批办理失地农民退休367名。

构建和谐劳动关系　加强劳动保障监察工作力度，

开展日常劳动用工巡查用工单位30余家次，督促签订劳动合同1300余份；开展农民工工资支付专项检查用工单位12家，督促支付农民工工资30万余元。根治欠薪取得新进展，现场受理投诉举报欠薪案57起，涉及劳动者690余人，涉案金额900万余元（含工程款），为农民工追讨工资800万余元；立案处理欠薪案件3起，涉及劳动者160余人，涉案金额94万余元，为劳动者追讨工资62万余元；完成薪酬调查单位31家；积极推行建筑领域农民工工资实名制信息化管理制度工作，开通农民工工资账户12家。劳动调解仲裁效能提升，立案受理争议案件110起，涉及劳动者114余人；仲裁97起，调解10起，结案率达97.2%；另庭外（基层调解组织）调解争议案件309起，已调解199起，调解率64.4%。在已处理的107起（不含基层调解组织）争议案件中，为劳动者挽回经济损失206.04万余元。调查工伤事故144起，认定工伤141起；处理工伤行政复议案件4起、诉讼12起；协助78名工伤职工鉴定伤残等级。

信访法规 妥善处理各类信访件83起，其中网上信访件74起、领导批示信访件9起；受理“12345”热线工单607起，群众满意率100%；加强对企业劳动用工的指导规范和服务，利用“春季招聘”“普法宣传”“综治宣传”“全民参保宣传”等活动为平台，举办劳动保障法律法规、政策宣传咨询活动多场，服务群众2万余人次，发放宣传资料3万余份，为用人单位鉴证劳动合同1200余份。引导农民工理性维权，依法维权。

公共服务体系建设 全面推进人社公共服务体系建设，围绕“一网通办、一卡（证）通办、全程网办、全省通办”，让服务对象办事“只跑一次”或“一次不跑”，加快实现“不进人社门，办好人社事”的服务目标，梳理和编制了统一服务事项，共梳理出权力事项122项，公共服务事项24项。根据省人社厅统一部署，目前已开通网上办公，网上办理事项67项。积极参加人社部窗口单位业务技能练兵比武活动，通过参加网上学习答题，进一步锤炼了窗口工作人员的政治素养、业务能力和工作作风，提升了掌握政策法规、运用信息平台、规范服务行为、处置突发事件及协调沟通等方面的能力水平。

（市就业局）

社会保险

概述 乐平市社会保险事业管理局紧扣市委、市政府工作部署，围绕社保工作目标任务，开展公共服务体系建设、优化经办服务、推进主题教育、提升经办工作水平，坚持稳中求进、保民生、防风险、促发展、强基础，社会保险各项工作取得了新的成效。

社会保险参保扩面 进一步完善覆盖城乡的社会保障体系，持续提升群众的获得感、幸福感、安全感。一是稳步推进社会保险扩面，2019年社保“四险”均100%完成全年目标任务。企业职工基本养老保险参保92216人，工伤保险参保47874人，上线机关事业单位养老保险总参保人数17425人，城乡居民基本养老保险参保人数386444人。二是2019年社保“四险”收支水平均有较大提高，努力做到应缴尽缴，切实保障待遇发放。企业职工基本养老保险累计征缴收入49711.39万元，待遇支出84939.34万元；工伤保险累计征缴收入1156.37万元，待遇支出1073.77万元；机关事业养老保险累计征缴收入22858.19万元，待遇支出29155.81万元；城乡居民养老保险累计征缴收入5110.21万元，待遇支出12115.01万元。

积极争取社保资金 全年累计争取中央转移支付、省级补助及省级调剂金81183.1万元，位居全省县（市区）前列。其中企业职工基本养老保险68467.6万元，机关事业单位养老保险2253万元，工伤保险40.5万元，城乡居民基本养老保险10422万元，以保障全市各项社会保险待遇按时足额发放。

社会保障精准扶贫 乐平市社保局把社保扶贫工作作为一项重大政治任务来抓，多措并举，确保建档立卡人口、城镇贫困群众等贫困人员基本养老保险全覆盖。2019年核定符合参加城乡居民基本养老保险的建档立卡贫困人员7629人，落实政府代缴配套资金76.29万元；符合参加城乡居民基本养老保险的城镇贫困群众5167人，从2018年起由政府代缴保费100元/人，落实政府代缴配套资金103.34万元。贫困人员参保率、代缴率均达到100%。

继续推动社保“助保贷款”模式帮助企业及灵活就业困难人员续保缴费，2019年新增办理助保贷款28人，通过助保贷款办理退休并享受待遇累计247人。

社会保险降费减负 从2019年5月1日起，降低城镇职工基本养老保险和机关事业单位养老保险单位缴费比例，继续延长阶段性降低失业和工伤保险费率期限。全年为全市企业减轻社会保险负担4898.99万元。

企业养老省级统筹 乐平市社保局按照省级企业职工基本养老保险基金省级统收统支实施方案和管理“六统一”要求，就全市历史性、特殊性社保问题进行逐一梳理，以推进全市企业职工基本养老保险省级统收统支。梳理出改制企业挂账及被征地农民参加企业职工基本养老保险、城乡居民基本养老保险本级财政欠配套资金，并积极争取上级支持，就本级财政欠配套资金计划分三年期偿还。

全民参保专项行动 认真贯彻落实《江西省全民参保计划扩面专项行动实施方案》，2019年12月4日起，通过多渠道、多形式深入开展园区企业社保扩面政策宣传，发放宣传手册5000余份，积极扩大全市园区企业和法定人员参保覆盖面。

人社公共服务一体化 加强硬件配置，畅通政务外网，确保达到省人社厅一体化综合信息系统上线基本要求；2019年11月完成乐平市省级集中社会保险信息系统上线工作，确保养老、工伤、失业保险的参保缴费、待遇审核、发放等工作的正常开展；积极开展乐平市养老保险业务技能练兵比武知识竞赛活动，为社保系统树立榜样和标杆，凝聚标准化业务共识。

深化“放管服”改革，开展“减证便民”专项行动，重点取消35项证明事项，全面取消社会保险待遇领取资格集中认证，深入解决涉及社保领域的群众办事堵点难点问题。一是在景德镇地区率先推出社保微信公众号“乐平社保”，推介使用“江西人社”App和支付宝“赣服通”，逐步实现网上参保缴费、查询、养老待遇资格认证、政策咨询等事项。“乐平社保”关注量23705人，36070人“一次不跑”完成养老待遇资格网上认证，业务咨询2364人次。二是加快推进社保卡“一卡通”应用工作，全面启动社会保障卡发放退休人员养老金工作。

“不忘初心、牢记使命”主题教育 从9月起、从“党员初心、党员使命”和“社保初心、社保使命”出发，开展“不忘初心、牢记使命”主题教育工作，通过印发主题教育实施方案，集中学习培训，观看《迷失的初心》《问政江西》《榜样4》等节目，参加乐平市登高山烈士纪念碑、联合党建等活动，结合社会保险群众关切、服务方式、经办水平、制度改革等实际，切实推进主题教育往深里走、往心里走、往实里走。

（市社保局）

医疗保障

概述 乐平市医疗保障局成立于2019年2月。根据《乐平市机构改革方案》，将市人力资源和社会保障局的城镇职工和城镇居民基本医疗保险、生育保险职责及新型农村合作医疗职责，市发展和改革委员会的药品和医疗服务价格管理相关职责，市民政局的医疗救助职责，以及市卫健委的药品器械招标采购等的行政职能等整合，组建市医疗保障局，作为市政府工作部门。局机关内设人事秘书股、财务和基金监管股、待遇保障股、医药服务管理股、法规稽查股5个股室，下设市医疗保障服务中心。

举行揭牌仪式 2月28日，市委书记俞小平和市委常委、常务副市长张汉坤一同为医疗保障局揭牌。揭牌仪式结束后，俞小平来到该局办事大厅和内设科室，亲切看望工作人员。俞小平指出，医疗保障是事关百姓健康的重大民生工程，关乎95万乐平人民健康福祉，责任重大，使命光荣。希望大家在新的单位要有新气象，快速融入岗位，立足新起点，履行职能，创造新业绩，做出新贡献，开创我市医保工作新局面。张汉坤在致辞中指出，市医疗保障局要以组建挂牌为契机，坚持以人民健康为中心，加强机构职能整合，统筹推进医保基金监管使用，深化医保支付方式改革等重点工作，促进医疗资源合理利用，推动医疗保障工作更加公平、更为便捷、更有效率。

召开党支部成立选举大会 8月26日，根据市委市直机关工委同意成立中共乐平市医疗保障局支部委员会的批复，市医疗保障局召开全体党员大会，成立局党支部并选举支部委员会。会议全票通过选举产生了市医疗保障局党支部首届支部委员会。支部委员共5人，其中书记1名。选举大会的顺利召开，标志着中共乐平市医疗保障局党组织建设工作开启了新的征程。

王鸿运调研医疗保障工作 5月8日，景德镇市委常委、副市长王鸿运来到乐平市医疗保障局，与前来办事的市民亲切交流，了解该局一站式服务情况，并亲切看望了全局的干部职工。在听取了挂牌成立以来的工作情况、2019年医疗保障工作思路和当前工作存在的困难和问题后，王鸿运指出，乐平市医疗保障局为乐平近百万市民服务，工作量很大。在乐平市委、市政府的高度重视下，主动融入改革发展大局，尽快理顺体制机制，体现了强烈的责任担当意识，推动了各项工作高点起步、稳步开局，他为乐平医保工作点赞。王鸿运要求，要以党建为统领，把握工作重点，强化服务，推动创新，紧扣“以人民为中心”的发展理念，完善医保制度体系，保障医保制度可持续发展。要强化基金安全监管，严厉打击欺诈骗保行为，构建医保基金监管长效机制，保护好人民群众的“救命钱”。

提升医疗保障水平 城乡居民和职工基本医保共参保83.4万人，基本实现参保全覆盖。全市享受医保报销22.5万人次，医保基金补偿金额7.99亿元。同时，做好了高血压、糖尿病等城乡居民类29种、职工类19种慢性病门诊保障工作，强化了医药服务管理，较好地保障了参保群众的基本医疗权益。同时，积极推进城乡居民医疗保障领域精准扶贫，确保政策范围内困难人员资助参保率100%，医疗救助政策落实率100%。政府资助困难群众参保14196人，资助金额达369.1万元；医疗救助68203人次，救助金额达2008.2万元。切实帮助解决重特大疾病贫困患者的医疗困难，控制和减少因病致贫返贫现象发生。

医保基金安全运行 制定下发《乐平市2019年基本医疗保险支付方式改革实施方案》，在以往总额预付的基础上，实施按床日付费、按病种付费、按人头付费等多种支付方式并存的混合支付模式，对医保基金安全、医疗资源合理配置和患者有序就医起到了积极作用。深入开展打击欺诈骗保专项治理行动，严厉打击欺诈骗保违法违规行为。常态化开展稽查，涉及21家定点医院、84家定点零售药店及乡镇卫生院和村级卫生室。查处有违规行为的定点医院14家、乡镇卫生院2家、村级卫生室2家。约谈医院负责人17人次，追回基金43.25万元，实施经济处罚82.12万元，拒付违规医保费用42.72万元。同时，对涉及16.40万元假发票案移交司法机关处理。（市医疗保障局）

老龄工作

持续推进高龄补贴制度 实际发放补贴金额741.435万元，共有46416人次老人享受到了该项补贴，一定程度提高了老年人的生活质量。

全面落实老年人意外伤害保险制度 根据2019年初省老龄办跟省平安保险公司签订的协议，由省财政出资27万元，市配套资金6.75万元，为全市56000名70周岁以上老人以及60周岁以上重点优抚对象和特困户投保参加了意外伤害险，共理赔93笔，涉及金额137724元。（市民政局）

殡葬管理

乐平市殡葬改革在以习近平新时代中国特色社会主义思想关于生态文明建设论述为指导思想，以乐平市委、市政府提出“大学、大干、大变”的工作总思路引领下，围绕乐平市殡葬改革“惠民、绿色、文明”的改革目标，坚定不移地继续全面深化乐平市殡葬改革工作。通过一年的殡葬改革，千年土葬陋习得以摒弃，文明绿色殡葬蔚然成风，家风民风、村风、社风进一步好转，对市委、市政府提出的“惠民、绿色、文明”殡葬改革接受度、满意度、认可度逐步提升。在全年的殡葬改革进程中没有出现一起与推行殡葬改革有关的不稳定事件，没有出现一例因殡葬改革而上访的事件，有力地夯实了乡村全面振兴、社会有效治理的基础。

“双组长”制高位推动殡葬改革工作 2019年乐平市殡改革继续沿用了“双组长”制领导机构，由乐平市委书记担任乐平市殡葬改革领导小组第一组长，市长任组长，下设乐平市殡葬改革办公室，抽调三名正科实职主持殡改办日常工作，从各部门、乡镇抽调45名精干人员、社会聘用3名业务人员集中办公。高位推动，强有力的人员配备使乐平殡葬改革工作顺利完成了2019年的各项既定目标。

“七项”免费政策积极调动群众参与殡改 2019年乐平市殡葬改革在坚定落实国家、省、市“五项”基本殡葬免费政策的基础上另增加（骨灰送回和免费入农村公益性公墓）丙项免费惠民政策，在全省率先实行“5+2”七项殡葬改革免费政策，同时出台了《乐平市殡葬改革工作奖补免实施办法》（暂行）、《乐平市农村公益性公墓管理办法》等惠民政策，让利于民，充分调动群众参与殡改的积极性。2019年乐平市投入殡改“奖补免”资金达6000多万元。

“统一规划”的公墓建设保障殡改顺利进行 乐平市殡改总体分两大步实施，即先期主抓遗体火化，后续重抓骨灰入公墓安葬。为全力配合好乐平市殡改“两步走”政策，市殡改办在2019年4月份，全面启动了全市农村公墓性公墓建设，全市农村公益性公墓按市委、市政府提出的“六统一”（即统一设计、统一材质、统一建设、统一管理、统一标准、统一价格）标准进行建设。乐平市农村公益性公墓建设主要分为两种，一是各乡镇自筹资金建设的单村或村村联建农村公益性公墓88处；二是由乐平市人文公司特许建设的覆盖1万人口以上的“洎思园”农村公益性公墓29处。2019年10月份全市117处农村公益性公墓全部建设完成并投入使用。

截至2019年年底全市新死亡人员火化率达100%，自2019年7月1日后全市农村公益性公墓投入使用以来，殡改全面启动遗体火化骨灰入公墓后，实现了100%骨灰入公墓安葬。

广泛宣传实现了殡葬行业民风、乡风、社风的好转 2019年乐平市殡改工作继续“宣传为主，执法为辅，群众自愿”的殡改政策，全年大力宣传殡改政策，做到“村镇见标语，电台有声音，身边有典型”，市殡改办坚持每星期出一期殡改动态，对全市殡改信息进行报道，目前，已刊印工作动态55期。使乐平殡葬行业形成了良好的民风，淳朴的乡风，文明的社风。2019年实现节地生态葬137例，其中树葬69例，水葬抛撒葬68例。

“完善的制度”巩固了殡改的成果 “日统计，周通报，月考核”制度进一步巩固了乐平市殡葬改革成果，全市各自然村1781名殡改信息保证了2019年乐平市殡改信息的畅通，“生态群”“殡改报账群”现代通信方式每天对全市新死亡人员、遗体火化情况、入公墓情况进行统计发布；“殡改动态”每期报道全市一周殡改动态、殡改工作进展情况，同时，对全市一周殡改死亡、火化、公墓建设、节地生态葬等数据进行通报；2019年自3月份开始每月对全市各乡镇实行月度考核排名，并在全市四套班子联席会上进行通报，使乐平殡改成果得到进一步巩固。

开展专项治理，殡葬秩序逐步规范　一是积极开展对棺木市场的关停和棺木收缴工作。由市场监管局牵头，民政、林业部门配合，完成对全市所有棺木销售点的关停工作，原有棺木加工经营户97户全部停业，取缔违法销售丧葬迷信用品经营户42户。二是上下联动齐抓共管快速反应。自乐平市召开葬改工作万人动员会以来，各乡镇、各职能部门快速反应，做到乡镇“一线指挥部”、村级“作战部”、村小组“战斗部”四级殡葬工作网络，一级抓一级、层层抓落实。三是建立殡葬信息实时报送和反应机制，配全各级信息员1781余人，做到即时报告快速反应，使乐平市少数几起骨灰装棺重葬事件得到了有效遏制。四是建立了集中整治长效机制。殡改之初，乐平市殡葬改革就将“三沿六区”青山白化治理工作作为一项重要内容，并紧抓不放，特别是2019年3月以来，更是将大墓、活人墓以及乐平市城市核心区坟墓治理作为重点来抓，并作为殡葬改革的一项重要内容纳入乡镇年度目标任务考核，持之以恒地抓下去。截至2019年年底全年治理“三沿六区”坟墓13063座（其中迁坟1753座，平坟5007座）；整治大墓、活人墓358座。

（市殡改办）

民政

综　述

2019年，市民政局深入学习贯彻习总书记关于民政工作重要指示和论述精神、党的十九届四中全会精神以及全国、全省民政工作会议精神，紧密围绕市委、市政府中心工作和上级民政部门全面工作部署要求，扎实开展了“不忘初心、牢记使命”主题教育，认真践行“民政为民、民政爱民”工作理念，坚持“稳中求进”的工作总基调，着力抓好底线民生保障、民政公共服务提升和基层社会治理创新等工作，为在与世界对话中打造特色鲜明的现代化赣东北明珠做出了积极贡献。

社会救助

最低生活保障水平　全市城市居民最低生活保障标准由上年的每人每月600元提高到每人每月660元；农村居民最低生活保障标准由上年的每人每月360元提高到每人每月400元；精减退职老弱残职工救济水平每人每月提高30元，城市的达到455元，农村的达到415元。各项提标提补工作全部落实到位，城市低保对象月人均补差达到了410元，农村低保对象月人均补差达到了285元。

城乡低保动态管理　严格按照“七不保”“四从严”“五步骤”的低保审核审批要求。全年累计新增城市低保对象736人，取消1821人；累计新增农村低保对象1253人，取消1441人。至年末，全市共有城市低保6357户，14045人；农村低保13946户，26468人。

农村五保　集中供养标准由上年的每人每月455元提高到每人每月505元、分散供养标准由上年的每人每月360元提高到每人每月400元。完善了五保对象个人档案资料，规范了五保资金管理，五保供养资金实行按季发放，共发放五保供养资金878.019万元，其中集中供养资金 260.547万元，分散供养资金617.472万元。

扶贫兜底保障　加强与市扶贫办联系对接，将农村低保对象、特困供养人员与贫困人口进行数据核对。全年共将建档立卡一般贫困户52户66人纳入了农村低保。截至年末，列入建档立卡范围的农村低保对象有5129户10573人，五保对象951人，占总建档立卡贫困人口的82%。积极推进社会救助保障扶贫和“救急难”工作，年初下达资金270万元到各乡镇，用于困难群众的临时救助。共对建档立卡贫困户686人次实施临时救助，发放临时救助金341090元。对纳入农村低保的建档立卡贫困对象的医疗救助在现有救助政策基础上提高5%。把未纳入农村特困人员和农村低保范围的建档立卡贫困对象纳入定额付费专项医疗救助和支出型大病医疗救助范围。

基层政权和行政区划

基层民主　从2018年11月起，对村“两委”换届进行“回头看”，把受过刑事处罚、存在“村霸”和涉黑涉恶等问题的人员，清理出村干部队伍，并要求及时补齐配强。通过调查摸排和再次联审，共排查出22个曾受到刑事处罚、涉黑涉恶的村“两委”成员，大部分人员属于村委会成员，已完成补选工作。

社区建设　认真开展了“绿色社区美丽家园”创建

活动，逐级挑选了10个城乡社区进行申报创建，其中，有3个被评为省级示范社区，7个评为景市示范社区；同时结合深改课题开展了农村社区建设试点工作，将镇桥镇蔡家村、众埠镇秧畈村确定位农村社区建设试点村。

区划调整 为有效地衔接"昌景黄"高铁乐平北站建设，7月11日，经省政府批复，已经同意将昌江区新柳村委会龙树村村民小组、慈义村委会新远村村民小组所辖区域划归乐平市塔前镇桃林村委会管辖。根据全市行政区划现状和城市未来发展，对全市城区实施部分行政区划调整。通过与上级部门进行沟通，听取了上级部门的要求，并广泛听取各社区、村委会代表、社会各界代表、老干部等意见，对乐平市部分行政区划调整进行了认真调研分析，拟定了初步的新城区行政区划调整工作方案，待今后不断完善和组织实施。

平安边界创建 开展界线联检，完成了鄱乐线、昌乐线界联合检查工作。继续开展了平安边界创建工作，加强与周边县市的联系，落实界桩委托管理制度、定期走访联系对话制度、边界纠纷应急处理制度、界线联合检查制度等。

清理整治不规范地名 会同市住建局、自然资源和规划局等单位印发《进一步清理整治不规范地名工作实施方案》，开展对乐平市居民区、大型建筑物和道路、街巷等地名中违反《景德镇市地名管理办法》地名命名原则、违背社会主义核心价值观的不规范地名进行清理整治。在2019年8月配合景德镇市民政局对乐平市部分不规范小区地名及时下达整改通知书。

福利　慈善

社会福利 保障孤残儿童合法权益，对现有孤儿实行动态管理，全市共有孤儿53人，其中机构供养15人，社会散居38人，按照省厅对孤儿基本生活保障政策规定，孤儿基本生活补助标准按城乡福利机构养育孤儿每人每月1400元执行，社会散居孤儿按每人每月950元执行。全年共发放孤儿基本生活补助资金40.725万元。

福利项目 对"乐平市社会福利中心"工程建设项目进行副科级领导专门管理，负责该项目的工程建设。同时完善全市养老服务体系，临港镇中心敬老院消防设施项目建设正在设计，接渡镇中心敬老院消防设施项目建设正在设计准备启动招标，两个项目前期工作进展顺利。乐港中心敬老院主体工程完成，进行装修待入住阶段。

慈善事业 9月，开展"慈善一日捐"活动助力脱贫攻坚战，共接受社会各界捐赠款65万余元。认真落实好省"衣恋阳光助学""科瑞助学"和景市"金秋助学"项目，受资助学生197人，资助金额66.5万元。驻乐平市知名企业——江西天新药业股份有限公司捐赠55万元用于资助乐平中学和塔山街道的贫困学生就学。苏州广林达电子科技有限公司捐赠12万元用于资助乐平一中的优秀贫困学生就学。"童伴妈妈"项目5月正式签订协议。在中国扶贫基金会和省慈善总会的正确指导下，在市、镇、村三级领导的大力支持下，责任落实到人，制度、职能健全，资金落实到项目专户，专款专用、账目独立，多重保障推动项目顺利运行。一是为十个项目村0至18周岁儿童7928人（留守儿童2611人，低保、困境、残疾儿童233人）建立钉钉档案；二是从2019年9月至2020年1月，十个童伴之家累计开放920次，2679小时，开展主题活动45次，参加儿童856人次，开展日常活动598次，参加儿童6326人次。三是对项目及开展的活动通过网络平台广泛宣传，项目已深入人心。

福利彩票销售 稳步推进福彩事业的发展，围绕全年工作目标，不断探索福彩发展新思路，安全运行，全年共销售福利彩票3844.8万元。

未成年人保护 加强未成年人和留守儿童关爱保护。通过摸底排查，全市有留守儿童2.47万人，其中困境儿童3066人，占全市儿童总数的3%。构建多方参与，社工介入，政府购买留守儿童和困境儿童社会工作服务项目，加快推动建立新型未成年人社会保护体系，市未保中心配备专业社工，乡镇（街道）配备业务骨干，村（社区）配备未保专干。全市21个乡镇(街道）均设立儿童督导员、357个村（居）委会设立儿童主任的目标，378名儿童督导员和儿童主任配发上岗证书。

社会事务

社会组织 印发《乐平市人民政府办公室关于印发乐平市志愿服务管理暂行办法的通知》（乐府办字〔2019〕73号）。全年批准成立社会团体9个，登记批准民办非企业单位21个，截至2019年底，全市共有社会团体195个，民办非企业单位310家。

收养登记 全年办理福利院收养登记两起、群众收养1起。依法办理的落户人员20户。

婚姻登记 全市共办理婚姻登记11534对，其中结婚登记5558对，离婚登记2540对，补发婚姻证件3436对，登记合格率继续保持100%。

养老服务 市政府办出台《乐平市养老服务体系建设发展三年行动计划（2019—2021)》，会同市应急局、市卫健委、市市场监督管理局共同转印发《乐平市民政局等4部门关于印发〈2019年养老院服务质量建设专项行动实施方案〉的通知》，会同市委组织部、市发改委、市财政局、市卫健委等5家联合印发《关于加快补齐农村养老服务短板十条措施的通知》（乐民字〔2019〕205号)，全面推进特困失能人员集中照护；大力推进农村互助养老服务设施建设；全面实施乡镇（街道）敬老院改造升级工程；积极推进农村医养服务结合；着力建立留守等困难老年人关爱扶助机制；大力推进农村养老服务人才队伍建设；着力构建履行家庭主体行奖惩机制；大力开展为老志愿服务；积极完善农村养老服务要素保障机制；着力构建上下联动，齐抓共管工作格局。2019年申报了3个农村居家养老中心项目建设，分别是十里岗镇仓下村居家养老服务中心、高家镇官庄村居家养老服务中心、后港镇菱田村委会上马湾村居家养老服务中心。全市建设“瓷都爱心食堂”96个。

流浪乞讨人员救助 市救助站共接待和救助人员人109次，对符合救助条件的人给予救助，受助人员都得到了妥善安置。其中站内救助7932人天次，医疗机构救治、托养51人次；购票返乡22人次，护送返乡38人次。

殡葬管理 全市死亡4509例，火化4526例（含2018年底留存），火化率达100%；全市“三沿六区”共需治理坟墓14261座，共治理13783座；全市112座农村公益性公墓，其中乡镇自建83座，统建公墓29座，现已全部建成。公墓建成后，殡改办于7月1日启动遗体火化后骨灰入公墓安放，10月份开始，已实现入墓率100%。

救灾和防灾减灾

灾民救济 先后遭受了风雹、洪涝、干旱等自然灾害的侵袭，其中“7·12”特大洪涝灾害给乐平市造成了严重的损失，根据受灾情况统计，全年受灾人口达20.2932万人，灾害紧急转移安置灾民2786人，农作物受灾2.1365万公顷，因灾一般损坏房屋101间，直接经济损失3.13648亿元。面对灾情，及时调拨救灾物资下发到受灾乡镇，共发放方便面15600桶、矿泉水31200瓶、棉被30床，紧急运送帐篷20顶，切实帮助乡镇救助灾民，确保灾民的基本生活。

防灾减灾 为切实加强防汛救灾工作，从“3·27”启动汛期值班，以减灾委办公室的名义及时下发了《关于加强汛期防灾减灾救灾工作的通知》，汛期实行24小时值班和灾情零报告制度，成立了灾害应急领导小组，同时成立了查灾核灾组以及灾害应急分队，一旦灾情发生能迅速地投入到抗灾救灾工作中去。以市减灾委的名义紧急转发《江西省减灾

委员会办公室 江西省应急厅〈关于启动省级救灾预警响应进一步做好强降雨天气防御应对工作的紧急通知〉》要求，做到“四个第一时间”即第一时间赶赴灾区查灾救灾、第一时间准确上报灾情、第一时间会同乡镇转移安置灾民，确保灾民基本生活、第一时间将救灾物资运送到灾区。

节日送温暖 民政部门及时下拨了冬春款825万元、棉衣1000件、羽绒衣2000件，有效地保证灾民的基本生活。（市民政局）

扶贫和移民工作

概述 乐平市扶贫办深入贯彻习近平总书记的系列重要讲话精神，全力高质量打赢脱贫攻坚战。不忘初心、牢记使命，团结一致、创新进取、攻坚克难，固根基、扬优势、补短板、强弱项，开展“春季整改”“夏季提升”“秋冬巩固”三大攻势和“移民后扶”工作。按照国家脱贫现行下的标准，实现1404户3569人贫困人口和1个省级贫困村脱贫退出。贫困发生率由2017年底1.04%降到0.29%。全市6个省级贫困村全部退出。贫困和移民群众的幸福感、获得感、安全感有效提升。

定点帮扶 实施市直单位包村，驻村第一书记和帮扶干部包户的定点驻村帮扶模式，253个单位参与定点帮扶，选派了责任心强、懂扶贫、愿帮扶的121位第一书记驻守“三类村”支援脱贫攻坚，安排4006名科级干部与贫困户结对帮扶。投入定点帮扶资金954.58万元。

扶贫宣传 上传扶贫报道187篇（147.7分）。其中录入省级主要媒体107篇，网络媒体28篇，国扶办主管、主办媒体1篇，行业媒体3篇、省扶贫办主管、主办媒体39篇，市级媒体9篇。政府网站上传宣传报道5篇。

技能培训 开展4次大规模产业发展技术培训和6次政策业务培训，全市乡镇共选派18位扶贫干部到扶贫办跟班锻炼，共培训扶贫干部3918人，整体提升全市扶贫干部的精准扶贫能力。

创业就业 实施就业技能培训，设置就业扶贫专岗，落实外出务工贫困劳动力交通补贴，发放交通补贴78.66万元，惠及全市18个乡镇1630名外出贫困劳动力。帮助贫困劳动力广泛就业，春季就业招聘会中58名贫困劳动力实现家门口就业，10家就业扶贫车间吸纳建档立卡贫困劳动力就业65人，就业扶贫专岗安置贫困劳动力433人。开展建档立卡贫困户技能培训37期，培训建档立卡贫困户880人次。

产业扶贫 按照景德镇市产业发展“四个一”规划，加强产业扶贫基地建设，促进贫困村贫困户增产增收。用财政专项扶贫资金3328.3万元。发展扶贫基地215个、合作社171家、公司5家。共建成油茶基地147个12611亩，茶叶基地8个1329亩，中草药基地5个945亩，果业基地27个1535亩，蔬菜、菌类基地16个496亩，水产养殖基地4个788亩，鹌鹑、鸭养殖基地3个504000羽，仓储、花卉、苗木基地7个。全市16个乡镇的62个村委会建设光伏电站，已并网分布式站点166个，集中式站点1个，装机容量12581.89千瓦，发电2000万度。

金融扶贫 “产业+金融”扶贫受益面进一步扩大，“产业+金融”扶贫贷款30835万元，共帮扶建档立卡贫困户6167户，每户每年受益3750元。发放小额信贷82户583.7万元，有效解决贫困户创业资金难问题。

消费扶贫 落实扶贫产品“五进”“七销”工作，开通“乐平扶贫网上商城”，在乐平市嘉里购物中心设立扶贫专柜。乐平扶贫网上商城销售扶贫产品96万元。

教育扶贫 落实教育扶贫资助政策学校校长与乡镇属地双负责保障制，全市贫困学生义务教育阶段无因贫辍学，对特殊原因没有上学的适龄儿童少年实施“送教上门”。对468位异地就读建档立卡学生开展教育扶贫政策对接，推进教育扶贫政策异地落实。对全市建档立卡学生5326人次发放资助金

446.44万元。核实发放“雨露计划”培训补助202人62.65万元。

健康扶贫 落实乡镇卫生院、村级卫生室脱贫攻坚责任。落实家庭医生签约履约服务，全市建档立卡贫困户签约13178人，履约12914人，履约率98%；集中为贫困人口办理29种门诊特殊慢性病卡2227张。建设村级卫生室295家。规范落实“先诊疗后付费”“一站式”结算和“一站式”服务政策。建档立卡贫困人口住院总计7057人次8310.76万元，合计报销补偿7705.54万元，报销比例92.72%。

危房改造 广泛宣传危房改造政策，严控建房标准，进行专业鉴定，精准危改对象，对工匠技能进行培训，提高危改质量。建档立卡贫困户危房改造483户，共投入危房改造资金1036.1万元。实施贫困户房屋提升改造131户，投入资金264.55万元。

饮水安全 对全市建档立卡贫困户安全用水情况进行了精准排查，建立工作台账；免费安装使用城乡一体化自来水，减轻生活负担；加强水质监测，确保饮水安全。经核定，全市3914户贫困户免费安装了自来水，每年定期水质检测，每户每月免费供应5吨用水；2393户分散供水贫困户水质检测合格，全市贫困户饮水安全。

保障扶贫 最低生活保障与建档立卡“两项制度”有效衔接，落实残疾贫困人口两项补贴，实施无收入来源、无劳动能力、无赡养或抚养人特殊贫困群体的敬老院集中供养，织牢编密贫困群众基本生活兜底保障网。2019年建档立卡贫困户纳入五保40人，纳入低保213人，五保低保总人数占建档立卡总人数81.9%。13个贫困人口享受了敬老院集中供养。

村庄整治 围绕贫困村退出的九大指标体系，扎实开展村庄整治工作。在全市54个省市级贫困村的60个自然村布下85个新农村建设点（含30个省点55个自建点），总共安排财政资金1835万元。众埠镇省级贫困村秧畈村2019年投入1100万元完成行政村至各自然村主干道路硬化3000多米，建污水处理厂，建垃圾集中池5个，新建公共厕所5座。全市完成11条19.5公里扶贫公路建设。2019年村庄整治投入资金4251万元。

社会扶贫 开展百企帮村工作，16家企业结对帮扶14个村，实施帮扶项目35个，受帮扶贫困人口244人，企业投入帮扶资金（含捐赠物品折款）337.38万元。扶贫干部帮助贫困人口网上发布合理需求，社会爱心人士积极参与对接。5.5万名社会爱心人士成功对接贫困户需求3921条。

移民工作 按照省扶贫移民政策要求，2019年全市一年一度移民直补人口动态管理核减386人，移民资金直补人口7992人，通过“一卡通”发放移民直补资金479.52万元，投入后期扶持项目资金1410.06万元，建设项目188个，项目惠及全市19个乡镇86个村委会175个自然村。

（市扶贫办）

退役军人事务局

概述 乐平市退役军人事务局是2019年组建的正科级市政府组成部门。主要职责是拟订全市退役军人思想政治、管理保障和安置优抚等工作的规章制度和政策措施，负责全市军转干部、复员干部、离休退休干部、退役士兵和无军籍退休退职职工的移交安置工作和自主择业、就业退役军人服务管理工作，组织全市退役军人教育培训工作及协调扶持退役军人和随军随调家属就业创业，组织指导全市伤病残退役军人服务管理和抚恤工作，组织指导全市拥军优属工作，负责落实优抚对象优待政策，负责烈士及退役军人荣誉奖励、军人公墓管理维护、纪念活动等工作，依法承担英雄烈士保护相关工作，组织开展退役军人权益维护和有关人员的帮扶援助工作，牵头提出全市计划分配军转干部、符合条件的退役士兵的安置计划。局机关内设综合股、拥军优抚和权益维护股、移交安置就业创业股三个股室，下设退役军人服务中心、革命烈士陵园管理所两个正股级事业单位。机关核定行政编6名，退役军人服务中心核定事业编16名。

服务体系全面建成 一是建成市退役军人服务中心1个。市服务中心服务接访560多人次，受理各类信访问题45件，解决的涉军政策落实问题5件，化解重访事项3件，为退役士兵提供就业创业服务88人次，接收退役军人行政关系、组织关系、供给关系转接和档案移交76人。二是建成镇、村退役军人服务站365个，镇级20个，村(社区)服务站345个，覆盖率100%；打造众埠镇、众埠镇南界首村退役军人服务站两个省级示范点。

移交安置圆满完成 接收军转干部3人、复员干部1人、转业士官30人、自主就业退役士兵214人。安置军转干部3人、士官29人。为2018年度退役士兵发放自主就业一次性经济补助378万元，为29名转业士官发放待安期间生活费25.58万元，为一名灵活就业士官发放就业金11.88万元。

创业就业成果显著 召开两次退役军人专场招聘会。邀请36家企业参加，提供860多个岗位，计200多名退役士兵参加专场招聘会，61人达成意向就业。推荐了28名退役士兵再就业。协同工商银行、邮政储蓄为退役军人退役专项拥军优属退役军人服务卡。享受免收发卡工本费、年费、小额账户管理费、跨行转账费、跨行ATM取现手续费优惠。为退役士兵创业提供小额免息担保贷款政策支持。

维权维稳依法推进 通过受理并妥善处置退役军人的合理信访诉求，积极维护他们的合法权益。共受理来访退役军人279批次共686人次，网上信访事项52件71人次，累计向各乡镇（街道）、各相关单位转送交办退役军人信访事项函件40余件，办结率达96%。完成了对越自卫反击作战40周年烈士祭扫，全国“两会”、春节、清明、“八一”、烈士纪念日、庆祝建国70周年等重要节日和敏感时期的稳定工作。制定了《乐平市退役军人矛盾问题化解年实施方案》，积极开展“走访月”活动，及时掌握情况问题并化解矛盾纠纷，实现了全市退役军人信访形势平稳可控。

社保工作接续开展 制定下发《乐平市部分退役士兵社会保险接续工作实施方案》《乐平市部分退役士兵社会保险接续重大风险防范化解工作预案》《关于成立部分退役士兵社会保险接续工作推进小组的通知》。通过对全市以政府安排工作退役士兵进行摸底调查，符合社保续接条件退役士兵950人，全部受理完毕，完成率100%。此项工作受到了江西省退役军人事务厅通报表扬。

欢迎仪式隆重热烈 为全面推广“尊崇工作法”，充分体现“让军人成为全社会尊崇职业”，12月27日，在市政广场举行了隆重热烈的对2019年度退役军人欢迎仪式，市委市政府主要领导、市退役军人事务领导小组成员、驻乐部队官兵及退役军人300余人参加。

双拥工作成绩斐然 一是调整了乐平市双拥工作领导小组并召开了全市双拥工作领导小组第一次会议。二是完成了全市19000余名退役军人和其他优抚对象的信息采集工作，开展了悬挂光荣牌启动仪式，为全市烈属、军属和退役军人等家庭悬挂光荣牌17000余块。烈士纪念日和庆祝新中国成立70周年期间，走访慰问烈属、新中国成立前参加工作的老同志、老党员及部分优抚对象40余人，为8名新中国成立前参军的老战士颁发了“庆祝中华人民共和国成立70周年纪念章”。三是无偿划拨建设用地，投入600多万元用于部队营房、训练基地建设，投入1392万元用于双拥路及延伸工程建设，投入760万元升级改造市人武部民兵训练基地和指挥信息系统，满足部队训练需求。举办了“爱在赣鄱.团团有约”军地青年联谊会，共有4对军地青年交友成功。四是走访慰问驻乐部队官兵、军属、光荣院、革命伤残军人和重点优抚对象累计1000余人次，发放慰问金260多万元。发放义务兵家庭优待金900余万元、抚恤补助金2400余万元。新评定带病回乡退伍军人15人，评定和调整伤残等级人，补换残疾军人证6人次。帮助重残军人更换三轮车、配发轮椅、维修假肢、定做矫形鞋、修理房屋等。连续为优抚对象发放价格临时补贴每人每月15元。五是迎接全省双拥模范城考评，得到了考评组一致好评，为乐平市创建全省双拥模范城“八连冠”打下了坚实的基础。

主题征文成绩斐然 组织以军队离退休干部，烈军属，残疾军人以及转业、复员、退伍军人等对象参加全省“传承红色基因，永葆军人本色”主题征文活动，共收到征文34余篇，评选出20篇优秀稿件参加评比，有3篇征文荣获全省征文评比二、三等奖。

中心工作顺利完成 以开展各项活动促进中心工作，将深入开展“不忘初心、牢记使命”主题教育工作、“怕、慢、假、庸、散”等作风顽疾专项整治活动、学习贯彻党的十九届四中全会精神、打赢脱贫攻坚战、“双创双修”等五项活动作为有效推进退役军人事务工作建设的平台。同时，高度重视意识形态、综治、普法、扫黑除恶、精神文明、工会、妇女计生及公共节能等日常工作，定期开会研究，分工负责管理，层层压实责任，事事专人督办，实现全年无安全事故，各项工作取得明显成效。

（市退役军人事务局）

乡（镇）街道

洎阳街道

概况 洎阳街道地处乐平市城区，是乐平市政治经济、文化，经济发达，交通便利。辖25个居委会，其中6个农村居委会，19个城市居委会，总面积22平方公里，街道总人口22万，街道全年完成财政收入5亿元。洎阳街道立足区域优势，大力打造“四最”营商环境，固定资产实现投入20亿元，夯实了街道的全面建设小康社会的基础。

夯实基层组织 扎实推进“两学一做”学习教育、中心组学习、党支部书记学习日制度常态化，通过领导带头传达学习、带头讲授党课等方式，深入学习习近平新时代中国特色社会主义思想、对江西工作重要要求和党的十九大精神“学懂、弄通、做实”。坚定信念，牢固树立“四个意识”、坚定“四个自信”，自觉将“两个维护”融入街道经济社会发展。把建设“五型”政府摆在首要位置，主动适应城市社会新变化，坚持区域化为引领，构建出开放融合、共建共享城市基层党建工作新格局。建立东湖、天湖中心社区党委，成立87个功能性党支部，夯实基层组织，在新时代文明实践中心等工作中发挥应有的作用，为乐平列为全国城市基层党建工作示范市贡献“洎阳模式”。积极探索党建+红色业委会+红色物业的小区治理模式，取得明显成效，实现“居民满意率和物业收费率”双提升效果。建成东湖、天湖市民之家和改造西后街区、联盟路片区等背街小巷。涉及41条巷道，总长约18公里，面积约10万平方米，受益居民4000余户约3万人。切实改善居民生活、居住环境，提升城市品位。

改革创新工作 结合“不忘初心、牢记使命”主题教育，创新学习方法，坚持每周例会开讲“每周一习”，坚持开展党工委委员领学社区书记“半月谈”，倡导开展“工作沙龙”“看点子比创新”和“破机关陋习，树洎阳新风”活动。创立和培育了“帮帮团”红色社会组织，全方位参与社会治理，规模达到1700人，开展活动84000多人次，化解矛盾纠纷600起，办实事3000多件，真正实现“天天有活动，周周有安排，月月有行动，年年有变化”。推行街道“大办制”机构改革，扎实开展综治中心实体化建设工作，综治中心正在日益发挥“党的宣传队，政府的顺风耳，部门的千里眼，居民的守护神”作用。

征地拆迁工作 始终践行“立说立行”雷厉风行作风，开展“双创双修”和市重点工程。安平路改造，统筹安排力量，全部拆除邹家畈上临街近4000平方米违章棚，为安平路改造扫清了障碍；全年共征收526亩，确保了乐平重点工程建设的用地需求，为推动城市化建设实现了主力军的担当；坚持“不谈判、讲政策、做工作、搞服务”工作方法，全年共参与和独立完成272户、9.6万平方米拆迁任务，打通通站路、新平北路、昌平路等5条断头路。

禁燃禁放工作 全面开展禁燃禁放工作。通过电视、微信、告知书等多种方式进行全方位立体式宣传，做到家喻户晓，共发放倡议书4万余份，安装横幅300余条，签订承诺书约10000份，对5起违反规定燃放爆竹的人员进行了行政处罚，对35家在售烟花爆竹商超进行排查，现已形成禁燃工作管理机制。真正做到家喻户晓，大力推广电子鞭炮，巡逻督查无死角，违规燃放处罚到位。元旦、春节期间仅发现和处罚11例，达到悄然而胜之的效果。

绿色殡葬改革率先启动 始终保持“火化率和非棺葬率”两个百分百，为乐平顺利推进殡葬改革做了引领、当了标杆。全城迁坟行动中，充分发挥党员干部带头作用，全城迁坟顺利有序推进，完成迁坟1653座，净化了城区环境，提高了居民的幸福指数。

服务群众强宗旨 坚持“以民为本，为民解忧”工作理念，错时延时服务，秉持集中办理，实行真情服务，方便群众。共接待办事群众1万余人，办理业务3000余件，得到了广大群众一致好评。

作风过硬强保障 对巡查出的4方面15条问题照单全收，认真反思，立行立改，多次召开会议逐条对照进行研究，制定整改落实。统筹建立以副书记任大办主任的“6+2”制度，优化岗位设置，并制定街道绩效考核办法，制定街道干部工作制度。在街道上下树立“为市委分忧、为政府解难、为百姓添福”价值取向，把“见事管事，立说立行，敢胜善胜”作为街风街训，整治“怕慢假庸散”不良风气，着力锻造信念过硬、政治过硬、责任过硬、能力过硬、作风过硬的干部队伍。

塔山街道

概况 塔山街道位于乐平市城区南郊，与市区仅一桥之隔，东、西、北三面被乐安江环抱，南面靠山，中部属冲积平原，地势平坦。境内有省精细化工基地——乐平工业园区，206国道穿境而过。全域总面积22.1平方公里。下设12个党支部，有党员350人，街道办辖5个居委会（天济、坎上、南岸、上畈、塔山），18个自然村，总人口24300人，其中农业人口18237人。实有耕地面积5858.11亩，林地面积6667亩。街道共有在岗机关干部94人。

综合实力稳步提升 全年完成国内生产总值51亿元；工业总产值完成37亿元；完成财政总收入62800余万元；公共财政预算收入完成23000余万元；其中：税收收入完成60800余万元，非税收收入完成1900余万元。固定资产投资完成2.2亿元。新引进项目两个，均已落户塔山工业园：总投资额为1.68亿元的乐平兴华纺织科技有限公司年产4000万米窗帘布项目和目前已产生税费500万元左右的乐平市金邦热力有限公司。乐平市赛复乐医药化工有限公司有建设二期项目的意向，预计投资10.8亿元，预计当年产生税费1.5亿元。

意识形态全面落实 全面落实意识形态工作责任制要求，把意识形态工作纳入党建工作责任制，纳入领导班子、领导干部目标管理的重要内容，纳入领导班子成员民主生活会和述职报告的重要内容。认真落实意识形态工作责任制，建立健全意识形态工作研判机制，坚持意识形态工作原则，把意识形态工作与经济工作一同部署，纳入年终绩效考核的主要内容。党工委书记做到重要意识形态工作亲自部署、重要意识形态问题亲自过问、重大意识形态事件亲自处置。在党工委中心组学习和机关例会上重点学习党的十九大和十九届二中、三中、四中全会精神，学习《中国共产党廉洁自律准则》和《中国共产党纪律处分条例》，同时要求班子成员撰写学习心得，确保思想跟得上形势发展，真正做到用理论武装头脑，指导实践，推动工作。

党建基础更加夯实 一是以“不忘初心、牢记使命”主题教育和”“三会一课”“主题党日”等制度为重要抓手，牢牢把握“守初心、担使命，找差距、抓落实”的总要求，组织领导班子和全体党员深入开展学习研讨，调查研究，检视问题，整改落实，推进主题教育走深走实；二是以民主生活会和组织生活会为契机，坚持边查边改，紧密联系实际，全面查摆班子和个人存在的问题和不足，并针对梳理处的突出问题做到一一整改，确保将问题整改到位。街道各支部全年共召开党员大会167次，上党课286次，支委会132次，开展主题党日活动100余次，开展民主生活会1次，组织生活会22次，查找整改问题20余个。三是加强基层党建阵地建设，充分发挥基层党组织战斗堡垒作用，按照基层党建“标准化、规范化、信息化”要求，集中力量打造塔山和天济两个党群服务中心和社区便民代办点，均已通过验收投入使用，通过基层阵地建设的加强和党建资源的优化整合，社区党支部“党建+”引领作用进一步增强，党员教育管理服务水平得到提升，群众满意度不断提高。

舆论宣传导向明确 搭建信息互通的平台，对一些苗头性问题努力做到早预见、早发现。注重把握不同时期宣传重点，提高舆论引导水平。对重大事件及突发性问题及时尤其注重提前介入，防患未然，特别注意掌握网络舆情，牢牢掌握新闻报道主动权。积极投稿，向《江南都市报》《江西法制报》大江网等省市级媒体对塔山街道社会综合治理、安全生产等先进经验和典型进行了推介报道。同时，在街道范围内积极开展“好婆媳、好邻居”等好人好事评选活动，大力弘扬乡贤文化和好人文化；开展爱国卫生运动，落实门前三包责任制，定期组织卫生检查评比，绿化、美化、亮化、净化、序化水平明显提高；开展文明单位创建活动，继续巩固街道景德镇市精神文明先进单位创建活动。

反腐倡廉持续深入 认真落实党工委主体责任和纪工委监督责任，始终把党风廉政建设和反腐败工作作为重要政治任务，列入党工委、办事处的重要议事日程。一是突出加强警示教育。积极开展廉政教育，深入开展重温入党誓词、诵读红色家书、“初心守廉”等主题教育，组织观看廉政教育片3部。组织全体机关干部、各社区书记主任、社区纪检员进行了《中国共产党纪律处分条例》测试，切实增强了党员干部拒腐防变“免疫力”；二是突出加强纪律建设。认真贯彻落实中央八项规定精神，严格执行党的政治纪律、组织纪律、廉洁纪律、财经纪律和生活纪律，坚决纠正无组织无纪律、自由主义、好人主义现象，做到以上率下；三是突出抓好作风建设。开展绩效考核，实行人脸识别考勤，建立健全各项规章制度，并对机关干部上班考勤进行不定期检查，每周至少一次。开展精准扶贫和环境整治等中心工作监督检查；四是突出加强执纪问责。充分运用监督执纪“四种形态”，抓早、抓小，防微杜渐，第一种形态处理12人，立案审查8起。

社会环境和谐稳定 街道始终把社会治安综合治理工作作为中心工作的重中之重，街道全年共解决矛盾纠纷106起，无重大事件发生，共接待来访群众20批80人次，处理“12345”政府服务热线178件，均已答复办结，群众满意度87%。成立以党工委书记为组长，党工委副书记为副组长的“扫黑除恶”专项斗争工作领导小组，结合街道实际，制定了“扫黑除恶”专项行动实施方案，与各社区签订责任书。共制作扫黑除恶宣传标语21条，悬挂横幅20条，大型宣传牌1幅，宣传栏两期，发放扫黑除恶专项斗争宣传页6000余份，出动宣传车15次，在各居委会设立了举报箱。强化侵占国有资产清理工作，截至目前，共摸排侵占事件25起，已处理23起，未处理的也经街道党政联习会研究通过落实了领导包干。安全生产常抓不懈，全年对辖区内各个重点行业开展安全生产隐患排查活动，共排查安全隐患53例，提出整改意见共计53余条，监控到位，督查到位，整改率达100%，杜绝了安全事故的发生。

民生实事加快实施 一是新农村建设。街道全年新农村建设硬化路面1200米、建设排水沟800米、改塘两口、改房36户、绿化1000平方米。认真落实大干项目年的精神，扎实推进“双创双修”项目建设，现已完成：投资100万元的文化长廊建设；投资100万元的天济村的群众活动广场建设；投资60万元的塔山社区的标准化村级服务场所建设；投资150万元的坎上村的休闲水塘美化提升建设工程；投资200万元的烟竹林环境提升改造工程；范厂示范村建设已完成80%；洎阳南路延伸拓展改造工程已开工建设。二是环境整治工作。积极开展“五拆五清一树”工作，共清理存量垃圾760吨，拆除空心房26栋、旱厕112座、残墙断壁2160米、违规院墙940米，清理沟渠8.9千米，杂草、杂物180吨。有序推进“厕所革命”，并制定奖励办法，共改户厕317户，其中新农村建设村改户厕123户，并自筹资金建公厕，新建公厕5座，其中一座已建好使用。三是精准扶贫工作。2019年建档立卡贫困户161户362人，帮扶单位2个，帮扶干部71人，残疾贫困户110人，低保贫困户141户307人，五保20户20人户，非低保贫困户35人，享受安居扶贫59户，健康扶贫全覆盖，教育扶贫78人，贫困户享受金融分红153户，享受就业帮扶的为市级公益性岗位10人，工业园龙头企业带动11人，村级保洁员31人，扶贫车间4人。扶贫产业短平快项目有坎上社区养殖鸡鸭分别600只、550只、南岸社区养殖鸡800只，塔山社区原菌菇养殖1500斤，天济社区养牛26头，合计共投资40余万元，共带动贫困户就业46人户。四是殡葬改革工作。全年奖励迁坟、平坟资金20万元，火化奖励8万元，公墓配套设施，停车场及道路建设共计18万元，投入66.6万元用于公墓征地工作。共火化104例，建立公益性公墓一处，标准墓穴929个，27人入墓，入墓率达100%。

涌山镇

概况 全国千强重点镇、全省经济发达镇、景德镇小城镇示范镇和乐平市经济重镇——涌山镇，地处乐平、浮梁、婺源三县（市）通衢要道。交通便利、区位优势明显、物产资源丰富、文化底蕴深厚、功能设施齐全、民间资本雄厚，综合实力位居全省前列。镇域总面积185平方公里，辖16个村委会、5个矿区居委会，人口近6万人，境内交通四通八达，黄（泥头）乐（平）公路纵穿南北，湘（湖）—官（庄）一级公路横贯东西，镇区距景德镇仅25公里，离乐平市区32公里。

党建工作 通过党委中心组学习、机关周一例会、主题党日、基层党校、学习强国、新时代文明实践中心等多种学习形式学深悟透上级精神，做到始终忠诚于党，坚持正确的政治方向，确保中央和省市的决策部署在涌山落地生根。一是根据“守初心、担使命，找差距、抓落实”总要求，不断推进主题教育走深走实、入脑入心，举办了涌山镇以“不忘初心、牢记使命”主题演讲比赛及学习贯彻党的十九届四中全会精神为主题的古戏台讲堂活动，组织开展了诵读习近平金句、集体合唱《我和我的祖国》、给党员过“政治生日”、党员志愿者服务等系列活动；二是召开了在外优秀创业人士暨流动党员新春恳谈会，与会人员建言献策共话涌山发展；三是开展了为烈属、军属和退役军人等家庭悬挂光荣牌工作，组织举办乐平市科普之春暨学雷锋志愿者主题月、敬老爱老学雷锋志愿者、徒步稍田村泸州坳“三八”妇女节等活动，团结青年、老人、妇女等群团在党委领导下开展工作；四是积极配合市委第一巡察组对我镇及沿沟村为期1个月的巡察工作，针对巡察反馈问题积极进行整改。

经济社会发展 坚持以年产360万吨水泥的江西乐平万年青水泥有限公司为龙头的建材产业、乐矿沿沟煤矿90万吨机械化矿井为主的能源企业、年销量破亿的钠米钙生产企业春景钙业的高科技产业主导：创新农业发展结构，坚定“一村一品”的发展方向，创办“家庭农场”，发展休闲农业，大力扶持林头香菇、稍田杨梅、杨潭灰包蛋、涌山腊猪头、“年丰”沙琪玛等一批叫得响的特色农产品品牌；激活旅游产业以及现代服务业发展，重点扶持五木物流、永盛贸易、万港物流等大型物流贸易公司的发展，着力将涌山打造成为物流集散中心和承接产业转移的重要平台。同时共成功签约年产500万条聚丙烯编织袋、年产30万立方米商品混凝土搅拌站生产线、康德康复医疗中心等项目。

脱贫攻坚 一是开展中央对江西省脱贫攻坚专项巡视反馈意见整改工作，成立了领导小组，制定了工作方案，明确了整改任务清单，制定了2019年脱贫攻坚工作计划，同时做好省第三方评估组、省委组织的县交叉考核及市委扶贫项目检查组的迎检工作，对贫困户资料进行全面查缺补漏；二是定期对第一书记、扶贫专干开展业务培训并组织业务知识考试，组织帮扶干部参加景德镇市及乐平市的业务培训会，拟定建档立卡贫困户感恩教育实施方案，开展感恩教育活动；三是积极落实各项扶贫政策，完成贫困户交通补贴申报、教育扶贫政策落实、危房改造政策落实、贫困户饮水安全摸底等工作，成立了镇办扶贫产业管理公司——乐平市腾扶扶贫产业管理有限公司，加强了扶贫产业的管理，全年共实施油茶种植约540亩、龙虾养殖80亩、中草药种植60亩、土鸡蛋鸭养殖等项目，同时大力实施扶贫产业收益分红；截至12月底建档立卡贫困户310户738人。

环保整改 一是召开了涌山镇贯彻落实省生态环境保护督察反馈意见整改工作部署会，及时进行问题整改；二是加大对辖区内的采石场、钙厂、新型墙材公司、共库水源地巡查力度，对无主固废进行排查整治，对已打击的非法冶炼厂进行巡查，同时开展了第二次全国污染源普查及“除磷”行动摸底排查工作；三是取缔了林头村非法冶炼厂，打击了三井煤矿提炼废旧轮胎及茅屋村非法洗砂行为，对乱倒漂白土以及群众反映坞家山采石场违法开采行为进行打击，督促张家坞瓷土矿进行回填复绿。开展了涌山镇S205、湘官线等公路两侧煤矸石加工点专项整治工作，坚决取缔到位。

安全信访稳定 一是贯彻落实上级安全生产会议精神，着力开展安全生产暨“打非治违”百日攻坚行动，加强对镇内各行各业的监管，加强矿区巡查值守，确保了矿区安全平稳，同时加大隐患排查力度，以“零容忍”的态度实现安全生产的“零事故”；二是继续做好矛盾纠纷调处工作，充分利用镇（村）群众说事中心（室），共受理群众诉求550件，化解矛盾纠纷230起，做好“12345”政府服务热线工作，及时回复了472件群众诉求工单；三是积极开展综治实体化建设，通过综治平台，各村网格员上报有关民生和公众安全事件798件，已办结730件，形成了快速上报及时解决问题的有效网格治理体系；四是开展了扫黑除恶专项斗争专题自我剖析会及整改会，针对中央扫黑除恶第15督导组指出的六个方面22个问题进行深入剖析及问题整改，广辟线索来源，深挖隐藏在幕后的涉黑涉恶线索，强化责任，将责任落实到人，截至12月底上报10条扫黑除恶线索，上级部门转办11条线索中6条已办理，还有5条正在核查，同时继续推进侵占国有集体资产资源专项清查活动，最大程度上挽回了国家集体资产资源的流失。

社会民生事业 农业农村工作：一是开展非洲猪瘟防控工作，落实上级相关防控工作会议精神，层层落实责任，对进入境内生猪做好相关防疫等相关工作，确保镇域范围内安全稳定；二是开展“大棚房”清理工作，对镇域内的“大棚房”进行摸排统计上报，明确工作责任，积极进行问题整改；三是积极推进2018年杨潭村、涌山村高标准农田扫尾建设，同时开展2019年高标准农田建设设计及复核工作，为下一步农田现代化建设奠定基础；四是开展了江西农业大讲堂下基层宣讲活动，做好春种春防、“三冬”及防汛抗旱等季节性工作。五是落实“门前三包”制度，开展“五拆五清”工作，加快新农村建设工程进度，今年共争取了新农村建设点47个，其中省点23个，自建点24个，建设资金达1098万元；土地管理工作：严格贯彻执行“限高限大，治乱打违”精神，杜绝“两违”建房，加强了巡查密度、深度，严防盗建违建现象，同时加强农村危房改造新建房屋面积严格管控，开展新建房屋面积全面排查工作，做好危房拆除重建审批监管指导，针对危房改造存在的问题及时进行整改到位；农医农保工作方面：开展了春季就业创业暨就业扶贫招聘会，完成养老保险、医疗保险及卫生费的征缴工作；其他工作：开展森林资源保护管理突出问题专项整改工作，成立领导小组，制定工作方案，落实工作责任，积极进行问题整改，同时推进林长制责任制落实；开展了防范非法集资宣传月活动，增强反洗钱意识，远离非法集资。开展了“确权登记”颁证回头看迎检工作。

双创双修项目建设 一是以“五拆五清一树”工作为重点，扎实推进农户庭院整治，开展厕所革命，确保人居环境有效提升；二是打造涌山镇与浮梁县寿安镇边界形象，精心打造了彭家桥、黄土坑两个示范村；三是积极推进境内主要交通道路建设，目前S205、湘官一级公路全线贯通，正积极建设涌厚路、塔荷路；四是完善涌山村级便民服务功能，完成村级便民服务场所及村史馆建设；五是吴家街风貌提升工程初步完成，正进行锦溪河风貌提升、河道清淤、管线下移等建设。不断完善基础设施以及功能提升项目建设，突出抓好项目建设步伐，实现涌山面貌新跨越，提升城镇品位。

经济发达镇建设 一是精准放权“一清单”。涉及14个部门158项审批权限已全部下放到位，正积极对接，其中行政处罚类99项、行政审批类59项。二是资源整合“一架构”。统筹配置机构编制资源，按照“小政府、大服务”和精简、统一、效能的原则，整合涌山镇30多个内设机构、事业站所和成建制划转涌山镇管理的派出机构，综合设置“一办七局”8个职能机构（具体为:党政办公室、经济发展局、社会事务局、行政审批局、综合行政执法局、财政局、农业农村工作局、规划建设局），并且按照便民一体化的宗旨对相应的办公场所进行调整，每个职能机构下设各办公室成片办公。三是便民服务“一窗口”。采取了“前台+后台”式架构，对直接与基层群众、企业和其他社会组织面对面服务的职能集中到行政审批局及其便民服务中心，59项行政审批、确认及便民事项采取前台综合受理，后台分类办理的方式，农医、农保、计生、民政、财政等高频普惠业务全部实行一窗通办，同时，将服务载体向涌山镇村、社区延伸，形成便民服务网络，实现“小事不出村、大事不出镇”。四是综合执法“一队伍”。涌山镇综合行政执法局内设三个执法中队以及法规科、办公室，将9个部门下放的99项行政处罚权限进行网格化归口执法。同时结合全省综治中心实体化建设，将综合行政执法局三个中队纳入网格员进行管理并赋予参加全镇各村级网格的社会管理的职能；五是智能高效“一张网”。打造“人防+技防”网格化社会治理防控体系，280只高清摄像头覆盖镇区主要街道、村（居）委会主要干道，99个自然村全覆盖，综合指挥调度中心进驻了自然资源和规划、城市管理、农业农村、综治信访、环境保护等5个重点领域的事项流转岗，指挥调度中心对全镇各网格员报送的不同类别的事项，以网上工单任务形式进行流转分派处置、监督办理，实现处置全程留痕，推动工作高效开展。

“五型”政府建设 一是发挥绩效考核指挥棒作用，加强镇机关干部职工考勤制度管理及日常监督，将考勤与绩效工资、奖励工资相结合，建立“周通报、月统计、季测评、年考核”工作制度，进一步转变机关干部工作作风；二是深化体制机制改革，加强便民服务中心管理，充分运用赣服通提升政务服务能力；三是完成“十件实事”。截至目前办好为民10件实事。1．完成涌厚路征地拆迁及路面拓宽工作；2．完成S205、湘官一级公路涌山境内道路建设及7条村村通道路建设；3．完成16个公墓建设；4．结合“智慧小镇”建设，天网监控覆盖99个自然村；5．提升了流槎革命烈士纪念场所的周边环境；6．落实了综治中心实体化建设；7．完成涌山村便民服务场所及涌山村史馆建设；8．完成黄土坑、彭家桥景观节点建设；9．建成闵口农业示范园；10．打通了稍田芦洲坳到洪岩占吕桥村道路。

镇桥镇

概况 镇桥镇地处乐平市西南边陲，是江南有名的蔬菜之乡。东临礼林镇，南接万年石镇，乐安河流淌而过，与乐港镇隔河相望。新老“206”国道、皖赣铁路同时穿境而过，距市区10余公里。全境地域约102平方公里，辖21个村委会和1个居委会，地势开阔，土质肥沃，耕地面积3.47万余亩，蔬菜种植面积2.5万亩，林地面积5.49万余亩，森林覆盖率44%。总户数14530户，总人口59028人。

镇桥镇是最早实施蔬菜种植和集镇建设的乡镇之一，拥有完善的水利设施体系、新农村建设体制、教育医疗体系。通过“十二五”时期全镇上下的努力奋斗，经济结构进一步得到优化，村容村貌得到进一步改善，百姓福祉得到进一步增强。镇桥镇蔡家村被评为“全国文明村”；通过省级可持续发展实验区验收，并被评为优秀；连续荣获景德镇市信访工作先进单位、综治工作先进单位；荣获乐平市蔬菜发展先进单位。

全镇有古戏台20多座，其中以浒崦、坑口古戏台著名。浒崦古戏台建于清代道光十二年（1832年），是一座由晴台、雨台、厢楼、祠堂四面环合的一组建筑。设计巧妙、结构别致、雕塑精工、布局繁华，在江南地区堪称一绝。2013年3月5日被列为国家重点文物保护单位。这些古戏台的匠心独运，是人类智慧的巧夺天工，是留给后人的珍贵文化遗产。

财税收入持续向好 全年完成财政总收入7885.8万元，同比增长87.1%，实现公共财政预算收入5259.5万元，同比增长86.8%，税收收入完成5749.3万元，占财政总收入比重达72.9%，财政各项收入完成2136.5万元。

经济结构持续调优 农业产业稳步推进。农业龙头企业乐平市花正红农业发展有限公司前后获得省农业厅“无公害农产品产地认定证书”及农业部“无公害农产品证书”，在争创“三品一标”中，申报的“一品赣菜”注册已获得国家工商总局受理批复，投资850万元的高科技智能温室蔬菜大棚即将建成，招商引资难中求进。在服务好现有骨干企业的基础上，签约了一个年产2600套高低压成套电器设备的项目，引进两家企业，其中落户金山工业园、注册投资3000万元的江西悦达电气有限公司已建成投产，另一家落户镇域内生产新型建材的企业——江西粤乐建材有限公司主体已建成即将投产，协调景德镇中茂机械设备有限公司正式投产。第三产业初具规模。以“乐平市花正红农业发展公司”为领头的现代化观光休闲农业基地基本建设完成，3月份开展的“桃花节”观光休闲项目吸引游客十万余人次，打造以一产为基础、二产为支撑、三产为亮点的一体化“特色小镇”的格局初步形成。

乡村振兴持续发力 镇村面貌持续改善。先后三次由镇主要领导带队赴上饶市横峰县、铅山县及赣州于都县进行学习考察新农村及秀美乡村建设，举办一期全镇保洁员、清扫员290余人参加的培训班，深入开展“五拆五清一树”为主题的农村农户庭院专项整治行动，拆旱厕523个、搭建房3533平方米、圈舍52个，残墙断壁6189米、违规院墙3926米，清理农村生活垃圾6114吨、村内水塘43口、村内沟渠5.53千米、畜禽养殖粪污等农业生产废弃物36吨，农村农户庭院专项整治已验收95个自然村，完成率为95%。重点工程扎实推进。S411建设工程已完成工程量87%，杆线移栽和铁塔建设已完成6%，路基水稳层已完成90%，排水沟建设工程已完成90%，樟树移栽已全面完成，扩征工作已全面完成。镇杨公路已完成沥青铺设并通车使用。完成35千伏输变电工程主体工程量70%，外线架设工程已启动。高标准农田建设土地平整8100亩，生产路和田间路、沟渠建设等工作基本完成。安全生产常抓不懈。建立健全日常排查机制，发现安全隐患20余处，已责令整改到位。对镇内60余处地质灾害点进行巡查，联合相关部门耗资30余万元消除地质灾害隐患一处。加强水源地日常保护巡查工作，完成共青水库水源地周边环境修复工程，对辖区两起养殖污染企业实行约谈，责令整改并落实专人定点监控。联合派出所、自然资源和规划所、城管中队组织60余人开展了一次“打非治违”集中行动，对杨畈、库前等5处非法经营采砂场进行打击拆除。

民生保障持续强化 脱贫攻坚持续发力。认真落实“春季整改”“夏季提升”和“秋冬巩固”行动，开展扶贫扶志感恩教育活动，夯实基层基础资料，探索长效扶贫机制，全镇目前已种植油茶基地1500

余亩，村级光伏电站已建成并网发电369千瓦。社会保障不断提升。完成新农合、新农保的缴费工作，落实民政信息动态管理制度及走访慰问工作。疫情防控稳步推进。聘请专业人员对辖区内的养殖动物进行了集中强制免疫，坚持每日排查，做好防控非洲猪瘟一线值班值守任务。殡葬改革有序进行。完成“三沿六区”的600余座坟墓遮挡和平整，死亡火化率达到100%。防汛筹备扎实开展。完成10余座山塘水库的维修加固工程，对镇桥联圩排涝站及沿圩涵闸的设备进行了检修，储备防汛物资砂石1000方、木桩9000根、编织袋10000个。

社会治理持续稳定 全镇未发生重大集体访及突发性安生事故。综治维稳成效明显。严格落实领导包案负责制，认真做好全国“两会”期间信访隐患排查和军字号等重点群体的稳控工作，共受理52起信访件，办结62起，化解信访积案9起。扫黑除恶稳步开展。发放宣传年画7000余份，张贴5块扫黑除恶宣传栏，发放宣传资料1500余份，共排查线索7起，做好演戏及划龙舟的手续报批及稳定工作，举办一次扫黑除恶专项斗争文艺会演。“12345”热线发挥作用。截至目前收到“12345”政府服务热线460件，办结460件，及时率达97%，办结率100%，满意率达90%以上。

深化改革持续探索 着力推进政府职能转变，推动“五型”政府建设，坚决杜绝“门难进、脸难看、事难办”的现象，大力整治“怕、慢、假、庸、散”等作风问题，进一步提高行政效能，提升政府治理能力。严格执行绩效考核制度。每季度定期举行机关干部绩效考核测评工作，对测评结果公示公开，以“红红脸、出出汗”的形式集中整治作风问题，积极营造“你追我赶、创先争优”的良好工作氛围。窗口单位实行专人专岗。明确职责分工，提高工作效率，优化服务态度。领导班子对口负责。各办站所由分管领导直接负责。坚决杜绝因管理产生的工作推诿、责任推脱等现象。

接渡镇

概况 接渡镇位于乐平市城市东郊距市中心约5公里，地理位置优越，东临浯口镇，西毗礼林镇，南靠众埠镇，北与市区接壤，人口稠密，交通便捷，乐安河航道纵横东西，德昌高速、206国道、吴(乐)秧二级公路以及乐德铁路穿境而过，境内石英砂、煤炭、河沙、瓷土、黄金等矿产资源丰富。全境总面积85平方公里，耕地面积36550.33亩，旱地面积7337.6亩，水面面积29212.73亩。辖区有22个村委会，7个居民委员会，128个自然村。接渡镇以农业为主，因地制宜大力发展特色产业，朱家大蒜、东畈粉藕、李家白薯、刘家垄马铃薯、华家辣椒等“一村一品”遍地开花，依托境内赣东北最大的蔬菜农产品批发市场——中远蔬菜农产品批发市场，不仅接渡蔬菜销路畅通时常供不应求，乐平接渡狗肉更是享誉海内外，成为走亲访友必备的乐平特产。接渡人文景观丰富，文化底蕴深厚，明万历年间建造的饶娥祠遗址，乐平十大名景之一的“洎滩双月”，荣获2014年全国十大考古新发现的唐代南窑陶瓷遗址。

2019年全镇完成社会总产值30.56亿元，财政总收入6004万元，固定资产投资6.53亿元，工业总产值8亿元，农民人均纯收入达到16307.2元，保持了经济社会平稳较快发展，成功签约引入经济实力强劲的三家企业：江西承诚实业有限公司，总投资32000万元；乐平市传贤电气有限公司，总投资3000万元；上海一味龙祥创意设计有限公司，总投资6000万元。

项目建设提质提效 拆迁工作高质量完成，中远路拆迁13栋，下窑拆迁40栋，华家拆迁18栋，续湖联圩拆迁3栋，乐德公路拓宽拆迁1栋，锦阳汽车城拆迁1栋，10号地块拆迁1栋，袁钟公路拆迁16栋，接渡大桥重建拆迁1栋。征地工作跨越式推进，交警大队对面安置地征地26.04亩，镇级公墓征地66亩，206国道拓宽征地6.048亩，乐德公路城区段征地4.7亩，童家山工业园北侧征地10.94亩，三岔路口征地2.04亩，对子安、周家片区改造项目2100余土地进行测量、分界。现代农业改革全面深化，已申报8个行政村建设农村污水处理管网项目，建设高标准农田4357亩。

城镇建设蹄疾步稳 美丽乡村建设更加靓丽，经市农业农村局批复，又有44个省建点、23个市建点得到落实。环境综合整治更加深入，拆除旱厕1200余座、空心房300多栋35000多平方米、残墙断壁20000多米、圈舍300多个；清理黑臭水体110口、存量垃圾1200余吨、水沟50000余米，2019年底全镇共有80个自然村通过了市双创双修指挥部的验收。生态环境保护更加完备，深入开展大气污染、土壤污染、水污染等系列治理行动，开展“十小”“散乱污”等企业不定期巡查，彻底拆除1家塑料造粒厂，取缔关闭2家豆腐作坊。打击两违建筑更加有力，2019年接渡镇打击建成区存量“两违”建筑25起，涉及面积3061平方米，重点对位于接渡大桥私自搭建的违章饭店进行了拆除。殡葬改革初见成效，2019年度平坟头约380座，迁坟约240座，火化率达100%，接渡靶场公墓、续湖公墓、潘村镇级公墓等相继建设，至今已入公墓112例，实施生态葬3例。

社会事业发展增速 精准扶贫稳步推进，产业发展上，种植油茶572亩、马家柚113亩、糖蔗48亩、甜蔗20亩、草莓6亩、无花果22亩等，政策保障上，办理了精准扶贫外出务工人员交通补贴226人合计111600元，落实了新办理残疾人证13人，危房改造9户，教育政策对在外省就读学生7人进行发函政策对接。民生工程齐头并进，完成通村路面硬化9.8公里；完成退役军人登记及信息采集1098人，悬挂光荣牌1300余块，新增优抚对象9人；征缴城乡居民医疗保险76418人，办理失地农民养老保险560人，申报农村计生奖励扶助32人，优化了27个村（社区）卫生室建设，为7个单位申报爱心食堂，为方家滩、咀上等4个村争取到了健身器材项目，成功举办了古戏台讲堂，“不忘初心、牢记使命”主题教育宣讲等大型活动。

社会环境持续改善 办理信访件100件，与何寿琴、毕风娥等9户上访户签订了息访协议，基本解决了新上访户姜赛荣、吴家林的诉求；严厉打击非法储油和非法滚动加油车辆，查扣非法改装加油车辆8部，取缔非法加油点3处；做好端午划龙舟安全工作，确保了2019年端午、十三期间各村所有龙舟不下水；扎实开展扫黑除恶，刷写永久性标语121条，在主要路口设置大型广告牌6块，及时处理线索上级交办线索21条，解决群众举报线索6条；深入开展“平安接渡”活动，发放宣传资料9000余份，现场解答法律咨询200余人次，有效地化解各类矛盾纠纷32件；完成2例无缝对接工作，到南昌社区康复中心对接2名社区康复人员并进行家访，到本镇各中小学校开展了禁毒知识进校园活动。

执政根基不断夯实 学习教育扎实推进，有序有力推动“不忘初心、牢记使命”主题教育，开展党史教育、革命传统教育、警示教育、先进典型教育，紧扣习近平新时代特色社会主义思想和视察江西重要讲话精神深入各村讲党课；党风廉政建设持续加强，对照市委第四巡察组反 馈意见，基本完成了全部反馈意见的整改工作，抓好了巡察整改的“后半篇”文章，2019年以来，全镇立案10起，开除党籍2人，党内警告8人，谈话提醒10人，谈话诫勉6人，通报6起；“五型政府”建设稳步推进，持续深化“放管服”改革，积极推行政务服务“一次不跑”新模式，全面落实便民服务“错时、延时、预约”制度，完善 12345 热线办理机制，本年度受理12345 工单 770件，办结率 100%、满意率达90%以上，自觉接受镇人大监督，受理建议、提案 5 件，办复率 100%、满意率100%。

众埠镇

概况 众埠镇位于乐平市东南部，东与德兴市黄柏乡毗邻，南与弋阳县曹溪镇连接，西同万年县大源镇、乐平市礼林镇接壤，北与乐平市接渡、鸬鹚、名口、十里岗四乡镇山水相依。是宋末元初著名史学家《文献通考》作者马端临的故里及中国工农红军第十军诞生地，曾荣获全国、江西省文明村镇、全国重点镇、全国敬老模范单位、江西省商贸强镇、江西省十大文化古镇等荣誉称号。全镇辖32个村委会、1个居委会、1个社区、3个林场，197个自然村。镇域面积279平方公里，其中耕地面积10.1万亩、林地面积22.5万亩、水域面积5000亩。全镇2.59万户，人口10.3万人。境内资源丰富，农林资源主要有特色蔬菜、优质大米、翠冠梨、东魁杨梅、中草药、雷竹笋、苗木花卉、毛蔗糖等；矿产资源以锰、石灰石、石英石、银、铅、锌、硫、瓷土等为主，其中锰储量达1925万吨；石灰石储量过亿立方米，其碳酸钙含量达99.5%；旅游资源星罗棋布，有全国爱国主义教育示范基地、全国国防教育基地——南界首村红十军建军旧址、楼前村世界马氏宗祠、共树村马廷鸾墓、国家4A级文山怪石林风景区、高桥村沃博生态园，以及拥有近1300年历史的铜山乐平古县衙旧址等。

2019年实现社会总产值48.22亿元，同比增长5.1%；工业总产值23.93亿元，同比增长7.5%；固定资产投资6.53亿元；财政总收入9430万元，同比增长6.7%；农民人均收入17136元，同比增长6%。

招商引资提质升级　总投资1.02亿元的江西沃博中药文化田园综合体项目完成实际投资3200万元；鑫恒金属科技有限公司完成实际投资1500万元；引进总投资6000万元年产5000吨有机硅复合材料的江西赛力思新材料科技有限公司。并有在谈项目3个，分别是：年产50万吨轻质碳酸钙、纳米碳酸钙乐平市百祥实业有限公司，年产30万吨水洗高岭土乐平市宏晨矿产品贸易公司，总投资5000万元"互联网+新数据"上海潼瀛信息科技有限公司。农业发展巩固提升。在顶住百年未遇的秋冬旱灾强压下，坚持把多元化、高效化、科技化农业产业培育作为提高农民收入水平的关键举措。在巩固2018年度1.516万亩高标准农田建设和土地流转的基础上，2019年全镇土地流转达到4.1万亩，土地流转率达到40%。狠抓重大动物疫病强制免疫，协调发放易感生猪扑杀经费786.87万元，促进了生猪养殖户恢复生产。

重点项目扎实推进　江西沃博中药文化田园综合体项目完成工程场地平整，中草药、果树种植，农产品加工厂房、农产品推广中心建设，观赏花木，紫薇长廊等建设；S409（新秧战备路）拓宽改造工程全面完成众埠段建设通车，松黄线拓宽改造工程、尚濂咀大桥快速推进建设；总投资5000余万元的众埠污水处理厂已完成总面积15.6亩的土地征收，以及污水处理厂房、污水处理管网部分建设；湾头小区、黎桥小区农垦危房改造配套基础设施项目建设即将完工。

镇区环境呈新气象　全长680米总建筑面积10万平方米的沿河路商贸街完成全部楼盘建设，镇区城市形象得到极大提升；全面完成总投资1300万元的廷鸾大道市政工程建设，人行道、弱电管网下地、绿化、亮化实现"一步到位"，安装集镇路灯300余盏，种植沿街绿化树500余株；环境保护长效机制得到巩固，全镇保洁员配备率100%，垃圾入箱率达到95%以上，5月8日，还组织百余名镇村干部对集镇卫生环境进行整顿，并细化责任分工，将集镇"门前三包"分工划区责任落实到每个机关干部身上。全年围绕"五拆五清一树"开展"双创双修"及农村人居环境整治工作，出动人工2万余人次、机械200余台次，清理农村积存垃圾1000余吨，158个自然村完成市"双创双修"人居环境检查验收。完成2019年度总投资1560万元65个新农村建设点建设。硬化农村道路3万余平方米，村庄绿化10亩，安装亮化路灯2000盏，安装农村排污管道1.4万米，美化墙面2.2万平方米，创建美丽庭院7000户。抓实"厕所革命"，新建镇村标准化公厕11个，改造农户无害化厕所2000座。

脱贫攻坚稳固提升　进一步建立健全了行政片片长、挂村领导、村党支部书记、第一书记责任落实和村“两委”干部联系贫困户等责任机制，形成了横向到边、纵向到底、密切配合、合力攻坚的良好格局。坚持把全面落实中央脱贫攻坚专项巡视整改贯穿始终，以“春季整改”“夏季提升”“秋冬巩固”三大攻势行动为载体，按照时间节点，34个中央巡视反馈问题及形式主义、官僚主义问题中已整改到位并长期坚持的有32个，97条相关整改措施已全部落实到位。大力提升产业扶贫“造血”功能，全镇7个省市级贫困村共投入512万元，安装光伏831.49千瓦，已产生效益近20万元。“产业+金融分红”对接贫困户716户并予以分红，覆盖率达99.7%。完成油茶扶贫产业种植基地1200亩，秧坂村鳅鳝青蛙养殖基地、石源村百香果种植，石坪野鸡养殖等扶贫产业基地得到发展壮大；整合帮扶资金38万多元入股江西沃博中草药种植公司，带动了产业扶贫；对照省级贫困村退出的九大指标15个小指标体系，定期现场调度，实现了省级贫困村秧坂村整村脱贫摘帽。

社会保障扎实推进 全年共发放城市低保金86.62万元、农村低保金860.17万元、五保供养金30.02万元、临时救助26万元，实施城乡困难群众医疗救助334人次，发放救助金额42万元，残疾人扶助及留守困境儿童关爱工作开展良好；2019年城乡医保参保总人数为89601人，发放住院医保补偿633.5万元，门诊补偿247.17万元；农村养老保险参保人数为38543人，收缴保费63.85万元，新增待遇老人500名。社会事业统筹发展。绿色殡葬得到高位推进，居民死亡火化率保持100%，高质量建成22座村级公墓。退役军人事务管理工作呈现亮点，共完成1418名退役军人及其他优抚对象的信息采集，敲锣打鼓为1324户烈属、军属和退役军人等家庭悬挂光荣牌；高标准建成的退役军人之家，创新提出了“众星辉”服务理念，纵深推进了退役军人服务保障体系建设，成为全市退役军人事务工作的标杆，赢得了省市部门肯定。科教文卫工作再上新台阶。“古戏台讲堂”深入居民社区，为庆祝新中国成立70周年开展了一系列文艺庆祝活动；11月30日由300余名参演人员组成，全长200余米的湾头板桥龙灯参加了全市农民文化艺术节全城巡演，恢宏气势震惊全市。

扫黑除恶战果丰硕 5—7月全镇开展为期两个月的社会治安重点整治，通过深入查找问题隐患、研究解决方案、化解矛盾纠纷、打击违法犯罪、夯实基层基础、完善社会管理，查找和化解矛盾纠纷问题187个；重拳出击，7名恶势力犯罪分子依法受到惩处，4名曾受过刑事处罚人员被清理出村干部队伍；开展侵占国有村集体资产专项整治行动，收回山林土地农田523.47亩、水塘15亩、房屋厂房店面972平方米，社会风气明显好转。

信访秩序态势良好 通过强化信访责任落实，健全镇领导每日坐班信访接待制、信访联席会议制度，加大了信访化解力度，全年信访案件总数、疑难积案数量实现“双下降”。全年接待登记来访群众140批268人次，比上年下降45%；22件重点疑难信访积案已息访8件，2019年未增加一起信访重点疑难信访案件。12345政府服务热线受理群众反映的问题工单1200余件，做到件件有回复，件件有落实，赢得了广大群众的信任。

党的建设不断加强 “不忘初心、牢记使命”主题教育取得显著成效。党政领导班子认真学习贯彻习近平新时代中国特色社会主义思想，“四个意识”得到加强，“四个自信”得到巩固，“两个维护”得到提升；党政领导班子成员深入基层一线开展调研活动，完成高质量调研文章23篇，结合工作实际深入基层上专题党课60余场；镇村两级以刀刃向内的勇气检视自身存在的问题领导班子99条、村级班子67条，均得到较好整改。基层党建水平得到规范提高。全镇2032名党员做到主题教育、“两学一做”等党内政治生活学习不松劲，党员标准不降低；村级组织活动场所先后完成莲塘、铜山、共树、文山分场四个村的维修，和高桥、南昌畈、桐坡三村的重建，各基层党组织的制度化建设均实现规范达标；完成倪家、莲塘、南昌畈三个村软弱涣散党组织整顿工作。加大党员干部队伍管理力度。强化了驻村第一书记的日常管理和村“两委”干部的考核管理，先后调整村党支部书记7人，村干部报酬显著提高，村书记报酬平均超过3万元，较2018年增长50%，全年吸纳新党员26名。加大执纪问责力度。镇纪委运用第一种形态处理32人，约谈28人，诫勉谈话10人，谈话提醒3人；通报批评19人；党内立案审查21起22人，结案20起，党纪处分21人，其中党内警告处分18人、党内严重警告1人、开除党籍2人。

乐港镇

概况 乐港镇位于乐平市西南郊，西邻鄱阳县，南靠万年县。全镇国土总面积109.7平方公里，计税耕地面积3.78万亩（其中蔬菜面积2.6万亩）；下辖33个行政村，140个自然村，229个村民小组，人口9.5万人；2019年财政总收入1.4958亿元，农民人均纯收入20248元；农村经济总收入84.6963亿元，工业企业营业收入5.1049亿元；2019年实现生产总值89.7亿元，完成固定资产投资总额计28.1139亿元。招商引资实际到位11.73亿元，常年外出劳动力42332人。同时，全面完成了乐平市下达的节能减排各项任务指标。

招商引资 引进了江西远洋威利实业有限公司、景德镇凯丰电子有限公司、乐平市立帆塑业有限公司、乐平市志辉食品有限公司、乐平市宏鼎古建筑材料有限公司等5家企业，志辉食品已投入生产，新引进高科技企业景德镇市凯丰电子有限公司，可实现年创税收1500万元，德孚环保科技投资近亿元，集环保建材研发、生产、销售于一体，年底投产后预计可实现年税收3千万元；富鑫环保科技实现了年税收几千万元；水泥搅拌站年创税收150余万元；景顺化工正在做大做强，收购了一家企业扩大厂区，投资几千万加大产能，税收达3000万元以上。引进了江西石铁院建设有限公司，当前运行情况良好，完成税收近300万元；德远物流有限公司，发展前景非常好，预计明年税收将达200余万元。

农业经济结构调整 一是引进江绿高科技蔬菜示范园，成功落户到里首，现已投入生产，实现了亩产黄瓜4万斤、每亩产值8万元的可观收入；二是农业产业化进程进一步加大，黎光米业种植基地通过引进香米、黑米等优质品种，采用先进的防控技术，实现了2000余亩的有机稻米生产。今年全镇通过《休闲互联网+农业》专题技术培训，共培育种养能人60人；三是实现了“施工无纠纷、和谐创高标”的施工环境，全面完成标准化农田10190亩工程建设，彻底改善了菜区机耕路、排水、灌溉等基础设施，提升了农业发展环境；四是大力实施农业生产规模化，促进农村土地流转，目前全镇80%的农田实现流转；五是蔬菜产业发展迅猛，充分利用老菜区优势，发挥蔬菜产销协会作用，狠抓基础设施建设、技术推广、品种改良和气象灾害风险防范等方面工作，不断提升蔬菜生产科技含量和生产效益。2019年全镇蔬菜种植2.3万亩，扎实推进了两权抵押贷款，银行发放贷款360余万元，扶持新型农业主体，以种养为主的各类新型农业经营主体迅速兴起。

基础设施建设 兴建了乐港中心敬老院，总投资780万元，目前已完成主体工程，进行绿化阶段，明年初可交付使用；投资980余万元打造了乐平市塘尾头示范街，对人行道进行了拓宽及亮化，安装高杆太阳能路灯32盏，栽种桂花树118棵，铺设草皮8200平方米；硬化亮化乐北联圩堤顶公路，总共投入800余万元，对港口至韩渡段堤顶公路9公里进行了硬化亮化，极大地方便了群众的出行，现已成为一条民心大道；投资500多万元兴建了集蔬菜、零售、停车为一体的张家桥综合农贸市场，为集镇建设注入了新的活力。

信访稳定 1. 社会治安持续好转。健全了群防群治“六支队伍”，扎实开展平安创建活动，重拳出击严厉打击违法犯罪；同时，各单位加大了不稳定因素排查调处力度，及时化解矛盾纠纷120余起，公众安全感不断提升，满意率达98%以上。2. 信访秩序态势良好。大力开展“平安乐港”创建行动。积极推广群众说事制度，全面推进阳光信访，及时解决群众合理诉求，依法规范信访秩序，坚持“合理诉求解决到位，无理诉求解释到位，缠访、闹访打击到位”的原则。成功化解了一批信访积案，对缠访户朱荣枝依法判处有期徒刑四年半。镇信访办、派出所、司法所形成了“三位一体”的工作格局，极大地提高了矛盾纠纷的调处效率。赴京、赴省、市访呈现出“三下降”的良好态势。3. 扫黑除恶成效显著。利用标语、横幅、大型广告牌、张贴一封信等方式加大了宣传，采取横向到边、纵向到底的方式开展了线索摸排，利用镇村联动加快了线索核查，及时从严从重进行了打击。扫黑除恶线索100条，已核办100条，治安拘留15人，刑拘10人，扫黑除恶纵深推进，群众的幸福感、安全感、满意度显著提升。

安全生产 实行党政同管、同抓、同责，坚持每星期排查一次，发现安全隐患68处，及时整改到位，全年未发生重大安全生产事故、重大交通事故、重大火灾事故和重大农产品、食品质量安全事故，安全生产形势总体平稳。

社会各项事业 1. 环境卫生明显改观。一是落实了城乡环卫一体化长效管理机制，全力推进了“五拆五清一树”工作，全镇136个自然村通过上级考评验收；二是清理存量垃圾1200立方米、清理沟渠4.8公里、硬化主干道29公里、新建公厕8个、健身广场11个、安装路灯1500盏、绿化树木栽种5000株；三是进一步完善了收取卫生清洁费的奖惩制度。结合“路长制”“河长制”新建垃圾分类棚4处，垃圾窖6个，并发放大型垃圾桶800个，垃圾桶运输电瓶车4部，同时积极和乐联公司协调接管事宜。2. 环保整治力度加强。对全镇4家“十小企业”及杨范无证加油站进行了打击取缔，对田乐线两边进行了整顿，查封了无证经营露天煤、沙、石场所13家，拆除田乐线无证屠宰点3家，畜禽养殖和肥水养鱼有效控制，焚烧秸秆制止有力，农业面源污染逐步减少。3. 社会保障事业逐步完善。一是积极推进城镇居民基本医疗保险工作，全镇城镇居民基本医疗保险参合人数67817人，收缴医保款1762420元，激活医保卡580张，报销门诊统筹112000人次，报销大病救助600人次，全年共发放医疗报销资金660.6万元；二是残疾人公益性岗位连年递增，一年来共安排残疾人培训3次，拓展了就业渠道26人；三是城镇、农村低保户实行了动态管理，全年共发放低保金1186.5万元，同时，加大了灾害救助、临救资金的发放力度。4. 绿色生态殡葬改革稳步推行。6月份在龙溪画坞眉山场已建成全市最大的镇级公墓一座，魁堡、童乐、杨家等村村级公墓也相继建成使用。公墓管理日趋完善，自7月1日以来，遗体火化后入墓率100%；村民理解支持殡改工作积极性日益高涨，平坟工作进展顺利，里首、大路边、里汪、袁家等村共平坟3400余座，青山白化治理已见成效，移风易俗、文明简葬新风逐步形成。5. 新农村建设成效明显。新农村建设是农村环境卫生整治工作的切入点，2019年全镇新农村建设共有68个点（其中省建点39个，自建点29个）涉及23个村委会34个自然村，惠及10081户50230人。各个村点成立了新农村建设理事会、制定了规划工作方案，办理了招投标手续，及时做好了各项资料的整理和归档，全力推进了新农村建设工作。6. 民生事业统筹发展。一是积极推行国家基本药物制度和农村卫生一体化工作，先后争取上级资金数百万元，确保了每个行政村都有村级卫生室；二是计划生育工作强力推进，共落实孕前免费检查285余例，为育龄妇女开展两癌等体检服务达4800余人次。7. 脱贫攻坚扎实推进。全镇建档立卡贫困户734户，1464人，我们紧紧围绕“精准施策、精准扶贫、精准脱贫”的要求，2019年落实保障性受益分红(即金融分红)734户；对全镇建档立卡贫困户进行了“两不愁、三保障”整改“回头看”，共为贫困户添置门、窗、桌、椅等用品15万余元。公益性岗位就业帮扶55名，提供了保洁员岗位20个，申报外出贫困户车费补贴169人，发放资金78700元；教育帮扶284人，对建档立卡学生免除了学杂费；实施危房改造共97户；贫困户签约家庭医生470户；新增魁堡、魁陈、鸣山油茶基地面积500余亩，大路边、里汪榨油坊、谢家花卉、龙塘养殖等产业扶贫精准发力，确保2019年153户，359人如期稳定脱贫。

主题教育扎实开展 严格按照中央、省委、景德镇市委和乐平市委的要求，把主题教育作为一项重要政治任务，既注重按照上级要求把“规定动作”做到位，又要结合乐港镇实际使“自选动作”有特色，牢牢把握“守初心、担使命，找差距、抓落实”12字总要求，坚持目标导向、问题导向、实践导向，把学习教育、调查研究、检视问题、整改落实贯穿全过程，努力推动主题教育真抓实做，高效开展，取得实实在在的效果。主题教育期间，镇党委印发主题教育工作方案，明确总体要求，部署工作任务，研究方法措施，要求各基层党支部党员干部认真学习习近平新时代中国特色社会主义思想，确保主题教育落到实处。乐港镇现有45个党支部，1749名党员参加了主题教育学习，并且对流动在外和身体有恙的党员通过上门送学、邮寄方式将学习资料送到他们手中，督促流动党员通过学习强国等网络平台进行学习，并在流入地参加主题教育活动，以实现主题教育全覆盖。

党建工作 一是强阵地，完善了乐港党校，新建村级活动场所4个，打造了蔬菜产销协会、龙溪、鸣山3个党建示范点。二是强队伍，坚决将受到过刑事处罚的干部清理出“两委”班子，配齐配强了村（居）两委班子和第一书记，发展党员24名。三是强学习，扎实开展了“不忘初心、牢记使命”主题教育，利用主题党日，流动党校培训在基层，古戏台讲堂等形式，组织各类学习培训580余场次，培训党员干部16000余人次。四是加强作风，有力地整治“怕、慢、假、庸、散”，积极倡导“勇、快、实、进、聚”，进一步优化发展环境。通过日常考勤常态化、绩效考核规范化、便民服务优质化，有效地整治了作风顽疾。五是强廉政，加大纪检干部队伍建设，选优配强村级纪检员队伍，同时加大执纪监督和问责力度，共立案8起、党内警告4人、严重警告2人、开除党籍2人，进一步营造了风清气正的政治生态。

洪岩镇

概况 洪岩镇位于乐平市东北部，与婺源县、德兴市毗连，镇域面积120平方公里，辖8个村委会，12个分场；总人口1.8万人，山林面积13.6万亩，森林覆盖率达80%以上。境内生态环境优美、旅游资源丰富、人文底蕴深厚，境内有国家4A级风景名胜区“洪源仙境”和风景秀丽、气候宜人的岈崌山。是风节名臣洪皓、南宋宰相洪适、《容斋随笔》作者洪迈故里，并相继创建为国家森林公园、国家卫生乡镇、江西省首批特色小镇、江西省旅游风情小镇、江西省地质公园等。

全镇总户数5857户，总人口17318人，男性9159人，女性8159人，其中非农业人口2097人，全年出生161人，死亡43人，人口自然增长率为6.75‰。

全年完成国内生产总值9.68亿元，较上年增长8%，粮食总产达11456吨、水果总产2966吨、瓜果总产2372吨、茶叶24.5吨、豆类120吨、薯类1200吨、甘蔗1516吨、油料作物635吨、芝麻24吨，家禽年末数合计94817羽；财政收入完成9199.7万元，财政支出940.11万元。

人均纯收入达到19605元，同比增长9.2%；人均居住面积33.2平方米，城乡居民年末储蓄额为4.2941亿元，同比增长10.25%。

项目建设加快实施 紧紧抓住国家大力实施乡村

振兴战略，推进生态旅游发展机遇，全面实施总投资15.61亿元的洪岩旅游总体开发建设PPP项目，现已完成投资约9亿元。一是“四路”建设工程。15.7公里樱花大道洪岩段各项建设已基本完成；8.9公里历库公路已竣工通车；盘山公路（盘龙山—夏家坞段）已全面开工建设；10.2公里S303一级公路初步设计已基本完成，计划2020年启动实施；二是“一河”建设工程。清溪河小流域治理及景观提升工程已完成13公里河道疏浚及边坡防护；项家庄景观节点已完成主要景观桥、卫生厕所、微地形、园路铺设及绿化；三是秀美乡村建设工程。重点对陈冲坞、小坑等村庄实施了整村改造提升及项目收尾工作，曹家里山里人家古村落建设工程已完成，并打造了党建和乡村振兴示范点；四是洪乡小镇小游园及忠宣湖周边景观改造工程。已完成游客中心、停车场、古戏台“三通一平”及古戏台基础工程，正在进行古戏台木雕作业、游客中心及小游园牌楼建设；五是夏家坞休闲谷建设工程。2公里高空玻璃漂流主体建设已基本完成；飞龙谷栈道、夏家坞花海项目建设已基本成型，夏家坞游客中心和“知青文化街”项目已进入图审阶段；六是旅游招商引资项目建设工程。洪源坞“那山那水”项目已初具雏形；段家“古道边”动漫田园综合体首期项目“古道清境”已完成“田园牧歌”“丛林穿越”等子项目建设；老屽岈山乡政府大学生写生基地和民宿建设项目正在抓紧建设当中。

民生事业有力推进 一是脱贫攻坚步伐坚定。围绕“两不愁，三保障”脱贫目标和饮水安全工作要求，洪岩镇共有贫困户143户306人。其中，2019年度内新识别贫困户2户7人，自然增加4人，自然减少2户4人，拟脱贫32户76人。同时，转变贫困户“等靠要”思想，对贫困户常态化开展感恩教育，激发贫困群众内生动力，通过劳动就业增收脱贫；二是困难群众保障和城乡居民医保工作稳步开展。已清理调整农村低保户13户31人，城市低保户6户10人。2019年参加新农合16119人，上交农合资金331万元，解决农户门诊补偿资金30余万元，大病补偿资金200余万元；三是双拥工作水平进一步提升。完善镇村两级退役军人保障体系建设，建成面积100平方米的洪岩镇老兵之家，选优配齐专职工作人员3名，深入开展拥军优属活动，落实优抚安置政策；四是垦区危房改造稳步实施。2019年，共完成国有垦区危房改造78户，投入资金211万元，完善配套基础设施建设；五是新农村建设顺利开展。共投入资金320余万元，5个省点、10个自建点共计15个新农村建设点按照上级要求已基本完工。

“双创双修”工作扎实推进 在全市第三、第四季度“双创双修”巡查评比中，分别获得第一名和第二名的优良成绩，2019年10月被评为国家卫生乡镇。一是深入推进绿色殡葬改革。共投入资金近300万元实施了绿色殡改基础设施建设等各项工作，“三沿六区”坟墓已治理662座，2019年治理338座，亡故人员65例，火化65例，火化率实现100%，并全部进入公墓；二是全面完成“五拆五清一树”工作。全镇55个自然村全部验收合格。同时，扎实开展“厕所革命”，新建公厕10座，户厕改造180余户，全镇垃圾分类处理工作持续长效推进；三是积极推进水环境专项整治。进一步建立健全“河长制、库长制”，强化河长办工作履职，抓好面源污染整治。狠抓了畜禽养殖治理，在全镇范围内实现禁养，并严格项目准入。9月份环保检测清溪河水质指标达到Ⅱ类标准；四是着力加强森林资源保护。认真履行林长制工作职责，成功创建江西洪岩国家森林公园，国家森林公园总体规划设计工作已近尾声，林政管理得到有效强化，2019年共打击林业违法犯罪5起。森林防火永不懈怠，通过全体镇村干部齐心协力，有力防控，境内未发生一起森林火灾事故。

社会环境安定和谐 一是社会治安综合治理成效明显。积极开展扫黑除恶专项行动，严厉打击侵占国有集体资产资源行为，共收集上报侵占线索247

条，已处理线索243条。收回3000余亩山林山地所欠租金及续交租金29万元。化解信访积案12起；镇群众说事中心受理办理16件，村群众说事中心受理办理206件，办结率达100%；12345服务热线共受理办理184件，办结率达100%；二是安全生产风险稳控有力。严格落实安全生产责任制，强化对项目施工、食品、药品、易燃易爆品等流通领域的日常监管，重点开展了重大节日期间安全大检查、小微企业等安全检查防范活动。三是精神文明建设蓬勃开展。全年共举办“古戏台讲堂”“庆祝新中国成立70周年”等文艺活动近30次，以群众喜闻乐见的方式宣传党的方针政策，培育社会主义核心价值观。扎实开展“清洁家庭”“最美家庭”评选活动，评选出清洁家庭10户，最美家庭1户。

主要事记 1. 洪岩镇和洪岩风景名胜区管理局12月6日全面接管洪岩仙境景区，2020年1月18日再次对外营业。2. 1月9日，洪岩成功创建国家级森林公园。

获奖情况 全市第三、第四季度“双创双修”巡查评比中，分别获得第一名和第二名；2019年10月被评为国家级卫生乡镇；洪岩镇小坑第五批列入中国传统村落名录。

在《人民日报》《江西日报》《景德镇日报》单篇刊发，或在中央电视台、江西卫视单条专题推介：

1.《乡村振兴见闻：春到洪岩景物新》
（乐平之窗2019年3月14日）

2.《乐平市洪岩镇整治人居环境助乡村振兴》
（中国江西网2019年6月26日）

3.《乐平市洪岩镇积极投入“五拆五清一树”行动》
（中国江西网2019年7月26日）

4.《景市百名干部汇聚洪岩镇集中“充电”学习新农村建设》（中国江西网2019年8月6日）

5.《“双创双修”进行时丨洪岩镇：绣花功夫出细活工匠精神铸精品》（乐平之窗2019年8月23日）

6.《主题教育与文明实践相融合，古戏台讲堂为洪岩群众送“大餐”》（乐平之窗2019年10月28日）

7.《乐平市洪岩镇干净整洁喜迎2020年》
（中国江西网2019年12月25日）

高家镇

概况 高家镇地处乐平市东部，是乐平的“东大门”。高家镇辖区面积113平方公里，约5540户，人口2.6万余人；全镇11个村委会、1个社区、1个镇办林场(鸟树村、上老村、官庄村、仓田村、高家村、鲁家村、山田村、梅岩村、杨家边村、庄泉村、樟木里村、八面山居委会、董家林场)。耕地面积32127亩，山林面积76385亩，活立林蓄积量30865立方米，森林覆盖率达46%。大小水库110座，其中中型水库一座，小（二）型以上水库12座，水域面积3833亩。2019年，全镇生产总值完成6.9亿元，财政收入累计完成6457万元，其中公共预算收入4466万元，固定资产投资总额8.2亿元，农民人居纯收入13300元。高家镇资源丰富，山金探明储量达5.3吨，石灰石储量达2.4亿立方米，镇内现有钙业企业2家，采石厂1家。全镇共有3家规模以上工业企业。高家镇交通便利，吴乐二级公路（乐德公路）、乐德铁路横穿东西，湘官（高）一级公路和新秧战备路纵贯南北，镇中心距亚洲最大的铜矿德兴铜矿30公里，距瓷都景德镇40公里，距乐平市区25公里。高家镇农业兴旺，粮食生产连年稳产丰收，播种面积达30866亩，2019年粮食总产量20313吨；农业产业特色显著，形成了以白茶、中草药、特色养殖业为主的特色农业体系，白茶种植规模达4500亩，已形成“健民春”“雷达岭”“眉顶”等白茶品牌；中药材种植面积达2000余亩；绿色种养发展迅速，市龙头企业三花生态农业开发有限公司的甲鱼（花鳖）、花猪、芦花鸡的养殖基地不断发展扩大。高家镇豆腐乳历史悠久、品质优良，是乐平有名的特产。

加强党的基层组织建设 按照“围绕经济抓党建，抓好党建促经济”的工作思路，加强党的执政能力建设和先进性建设，以扎实的党建工作引领推动经济社会事业的全面提升。坚持思想引领，推动队伍建设。以开展“不忘初心、牢记使命”主题教育为契机，围绕学习贯彻习近平新时代中国特色社会主义思想这条主线，做到党员学习教育全覆盖，充分利用主题党日、三会一课、读书班、古戏台讲堂、学习强国App等多种形式，推动学习教育往深里走、往心里走、往实里走。紧抓检视整改，夯实执政基础。镇党委通过采取个别访谈、召开座谈会、设立意见箱等方式，广泛听取意见建议，着力解决群众最关心最现实的利益问题，同时借助新时代文明实践所（站）这个平台，建立以党员为核心的志愿服务队15支，扎实开展志愿服务活动，不断增强人民群众对党的信任和信心，筑牢党长期执政最可靠的阶级基础和群众根基。坚持抓好党员发展工作，坚持有计划地培养发展党员，坚持党员发展标准，成熟一个发展一个，确保党员发展质量，发展入党积极分子17人，发展对象15人，预备党员12人。坚持从严治党，推动管党治党责任落实水平新提升。充分发挥纪检员一线“探头”作用，全年收集各类舆情信息26条，上报市纪委18条。全年立案10起，给予党纪政纪处分8人，诫勉谈话26起。

镇域经济持续平稳增长 财税收入稳定增长，全镇经济呈现出快速发展的态势。始终紧盯财税任务目标，深挖税源，加强征管、开源节流，防止“跑、冒、滴、漏”，做到应收尽收，做大财税总量。招商引资成果可喜，立足本镇发展条件，制定了《高家镇招商引资管理办法》，利用在外创业人员的人脉优势，加大招商力度，拓宽信息渠道，加强招商企业服务力度，大力营造亲商、富商的投资环境，多次组织招商小分队赴浙江等地开展招商引资工作；与乐之源科技有限公司签订了1000吨高品质给水、燃气薄壁不锈钢管材管件项目投资协议；积极开展与乐平启瑞科技有限公司、乐平市巨业化工科技有限公司和江西广明药业集团对接落户相关事宜。引进注册资金1000万元的乐平市富华再生能源有限公司。产业发展硕果累累，粮食产量稳步增长，全镇水田30866亩，完成粮食总产量20313吨。大力推进高标准农田建设，对樟木里等村进行高标准农田改造，改造农田2000余亩。着力调整种植业结构，形成了以白茶、药材为主的特色农业种植基地，白茶种植已形成4500亩的规模；药材种植面积达2000亩。通过白茶、黄栀子等种植，不仅形成产、供、销一条龙的绿色产业，还发展了休闲农业和乡村旅游，连续三年举办了“乐平市高家镇栀子花乡村文化旅游节”，助推乡村旅游提档升级、产业发展转型升级。

环境整治工作持续发力 环保整改工作成效明显。打击关停了一家非法塑料厂，对官庄水源地水源非法挖沙、盗采沙进行了打击，保证了官庄水源地的水质安全。加大了秸秆禁烧巡查力度，发现秸秆燃烧10余次，组织人员及时扑灭，并对当事人进行了批评教育。打击“两违”工作渐成常态。继续实行严格的用地管控制度，按照“限高、限大、治乱打违”要求，对本辖区违法违规建房现象进行了严厉打击，2019年以来打击共打击偷建抢建50起、违建别墅3栋，拆除违章建筑40处，面积约1350平方米，拆除侵占集体资产6家、柴火间1间、有效地调解土地纠纷12起，累计向群众发放宣传单1800余份、拉横幅20条、刷写标语21条，提高了群众知晓率、参与率，为“两违”整治工作营造良好的舆论氛围，有效地遏制了“两违”现象的发生。农村环境整治持续发力。坚持以问题为导向，持续对各村环境卫生进行了全方位整治和强化，村容村貌显著改观；对境内307省道、湘官公路两边进行了美化提升，对官庄水系进行了清杂清淤；巩固环境整治成果，长效保洁机制逐步形成，日常管理更趋科学规范。自农村人居环境整治行动开展以来，累计拆除旱厕506个、拆搭建房7687平方米、拆圈舍87个、拆残墙断壁9187米、拆违规院墙5896米，清理农村生活垃圾178吨、清理村内水塘27口、清理村内沟渠8500米、清理村内淤泥78吨、清理农业生产废弃物60吨。秀美乡村建设推进有力。按照“整洁美丽、和谐宜居”的工作目标，稳步推进秀美乡村建设，刘家村休闲式水库建设、文田村污水处理项目建设、杨家边村村级活动场所（含村史馆）等一批建设项目完工并投入使用，下埔精品村、来龙山森林公园建设项目正在扎实推进。

脱贫攻坚工作扎实推进 全镇共有建档立卡贫困户152户344人，其中98户234人已脱贫，2019年预脱贫26户72人。按照“春季整改”“夏季提升”“秋冬巩固”三大攻势对标对表，全面落实了建档立卡贫困户“两不愁三保障”政策。加快推进两业扶贫，2019年新建了高家村100亩油茶基地、董家林场15亩中草药基地、杨家边200亩白茶基地、八面山60亩油茶基地、上老50亩油茶基地、梅岩50亩油茶基地，全镇13个村（居）、林场实现了扶贫产业全覆盖。开展了教育帮扶大排查，确保贫困家庭学生教育扶持政策落实到位，为83人减负约14万元；全面推进贫困户危房改造，已对109户贫困户实施了危房改造或危房维修，所有贫困户住房均为B级以上安全住房。

安全稳定工作形势良好 扫黑除恶专项斗争如火如荼。充分发挥社会治安治理体制机制优势，根据线索类别不同，精准施策，通过村内召开党员大会、群众代表会议，村干部进村入户做工作、镇扫黑办与派出所联合办案等方式，妥善处理线索问题，取得了较好的成效。全镇共排查线索133条（群众举报线索1条），属于侵占行为的线索119条，已处理119条，全镇共收回荒地295亩、1565余亩山林山地、地基一栋、拆除违章建筑一栋15平方米、返还不当得利10.6万元、补交租金64570元，收回被侵占水库12座。信访维稳工作保持平稳。认真落实定期排查、领导包案、责任追究等制度，通过村干部的努力，实现了事事有答复、件件有回音，有效地维护了政府形象及信访人权益，2019年未出现越级非访和大规模赴京赴省访。安全生产工作扎实推进。认真贯彻落实《地方党政领导干部安全生产责任制规定》，强化责任体系建设和责任落实，突出安全管理台账、安全生产大检查、打非治违、专项整治等工作重点，对镇域内的非煤矿山、工业企业、烟花爆竹经营点、危险品营销站等领域开展不定期检查，特别是国家重大会议期间，加强对重点行业的监督检查，做到不留死角，2019年未发生重大安全事故。

民生保障工作稳步推进 绿色殡改进展顺利。新建了占地50亩的镇级公墓1座，加大了“三沿六区”整治力度，对官名路两侧坟墓栽种树木和竹子遮挡；开展了整治违法违规建造“家族式”“住宅式”墓地等突出问题专项工作，大墓、豪华墓全部治理到位。湘官路高家路段平坟35座，梅鸬公路绿化遮挡坟墓74座，S409公路迁坟3座，对乐德路梅岩段的大墓进行了整治迁坟。从殡改工作启动以来，高家镇共死亡149例，火化149例，火化率100%，其中树葬1例，水葬2例。自镇级公墓8月份启用以来，骨灰入公墓35例，入墓率100%。8月21日，全市殡葬改革经验交流会在高家镇召开。保障体系不断健全。严格规范低保审查程序，应保尽保，动态管理，2019年低保核减71人、新增低保40人。退伍军人及其他优抚对象信息采集基本完成，城乡五保、低保基本做到了应保尽保。农医工作为民解忧。2019年高家镇共参合农民21158人，对16327人参合农民进行了补偿，使用资金208万元，有效地解决了农民看病难、看病贵的难题。健全完善人口计生工作新机制，认真落实农业人口独生子女“奖优免补”政策。

临港镇

概况 临港镇位于乐平市东北部腹地，处景德镇、乐平、德兴金三角区域内，距市区25公里，乐德公路、乐疠公路、湘官一级公路穿境而过。北靠涌山镇，东邻洪岩风景旅游区，南接高家镇和鸬鹚乡，西毗浯口镇和双田镇，四面环山，素有“八面山”

之称，境内东北鹊山一带，风景宜人，曾以“鹊岫晴岚”列为乐平古十景之一；翠屏湖下游车溪河绕镇而过，依山傍水，山清水秀，全镇辖16个村委会，67个自然村，总面积约117平方公里，其中耕地面积32170亩，山林面积8.7万亩（含石山面积8000亩），总人口约33000人。镇域资源丰富，其中矿石资源石灰石、松香、黄金等储量较大；农业资源主要以粮食、蔬菜、油菜、木材为主，并辅以杨梅、柑橘、桃、李、绿壳鸡蛋、鸭蛋等农副特产品，拥有水库136座［含中型水库1座，小（一）型水库3座、小（二）型水库15座，山塘水库117座］，可养水面3800余亩，水产资源丰富。镇域历史文化悠久，百姓民风淳朴善良、热情好客，村民自发组建40余支舞蹈、武术等民间娱乐文化队伍，群众文化生活丰富；民间艺术和传统文化繁荣昌盛，剪纸、纳鞋垫、雕刻等民间艺术活动随处可见；桥板龙灯在临港镇有数百年历史，端午划龙舟的传统一直延续到现代，文明和谐的文化氛围浓厚。

党建工作成效显著 一是认真做好市委第五巡察组巡察反馈整改工作。3月4日至20日，市委第五巡察组对临港镇党委和省级贫困村睦乐村开展了脱贫攻坚巡察“回头看”暨扫黑除恶、作风建设专项巡察工作，镇党委高度重视，认真细化反馈情况，制定整改清单和台账，逐一销号整改。二是加强党的基础性工作。坚持党员发展工作原则，切实增强基层党组织活力，完善基层党组织活动场所标准化建设和基础工作规范化开展，选优配强党组织班子，严格落实“主题党日”活动、“三陪两带两服务”“四议两公开”等党建工作制度。三是严格落实“一岗双责”。采用党政班子成员包片挂村制度，严格落实“一岗双责”，加强第一书记和“两新”组织第一书记管理，强化非公经济组织和社会组织党支部建设，实现场所建设标准化，组织生活正常化。

经济运行总体平稳 一是财税收入稳步增长。全年财政总收入完成5600万元任务目标，完成一般预算收入3500万元，完成固定资产投资8亿元。二是稳步推进招商引资。立足本镇发展条件，拓宽信息渠道，加强招商力度，积极组织招商小分队赴浙江、广州等地开展招商引资工作，做大做强财政经济“蛋糕”，为全镇经济平稳、健康、有序发展注入了新的活力。三是安商企业发展良好。持续做好进园企业和镇域企业的服务工作，积极协调解决企业发展存在的问题。目前，招商企业乐盛化工、恒立化工、锦溪塑编、锦溪建材、石灰厂等企业发展态势良好，个体工商企业也不断发展壮大。

脱贫攻坚精准有效 全镇建档立卡贫困户共328户，736人，其中194户、444人顺利脱贫，2019年拟脱贫78户188人，未脱贫56户、104人，贫困发生率仅为0.34%。睦乐村建设100千瓦村级光伏电站，中堡村50千瓦、百桥村31.8千瓦光伏项目，都已经建成并网发电，睦乐村每户分红1000～1500元不等，中堡村每户分红210元，百桥村每户分红200～400元不等；全镇“产业+金融”贷款1640万元，从2018年开始连续三年为每户贫困户每年提供3750元的分红款，截至目前，由于各企业分红给付进度不同，全镇每户收益分红937.5～5750元不等；大力扶持李征种植专业合作社（扶贫车间政策正在审批）建设，与本村6户贫困户签订劳务合同，每年为贫困户增加收益7000～8000元；大力开展油茶产业种植，2019年新增6个村新建油茶基地，年底前完成土地平整并种上油茶苗，油茶基地由村集体或委托合作社管理。中堡、睦乐除种植油茶外，还发展优质稻种植和土鸡养殖项目，睦乐村扶贫产业2019年初分别为其帮扶所涉及的睦乐、四联、古溪等村40户贫困户每户发放产业分红1000元。古田、四联、中堡等村落实了“一笼鸡”项，有效地保证贫困人口现行标准下稳定脱贫。

环境综合治理成效显著 一是加强生态环境保护。始终把生态环境保护摆在更加突出的位置，认真做好监督管理，坚持“全民防治、加强监管”的理念，加强日常监管及不定期排查，全面加强日常打击，严厉打击破坏生态环境的“十小企业”；严格落实河长制、湖长制，深入开展劣Ⅴ类水整治，抓好治水控绿，规范水库养殖，严厉打击肥水养鱼及河道非法捕鱼现象，着重防治农业污染，实施全镇范围秸秆禁烧，规范镇域畜禽养殖企业及个人，进行合理的定性，规范畜禽养殖。二是大力开展“五拆五清一树”工作。截至10月20日，临港镇已全面完成“五拆五清一树”工作，全镇共拆除旱厕517个，拆除违章搭建2655平方米，拆除圈舍50个，拆除残墙断壁2580米，拆除违规院墙2911米；清理农村生活垃圾1858吨，清理村内水塘69口，清理村内沟渠3.29千米，清理村内淤泥301吨，清理畜禽养殖粪污等农业生产废弃物143吨，农村人居环境得到明显改善，乡村风貌焕然一新。

扫黑除恶取得阶段性进展 提高政治站位、发动依靠群众，坚决打一场人民战争，围绕各级党委要求，广泛宣传扫黑除恶专项斗争和侵占国有集体资产资源活动，广泛宣传扫黑除恶专项斗争和侵占国有集体资产资源活动，共计刷写永久性标语70条、大型广告牌9块，进村入户发放宣传单22000份，推进扫黑除恶专项斗争向纵深发展，进一步提升群众对扫黑除恶专项斗争的知晓率、参与率和满意率。截至目前，临港镇共上报黑恶线索2条，已由公安机关处理2条；摸排搜集侵占国有集体资产资源246条，处理246，处理率达100%，共退还土地820.4亩，洗衣码头2座、水塘370平方米，屋基30平方米，价值5000元树木，补交山林租金204471元，尤其是通过政策宣传和法规宣传，力促江南武术院补交租金20万元，净化了临港镇社会经济秩序。

创新社会综合治理 一是维护社会治安稳定，创建“平安临港”。一重点加强节假日及重要时期综治信访稳定。在节假日和重要时期，加强节假日值班及安全排查行动，确保节假日及重要时期综治信访稳定，端午节期间，响应市委、市政府“不划龙舟、少划龙舟”的号召，端午节、十三期间，没有龙舟下水，未开展划龙舟活动，确保了端午节期间的安全稳定；深入开展群众说事行动，镇群众说事中心受理登记3例，开展说事1次，成效明显；全镇排查登记纠纷62件，调处62件，调处率达100%，“12345”政府服务热线共接收工单95单，累计处理95单，圆满解决群众诉求问题，获得群众的好评。三是强化安全生产监督管理。严格树立安全无小事的观念，加强安全生产宣传教育，加大监管力度，重点针对道路交通、烟花爆竹、危化品、建筑、食品药品、农资、学校等领域的隐患排查整治，半年来，没有发生重特大安全事故。四是严格“两违”日常监管和打击。全面开展“限高限大、治乱打违”专项整治行动，有效地遏制了“两违”态势的蔓延，达到了震慑一方教育一方的作用。五是落实人口计生政策。强化宣传引导，加强日常管理，提升服务质量，加强育龄夫妇、生育等情况调查摸底，落实镇村干部随访机制，截至目前，共完成育龄夫妇孕前优生健康检查63例，超额完成市计生委下达的全年指导性任务。

扎实推进民生发展 一是严格落实低保、五保供养政策，提升低收入人群生产生活水平和民政工作服务水平。临港镇现有城镇低保对象36户59人，农村低保对象578户1093人，五保散养对象63人，集中供养对象9人，优抚对象154人。春节慰问期间，走访慰问发放大米3000斤，棉被58床，羽绒服36件，发放慰问金25000元。二是加大残疾人、自然灾害救助力度。发放冬春自然灾害救助款21万元；发放困难群众临时救助款53000元；组织残疾人参加种、养殖业技能培训，发放残疾人两项补贴250290元，帮9户残疾人进行无障碍设施改造，发放轮椅16台，拐杖20副。三是健全社会保障工作机制，提升农村社会保障力度。动员7560余人缴纳养老保险金，为2576人发放养老金，帮助60人推荐就业。四是积极推进绿色生态殡葬改革工作。积极宣传殡葬改革相关政策，倡导全民遗体火化，扎实推进各项工作。自实施殡葬改革工作以来，临港死亡127人，火化127人，火化率100%，其中树葬3人，入镇级公墓21人；三沿六区坟墓治理正如火如荼开展中，11月底将全面完成。接下来将进一步扎实推进移风易俗，破除旧的丧葬习俗，大力提倡文明、俭朴、节约办丧事的殡葬礼俗，减少铺张浪费，树立良好的社会主义精神文明之风，进一步加强村民精神文明建设，以村情村风村貌为基础，进一步完善村规民约，倡导文明新风，引导村民崇尚科学，抵制迷信，移风易俗，破除陋习，树立先进，学习典范的思想观念。

浯口镇

概况 浯口镇地处乐平市域中部，境内水网密布，因乐安河、车溪河、梅溪水、茅山水和木龙坑“五水”交汇而得名。这里历史悠久、资源丰富、山川秀丽、交通便利、民风淳朴，具有得天独厚的交通、资源、区位优势，是“工业强、商贸活、农业特、生态美”的风水宝地。

浯口镇域总面积66.4平方公里，54个自然村，8361户，3.3万人口，下辖13个村委会（环琇村、浯口村、韩塘村、瑶冲村、枧头村、江村村、赵家村、梅溪村、西桥村、杨溪村、桃园村、尖山村、程家墩村）。耕地总面积64140亩，林地38630亩，森林覆盖率达40%，生态环境优美。浯口镇资源丰富，尤以优质的膨润土和丰富的煤炭闻名。其中膨润土已探明储量8000万吨，储量及品质位于全国前列，境内现有5家膨润土采矿企业和1家加工企业。2019年，该镇荣获“优秀乡镇（街道）党（工）委”称号、年度工作考核被市委评为“优秀班子”。

全面加强组织建设 切实加强党员队伍建设，认真落实“控制总量、优化结构、提高质量、发挥作用”要求，2019年已发展入党积极分子22人，发展对象18人，预备党员14人。加强村干部队伍建设，深入推进“两学一做”“三会一课”、主题党日等制度，组织党员干部认真学习习近平新时代中国特色社会主义思想。探索开展村级“差异化”绩效考核，全面推行工作例会制；加强村级组织阵地建设，投入350万元完成环琇、韩塘等4个村的活动场所建设，年前投入使用，改造了村便民服务室3个，对各村门牌制度进行了清理规范。

巩固深化主题教育 坚决贯彻落实习近平总书记重要讲话精神和省市委安排部署，建立“不忘初心、牢记使命”主题教育各党支部联络员微信工作群，推动全镇18个党支部、584名党员主题教育全覆盖，确保学习教育、调查研究、检视问题、整改落实统筹推进，全镇主题教育工作有序开展。镇领导班子深入开展检视反思，共查摆出11个方面37条重点问题，逐条列出问题清单，建立检视问题台账，并召开“主题教育检视问题整改情况落实汇报会”，推动主题教育专项整改，真落实、见实效。

经济实力稳中有增 克服主导产业膨润土企业受环保影响税收下滑较大的因素，全年仍完成财政总收入8877.2万元、公共财政预算收入6019万元，同比增长18.3%和44.3%。完成固定资产投资10亿元，招商落户4家企业。

乡村振兴稳步推进 投入2000多万元推进“双创双修”项目建设，继续实施了瑶冲瑶族民族特色村建设项目，启动了环琇村示范村建设，高标准建设了浯鸬公路环境提升工程，同时，完成了4个村级活动场所、4个村卫生室、4个镇村联建公墓、41个新农村建设点和7075亩高标准农田改造等项目建设。

推进惠农设施建设 农村道路建设有新亮点，投入500万元升级改造西桥至瑶冲段道路3.2公里，并进行道路沿线亮化；投入240万元升级改造程家墩至小院前道路3公里，正在施工中；完成钟家山大桥引路建设；完成田埂道路建设49090米，其中机耕道14374米，生产路34716米，沟渠建设15000米。协调完成乐德挂线经四联至临港公路浯口段道路施工建设4公里。

脱贫攻坚成效明显 深入开展春夏秋冬四季攻势，

保障扶贫政策和措施精准落实。实施扶贫项目21个总投入达261.8万元，完成建档立卡贫困户危房改造109户，落实贫困户公益岗位27个，发放交通补贴102人51000元，208户512人实现稳定脱贫。

生态环境持续发力 全面推进人居环境整治工作，实施“五拆五清一树”工作，共组织发动群众拆除旱厕497个，完成厕改405户，清理村内水塘55处，拆除残墙断壁39561平方米，清理房前屋后垃圾9137吨，将农村人居环境整治推向新高。全镇13个村委会54个自然村全部通过人居环境整治验收，建立长效机制，在现有保洁机制和保洁成效上再提高，初步建成城乡环卫一体化保洁体系。全面落实“河长制”“路长制”“林长制”，持续改善人居环境 。

参合任务顺利完成 全镇参合居民30066人，缴费745.89万元，参合率达95%，顺利完成上级下达参合任务，新农合住院直报1606.5万元，其他住院341人，补偿金额112.30万元，村级门诊报销23628人次，补偿金额54.09万元；城乡居民养老保险稳步推进，2019年新农保缴费3936人次，缴费金额141.45万元，新农保总发放金额449.77万元。

民政救助深得民心 全年共计发放低保442.19万元，五保14.28万元，优抚金89.25万元。及时解决了困难群众的当务之急。积极筹建瓷都“党建+爱心食堂”，现已按上级要求完成梅溪等四个村基础设施建设，确保让全镇60周岁以上老人老有所养、老有所乐。

殡葬改革卓有成效 全年全镇死亡126例，火化率100%，其中完成3例抛撒葬。4个公墓已建设完成，已建成公墓区进公墓率100%。对三沿六区共计626座坟墓进行有效整改，其中迁坟85座，平坟244座，文化墙遮挡297座。

科教文卫务实求精 开展了“健康讲座”等系列活动，在办好我镇文化活动的同时，同时也丰富了广大群众的业余文化活动；全面推进教育均衡发展，持续提升教学质量，涌口中学在全市农村中学中排名靠前；全年出生人口313人，完成优生优育检查人数96人，办理流动人口婚育症36人、生育服务证134人。农村计划生育奖励扶助发放52人，计划生育特殊家庭6人。

社会大局和谐稳定 深入开展扫黑除恶专项斗争，梳理上报涉黑涉恶线索80条，核查线索80条，收回水田290亩、山地144亩，追缴租金25.7万元。建立健全矛盾调处机制，调处纠纷92起，调处率100%。强化安全生产工作，实现安全事故“零发生”。全镇12345政府热线办结工单269例，满意率达90%。全年共摸排调处各类矛盾纠纷114起，未出现一起因调处不当或调处不成功而引发越级非访和民转刑事件，法定节日期间等重点时期均未发生越级赴省、赴京上访。

塔前镇

概况 塔前镇地处乐平市西北部，素称“乐平北大门”。这里历史悠久、资源丰富、山川秀丽、交通便利、民风淳朴，具有得天独厚的“交通、区位、园区、文化”四大优势，是经济与环境和谐发展的风水宝地。镇域总面积122.5平方公里，82个自然村，12946户，4.7万人口。辖15个村委会、1个居委会、1个分场，耕地总面积3.1万亩，水面2370亩，山林10.3万亩，森林覆盖率57.6%，生态环境优美。2019年完成财政总收入8495.6万元。2019年完成社会生产总值23.5亿元、财政总收入8495.6万元，固定资产投资完成14.3亿元，实现了经济社会健康有序发展。

主题教育走深走实 始终坚持高标准、严要求，争做表率，引导广大党员干部深入查找差距，一体推进学习教育、调查研究、检视问题、整改落实，努力推动全镇主题教育取得实效。较好地推动了206国道拓宽征地拆迁、塔荷路、中乐古建等重点项目建设和双创双修、农村人居环境整治等重点工作。

聚力解决群众操心事、烦心事、揪心事，拆除了塔科沿线无证石灰厂、石灰窑15家。探索党建+农村服务养老体系的建设，共建立爱心食堂5家。

经济发展提质增效。进一步强化服务意识、提升服务水平，积极深入项目工地、企业一线，为项目建设牵线搭桥、铺路架梯，积极为入园企业征地、批地和贷款问题，到各职能部门协调，全力以赴促进各个项目早开工、早投产、早达效，营造了良好的营商环境。同时，紧紧依托乐平工业园塔前小区招商平台，借助“交通、区位、园区、文化”等四大优势，不断加大对外招商力度，自2010年7月开工建设以来，已初具规模，目前共承载落户企业16家，其中规模以上企业5家。2019年实现税收2600万元，安置就业800余人，工业经济发展势头强劲。

社会稳定安定有序 严格落实领导“包案”制度和领导接访制度，按照“合理诉求解决到位、生活困难帮扶到位、无理诉求解释和稳控到位、非法信访依法打击”的原则，积极做好矛盾纠纷排查、信访积案化解和信访稳控工作，对苗头性问题及早发现、及早解决，有效地促进社会稳定。持续深化扫黑除恶宣传发动，切实提高群众知晓率、参与率和满意率。充分发挥“群众说事”平台，及时化解群众矛盾纠纷，切实提高政治站位，强化责任落实，坚持综合治理，强化标本兼治，形成齐抓共管工作局面。坚决打赢攻坚战、打好持久战，更好地满足人民群众对美好生活的向往。近年来，社会治安防控体系逐步健全。治安、刑事案件逐步下降，人民群众的安全感不断提升。

环保整改卓有成效 近年来重点整治了塔科沿线扬尘污染，加大了对石灰产业的整治力度。对无证的全部下达停产通知，对其生产设备全部拆除到位。组织石灰企业负责人远赴浙江建德取经，整合石灰企业抱团搬迁进园，引导企业环保设施达标抱团发展；整治农业面源污染，严格落实河长制要求，开展化肥农药使用减量行动，严厉打击肥水养鱼，实行人放天养。科学划定畜禽禁养区、限养区，加强规模化养殖场排泄物治理，增设污染处理设施，杜绝源头污染，严控磻溪河流域农业面源污染。

精准扶贫强力推进 扎实开展三项行动。聚焦“两不愁、三保障”，瞄准特定贫困群众精准发力。对照中央专项巡视反馈意见整改，认真开展春季攻势、夏季提升和秋冬巩固三大行动，进一步摸排整改并举一反三，确保贫困户吃穿住教育医疗进一步得到保障，扶贫政策进一步有效落实；产业基地建设初见成效。深入推进15个油茶种植、1个水产养殖的长期扶贫项目建设，督促各村发展“短平快”项目16个，并建立健全精准扶贫监测评估、防止返贫责任落实等扶贫机制。

绿色殡改推进给力 自全市殡葬改革实行以来，村干部积极动员，正确引导，着力规范殡葬市场，全力落实绿色殡改。截至目前，塔前镇火化率100%。同时，占地10亩的镇级公墓高质量完成，并在全市公墓管理推进会的现场观摩时得到广泛认可。

双田镇

概况 双田镇位于乐平市北部腹地，乐涌公路穿境而过。镇所在地往乐平方向3公里左右就到206国道。市乡公路四通八达，交通十分便利。双田镇域总面积114平方公里，设有15个村委会和1个居委会，68个自然村，总人口4万7千余人（其中非农业人口2000余人）。全镇设有25个党支部，有966名党员。财政总收入完成6661.6万元，固定资产投资完成9.3亿元；农民人均纯收入达到16400元，同比增长8.5%。

项目建设进展良好 投资12亿元的乐德国际商城项目，一期项目21栋楼已全部封顶验收。成功引进了我国家居建材行业龙头企业红星美凯龙·星艺佳强势入驻。江西锦溪纳米钙科技公司年产100万吨轻质碳酸钙、氢氧化钙及纳米碳酸钙项目计划总投资约5.3亿元，项目全部建成投产后，可实现年产100万吨轻质碳酸钙、氢氧化钙及纳米碳酸钙，年利税超亿元，可创造就业岗位350多个。

民生保障持续向好 组织扶贫干部培训17期，培训人数300余人。发展种植业680亩，其中，油茶484亩、水果116亩、中药材80亩、养殖家禽500羽，双溪、新睦光伏电站装机容量达222kW。组织扶贫扶志感恩教育活动共计30余场。殡葬改革始终保持火化率100%、入墓率100%的良好成绩。积极推进公墓建设，防止棺木二重葬。双田镇黄岭、德明、横路、金童许4个片区公墓和1个镇级公墓基本建成。积极推进“三沿六区”豪华墓、活人墓、住宅墓的整治、迁坟工作。已整治豪华墓、住宅墓21座，平坟10座，迁坟20座，整治坟墓共计51座。积极倡导绿色生态安葬，丧事俭办，共实行树葬6例。

环保工作扎实开展 积极做好污染空气应急管理工作，十余家企业都已安装环保设施，并对各企业的环保设备开启情况不定时督查。与各村签订禁止焚烧秸秆责任书。开展205省道沿线环境整治，对道路两旁脏乱差现象进行清理，使沿线环境大为改观。双田镇域内企业出货车辆一律要求覆盖，有效地减少了扬尘。开展违规企业和“散乱污”企业整治工作，对横路一家非法炼油厂进行取缔。组织环保、安监、公安、国土、供电等有关部门，对本镇9家非法“洗砂、机砂”厂进行取缔关闭。对一家有证“机砂”厂下达停产整改通知书。积极开展水源地污染防治工作。与各村、企业签订环境保护目标责任书。

乡村振兴稳步推进 以推进“六个一”项目建设为抓手，补短板强弱项，多方筹措资金，推进一批重大工程。投资近1000万元的黄岭精品村工程；投资3000多万元的双溪、港下、象鼻山、油麻墩、小木桥等五个村污水处理工程；投资近400万元的田里标准化集镇农贸市场提升工程；投资600多万元的黄岭驿站中心广场工程；投资30多万元的黄岭水塘改造提升工程；投资50万元的黄岭村级服务场所（包括村史馆）工程。自全市开展农户庭院整治专项行动以来，双田镇对照“五拆五清一树”标准，重点拆除旱厕、空心房、残墙断壁；清理建筑垃圾、生活垃圾及房前屋后的杂草杂物等。累计拆除“两违”建筑面积1220余平方米。加大打非力度，共扣押大型挖机18台，铲车15辆，扣押非法开采车辆22辆，依法拘留3人，在多个非法开采区设立路障，坚决遏制了非法开采猖獗的势头。

党建工作有声有色 抓实学习教育，深入学习贯彻习近平新时代中国特色社会主义思想和党的十九大精神，完善党委中心组、党支部和个人自学“三级联动”学习机制。夯实组织建设，注重队伍建设。严格党内政治生活，落实“三会一课”制度。开展落实好民主生活会、组织生活会和民主评议党员工作。注重党员发展，吸引高学历和优秀的人士入党。大力推动双田镇“不忘初心、牢记使命”主题教育工作，按照守初心、担使命、找差距、抓落实的总要求，认真开展了学习教育、调查研究、检视问题、整改落实等各项工作，持续深入开展主题教育工作，解决了多起人民群众的揪心事、烦心事。

社会事业全面发展 深入实施“科教兴镇”战略，积极做好了保学控辍、教师素质教育等工作，积极开展中小学校园周边食品安全及幼儿园校车整治和管理，加强校园法制教育。并积极开展国防教育，保质保量完成征兵任务，应征青年报名参军进站体检有52名，共有9名优秀青年光荣入伍，其中大学生8人。“12345”政府服务热线开通以来，全年共收到政府服务热线工单376条，办结376条，办结率100%。

名口镇

概况 名口镇位于乐平市东部，与德兴市交界，东邻德兴银屯、香屯街道办事处，南靠众埠镇、十里岗镇，西毗鸬鹚乡，北至高家镇、洪岩镇。

全镇总面积111.4平方公里，5800余户，28717人。辖12个村委会，1个居委会，35个自然村。行政村（居）分别是名口村、名口居委会、流一村、流二村、流三村、流四村、上四村、兰坑村、朱坞村、许家湾村、戴村、五一桥村、上南岸村。有耕地面积31000亩，其中：水田25200亩，旱地5800亩，受矿水污染废弃耕地约9000亩。山林面积10.8万亩，森林覆盖率达65%。有小（一）型水库1座，小（二）型水库25座，山塘水库97座，水域面积5100亩。2019年全镇社会生产总值同比增长10.6%，达到48831万元，财政收入3200余万元，农民人均纯收入同比增长12%，达到12002元。

狠抓党的建设　一是强化思想理论武装。镇党委政府牢固树立主责主业意识，旗帜鲜明讲政治，始终注重干部的思想政治教育工作。一年来，全镇党员干部深入学习贯彻习近平新时代中国特色社会主义思想、习近平总书记视察江西时的重要讲话精神及党的十九届四中全会精神，通过党委中心组学习、机关周一例会、主题党日等多种学习形式，原原本本学、联系实际学、深入思考学，做到始终忠诚于党，坚持正确的政治方向，确保干部队伍政治素质过硬；二是狠抓组织建设工作。把开展“三会一课”作为推动组织生活常态化、制度化的重要举措，从严落实“三会一课”制度、支部微信群等形式创新党员活动新模式，积极开展民主评议党员、村党支部书记党建述职和主题党日等活动；三是扎实开展“不忘初心、牢记使命”主题教育。全面贯彻“守初心、担使命、找差距、抓落实”的总要求，紧扣“理论学习有收获，思想政治受洗礼，干事创业敢担当，为民服务解难题，清正廉洁做表率”目标，抓紧抓实学习教育，精心开展调查研究，突出抓好检视问题，扎实抓好整改落实，将“不忘初心、牢记使命”主题教育活动有序推进。积极开展“加强爱国主义教育、弘扬爱国主义精神”主题党日、“书记上党课”等活动，引领广大党员干部坚定理想信念、牢记宗旨使命、不忘入党初心、扎实干事创业；四是狠抓党风廉政建设。发挥绩效考核指挥棒作用，加强镇机关干部职工考勤制度管理及日常监督，完善《名口镇机关干部值班制度》《名口镇便民服务中心延时服务制度》等，把求真务实的导向立起来，把真抓实干的规矩严起来，让真干假干不一样、干多干少不一样、干好干坏不一样，进一步转变机关干部工作作风。强化监督执纪问责，切实履行管党治党监督责任。重点紧盯扶贫领域问题，一年来扶贫领域问题已立案1起，给予党内警告处分1人，对违反《中华人民共和国治安管理处罚法》问题立案1起，给予党内警告处分1人，对违反中央八项规定精神立案1起，给予党内严重警告1人。抓好巡察整改。主动接受六届市委第七轮巡察工作，积极配合市委第二巡组5月20日—6月19日对名口镇及朱坞村为期1个月的巡察工作，接受了一次全面的“政治体检”，确保“身体健康”。严格落实巡察反馈意见的整改，围绕乐平市委第二巡察组反馈问题，压实责任、明确任务、严肃问责，强化政治看齐、警醒教育、整肃立规，确保巡察反馈问题全面彻底整改到位。

持续推进脱贫攻坚　一是围绕问题抓整改。自全市脱贫攻坚春季整改动员大会后，名口镇及时召开名口镇关于中央巡视江西省脱贫攻坚整改工作动员大会，成立整改工作领导小组，对标对表，制定整改工作方案，对在脱贫攻坚问题方面整理33个问题、在官僚主义形式主义存在的19个问题方面，照单全收，逐一整改；二是突出产业抓长效。实施“产业+金融”分红全覆盖。全镇有268户贫困户与相关的企业签订了帮扶协议，享受了“产业+金融”差异化分红政策，享受率100%。推动扶贫基地全覆盖。目前全镇发展村集体油茶种植面积772亩、茶叶种植面积55亩，总面积827亩；三是围绕教育促感恩。通过组织各村加大扶贫政策的宣传，克服了一些贫困户“等、靠、要”的思想，增强了他们创业、就业的意识，教育他们要靠自己的双手，辛勤劳动，争取光荣脱贫，与帮扶政策形成了良性互动。

积极抓好社会稳定　一是深入开展扫黑除恶专项斗争工作。旗帜鲜明讲政治。把深入学习贯彻习近平总书记关于扫黑除恶重要指示精神作为纵深推进全镇扫黑除恶专项斗争的首要政治任务，及时召开党委中心组及各基层党支部扫黑除恶专题学习，逐字逐句抓好学习研讨，切实把握精神实质，提高政治站位，强化责任担当。按照书记抓，抓书记的原则，镇村两级书记为扫黑除恶第一责任人，同时按照“谁主管、谁负责，谁驻村、谁负责”的责任落实机制，将责任落实到人；全镇共摸排扫黑除恶线索24条，全部打击处理到位；二是重点抓好信访稳定工作。定期组织矛盾纠纷排查，及时协调化解单位进行化解。坚决做到小事不出村，大事不出镇，信访维稳无积案。继2017年、2018年获信访“三无”乡镇后，2019年名口镇没有发生一起赴京访、赴省访、越级访事件，再获信访“三无”乡镇等；三是严格落实安全生产工作。进一步加强安全科普常识及安全生产知识宣传，切实加大安全隐患排查力度。开展安全生产“打非治违”百日行动，对各村企业及农村家庭小作坊进行安全生产大检查，做到“查深、查细、查透、查实”，对发现的问题及时责令整改。全年全镇范围内无重大安全生产、食品安全、交通安全事故；四是切实做好防灾减灾工作。通过发放宣传资料、广播、悬挂横幅等方式向群众宣传相关防灾减灾知识，大大增强群众防灾减灾意识；完善和落实防汛、防旱及森林防火应急预案，严格抓好地质灾害点、低洼地带、水库等各类隐患排查；加强重要时间节点的巡山护林工作，加大野外火源巡察力度，发现火情及时组织力量重兵扑救大小火情3起，做到打早打小；7月12—13日乐平普降大暴雨，局部特大暴雨，镇党委政府不等不靠，积极发动党员、干部、群众展开自救，并做好灾后防疫、道路清理、水毁设施修复等灾后自救工作。

城乡面貌大幅改善 一是“双创双修”成效显著。提认识广宣传。为提高广大镇村干部认识眼界，组织有关镇村干部赴浙江嘉兴、桐庐、上饶横峰参观学习美丽乡村建设，进一步搅动干部群众思想。同时在有关村召开党员群众座谈会，积极宣传精品村建设，激发群众参与积极性；优环境促提升。狠抓人居环境改造提升工作，继续抓好镇域范围内的环境卫生日常保洁工作，对各村环境卫生开展环境整治大督查，发挥保洁员作用，同时与乐联公司积极对接，确保垃圾及时清扫、清运；抓项目出看点。按照市委市政府“大干项目年”的要求，力争多渠道筹集资金对朱坞村村级活动场所、兰坑精品村建设等项目予以实施其中兰坑示范村建设立足村情实际，严格按照规划建设理念，全力建设有乡愁、有业态、有内涵的秀美乡村，主要建设了古渡口、进村口景观、校园文化墙、社会主义核心价值观、兰溪亭兰溪广场、村史馆六大板块；二是道路建设多点开花。突出加快基础设施建设步伐，以道路交通建设为突破口，投入142.6万元，主要完成了五一桥环村路、名十路等项目，不仅有力改善了群众出行条件，更满足了全镇工业农业发展需要。此外陈家源新桥、戴村中桥、高阳桥、流芳大桥等也正在加快建设；三是生态环境优化提升。“净空”保卫战取得压倒性胜利。境内非法炼铝、“十小”冶炼企业等污染空气的非法作坊已全面取缔到位，同时全面展开秸秆禁烧工作；“净水”保卫战取得明显成效。肥水养鱼、农业面源污染等得到有效管理，河道非法采砂取得有效控制，水库逐步实现人放天养，“三沿六区”内养殖场得到有效控制；“净土”保卫战任重道远。利用上级下达的矿水污染补偿金持续加大民生投入，有效改善受污染土地的群众生产生活条件。

民生福祉不断改善 城乡居民养老保险参保11891人，全年新增参保265人，发放养老金532万元；城乡居民医疗保险参保22317人，一年来累计为全镇群众报销医疗费27281人次1123.5万元；累计发放低保金268万余元、五保金30.35万元、高龄补贴17.79万元、临时救助资金13.3万元，危房改造66户167人，改造面积2500余平方米。

礼林镇

概况 礼林镇素有“礼仪之邦，文明之林”之美誉，位于乐平市西南部，距城区13.5公里，北靠塔山街道办，西邻镇桥镇，南与万年县大源乡、珠田镇接壤，东与接渡镇、东南与众埠镇相连，属丘陵平缓山区。皖赣铁路入境斜穿而过，设有甘棠站，德昌高速公路和省级公路渡涸线穿境而过。境东南双峰寺巍峨高耸，境西北安殷河穿境流淌，境北端有清顺治间翥山庙旧址及新石器时代文化遗址。

礼林镇域面积156.4平方公里，耕地面积5.8万亩，林地面积13.99万亩，辖22个村委会，4个居委会，1个国有林场，166个自然村，总户数11300户，总人口5.8万人。2019年实现社会生产总值45.56亿元；财政总收入1.21亿元；固定资产投资17.3亿元。

促进党建大深化 抓“两学一做”学习教育，保持党的先进性和纯洁性。深入推进“两学一做”学习教育常态化制度化和党中央关于在全党开展“不忘初心、牢记使命”主题教育，健全支部“三会一课”制度，实现“四个进一步”的目标，保持党的先进性和纯洁性。抓基层组织建设，党的基础日益牢固。建立杨桥村、孙塘村基层党组织示范点，有效地提高全镇基层组织建设的科学化水平。认真做好新形势下发展党员工作，保证发展党员质量，发展新党员15名。继续强化党员干部培养，持续关注大学生村官和退伍军人安置的培养与发展。认真做好党费收缴、流动党员管理、党务公开、后备干部管理等工作。抓党风廉洁建设，干群关系更加和谐。全面落实党风廉政建设责任制，切实履行镇党委主体责任，全力支持镇纪委履行监督责任。接受六届市委第七轮巡察，巡察整改落实到位。深入推进党务政务公开、村务公开，自觉接受群众监督，做到公开透明。积极配合上级纪委部门查办案件，落实好纪检监察部门的监督执纪职责。扎实开展集中整治“微腐败”，营造良好政治生态。

促进产业大发展 工业经济稳中有进。引进投南源机械、景刚新型建材（落户金山工业园），新增规模以上企业集鑫服饰。积极响应省委、省政府发起的“映山红行动”，全力配合宏柏新材料股份有限公司氯基硅烷绿色产业升级等项目建设，现完成投资3.4亿元，助力宏柏上市。

农业发展提质升级。按照上级有关部门工作部署，以“科技示范户”为基础，建立科技示范户60户，落实优质水稻订单7000余亩，无人机喷施农药1万余亩，发放科技资料1000余份，积极配合上级农业综合执法，切实做好农产品质量安全，着力抓好春秋“两防”工作，共免费免疫各类家畜（禽）15万头（羽）。抓好2018年高标准农田建设验收扫尾及2019年高标准农田建设前期各项工作。

林业发展凸显新的亮色。2019年完成造林2300余亩（其中湿地松、杉木等造林完成700余亩，油茶种植面积1500余亩，林下经济种植造林100亩），且造林质量普遍较好。落实“林长制”责任机制，加强森林资源保护专项治理，严厉打击乱砍滥伐、严厉打击各种侵占林地的行为，有效巩固造林成果。加大森林防火投入力度，无一起森林火灾发生。继续加强森林病虫害防治，松材线虫病得到有效防控。

水利工作呈现新的飞跃。一是认真抓好防汛抗旱工作，全面开展水库及重要水利设施防汛安全大检查，对11座小（二）型以上水库安排专人管理，对两座排涝站做好汛前检修工作，为安全度汛和应对特大旱情提供了保证。二是积极做好农田水利重点工程建设；三是安殷河小河流域治理项目启动开工建设。同时，积极做好饮水源地的保护工作，全面清理拆除一、二级饮用水源地洗衣码头，水质常年达二类以上。协助礼林自来水厂项目建设，积极协调未通自来水村入户工作。

促进生态环境大提升 “双创双修”项目建设稳步推进。一是实施好秀美乡村新农村建设，推进罗山示范村、杨桥村史馆场所建设、下对畈示范村建设及渡汪线礼林街道路面改造等项目建设，罗山示范村列入2019年景德镇市“三冬”工作现场会看点；二是扎实推进安殷河小流域治理工程建设，加大水环境治理力度，完善水环境保护机制。

人居环境整治再上新台阶。一是积极推进32个新农村建设点建设，打造具有特色的罗山新农村建设亮点村。二是人居环境和庭院整治工作部署有序，实行镇干部包村，村干部包组，村组长、妇女小组长、党员等同志包户的工作责任制，落实人居环境及庭院整治工作销号制度，建立长效管理机制，确实做到“高标准整治、精细化管理”。

集镇规范管理日趋完善。不断强化责任，创新举措，将打击“两违”作为重点工作，严厉打击各类违法违规建设。充分发挥城管作用，加强集镇环境整治，美化镇容村貌，切实推进环境卫生综合整治工作，创建“干净整齐、畅通有序、商贸繁荣、和谐宜居”的镇域环境。

促进民生事业大改善 民政、武装、退役军人工作扎实开展。一是全面落实各项惠民补贴资金。现有农村低保2004人，城镇低保741人，五保对象139人。二是实施动态管理，按时发放社会保障及优抚资金，及时解决他们生产生活困难，竭力做好日常管理及服务工作。三是敬老院异地新建扎实推进，住宿楼、综合楼、食堂等主体工程已完成建设。四是武装工作成绩喜人，2019年镇武装部被景德镇军分区授予先进基层武装部。完成征兵23名，无一例退换兵，实现征兵任务双超。五是扎实做好退役军人服务工作，规范镇村两级退役军人服务站建设，全力推进退役军人服务保障体系建设，采集退役军人信息946条，悬挂光荣牌943块，发放优抚金80余万元。

社会保障认真落实。认真落实小额担保贷款、“贷免扶补”、新型农村养老保险、高龄补贴发放政策。贯彻落实好礼林镇农村劳动力转移就业扶贫行动计划，确保各项精准脱贫、精准扶贫政策措施落到实处，公益性岗位连年递增。

农医工作为民解忧。居民医保参合人数达49466人，已全面信息核查。收缴参合基金总金额为1千万余元，参合率98%。门诊补偿67766人次；住院补偿人次536人次，有效地解决了农民看病难、看病贵的难题。

交通事业蓬勃发展。美丽生态文明农村路（渡汪公路）、洄田街道、程家至黄岗、牌楼村级公路已竣工；工业园至前鲍公路维修已完工；前鲍至上对畈、章家至大源、富家至府前、万红至燕窝里、礼众线至朱家岭等道路施工单位已进驻，准备开工建设；花桥已竣工验收通车，洄田大桥、孙塘大桥已开工建设，礼林大桥即将开工；启动“畅返不畅”交通项目治理。

精准扶贫工作成效显著。共有建档立卡贫困户455户，1101人，另外有边缘户22户67人。建档立卡贫困户中，“两不愁、三保障”政策措施落实和“两业+分红”产业扶贫全覆盖，建成塔背、鲍畈两个村级光伏电站，装机容量50千瓦，覆盖贫困户34户；金融扶贫方面“产业+金融”扶贫贷款带动贫困户432户；建立扶贫车间4个，安排贫困户就业50余人。加快推进油茶产业扶贫基地建设，新增种植扶贫油茶面积1500余亩，对21个油茶产业扶贫基地进行补植抚育，将进一步提高村集体经济收入，拓宽贫困户的增收渠道，保障贫困户稳定增收脱贫。2019年预脱贫107户，314人稳定脱贫。

绿色生态殡葬改革稳步推进。严格按照殡葬改革工作奖补免实施办法落实相关政策。推动移风易俗、乡风文明进程，加大青山白化治理和绿色殡葬改革力度，建设并投入使用八座公墓，完善公墓内配套设施。2019年，死亡216例，遗体火化216例，遗体火化率100%。生态殡葬及入公墓76例，达100%。

促进社会治安大稳定 社会综治持续稳定。认真落实领导责任制、目标治理责任制、“一票否决制”。大力开展创建“平安礼林”活动，实施综治实体项目建设，不断增强社会治安防控能力。加强矛盾纠纷排查化解工作，全力维护社会政治稳定。扫黑除恶工作取得初步成效，共排查出侵占国有集体资源资产的线索信息91条，清查处理91起，都已按照程序进行了上报。司法工作促稳定，调解各类纠纷近百起，大力推进公共法律服务工作。

安全生产保持稳定。礼林镇严格落实新《安全生产法》，实行党政同管、同抓、同责，未发生重大安全生产事故、重大交通事故、重大火灾事故和重大农产品、食品质量安全事故，安全生产形势总体平稳。

信访稳定抓紧抓实。集全镇之力开展信访治理，加强领导，强化措施，求真务实，变上访为下访，主动对接，化解信访积案4 起。深入开展倾听群众诉求活动，及时化解各种矛盾纠纷。共受理群众来信来访来电31件，受理31件，办结29件（其中上级交办的均及时办结上报），办结率达93.5％。12345政府服务热线受理工单320件，均已办结。

后港镇

概况 后港镇位于乐平市北郊，从东西北三个方向环抱市区，总面积80.5平方公里，辖15个村委会，6个居委会，1个林场，115个自然村，总户数11469户，总人口52620人。后港镇是乐平市政治、经济、文化中心，乐平市为民服务中心大楼、长途客运公司、赣东北商贸城、嘉里购物中心、金山工业区、体育中心、洪皓森林公园、一方公园、食品小镇等坐落于后港镇，是乐平市粮食、蔬菜生产基地和主要的货物集散地之一。后港镇有新旧206国道、黄（泥头）乐（平）公路、景鹰高速挂线、S306省道、皖赣铁路贯穿全境，是乐平市的交通枢纽，矿产资源主要有煤炭、海泡石、焦宝石、砂金、瓷土。共有耕地面积27752亩，山地面积49858亩，水面4800亩，可养殖水面2640亩。有小（一）型水库2座、小（二）型水库12座。磻溪河穿境而过，沿河有10.5公里乐北联圩，千亩以下小型圩堤12.5公里。

经济发展走势良好 实现财政收入6787.7万元，完成工业总产值7亿元，固定资产投资11.7亿元，经济指标呈现稳步增长态势。招商引资效果显著。2019年新引进大型项目4个：凯光城市综合体项目，总投资21亿元，占地247亩；乐平市尖端农业园项目，总投资6848万元，用地300亩；博诚路桥研发检测中心项目，总投资3000万元；年养护1000kM高速公路养护站项目，总投资6000万元。后港镇食品聚集园新引进项目3个，分别是：年产10万桶功能饮料智能项目，总投资1.5亿元；年产1250吨素食桃酥项目总投资3100万元；香肠制品加工项目总投资6000万元。

精准定位项目建设 完成征地1400余亩、拆迁房屋55幢，发放征地补偿款2870万元、拆迁款3200万元左右，为城市向北发展提供强力保障。全镇共有在建各类项目24个。S306省道、景鹰挂线扩征项目征地扫尾50余亩，房屋拆迁13幢，迁坟1027余棺，项目征地工作已基本完成。目前，一方公园及水库扩容地已全部征收，共计征收土地653.2余亩；一方公园建设工程项目总占地面积约400余亩，水面面积由原来的1.2万平方米扩增到7万多平方米，一期建设已基本完成；大田精品村建设工程，拆除房屋12幢，围墙5500米，门楼102个，建设已基本完成，呈现出以石凌鹤赣剧文化和红色教育为主题的文化艺术村庄；磻溪河田园综合体项目南大门、大军山栈道、七彩花田等正在加速建设；洪塘村整体搬迁已基本完成，二期项目建设已是亮点纷呈；东风北路向北延伸已全面完成建设，民电路北延已完成征地拆迁并已打通，为项目建设奠定了基础。S306、景鹰挂线、S205、S206国道拓宽、跨铁路大桥新增互通等道路建设推动有力，进展顺利。其他项目也在有序推进中。

产业提升突出优质 优质产业不断壮大。通过新老206国道、景鹰高速、皖赣铁路等主要交通过境的优势，充分利用后港镇丰富的自然资源和人文环境，加快了乡村整体发展，重点打造发展磻溪、义方、西冲等乡村，逐步改善市级贫困村程家、江罗等村，扩大乡村发展空间。磻溪田园综合体项目完成磻溪村、柳树下村外墙立面的改造，东入口、北入口、人工湖建设已基本完成，大军山栈道、七彩花田正在逐步建设，依托项目，将磻溪打造成为乡村休闲旅游的一个好去处。同时，也注重各村特色产业的发展，利用各村的优势资源，努力实现一村一业，或一村多业，如西冲的红薯、程家的菌菇、义方的葡萄、桑葚等，挖掘种类多、产品特的优质农产品资源，大力发展农产品深加工产业，通过特色产业和支柱产业的发展壮大，提高农业效益和农民收入，大大提高农村经济实力。同时通过招商引资引入的乐以科项目，也在积极努力构建现代农业体系。

整治工作持续推进 1. 以“两线两门六点”为切入点，景鹰高速挂线沿线及新206国道景观品质全面提升，积极打造好西大门一方公园和北大门的磻溪田园综合体及大田村特色文化旅游两大景观，以沿线大田、曹家、梅花园等六个示范村建设为重点，以点带线，以线带面，全力实现后港全域美丽宜居乡镇的奋斗目标。推行城乡环卫一体化运行和管理机制，重点整治主干道、工业园、景区、城中村周边等“五线一边”区域，基本做到“四无、四净”。坚持不懈推进“厕所”革命，全力拆除村中旱厕，提高村民生活环境。后港镇有100个自然村通过了“五拆五清一树”验收，全镇人居环境整治上了一个台阶。2. 后港镇规划办、自然资源和规划所以及城管中队紧密联合，加强对规划区内“两违”建房以及“限高限大、治乱打违”巡查监控，共打击违章建筑50余幢，其中对超高超大5幢进行了降层拆除，打击拆除面积7450余平方米，对镇辖区内乱搭乱建建筑共拆除2750平方米。同时，对48处地质灾害点进行排查，5处危险地段分别制定了预案并设置警示牌，配合调节土地纠纷24余起。3. 建立健全环保工作机制，全面推行“河长制”“林长制”。切实抓好磻溪河取水口环境污染工作，全部拆除取水口上游新田村养猪场、洗衣码头，取水口雨水涵管。劣5类水专项整治工作落实专人专管，严禁投料、肥水养鱼，镇辖区养殖场全部实行人退天养。多次摸排“十小”及“散、乱、污”企业，拆除违建厂棚。高度重视森林资源保护工作，严禁野外用火，加大监控力度；严厉打击破坏森林资源的违法犯罪活动。

民生工程稳固推进 一是脱贫攻坚精准推进。不断加强镇、村两级扶贫工作体系建设，推行“包村包户”工作责任制，有序开展“春季整改”“夏季提升”“秋冬巩固”等三大攻势工作。2019年减贫计划中共自然增加1人，自然减少14人，全镇现有建档立卡贫困户473户1127人，三个市级贫困村全部脱贫退出。积极落实九大帮扶政策，有256人享受教育帮扶政策、有63户贫困户享受了危房改造、有41名从事村保洁员等公益性岗位、有100余人解决就业岗位。落实“四个一”产业发展，大力发展村集体扶贫产业，光伏电站、菊花基地、食用菌大棚、种羊圈养基地、油茶基地、仓储基地、磻溪村的民宿、蔬菜大棚、花卉市场、特色水果等产业蓬勃发展。扶贫档案资料质量进一步提升，脱贫攻坚责任进一步压实。二是殡葬改革步步为营。销毁存量棺木83棺，发放补偿16.6万元。火化率达到100%。后港镇殡改配套基础设施不断完善，7个自建公墓建设已全部完工，3个特建公墓也已基本完工，10个镇村级公益性公墓已全部投入使用，公墓已安放121例。为保障重点项目有序推进，积极配合开展迁平坟工作，景鹰高速挂线沿线村庄、洪皓公园建设、新206国道等项目共迁平坟1229棺，发放迁坟款196万元。三是维持社会安定平稳。全面开展扫黑除恶专项斗争，共摸排侵占资产资源线索90条，经核查处理，结案70条侵占资产资源线索，18条线索转为矛盾纠纷并处理，3条涉黑涉恶线索均配合派出所打击结案；乐平市扫黑办转交

3条线索已积极办理结案并形成材料上报。共收回水库16座约740亩、山林16座800多亩、房屋3幢500多平方米、现金7万元。2019年，后港镇统筹整合镇、村、群众资源，压实各级责任，不断加大因服务城市建设征地拆迁引发的信访积案的化解力度，目前化解信访积案10起。2019年以来，未发生影响较大的安全事故和恶性事件，全镇社会平稳安定。

党的建设真抓实干 一是思想建设：坚持中心组学习，支部党员学习与自学结合，党委中心组每月一次、党政班子成员每周一次、机关干部各村书记周一例会学习上级党委的会议精神及决策部署。同时充分利用新时代文明实践所、古戏台讲堂等载体，结合“不忘初心、牢记使命”主题活动，开展赴篁坞方志敏旧居参观学习活动、举办庆祝新中国成立70周年文艺会演、“赣剧之父”石凌鹤故里古戏台宣讲等活动方式推动“两学一做”学习教育活动常态化制度化。二是作风建设：通过组织全镇党员干部观看《一抓到底正风纪——秦岭违建整治始末》《问政》，召开“严守纪律底线，恪守廉洁之心”廉政教育学习会，学习上级纪委各类典型案例通报等形式认真开展党风廉政教育工作。班子成员充分履行“一岗双责”责任，层层抓落实，加强对分管领域和办公室人员的管理。三是组织建设：按照“一类抓亮点、二类抓规范、三类抓转化”的思路，推进基层党组织标准化建设、规范化工作，全面落实党建工作责任制、党风廉政责任制，同时落实好“三会一课”、民主评议党员等基本制度，积极开展好“主题党日”活动，培育出程家、江罗、义方等一批“党建+村企”，“党建+扶贫”工作典型。2019年预备党员转正15名，新发展党员18名。

十里岗镇

概况 十里岗镇位于乐平市东南边缘，北连乐平市名口镇，东接德兴市张村乡，南与德兴市黄柏乡交界，西邻乐平市众埠镇。国土总面积81平方公里，现有耕地面积26340亩，其中水田25586亩，旱地754亩，山林面积7.89万余亩，森林覆盖率63.3%。

政府驻地南港社区，位于长乐水上游，距乐平市区49公里，离德兴市区仅13公里。共辖1个居委会、8个村委会、4个农垦分场，36个自然村。

2019年年底，全镇居民6236户，20657人。全年实现地区生产总值11.72亿元，较上年增长2.8%；完成地方财政收入6150万元；完成全社会固定资产投资6.4亿元。同时，农村居民人均纯收入达18926元，较上年增长20%。

基层组织建设不断提升 坚持以提升组织力为重点，突出政治功能，把基层党组织建设成为一个个战斗堡垒，为全力推进十里岗经济社会发展提供坚强保障，积极落实“两学一做”学习教育，坚持高标准严要求开展了“不忘初心、牢记使命”主题教育活动，严格按照部署，确保党员全覆盖，对外地党员将学习资料通过上门送书、邮寄等方式将学习资料送至，实现了主题教育全覆盖，丰富了学习形式，通过开展集中自学、开展好革命现场教育等形式，进一步让党员干部明悟自己的初心。

民生保障不断改善，社会持续和谐稳定 严格执行落实中央的惠农政策，截至目前，共发放各种惠农补贴资金591.72万元，其中粮食适度规模经营补贴25.9万元，稻谷补贴112万元，五保13.76万元，低保203.18万元，优抚61.66万元，危房改造38.2万元，自然灾害救助15万元，孤儿生活补助1.02万元，高中生补助7.9万元，阳光助学1.1万元，寄宿生补助3万元，老支书补助4.59万元，农机补贴39.09万元，其他补助0.3万元；人口和计划生育工作稳中有进，面对“全面放开二孩”新形势，围绕“三优一满意”重点工作，加大优质服务，着力提高群众满意度。优生检测率为239%，奖励扶助52人，其中新增奖励扶助对象5人，特扶对象两人，阳光助学12名，城镇独生子女奖扶8人；大力推进“群众说事”制度，共收集意见建议89条，群众满意率达99%，排查矛盾纠纷60起，调处60起，受理信访案件11起，受理12345群众服务热线133起，调处133起。深入开展扫黑除恶专项斗争，通过加大宣传力度，切实做到全民参与到扫黑除恶专项斗争中来；提高便民服务质量，大力推广“赣服通”App便民服务终端，坚持老百姓办事最多“跑一次”的服务理念，做好新型政府职能转变。

重点项目落地开花 全镇按照“红色人文、绿色生态”的要求，以“大干项目年”为契机，统筹推进“五位一体”总体布局，协调推进“四个全面”战略布局，落实了一批重点发展项目。一是南港示范村建设稳步推进，实施的南港集镇“强弱电”下地工程，彻底改变了南港村的“空中乱象”；同时街面外立面（店招）改造，使得南港老街焕发新的活力。二是目前集生态修复、娱乐休闲为一体的“一河两岸”建设项目，已初见成效。三是新南港大桥建设已完美收官，新大桥全长175米、宽12米，横跨镇内长乐水两地，在解决集镇交通瓶颈，完善集镇功能的同时与即将启动建设的“银十线”连接，届时将形成“众篁线”—“新南港大桥”— “银十线”的便捷交通网。四是篁坞方志敏旧居形象再提升，在原有建设基础上，通过大力整合多方资金对旧居内外环境进行了再改造、再提升，影响力得到进一步扩大，2019年全年共接待镇内外参观人员达两万人次。

助力脱贫真实有效 全镇有1个省级贫困村白塔村，两个市级贫困村丰源村和篁坞村，其中白塔村已于2016年脱贫，篁坞村已于2017年脱贫，丰源村已于2018年脱贫。为保障贫困村有效脱贫，十里岗镇大力发展产业扶贫，其中光伏发电白塔村发电300.24千瓦，篁坞村93.42千瓦，店上胡村44.8千瓦，3个村都不同程度以电费增加了贫困户收益，在白塔实验种植白莲等经济作物，做到了每亩纯收益达1000元以上，带动了8名贫困户足不出村就近就业，近30万元的开支以人工费用、田租等形式惠及本村农户、贫困户。充分发挥本地优势，打造本土品牌“路与白”，通过精细加工农作物茅蔗，销售块状、粉状、胶状茅蔗糖和茅蔗酒，形成“三位一体”产销结合，带动村集体收益近30万元，带动贫困户就业增收30万元左右。

鸬鹚乡

概况 鸬鹚乡地处乐平市境东南部，因地处乐安河畔，村前有鸬鹚洲，得村名，乡以驻地得名。东临名口镇，西毗接渡镇，南濒乐安河、与众埠镇隔河相望，北与高家镇、浯口镇、临港镇交界。距乐平市27公里，距德昌高速连接线3公里，114县道及新秧战备路穿境而过。总面积82平方公里，43个自然村，6800户，2.7万人口，辖10个村委会，1个居委会，两个分场，耕地总面积2.6万亩，水域0.52万亩，山林5.6万亩，森林覆盖率45%，具有典型的江南风貌，素有“乐平之肺、天然氧吧”美称，是个环境优美、资源丰富的省级生态乡镇。同时，鸬鹚乡人民政府与凤凰山垦殖场合并办公，属乡场合一单位。

精准扶贫工作有新篇章 一是精准施策保脱贫。盯住未脱贫户，对未脱贫的37户71人，在金融扶贫全覆盖的基础上，制定详细的一户一策帮扶方案，对整户无劳动能力的和孤寡老人、重病重残的兜底保障脱贫；对弱或半劳力的通过产业奖补、分红和公益性岗位脱贫；对普通劳动力的帮助就业脱贫。稳住已脱贫户，对已脱贫的157户376人继续享受相关政策，确保他们脱贫稳得住、有保障。关注边缘户，对4户13人边缘户对象予以重点关注，有针对性地采取灵活措施，防止他们致贫。二是聚焦产业保持续。坚持以“短”脱贫，用“长”致富，在已有1000亩油茶、50亩马家柚、12个大棚菌菇等“四个一”工程的基础上，巩固套种中草药、花生等“短平快”项目，实现“长短结合”，确保短期有收益、长期有保障。三是压实责任保决胜。抓好脱贫攻坚是乡村两级书记的首要政治责任，2019年要攻克一项项 “硬骨头”，必须做到“四清零”“三到位”

“两关注”，加大对脱贫攻坚的投入，落实工作经费和产业资金，继续开展“听党话、感党恩、跟党走”教育活动，定期开展脱贫 “红黑榜”评选，精准施治形式主义、官僚主义，用实际行动巩固脱贫成果。

招商引资有新突破 紧抓招商引资“一号工程”，以抓氛围大力引商，以抓环境大力亲商，以抓政策扶持大力惠商，外出浙江、福建、山东等地广泛开展招商活动。目前，鸬鹚乡已对接帝亨鞋业有限公司、钮福莱电子有限公司、南昌远达医用气体厂等企业，并考察乐清市“互联网+精密模具”产业园项目。所有项目及公司都落实了1名乡班子成员全程对接和服务。项目的引进，有力地促进产业发展和民生改善，为该乡经济发展和社会进步注入了新活力。

信访稳定有新模式 把创建“平安鸬鹚”作为工作重点，深入开展了乡村干部大走访活动，积极推行“群众说事”制度，化解群众房屋、土地、婚姻等各类矛盾纠纷，满意率100%。同时大力加强“12345”政府服务热线平台交办工单办理力度，及时率满意率都保持全市前列。全力推进扫黑除恶专项斗争，加大侵占国有集体资产资源清理工作力度。全力打造上脑、万西两村平安建设示范村，形成齐抓共管、群防群治的工作网络。积极推进“法律明白人”培养等工作。建立领导信访工作接待日制度，实行包村包案负责，确保鸬鹚乡稳定长效发展。

乡村旅游有新前景 辖区有明黔宁王沐英故里及宋元史学家马端临墓，有乐平十景之一的泪滩双月景观和饶娥哭父典故，有朱元璋成就霸业的古村落“龙亭”，有高岸岭新石器时代遗址，有韩家古村落，更是乐平市国家级现代农业示范园区核心区域，古韵新风同在。整合农垦、交通等项目，围绕“中电投—倪坞—中节能—龙亭”乡村“一日游”路线，累计完成了公路建设17公里，便利群众出行，加快旅游产业发展。龙口村“秀美乡村，樱花花海，光伏基地，北大粮仓”四张名片，成为旅游一大亮点。

环境环保整治有新变化 结合“双创双修”“农村人居环境整治”，落实“城乡环卫一体化”“垃圾分类试点”工作要求，制定和完善日常保洁和环境整治长效管护机制，巩固提升农村人居环境和农户庭院专项整治成果。对东方红水库水源地所在村固废及污水排放进行了有效整改；对辖区红砖厂、非法屠宰场、焚烧炉进行了全面拆除；对辖区养殖场进行了环保整改；坚决杜绝非法电捕鱼、投料养鱼、河道采砂、秸秆焚烧情况发生。严格落实“河长制”、“林长制”要求，加大“巡河”“巡山”“巡田”力度，用最严格的措施保护好鸬鹚乡的生态环境。

特色产业有新发展 紧紧依托乐平市国家级现代农业园区平台，大力发展特色农业，在做大做强传统农业产业的基础上，引进了一批特色农业产业项目，逐步形成了传统蔬菜（萝卜、芦笋）、菊花、中草药、食用菌、毛蔗、雷竹笋、油茶七大特色产业，进一步激发了特色产业活力。以万辉农业开发公司为龙头，以龙口村为示范，进一步做大做强做优村级集体经济。采取“公司+合作社+农户”模式，统筹推进全乡集体产业和集体经济发展。2019年扩种600亩山地特色种植，增加40万根香菇菌棒生产，确保每个村都有一个菌菇大棚和100亩以上油茶。以高标准农田建设为契机，整合各类涉农项目资金，大力加强农业基础设施建设，加强农业基础设施建设，为特色农业产业化、规模化发展创造了有利条件。利用龙口的樱花基地、阳台山的海棠花基地、韩家的油菜花海、倪坞的树莓采摘等资源，大力发展休闲农业以及农家乐，促进农民增收致富。

共库管理局

概况 共产主义水库于1958年9月开工建设，1960年3月正式蓄水运行，水库总库容1.437亿立方米，为大（二）型水库，是国家级水利风景区和乐平市52万城乡居民生活饮用水重要水源地。共库管理局位于乐平市东北部，东经117°，北纬29°左右，距乐平市区约43公里。东北与婺源县交界，东南与洪岩镇接壤，西南、西北与涌山镇毗邻，总面积约7.5平方公里，耕地面积286亩，山林面积0.7万亩，森林覆盖率91.2%。共库管理局属正科级事业管理单位，实行乡库合一的动作模式，承担水利工程管理和乡镇行政管理事务。设1个党委，8个党支部，下属4个基层单位。年末在编干部职工234人，其中在职人员96人，退休人员138人，年末总人口数1142人。在职职工年均工资收入5.4万元，居民人均纯收入2.8万元。

基层党建 贯彻落实党的十九大精神，深入开展“不忘初心、牢记使命”主题教育，用习近平新时代中国特色社会主义思想武装头脑、凝心聚魂，引导广大党员干部增强“四个意识”、坚定“四个自信”、做到“两个维护”。将“党建+”发展模式融入重点工作，充分发挥基层党组织战斗堡垒作用，激发广大干群活力与动力，立足岗位、争先创优、勇于奉献。创新党建工作载体，组织全局党员干部开展党建知识竞赛、邀请市委党校老师授课，组织全体党员赴浮梁革命烈士纪念馆、众埠界首、十里岗篁坞、弋阳方志敏纪念地等处接受革命传统教育，锤炼对党忠诚，提高党性修养、提升思想境界。以建设共产主义水库纪念馆为契机，充分挖掘提炼“共产主义水库精神”，会同市委宣传部、市政协文史委在全市范围内联合开展“共产主义水库精神”征集讨论活动，多次召开研讨会、征求意见会，广大干部群众参与讨论并献计献策，共征集到投稿作品数十篇。11月5日，经乐平市委常委会审议，将“共产主义水库精神”提炼概括为“忠诚为民、艰苦奋斗、团结协作、无私奉献”。不忘初心、牢记使命、饮水思源、奋发图强，继续利用共库爱国主义教育基地这个平台，弘扬传承“共产主义水库精神”，激励一代又一代年轻人创业、担当、有为，进一步唱响乐平市“答好时代之问”“走好新长征路”的时代强音。

水资源保护 1. 加大水资源保护宣传，通过横幅、标语、宣传栏、显示屏滚动播放等方式，突出保护的重要性，引导全民积极参与保护行动。2. 坚持水资源保护巡查机制，加强与婺源珍珠山乡衔接、沟通，联合市环保、农业、水上公安、海事等部门联合执法，共同打击一切破坏水资源的违法行为。10月16—18日开展为期三天的大库非法捕捞集中清理整治联合执法行动，拆除收缴渔网32张、地笼18个、钓具420竿。3. 督促水投公司在大库内开展人工增殖放流活动，5月中旬投放“四大家鱼”鱼苗9.5万斤，有效地调和水生物种，净化水质，改善环境。景德镇市、乐平市主要领导高度重视水资源保护工作，2月23日景德镇市委钟志生书记到共库调研，3月10日高翔市长到共库调研，11月11日俞小平书记到共库调研。保护青山绿水，发挥“一湖清水”的作用，是他们共同的心声。

环境整治 1. 加强局域内“散、乱、污”企业查处，做到发现一起，取缔一起，并对已关停的两家小企业进行巡查，做到定期“回头看”，严禁反弹现象发生。2. 加大对横塘水库、官口水库监管，做到人放天养、生态养殖。3. 结合乐平市“双创双修”大干项目年暨“深入开展农村农户庭院专项整治行动”要求，以“五拆五清一树”为主题，拆除乱搭乱建320平方米，拆除危旧房屋660平方米，拆除旱厕13座，清除杂草4000平方米，清理河道180米，更换瓦屋面3300平方米，改造外立面5360平方米，清除残破230米，整治占道经营6家；新植绿化20000平方米，新装路灯59盏，草坪灯30盏，改造电路线670米；改造休闲公园3处思源井、永续湖各1处，新建庆余公园、篮球场各1处，听泉亭、候车亭、凉亭各1个，修缮凉亭1个，改造水塘3口，新建道路540米，修建人行道1460米，修建下水道和排水沟910米，加盖防水屋顶180平方米，更换职工宿舍木材加料495立方米，新建文化碑2处、文化墙1处，旅游公厕1个，改造三格式公厕化粪池3个，职工厨房8间。通过环境整治，基本实现了“水通、路平、灯亮、墙美”的目标，群众的获得感、幸福感显著增强。

防汛抗旱 加强防汛组织领导，及时调整指挥部和应急分队队员，制定度汛方案，召开全局防汛工作动员大会，向基层单位主要负责人下达防汛目标责任书，责任到人。加强水库和渠系建筑物巡查，落实防汛物资（编织袋2万个、木桩5000根、沙石料5000立方米），严格防汛纪律，做好安全度汛。树立“防大旱、抗长旱、抗大灾”思想，正确分析旱情形势，督促受益乡镇抢抓时间清淤、清杂、疏通渠道，及时开闸放水，科学统筹调配。积极引导超长干旱期（时间达3个多月）群众节水意识，充分发挥抗旱设备及机械作用，扩大农田灌溉面积及提高水的利用率。在确保城市管道饮用水供给的前提下，共库灌区抗旱指挥部曾于9月23日、10月8日、11月7日三次通过渠道给断流的磻溪水厂补水，虽路途远（达40余公里）、水质差（沿途经许多村庄）、浪费重（到达目的地的水量只有1/5），但及时补水总量达600万立方米，给周边市民解决了用水告急问题。

项目建设 共产主义水库纪念馆项目（纪念馆、科普馆、陈列馆）是市政协六届四次会议重点办理提案，经市政府第64次常务会议通过，于5月中旬开工，按照“修旧如旧”“原貌复旧”进行施工，2020年元月底主体建设基本完工，室内布展在进行。对该项目建设，市委书记俞小平、市长高翔十分关心，特别关注。俞小平书记于7月27日、11月11日到共库调研，高翔市长于8月30日进行调研，他们查看项目在建情况，询问工程进度，对存在的问题提出整改措施等，指导推进项目建设。同时做好共产主义水库除险加固工程与共库重点中型灌区节水配套改造项目申报。

安全稳定 牢固树立安全发展观念，强化安全责任，不定期对局域内安全工作进行摸排，坚决防范重大安全生产事故发生。关注民生领域涉黑涉恶违法犯罪，坚决铲除黑恶势力滋生的土壤，加强排查，打防结合、标本兼治，推进局扫黑除恶专项斗争向纵深发展。畅通群众诉求，充分发挥局“12345”政府热线服务作用，及时办理群众合理诉求，保护百姓合法权益，减少矛盾纠纷，维护一方稳定，确保了全年无一例安全事故和上访事件发生，2018年被景德镇市评为“三无”乡镇单位。

农科园

概况 农业高新科技示范园位于乐平市东郊6公里处，原名梅岩垦殖场和金鹅山乡，1958年成立梅岩垦殖场，1984年成立金鹅山乡，2001年更名为乐平市农业高新科技示范园，2007年被农业部批准为全国农垦现代农业示范区，2008年又被省政府命名为省级农业生态科技园区。园区总面积27.6平方公里，人口7898人。耕地面积5916亩，山林面积15000亩，森林覆盖率66%，辖王家、岗头两个村委会，金鹅山、三百分两个分场。2019年全年实现国民生产总值17.8亿元，农民人均纯收入19972元；完成财政总收入7180万元。

园区地理位置非常优越，区内3公里金园大道连接新206国道，距景德镇市45公里，乐德铁路、上（饶）—乐（平）线一级公路穿境而过，交通十分便利，具有得天独厚的区位优势。依托三百分场1000亩茶叶，王家村200亩杨梅，金鹅山分场60亩蓝莓等一批特色生态农业产业，发展现代休闲农业，促进农民增收。目前，境内拥有3个万头养猪场，一个省级农业产业化龙头企业（金园牧业），一个国家商品猪储备基地（梅岩种猪场）。

园区主要盛产西瓜、蓝莓、花生、茶叶、生猪、水芹等特色农业产品，蕴藏丰富的原煤、石英砂、膨润土等矿产资源。

党的建设不断加强 扎实推进“两学一做”学习常态化、制度化，积极开展主题党日活动，把“不忘初心、牢记使命”主题教育贯穿全过程，促进园区党员干部学深悟透。坚持落实党工委中心组学习制度，不断提升党员干部政治觉悟和自身修养。在巩固王家村、岗头村党建示范点的基础上，投入6余万元提升三百分场党支部党建，营造村级党建工作争先创优的良好氛围。探索加强互联网党建工作，按照“试点先行、项目运作、逐步推开”的方法，认真开展好王家村党支部的智慧党建试点工作，以王家村党支部试点为契机推进园区各党支部党建“三化”建设，力争实现“基层党组织领导班子好、党员队伍好、发展思路好、制度机制好、工作业绩好、群众反映好”的“六好”目标。

园区经济不断壮大 完成固定资产投入13亿元；实现规模工业总产值5.6亿元；招商引资实际进资金额2.8亿元，全市乡镇排名第一。全年落实招商引资项目11个，其中：杭州汇雅腾鞋业投资两个亿的年产500万双环保胶鞋项目列入江西省大中型建设项目；江西钰嘉机械设备制造有限公司总投资6000万元，已列入乐平市2020年重点建设项目。江西建福建材有限公司已租好厂房，正在开工安装设备；山东淄博外商投资的陶瓷机械制造项目正在等待金山工业区供地开工；江西嘉云食品有限公司拟落户，正在等待供地开工，还有5个项目正在相关流程中。

综治信访稳定有序 扎实开展扫黑险恶专项斗争，大力整治侵占国有集体资产资源工作，收回资金51146.77元，退回山地变卖所得22万元，土地4.97亩，水塘4座30亩，房屋四间共156平方米。纵深推进扫黑除恶专项斗争，开展集中打击黄赌违法犯罪专项行动。坚持落实领导包案工作机制，及时有效地化解群众初信初访问题及矛盾纠纷。2019年做到无重大集体上访及集体越级上访事件，共成功化解景怀扣、汪为火等信访积案3例。积极开展“群众说事”工作，全年群众说事中心共接待群众150余人次，调处各类矛盾纠纷96起，回复“12345”热线工单47件，办结率100%。

脱贫攻坚措施有力 园区认真贯彻落实习近平总书记精准扶贫、精准脱贫的战略思想，以“春季整改”“夏季提升”和“秋冬巩固”行动为契机，积极进取、扎实工作。精准识别到位，全年建档立卡贫困户28户64人，精准施策措施到位。劳动力就业积极扶持，通过积极与金翔建陶、江西食品厂等企业协调推荐，目前27人实现就业，贫困户可就业人口全部实现就业。健康扶贫贫困户14户16人24次住院治疗，报销27万余元。“产业+金融”分红扶持积极覆盖，28户贫困户分别享受产业＋金融分红。扶贫项目建设，王家村成立金富园种植专业合作社，种植油茶63亩，带动贫困户15户41人受益；岿头村产业扶贫基地规模45亩，种植四季桃，带动贫困户13户23人受益。

宜居环境优美提升 园区以“大干项目年”为契机，结合实际，推进“六个一”项目。（1）初心广场建设项目，初心广场总共投入160万元，建设面积4750平方米，把原已破旧不堪的广场及卫生院庭院进行拆除，总体改造提升了功能、扩大了面积、设置了无障碍通道，成为当地百姓文化休闲区，不忘建场初心，牢记农垦使命，体现“艰苦奋斗、勤劳创业”的拓荒牛精神。（2）金粮大道人行道建设及墙面提升投入210万元。金鹅山精品村项目建设，科学规划设计，做到规划先行、因村制宜，已做好勘测、设计，正在建设之中，建成后将成为秀美示范村。（3）金鹅山村污水处理项目已设计、招投标，计划年底建设完工。休闲水塘建设项目和农贸市场建设项目现已全部竣工并投入使用。扎实推进“五拆五清一树”庭院整治活动，2019年10月10日，所有21个自然村在全市率先全面完成验收。

社会民生更加完善 2019年园区民生工作扎实有效。全年共死亡29例，火化29例，均按卧式标准安葬进入公墓，实现了火化率、入墓率100%。新农保信息表填报103人，老农保退保已办理124人，城乡居民养老保险待遇领取换账号工作共完成231人。加强计划生育服务避孕药具免费发放工作，全年出生上报及时率96.77%，办证覆盖率70%，电话填报率100%。加大对低保对象的审核力度，2019年共审核通过17户低保申请，组织听证通过了10户。加强了对低保对象的清退工作，共清退18人。王家村民政“爱心食堂”已投入使用。

统计资料

国民经济与社会发展主要指标

指标名称	计量单位	2018年	2019年	2019年比2018年增长（%）
地区生产总值	亿元	311.84	340.0	7.8
第一产业	亿元	33.74	36.73	3.2
第二产业	亿元	148.69	162.19	8.8
#工业	亿元	138.90	151.68	8.9
第三产业	亿元	129.41	141.07	7.9
固定资产投资	亿元	—	—	10.5
房地产开发投资	亿元	15.33	14.81	-3.4
财政总收入	亿元	43.37	46.53	7.3
一般公共预算收入	亿元	26.33	31.63	20.1
财政支出	亿元	61.29	66.06	7.8
农业总产值	亿元	56.04	60.41	3.3
粮食总产量	万吨	40.02	40.66	1.6
规模以上工业总产值	亿元	378.68	358.31	7.8
规模以上工业主营业务收入	亿元	313.7	333.6	6.3
规模以上工业增加值	亿元	—	—	9.0
规模以上工业利税总额	亿元	26.14	29.58	7.8
社会消费品零售总额	亿元	106.35	119.41	12.3
外贸出口（人民币值）	万元	229232	238050	3.8
实际利用外商投资	万美元	7689	8160	6.1
利用省外5000万元以上项目资金	亿元	114.98	124.8	8.5
旅游总收入	亿元	167.18	192.52	15.2
旅游总人数	万人次	1518.9	1604.75	5.65

续表

指标名称	计量单位	2018年	2019年	2019年比2018年增长（%）
物价（上年同期为100）				
居民消费价格总指数	%	101.3	102.6	2.6
金融机构存款余额	亿元	331.29	373.0	12.6
住户存款	亿元	248.02	301.18	21.4
金融机构贷款余额	亿元	168.88	197.85	17.2
人民生活				
城镇非私营单位在岗职工年平均工资	元	59230	74845	26.4
城镇居民人均可支配收入	元	34319	37074	8.0
农村居民人均可支配收入	元	16477	17919	8.8
人口数（户籍人口）	万人	94.52	94.81	0.3
乡村	万人	58.36	59.46	1.9
城镇	万人	36.16	35.35	-2.2
教育卫生				
义务教育在校学生数	万人	12.88	12.89	0.1
义务教育专任教师数	人	6544	6733	2.9
卫生机构数	个	116	130	12.1
病床数	张	3171	3513	10.8
卫生技术人员数	人	3156	3557	12.7

乐平的一天

指标名称	计量单位	2018年	2019年	2019年比2018年增长（%）
生产总值	万元	8544	9315	7.8
第一产业	万元	924	1006	3.2
第二产业	万元	4074	4444	8.8
第三产业	万元	3546	3865	7.9
农业总产值	万元	1535	1655	3.3
粮食总产量	吨	1096	1114	1.6
肉类总产量	吨	95.0	82.1	-13.6
水泥产量	吨	7733	8141	5.3
烧碱（折100%）	吨	634	698	10.0
公路货物运输量	万吨	1.77	1.79	1.2
公路旅客发送量	万人次	1.22	1.24	1.3
社会消费品零售总额	万元	2914	3271	12.3
财政总收入	万元	1188	1275	7.3
财政支出	万元	1679	1810	7.8

主要指标年人均水平

指标名称	计量单位	2018年	2019年	2019年比2018年增长(%)
生产总值	元	36661	39793	7.3
第一产业	元	3967	4299	2.7
第二产业	元	17480	18983	8.3
第三产业	元	15214	16511	7.4
农业总产值	元	6588	7070	2.9
粮食总产量	公斤	470.5	475.9	1.2
肉类总产量	公斤	40.78	35.09	-14.0
水泥产量	公斤	3318	3493	5.3
金融机构存款余额	元	38946	43656	12.1
金融机构贷款余额	元	19854	23156	16.6
社会消费品零售总额	元	12502	13975	11.8
城镇居民人均可支配收入	元	34319	37074	8.0
农村居民人均可支配收入	元	16477	17919	8.8
财政总收入	元	5099	5446	6.8
财政支出	元	7205	7732	7.3

主要比例关系

指标名称	计量单位	2018年	2019年	2019年比2018年增长（%）
生产总值	%	100.0	100.0	
第一产业	%	10.95	10.8	-0.15
第二产业	%	51.22	47.7	-3.52
第三产业	%	37.83	41.5	3.67
一般公共预算收入	%	100.0	100.0	
税收总额	%	76.91	73.4	-3.51
非税收入	%	23.09	26.6	3.51
农业总产值	%	100.0	100.0	
农　　业	%	66.36	64.18	-2.18
林　　业	%	8.30	8.18	-0.12
牧　　业	%	10.68	13.66	2.98
渔　　业	%	6.90	6.45	-0.45
农林牧渔服务业	%	7.76	7.53	-0.23
固定资产投资	%	100.0	100.0	
第一产业	%	6.32	4.77	-1.55
第二产业	%	70.86	68.25	-2.61
第三产业	%	22.82	26.98	4.16

生产总值

指标名称	计量单位	2018年	2019年	2019年比2018年增长(%)
生产总值	亿元	311.84	340.00	7.8
第一产业	亿元	33.74	36.73	3.2
第二产业	亿元	148.69	162.19	8.8
工业	亿元	138.90	151.68	8.9
建筑业	亿元	9.79	10.71	6.6
第三产业	亿元	129.41	141.07	7.9
交通运输、仓储和邮政业	亿元	5.77	6.07	4.5
批发和零售业	亿元	28.20	30.14	5.5
住宿和餐饮业	亿元	3.84	4.28	7.2
金融业	亿元	15.45	17.00	10.1
房地产业	亿元	17.37	20.71	10.7
其他营利性服务业	亿元	11.39	13.23	18.6
非营利性服务业	亿元	46.35	48.26	3.2

注：2018年数据调整

农村基本情况

指标名称	计量单位	2018年	2019年	2019年比2018年增长（%）
一、乡村从业人员	人	349177	348835	-0.1
农业从业人员	人	122703	122583	-0.098
二、年末实有耕地面积	公顷	61142.53	61142.53	0.00
每一乡村人口拥有耕地	亩	1.42	1.43	0.7
每一农业劳动力拥有耕地	亩	7.47	7.47	0.00
三、机耕面积	万公顷	6.4	7.48	16.87
四、化肥施用量(实际量)	吨	53869.7	51949.3	-3.56
五、农业机械总动力	万千瓦	46.65	49.54	6.19
大中型拖拉机	台	1069	1157	8.23
小型拖拉机	台	6617	6769	2.29
六、农田有效灌溉面积	万公顷	4.8	4.98	3.75
七、农村用电量	万千瓦时	20417	21545	5.52

农　业

指标名称	计量单位	2018年	2019年	2019年比2018年增长(%)
一、农业总产值（现价）	万元	560400	604053	3.32
多种经营产值	万元	370179	501954	3.5
1. 农业产值	万元	371859	387387	3.92
2. 林业产值	万元	46530	49414	3.27
3. 牧业产值	万元	59850	82540	0.59
4. 渔业产值	万元	38679	38958	0.94
5. 农林牧渔服务业	万元	43483	45473	4.15
二、农业商品产值	万元	423201	456223	3.34
三、主要产品产量				
1. 粮食总产量	吨	400208	406649	1.61
早稻	吨	89442	92005	2.87
二晚	吨	126393	128290	1.5
2. 油料产量	吨	26951	27204	0.94
3. 棉花产量（皮棉）	吨	1359	1366	0.52
4. 水果产量	吨	11176	11282	0.96
5. 茶叶产量	吨	692	707	2.18
6. 生猪年末存栏数	头	176358	112393	-36.27
7. 当年出栏肉猪	头	352271	293724	-16.62
8. 牛年末存栏数	头	7279	7586	4.22
9. 肉类总产量	吨	34688	29981	-13.57
猪　肉	吨	28860	23831	-17.43
10. 家禽产蛋量	吨	5929	6063	2.26
11. 水产品产量	吨	21329	21761	2.02

规模以上工业

指标名称	计量单位	2018年	2019年	2019年比2018年增长（%）
一、全部规模以上工业				
企业单位数	个	117	126	7.7
工业总产值（当年价格）	万元	3786764	3583060	7.8
工业增加值	万元	1254699	—	9.0
主营业务收入	万元	3136564	3336143	6.3
利税总额	万元	261421	295769	7.8
利润总额	万元	230040	248132	4.5
税金总额	万元	31381	47637	18.7
资产合计	万元	2475736	3047296	29.1
流动资产合计	万元	655898	704869	9
二、5+2特色产业				
工业总产值（当年价格）	万元	3749612	3379615	10.5
主营业务收入	万元	2876154	3194495	11.0
利税总额	万元	253845	283317	10.8
利润总额	万元	224004	238783	5.9
税金总额	万元	29841	74561	19.5
资产合计	万元	2265470	2867459	32.9
流动资产合计	万元	616716	676113	9.8
三、主要工业产品产量				
水泥	万吨	282.27	297.16	5.28
玻璃	平方米	85985	68153	-20.7
烧碱（折100%）	吨	231532	254737	10.0
离子膜法烧碱	吨	219960	254737	15.8
化学农药原药（折100%）	吨	12664	11058	-12.7
化学药品原药	吨	6081	6080	-0.02

园区主要经济指标

指标名称	计量单位	2018年	2019年	2019年比2018年增长（%）
园区实际开发面积	平方公里	5.59	5.59	—
完成基础设施投入	亿元	16.29	15.68	-3.72
园区内开工企业数	个	70	69	—
工业销售产值	亿元	327.83	318.71	13.21
出口交货值	亿元	22.88	19.29	-17.41
招商实际到位资金	亿元	12.98	4.41	-66.0
省外资金	亿元	12.98	4.41	-66.0
资产总计	亿元	179.36	235.35	39.46
营业收入	亿元	268.48	300.31	11.82
利润总额	亿元	19.87	17.72	-11.45
从业人员	人	15262	15402	1.99

交通运输

指标名称	计量单位	2018年	2019年	2019年比2018年增长(%)
一、主要运输工具				
1. 民用汽车	辆	61437	69465	13.1
(1) 载客汽车	辆	55282	63357	14.6
(2) 普通载货汽车	辆	6155	6108	-0.8
2. 摩 托 车	辆	21845	23600	8.0
3. 载货挂车	辆	367	303	-17.4
二、客货运输量				
1. 货 运 量				
铁 路	万吨	55.9	76.6	37.0
公 路	万吨	646	654	1.2
2. 客 运 量				
铁 路	万人	32	27.04	-15.5
公 路	万人	446	452	1.3
3. 货运周转量				
公 路	万吨公里	66084	67035	1.4
4. 客运周转量				
公 路	万人公里	24214	24536	1.3
附：年末机动车驾驶员	人	191897	193612	0.9

邮政、通信

指标名称	计量单位	2018年	2019年	2019年比2018年增长(%)
一、邮政				
1. 邮政公司	处	1	1	—
2. 邮政支局、所合计	处	23	23	—
邮政支局	处	2	2	—
邮政所	处	21	21	—
3. 邮政业务收入	万元	7221	8610	19.2
4. 速递公司	个	14	12	-14.3
私有速递公司	个	13	11	-15.4
法人单位	个	10	8	-20.0
二、通信				
1. 电信营业厅	处	125	106	-15.2
自办营业厅	处	24	12	-50.0
代办营业厅	处	101	94	-6.9
2. 移动公司网点	个	260	193	-25.8
合作专营店	个	180	153	-15.0
村级点	个	50	20	-60.0
社区便利站	个	30	20	-33.3
3. 联通公司网点	个	110	100	-9.1
4. 固定电话用户数	万户	2.81	2.32	-17.4
5. 移动电话用户数	万户	59.8	64.35	7.6
6. 互联网用户数	万户	19.32	19.91	3.1

固定资产投资

指标名称	计量单位	2018年	2019年	2019年比2018年增长(%)
一、固定资产投资完成额	亿元	—	—	10.5
亿元以上项目	亿元	—	—	2.5
亿元以上工业项目	亿元	—	—	-1.6
1. 按所有制分组				
公　有	亿元	—	—	0.2
非公有	亿元	—	—	12.0
2. 按产业分组				
第一产业	亿元	—	—	-17.1
第二产业	亿元	—	—	6.3
工 业	亿元	—	—	6.3
第三产业	亿元	—	—	30.5
二、房地产开发投资	亿元	15.33	14.81	-3.4
商品房施工面积	万平方米	215.97	263.85	22.2
房屋竣工面积	万平方米	18.62	23.23	24.8
商品房销售面积	万平方米	65.39	72.91	11.5
商品房销售额	亿元	34.01	35.83	5.4

市场消费与开放型经济

指标名称	计 量 单 位	2018年	2019年	2019年比 2018年增长（%）
一、社会消费品零售总额	万元	1063453	1194056	12.3
按销售单位所在地分				
城　镇	万元	684111	772156	12.9
乡　村	万元	379342	421900	11.2
二、限额以上消费品零售额	万元	151061	180213	16.6
按行业类别分				
批发业	万元	9318	9768	30.9
零售业	万元	133664	159523	14.9
住宿业	万元	2923	3381	10.8
餐饮业	万元	5156	7541	17.9
三、外贸出口（人民币值）	万元	229232	238050	3.8
四、实际利用外商投资	万美元	7689	8160	6.1
利用省外5000万元以上项目资金	亿元	114.98	124.8	8.5
五、旅 游				
1. 旅游总人数	万人次	1518.9	1604.75	5.65
境外人数	人次	8500	9350	10.0
2. 旅游总收入	亿元	167.18	192.52	15.2
旅游收汇	万美元	255	280.5	10.0

财　政

指标名称	计 量 单 位	2018年	2019年	2019年比 2018年增长（%）
一、财政总收入	万元	433740	465309	7.3
各项税收	万元	372929	381178	2.2
二、一般公共预算收入	万元	263344	316339	20.1
1. 税收收入	万元	202533	232208	14.7
增值税	万元	57542	61192	6.3
企业所得税	万元	18006	15525	-13.8
契税	万元	34571	53694	55.3
2. 非税收入	万元	60811	84131	38.3
罚没收入	万元	4931	5873	19.1
行政性收费收入	万元	7717	7378	-4.4
三、一般公共预算支出	万元	612869	660634	7.8
基本公共管理与服务	万元	57040	78397	37.4
教　育	万元	154267	169230	9.7
科学技术	万元	12930	13220	2.2
社会保障和就业	万元	110351	71694	-35.0
医疗卫生	万元	73697	75069	1.9
环境保护	万元	17617	11234	-36.2
农林水事务	万元	56126	62520	11.4

金 融

指标名称	计量单位	2018年	2019年	2019年比2018年增长（%）
一、各项存款余额合计	万元	3312850	3730026	12.6
（一）境内存款	万元	3312249	3727346	12.5
1. 住户存款	万元	2480231	3011844	21.4
活期存款	万元	762883	893791	17.2
定期及其他存款	万元	1717347	2118053	23.3
2. 非金融企业存款	万元	417174	399739	-4.2
活期存款	万元	345677	319140	-7.7
定期及其他存款	万元	71497	80599	12.7
3. 广义政府存款	万元	414843	315740	-23.9
财政性存款	万元	62064	26886	-56.7
机关团体存款	万元	352779	288854	-18.1
4. 非银行业金融机构存款	万元	1	23	2200.0
（二）境外存款	万元	601	2679	345.8
二、各项贷款余额合计	万元	1688817	1978512	17.2
1. 住户贷款	万元	834316	973252	16.7
短期贷款	万元	164941	187114	13.4
中长期贷款	万元	669374	786139	17.4
2. 非金融企业及机关团体贷款	万元	854502	1005259	17.6
短期贷款	万元	296714	317150	6.9
中长期贷款	万元	548851	648632	18.2
票据融资	万元	8936	39477	341.8

社会事业

指标名称	计量单位	2018年	2019年	2019年比2018年增长（%）
一、教　　育				
1. 校（园）数				
幼儿园	所	286	303	5.9
义务教育	所	280	278	-0.7
小学	所	242	240	-0.8
初中	所	38	38	—
高中	所	5	5	—
特殊教育	所	1	1	—
2. 在校学生数				
幼儿园	人	26491	29340	10.8
义务教育	人	128838	128934	0.1
小学	人	89626	85749	-4.3
初中	人	39212	43185	10.1
高中	人	16948	18003	6.2
特殊教育	人	53	54	1.9
3. 专任教师数				
幼儿园	人	1573	1616	2.7
义务教育	人	6544	6733	2.9
小学	人	4296	4352	1.3
初中	人	2248	2381	5.9
高中	人	1135	1149	1.2
特殊教育	人	8	9	12.5
4. 中小学生升学率				
小学生毕业升初中	%	101.15	99.84	-1.3
初中毕业升高中	%	62.80	57.68	-5.1
5. 中等职业在校学生数	人	1524	1632	7.1
中等职业专任教师数	人	75	73	-2.7

续表

指标名称	计量单位	2018年	2019年	2019年比2018年增长（%）
二、文　　化				
1. 电影放映单位数	个	3	4	33.3
公益电影放映场次	场	5389	6230	15.6
观众人数	万人次	88	85	-3.4
2. 艺术表演情况				
专业剧团数	个	1	1	—
演出场数	场	433	456	5.3
观众人数	万人次	79.8	80	0.3
3. 公共图书馆数	个	1	1	—
公共图书馆藏书	千册	184	198	7.6
4. 公共博物馆数	个	1	1	—
馆藏文物	个	2479	2479	—
文保单位（国家级）	个	1	2	100.0
文保单位（省级）	个	18	17	-5.6
文保单位（市级）	个	53	53	—
5. 公共文化馆数	个	1	1	—
辅导点	个	8	8	—
辅导培训人数	个	960	1050	9.4
组织文艺演出	场	16	16	—
非物质文化遗产（省级）	个	1	1	—
（市级）	个	8	10	25.0
三、卫　　生				
1. 卫生机构数	个	116	130	12.1
医院	个	14	15	7.1

续表

指标名称	计量单位	2018年	2019年	2019年比2018年增长(%)
2. 病床数	张	3171	3513	10.8
医院病床数	张	2630	2972	13.0
3. 卫生工作人员	人	3734	4257	14.0
卫生技术人员	人	3156	3557	12.7
执业医师和执业助理医师	人	1122	1281	14.2
注册护士	人	1425	1586	11.3
四、体　育				
1. 体育系统职工人数	人	12	10	-16.7
行政管理干部	人	11	9	-18.2
2. 少年儿童业余体校数	所	1	1	—
在校学生数	人	253	241	-4.7
专职教练员	人	9	9	—
3. 在省级以上比赛获奖牌数	枚	123	52	-57.7
金　牌	枚	39	23	-41.0
银　牌	枚	35	10	-71.4
铜　牌	枚	49	19	-61.2
4. 农民体育健身工程(本市自建)	个	22	57	159.1
5. 体育协会	个	20	22	10.0
五、人口变动				
1. 人口出生率	‰	10.54	9.21	-1.33
2. 人口死亡率	‰	3.11	3.06	-0.05
3. 人口自然增长率	‰	7.43	6.14	-1.29

物价指数

指标名称	计量单位	2018年	2019年
居民消费价格总指数	%	101.3	102.6
非食品价格指数	%	100.8	101.1
服务项目价格指数	%	100.4	100.9
消费品价格指数	%	101.1	105.8
（一）食品类	%	100.6	106.2
1. 粮食	%	100.0	100
2. 油脂类	%	104.6	99.6
3. 肉禽及其制品	%	101.7	124.2
4. 蛋	%	103.4	103.5
5. 水产品	%	95.9	98.3
（二）烟酒及用品	%	99.7	103.2
（三）衣着	%	101.2	101.5
（四）家庭设备用品及维修服务	%	101.0	100.5
（五）医疗保健和个人用品	%	102.5	101.4
（六）交通和通讯	%	101.6	99
（七）娱乐教育文化用品及服务	%	101.4	101.1
（八）居住	%	102.3	101
水、电、燃料	%	100.4	100.5

城镇住户调查

指标名称	计量单位	2018年	2019年
调查户数	户	40	50
平均每户居民家庭人口数	人	3.64	4.36
平均每户就业人口数	人	2.25	2.4
平均每一就业者负担人数	人	1.62	1.82
平均每人房屋建筑面积	平方米	67.22	53.34
人均可支配收入	元	34319	37074
工资性收入	元	14076	15426
人均总支出	元	28888	30336
消费性支出	元	18935	20696
食品烟酒	元	5896	6312
衣着	元	1193	1250
医疗保健	元	1833	2071
交通与通讯	元	1636	2207
教育文化娱乐	元	2781	2873
居住	元	4663	4682
平均每百户家庭耐用品拥有量			
家用汽车	辆	30	22
彩电	台	153	148
电冰箱	台	103	110
洗衣机	台	83	82
家用电脑	台	75	58
空调器	台	125	136

农村住户调查

指标名称	计量单位	2018年	2019年
调查户数	户	80	70
平均每户居民家庭人口数	人	3.52	4.5
平均每户劳动力	人	1.95	2.37
平均每一劳动力赡养人口	人	1.81	1.9
平均每人经营耕地面积	亩	5.0	6.55
平均每人住房面积	平方米	68.56	60.34
人均可支配收入	元	16477	17919
经营净收入	元	6958	7460
人均总支出	元	19633	22842
消费性支出	元	12310	14243
食品烟酒	元	3300	3704
衣着	元	677	793
居住	元	3268	3582
交通和通讯	元	2041	2325
教育文化娱乐	元	1246	1561
平均每百户耐用品拥有量			
家用汽车	辆	35	34
家用电脑	台	55	47
洗衣机	台	59	74
移动电话	部	328	327
空调器	台	95	101
彩色电视机	台	149	133
电冰箱	台	105	116

社会保障

指标名称	计量单位	2018年	2019年	2019年比2018年增长（%）
一、就业和再就业				
城镇新增就业人数	人	10537	8611	-18.3
女 性	人	4003	3836	-4.2
城镇就业率	%	96.5	96.5	—
二、社会保险				
城镇职工基本养老保险参保人数	人	94181	95550	1.5
城乡居民基本养老保险参保人数	人	386761	387208	0.1
基本医疗保险参保人数	人	843040	827598	-1.8
城乡居民基本医疗保险参保人数	人	775351	750418	-3.2
失业保险参保人数	人	26625	25620	-3.8
三、社会救助				
各种社会福利收养性单位数	个	16	23	43.8
各种社会福利收养性单位床位数	床	1110	2550	129.7
城镇居民最低生活保障人数	人	15287	14045	-8.1
农村居民最低生活保障人数	人	26656	26468	-0.7

说明："统计资料"的各项数据来源于《2020乐平统计年鉴》，其中由于四舍五入的原因，部分数据存在分项之和与合计不相等的情况；2019年比2018年增长是指本年完成数与上年同期完成数增长的百分比，但是部分指标存在计算方法不同，一是不变价计算，如地区生产总值（GDP）、各产业增加值、农业总产值、规模以上工业增加值等指标绝对数按现价计算，增长速度按可比价格计算；二是调整上年同期计算，如规模以上工业、限额以上消费品零售额、批发和零售、住宿和餐饮等指标上年同期按新增或退库企业的变动调整上年同期数，不能直接除2018年同期基数；三是其他影响，如保留小数点尾数的不同，四舍五入的影响等。

索　引

说明：本索引依照国家标准《索引编制规划（总则）GB／T22466—2008的相关规划进行编制。本索引为主题索引，按主题词首字汉语拼音字母（同音字按声调）顺序排列。主题词后的阿拉伯数字表示该词所在页码，数字后的英文字母a、b分别表示该页文字的左、右栏。对特载、概况、大事记、机构与领导名录、统计资料等类目不做主题索引。